メディア、お前は戦っているのか
メディア批評 2008-2018

メディア、
お前は戦っているのか

メディア批評 2008-2018

MEDIA

神保太郎
『世界』編集部編

岩波書店

まえがき

雑誌『世界』で「メディア批評」が始まって十余年のときが流れた。その経過に特別の感慨はあるものの、他方で、喩えようのない複雑な思いに駆られてもいる。連載を開始した二〇〇八年一月当時、自民党政権の迷走はとどまるところを知らず、〇九年秋に民主党政権が誕生した。しかし、それもわずか三年余りで瓦解し、自民党が第二次安倍政権として復活した。その後の政治の頽廃、すなわち厚顔無恥なメディア攻撃、文書の改竄、事実の隠蔽、要するに言葉のすり替えに、メディア自身がどう対抗してきたのか、はなはだ心もとない。

「メディア批評」のスタートとその後の継続は、まさにメディア自身の復権を目的とするという切迫感があった。こうした認識は、本欄誕生時の岡本厚編集長(現岩波書店社長)と深く共有するところだった。ジャーナリズムのあり方、メディアの役割が問われるたびに、『世界』は随時批評の場を設けてきたが、岡本編集長の先任安江良介氏のころにも、折につけメディア批評の必要性が模索されていたことも付言しておきたい。

本「メディア批評」は、民主党の政権交代をへて、第二次安倍政権に引き継がれるという予測こそしなかったが、危険水域に向かう一定の傾向を読み込んできたつもりである。しかし、その深刻さは、いまにいたるも軽減されることなく、「メディア批評」が当初自らに課した役割を果たしえたと胸を張ることは到底できない。

本欄に先立つ時代を振り返れば、一九九〇年代末から二〇〇〇年代初頭にかけての報道界は、政府・与党による表現規制の動きに直面していた。例えば、個人情報保護法(〇三年)、武力攻撃事態対処法(〇四年)、国民保護法(〇四年)——といった情報統制が懸念される悪法の成立が相次いでいた。こうした流れは、小泉純一郎首相(〇一年)の下で立法化が本格化し、「戦後政治からの脱却」という意味不明の言葉を使い、再軍備・改憲への路線を打ち出した安倍晋三首相(〇六年)に引き継がれた。〇六年には愛国心を強調する新「教育基本法」が成立した。

このような右派政権の成立に危機感を募らせた雑誌『世界』は、二〇〇七年一月号で特集〈「内心の自由」「表現の自由」はどこへ?〉を組んだ。まさにその年の参院選で民主党が勝利、自民党が敗北すると、一〇月号で〈否定された「安倍改憲路線」――逆転参院選とその後〉を特集した。すでに安倍首相は退陣し、官邸の主は福田康夫首相に交代していたが、なお改憲路線の懸念が払拭されない状態であった。そんななか、翌二〇〇八年一月号に神保太郎の「メディア批評」が登場したのである。

以上の流れを見れば、事態は刻々と危うい方向に地すべり現象を起こしていたことがわかる。そうした共通認識の上に、複数の現役、フリーのジャーナリストが参集した「メディア批評」は、だれか個人の机上の着想、アイデアといった次元から生まれたのではなく、時代の必要性が生んだいわば「集合知」による産物であったといえよう。

二〇〇九年の自民党政権の崩壊と民主党政権の成立とともに、本欄は一定の役割を終えてもいいはずであった。ところが、予想外の展開があった。発足したばかりの鳩山由紀夫新政権が、沖縄・辺野古基地の建設について、「最低でも県外」と発言し、大きな波紋を投げかけたのである。もっぱら米国との関係を重視し、沖縄への過剰な基地負担を当然視する本土メディアには、鳩山首相は〝宇宙人〟と映り、彼が開けてしまったパンドラの箱をまともに覗きこもうとしなかった。つまり、事態が呑み込めないまま、本土メディアは政権たたきに狂奔し、沖縄の現実をとらえることに失敗したのである。

二〇一一年三月一一日、東日本大震災が発生し、歴史を大きく変えた。民主党政権は自民党時代のツケを払いながら、目前の事態に対応しきれず、大混乱に陥った。メディアは、権力監視の方向をはき違え、弱体化した政権に石を投げつけることに終始した。本「メディア批評」は、そうした安易な政権たたきに満足するメディアのあり方をも批判した。

そして二〇一二年。衆院選での民主党政権の挫折と第二次安倍政権の発足を迎えることになった。一三年に「特定秘密保護法」が成立し、翌一四年には武器輸出三原則に代わる「防衛装備移転三原則」や集団的自衛権の行使容認などが次々に閣議決定された。しかし、一五年には「安全保障法制」の強行採決を阻止するために、市民らが何度も国会前に集まり、抗議の声を上げた。だが、テレビはデモ隊の映像を流すことに極めて抑制的だった。

内政では、東京電力・福島第一原子力発電所の事故から八年がたちながら、いまなお収束が見通せないなかで、原発の再稼働が認可されている。森友・加計学園問題は真相が明かされないまま幕引きが図られようとしている。メディアはこうした「忘却の政治」にどれだけ対抗できるのか。独自の調査報道が期待される。

外政では、例えば日韓のあいだにいまも慰安婦、徴用工問題が未解決のまま横たわっている。安倍政権は、トランプ米大統領によるTPP離脱、米朝会談などで振り回され、そして、いつもカヤの外に置かれている。地球儀俯瞰外交の意味を理解することはまったく不可能である。

しかし、そうした不条理を抱えたまま、安倍政権はいま「戦争のできる国」に舵を切りつつある。

四人の「集合知」を生かし

「メディア批評」の連載開始から二年二カ月後、岡本編集長は『世界』の二〇一〇年三月号「編集後記」の冒頭に次のような一文を寄せた。

「本誌に神保太郎氏の連載「メディア批評」が始まったのは、二〇〇八年一月号である。最近は講演の依頼なども時折編集部に舞いこむ神保氏だが、むろんペンネームであり、特派員経験もあるジャーナリストとしか、今は明かせない」。

複数の「神保太郎」が講演する場面はそれなりに興趣を添えるが、「言葉の墓場」のような安倍政権に対抗するためには、「集合知」が不可欠だったのであり、匿名性のみを一義的に追求したのではない。新聞の社説が、大勢の論説委員の会議で議論され、担当の論説委員が社論として無署名で執筆する仕組みに似ているかもしれない。

本欄では、二人の執筆者が一本ずつ分担執筆し、計二本の原稿を毎号掲載することを原則としている。つまり、計四人が隔月でそれぞれ一本を書く仕組みだ。しかし、何について書くか、どのような視点で書くかは、毎月全員で意見を交換して決める。会議は、三時間以上に及ぶこともしばしばで、白熱した議論が行なわれる。

だから今回、全員ではないが名前を明らかにしようと思う。

私(桂敬一)は、日本ジャーナリスト会議代表理事、日本新聞協会研究所長などをへて東京大学新聞研究所教授としてマス・メディア産業論を研究してきた。

そして、▽元朝日新聞記者で国際問題や都市・公共事業の問題に詳しい小川明雄▽元NHKプロデューサーで、現代史や薬害、中東・アフリカ・南米などのドキュメンタリーを手掛けてきた桜井均▽毎日新聞社会部でメディア問題を担当し、現在は、『放送レポート』編集委員を務める臺宏士▽朝日新聞の経済記者としてロンドン特派員を担当。退職後は、インターネット・メディア「デモクラシータイムス」を立ち上げた山田厚史▽そして、本人の希望で実名を記せないが、海外特派員経験があり民放の報道現場に長年かかわってきた現役記者——の計六人だ。神保太郎は時期にもよるが、おおむね新聞、放送出身者が二人ずつという構成である。

メディアは戦っているのか

「メディア批評」の嚆矢《こうし》は、やはり一昨年亡くなった原寿雄《としお》氏が小和田次郎のペンネームで書いた「デスク日記」である。その仮借ない筆致は、メディアに従事する者だけではなく、ジャーナリズムのあり方に関心を抱く読者にも、問題を投げかけたのである。

今日の神保太郎は「集合知」として、メディアに関する出来事を、デジタル・アーカイブを介して、一定の時間(スパン)のなかでとらえ返す批評を心がけている。いわゆる「メディア時評《じひょう》」ではない。したがって、歴史の歪曲や修正主義にはそのつど批判する立場をとってきた。その上で、メディアのあり方を批評してきたつもりである。

これまでの連載を振り返ると、NHKを多く取り上げてきた。これは、日本のメディアが抱える問題がNHKにより色濃く表れているからに他ならない。また、メディアがあまり報道しないが、重要な問題もあえて取り上げてきた。代表的なのは、特定秘密保護法や個人識別番号(マイナンバー)問題などだ。民主主義社会では公権力の行使を監視する役割を期待されているはずのメディアは、その役割を本当に果たそうとしているのか。「メディア批評」の一一年の連載は、それにこだわり、執拗に警鐘を鳴らし、現場の記者にエールを送り続けてきた記録でもある。その中間総括である本書のタイトルを「メディア、お前は戦っているのか」としたのも、現場で日々、取材に当たる記者たちへの問いかけであり、取材記者に指示する立場のデスク・クラスには特に読んでほしいからだ。そして、「メディア批評」の過去記事をまとめることで、『世界』以外の読者にも、かつて提起した問題はいまも変わりなく問われ続けているということを知ってもらおうという狙いもある。

本稿の冒頭で「喩えようのない複雑な思いに駆られてもいる」と書いたのは、「メディア批評」が残念ながらいまのところ、メディアの連帯を促し、それがこの国の政治のあり方を動かすには至っていないということだ。

ただ、今後の注目点は見え始めているように思う。本欄でも触れてきたが、伊藤詩織さんが告発した性被害をきっかけに #MeToo 運動が日本でも急速に広がり、メディア自身も同様の問題を抱えていることを顕在化させた。また、二〇一九年三月、東京新聞の望月衣塑子《いそこ》記者に対する首相官邸報道室による質問妨害を批判して、報道各社の現役記者や労組関係者ら六〇〇人以上が官邸前に集まり、抗議活動を行なった。しかし、記者クラブの反応は冷たい。もっぱら望月記者の質問の仕方にのみ神経をとがらせ、自らの質問内容を研ぎ澄ます努力を怠っている。記者たちがまず取り組むべきは、記者クラブ、記者会見のあり方を一から考え、フェイクまみれの政権を徹底追尾することである。まさに、「集合知」によって女性差別、メディア規制に立ち向かう道筋が見えてきた。

『世界』編集部の揺るがぬ方針のもとで、神保太郎は今後も新陳代謝を繰り返しながら、新たな課題に果敢に取り組んでいきたい。それが「集合知」であることの最大のメリットだと考え、読者諸氏の厳しい読みとご支援を賜りたい。

二〇一九年三月二六日

神保太郎を代表して桂敬一

目　次

●２０１０年

●2014年

●２０１７年

●２０１８年

2008年

リーマン・ショック直後，日経平均株価が表示される前を歩くビジネスマン
提供：EPA＝時事

1月27日　大阪府知事選挙で弁護士・タレントの橋下徹が初当選．

6月12日　7年にわたって争われたETV 2001番組改変問題をめぐる裁判で，最高裁は原告のバウネットジャパンの訴えを退ける逆転判決を下す．

9月15日　米リーマン・ブラザーズ証券が倒産．これを機にいわゆるリーマン・ショック(世界金融危機)が起こる．

9月24日　福田康夫内閣が総辞職．麻生太郎が第92代内閣総理大臣に指名される．

12月12日　航空自衛隊によるイラク支援活動が打ち切り．2006年にサマワから撤退した陸上自衛隊と合わせ，イラク特措法による自衛隊の支援活動が完全に終了．

メディア批評宣言

一月号

日本とメディアの危機　現代のジャーナリズムは、市民の知る権利に応えて、権力を監視し、真実を伝えることを期待されている。しかし、今日の日本のマスメディアは、そうした役割を果たしているだろうか。

二〇〇七年秋にメディアを賑わしたのは、まずプロボクシングの世界でヒール(悪役)を演じ続けてきた亀田親子へのバッシングだろう。亀田興毅選手が「謝罪会見」をしたとき、民放のテレビ局のほとんどは、通常番組を中断し、生中継で延々とその模様を伝えた。そのとき、NHKは国会でのテロ特措法をめぐる重要な審議を伝えていたが、どれほどの注目を集めただろうか。

そして、そのわずか四日後に始まった福田康夫首相(自民党総裁)と民主党の小沢一郎代表の密室における一連の党首会談が失敗に終わると、今度は会談を持ちかけた福田首相ではなく、一旦は辞任を表明し、すぐ撤回した小沢氏が亀田親子と同じようにテレビカメラのライトを浴びせられていた。

なんのことはない、メディア、とくにテレビは、「亀田報道」から「大連立報道」に熱狂的に移動しただけではないのか。そこに、出来事の本質を見極めようとする批判的な精神の片鱗でもあっただろうか。なんという荒涼たるジャーナリズムの風景だろうか。

後にみるように、戦後の長きにわたって権力を握り続けてきた自民党政権のもと、とくに小泉純一郎、安倍晋三両元首相の国家主義的かつ市場原理主義的な政権のもとで、国民生活は賃金、都市と地方など様々な格差の拡大で急激に破壊され、経済や軍事を中心とした米国への過度の一体化などが進んで外交機能も停止状態だ。

戦後日本がこうした危機的な状況に陥る過程で、過熱報道をこととするメディアは真実を伝えて木鐸を鳴らし、権力の暴走にブレーキをかけてきただろうか。答えは「否」である。

それどころか、一部のメディアは憲法改定、日米関係強化、支出構造の抜本的な見直し抜きの消費税増税、教育問題の国家統制強化などを主張し、その実現に向けて政権党の尻叩きをエスカレートさせてきた。

そして、権力そのものと化したメディアまで現れて、日本のメディアそのものが危機的な状況に陥った。

その典型は、冒頭にみた国民には寝耳に水の二回にわたる党首会談だった。はじめに事実関係からみてみよう。

〇七年一〇月二六日に、衆参両院の国家基本政策委員会は、同月三一日に、福田首相と小沢代表の最初の党首討論を行うことを決定した。ところが、両氏は、唐突に、三〇日午前に国会内で非公開の党首会談を行った。

メディアの報道では、この会談で、福田氏からテロ対策特別措置法の成立への協力を呼びかけ、小沢氏は拒否したが、福田氏は再度の会談を要請し、小沢氏は同意したという。

第二回目の党首会談は一一月二日午後にやはり国会内で行われた。翌三日付朝刊各紙の報道はニュアンスの違いはあるものの見出しが示したようにかなり一致していた。例えば、「首相が連立打診、民主拒絶」(朝日)、「首相、大連立を打診　民主は拒否」(毎日)、「首相が連立打診、民主拒否」(読売)といった具合だ。

ところが、読売新聞は、翌四日付朝刊の一面で突然、「『大連立』小沢氏が提案」という横見出しのトップ記事を載せた。毎日新聞も同日付朝刊のトップで「閣僚ポストまで話し合った」という横見出しの記事を掲げ、「政界には連立政権に関する『小沢首謀説』が流れている」とまで書いた。

一方、朝日新聞の一面トップ記事は大連立に関する都道府県連調査で、見出しは「自民　打診評価は六割」「民主　拒否支持が大勢」だった。日経新聞は二面で、双方の主張を並べて検証し、東京新聞は一面準トップに「検証――自・民『大連立構想』」という記事を掲げ、「お膳立て　読売・渡邉氏か」という大見出しになっていた。

そして、政界にさらに激震が走る。小沢代表が同四日午後に記者会見し、福田首相との党首会談をめぐる混乱の責任をとって辞任を発表し、同時に、連立の仕掛け人は小沢氏だと報ずるなどしたメディアを強い言葉で批判した。

これに対して、読売新聞は翌五日の朝刊に政治部長の署名記事を載せ、大連立構想は小沢氏の提案だったという同紙の報道は、「いずれも首相周辺をはじめ多くの関係者が証言しており、確実な裏付けを取ったうえでの報道だ」とし、小沢氏に真実を語れと迫ったのである。

メディアと権力　ここでメディアのより大きな問題として取り上げたいのは、読売新聞をのぞく他のメディアもそろって報じたように、今回の党首会談を仕掛けた張本人が読売新聞グループの会長・主筆の渡邉恒雄氏だったことだ。

冒頭に指摘したように、現在のメディアの役割は市民の知る権利に応え、真実を伝え、権力を監視することによって平和な民主主義国家や世界を維持、発展させることにある。

ところが、渡邉氏の今回の動きは、同氏自身がまさに権力そのものであることをまざまざと示した。これでは権力を監視することなどできる筈はない。

同氏は、長年の盟友である中曽根康弘元首相らとともに、参議院選挙以来自民党と民主党との大連立を提唱してきたことはよく知られている。

例えば、読売新聞の〇七年八月一六日付の社説は通常二本あるのを一本にした大型で「民主党も『政権責任』を分担せよ」という見出しだった。この社説は、社会保障制度から外交・安保まで「現在の日本は、緊急に取り組まなければならない重要な課題を、いくつも抱えている」のに、参議院で与野党が逆転しているのでは、「国政は長期にわたり混迷が続くことになりかねない」と述べる。そして、「こうしたいわば国政の危機的状況を回避するには、参院の主導権を握る野党第一党の民主党にも『政権責任』を分担してもらうしかないのではないか。つまり『大連立』政権である」と主張したのである。

新聞の社説は情勢分析を行い、独自の主張を行う。それは、ジャーナリズムの機能の一つだ。しかし、七月の参議院選挙で、それまで両院で多数派だった自公両党は敗北している。いわば、有権者の多くは自公政権の政策に異議を唱え、野党の政策の実現を望んでいた。読売新聞のこの社説は、参院選が終わったばかりのこの時点で、その民意を無視する姿勢をとったのである。

そして、同紙は、小沢氏が辞任を表明した翌日の一一月五日付の朝刊で「それでも大連立を目指すべきだ」と題する大型社説を載せた。渡邉氏は自らの信条や野望——それは改憲や消費税増税、日米一体化など自公政権の政策と多くは重なる——を遂げるために、現代ジャーナリズムの基本である公器性を改めて無視したのである。メディアのトップが政治的プレイヤーとなって「大連立」を仕掛けるところまでいくのは、メディアの本分を逸脱している。

渡邉氏が会長だった時代の日本新聞協会が二〇〇〇年六月に新たに制定した「新聞倫理綱領」は、冒頭で、国民の知る権利は、「あらゆる権力から独立したメディアが存在して初めて保障される」と高らかに宣言していた。

増税へのアドバルーン

日常の報道についてもメディアの劣化、危機を指摘したい。たとえば、福田政権下でにわかに浮上してきた消費税の増税問題である。

きっかけは、〇七年一〇月一七日に首相官邸四階の大会議室で開かれた経済財政諮問会議だ。内閣府の試算として、医療などの社会保障制度の給付水準を現状のまま二〇二五年度まで維持するためには、消費税でまかなうとすれば、現在の五%を最高で一七%程度までアップしなければならない、と報じられた。

しかし、メディアの多くが強調しなかったことがある。この試算は同会議の四人の「有識者議員」である御手洗冨士夫キヤノン会長（日本経済団体連合会会長）、丹羽宇一郎伊藤忠商事会長（元経済同友会政治委員会委員長）、伊藤隆敏東京大学大学院経済学研究科教授、八代尚宏国際基督教大学教養学部教授が会議に提出した文書にある。

小泉政権時代から露骨になっていることだが、財界首脳とそれに近いわずかな学者が、全国民の生活や人生にかかわる重大事を経済財政諮問会議で方向付けてしまう。それが、福田政権になっても少しも変わっていない。

なるほど、毎日新聞は、〇七年一〇月五日付の「福田首相はどう使うのか」という同諮問会議を論じた社説で「新自由主義的な性格が色濃い」民間議員の見直しの必要を指摘し、「多様な考え方の反映も必要である」と主張していた。しかし、同紙でも報道ではこうした疑問はあまり反映されていないし、他の全国紙にいたっては民主主義から遠く離れた、比喩的にいえば民主主義国家では異常な「寡頭政治」にほとんど疑問を呈していない。

これは序の口で、主要メディアの報道から抜け落ちていた真実がほかにもある。

たとえば、欧州の先進諸国の多くでは、税率は高いが、食料品、子どもの衣類、薬局で買う薬品など広範な生活必需品は消費税が免除されているか、低率になっている。経済協力開発機構(OECD)加盟の三〇カ国で生活必需品にゼロ税率と低減税率の双方の制度がないのは日本だけである。消費税の報道というなら、国際比較を落とせないはずだ。

OECDの『消費税の傾向』二〇〇六年版によると、統計のそろう二〇〇四年において、消費税の税収全体に占める割合は、税率五%の日本は一五・四%で、税率二〇%で一四・三%のイタリアより高い。その他の欧州諸国をみても、税率一九・六%のフランスが一七%、一六%のドイツが一八%、税率が二五%のスウェーデンでも一八・三%である。

「欧州の消費税は一〇%台後半から二〇%台だ。だから日本の消費税を大幅に引き上げるのは当然だ」という政財官や一部の学者の声高な主張は、有り体にいって為《ため》にするウソである。なぜメディアはこのように批判しないのだろう。

それに「四人組」の試算には、上げるのは消費税ばかりで、このところ財界が主導して下がり続けてきた法人税、所得税、資産課税などが除外されている。メディアに、「これでは不公平ではないか」という当然の疑問もろくに見当たらないのはどうしてなのか。

不思議な記事　この消費税の国際比較について不思議な報道があった。消費税増税論の日経の〇七年一一月六日付朝刊の国際二面に「税収割合、消費税高まる」「主要国二割近く　〇五年OECD調査」「『経済効率化や成長』に効果」という見出しが躍った。

OECDの本部のあるこのパリ電は、OECD諸国の平均で「歳入全体に対する消費税の割合は二〇〇五年に一九九五年より一・二ポイント高い一八・九%に上昇した」と強調している。しかし、日本で手に入る最新の右記の『消費税の傾向』でも、二〇〇二年にすでにOECD加盟国の平均が一八・九%になっていた。それに「消費税高まる」という見出しと違って、この報告によれば、一九六五年の一三・五%から一九九五年の一七%まではほぼ一本調子で上昇してきたが、二〇〇〇年の一八・

五%から頭打ちになっている。

この記事は「日本と米国は〇五年度でそれぞれ九・五%、八・〇%。消費税の割合が二ケタに満たないのは日米だけだ」と強調している。日経の増税路線を裏付ける格好な統計のようだが、ここで引用している『消費税の傾向』によれば、二〇〇四年で日本は割合は一五・四%で、米国は八・四%だった。同報告書のミスプリントなのか、同紙の社論に沿うための「デタラメ記事」なのか、読者はとまどっただろう。

同紙はかつて、日本の公共事業を小さく見せるために、欧州諸国で日本より大きな公的な住宅建設投資を差し引いた財務省のでっち上げ統計を、それと知りながら引用した「前科」がある。同紙に限らない。霞が関は各種国際統計やさまざまな予測についてしばしば「加工」を行っているが、日本のメディアはそのまま伝えていることが多い。

真実から遠く離れて

右記の諮問会議の次回は一〇月二五日に開かれ、また四人の有識者議員が、基礎年金を二〇〇九年度までに国庫負担分を現在の三分の一から二分の一に引き上げることになっていることについて、さらに提言の文書を提出している。各メディアが報じたところによれば、全額を税方式にすると、これまで保険料を払っていない人を含めて六五歳以上の全員に給付するには一六兆三〇〇〇億円、消費税率で約六%分の財源が必要だという。

さすがに、翌二六日の北海道新聞はその社説で、諮問会議が前回に現在の医療・介護の給付水準を維持するには消費税を最大一七%まで引き上げる必要があるという試算を提示したばかりだ、と指摘して、「単純に積み上げると将来の消費税は二〇%をこえることになる。あぜんとしてしまう数字だ」と書いている。

続けてこの社説は、「こんな数字が次々と出てくるのでは、消費税増税へと世論を誘導しようとしていると疑われても仕方がない」と述べた。全体に、地方紙の多くが全国紙の大半より市民の目線で報道し、論評しているが、この社説はその例の一つだ。

そして、ここでは詳細な中身に立ち入らないが、こうした高水準の消費税は、日本経団連が「奥田ビジョン」や「御手洗ビジョン」でとっくに要求していたものだったことを強調したメディアはほとんど見当たらなかった。

それに、年金を含めた社会保障というのであれば、ほとんどのメディアが無視した国際的な比較も報道されるべきだったろう。OECDのファクトブック二〇〇七年版によれば、統計のそろう二〇〇三年で、国民総生産(GNP)に対する年金や医療など社会保障費の割合はスウェーデンが三一・三%、フランスが二八・七%、ドイツが二七・六%、イタリアが二四・二%で、低い方からみていくと格差大国の米国は一六・二%、日本は米国に近い一七・七%に過ぎない。こうした指摘を欠いた増税報道は真実から遠く離れている。

土台から崩れる日本

そして、これまでみた国際比較のデータは収集と計算に時間がかかる。小泉・安倍両政権下で当時の竹中平蔵経済財政担当相と四人の有識者議員が仕切る諮問会議が主導して吹き荒れた「構造改革」の結果、そしてメディアの大半が発表ジャーナリズムによって諮問会議の「広報部」に堕している間に、国民の大半の生活がかつてなかった不安の増大に襲われたことを強調したい。

労働条件の悪化と正規・非正規労働者の格差拡大、賃金の低下と格差の拡大、増税、年金、医療、介護など社会保障制度における国民負担増と給付減、都市と地方の格差。社会不安の原因を数え上げれば切りがないほどだ。

そうした悲惨な事態の深刻さを衝撃的に国民に突き付け、今日では「貧困」というおぞましい言葉をお茶の間言葉にしたのは、二〇〇六年二月にOECDが発表した『対日経済審査報告書』だった。新聞やテレビの扱いは地味で、ピント外れだったが、日本の「相対的貧困率」はすでに二〇〇〇年の時点で、OECD加盟国の先進諸国中、米国に次ぎ二番目に高かったことを明らかにした。

これは、一八歳から六五歳までの生産年齢人口の「可処分所得」の分布の中央値の半分以下の所得しかない人口の割合を算出したものだ。極端な貧富の差で悪名の高い米国が最悪で一三・七%、二位の日本はそれとほとんど同じ一三・五%と際立って高い数値だった。報告書が明白に示しているのは、戦後の日本を象徴した「一億総中産階級」というスローガンは完全に過去のものとなったことだ。

ちなみに、報告書によれば、他のG7諸国の相対的貧困率は高い方から順に、イタリアが一一・五%、カナダが一〇・三%、英国が八・七%、ドイツが八・〇%、フランスが六・〇%だった。

ここで重要なのは、報告書は、貧困に象徴される格差の拡大の原因として、非正規労働の拡大による労働市場の二極化を挙げ、日本に対して正規労働者と非正規労働者の二極化を賃金の同一化や正規労働者の増加など「包括的な取り組み」で是正するよう求めたことだ。

加盟国の統計が出揃うまで待たなければならないOECDの常で、この報告書の対象も二〇〇〇年と時間差がある。ちなみに、同書の発表当時ですでに明らかになっていた厚生労働省の「国民生活基礎調査」の二〇〇二年の所得で計算すると、日本の相対的貧困率は一六・七%で、急速に日本の貧困化が進んでいることは明らかだった。

そして、OECDの報告書は日本の格差問題の原因をあぶり出すもう一つの重要な指摘をしていた。日本の可処分所得をもとにした相対的貧困率が高いのは、欧州諸国が税の再配分・社会保障給付によって低所得者の可処分所得を引き上げ、その結果として貧困率を低くしていると指摘していた。つまり、日本は再分配機能が極めて貧弱で、貧困率がそれだけ高くなっているというのである。

強者の勝利　多くの働く市民が苦吟するなかで、大企業の経営者たちは「わが世の春」を謳歌していることが、大田弘子財政担当相が〇七年八月に発表した〇七年版の『経済財政白書』で確認された。同白書によると、資本金一〇億円以上の大企業の役員報酬は、七〇年後半から二〇〇〇年初頭までは、従業員給与の二倍から三倍だったが、〇二年から急上昇し、〇五年には実に四・七八倍と約五倍になった。

小泉元首相や竹中平蔵前経済財政担当相が叫び続けた「改革なくして成長なし」という米国直輸入のグローバリズム、市場原理主義のスローガンに、多くのメディアが同調してきた。しかし、その構造改革路線では、小泉政権の〇三年度から福田政権の〇七年度の五年間で、中央社会保障推進協議会の計算によれば、国民への税負担は、配偶者特別控除の一部廃止、老年者控除の廃止、公的年金控除の縮小、高齢者の住民税非課税限度額の廃止、定率減税の半減から全廃などで約五兆二〇〇〇億円の大増税になっていた。

一方、大企業や富裕層への減税は、主なものを拾っても、研究開発費減税、IT投資減税、連結納税制度の創設、欠損金の繰越期間の延長、株式配分などの減税、相続税・贈与税の減税、減価償却費制度の見直し、証券優遇税制の延長など減税のオンパレードで総額は約四兆六〇〇〇億円である。

国民への税負担がそっくり大企業や富裕層の減税をまかなった構図が浮き彫りになっている。

しかも、それだけではない。社会保障制度の分野で国民の負担増と給付抑制政策の結果、これも中央社会保障推進協議会の集計では、〇二年度から〇六年度までの間に多くの国民に七兆二〇五〇億円もの負担増が襲い続けた。その中身を挙げると、あらためて負担増の情け容赦のなさに驚く。いちいち年度を挙げないが、先からの順になっている。

(1)医療保険法改定で世帯主本人の窓口負担を二割から三割に、(2)雇用法改定で保険料値上げ、給付減額、(3)介護保険法改定で保険料値上げ、(4)年金保険法改定の物価スライド制導入で年金額引き下げ、(5)年金保険法の改定で厚生年金、共済保険料値上げ、(6)生活保護法の改定で、老齢加算縮減、(7)さらなる年金保険法の改定で、厚生年金と共済保険料の値上げ、国民年金保険料値上げと給付減、(8)さらなる雇用保険法の改定で保険料値上げ、(9)さらなる生活保護法の改定で老齢加算廃止、(10)さらなる介護保険法の改定でホテルコスト導入、(11)さらなる介護保険法の改定で母子加算縮小、(12)障害者自立支援法の改定で応益負担化、自己負担の強化、(13)この期間で三度目の介護保険制度の改定で保険料値上げ(全国平均で約二四%)と際限もなく続いた。

こうした負担増は高齢者や障害者など国家がもっとも手厚い保護を差し伸べなければならない、いわゆる「社会的な弱者」に、もっとも激しい打撃を与え、与えようとしている。これが先進国なのだろうか。

日米軍事一体化への道　ほかにも日本のメディアが国民の

「知る権利」に応えていない分野が数多くあるが、その最大のブラックホールの一つは間違いなく米軍と自衛隊の一体化問題である。

広範にわたる問題だからここで全体像を論ずることはできないが、一本の法律を通してその一端をのぞいてみよう。自民、公明の両党が〇七年五月二三日に参議院本会議で強行採決した「在日米軍再編促進法」である。

その中身をざっとさらってみると、第一に、在日米軍の再編に伴う米軍基地の建設・拡大、部隊や訓練の移設や拡散、自衛隊基地の米軍使用などで負担が増す各自治体に対して、「再編」に応じれば「交付金」を与えるというものだ。応じないと、基地と関係ない事業への国の補助金までカットするという露骨な買収と恫喝の政策だ。

第二には、すでに両国間で合意ずみの在沖縄海兵隊のグアム移転費用約一兆二〇〇〇億円のうち約七三〇〇億円を日本が負担する仕組みを法定化したことだ。

在日米軍の再編が、ブッシュ政権が始めた世界規模の米軍再編の一環である。米ソ対決は過去のものとなり、二〇〇一年九月一一日の米同時多発テロに象徴されるイスラム系のテロの拡散、中国やインドの台頭、中央アジアやアフリカの資源の重要性の高まりやテロの可能性など、米国は過去の欧州・大西洋重視の戦略の見直しを行った。

その結果浮かび上がってきたのは、米国は自らを盟主とし、米国の世界的な権益を最優先で守るため、世界のあらゆる地域でテロなど多様な脅威に対して核兵器使用も含む先制攻撃など、多様な攻撃で殲滅するという新たな軍事戦略である。そのため、同盟国と関係を強化し、基地網の戦略的な拡大・強化と戦略目標の共通化の必要性がうたわれている。

日本との関係でいえば、米国防総省が〇一年九月に発表した『四年毎の国防計画の見直し』で初めて飛び出した、中国と北朝鮮を含む北東アジアから東南アジア、中央アジア、南アジア、中東、アフリカに及ぶ「不安定の弧」に米国が対処するために太平洋地域への軍事力の展開と強化に力を入れ、そのパートナーとして日本を重視するというものだ。

ところで、日本のマスメディアが政権といっしょに呪文のように唱える「不安定の弧」や「対テロ戦争」はブッシュ米政権の造語にすぎない。日本のメディアは米政権のゆがんだメガネを外すと、違った世界が見えてくるはずだ。

その米国主導の日米パートナーシップの具体的な中身は、両国間の一連の外交・防衛担当相の会談である日米安全保障協議委員会(ツー・プラス・ツー)で米国が打ち出した世界戦略を日本がそのまま丸呑みにするという形で決まってしまった。これが独立国だろうか。

ここで本項の冒頭に言及した「在日米軍再編促進法」に戻ってきた。「ツー・プラス・ツー」などの日米間の合意文書によれば、在沖縄海兵隊のグアム移転は、沖縄の負担軽減など口実に過ぎず、本質は米軍の対応能力の強化の一環に過ぎないことを示している。

　実際に、〇六年七月に米太平洋軍司令部が発表した『グアム統合軍事発展計画』は、在沖縄海兵隊のグアム移転は、米国の国益優先の安保戦略に基づき、「グアム基地とグアム駐留米軍の全体的な再編・強化の重要な一部」とされている。グアムのアンダーセン空軍基地には三四〇〇メートルと三二〇〇メートルの巨大な二本の滑走路が整備されており、米国の長距離戦略爆撃機まであらゆる軍用機が離着陸できる。アプラ海軍基地には空母が接岸でき、攻撃型原子力潜水艦も配備されている。

　グアムは米太平洋軍の軍事力がアフリカ東岸からハワイにいたる守備範囲に出撃するには沖縄よりはるかに距離的に有利な位置にあるのだ。何のことはない。在沖縄海兵隊のグアム移転は、グアムへの米国の陸・海・空・海兵隊の統合・強化の一環なのだ。なぜ、日本は移転費用を払うのかという基本的な検証が日本のメディアからほとんど抜け落ちている。

　全体をみれば、これは自衛隊の米軍への一体化、あるいは吸収であり、これらの合意文書でカバーされる米軍と自衛隊の行動範囲に一切の限定がない。これはまた自衛隊の際限のない強化であり、日本の軍事国家への道が開かれたのである。

　条約に基づかない、つまり国民が選んだ国会が関与できない日米軍事力の一体化と強化なのである。こうした合意がそのまま実行されたら、日本国憲法、とくにその第九条の蹂躙であり、軍事国家としての日本の忌まわしい誕生だろう。これは、実態的には、日本の「再占領」であり、「植民地化」への道ではないだろうか。日本のメディアはこうした事態に木鐸を鳴らし続けただろうか。国家主義的なメディアほど米国化を煽り、自公政権の尻を叩いてきたのは自己矛盾ではないのか。

　日本はどこにいくのか。日本はまさに曲がり角に立たされている。こんな事態に至ったのも、繰り返すが、マスメディアが市民に多面的な真実を十分に伝えてこなかったことにある。それどころか、真実を隠し、市民を誤った方向に誘導しようとするメディアさえあることを強調したい。

　日本のメディアは、七〇年前の盧溝橋事件から一九四五年の太平洋戦争の敗戦まで、真実を伝えず、国民の「戦意」を煽ってきた過去がある。それが、いま大本営もないのに、メディアはなぜ市民の知る権利に十分に応えようとしないのか。なぜ社論に反する「不都合な真実」を隠し、無視するのか。

　戦後日本の重大な岐路にあたって、メディアはその報道機関としての役割があらためて問われている。このままでは、大半のメディアは国民から見放されるだろう。本欄はそうした時代認識に立ち、来月号から、メディアが何を伝え、あるいは伝えなかったか、どんな論評をしたかを記録し、批評するメディア・ウオッチングを始める。これは同時に、予想される激動の時代の記録にもなると信じている。

メディア批評の原則

　メディアはどうあるべきか。批評に

あたっての物差は次の通りである。

(1)報道に当たる者は、市民が自分の生活や人生を考え、より**自由、平和で民主的な社会と平和な世界を求めるにあたって必要な情報を市民に代わって、国の内外で十全に集めるよう努め、市民の立場に立って**報道する。換言すれば、権力を監視し、声なき声をすくい上げて報道することを心がける。

(2)その報道は、**発信元の情報に寄りかからず**、関連する情報を多面的に集め、発信元の情報(例えば、政党や官庁の発表)を否定、あるいは批判する報道になることもありうる。それが真実であればそのまま伝える。日本に多い「発表ジャーナリズム」はこの対極にある。

(3)以上を換言すれば、**「事実」と「真実」を峻別する**。これはあらゆる報道に当てはまる。例えば、イラク駐留米軍が、反政府分子五〇人を殺害したと発表した。それを報道するのは「客観的な事実の報道」と主張される。しかし、出来る限り多様な情報源に当たり、現場で取材すると、殺害されたのは反政府分子ではなく、結婚式に集まった親族や近隣住民だったことが明らかになる。それが「真実」である。ジャーナリストは、真実を追及するのが任務である。

(4)現代のジャーナリズムは、その**アジェンダ・セッティング**(課題設定)機能を重視しなければならない。時代の様々な問題をできるだけ多角的な視点から報道し、つまり真実を報道し、市民が主体的に問題を解決するための材料を提供するように努めなければならない。メディアが多面的な真実を伝えなければ、国民は自らの問題を認識することができず、合意形成を目指して日々に直面する問題を解決することができない。

(5)ジャーナリストは、報道にあたっては、あらゆる集団、個人から**独立した立場**を維持する。取材先と癒着するのは最悪である。報道機関内部でも、個々の記者やプロデューサーたちの活動の自由は保障されなければならない。

(6)記事は**検証可能**でなければならない。「筋」とはだれか。「有識者の間に」とは誰か、少数でも具体的な名前を挙げる。匿名にする場合には、相手の情報がミスリードする目的だったことが明らかになったときには、実名を出すという条件をつける。

(7)取材にあたっては、関係者の**人権**を最大限に尊重しなければならない。とくに犯罪報道にあたっては、警察情報だけに頼ることは避けるべきである。

(8)メディアは、編集者への手紙、あるいは視聴者の意見を、批判的なものも含めて掲載し、あるいは放送して、**市民に議論の場を提供する**とともに、自らへの批判に常にオープンであるように努力しなければならない。

(9)メディアは、時の政府や政党、企業などの**宣伝機関に堕しないように**常に注意し、また特定の社論に基づいた「提案」報道は差し控え、報道にあたっては社論と異なる事実も集めて掲載し、真実の追及に徹し、読者の「知る権利」を十分に満たすことを目指さなければならない。

⑽私たち人類が目指してきたのは、世界の人々、その一人ひとりがそれぞれに充実した人生を送れるようにすることである。そのためには世界に**平和**が必要なことを、過去から現在にいたる戦争が示している。幸い、日本には平和と民主主義をうたう憲法がある。日本のジャーナリストは、平和な日本と世界を念頭に報道し、論評することが望まれている。

⑾ジャーナリストは、自らの**良心に忠実**でなければならない。

なぜ「渡邉ジャーナリズム」への批判がないのか……二月号

「(五十五年の)保守合同のようなことを二人の党首がやってくれると期待した」「経緯をすべてばらしたら、大変な迷惑を受ける人がいて、次の展開に邪魔になるから、今は書かない」「新聞記者が話に介入して書かないのはけしからんと誹謗中傷を浴びているが、いずれは全部書く。そのタイミングを探っている」

渡邉恒雄・読売新聞グループ本社会長兼主筆は〇七年一二月五日、東京都内で開かれた中川昭一・元自民党政調会長のパーティーであいさつ、先の二回にわたった福田首相・小沢民主党代表の党首会談実現で、仲介者の役割を務めたことを、公の場で初めて認め、こう語った。このあいさつを翌六日、短信風ではあるが、地方紙も含めて各紙がそろって報じたが、今回もまた、読売は記事にしなかった。

渡邉主筆の行動は、早くも一一月三日、朝日、東京が推測記事のなかで、実名とともに示唆していた。その後七日、小沢氏が、いったんは表明した代表辞任の意向を撤回、続投の会見を行った際、党首会談は「さる人」から持ちかけられた話だと明らかにすると、翌日から、新聞はもちろん、テレビから週刊誌にいたるまで、多数のメディアに「さる人」は渡邉主筆だとする情報が氾濫、中には毎日OBの三宅久之・元政治記者(九日・テレビ朝日「スーパーモーニング」出演)のように、そのことは本人から聞いたとする証言さえ出現する事態となった。だが、読売は、これらの情報の真偽を、その間だけでなく、自社の主筆本人が「あれは私だった」と公式に言明した今にいたっても、紙面で明らかにしない。いったいこれはどういうジャーナリズムなのか。

この件に関する読売本紙の報道・編集は、渡邉主筆の考え方と行動に強く規制されてきた。最初の党首会談後の一〇月三〇日の夕刊は、朝日・毎日が、民主党から「大連立」が出てきても拒否するよう求める、伊吹文明・自民党幹事長の首相に対する事前のダメ押しを重視したのに対して、読売は、会談後の首相の「小沢代表に協力的な姿勢を感じた」とする談話を前面に押し出し、紙面をつくった。翌三一日朝刊の社説は、朝日・毎日が密室の党首会談より国会の党首討論をしっかりやれ、と主張したのに対して、読売は「党首会談『新たな政治』を構築できるか」と、会談に期待を抱かせるもので、加えてこれと同じページに並置した企画報道「スキャナー」欄で、早々と「大連立」をほのめかした。

こうした読売の報道・編集の姿勢は、主筆みずからが執筆したといわれる八月一六日の社説「大連立　民主党も『政権責任』を分担せよ」に始まり、その後の「安倍改造内閣　必要な政策の遂行に邁進せよ」(同二八日)、「臨時国会　民主党の『政権能力』が試される」(九月九日)、「安倍首相退陣　安定した政治体制を構築せよ　大連立も視野に入れて」(同一三日)を経て、会談不調直後の「党首会談　政策実現へ『大連立』に踏み出せ」(一一月三日)、「小沢代表辞意　それでも大連立を目指すべきだ」(同五日)まで、計六本の社説で「大連立」キャンペーンを展開したところに、よく表れている。

さらに、一ページを使った大型解説「基礎からわかる『大連立』」(一一月一〇日朝刊)、社説ページ「スキャナー」欄の「ドイツ・メルケル政権二年　大連立で安定推進」(同一一日)、朝刊一面オピニオン寄稿コラム「地球を読む」の「衆参ねじれ『国会動かす』改革協議を」(同一九日。佐々木毅・前東京大学学長寄稿。大連立を支持)などなど、手を替え品を替えて読者に「大連立」への賛同を促す記事を、多数掲載してきた。一二月二日朝刊の投書欄には「十一月の読者相談」とタイトルをうった、月間の未掲載投書傾向をまとめたリポートが載ったが、そこには「大連立」問題に読者から大きな反響があり、反対の声や疑問を寄せる投書も多かった、と記されている。だが、目を引いたのは、一一月八日掲載の投書、小沢続投批判と大連立賛成の二通だけだった。

奇妙なのは、本誌前号掲載の第一回「メディア批評」でも触れた、読売の一一月四日と五日(いずれも朝刊)の小沢批判とも取れる記事だ。前者は一面トップで「『大連立』小沢氏が提案」と報じたもので、この記事に怒った小沢代表は四日の会見でこれを否定、「事実無根だ。私の政治的抹殺、民主党のイメージダウンを意図した誹謗中傷報道だ」と抗議した。すると五日の一面は、「複数の関係者」から取材した報道であり、「事実無根」「誹謗中傷」と批判されるいわれはない――報道機関としての逸脱があるというのなら、具体的に指摘せよ、と反論する政治部長の署名入り手記「自ら真実を語れ」を載せ、さらに「『小沢副総理』一度は合意　党首会談　閣僚、自一〇・民六・公一」と、閣僚配分まで彼は承知していたのだと示唆する、追い討ちともいうべき記事も掲載した。渡邉主筆自身が「複数の関係者」の単なる一人どころか、言い出しっぺともみられる仲介者だったことがわかった現在、これらの記事はいかにも白々しい。その報道・編集に当たった記者は、まず自紙の主筆に取材すべきだったのだ。

読売は「大連立」を裏切った小沢代表と民主党に厳しく向き合う。一一月八日の社説は「小沢氏辞意撤回　民主党の未熟な体質が露呈した」となり、同九日には「ドキュメント　民主混乱」が始まる。同一三日には、一〇・一一の両日実施した世論調査の結果を「小沢氏続投　五六％否定的」と一面で報じる。だが、中面の細かな集計表をよく見ると党首会談における肝心の「大連立」については、「連立政権を作る　一二・〇％」「政策ごとに協議する　六五・七％」「協議する必要はない　一六・七％」とする回答で、連立支持はほんのわずかだった。また、代表続投に不満でも、民主党支持率は上昇していた。

このような読売の報道・編集の実態から見えてくるのは、仕事に携わるあらゆる部署の多くの人間たちが、筆政を統《す》べる首領の意を体し、彼の政治工作の成功のため、それに没頭する彼の存在や行動の跡を秘匿するとともに、紙面の細部にわたるすべてを動員、一糸乱れず連携し合い、首領の思惑に合致する情報活動に、日夜いそしんでいる光景だ。一千万部を擁する巨大新聞の不気味な迫力がうかがえる。

問題は、このような新聞社経営責任者にしてジャーナリストでもある渡邉会長兼主筆と読売新聞に対して、同僚新聞各社がきちんとした批判的態度を、いまだに明確にしていないことだ。確かに、中立を旨《むね》とすべき新聞やジャーナリストが自ら政治工作の当事者となり、その行為を報じないのは報道倫理にもとる、とする程度の批判は各紙紙面に見られるようになった。だがそれらは、いわゆる識者の談話で、しばしば渡邉主筆の行動も是認できるとする識者の談話と両論併記的に紙面化される場合が多い。当の新聞自身の見解はどうかといえば、たとえば、朝日社説「『大連立』仲介　読売で真実を読みたい」(一一月一〇日)、毎日社説「『さる人』の説明が聞きたい」(同一三日)など、一見磊落《らいらく》を装っているかに見えるが、実は渡邉主筆を遠巻きにしている観が強い論評しか目にすることができない。毎日はこのほかにも、編集委員が手紙形式で「前略　渡邉恒雄様　それでも終生一記者ですか」(同一二日)など、いろいろと批判を試みているが、依然として手緩い感じが否めない。一二月六日、自分が仲介者だと認めた渡邉主筆が「いずれ書く」と語った報道が広がると、朝日はメディア欄で「報道と政治　距離感は」の企画報道を行い(八日朝刊)、毎日は三ページに及ぶ「読む政治　検証・大連立構想」の特集を掲載した(一二日朝刊。「大連立」の政治的意味を探るのが主眼で、ジャーナリズムのあり方を主題とするものではない)。しかし、これらにも同様の不満が残る。

〇七年一〇月、恒例の新聞週間に際して、渡邉主筆は新聞協会が新聞の発展に対する長年の功労を称えるために贈る新聞界最高の栄誉賞、「新聞文化賞」を受賞した。この賞は今回、朝日の中江利忠元社長にも贈られた。こうしたしがらみの中では、渡邉ジャーナリズムを徹底的に批判し、その弊害を克服していくのはむずかしいのだろうか。しかし、渡邉主筆に促され、首相代理として小沢氏に使いし、会談に応じるよう勧めた自民党の森喜朗・元首相は、依然として「大連立」を期待し、そのために尽力する姿勢をみせている(一二月一六日朝刊。読売・日経・毎日)。渡邉主筆自身も「次の展開」を考えていることは、一二月五日の発言で明らかだ。これに対して他紙はなす術もなく、なりゆき任せで「大連立」実現を迎えるとしたら、独り読売だけでなく、新聞界全体が、この国の政治ジャーナリズムはなんだといわれ、読者の不信と海外新聞界の蔑視とを招くことになるだろう。

新聞が政治に影響力を及ぼすのは当たり前のことだ。それができないようでは何のかんばせあっての新聞かといいたい。だがそのやり方は、渡邉・読売流の自称「提言報道」、「アドボカシー・ジャーナリズム」(advocacy journalism)ではだめだ。欧米のまともな新聞は、自分の意見・主張を率直に述べるために、社説と並べて「編集者への手紙」欄を設け、反対意見にも紙面に登場の機会を、しっかり与えている。さらに社説ページの反対側のページ(opposite editorial page オプエド=OP-ED と略称される)に識者、専門家、特定の問題の利害関係者などからの自由な見解の投稿を受け入れ、掲載する。読売の流儀は、自分の意見やそれに与する論者の見解は載せるが、有力な反対者の意見はいっさい載せないというものだ。読売ほどではなくても、ほかのどの新聞も、外部への開放性がないのは似たようなものだ。こういう弱点を克服、読者の支援も得て、本気で渡邉主筆のやり方に対抗しないと、日本のジャーナリズムは大変なことになるのではないか、と危惧する。

「大連立」派の、新テロ特措法実現、在日米軍再編=日米軍事一体化促進、消費税大幅引き上げ、アジア覇権・価値観外交推進、改憲、保守再合同を狙っている気配も、重視せざるを得ない。政界の「大連立」派は当然、言論界の操縦、国民教化のために、新聞界に大きな影響力を持つ同志の行動力に期待を寄せるはずだ。これらの政治的課題に対して新聞それぞれが、どう対処すべきかも問われている。

ＮＨＫ「民・民人事」と歴史認識

ＮＨＫ会長交代劇と不祥事　ＮＨＫの新会長にアサヒビール相談役の福地茂雄氏が就任した。彼を強力に推したのは経営委員長の古森重隆氏（富士フイルムホールディングス社長）、ふたりは旧知の仲、財界人コンビの腕と知恵で難破寸前のＮＨＫを救助しようということらしい。

一月二五日の就任会見に対する各紙の反応。朝日新聞は、福地氏が「まったく未知の分野。つめの先ほどもわかっていない」と発言したことに批判的。他紙は、「信頼回復　最大のミッション」（毎日）、「突然の起用に不安はある」（読売）、「〝負の連鎖〟を断ち切れるだろうか」（産経）、「課題山積　険しい船出」（東京）など、新会長が未知数であることへの不安と、地に堕ちたＮＨＫに「外科手術」をという期待が入り混じっている。ただし気になるのは、各紙も同じメディア危機の中にいるという自覚が欠如していることである。

以前にもこれと同じようなことがあった。「民・民人事」と「お友達人事」という二点においてデジャヴュである。いまから二〇年前、当時の経営委員長磯田一郎（住友銀行会長・経団連副会長）が神戸二中、三高の同窓生だった池田芳蔵（三井物産相談役）を会長に起用した。その池田氏は国会で問題発言を連発し早々に退任、磯田氏も任命責任をとって辞めた。ただちに連想するのは、安倍晋三前首相の「お友達人事」と閣僚スキャンダルの連発、そして安倍氏本人の政権の投げ出し。古森氏をＮＨＫの経営委員長にすえたのはその安倍氏である。

こんな新旧会長の交代劇のさなか、ＮＨＫ記者、ディレクターによる株のインサイダー取引が明らかになった。取材源の悪用に弁解の余地はない。ジャーナリズムの基本倫理たる取材源の秘匿など思いもよらない体たらくだ。

橋本元一会長が任期をわずか一週間残して謝罪会見に臨んでいる姿を見て、この人物の三年間を思わざるをえなかった。受信料の徴収率は曲がりなりにも上昇に転じ、視聴率も堅調ないしは好調、記憶に残る番組もいくつか出た。この三年は「大過なく」と締めくくられるところであったが、そうはならなかった。なぜこのタイミングで不祥事が明るみに出たのか。この組織は上も下も深いところで腐食しているのではないか。

外部から会長が来るについて、ＮＨＫ内部の声が聞こえてこない。彼らはひたすら沈黙を守って顔を見せない。言論機関の中に言論の自由はないのか。

そこで、この半年ほどの経営委員会と会長以下NHK執行部との葛藤の跡をたどり直してみた。経営委員会の議事録に分け入ってみると、そこには沈黙とはほど遠い対立の構図が見えてきた。

政治的中立の「悪夢」

経営委員会と執行部の最初の摩擦が表面化したのは去年九月一一日のこと。古森委員長は執行部に「選挙期間中の放送については、歴史ものなど微妙な政治問題に結びつく可能性もあるため、いつも以上にご注意願いたいと思います」と切り出した。翌日、安倍首相が突然辞意を表明するとは夢にも考えていない発言である。そして、次のように念を押した。「NHKは、放送法に不偏不党が謳われているわけですから、政治的に中立でなくてはなりません。その観点から選挙期間中の放送については、特にバランスを考えていただきたいと思います」。

与党の参院選大敗の原因をメディアにすりかえかねない物言いに、さすがにNHK幹部も抵抗し、会長は記者会見で不快感をあらわにした。古森氏も会見に臨み、「政治的中立」発言はあくまでも「一般論」であることを強調、選挙期間中の番組がなにを指すのかをついに明らかにしなかった。その挙句、NHKの番組をあまり見ていないと嘯《うそぶ》いた。これに対して記者たちから一斉にブーイングがあがったとは聞いていない。舐められたものだ。

放送法の第一条は「放送の不偏不党、真実及び自律を保障することによって、放送による表現の自由を確保すること」と規定している。したがって古森氏はこう言うべきだった。「NHKは、放送法に不偏不党が謳われているわけですから、外圧や働きかけによって左右されず、放送の自主自律を堅持してほしい」と。

「歴史番組の政治的中立」というフレーズに、古森氏とNHK幹部の双方に、ある「悪夢」がよぎったはずだ。ETV2001「シリーズ戦争をどう裁くか　第二回問われる戦時性暴力」(〇一年一月)にかかわる一連の記憶である。当時官房副長官だった安倍晋三氏が、事前に官邸を訪れたNHK幹部に向かって「持論(歴史認識)」を述べ、女性国際戦犯法廷を「中立に」扱うことを求め、それが番組改変につながったとされるあの事件。わずかに東京新聞がその点にふれて古森氏の発言を批判した。「NHKが二〇〇五年一月、政治的圧力を受けて番組が改変されたと朝日新聞に報じられて以来、『政治との距離』の点で、たびたび批判されてきたことを考えれば、配慮を欠いた感は否めない」(〇七年一〇月一〇日付)と。

調べてみると、参院選の期間中、古森氏が懸念するような歴史番組はなかった。

筆者は、八月二九日の経営委員会に、「歴史番組の政治的中立」発言の火種があったと考える。この日、橋本会長は夏の終戦記念番組が好評だったことを縷々《るる》報告した。NHKスペシャル「日本の、これから～考えてみませんか憲法第九条～」「東京裁判～Ａ級戦犯は何を語ったか～」「東京裁判～パール判事は何を問いかけたのか～」などが評判になり、特に憲法九条を論じた番組では多くの反響が届いていると補足した。考えてみれば、これらはことごとく古森氏を委員長に推した安倍晋三首相の歴史観を逆なでするようなテーマであった。古森委員長は橋本会長の〝自慢話〟に反応したのかもしれない。

「備忘録」の流出　水面下の不協和は会長人事に際してついに外に漏れた。一二月一九日、新会長の名前が発表される六日前、二人の経営委員菅原明子氏と保ゆかり氏が古森委員長の強引な議事運営を不服とし、急遽記者会見を開き、会長人事にかかわるやりとりを「備忘録」として配布した。

後日、古森委員長と何人かの委員は二人の言動を「不見識」と非難した。メディアはこれを「内紛」と報じたが、そこでは構造的な「危機」が問題になっていたのだ。

「備忘録」には不正確な表現が含まれていると言われるが、密室の一端を知る手がかりにはなろう。

それによると、古森委員長はＮＨＫの改革は内部では無理なので外部に人材を求めたいとくり返す。対する菅原委員らは、内部のＯＢを推すが、古森氏は海老沢時代の人は全部だめだと譲らない。つぎに、委員長は各委員に内部か外部かの二者択一を迫った。会長選任には一二人中九人の賛成が必要だが、「備忘録」を読むかぎり、この段階で外部案はまだ採択の条件を満たしていない。続いて、菅原委員が委員長に意中の人の名前を明かすよう詰め寄るが「否定されると本人の面子がつぶれるから」と応じない。菅原氏は「(古森氏が推薦する)その人物がマスメディアに批判されるようなことがあればまた受信料(の徴収率)が下がる」と食い下がる。「備忘録」の最後のところには、古森氏の言葉として「私自身も最初は経営委員長としてマスメディアから大いにバッシングされたが、今ではメディアからも大いに尊敬されている」とある。

拒否された「経営五カ年計画」　この自信の根拠は朝日の社説にある。九月二五日、第一〇五二回経営委員会にＮＨＫ執行部は受信料の一部値下げを盛り込んだ「五ヵ年経営計画案」を提出した。これは総務省から出てきた「受信料義務化・二割値下げ」案への対案であった。しかし、経営委員会はいくつかの点を指摘して承認を拒否した。九月二七日の朝日社説は「ＮＨＫの経営委員会もなかなかやるじゃないか。執行部が出した来年度からの五カ年経営計画案を突き返したと聞いて、そう思った人も多いだろう」と民間企業の現職社長の〝辣腕ぶり〟を持ち上げた。委員長が親方日の丸のＮＨＫにカツを入れたことに快哉を叫ぶ風情なのである。

しかし、経営委員会が執行部につけた注文が、改正放送法(去年一二月)の露骨なメディア規制とリンクしていることを見落としてはならない。

それを略記すれば以下のようになる。

(1)コンプライアンスが不十分。第二コンプライアンス委員会でNHKのコンプライアンス委をさらに監視する(＝メディアの内部統制の強化)
(2)収益性のあるアーカイブスの公開モデルを策定する(＝公共資産の営利転用)
(3)受信料の大幅な値下げ(菅総務大臣が示した二割程度?・)(＝受信料義務化への布石)

あわせて古森委員長は、現執行部を見限るかのように経営委員会内に「ステアリング(舵取り)チーム」なるものを設け、「望ましいレベル」を委員会が示すと言い放った。

一連の注文の中で特筆すべきは、古森委員長をはじめとする一部の経営委員が「国際放送」の充実を執拗に求めていることである。趣旨は、国際放送は単なる情報伝達ではなく、日本の国益に沿ったオピニオンを発信すべしというのである。

「日本の芸術、科学、社会の情報を正確に伝えるのか、あるいは国際社会は国益のぶつかり合いなので、国益のためになることを世界に向けて主張していくのか、原点をもう一度考える必要があると思います」(一一月一三日の第一〇五五回経営委員会・古森委員長発言)

国際放送を「国益放送」にという意向は、「通信・放送の在り方に関する懇談会」(竹中懇談会)の報告書を執筆した岸博幸慶應大学准教授のものとまったく同じである。NHKの五カ年経営計画が経営委員会からつきかえされた直後の一〇月一日の日経記事。「国際放送を巡る覇権争いが激化しているが、それに日本から参戦できるのはNHKだけである。すなわち、NHK改革の成否は二一世紀の世界における日本の存在価値であるソフトパワーの強化に直結しており、国益を左右する重要な問題なのである。経営委員会のさらなる頑張りに心から期待したい」。

国際放送を「覇権争い」に喩え、そこにNHKが「参戦」し、「国益」を達成する。その旗振りを経営委員会に「心から」期待している。世界が日本の情報を待望しているという画餅の「国益放送」論には呆れるばかりだ。

朝日、日経の記事は、経営委員会に自信を与えただけでなく、総務省が進める《官・民によるNHK挟撃作戦》の狂言回しの役をふったことになる。

新会長が問われること

NHKはしばしばBBC(英国放送協会)と比較される。BBCはイラクの大量破壊兵器をめぐる報道で取材上の勇み足を犯し、第三者機関(ハットン委員会)の調査報告を受け入れ、経営委員長・会長がともに辞任した(二〇〇四年)。しかし、その後の展開がBBCのイラク報道の真実性を証明した。英国民の多数は、現在でも、BBCの報道がブレア政権の虚偽を暴露したと評価している。英国民はBBCに政府への諂《へつら》いなど期待していない。

BBCもNHK同様、財源・人事の点で政府の手の届く距離に身を置いており、会長人事も、その時々の政治的な思惑に影響されながら行われてきたことは事実だが、少なくともメディアについて素人同然の人物が選ばれたことは一度たりともなかった。ＢＢＣ東京支局のクリス・ホッグ記者によれば、「メディアの世界と無関係な人物が会長に選択されることなどあり得ない」という。いまのところＮＨＫの経営委員会は、政府との距離のとり方、その識見の水準において、ＢＢＣとは、名称の類似以外、いかなる共通点も見いだせない。

四月には、ＥＴＶ２００１問題に関する最高裁の弁論が始まる。福地氏は安倍氏が事実上任命した古森経営委員長によって推挙された会長である。この陣形にとってＥＴＶ問題は鬼門であろう。メディアには、福地新会長がこの裁判にどのような姿勢で臨むのか、歴史認識もあわせて取材をしてもらいたい。

この二、三年、ＮＨＫは夏の戦争関連で優れた番組を放送してきた。しかし、もしも昨今の編成方針が「羹《あつもの》に懲りて膾《なます》を吹く」という政治家の一時的な処世をあてにしてのことなら、反動はたちまちやってくるだろう。新体制の下でもこれまでのように夏の番組を継続するのか、この点も新会長に質してほしい。

そして、今年は衆議院選挙が必至である。選挙期間中といえども、番組が対立するイシューをとりあげ、自由な討論をすることは公共放送の使命である。各メディアは「選挙期間中の歴史番組」発言を他人事とせず、経営委員会・会長の両者に念を押してほしい。

ただ、間違ってはならないのは、この間の経営委員会とＮＨＫ執行部の対立と見えるものもまた大いなる茶番であるということだ。これまで編集権が会長の占有であるということをもって、さまざまな政治介入や自主規制がなされてきた。視聴者、市民の「知る権利」から遊離した編集権のあり方こそが、根本的に問われなければならないのだ。

その意味で、ＥＴＶ２００１について橋本執行部が裁判戦術に終始し、正確な情報を開示してこなかった責任は大きい。東京高裁の判決は、ＮＨＫが政治家の発言を「必要以上に重く受け止め、その意図を忖度《そんたく》してできるだけ当り障りのないような番組にすることを考えて」改変に及んだとし、いわば編集権の濫用または逸脱を指摘した。ＮＨＫがこれ以上組織防衛に汲々とするならば、昨今の経営委員会の「横暴」は次なる「政治介入」の導入部と見えてくる。ＮＨＫ職員がこのまま声を上げなければ市民・視聴者の支持を失う。

最後に、ＮＨＫの会長を市民の意思で選ぼうという動きがあったことを忘れてはならない。この動きは既定の路線を変更させることはできなかったが、あまりの馴れ合い人事に対する新しい形の対案であった。しかし、マスメディアは相変わらず、後任人事の下馬評や内部抗争に関心を向け、こうした市民の動きに関心が低かった。

ジャーナリズムは、いまＮＨＫに集中的に起こっていることを自らの暗い未来と考えて、市民の声を聞くという本道に戻るときである。

沖縄少女暴行事件、「またか」では済まされぬ……………………四月号

迅速な「処理」「型どおり」の報道　二月一〇日の夜、沖縄の北谷町《ちゃたん》で一四歳の少女が米海兵隊員に暴行されるという痛ましい事件が起きた。翌一一日は新聞の休刊日。第一報はテレビが伝えた。沖縄タイムスは号外で「米兵が中学生暴行――『またか』衝撃走る」と報じた。

筆者も「またか」と思った。一九九五年に同様の事件が発生し、沖縄県民八万五千人が「怒りの集会」を行ったのをまざまざと思いだした。そして、今回の事件が空母艦載機移駐にからむ岩国市長選挙の前だったら、どんな結果になっただろうかとも考えた。岩国といえば、去年一〇月、同基地所属の四人の米兵が、広島で女性を暴行したとして書類送検されたが不起訴になった事件が頭に浮かぶ。

休刊明けの一二日、新聞各紙が夕刊からいっせいに書き始めた。このタイムラグは取材の深さを試す。毎日新聞が一九五五年まで遡って米軍関係の事件史を概括したのを例外として、在京各紙の報道は型どおりだった。各紙が福田首相をはじめとする防衛、外務など政府要人の反応を伝えたが、それらは「私たちはこのように怒りを米側に伝えている」とメディアを介して読者にアピールしているようにしか見えない。

折から、トーマス・シーファー駐日大使はアメリカに帰国中だった。二月七日にはワシントンDCで開かれた日米協会のシンポジウムで基調講演を行い、日米関係は世界で最も強固な同盟関係とぶちあげた直後の今回の事件だった。同大使は事件発覚翌日の一一日、あわてて帰任、一二日には専用機で嘉手納基地に降り立ち、県庁に直行、仲井真弘多沖縄県知事を訪問し「謝罪」した。このときの仲井真知事の対応ぶりが現地で失笑を買っている。用意したメモを棒読みにし、相手に視線を合わせないおどおどした態度に対してだ。前日はリチャード・ジルマー在沖四軍調整官らに対して、知事は二度にわたって握手を行い、あろうことかエレベーターまで「お見送り」をした。

一九九五年当時は、五五年体制崩壊後に誕生した社会党村山政権。外務大臣は自民党河野洋平氏、沖縄県知事は米軍用地強制使用の代理署名を拒み続けた大田昌秀氏だった。米兵たちの身柄引き渡しが遅れたために地位協定に批判が集中した。

今回は米兵が基地外に居住していたため、身柄確保が一三年前とは比べものにならないほど迅速におこなわれた。しかし、メディアはそのスピードについていかれないばかりか、入国者管理の対象にならない米兵が町なかに〝野放し〟にされていながら、その人数もつかめない状態なのである。

そこで筆者は、本誌原稿の締め切りぎりぎりまで報道の流れをウオッチしていこうと思う。

たった四日で幕引きか　二月一三日、事件発生四日目、産経新聞が「沖縄少女暴行　米軍再編への影響回避を」と掲げ、早くも沈静化に動きはじめた。「起きてはならないことがまた起きてしまった。……日米両国は厳正な捜査と再発防止に全力をあげ、政治問題化しないように最大の誠意をもって事件の解決にあたるべきだ」(傍点筆者)。

しごくもっともな書き出しだが、「起きてはならないこと」とは後段の「政治問題化」なのだと読める。だからこそ、「本来、基地負担を減らすための再編計画にブレーキをかけるようでは本末転倒になる」と珍無類の結語にいたるのだ。地元感情を慰撫すると見せて、はしなくも、「本」が米軍再編、「末」が暴行事件であると告白したようなものだ。

それでも、沖縄の危機感は米軍再編で基地移転が予定される地方の新聞に引き継がれている。北海道新聞の一三日社説「米兵暴行事件　謝罪だけでは済まない」は、「沖縄のみならず国内の米軍基地があるまちで、同じような犯罪は後を絶たない」とし、「米軍基地の整理・縮小という沖縄県民の声を真摯に受け止め、実行していく責任が日米両政府にはある」と、最も本質的な問いを発している。また、米兵の身柄引き渡しは凶悪事件に限られ、それも米軍の配慮に頼らざるをえず、二〇〇四年の大学への米軍ヘリ墜落事故では、米軍が地位協定を盾に日本側の捜査を拒否したことを指摘、「こんな不平等な地位協定の見直しも必要だ。ドイツでは駐留米軍に対し国内法遵守が定められている。対等な国同士なら当たり前のことだ。そういう議論を国会でしてもらいたい」と主張している。

シニシズム　事件から五日目、二月一四日の朝日新聞は、被疑者が容疑を否認しているという記事を載せた。「拒まれたので無理強いはしなかった」「相手がいやがっている様子はなかった」。これは間違いなく警察情報である。強姦に既遂・未遂の区別をすること自体がナンセンスだという社内教育はほどこされていないのだろうか。こうした記事が、被害者を二重に傷つけることにどうして思いがいたらないのか。

同日の日経、読売もクールダウンに向かう。日経社説「ひとりの不心得者の行為によって国と国との関係が深く傷つく」。読売社説「たった一人の米兵の心ない行為が日米同盟を揺るがしかねない。……日本の安全保障にとって、在日米軍の抑止力は不可欠である。いかに米軍基地と地元との摩擦を減らし、『良き隣人』の関係を築くかが問われている」。

朝日・読売・日経の三紙連合がこんな形で現れた。「良き隣人」とは、九五年事件をきっかけに在日米兵に期待されるようになった属性である。沖縄在住の女性ジャーナリストSさんが知り合いの海兵隊員に尋ねたところ、急遽ほどこされた「教育プログラム」なるものに、九五年の暴行事件のことが一言も触れられていないことがわかったという。その由来も教えずにどうして「良き隣人」たれというのか。

事件発生翌日には、沖縄にあるテレビ局がニュース番組の中で「夜遊びをする中学生も問題だね」との街録を放送したという。週刊新潮の記者が被害者の自宅周辺を回って「危ない海兵隊員とわかっているのに暴行された沖縄女子中学生」という悪意のこもった記事を掲載した。そういえば、同じ北谷町で二〇〇一年に二一歳の女性が米兵に乱暴されたときも、被害者について周囲から「あれはアメジョ(米兵とつきあう女性)だった」「ミニスカートをはいていた」などと中傷された。

ネット上には、「事件と安保を切り分けろ」「知らない人にはついていくなの教育が足りない」などと賢《さか》しらな言葉が躍りはじめた。なぜ、教育の不足を嘆くまえに、教育が不足している理由を探らないのか。こうしたシニシズムに抗してどこまで取材ができるのか、メディアが試されている。

女性からメディア批判の声

救いのないメディア状況のなかで、二月一七日の朝日新聞に、山田菜の花記者の署名でようやく本質に触れる記事が出た。「被害少女は悪くない——、米兵による性犯罪が起きるたび、『ついてゆく方も悪い』などと被害女性に責任を転嫁し、根拠もなく中傷する物言いが繰り返されてきた。……その風潮が変わらない限り被害はなくならない、との思いから、沖縄や東京の女性団体が抗議行動に乗り出す」。記者は、女性団体など沖縄の人々の生の声を直接伝えようとしている。シニシズムに対抗するためには、ルポルタージュの方法は有効である。記者が集めた人々の言葉を引用させてもらう。『基地・軍隊を許さない行動する女たちの会』共同代表高里鈴代さんの声：沖縄のことも被害者のことも何一つ知らない人たちが、被害者を中傷することだけは、絶対に阻止したい」。「県中部の高校二年生の声：繁華街に出かけると、米兵にプリクラや携帯電話の番号を交換しようと話しかけられることも多い。米兵の友達を作ることが悪いんじゃなくて、悪いのは性犯罪をする人でしょ?」

写真のキャプションには「女子中学生が米兵に声をかけられた、複合商業施設『コザ・ミュージックタウン』前の歩道(沖縄県沖縄市)」とある。決して薄暗がりの繁華街ではなく、どこにでもあるショッピング街である。さりげない紙面だが、男性社会(の紙面づくり)に対する痛烈なオルタナティブを差し出している。そして一九日に北谷町で「危険な隣人はいらない」という緊急女性集会が開かれることを予告した。「良き隣人」などいないというメッセージだ。

「好意的考慮」とは

日米地位協定の改定を求める声に対して、政府はまたもや「運用」で乗り切ろうとしている。九五年の暴行事件の後、日米両政府が殺人や強盗などの凶悪犯罪の場合には米側の「好意的考慮」によって容疑者を起訴前に身柄引き渡しする「約束事」ができたが、法的な根拠はない。今回も地位協定の「改定」ではなく、このまま「運用」で済ますということだ。「好意的考慮」とは、英語で《sympathetic consideration》。米軍施設や要員の費用を日本が肩代わりする奇妙な「思いやり予算」は《sympathy budget》である。なにか馴れ合いの臭いがする。アメリカ側はこれをただフラットに《host nation support》(接受国支援)と言ってのける。言語レベルから不平等感がただよう。女性に対する性暴力も接受国が受忍すべき苦痛だとでも言うのだろうか。

米軍の駐留を認めている諸国の多くは、日本のように占領時代そのままのような地位協定を甘受していない。第二次世界大戦の敗戦国であるドイツとイタリアにしても、主権を主張し、米国と交渉を重ね、少なくとも法律の上では対等な地位協定体制を手にしている。例えばドイツでは、殺人、強姦、強盗については、「公務外」の裁判権は原則としてドイツ側にある。日本では「公務外」の証明は米軍によるが、ドイツではその証明も自国で審査する。日本では米軍基地は治外法権も同然だが、イタリアでも地位協定は改定され、環境問題など様々な案件で米軍基地への立ち入り権や米軍の訓練に対する意見表明などではドイツより進んでいる。

隣の韓国では、米韓地位協定締結(一九五三年)以来、米兵による犯罪が一〇万件に上る。二〇〇二年六月、女子中学生二人が米軍装甲車に轢かれて死亡する事件が起こった。地位協定に守られる米兵は米軍の軍事法廷で無実判決をうけて帰国した。一二月、ソウルで五万人規模の追悼集会が行われ、反基地闘争の様相を呈した。それに、ブッシュ大統領が北朝鮮を「悪の枢軸」と名指し朝鮮半島に緊張をもたらしたことが重なって、激しい反米運動にまで転化した。これらに比べると、日本における地位協定見直しの議論は驚くほど低調である。

アメリカは、殺人・強姦など重大犯罪を裁くための国際刑事裁判所(ICC)規定の署名を拒否している。その一方で、各国との間に二国間免責協定を結ぶべく工作している。これは世界に駐留する米軍や米兵の行動が規制されることへの防御であるといわれる。「対テロ戦争」と称する米軍のグローバルな展開は、沖縄で起きた悲劇が世界大に広がることを示唆している。地位協定の見直しも、このICC問題までを視野に入れて行われなければ、二国間という閉鎖回路から抜け出すことはできまい。メディアは、沖縄の少女暴行事件を、グローバルな「戦争状態」の中で起きた戦時性暴力ととらえる視点を持つべきではないのか。

ここまで書いたとき、二月一八日に沖縄でフィリピン女性が米兵に暴行されたというニュースが入ってきた。「またか」では済まされないところまできている。米兵たちは今まさに戦争をしているのであり、基地とその周辺も戦場なのである。

【附記】 なお、二月号の本欄で触れた法務省による死刑執行の続報だが、鳩山邦夫法務大臣は二月一日、三人の死刑確定囚に対して刑を執行した。昨年一二月七日に三人の死刑執行を行ってからわずか二カ月弱、近年にない早いペースである。これに関して看過できない経緯がある。

実は前夜の一月三一日に、超党派の国会議員でつくられている「死刑廃止を推進する議員連盟」のもとに「あす死刑が執行される」との確かな情報がもたらされたのだ。同議員連盟では急遽、法務省に対して情報の確認と執行の中止をもとめる要請をするとともに、司法記者クラブに対して要請内容を伝えたところ、幹事社(NHK)から「それがどうしたんですか……」と冷たくあしらわれたのだという。この要請について記事にしたのは共同通信と朝日新聞のみ。他社はすべてこの情報を黙殺した。さらには、情報通り翌日、死刑が執行された後の法務省での記者会見で、多くの社の記者から「情報の漏洩があっては死刑の適正な執行が妨げられる。漏洩ルートを調査せよ」との趣旨の質問が法務省当局に浴びせられたのだという。

死刑のベルトコンベアー化。それを支える省庁とメディア。語るに落ちたとはこのような事態を言う。その法相は、鹿児島県議選の買収でっちあげ事件について「冤罪と呼ぶべきではない」と公言した。そのような感覚の持ち主が、死刑執行命令書に署名する国が、私たちの国のありのままの姿だ。

イージス艦事故報道で語られ損ねた軍隊の本質……………五月号

変わらぬ官尊民卑の体質

二月一九日未明、千葉県の野島崎沖で、海上自衛隊のイージス護衛艦「あたご」がマグロはえ縄漁船「清徳丸」と衝突、清徳丸の船体が真っ二つに割れ、漁師の父子二人が行方不明になるという痛ましい出来事があった(執筆時点でも二人は未発見)。全長一六五メートル、七七〇〇トンの最新鋭艦「あたご」の前には、長さ一二メートル、わずか七トンの漁船はひとたまりもなかっただろう。

筆者はちょうど二〇年前に起きた、海上自衛隊潜水艦「なだしお」が釣り船と衝突した惨事の取材に直接関わったこともあったので、デジャヴュのような感覚と同時に、当時の報道ぶりと現在の報道のあり方との差異を実感せざるを得なかった。一言でいうと、怒りの風化の速さという現実である。出来事の根底にあるものは、二〇年前と何も変わっていない。船舶銀座ともいわれる船舶の行き来の頻繁な海域で、軍・自衛隊所属の艦船が「そこのけ、そこのけ」とばかり優先権を丸出しに航行して民間船舶側に途轍もない被害を与える。そのことだけでも、事件の本質に関わる自衛隊の官尊民卑の体質を読みとることができる。

真相究明の過程で、防衛省側からは報道機関に対して次々と事実報告の「訂正」があった。

防衛省は当初、「あたご」側が衝突の二分前に漁船「清徳丸」の緑灯に気づいたとしていたが、事故翌日には清徳丸とみられる赤色灯火を一二分前に確認していたと訂正、「あたご」は漁船を視認後も自動操舵を続けていたことがわかった。衝突一分前になって「あたご」側はあわてて後進をかけ、手動操舵にしていたのだ。一二分間ものあいだ一体何をしていたという批判をかわす「情報操作」を疑われるような動きだった。海上衝突予防法には、相手の船を右手に見る船の側に衝突を避ける行動をとる義務が規定されている。今回の事故の場合、諸証拠から回避義務は「あたご」側にあったと判断されている。防衛省側は、「あたご」の漁船視認時刻について「訂正ではなく、新たな情報が加わった」と会見で述べ、「訂正」という語を使うことを頑なに拒否した。戦前の大本営が、「敗退」という語を拒否して「転進」と言い換えていたことを想起させられる(なお、三月二一日に防衛省が公表した中間報告では、衝突の三〇分以上前に「あたご」の当直員が漁船団をみつけていたことを認めている)。

艦上にいた見張り要員たちは何をしていたのか。防衛省の聴取に対して乗組員らは「緊急性を感じなかった」「そのまま進めば、自分たちの後ろを通り過ぎると思っていた」と供述、危険に対する状況認識がうすかったことも浮き彫りにされた。問題は、この防衛省の聴取なるものである。

海上事故の捜査権は一義的には海上保安庁にある。場合によっては逮捕権まで行使しながら、海保は刑事責任の有無を捜査する役割を担う。「なだしお」事故では、海上保安庁は、艦長と船長の逮捕状をその日のうちにとっていた。今回の事故の場合、捜査中の海上保安庁に無断で、事故当日、防衛省が「あたご」の航海長をヘリコプターで呼び寄せて聴取していたことが明らかになる(二月二七日)。異例の航海長「呼び寄せ」は海幕長の指示によるものだったという。防衛省による捜査妨害、証拠隠滅の誹りを受けかねない動きだ。「証人等威迫罪」に抵触するとの指摘もある。これに関して、石破茂防衛相は、衆院予算委(二月二九日)で、「普通の国の軍隊は、その国の最高の栄誉、最高に厳しい規律が与えられるが、我が国はそうではない。普通の国であれば、軍隊の中に警察が入ってきて捜査するというのは考えられない」と述べ、まるで軍の調査権が警察権を超越するのが、「普通」であるかのような認識を示している。

さらに産経新聞は、ジム・アワー米国防総省元日本部長の寄稿を掲載した。

「大型船が香港であれ、東京湾であれ、入港する際に、漁船のような小型船が周囲に多くある中で操舵して進もうとするのは不可能だ。大型船は妥当なゆっくりした速度で航行し、小型船は大型船を通過させるようにかじを取る。私の知る限り、『あたご』は監視員を艦橋に置くなどした上で、適切なスピードで進んでいた。……(漁船の乗組員が)疲労で居眠りしていたかもしれず、付近にいた他の船からの警告に反応しなかったのではないか、と誰も疑問を示していない。……海自は六年以上、インド洋で燃料補給と海上阻止作戦に尽くし、北朝鮮のミサイル攻撃に備えた日本の防衛の主要部分を担っている。海自は国民から感謝されるのが当然であって、早計、かつ誤情報にもとづくかもしれない批判は適当ではない」(三月五日付朝刊)

デカい船に小さい船は道を譲るのが当たり前だろ、ましてやお国のために働く軍の船だぞ、とでも言いたいのだろう。唖然とさせられる内容だが、同紙のこうした世論喚起の姿勢は、ある意味では、実にわかりやすい。

その産経も、真相究明に関わる記事では鋭い記事が散見された。防衛省が「あたご」の航海長を事故当日の二月一九日にヘリコプターで呼び寄せて聴取していた経緯に関する報道で、同紙は、そのヘリコプターが行方不明者の捜索活動にあたっていたヘリコプターであった事実(護衛艦「いかづち」の搭載ヘリ)をしっかりと報じ、こうしたヘリ利用が捜索よりも「組織内の情報収集を優先した形で批判を招きそうだ」と踏み込んでいた。現場記者の感覚は論説委員クラスより確かだ。

「危機管理体制」の問題なのか

今回の「あたご」事故報道でのもうひとつの特徴は、真相究明よりも、危機管理体制一般へと報道の焦点が拡散していく傾向と、石破防衛相の辞任要求報道へのシフトの速さである。

確かに、石破大臣への報告まで一時間半を要していた危機管理体制の欠陥は明らかなのだが、そのことをいくら追及してみても、事故そのものの本質とはズレた次元での責任追及にしか至らない。事故後すばやく石破大臣に報告が上がっていれば、文民統制がしっかりと機能して早期の救出態勢が出来上がったとは残念ながら思えない。そして危機管理体制一般へと報道の焦点を移行させることによって、事故のもつ軍事優先・民事後回しの事故の本質がボケてしまったとの印象が拭いがたい。石破大臣や福田総理が、テレビメディアを使って、被害者家族らへの謝罪のパフォーマンスを積極的に行うことによって何が起きたか。「再発防止」の護符の下に、今後このような事故が二度と起きないように、大臣は今のたるんだ防衛省の改革に邁進して欲しい、というメッセージが謝罪後の記者団とのやりとりで大々的に示されたのである。

あろうことか、石破大臣は、その後も積極的にメディアに露出し続けて、「あたご」事故を奇貨として、その発生や問題処理における不首尾は、防衛省・自衛隊の指揮・情報系統に根本原因があるとの主張を行っている。制服・背広組の構造を一元的な組織に組み替えていくべきだというのだ。文民統制の根本的な変質にもつながりかねない。転んでもただでは起きないとはこのことだ。事故が防衛省・自衛隊の本格的軍隊化に利用されていく可能性さえある。

毎日新聞の岩見隆夫氏の記事は、この国のベテラン政治記者といわれる人々の思考の深度をよく例示している。

「国防を担う二十六万人の武装集団が起こした事故を、直ちに自身の手で解明するのが当然ではないか。そうでなければ、肝心の国防が心もとないことにならないか。」「自衛隊の実態は軍隊であるにもかかわらず、軍隊になり切れていない。あいまいな姿のまま放置するのは、かえって危なっかしい。」「軍法会議がないからといって、原因の解明ができないはずはない。何を逡巡しているのか。」(三月一五日付朝刊)

旧日本軍は独自の警察権と裁判制度を持ち、この制度のもとで憲兵と軍法会議は、一般の警察と司法制度に優越するものとなり、戦争体制のなかでは、それが直接民間人をも威嚇することになった。これは歴史の真実である。

朝日新聞は、社説で「イージス艦事故　こんなにお粗末とは」を掲載した(三月二二日付朝刊)。タイトルからして、高みにたった冷笑が顔に出ている。しかし、内容はお寒い限り。中間報告を引き写したような書きっぷりは、不祥事の数々をあげつらうような外見を保ちながら、その筆の赴く先は、身内の不出来を嘆く趣なのである。「最新鋭のハイテクに頼り切りで、隊員の士気や練度に問題はないか」。読売・産経が自衛隊を軍隊に吊り上げたい気分を露わにするのと対照的に、軍隊らしく「しっかりしてほしい」という老婆心がにじみ出ている。不祥事からコンプライアンスの強化へと雪崩れこむ傾向は、一般企業からNHKへ、そしていまや自衛隊・防衛省にまで及んでいる。綱紀粛正に名を借りた規律集団への格上げが、この国の随所で行われている。

イージスによる「亡国」化

ところで、イージス艦「あたご」の正式呼称をめぐって、事故発生後、あまりにも滑稽な「公式見解」が防衛省内部で表明されたことをご存じだろうか。「あたご」の発音(読み方＝イントネーション)についての「公式見解」。イージス艦は「あたご」と読むのが正式であるのだと。「あたご」(平板読み)ではなく「あたご」(あにアクセントがある)なのだと。

筆者は、まさか日本語の読み方を定義する権限が防衛省にあるなどとは想像だにしていなかったので虚を衝かれた思いがした。もちろん、日本の放送局はこの笑止すべき定義に従わず、正しい日本語読み「あたご」で放送していた。このことを友人に話したところが、「そりゃあ、英語読みに合わせたんじゃないの?」との鋭い答が返ってきた。なるほど、「あたご」は日米共同演習の際には「あたご」と呼ばれているに違いない。米軍の友軍として海上自衛隊の「あたご」は、米国式に「あたご」であるべきなのだろう。イージス護衛艦自体が、アメリカ海軍が開発した「イージス」防空システムを導入したものである。まぎれもなくアメリカのミサイル防衛(MD)に自衛隊を組み込む世界戦略の産物であるという冷徹な事実をみつめる報道がみえない。

イージスとはギリシア神話に出てくる「万能の盾」のことだ。何から何を護る、どこの国製の盾なのか。「あたご」の事故報道は、「亡国のイージス」ならぬ「イージスによる亡国」化、すなわち、イージス艦というアメリカ製の盾によって、日本人の精神の植民地化が、一九四五年八月一五日を境として修正されることなく間断なく強化され続けている亡国状況を示している。

イージスによる「亡国」化が進むなかで、この事故報道にまるで水を差すかのように、日本のメディアが三〇年近く前に狂乱した「ロス疑惑」の三浦和義元社長が、二月二二日、サイパンで逮捕されるというニュースが飛び込んできた。メディアでの「あたご」の扱いの分量は、ずっと減った。この逮捕劇が、アメリカの捜査当局が瀕死のイージス艦「あたご」に差し向けた「助け船」だったと、後世の人々から揶揄されぬことを祈るのみだ。

そんなことを考えていたら、「あたご」の事故当時当直員だった海士長が、艦内で自殺を図ったとのニュースが飛び込んできた。暗い気持ちのまま帰途につく。

グローバル化する九条、伝えないメディア……七月号

憲法論議・変わる潮目

憲法記念日にちなむメディアの世論調査に変化の兆しがある。ここ十数年来、「憲法改正・賛成」、「九条改正・反対」という総論賛成・各論反対のタスキ掛け状態がほぼ定着し、その間隙を縫って解釈改憲や立法改憲が忍びこむ余地もあった。しかし、今年は改憲派を自認する読売新聞の調査結果が「憲法改正」「九条改正」ともに「反対」が「賛成」を上回った。朝日新聞の場合、憲法改正に賛成五六%／反対三一%、九条改正に賛成二三%／反対六六%と、結果は従来のタスキ掛けを残したものの、「九条を変えないほうがいい」が六六%と昨年の四九%を大きく上回った。明らかに、九条擁護の上昇圧力が働いている。

二〇〇五年に起草された自民党の「新憲法草案」は、九条第一項をそのままに、第二項に自衛軍を創設するというものである。すなわち、第一項の「(日本国民は)国権の発動たる戦争と、武力による威嚇又は武力の行使は、国際紛争を解決する手段としては、永久にこれを放棄する」を残し、第二項の「戦力の不

保持」と「交戦権の否定」を廃し、「(自衛軍は)法律の定めるところにより、国際社会の平和と安全を確保するために国際的に協調して行われる活動を行うことができる」と改めるというのだ。しかし、軍隊が「国際的に協調して行われる活動」に参加することは集団的自衛権の行使を含意する。「国際紛争の解決の手段として武力を使わない」という第一項の精神と矛盾しはしないか。自民党新憲法草案は日本国憲法の「平和主義」という大黒柱を外そうというのであるから、これはもう憲法改正などではなく、レジームの変更である。これからの議論は「九条」に絞って行うことを当メディア欄は提案したい。

「9条世界会議」という現象

そこで本題。今年の憲法記念日は憲法九条をめぐる論議が新たな段階をむかえたことを考えさせた。日本のNGOなど(六〇団体)の呼びかけで「9条世界会議(正式には、戦争を廃止するための9条世界会議)」が五月四日から六日まで千葉市の幕張メッセを皮切りに大阪、広島、仙台で開催され、のべ三万人超の人々が参加した。特筆すべきは、集まった数の多さだけでなく、従来の九条を「守る」運動が、戦争を止めるために「活かす」段階にきたことを示す国際会議だった点である。この変化の兆しをメディアはどう伝えたか。

初日(五月四日)のニュースでは筆者が確認したかぎり、民放テレビはゼロと低調(TBSラジオが四週間前から週一回の割合で「9条世界会議」の関係者へのインタビューを紹介していたのは異例中の異例)。わずかにNHKが八時四五分からの首都圏ニュースで一分間この会議にふれた。しかし、驚くことにNHKニュースはナレーションに「9条世界会議」という名称はおろか「九条」という単語を一度も使わなかったのだ。

冒頭、会場の映像に「ノーベル平和賞受賞者が講演」のスーパーが出る。以下は、ニュース原稿の全文である。

「戦争や紛争を武力によらずに解決する方法を探ろうという国際会議が千葉市で始まり、ノーベル平和賞の受賞者などが講演しました。この会議は、世界各地で起きている紛争の解決や人道支援に取り組んでいる日本のNGOなどが呼びかけて開かれたものです。初日の今日は、北アイルランドでの紛争解決に尽力したとして、一九七六年にノーベル平和賞を受賞したマイレッド・コリガン・マグワイアさんが基調講演しました。この中でマグワイアさんは『世界各地で紛争が絶えないが、戦争など暴力的な手法からは平和は生まれない』と指摘した上で、『誠意をもって対話し、問題を解決することが必要だ』などと述べました。この国際会議は、あさってまで千葉市の幕張メッセで開かれます」

このニュース映像には、会場のあちこちに貼られていた「9条世界会議」のロゴもまったく映っていない。なぜここまで「9条」という言葉や文字を消したのだろうか。ニュースの文章は通常4W1H(When Where Who What How)で構成される。ならば、このニュースは最低限以下のようになる。

「五月四日、千葉市幕張メッセで、人道支援に取り組むNG

Ｏなどが、『9条世界会議』を開きました。そこでノーベル平和賞受賞者アイルランドのマイレッド・マグワイアさんが基調講演で『戦争など暴力的な手法では平和は生まれない』として日本の憲法九条の大切さを訴えました。9条世界会議は明日、明後日幕張メッセで開かれます」

ニュースの常道を破ってまでも「9条」を切除する理由はどこにあったのか。こんな馬鹿げた想像もつく。ニュース現場が「意見の対立する事案については両者の言い分を入れる」という原則に縛られ、護憲派の「9条世界会議」と改憲派の集会を両方ならべたいところだが、この日はあいにく改憲派の集まりがない。そこで外見上の「中立」を保つために、主催者が掲げる「9条」を取り除いてしまおうと考えた？　記者の判断か、デスクの指導か、上位者からの指示かわからないが、政権党の新憲法草案が「九条」を変えようと意図していることを「忖度」してのことだとすれば、自主規制がそれと自覚されずに行われているということである。

しかし忘れてはならない。「九条」は日本国憲法の根幹をなす条文であり、「第九九条」に「天皇又は摂政及び国務大臣、国会議員、裁判官その他の公務員は、この憲法を尊重し擁護する義務を負ふ」とあり、現時点で衆参両院三分の二以上による改憲動議がなされているわけではないのだから、あわてて支持・不支持を議論する場面でもない。こうした過剰な自主規制が、例のＥＴＶ２００１（従軍慰安婦）問題と同根でなければばいいのだが……。

平和的生存権のリアリティ

読売は、憲法記念日の社説に「論議を休止してはならない」と掲げはするものの、例年の勢いがまったくなく、永田町の政局がらみでしか憲法を論じようとしない〝視野狭窄〟ぶりを発揮した。せっかく国民投票法が成立しているのに、憲法審査会が休眠状態で改憲議論が一向に進まないことを、「ねじれ国会」のせいだと八つ当たりする。その上、あろうことかその機能不全の憲法審査会で二院制のあり方を急いで論じなければならないと主張するのだ。国民投票法を強行採決し、参院選の争点を憲法改正に掲げて惨敗し、今日の「ねじれ国会」の原因をつくった安倍晋三前首相らが、その舌の根も乾かぬうちに二院制を廃する「一院制議員連盟」の顧問に名を連ねているというのだから、こちらの開いた口がふさがらない。

対照的に朝日は「9条世界会議」について連日詳細な情報を流し、九条支持の立場を鮮明に打ち出した。二〇〇七年の「社説21」で、はじめて前文の国際主義と九条の平和主義を堅持する立場を明らかにしたことがここまで届いている。大メディアの一歩は大きい。

『9条』の集客力」と題する「窓」欄は、参加した人（客）の数に着目している。「三日間でのべ二万二千人」「実行委は『初日四千ぐらい』と予想」「ネットで知った若者たちが初日だけで一万五千人」「三千人が会場に入りきれなかった」などと文字数の少ないコラムを数字で覆い、幕張に集まった人たちの言動を「しなやかで自然」と評した。そして、日ごろ国会を取材する政治記者として、世界会議の盛況を見るにつけ「(憲法九条は)広く、深く、若者たちの間に根を張っているのではないか」と感慨を述べている。ただ、コラムとしては「九条を守る」運動が日本列島各地に広がる深刻な格差を背景に起こっていること、そして、世界の紛争地や貧困の現場でこそリアリティをもって受け入れられつつあること、だから「九条を活かして」現実を変えることが多くの分科会で確認されていたことなどを、もっと論評すべきではないのか。『9条』の集客力」に感じ入るのではなく、4W1Hにもう一つのW＝WHYを加え、なぜこんなにも多くの市民が集まったのか、その理由を掘り下げてほしかった。

会場に集まった人々の構成に注目してみる。まず、自由参加とはいえ全国に七〇〇〇を超すといわれる「九条の会」にかかわる人々はやはり多かった。しかし、「九条の会」の集会では年配者が圧倒的である。今回は、ボランティアなどでこの世界会議を支えながら参加してくる市民や若者が全体の半数を占めた。それだけで大きな変化だ。加えて、世界三一カ国からの参加者と日本在住の外国人たちの姿が目立った。これら多様な年齢構成の人々が国境を超えたネットワークで結ばれ、それぞれ個性的に参集したのだ。こうした傾向は、口コミ、インターネット、市民メディアを駆使したキャンペーン活動が、当のNGOの予測を超えて奏功した結果なのであろう。

「戦争を廃止するための9条世界会議」の英訳は「Global Article 9 Conference to Abolish War」である。ここではWorldという言葉の国民国家的な臭いも拭い去られ、Globalという語の「共生性」が強調されている。今も続くアフガニスタン、イラクへの「対テロ戦争」と新自由主義の苛烈な競争は、はからずも戦争と貧困・環境破壊の問題をグローバルなスケールで結びつけ、人々の意識を覚醒させている。全体集会で、肉親を失ったイラクの青年が日本の九条に出会って復讐の気持ちを捨てたと語ると、アブグレイブ刑務所の拷問を告発したアメリカの青年がその肩を強く抱いた。さらに分科会で、航空自衛隊のイラク派遣を違憲とする名古屋高裁判決がしばしば話題にのぼった。この会議で、判決文に使われた「国民には平和に生きる権利がある」(前文)の文言は、九条の平和主義にしっかり担われて一一条以下四〇条に含まれる諸権利(一三条・幸福追求権、二五条・生存権など)へと引き継がれ、「平和的生存権」というキーワードに結実したと言えよう。

こうしたグローバルなメッセージが、地方紙の社説に直結していることに注目したい。たとえば、信濃毎日は五月二日から三日連続で「憲法記念日」と題する社説を掲げた。「(上)九条は暮らしも支える」では、元駐アフガニスタン大使の駒野欽一氏の話として、アフガンの憲法制定を手伝う日本の法律家がいつも聞かれるのは、「日本が経済大国への歩みを進むに当たり、平和憲法がどんなふうに役だったか」ということだと伝えた。「(中)生存権を確かにしたい」では、現憲法二五条の「生存権」は、GHQの押し付けではなく「当時、貧困問題の解消に取り組んだ日本の国会議員や在野の研究者らの熱意と努力が実らせたということ」を忘れてはならないと指摘。そして、「(下)表現の自由の曲がり角」では、「靖国神社を扱ったドキュメンタリー映画の一時上映中止。日教組の集会を予定したホテルの一方的な契約破棄。イラク派遣に抗議してビラ入れをした市民への有罪判決……」などを挙げ二一条の「表現の自由」を強調した。

また、神奈川新聞は、憲法前文を引き、「日本国憲法は人類の経験と知恵、理想の集積である。この憲法から勇気を得て『名誉ある地位』への努力を進めたい」とし、九条の「世界史的な意義」を再確認しようと訴えている。

沖縄タイムスは、航空自衛隊のイラク派遣に対する違憲判決に、「そんなの関係ねえ」と自衛隊員の心境を代弁してみせた田母神俊雄航空幕僚長を名指しし、「この発言からは憲法九九条の『憲法尊重擁護義務』を守ろうとする姿勢が全く感じられない。……ここに見られるのは憲法九条に対する根深いシニシズム(冷笑主義)だ」と手厳しい。その上で、護憲派の自己改革を促すために、「九条を国際公共財として位置づけ、非軍事分野の役割を積極的に担っていくことが重要だ」との視点で、「9条世界会議」を側面から支持している。

その「9条世界会議」は五月六日の閉会に際して、「9条世界宣言」を採択した。それに呼応したのは七月に洞爺湖サミットを控える北海道新聞だ。「(この宣言は)軍事費の削減分を保健、教育に充てるなど具体的提言を盛り込んだ。七月の北海道洞爺湖サミットへも、G8(主要八カ国)に軍縮を求める声明を発表した」とし、戦争は貧困・人権侵害・環境破壊をもたらすという幕張宣言を強く受け止め、G8をたんなる環境サミットには終わらせないというメッセージを伝えた。

全国紙や放送メディアは、憲法や九条論議が新しい段階に来ていることに気づくべきだ。紙面や画面から「九や9」の字をいくら消しても、「Article 9」という妖怪はすでに世界を徘徊しはじめているのだから……。

終わらない「ＥＴＶ２００１」問題……八月号

ねじれ裁判のねじれ判決　七年にわたって争われたＮＨＫのＥＴＶ２００１「シリーズ戦争をどう裁くか　第二回問われる戦時性暴力」（〇一年一月三〇日放送）をめぐる裁判で、最高裁は原告『戦争と女性への暴力』日本ネットワーク（バウネットジャパン）」の訴えを退けた。原告の訴えは、放送内容が事前の説明と大きく異なり、変更後の説明も不十分であり、被取材者の「期待と信頼」を損ねたとして、ＮＨＫ側に損害賠償を請求するものであった。一審の訴状では、右翼団体の外圧によって番組が改変されたとしていたが、高裁段階で、朝日新聞の報道やＮＨＫ職員からの内部告発、証言などによって政治家の影が見え隠れし始め裁判の様相が一変した。

以後、ＮＨＫの「編集権」は取材対象に〝立ちはだかる〟のか、それとも権力に〝立ち向かう〟のか、人々の関心は「期待権」云々から「政治介入」の有無に傾いた。

高裁判決は、ＮＨＫ幹部が政治家の意図を「忖度《そんたく》」して当たり障りのない番組に改変したとして、被告に損害賠償を命じた。しかるに、最高裁の横尾和子裁判長は、原告のいう「期待権」はＮＨＫの「編集権」を超えるものではないとし、「取材対象者が、取材担当者の言動などにより、取材で得られた素材が一定の内容、方法で放送に使用されるものと期待、信頼したとしても、その期待や信頼は原則として法的保護の対象とはならない」と判示した。

「報道の自由」「国民の知る権利」などジャーナリズムの根幹にふれる裁判であっただけに新聞各紙はこぞって社説をかかげた。それぞれにスタンスの明白な違いを読むことができる。

「勝訴で背負う自律の責任」（朝日）、「逆転勝訴と浮かれている場合でない」（毎日）、「上司や編集幹部が、現場とは別の判断をすることも日常的だ」（読売）、「番組編集の自律性と表現の自由を尊重した妥当な判決だ」（産経）、『編集の自由』を主張するのなら、ＮＨＫは政治からも自由でなければならない」（東京）、「『政治』素通りした判決」（北海道新聞）、「国民の疑問は依然として残る」（信濃毎日）etc…

各紙の論調が「編集権の自律」を一様に評価しているのは、もしも被取材者の「期待権」が一人歩きすれば、公権力や企業が期待通りの番組でなければ法的措置をとるようになり、結果として「表現の自由」が脅かされ、ひいては「国民の知る権利」が縮減するという理由からだ。だが、権力批判に向かわない「表現の自由」が、市民の「期待権」の抑制に使われることはないのか。判決をめぐるこの「ねじれ」は今後のメディアにとって大きな問題をはらんでいる。

編集権はだれのものか

「編集権は守られた」、果たしてこれがメディアにとって今考えるべき第一のことであろうか。いったい今回の記事を書いた記者諸氏は、編集権がマスメディアのトップに専有されているということに一点の疑念も抱いていないのか。トップによる編集権の専有、この悪しき伝統の起源は占領期にまでさかのぼる。

GHQのスポークスマンは日本の新聞経営者に権限の集中と強化を勧告している。「道徳的新聞の公正な行動は、正確なニュースの報道を第一とする。その責任は、一に社主、社長、編集局長にあり、断じて他の者に委ねらるべきでない」と。さらに、CIE(民間情報教育局)の局長は、「この権限は自社の従業員に対しても絶対的に行使されなければならない」と説く。そして、この権限に「編集権」の名を冠したのは、メディアの労働運動を弾圧したダニエル・インボデン報道課長だった。こうした出自を無視して「編集権は守られた」と手放しで歓迎していては、最高裁判決の「反動性」を見抜くことはできまい。

高裁の審理過程で、番組制作者が「政治介入」を訴えたことを退け、上級管理者のみを「放送事業者」とみなし、その「自律的判断」だけが法的保護を受けるとするのは、なんと一面的であろうか。しかも、編集過程で当初企画と異なる放送が出ることが「国民一般に認識されている」と断ずるのは、いかにも市民感覚が希薄すぎないか。本来あるべき編集権は、外部の協力者の期待と信頼に応えることによってはじめて強化されるはずである。憲法二一条の「表現の自由」の行使者は、第一に市民である。ジャーナリズムはその市民の権利を擁護し、権力を批判する責務を負う。

原告側は判決後の記者会見で「メディアと市民が手を携え番組づくりをして、信頼関係で生じた期待や信頼は法的保護に値しないのか」(東京新聞)と発言した。また、読売新聞の足立大記者は「取材に応じる人々の自発的協力で成り立っている報道機関にとって、取材協力者との信頼関係が重要であることは言うまでもない」と指摘した。メディアに対する市民の意識は変わりつつある。「表現の自由」と「知る権利」の意識的な結合がいま問われている。「期待権」はこうした文脈に包摂されるのではないか。

つまり憲法二一条は、ジャーナリズムの「編集の自由」を保障する前提として、それが憲法の主役である市民のために行使されることを求めている。ジャーナリズムがこの原則を堅持すれば、もとより政治家の野心や企業の営利主義に「期待権」を手渡すことなど起こりえないのだ。

裁判からスピンアウトしたもの

産経新聞は「期待権」が退けられ、「編集権」が守られたことについて、テレビプロデユーサーや映画監督に談話を求め、「当然の結果」「編集の自由が守られた」などと判決を持ち上げさせた。二人は同日の「主張」欄が、そもそもNHKが従軍慰安婦の番組を制作したこと自体が問題であり、「公共放送の教育番組として適切だったか否かの検証を行っていない」などと述べているのを読んでも意見を変えないだろうか。

産経新聞はさらに朝日にも矛先を向ける。「朝日は記事の真実性を立証できず、『取材不足』を認めたが、訂正・謝罪をしていない」と。いったい誰に対する謝罪なのか。読者に対してか、それとも政治介入を疑われる二人の議員、安倍晋三、中川昭一両氏に対してか。朝日に要求すべきは、『月刊現代』(〇五年九月号)で魚住昭氏が「『政治介入』の決定的証拠」と題してすっぱ抜いたNHK幹部の証言テープの公開をおいてないだろう。今回の最高裁判決は、朝日のトップが編集権の名の下にテープを握りつぶす口実となりかねないからである。メディアはこの「ねじれ」からどこへ抜け出るべきなのか。

東京新聞がそのヒントを提示している。地裁、高裁の全過程でスピンアウトしてきた数々の「事実」に注目して、経過の詳細に紙面をさいた(一三日付朝刊)。ETV裁判がどのような外縁を形作っているのかをここで画定することによって、解明されるべき問題点を洗い出している。以下、その内容を整理すると、

(1)この裁判は高裁結審直前に放送当時のデスクが「政治介入が恒常化している」と内部告発し社会問題化したこと、(2)NHKの予算が国会で審議される時期、番組内容を説明したNHK幹部に対して安倍晋三官房副長官(当時)が公正中立な番組作りをするよう求めたこと、(3)会見のあと政治家の意図を忖度して大幅な改変が行われたこと、(4)国会担当の局長が現場に直接改変の指示を行ったこと、結果、(5)日本国及び昭和天皇の責任を認定した部分および女性国際戦犯法廷を肯定的に評価したゲストの発言をカットしたこと、そして、(6)放送直前、総局長判断と称して元加害兵士の証言、元従軍慰安婦の証言を大幅カットしたこと——など、この記事は事実を網羅することで、解明すべき問題がいまだ山積していることを示唆したものと読める。

この裁判は「期待権」で争ったのがよくなかったという声をしばしば聞く。たしかに、狭義の法廷闘争の観点からはそうかもしれない。しかし、内部のジャーナリストたちが真相を語るという予想外の展開で、訴訟のプロセスが事実の発掘の場と化し、真相の究明の端緒となったことを銘記しておきたい。

期待される検証

テレビ番組は放送されたものがすべてであり、その制作過程が公開されることはほとんどないので、物理的に、何がどのように切られたかを知ることができない。情報の公開も秘匿も放送局が握っている。しかし、ETV2001の裁判を通して、視聴者・市民は自らの「知る権利」が大いに侵害されていたことに気づいてしまった。NHKが法廷戦術から編集過程に踏み込んだ陳述書を高裁に提出したことは、皮

肉にも勝訴と引き換えにさらなる情報公開の欲求を刺激したのである。

　異例の訴訟経過をたどり、凡庸な判決で終わったこの裁判。司法といえども権力の一部（三権分立というではないか）であるから、ジャーナリズムの権力批判は、司法の判断にも向けられる。その司法は、社会の一機能として、法的争いを超えたリアリティを産出した。今回はメディアがそれを促進した。重要なのは、この裁判を通して安倍氏が「持論を展開し公正中立な番組作りを要請した」という事実が周知されたことであり、ＮＨＫがかほどのことで恥ずべき「忖度」をしたことが国民に記憶されたということだ。

　この間、ＮＨＫが得たものは政治におもねることなく自主自律を堅持していくことを、ともかくも倫理綱領に明文化したことだ。しかし、裁判が継続していた七年の間、誰も禁止したはずのない従軍慰安婦に関する番組が放送されたとは聞かない。目に見えない萎縮があるとすれば、自主自律の綱領は画餅に過ぎない。裁判も終わったことだし、せっかくお墨付きをもらった編集権を行使して、従軍慰安婦に関する番組に「再チャレンジ」してほしいものだ。あるいは第三者委員会に裁判の過程で見えてきた真相の解明をゆだねてみてはどうか。

　この機会に、ＮＨＫの内と外で真相究明を求める声が起こりつつあると聞く。メディアは、ＥＴＶ２００１問題を権力と編集権に関わる自らの問題として、これまで以上に取材を続けることを期待したい。

九月号

転倒する「市民のＮＨＫ」

他者なき思想　近頃「きれいは穢《きたな》い、穢いはきれい」（『マクベス』）と思わず口にしたくなるような事態がメディアのあちこちで起きている。日本風には「ミソも何も一緒」。その観点から、メディア研究者がもっと注目していい読み物がある。ＮＨＫ経営委員会の議事録だ。が、惜しいかな、それは会議から二、三週間後に公表されるので、タイムリーな批評には向かない。しかし、一読の価値はある。無味乾燥なＮＨＫ文書にしては珍しく発言者の肉声（本音）がこもっているからだ。

　ＥＴＶ２００１「シリーズ戦争をどう裁くか　第二回問われる戦時性暴力」にかかわる最高裁の判決が六月一二日に出た。取材の過程で原告が抱いた「期待と信頼」は、原則として法的保護の対象にはならない、という判決については前回ふれた。

これについてのNHK経営委員会としての見解は、判決から一カ月後の七月一一日に発表された。推敲に時間をかけたのかと思いきや、内容はことのほか率直だ。よほどの本音なのだろう。

（小林英明委員）　この判決は、「放送現場の職員が当初、企画・制作した番組について放送局内でいろいろな立場、いろいろな視点から検討し、意見を述べるのは当然なことであり、その結果、最終的な放送内容が当初期待されたものと異なったり、企画や番組自体が放送されなくなることがあるのも当然のことだ」ということを言っています。（傍線筆者）

傍線部の判決原文は「企画された番組自体が放送に至らない可能性があることも当然のことと国民一般に認識されているものと考えられる」である。たしかに、一般論として放送が中止されることは、ないとは言えない。しかし、個別番組には一朝一夕に解体できない現実が含まれている。番組中止の可能性を当たりまえと国民一般が認識していると推知するのは、いかにも事実に無関心な判決である。小林氏は経営トップに編集権が専有されていると、ことさら踏み込んでみせた。

（小林委員）　つまり、放送事業体、すなわち法人としてのNHKに編集権、自主的判断権があり、放送現場個々にあるものではないということです。したがって、NHKが放送する以上、法人のNHKとして、きちんと責任を持った体制で、内容を吟味して放送するようにということです。放送現場が独走して、法律や倫理に違反した番組を作らないように、しっかりした体制で、きちんとした番組を作っていただきたいという趣旨の判決だと思いますので、その点をよろしくお願いいたします。

編集権を持つ経営トップ（会長）は、制作現場が独走したり、法律や倫理に違反した番組を作った（と判断した）場合には、内容の変更、放送中止を命ずることを躊躇《ためら》うな——これが小林氏の解釈する最高裁判決の趣旨である。語られた文脈を筆者なりに解釈すれば、件のETV２００１は、法律や倫理に違反した〝けしからん番組〟ということにもなりかねない。

小林氏の発言の源泉がどの辺にあるかは不明だが、NHKの福地茂雄会長は、「おっしゃるとおりだと思います。記者や制作者はそれぞれ個人としての思想があると思いますが、NHKとして放送する以上は、ニュースや番組の内容は不偏不党でなくてはいけないと思います」と請《う》けてみせた。「企画の変更・放送の中止」という言葉がにわかにリアリティを帯びてきた。

日本新聞協会編集権声明（一九四八年）の「編集権の行使者」の項に、編集権は「経営、編集管理者に帰せられる」と書いてある。テレビもこれを踏襲したとされるが、この声明から六〇年がたつ。その間に何があったか。レッドパージという悪夢、さまざまなマスコミ争議、内的自由をめぐる激烈な議論、取材源秘匿原則の確立、「国民の知る権利」の普遍化、プライバシーの権利・肖像権の拡大、そして、二一世紀になって市民参加による新しいメディア・リテラシーが語られるようになった。加えて、インターネットを駆使する市民メディアの発信が質量ともに充実し、マスメディアの独占状態が揺らいでいる現在、その内部にいまだ「他者なき思想」がまかり通っているアナクロには驚かされる。

長引く非常事態

たしかにNHKは非常事態である。記事の盗用あり、インサイダー取引あり、金にまつわる不祥事ありというふうに遡った先に、放送内容を事前に政治家に説明するという最大の不祥事に突き当たった。この非常事態を乗り切るのにコンプライアンス(法令遵守)を以ってする。寝ても醒めてもコンプライアンス。理念なき非常事態。しばしばコンプライアンスは、「抵抗勢力」の一掃に利用されたりもする。

このような例外状態の恒常化は現場を萎縮させ、過度な萎縮はシニシズムを蔓延させ、民主主義に対する嫌悪感を助長することになる。そして、モラル・ハザードはいまやマスメディアの十八番《おはこ》になりつつある。ことはNHKだけではない。最高裁の判決後、日経新聞の社員がバウネットにネット右翼顔負けの誹謗メールを送るという事件が起こった。社内メールで打ってばれたというのだから、開いた口がふさがらない。「きれいは穢い、穢いはきれい」と書き始めた以上、メールの文面も引用しないわけにはいくまい。

「取材先の『期待』に報道が従うわけないだろ。常識を持て。ばか者。報道ってのは取材先の嫌なこともちゃんと中立的に伝えるのが役目なんだよ。なんであなたがたの偏向したイデオロギーを公共の電波が垂れ流さなきゃいけないんだよ。あほか。あんたがたの常識のなさにはあきれはてる」

聞くところによると、バウネットにはこの種のメールは数多く来ているが、発信人の身元がわかったのは珍しい。謝罪を求めたが、同社の対応に誠実さが認められないため、七月四日、いきさつを公表した。毎日新聞(七月六日朝刊)がこれを「日経記者『あほか』メール　市民団体に送信で謝罪」と報じ、日経も自社編集局の記者の仕業であり、不適切なメールと認めて処分を下したが、記者名、処分の内容は公表しないとしていると伝えた。

ところで、日経記者の「あほか」メールは稚拙極まりないが、文意は一部自民党議員、一部NHK経営委員、加えて一部最高裁判事の思考回路に通じるところがありはしないか。ことここにいたって保護されるべき特権はマスメディアにはないと思うが、バウネットは親切にも、いっそその記者を預かって「再教育」すると言ったとか。その記録を撮ったらさぞやためになる教育テレビ(ETV)ができるだろう。冗談で言うのではない。ETV2001の一連の議論を通して、真に守られねばならなかったのは、女性国際戦犯法廷において証言しながら放送直前にカットされた元従軍慰安婦の女性たちの表現の自由であり、元(加害)日本兵たちのそれである。まして、編集権に名を借りた経営トップの権力へのおもねりなどではなかったはず。バウネットの申し出は、「信頼」を失った現場への「期待」とも取れる。

サミットはテロとの戦い？

しかし、モラル・ハザードは随所で再生産されている。聞くところによると、NHKの社内報に洞爺湖サミットを取材する記者のこんな抱負が載ったそうだ。

「北海道洞爺湖サミットはテロとの戦いだ。警戒は洞爺湖だけではなく、東京など大都市圏にもおよぶ。三年前のイギリスのサミットでは首都ロンドンでテロが起きたからだ。また国際的な格差の広がりに反対する『反グローバリズム』グループのデモによる混乱も予想される。取材は、テロや暴動の前兆をいかに早くつかむかにかかっている」

まるで主語が「警察当局」のような気構えだ。この記者は、テロと並んで、「反グローバリズム」グループのデモを「暴動」の範疇に入れているようなのだ。

サミット開催の二日前（七月五日）、NHKの午後七時のニュースで「サミット控え　警備態勢強化」のロゴ入りで、警察官に意気ごみを語らせている。それをバックに「見せる　目立つ知らせる。不審者・不審物　早期発見　除去　検挙を徹底していく」の文字がくっきりと。なるほど、記者は事前の抱負をなぞるようにリポートしていた。

「最大の課題は、テロ対策です。（このあと弾道ミサイルを迎撃できるイージス艦まで動員した厳重な警戒ぶりなどをさまざまに紹介）今回の警備は三年前イギリスで開かれたサミットで、会場から離れたロンドンでテロが起きたことを教訓に、ここ北海道と各都市でそれぞれ行われています。サミットを間近にひかえ本番に向けて最終段階を迎えています」

これこそ、警察の「見せる」「目立つ」「知らせる」キャンペーンへの全面協力である。いったいどこから弾道ミサイルが飛んでくるというのか、なぜイージス艦が噴火湾に展開しているのか、防衛省に問い合わせた気配もない。

同じ日の夕方四時ごろ、札幌のデモを取材していたロイターのカメラマンが逮捕された。NHKは、午後七時のニュースで、ただデモ行進を映し以下のコメントをさらりと読んだ。

「トラックに乗って参加していた男が車体を警察官にぶつけた他、ロイター通信の日本人の記者が警察官を蹴ったなどとして合わせて四人の男が逮捕されました」

せめて、「合わせて四人が逮捕」くらいの配慮はできないのかと思うが、なにしろ「テロや暴動の前兆をいかに早くつかむかにかかっている」と意気込んでいたのだからこんなものか。対照的に、市民メディア「G8メディアネットワーク」の動きは迅速だった。

七月五日夜一〇時一五分から、ロイターカメラマン逮捕の瞬間の映像がアワープラネットTV（ourplanet-tv. org）から配信された。撮影したのは香港の独立系メディアのスタッフ。そこには、警察官がカメラマンのTシャツを引っ張る場面がはっきり映っている。警官は「公妨（公務執行妨害）、公妨！」とわめいている。カメラマンは「先にやっておいてよく言えるな」と抗議しながら引きずられていく。週があけた七月七日、サミット開幕の日のTBS「NEWS23」は、この映像を流しながら、次のようなコメントをつけた。

「カメラを頭上に掲げて取材中、警察官に後ろから衣服をつかまれ引っ張られるカメラマン。警察官の『腰をけった』として逮捕された。その映像をネット上に公開したG8メディアネットワークは『過剰な取り締まりだ』と反発する声明を出している」

この市民メディアとマスメディアの連携の翌日、逮捕されたカメラマンは釈放された。これは、清新さを賞賛され、しなやかさを信頼されたかつての、あるいは本来の映像メディアの姿そのものではないのか。本当のマスメディアの編集権は、映像発信のツールを手にした市民の「期待と信頼」にも応える関係から作り上げられるのではないか。

「きれいは穢い、穢いはきれい。さあ、飛んで行こう、霧のなか、汚れた空をかいくぐり……」。善き方《かた》にか悪しき方にか、何かが激しく転倒しようとしている。

放送の危機を自ら招くな——BPOに反発するテレビ……………一〇月号

今年四月一五日、NHKと民放が自主的に設立した放送界の第三者機関「放送倫理・番組向上機構」(理事長、飽戸弘・東洋英和女学院大学学長、BPO)・放送倫理検証委員会(委員長、川端和治・大宮法科大学院教授、弁護士)が、一九九九年に山口県光市で起きた母子殺人事件の裁判を取り上げた八局の三三番組について、「感情的に制作され、公平性や正確性に欠けた」とする厳しい意見を公表した。事件当時一八歳だった元少年による犯罪が死刑か無期懲役かを巡り、関心を集めた差し戻し審の広島高裁判決(四月二二日)の一週間前というタイミングは、それだけ委員会が判決報道に当たっての「再発防止」を強く意識したからだったとみられる。一方、放送局側からは「指摘は当たらない」と反論する意見を出したり、中には正面から異議を唱える挑発的な番組も流れた。

放送倫理検証委員会は、昨年一月に発覚したフジテレビ系列の関西テレビ(大阪市北区)による健康情報番組「発掘! あるある大事典」(放送打ち切り)の捏造問題を契機に昨年五月にBPO内に新設されたばかりだ。総務省が放送事業者へ新たな行政処分を設けようとするなど法規制を強めたことから、政府介入を防ぐための仕組みとして放送界が慌てて設けた。しかし、「喉元過ぎれば熱さを忘れる」のたとえではないが、一部とは言え、発足から一年もたたないうちにあたかも〝反旗〟を翻すかのような番組が登場したことは、委員会の存立基盤を揺るがしかねない。

「集団的過剰同調番組」と指摘　放送倫理検証委員会が出したのは、「光市母子殺害事件の差戻控訴審に関する放送についての意見」。検証対象としたのは、▽NHK▽日本テレビ▽TBS▽フジテレビ▽テレビ朝日▽テレビ東京▽読売テレビ▽中国放送——の計八局が昨年五月から九月にかけて放送した三三番組(延べ約七時間半)だ。委員会は、個別番組ごとに内容を指摘するのではなく、全体に共通した問題点を明らかにする方法を取った。意見は番組共通の傾向として、「被告・弁護団と被害者遺族の主張を対立的に描いたうえで、被告・弁護団が提示した事実と主張に強く反発・批判する内容となっていた。『反発』という言葉を使ったのは、番組の多くがきわめて『感情的』に制作されていた、という印象をぬぐえない」と理由を示し、「感情のおもむくままに制作される番組は、公正性・正確性・公平性の原則からあっという間に逸脱していく」と警告した。具体的には被告・弁護団が傷害致死を主張したことについて、ある番組の司会者が「命乞いのシナリオ」だとしたが、弁護側の主張を掘り下げていないため、奇異な発言としてだけ印象づけられた、という。また、弁護団の目的についても「死刑制度廃止を社会に訴えること」として、裁判で争点になっていないことを一方的に位置づけたりしたケースなどを指摘した。

こうした傾向の番組が各局で一斉に放送された現象について、「集団的過剰同調番組」と表現。「他局でやっているから自局でもやる。さらに輪をかけて大げさにやる」というムードが制作現場にあるのではないかとの懸念を表明した。メディア界には「他社見合い」という業界語がある。これはある社が報道した事柄については、それがどんな内容であっても一応扱っておこう、夜回りに行って取材先が不在でも他社の記者が撤収しない限り続けるという横並び自体が目的となっているというニュアンスのある言葉だ。過剰同調はメディア界のDNAとしてそもそも持っており、その悪い面が露骨に出た、と言える。

現場からの強い反発　放送倫理検証委員会の意見に対し、筆者の知る限りで最も反発していたのは、日本テレビ系列の読売テレビ(高田孝治社長、大阪市中央区)の情報番組「たかじんのそこまで言って委員会」ではないか。〇七年五月二七日に放送した同番組(八分)が検証対象となった。〇三年七月にスタートし、〇七年度の平均視聴率は一六%という看板番組の一つ。ただし、関東地区では放送されていない。

この日の出演者はやしきたかじん、辛坊治郎氏(読売テレビ解説委員)が司会で、パネリストは▽勝谷誠彦氏(コラムニスト)▽宮崎哲弥氏(評論家)▽橋下徹氏(大阪府知事、弁護士)——ら。橋下氏が弁護団の懲戒請求を呼びかけた番組と言えば関東の人でも分かりやすいかもしれない。

今年四月二七日の放送では、弁護団メンバーだった弁護士がゲストで、橋下氏を除く上記のメンバーが出演。弁護方針をめぐり意見が対立し、解任された今枝仁氏をスタジオに呼び、質問する形で弁護団批判を改めて繰り返した。辛坊氏は、「弁護士たちはマスコミのことをわかっていない。自分たちを批判しているのはマスコミだけだと、どうも思っている節がある。その向こう側にいる、多くの人は『なんだ、あのドラえもんは』『魔界転生とはなんだ』『それを聞かされた遺族はどう思うんだ』と煮えくり返っている。普通の市民の気持ちがどこまで見えていたのか」と非難した。原口一博衆院議員（民主）も「人を殺せばそれは命であがなわなければいけない。常識が外れてはならない」と批判。この発言を引き取る形で批判の矛先は放送倫理検証委員会の意見に向けられ、宮崎氏は「今のような議論をするとBPOが怒るんだよ。どう思うよ、これ。吉岡忍さんを（番組に）呼びましょう。委員であるとともにノンフィクション作家であられますから」と憤りを見せた。辛坊氏は「（吉岡氏の出演を）交渉しといて」とスタッフに呼びかけた。こういうのを「スタジオ法廷」というのだろうか。

宮崎氏はよほど腹に据えかねたのだろう。『週刊文春』の連載コラム「仏頂面日記」（六月一九日号）でも「BPOよ、常識に立ち戻れ」というタイトルで、ジャーナリストという青沼陽一郎氏による産経新聞への寄稿（五月二四日付）を引用して批判している。宮崎氏は「青沼氏はこの意見書に疑問を呈する。『BPOが問題ありと指摘した、さまざまな番組の主張に等しい判決内容だった』のだ。もし判決が公平公正なものだとすれば、BPOの判断の方が偏向していたことになる。すでに多くのテレビ局がBPO意見書に反論を提出している。BPOはこうした関係者からの異論に答える用意があるのか」とたたみかけた。

辛坊氏も番組内で「今回のBPOのことに関しては私なんかは、非常に疑問ですね。こういうことをBPOが言うべきかどうか」と強い不満を示すとともに、前日二六日放送の情報番組「ウェークアップ！　ぷらす」でも、本村さん（被害者の夫）が雑誌に寄稿した文章を引き合いに出して、「（BPOの）この意見書について本村さんはこうおっしゃっています。『BPO』は、記者たちの自由な心証形成を認めず、すなわち『言論・報道の自由』に自ら制限を加えるような意見のように受け取れる。私はこの指摘は重いと思います」と述べ、同じ番組に出演している見城美枝子氏に同意を求めている。

ぜひ読売テレビとしての見解も聞きたいと考え、『世界』編集部を通じて斉藤克己総合広報部長宛に文書で質問し、八月二二日に文書と口頭での補足説明が編集部にあった。同社は「意見書は三三番組について個別に述べられたものでは無く、したがって個々の記載内容に対して『社』として論評することは考えておりません」とし、吉岡さんの番組出演については「出演交渉については、番組の編成・編集の中身に関することであり、お答えしておりません」との返答だった。辛坊氏の見解は、「解説副委員長として述べ、社の意見と切り分けている」と説明した。挑発的な番組を放送した割には肩すかしを食った感じだ。また、番組審議会(委員長、熊谷信昭・兵庫県立大学学長)の報告を見る限り、意見についてまだ取り上げられていないようだ。

委員会設立の趣旨に立ち返れ

そもそも放送倫理検証委員会設立の契機は、先にも触れたように、関西テレビが起こした納豆にダイエット効果があるとした番組捏造問題だ。菅義偉総務大臣(当時)はＮＨＫのラジオ国際放送に北朝鮮による拉致問題を重点的に放送するよう求める個別の放送命令を初めて出したほか、行政指導を厳しく行うなど番組への関与を強める姿勢を示していた。こうした中、関テレ問題についても停波を視野に入れて調べた。総務省は放送法を改正し、捏造番組を流した放送局に対して再発防止計画の提出を求められるという行政処分の新設を打ち出した。実際に改正案が国会に提出されたことで、放送の自由は危機に直面した。それを乗り切る切り札がこの委員会ではなかったのか。

昨年一二月に改正放送法(今年四月一日施行)は成立するが、委員会設置を理由の一つとして行政処分条項は、与野党による議員修正で削除された。放送界が安堵したのは言うまでもない。

来年五月に市民が刑事裁判に参加する裁判員制度がスタートする。裁判員法は当初、裁判員に対して事件報道が予断を与えかねないとして偏見報道禁止規定を盛り込むことが検討された。放送界を含むメディア界の反対で見送られたが、最高裁をはじめ司法界には有罪視報道への根強い不信がある。裁判員法は施行三年後の見直し規定があり、メディア規制論が再び台頭する恐れもある。いま、放送界がすべきなのは、公権力からの介入を防ぐ防波堤である放送倫理検証委員会を大切な宝として、守り育てていくことだ。菅総務大臣は、昨年五月二二日の衆院本会議での放送法改正案の趣旨説明で、行政処分条項について、ＢＰＯによる取り組みが機能していると認められる間は、適用しないことを表明した。この発言は裏を返せば、放送倫理検証委員会が機能していないのならいつでも規制に乗り出しますよ、という意思表明でもある。削除された今も総務省のスタンスは変わりない。

ＢＰＯに感情的な対決姿勢をみせる番組を制作して喜ぶ人は、はっきりしている。ＢＰＯ加盟社の読売テレビがまずやるべきなのは、吉岡さんを番組に呼んで追及する構えを見せるのではなく、なぜ放送倫理上の指摘を受けたのかを冷静に検証した番組を視聴者に届けることではないだろうか。犯罪被害者・遺族に寄り添う報道をおかしいと非難する人などいない。容疑者・被告の権利の尊重や、遺族感情に過度に依存して社会に誤解や過剰な加罰感情を生まないよう配慮することは、いわずもがなである。それとともに、放送の自由に対する介入の口実を公権力に与えないことは片時も忘れてはならない。そう思いませんか？　辛坊さん。そしてもちろん、それ以外の七局の方々も。

経営委員会に揺さぶられ続けたNHK……一二月号

NHKが一〇月一四日に次期経営計画(二〇〇九〜一一年度)を決定した。NHKは一二年度からの受信料収入の一〇%を視聴者に「還元」するという値下げに初めて踏み切ることになった。具体的な数値が明記された背景には、古森重隆経営委員長(富士フイルムホールディングス社長)の強い意向があった。〇七年九月に橋本元一前会長の下で練られた月額最大一〇〇円(約七%)の値下げを盛り込んだ次期経営計画案をはねつけ、その後自らアサヒビールから起用した福地茂雄会長の下でも一〇%の明記に抵抗されたことから、修正動議を出して押し切った。今年一二月二一日に任期満了を迎える古森氏の再任はねじれ国会では難しく、今回の経営計画策定が事実上の花道になるという見方が有力だ。古森氏はもともと安倍晋三元首相に近い経済人として委員長に登用された。NHKはこの一年半、古森氏に揺さぶられ続けた。

修正動議提出は疑問　経営計画は一〇月七日に議決の予定だったがこれを見送って一週間延ばしたのは、福地会長の抵抗が予想以上に強かったためだとされる。

七日の古森氏の会見に出た関係者によると、古森氏は記者から「福地会長はもともと古森委員長が連れてきたが」とふられると、「(福地会長は)頑固だからな。そんなこと新聞に書かないでよ。失言というよりもジョークですから」と評したという。引き続き開かれた今井義典副会長の会見では一〇%値下げについて「今日(七日)初めて示された」と説明した。これは、九月一一日に執行部に伝えたとする古森氏と異なる説明で、経営委員会と執行部との間に深い確執が存在することを窺わせるエピソードである。

一四日に持ち越しとなった議決は、複数の委員が出した受信料収入の一〇%を還元するという内容の修正動議を受けて採決となり、九対三の賛成多数で承認された。

受信料収入の一〇%は、〇八年度見込みベースでは約六三五億円に上る巨費だ。〇四年に発覚した番組プロデューサーによる受信料の着服事件に端を発した一連の不祥事で急速に低下した受信料の支払い率は、持ち直したと言っても〇七年度末で前年度比〇・四ポイント増の七一%に過ぎない。経営計画の前提となった予想支払い率は一一年度末が七五%、一三年度末が七八%だ。八月に視聴者からの意見を求めた段階の案ではそれぞれ七六％と八〇％で早くも下方修正され、古森委員長が今年三月に目標としてぶち上げた「八〇％から八五％」からも後退している。米国の金融危機に端を発した世界的な景気後退が懸念される中で、視聴者の受信料負担力も一層弱まっていくだろう。五年も先が見通せるだろうか。

そもそも受信料の値下げ問題は、不払いの拡大によって崩れた公平負担の観点から受信料の義務化とセットで浮上した経緯がある。竹中平蔵元総務相が設置した「通信・放送の在り方に関する懇談会」（座長・松原聡東洋大学教授）が〇六年六月に出した最終報告が「受信料を大幅に引き下げた上での支払い義務化」を提言。翌年一月に安倍氏に近い菅義偉元総務相が義務化に伴う措置として二割の値下げをＮＨＫに求めたが、ＮＨＫが拒否したため、法改正は見送られた。安倍氏を囲む経済人でつくる集まり「四季の会」の有力メンバーだった古森氏には就任時から期待された課題の一つだったと言える。古森氏は一四日の会見で「ＮＨＫの経営は暴風雨から遠いところにある。資源高や円高に苦しむこともなく、経済変動からの要因は薄い」と言い放ったという。論理が破綻していようが、どう批判されようと委員長として送り込まれたメンツを優先したと映る。

想像力欠く放送の自由への配慮

今回の修正動議という初めての手法に疑問を呈する報道が少なかったのは残念だった。

修正動議については、初めて会見に姿を見せたという小林英明委員（弁護士）が総務省にも確認したうえで、適法だという見解を示したという。しかし執行部に対して監督をする機関が自ら提案して議決する手法が放送法の趣旨と照らして適正な運用なのかというと疑問が残る。伏線はあった。

放送法は経営委員会の権限として経営上の重要事項の決定などを明記しているが、自分で議案を提出できるとは書いていない。〇七年六月に発足した「古森委員会」がまず関心を向けたのはこうした重要事項等の発議権が委員長にあることを執行部に認めさせることだった。一〇月の委員会では、橋本前執行部との間で激しいやりとりがあり、小林委員が「総務省の見解は経営委員単独でも発議できるし、経営委員全体でも発議できるということだった」と再確認を迫った。これに対して、小林良介理事は「執行部と経営委員会とは本来、十分に意思疎通が図られていることが前提だ」と切り返した。話はさかのぼるがこの論議があった前月の九月に執行部は、古森氏が求めた一〇％以上の値下げではなく、それを下回る七％の値下げを〇八年一〇月から実施することを記した旧次期経営計画案（〇八〜一二年度）を示したが、経営委員会は見解を公表し、「現時点で承認することはできず改めて提案することを求める」と承認を拒否した。そもそも経営委員会が拒否した計画案自体が公表されていない。その中で、経営委員会が逐一問題点を指摘するという異例の議事運営をたどった。古森氏は、翌〇八年一月に橋本会長が任期満了を迎えるのを機に会長交代を模索。経営委員会は表面上は一一月下旬に次期会長の資格要件を定め、外部登用の方針を一二月中旬に決めたが、その裏で古森氏は旧知の福地会長に焦点を絞り一一月上旬には会長就任を打診し、二〇年ぶりの財界出身者の会長起用となった。

古森氏が抜擢した会長もまた自分の意に添わない経営計画案を出してきたわけだが、今回は異例の修正で押し切ったのである。筆者は今回程度の計画であれば、橋本執行部でも出来た内容であったと思う。要するに橋本体制を解体させるための方便だったのではないだろうか。

一方福地会長は経営委員会の強い要求をつっぱね続けたが、経営委員会による修正動議を見越していたのではないかと勘ぐられてもやむを得ないのではないか。なぜなら、くしくも双方の顔が立つ形で決着した今回の問題は、経営委員会の議事録を読む限り、二人の絶妙なコンビネーションで進む議事運営の延長にも映った。結局、古森氏も福地会長も、政府・与党の選んだ人物が就任する経営委員が直接、NHK経営の根幹となる案件を立案できる道を開いたのである。それがどれほど放送の自由にとって、問題が大きいのか想像力が決定的に欠けていたとしか言いようがない。

「NHK倫理・行動憲章」を改訂

古森氏の関与は経営面だけにとどまらず番組内容へも広がる。〇七年九月の委員会で古森氏は選挙期間中の歴史番組の取り扱いについて「微妙な政治的問題に結びつく可能性もあるため、いつも以上にご注意願いたい」と注文を付けた。この発言は、古森氏は首相として安倍氏が委員に任命しただけに、旧日本軍の慰安婦を取り上げたNHK特集番組ETV2001「戦争をどう裁くか　第二回問われる戦時性暴力」(〇一年一月放送)をめぐり、当時官房副長官だった安倍氏がNHK幹部と面会し「公平・公正に」などと要請した「番組改変問題」を想起させ、制作現場には懸念が広がった。この発言がきっかけで改正放送法(〇七年一二月成立)では、経営委員による番組編集への介入禁止事項が盛り込まれた。

しかし、放送内容への口出しはやまず、今年三月にはNHKが行う国際放送について「利害が対立する問題については、日本は当然日本国民の立場にたって国益を主張すべきだ」と発言し、物議を醸した。国益発言を巡っては、NHKを国営放送として位置づけるために立ち上げたという自民の有志議員でつくる「放送産業を考える議員の会」メンバーの武藤容二衆院議員(富士フイルム出身)の「励ます会」に今年二月に出席していたことが発覚した。NHKと政治との距離が問われる中で、委員長の立場と私人を区別しているという理屈が視聴者に通ると考えているとしたらそれは誤りだ。

ETV番組問題の検証を

ところで、一〇月一五日、相次ぐ不祥事を受けて〇四年九月に制定された「NHK倫理・行動憲章」が密かに「改変」された。旧版では、「外からの圧力や働きかけに左右されることなく、みずからの責任において、ニュースや番組の取材・編成を行い」とあるのが、改訂版では「いかなる圧力や働きかけにも左右されることなく、自らの責任において、ニュースや番組の取材・制作・編集を行います」となった。改訂理由に「ガバナンス(企業統治)強化」をあげた。NHK関係者は「これは重大な変更だ。『外からの圧力』に屈しないというのは、対権力をイメージするが、後者の『いかなる』は、内側の抵抗にも断固とした対応をするという意志表明ととれる」と解説する。

NHKが改訂した背景には〇八年六月にETV番組を巡って取材協力した市民グループ「『戦争と女性への暴力』日本ネットワーク」が「期待と信頼を損ねた番組を放送された」などとしてNHKなど三社に損害賠償を求めた訴訟で最高裁が市民グループ敗訴とした判決(六月一二日)があるという。この関係者は「最高裁が編集権は経営者にあるというお墨付きをくれたからだ」と指摘する。

小林委員は経営委で判決について「法人としてのNHKに編集権、自主的判断権があり、放送現場個々にはあるものではない」と説明し、福地会長に「放送現場が独走して、法律や倫理に違反した番組を作らないようにしっかりした体制で、きちんとした番組を作っていただきたいという趣旨の判決だと思います」と注文を付け、福地会長も「おっしゃる通りだと思います」と述べた。小林委員は、安倍氏のスキャンダルを取り上げた月刊誌『噂の眞相』(休刊)を相手取って安倍氏が起こした損害賠償訴訟の代理人。国益発言や憲章の改訂は個別番組への関与を封じられた経営委員が番組編集の根本に踏み込もうとしているようにも見える。「外からの圧力」という文言をだれがいかなる議論の末、落としたのか。記者たちは、自らの編集権の自律のためにも追及すべきである。

NHKと民放でつくる放送界の第三者機関「放送倫理・番組向上機構」(BPO)の放送倫理検証委員会はETV番組問題を取り上げるべきかどうかを検討している。九月から一〇月にかけてNHK職員やOB、そして識者らが計二回にわたり、同委員会に申し立てた。この問題の制作現場への萎縮効果は大きく、実際に〇一年以降は、慰安婦を扱った番組は一度も制作されていない。別のNHK関係者は「大きな権勢をふるった海老沢勝二元会長が去った後、戦争を扱ったいい番組が制作され始めた。しかし、古森氏の登場によって局内は再び萎縮ムードに包まれ始めた。今年夏の終戦特集の内容も当たり障りのない番組になってしまった」と明かす。一一月一〇日にも結論を出す方向と聞く。同委員会は取り上げるべきであるし、NHK自身も自ら検証を行うのが筋だろう。古森氏は検証番組の制作をNHKへのせめてもの置き土産としたらどうか。

2009年

民主圧勝，自民大敗を報じる東京各紙
提供：AFP＝時事

1月20日　前年11月の大統領選挙で勝利したバラク・オバマが第44代アメリカ合衆国大統領に就任．

4月 5 日　朝鮮民主主義人民共和国が日本東方の太平洋上に向けてミサイル発射実験を実施．

8月 3 日　裁判員制度による初の裁判が始まる．

8月30日　第45回衆議院総選挙にて，民主党が308議席を確保する大勝．政権交代が実現する．9月16日に民主党・鳩山由紀夫を首班とする新内閣が成立．

TO BE CONTINUED… 筑紫哲也氏追悼に代えて……………………

一月号

「今日はこんなところで……」

亡くなった筑紫哲也氏は、「NEWS23」のエンディング・テーマがなると、きまって「今日はこんなところで」と口ごもりつつ店じまいした。「今日はこのへんで」という乾いたサヨナラではなく、当店の品揃え（アジェンダ設定）と味つけ（切り口）は「いかがでしたか」という問いがこもっていた。その語り口には、テレビの刻むような時間に納まりきれないバツの悪さと、〝テレビ人間〟にはなるまいという強い意志がにじんで見えた。「今日はこんなところで」は、英語で〝to be continued〟だが、彼のそれはたんに「つづく」ではなく「次回を乞うご期待」と訳されよう。その「NEWS23」が閉店するという。報道のTBSは「このへんで」ということか。

ならば、あえて回顧しよう。権力とメディアが「緊張しないはずがない」というのがキャスター筑紫哲也の口癖だった。それができたかどうかのジャッジを市民に委ねる以上、彼は市民に向かっても辛口のコメントを辞さなかった。同じことを、メディアの同業者にも求めた。他社のスクープを賞賛しつつも、抜かれたスクープはスクープで抜き返すという原則をつらぬいた。権力、メディア、市民、他メディア、それらの間の距離をはかるのはフェアネス（公平さ）であるとも説いた。その先にメディアを超えた社会運動とは一味違うアジェンダ（議題）設定とキャンペーンという、古典的だがまだ十分には使われていない領域を見すえていたようだ。

たとえば、二〇〇一年初頭から始まったTBSの「地雷ZERO～21世紀最初の祈り」は、カンボジア、アフガニスタンの対人地雷除去を目的とした大型キャンペーンだった。そのさなか、あの九・一一テロが起こり、一〇月から米軍によるアフガニスタン空爆が始まった。内戦で敷設された地雷除去がようやく緒についたやさき、空からクラスター爆弾（不発弾は対人地雷にもなる）を浴びせる非道にもめげず、キャンペーンは、一二月に入っても「アフガン復興に立ちはだかる地雷原」という現地リポートを送りつづけた。そのタフさがあればこそ、「対テロ戦争」の名のもとにイラク戦争が始まるや、ただちに「この戦争の正体」というシリーズを立ち上げることができたのだろう。

キャンペーンといえばネガティブにとらえるのは、メディアに成功体験がないからだ。他に先駆けてアジェンダを設定すること、その能力こそがメディアの存立理由であり、キャンペーン発信を可能にする。むろん、アジェンダ設定型のキャンペーンは、調査報道の裏づけがなければできない。人、時間、金がかかる。だから、キャンペーンの成否はメディア自身の体力を問う。そのエネルギーの源泉は市民との連携だ。先見性のあるキャンペーンは、しばしば市民から提供されるスクープに支えられて持続する。「NEWS23」という時間帯が、アジェンダ設定型キャンペーンに一つの場を提供していたことを、メディア関係者、そして市民は銘記すべきだ。

キャンペーンの勧め

二〇〇八年の日本新聞協会賞は、毎日新聞大阪本社の大島秀利編集委員の「アスベスト被害の情報公開と被害者救済に向けた一連の報道」に対して贈られた。まさに、支援団体が約三五〇〇人分の被害者資料を記者に提供したことがスクープの決め手となった。この特報で厚生労働省は方針転換を余儀なくされ、石綿被害が拡がる全国五二〇カ所以上の事業所名を公表するにいたった。一〇年以上にわたる地道な取材の成果が「法改正を促し、救済拡大の道を開く価値ある報道」（表彰理由）となった。市民と結びついたキャンペーンが、アスベストという〝地雷〟除去に貢献した事例だ。

さかのぼれば、川崎の大気汚染に際して、報道各社の研究会がメディアと住民運動の結合を促したことがある。薬害エイズ事件では、一社が抜き他社がそれを抜き返すという、よきリレー競争が被害者の早期救済に結びついた。フジテレビのC型肝炎の検証番組もそうした延長線上に位置づけられよう。

いまもキャンペーンの萌芽がある。相次ぐ妊婦の「たらいまわし」事件である。去る一〇月四日、都立墨東病院で受け入れを拒否された妊婦が脳内出血で死亡した。スクープは、『週刊文春』（一〇月二三日発売）。かねがね産科をめぐる問題を焦点化させようと考えていた産科医たちが、墨東病院の一件を契機に、医療評論家とともに東京都の医療行政を含めた批判を展開したのである。前後に記事の抜き合いがありつつも、連日の報道ラッシュにつながった。一〇月二七日、被害者の夫が記者会見し、「誰かを責めるつもりはない。妻の死を無駄にせず、病院や都、国が力を合わせて（産科医療を）改善してほしい」と訴えた。ここに、産科医不足、医師の不均等配置、他診療科との連携不備などが、医療費抑制を至上命題とする「医療改革」の破綻によるものであることが説得的に暴露された。産科医不足と妊産婦の不安が一気に前景化した。

一一月五日、日経が墨東病院の事件の二週間前にも同様のケースがあったことを報じた。九月二三日、頭痛を訴えた妊婦が総合周産期母子医療センターの杏林病院（三鷹市）に受け入れを断られ、四時間後に墨東病院で出産したものの、母親は脳内出血で意識不明の状態だという。この記者は「（この問題には）首都圏の深刻な産科医不足が背景にあり、病院間の連携のあり方などが問われそうだ」と指摘。同時に、出産時における脳内出血の可能性が高いというデータも共有され、産科と一般救急との連携が急務との機運が高まった。今回は、スクープが次のスクープを呼び、問題が構造化した例である。一連の報道により小泉医療改革の欠陥が見えてきた。ここで適切なアジェンダ設定がなされれば、少子高齢化社会の医療のあり方を根本的に問うキャンペーンが可能になる。

ところがである。麻生太郎首相は全国知事会の席上、「社会的常識がかなり欠落している人（医者）が多い」と暴言を吐いた。これには地方医師会から怒りの抗議が殺到した。なぜこのような強い反発が起こるのか。診療報酬をマイナス改定し、研修医に研修先を自由に選べるようにするなど、医療費抑制を金科玉条とする「改革」のツケが地域医療の現場を直撃しているからだ。メディアは、医療費抑制という呪縛から自由になり、クラスター爆弾の保有と廃棄にいくら金がかかるかを愚直に計算してみてはどうか。

これが人間の言葉か？

それにしてもＮＨＫで目立つのは北朝鮮拉致キャンペーンばかりだ。これは穏やかに言えば政府広報、きつく言えばプロパガンダである。メディアの側にイニシアティブもプライドもない。だからキャンペーンにさえなっていない。

視聴者を退屈させ、諦めさせる話法の源は、ＮＨＫ経営委員会の議事録の中にある。古森重隆前経営委員長は、ＮＨＫ執行部に対し、二〇一二年度以降の受信料一〇％値下げを経営計画に明記せよと迫る。抵抗する執行部を締めあげ、降参させる。話法は仮借なき反復（問答無用）である。

こうした精神風土はただちに現場に伝染する。あの迷ゼリフの宝庫、田母神俊雄前航空幕僚長の国会中継を待っていた市民は多かったが、なぜかＮＨＫはニュースで一部を流すにとどめた。これに対し、一視聴者がＮＨＫに噛みついた。いまどきだからその音声がユーチューブに上がった。これがニセでないことを証明する手立てを持たないが、互いの言葉がかぶり合う様子から、これはリアリティありとみて引用する。

Q　非常に重要で国民的関心なのに、あえて他のものにした理由は、どのような編成判断なんですか？

A　ＮＨＫの編集・編成判断にもとづいて、判断したということでございます。（傍点筆者）

Q　あえてそういう判断をしたのはどういう理由なんですか？

A　ＮＨＫとしてですね、編集権というのはＮＨＫにあるわけなんですが……（傍線筆者）

Q　ちょっと待ってください、だれのために編集権はＮＨＫにあるんですか？

A　当然、日本国民のための分でございますよ。最終的にＮＨＫが判断しまして、ＮＨＫが中継するしないは判断してやります。

Q　だれの意思を尊重して、編集権を行使するんですか？

A　だから皆さんのご意見、ご要望なんかを伺いまして、総合的な判断でやっています。

Q 昨日は国会中継をしなかった理由は何ですか？
A だから昨日はNHKが総合的な判断でやっております。
Q ですから、どうして国会中継をするよりも通常のプログラムをするほうがいいという判断に至ったんですか？
A だから、最終的にはNHKの判断でやっております。
Q NHKの編集権というのは、国家権力に対して、国家権力がこういう放送をしなさいといったことから守られるために、NHKは編集権をもっているわけですね？
A 当然そうですよ。いや、いかなる圧力からも独立したNHKということで、NHKの独自の判断でやっております。いろんなところからの当然圧力はあります。

この件《くだり》は、一職員の見解などではなく、NHKの経営方針をしっかり踏まえたものである。傍線をつけた「編集権はNHKにある」という断言は、ETV2001問題の最高裁判決をうけた経営委員会での発言に対応している。「放送事業体、すなわち法人としてのNHKに編集権、自主的判断権があり、放送現場個々にあるものではない」と。また、「いかなる圧力からも独立したNHK」という表現も、改定された「NHK倫理・行動憲章」のなかの「いかなる圧力や働きかけにも左右されることなく」にぴたりと照応している。旧版の憲章には「外からの圧力」とあったのがさり気なく「いかなる圧力」に書き換えられた。「いかなる」とはずいぶん気前よくでたが、そこに落とし穴がある。放送法から導きだされる「外からの圧力」は、主に「権力からの介入」を想定しているが、最高裁判決は、「外の圧力」に、こともあろう被取材者のクレームまで含み、「表現の自由」の侵犯者とまで貶《おとし》めた。かく言えば、「いかなる圧力」のなかに、「内」からの批判者も含めていることは容易に想像できよう。残るは、編集権＝経営権という時代錯誤の居直りである。

この視聴者対応係は、組織の規則に忠実に「外部」に対応している。自分には「内的自由」がないということを知ってか知らずか……。そして、「NHKの判断」というお題目を執拗に繰り返す。これが最高裁から編集権のお墨付きをもらったNHKの態度である。自らへの問いかけも、含羞も、ついには「つづきも」なく、メディア・ウォールの上にただひたすら〝THE END〟の字幕を出しつづけたのである。

「あの戦争は侵略戦争ではなかった」と政府見解を否定した田母神発言に対して、政府がなすべきことは、国会の場で彼の歴史認識を明確に否定して見せることであり、メディアは、それを生中継で公開することである。ところが、今回は政治とメディアが一体となって国民の知る権利を奪った。これでは何も設定されないし、キャンペーンの端緒もない。

筑紫哲也氏なら、どんなアジェンダ設定と闘争宣言をして、「乞うご期待」(to be continued)と言っただろうか。

空自イラク支援終了——本格的な検証を……

二月号

憲法問題に鈍感なメディア　イラクの人道復興支援を名目にクウェートのアリ・アルサーレム空軍基地を拠点として行われてきた航空自衛隊によるC130輸送機三機を使ったイラク国内への輸送活動が二〇〇八年一二月一二日、終了した。〇三年一二月の空自先遣隊入りに始まった約五年間にわたる活動は、これで打ち切られた。〇九年三月までに撤収を終えるという。空自にこれまで充てられたイラク支援活動関連予算は、約二〇〇億円に上ると見られている。陸上自衛隊は〇六年七月に既にイラク南部のサマワから撤収しており、〇三年七月に四年間の時限立法として成立した「イラクにおける人道復興支援活動及び安全確保支援活動の実施に関する特別措置法」(イラク特措法。〇七年に二年間延長)に基づく自衛隊による支援活動は完全に終わったことになる。

イラク支援を巡っては激しい戦闘が続く「戦地」への自衛隊の初めての派遣となることから、武力行使を禁じた憲法九条を空洞化させかねないとして国論は大きく割れた。その自衛隊が実際に現地でどのような活動を行うのかは、国民の大きな関心事だった。日本新聞協会(会長・北村正任毎日新聞社長)と日本民間放送連盟(会長・広瀬道貞テレビ朝日会長、民放連)が現地取材に当たり、防衛庁(当時)との間で結んだ取材ルールは、事前検閲を含む報道規制色の濃い内容だった。防衛庁が譲らなかった自衛官らの安全確保の主張を受け入れた結果だ。そこまで譲歩しながら報道各社が現地取材で伝えた内容は、総じて「広報」の域を出ず、検証や監視という視点からは遠かったと言わざるを得ない。

特にクウェートのアリ・アルサーレム基地からバグダッドへの米兵など多国籍軍兵士を含むC130輸送機による輸送を行っている空自の活動の問題点や課題については何もわからなかったと言っていい。〇八年四月、自衛隊イラク派遣差し止めなどを求める集団訴訟の控訴審判決の中で、名古屋高等裁判所(青山邦夫裁判長)が空自活動の一部について違憲判断を示した。その後もなお空自の活動を正面から検証しようという姿勢が見られなかったのは、深刻な報道機関の憲法問題への鈍感ぶりを示したと言えないか。

実態に迫った記事はあったか　「平成一六年三月以降、本年一二月一日現在までに、実施回数は八二一回、人員約四万六〇〇〇名、貨物約六七三トンを空輸した。このうち国連支援の実績としては平成一八年九月六日以降本年一二月一二日までに、実施回数は一一二回、人員二八〇〇名、貨物約一一二トンを空輸した」。これは、防衛省が空自の輸送活動の内容について一二月一二日に報道発表した全文である。非常に短い。防衛省の国民への説明責任に対する認識を象徴している。

この日はいわば「節目」にあたるわけだが、翌一三日朝刊の新聞各紙はどこも地味な扱いだった。朝日「空自イラク部隊現地の任務終了」(見出し一段)▽毎日「イラク派遣　空自の活動終了」(同四段)▽読売「自衛隊イラク支援活動完了」(同二段)といずれも社会面(東京本社最終版)での本記のみで、防衛省発表を踏まえた事実関係の紹介にとどまった。この日は麻生太郎首相が会見し、景気後退に対応するための緊急対策を発表するなど大きなニュースがあったとはいえ、全国三紙の記事はどこも目立たなかった。それだけに東京新聞(中日新聞東京本社)が、一面で「イラク空自帰還命令　防衛相」(同四段)と扱った上で、社会面で「問われる九条との整合性」との見出しの記事を掲載し、憲法問題に踏み込んだ問題提起は目立った。実はその前後に空自活動の検証を試みる新聞もあったが、あえて一三日付の各紙の扱いを取り上げたのは、防衛省担当デスクや記者のこの間の姿勢を象徴しているように映ったからである。

イラク特措法が定める活動は、イラク国民に対する医療やイラク戦争で被害を受けた施設復旧などの人道復興支援と、多国籍軍の人員の輸送などの安全確保支援に分かれている。〇六年七月の陸自撤退に合わせ、空自は同月、多国籍軍の人員・物資を載せたC130輸送機を初めてバグダッド空港まで飛ばすなど活動範囲を拡大。政府はこのとき、国連からの要請に応えるためだとして、イラク特措法に基づく基本計画で輸送できる場所として例示したバグダッドやモスルに、国連事務所のある北部のアルビル空港や陸自物資に利用してきた南部タリル空港を新たに加えた。

安倍晋三首相(当時)は〇七年四月、衆院本会議で空自の活動実績を初めて明らかにした。答弁によると、〇六年九月から〇七年三月までに空自による輸送は計一五〇回。このうち国連支援関係は二五回で多国籍軍関係は一二五回を数えた。物資は四六・五トンでこのうち国連が二・三トンなのに対して多国籍軍は四四・二トンだった。後方支援に当たる安全確保のためにした活動は、輸送回数は全実績の八三%、輸送量は九五%も占めていた。米軍機に向けた地対空ミサイルが飛び交う首都バグダッドの上空を空自のC130輸送機は、米兵や関連物資ばかりを載せて往復していたわけだ。軍事用語で言ういわば事実上の「兵站《へいたん》」で、旧日本軍が最もおろそかにした軍事作戦だったことは自衛隊自身が知るところだろう。

政府が公表したデータを眺めただけでも、空自による空輸活動が、イラク特措法が前提としてない「非戦闘地域」であるかどうかに疑義が生じる現実を容易に想像させる。物資の中身になるとさらに詳細は不明だ。筆者の知る限りこうした実態に正面から迫ろうとした新聞記事は、東京新聞の半田滋記者による連載企画「新防人考　変ぼうする自衛隊」(〇七年)の他には見当たらなかった。

検証機会を三回見逃す

自衛隊のイラク派遣を巡っては、自衛隊違憲論を含む「そもそも論」をとりあえず脇に置くとして、空輸活動に絡んで報道機関が本格的な検証に乗り出すきっかけは、五年間に少なくとも三回あったと思う。最初は、〇四年一一月に小泉純一郎首相が民主党の岡田克也代表との党首討論で繰り返した、「自衛隊が活動している地域は非戦闘地域」だと発言したときだ。基本計画が例示したバグダッドやモスルが非戦闘地域に当たるかどうかの検証はできたのではないか。

モスルでは翌一二月、米軍基地にロケット弾が撃ち込まれて多数の米兵が死亡した。非戦闘地域に当たるかどうかについて、細田博之官房長官は「わからない。今の自衛隊と関係ないからそこまで考えていなかった」と明言を避けた。事実上の日中戦争を「事変」と言い換えて国際社会からの批判をかわそうとした戦前の政府の姿勢を、小泉首相の発言は髣髴させる。こんな荒唐無稽な認識で自衛隊員の命が危険にさらされていいはずがない。

二回目は米空軍のホームページに空自の活動について、「戦闘地域に配備される」との記述があったことがわかった〇六年七月だ。大量の兵士をバグダッドに投入し、武装勢力と対峙する米軍がそう表現するのは当然だ。

そして、三回目は〇八年四月に名古屋高裁によるバグダッドへの輸送活動を違憲と判断したときだ。青山裁判長は武装した米兵などの輸送事実を認定したうえで、「現代戦において輸送などの補給活動も戦闘行為の重要な要素だ。軍事上の後方支援を行っている。他国による武力行使と一体化した行動だ」として、違憲判断を示した。ところがそれでもなお報道機関は、空自の活動を静観し続ける。

筆者は防衛省を担当する防衛記者会の多くの所属記者も日常的に省内にいるのだから、こうした実態に気づいていたと考えている。戦闘が行われている区域で危険を冒しても支援するべきかどうかについての考えは、記者や報道各社によって異なると思うが、何が起きているのかを伝える努力は惜しむべきではない。何事もなく終わったのは幸運以外の何ものでもなく、危険な場所であったのは間違いないと言っていい。

報道機関は継続して検証を

産経新聞の月刊誌『正論』一月号で、元産経記者の花岡信昭氏が、田母神俊雄・前航空幕僚長が書いた政府の歴史認識に反する懸賞論文が政治問題化した経緯を取り上げている。その中で企画したアパグループの発表があった一〇月三一日の記者会の様子について、祝辞を述べるために空幕長室に駆け込んだ新聞記者もいたとし、「その段階では政治問題化するような雰囲気は全くなかった」と指摘している。驚くようなエピソードである。もちろん、所属記者全員が同じ感覚だとは思わないが、空輸活動への感度の鈍さを考えると「さもありなん」と思えてしまうのは、筆者だけではないのではないか。

イラクの復興支援活動をサマワで行う陸上自衛隊の現地取材は新聞協会と民放連、防衛省が合意した取材ルールの下で行われた。自衛隊員らの安全確保や円滑な任務遂行と取材活動の調整を図るために合意した文書の一つには記者の遵守事項を記載した「立入取材申請書」がある。そこには安全確保等に悪影響を与える恐れがある情報については防衛庁側の公表や同意を得てから報道するという条項があり、そうした情報として「部隊の人的被害の正確な数」など二二項目が並んだ。事前検閲そのものである。

毎日新聞の〇八年一〇月六日付朝刊の特集面「戦争とメディア」はルール下で取材した当時の記者から聞き取った内容を基にした検証記事だ。記事の「大事なことは事後発表で安全確保を金科玉条のように用いていた」「過剰とも言える情報統制は終始変わらなかった」との証言を紹介している。取材ルールづくりに参加した防衛省の鎌田昭良広報課長(現防衛省北関東防衛局長)の「取材ルールも完ぺきとは思っていない。話し合ってより良い内容に改めたらよいのではないか」との言葉で記事は結ばれている。新聞、放送界の責任者はこのルールの検証もする必要があるだろう。

陸自活動については、サマワの宿営地を狙った迫撃弾が付近に着弾したり、日本人人質事件が相次ぐなど治安情勢の悪化を受けて〇四年四月には大半の新聞・放送局の日本人記者がサマワから引き上げた。イラク人記者を採用して取材を続ける社もあったが、報道機関は役割を放棄したとの批判を招いた。ただ、読売記者は英軍の同行取材でサマワ入りしたり、陸自撤退後に朝日、毎日も記者をサマワに派遣し、陸自による支援活動の検証を試みているのは評価したい。それだけに〇六年一二月の自衛隊法改正で自衛隊の海外活動が「付随的任務」から「本来任務」に格上げされた今日、米兵空輸に違憲判決の出た空自活動については一層、厳しい目での検証が欠かせない。

一二月一七日にアリ・アルサーレム基地での撤収の様子を新聞、放送各社は現地取材によるニュースとして報道した。イラク特措法五条に基づき麻生太郎首相は、イラク復興支援活動終了後、遅滞なく国会にその結果を報告しなければならない。四回目のチャンスを逃さないでほしい。

なぜ新聞は裁判員制度推進一辺倒なのか

四月号

死刑付き裁判員制度を推進する読売

実施が五月に迫った裁判員制度の推進を、あからさまに打ち出してきた主要在京紙の筆頭は、読売新聞だ。読売は裁判員制度が始まっても死刑判決が出るように法曹三者ばかりでなく国民にも覚悟を迫る裁判員制度推進論だ。すでに〇五年一一月一八日付社説は「死刑制度『裁判員』が負う過酷な義務」というタイトルだった。

社説の直接のきっかけは、二〇〇五年一〇月三一日に発足した第三次小泉純一郎内閣で法務大臣に就任した弁護士出身で真言宗大谷派の信徒だった杉浦正健衆議院議員が就任後の記者会見で「私は(死刑執行命令書に)サインをしません」と述べたことだ。

社説は、「時には、一般の市民も被告を『死刑』と断じなければならない。三年半後に始まる『裁判員制度』は、そんな過酷な義務を内包した制度だ。評決の時、心の平静を保てる市民がどれほどいるだろうか」と書き出している。その上で、「そうした〝覚悟〟を裁判員に求める立場にあって、先の法相発言は軽率の批判を免れない」と断じている。

二〇〇九年一月六日付朝刊に登場した社会部長の記事の見出しは「裁判員制度　見据えて」だった。同部長は、「法務省は〇七年一二月から、死刑を執行した確定囚の氏名や犯罪事実を公表するようになったが、肝心の刑の実態は秘密のベールに包まれたまま。裁判員制度を前に、そのすべてを明らかにしたいと考えたのが、昨年一〇月に始めた本紙連載『死刑』だった」と書く。司法当局を手ぬるいと判断したのだろう。先の社説のように、国民が死刑判決を躊躇しないようにと死刑の「実態」を伝えようとして、この連載は死刑の執行の微に入り細を穿つルポを含んでいた。

同部長は、裁判員制度で死刑が求刑される事件は年間二〇件前後と推測されるが、「国家としての権力行使に関与する負担は、心身ともに大きいかも知れないが、それがより良い社会を作るためであるならば、制度を自分たちのものにしていかなければならない」と読者、国民を叱咤激励した。そして、自らの記事を「私たちも、その歴史的な第一歩に際し、読者の理解を助け、制度がうまく定着していくような報道を模索していきたい」と結んでいる。

最大発行部数を誇る読売は〇六年五月から裁判員制度導入の

ための手厚い報道と論評を続けており、長官以下の最高裁幹部や霞が関の司法官僚はグループ本社会長・主筆の渡邉恒雄氏邸や読売本社に足を向けて寝られないだろう。

奇妙なペア　そして、裁判員制度の定着への熱意という点では、読売に負けず劣らずというべきなのが、政治・外交などほとんどあらゆる面で相反する立場が目立つ産経新聞と朝日新聞という奇妙な組み合わせだ。

産経新聞で目立つのは、裁判員制度をにらんだ大量の犯罪報道や裁判報道である。ついには、裁判員制度のモデルケースの一つとされた東京・江東区の女性殺害・死体損壊事件では、紙面で大展開するばかりでなく、初公判(二〇〇九年一月一三日)から第七回の判決公判(同年二月一八日)まで、同紙のインターネット上のニュースサイト「MSN産経ニュース」で、この刑事裁判の審理を「法廷ライブ」として「生中継」するに至った。

産経も裁判員制度導入の推進の立場は明らかだ。例えば、社民党と国民新党は二〇〇八年一二月一七日に、裁判員制度には(1)市民が短時間の審理でいきなり死刑判決を迫られる、(2)短期間裁判で、被告の権利が守られない可能性がある、(3)市民に生涯にわたる守秘義務などもあり市民に負担が大きすぎる、などと指摘し、問題点が解決されないうちは、実施を延長するよう求めていくことで合意した、と発表した。これを受けて、同紙の論説委員が二〇〇九年一月五日付コラム「風を読む」で、両党や、同様に延期の方針を明らかにしている共産党を、国会が全会一致で決めておきながら、「直前になって異議をはさむのはいかがなものか」と批判している。また、同紙の社説に当たる同年一月一五日付「主張」は、「死刑の判断　裁判員制控え議論深めよ」というタイトルのもとで「死刑制度がある限り、裁判員が判断を下しやすくするのも裁判所の責務だ」と主張した。

朝日新聞は、裁判員制度をめぐる報道の量の多さからいえば在京紙随一かもしれない。また報道も多彩で日本の過去や現在の各地からあるいは海外から発信し、さらに反対論ではないかと思わせる手法もある。

同紙は二〇〇八年五月から「人を裁く　第一部　迫る一年後」「人を裁く　第二部　刑の重み」(同年九月)、「人を裁く　第三部　選ばれる日」(同年一一月)、「人を裁く　第四部　被害者の姿」(二〇〇九年一月)と、「人を裁く」シリーズを毎回ごとに数日の連載を続けてきた。

この連載には、筆者からみると、一つのパターンが見える。例えば、第三部である。(上)では、「忙しくて行けない　辞退可否、悩む裁判所」という見出しが躍り、二〇〇八年から「国民参与裁判」が始まった韓国や、陪審制をとる米国でも、呼び出し状を受け取っても出頭するのは三割、四割だと海外の事情も伝え、問題山積だとあたかも裁判員制度に反対の原稿とすら読める。しかし、連載の最後はいつも「大丈夫」と結ぶ。第三部でも(下)では、「日本に復帰する前の沖縄で陪審員を務めた人の曇りのない目で、証拠をしっかりと見極める力が、もともと市民にはあるのです」という言葉で結んでいる。

そして、朝日は二〇〇八年一〇月一七日付朝刊から「動き出す裁判員制度」という共通ロゴのもとに月に一度の大型企画を始めた。制度がスタートする〇五年五月の「裁判員の経験はどこまで話せるのか」で終わることになっている。これこそ究極のプロモーション連載だというのが筆者の感想で、最高裁首脳や司法官僚は随喜の涙を流しているに違いない。

異色なのは、東京新聞だ。二〇〇八年に四〇周年を迎えた名物コラム「こちら特報部」は裁判員制度に批判的な記事を連発してきた。二〇〇七年一〇月二九日付の同欄は、裁判官から転じ『裁判員制度の正体』という著作のある西野喜一新潟大学大学院教授に縦横に語らせ、見出しには「『裁判員制度、違憲のデパート』批判本人気　元裁判官語る」といった見出しが躍動する。

飛んで二〇〇八年九月二九日付の「こちら特報部」では、見開きの右面には「改革派からも『設計ミス』批判」「対象は重大刑事事件、一審への判断のみ」「市民の目『民事にこそ』」という見出しが内容を物語っている。左面は東京地検特捜部長や法務省矯正局長などを歴任した河上和雄弁護士に存分に語らせるインタビュー記事だ。内容は「国民参加は『隠れ蓑』」「『捜査の可視化』代用監獄の廃止　現行課題置き去り」「せめて中止、延期すべきだ」といった見出しが並ぶ。

こうした批判論や懐疑論のオンパレードを読んでいると、東京新聞だけは、少なくとも裁判員制度の延期論を打ち出すのではないか、と考えた読者は多かったのではないか。ところが、二〇〇八年九月七日(日曜日)付の「週のはじめに考える」と銘打った一本社説のタイトルは何と「皆でやる民主主義」となっていた。野党の延期論や見直し論を「重大な懸念材料」であり「無責任」だと、産経の論説委員と同じ口吻だ。

冷遇される反対論　各紙のキャンペーンでは、欧米の先進国では、司法への国民参加は当然だという主張が通奏低音になっている。だが、米国では、ほとんどの州で有罪か無罪かを決めるだけで、刑量決定の義務を負わない陪審制だ。欧州では参審制で有罪か無罪かの判断のほかに刑量判断にも市民は加わるが、欧州連合(EU)加盟国は死刑制度を廃止している。こうした主張は、先進諸国のなかで、市民が死刑判決に加わることになる唯一の国だということを忘れているようだ。

さらに、様々な姿をとった各紙の裁判員制度の推進キャンペーンの大洪水のなかで、反対論は大海の一滴のような扱いで、しばしば無視されてきた。

昨年の新潟県弁護士会からはじまった各地の延期論もベタ扱いだったが、今年に入って延期論に加わった千葉県弁護士会は主要各紙で完全に無視された。

そして、在京主要紙を含むほとんどのメディアは、裁判員制度に深くかかわる、一面トップ級になるような国際ニュースを、囲み記事に近い扱いにしかしなかったことも強調しておきたい。それは二〇〇八年一〇月三〇日にジュネーブの国連欧州本部で発表された「市民的および政治的権利に関する国際規約」に基づく自由規約委員会による第五回日本政府報告に対する最終見解である。この見解は日本政府に対し「一般世論に対して、死刑を廃止すべきであることを必要な限り説明すべきだ」とし、代用監獄の廃止や「尋問中の弁護人の立会い」「起訴前の釈放の導入」「尋問のすべての録画・録音」などの必要性を強調していた。

こうした措置は、容疑者や被告の人権を確保するために必要な国際基準なのだが、日本のメディアはこの一〇年ぶりの勧告に対して一様に冷淡な扱いだった。

しかし、こうした措置がとられないで裁判員制度は可能なのだろうか。そして各紙が無視している重大なことがまだある。それは、裁判員制度はその判決の多くが市民感覚とかけ離れている民事裁判に導入されるはずだったのに、司法内部の押し付けあいで刑事裁判、しかも対象が少ないという理由で重罪犯罪裁判への導入になったという経緯があったことだ。さらに、新自由主義、グローバリズム、自己責任論を背景に、経済同友会、日本経団連など経済団体が言い出し、自民党が実現に動いた「司法改革」の一環として誕生したのが、この裁判員制度だったということだ。

つまり、格差が拡大する社会で犯罪に走った市民を、市民に裁かせるという「構造改革」の仕上げだったことを、メディアはほとんど報じないのである。

人間の声　こうした裁判員制度をめぐるメディア報道の暗闇のなかで、東京新聞の「こちら特報部」のほかにも、各紙個々には光る記事があったことも記しておきたい。

例えば、毎日新聞だ。同紙の朝刊社会面の「始まる裁判員制度」や夕刊の「カウントダウン　裁判員制度　施行まで××日」などは、他紙と同工異曲である。だが、例えば、同紙朝刊の第二社会面に二〇〇九年二月下旬に載った「正義のかたち　死刑　日米家族の選択」のシリーズは、死刑をめぐる加害者、被害者、両者の親族などのそれぞれに重い人生を描いていた。そこには、取材対象者に寄り添う記者たちの真実に迫ろうとするジャーナリストの志が見え、人間としての声が聞こえた。

イタリアの啓蒙思想家のチェザーレ・ベッカリーアはフランス革命前の一七七四年に出版した『犯罪と刑罰』の中で、死刑と拷問による自白の禁止を訴え、裁判は公開でなければならないと強調した。繰り返すまでもなく、日本には死刑制度があり、近年でも志布志や富山の冤罪事件があった。そして、裁判員制度の柱である公判前整理手続きと評議は密室で行われるのである。民主主義を標榜する各紙の中からせめて裁判員制度の延期論が出てくるのだろうか。

報道機関の説明責任とは？

五月号

裏付け不足　報道機関が得た証言や証拠の裏付けが不十分だったり、疑問が残るまま「スクープ」として報じる問題が今年に入って相次いでいる。一つは、日本テレビ（久保伸太郎社長）の報道番組「真相報道バンキシャ！」（日曜日午後六時放送）が二〇〇八年一一月二三日に放送した岐阜県庁の裏金作り報道。もう一つは、新潮社（佐藤隆信社長）の「週刊新潮」が今年一月から二月にかけて四回にわたって掲載した朝日新聞阪神支局銃撃事件（一九八七年五月三日）の実行犯を名乗る男性の告白手記だ。

日本テレビは、裏金の存在を明かした同県中津川市の建設会社の元役員の証言が虚偽だったことがわかり、久保社長が三月一六日、責任を取って辞任。一方、新潮社は告白した男性が指示役として指摘した元在日米国大使館職員の男性から無関係だと抗議を受け、訂正・謝罪を求められて、三月一九日に和解した。実行犯の証言は大きく揺らいでいるが、新潮社は和解内容は公表しないとし、説明を拒否しているという。

この二つの問題は、証言内容に対する甘い裏付けや、その後の報道機関としてのあいまいな説明責任のあり方など、放送や出版界が抱える問題点を浮き彫りにした。

社長辞任にまで発展した「裏金虚偽報道」が社会問題化したのは、三月一日に同局が同じ番組内で行った訂正放送がきっかけだ。各紙の報道を総合すると、「バンキシャ！」は、昨年一〇月に会計検査院が公表した不正経理問題を機に取材に着手した。会計検査院は無作為に選んだ北海道、青森、岩手、福島、栃木、群馬、長野、岐阜、愛知、京都、和歌山、大分の一二道府県で国土交通省や農林水産省の補助事業で不正経理が行われていないかを調査したところ、すべての自治体で見つかったと指摘した。「バンキシャ！」は、一二の自治体への取材を進める一方で、インターネットのアンケートサイトで情報提供を呼びかけたところ、「岐阜県の裏金について知っている」と書き込んだ現役の建設会社幹部を名乗る元役員が現れたという。この元役員は、岐阜県中津川市の建設会社「美濃建設」営業担当取締役（当時）で、インタビューは一〇時間以上に及んだ。元役員は「バンキシャ！」の求めに応じて、県の担当者から渡され、二〇〇万円を振り込んだという銀行のキャッシュカードや残高証明、インターネットバンキングの出入金記録などの「物証」を次々に提供した。取材班が色めき立ったに違いないことは、番組冒頭で司会を務める福澤朗・元日テレアナウンサーが「バンキシャ！のスクープです」とわざわざ強調したことからもうかがえる。

ところで、番組は岐阜県だけでなく京都や愛知、山口県の四自治体の裏金問題を取り上げている。大半は、会計検査院が指摘したという〝お墨付き〟があり、自治体側が全面降伏。一方、岐阜県のケースは関与した本人の証言とこれを真っ向から否定する県のコメントで成り立つ明らかに違う文脈のネタだ。山口県のケースも岐阜と同様、裏金をプールしていたという男性の証言を紹介している。岐阜県のケースでは、物証の裏付け取材については、「担当者らは『狭い地域の中で取材を進めることは身元の特定につながり、別の当事者の証拠隠滅も想定される』ことから『直接当事者に確認することは困難』との結論に至った」(三月一八日付毎日新聞)という。誤報は不十分な裏付け取材が直接の原因であることは間違いない。

山口の証言は裏付ける物証もなかった。日テレは誤報ではないとしているが、裏付けが不十分だったことは三月二四日に発表した報告書で自ら認めている。スレスレだったのだ。

「信ずるに足る」と判断　問題の背景の一つとして、取材チームが下請けの制作会社の契約スタッフとの混成であったことを指摘し、「内部告発まがいの話を聞いた最初の発端からすべての取材活動が問題だった」と久保氏が出身の読売はじめ産経などは、三月一六日の会見で述べている。足立久男報道局長による「(情報を確認する)最後のつめが甘かった」との、それまでの説明より踏み込んだ発言をした。しかし元役員と接触したのは、日テレの正社員ではない。

毎日によれば、「放送前日に、プロデューサーや担当デスクら番組担当者が集合。担当者らは、証言や資料の入手経緯を検討。証言や資料に関する角度を変えた質問に対する回答が一貫し、不利益を承知で告発していることや謝礼の要求がないことを根拠に『信ずるに足る』と判断した」と報じている。元役員は今年一月に岐阜県中津川市の元道路建設係長と共謀して、架空の工事を発注して市から約八〇万円をだまし取ったとして詐欺罪で起訴されている。筆者はこの段階に至っても番組関係者は証言は事実だと思っていたのではないかと想像している。それは、同市の詐欺事件と証言の裏金作りの構図がそっくりだったからだ。むしろ、県が舞台になった本件でも岐阜県警は立件するのではないかと浮足立ったのではないか。逆に県の告訴を受け偽計業務妨害罪で逮捕される展開になるとは想像もしていなかったに違いない。別の局のある番組プロデューサーは「記事の範囲内だが」とした上で、「私も元役員は少なくとも本当のことを言っているのではないかと信じたかもしれない」と明かした。

「バンキシャ！」の特徴は、今回の番組のように歯切れ良く絶対悪を追及するバラエティー風の番組構成で、それが視聴者を惹き付け、一六％を超える高視聴率を維持する背景にある。

取材力もそれなりに評価されてきた。今回問題を起こしたのが「バンキシャ！」と聞いてまず思い浮かべたのが、二〇〇四年五月、小泉純一郎首相が朝鮮民主主義人民共和国(北朝鮮)を訪問する直前、「北朝鮮に二五万トンのコメ支援を実施することで最終調整をしている」と報道し、首相官邸が一時、首相訪朝同行取材から日本テレビを排除したことがある。新聞を中心にした報道機関による批判を受けて排除は撤回されたが、飯島勲首相秘書官はその報道の取り消しと「情報源を明かせば同行を許可する」と日テレに迫った。なかなか面白い報道をする番組だという記憶がある。

BPOが特別検証チーム

むしろ、今回のケースで指摘したいのは、結局、大半の物証や証言を支えているのが本人の話以外にはないこと、問題の重さに比較しあまりに短い取材期間であることだ。なぜ、情報提供した本人が特定されかねないとの理由で、一方の当事者である岐阜県庁側など本人以外の関係者に詳しく説明しないでよいという結論に結びつけられたのか。取材源の秘匿は大事な取材倫理だが、裏金を振り込んだ当事者としてキャッシュカードを持っているというのだから、元役員に県側から内部告発者探しがあるのは不可避だろう。うまくすり抜ける方法をアドバイスしたり、特定を避けて裏を取る別の手段がなぜ模索されなかったのか。

会計検査院が不正経理を公表したのは一〇月一八日。日本テレビの発表や関係者の話によると、同月末に企画が通り、一一月七日には岐阜県庁にスタッフが取材をしている。そして最終的に放送を決断したのが前日の二二日の会合。同じ日の夜は、元厚生労働省次官刺殺事件の容疑者が警視庁に出頭し、二三日の放送では番組の多くの時間がこの事件に割かれた。放送を延期したり、岐阜県庁部分はカットし、続報とすることは考えられなかったのか。いずれも現場取材の司令塔となるデスクワークが問われる場面であり、それだけに二二日で放送を決めた会合での議論は重要なポイントだと思う。日テレの報告書は、元役員に接触する前に岐阜県の担当者に取材したことを明らかにした。当初予定の放送を優先した信じられない取材手順である。そこまで本人が特定されることに配慮しながら、中津川市の詐欺事件の共犯者であることを訂正放送で明かすなど、あっさり本人が特定される放送をしたのも不思議だ。

ＮＨＫと民放でつくる放送界の第三者機関「放送倫理・番組向上機構」(ＢＰＯ)の放送倫理検証委員会が特別調査チームを設けて検証するという。山口県のケースを含めてしっかり調べてほしい。

週刊新潮自身が検証記事を

『週刊新潮』に掲載された朝日新聞阪神支局襲撃事件など警察庁指定一一六号事件の実行犯を名乗り出た男性の告白手記については、連載中から朝日やライバルの『週刊文春』など新聞や雑誌で内容の信憑性に疑問を投げかける記事の掲載が相次いだ。特に朝日は連載終了後に、「虚言　そのまま掲載」との見出しで一ページを使った記事の検証を掲載し、「証言に真実性はない」として虚報と断じた。『週刊新潮』は三月五日号で「『朝日検証記事』に反駁する」との記事を掲載し、「検証記事自体が不可解」と一蹴し、「『物証』となる可能性のある材料についてはすべて手記内で提示している。これらの証拠を元に事件を徹底検証できるのは警察当局のみ」と、今度は立証責任を警察に預けてしまった。

一方、指示役とされた元在日米大使館職員の男性は、連載後に抗議するとともに、訂正と謝罪を新潮社に求めた。三月二〇日付朝日と同二一日付毎日によると、この元職員は両紙の取材に対して、「私が事件に関与していないという抗議を重く受け止め、納得のいく真摯な姿勢で応じてくれたため和解した」と述べたという。朝日は「『事件とは無関係だ』という男性の抗議に対して金銭での解決を図ったことで、新潮社は記事が誤報だったことを事実上認めたことになる」と報じた。

ところが、新潮社は和解内容を外部には明かさない第三者条項があることを理由に公表をしていないばかりか、『週刊新潮』編集長は四月二〇日付で現在の早川清氏から同誌次長の酒井逸史氏に交代するという。同社はこの人事は若返りを図る既定路線だとし、記事の誤報責任を否定している。

ところで、この問題を取材している記者によると、同誌はこの問題での取材は文書でしか応じず、回答も編集部名での短い文面しか出さないのだという。報道機関に関する多くの不祥事を報じてきた『週刊新潮』も自社の都合の悪いことになるとやっぱりほおかむりするのだろうか。放送界や新聞界と異なり、出版界は自らの報道について外部の第三者が検証する機関を持っていない。警察に検証を委ねるという姿勢では「連載記事自体が不可解」との批判を受けてもやむを得ないだろう。『週刊新潮』をめぐっては報道不信の問題をどう考えているのかもぜひ聞いてみたい。早川編集長でも佐藤社長でもよい。責任ある立場の人物が記者会見して疑問点に答えるべきだ。

政・放分離のすすめ……七月号

自主・自律という倫理

「皆さまのＮＨＫ」というフレーズはいつから使われるようになったのか。「公共放送ＮＨＫ」の概念をわかりやすく説明するために考案されたコピーであろうが、実際には、「公共」という言葉が、無原則、無味無臭、無謬の代名詞に使われているように思えてならない。「皆さまの」と語りかける笑顔の目はぜんぜん笑っていないのだ。

ETV2001「シリーズ戦争をどう裁くか　第二回問われる戦時性暴力」(二〇〇一年一月三〇日)が、放送直前に大幅な改変をほどこされ、通常より四分も短縮して放送された「事件」から八年がたつ。NHKに向けられた種々の疑問に対しても、「皆さまのNHK」は、ただ不偏不党に心がけ、自主的な判断をし、政治的圧力に屈したことはないと反復するのみである。なぜこの組織は無謬性の呪縛から自由になれないのだろうか。

そうした「皆さま」言説に、最近、ようやく軋みが出はじめた。

NHKと民放でつくるBPO(放送倫理・番組向上機構)が、四月二八日、マイルドだが浸透力のある「意見書」を出したからだ。NHKに政教分離ならぬ政治と放送の分離、「政放分離」を強く促したのだ。NHKは放送内容のことで永田町詣でをする必要がなくなる。

「意見書」を具体的に読んでみよう。NHK幹部が放送前に政治家と接触し、放送内容を説明した後に、現場に対して大幅な改変を命じたことは、それだけで、自らの倫理規範たる「放送倫理基本綱領」(一九九六年九月制定)、「新放送ガイドライン」(二〇〇六年三月制定、二〇〇八年五月改訂)がかかげる「自主・自律」の原則を踏みにじる行為であり、問題の番組もシリーズ全体のテーマ(「人道に対する罪」の二〇世紀的な意味を考える)から外れた「散漫な」内容になったと、厳しい評価を下したのである。こうした結論は、実際に放送された四本の番組を虚心にテクスト・クリティークするという、いわばNHKの土俵に乗った作業を通して出されただけに、説得力がある。

説得力のもう一つの根拠。二年前の関西テレビの「発掘!あるある大事典Ⅱ」の捏造事件をきっかけに、総務省が行政処分を含む放送法改正をちらつかせたとき、当時の橋本元NHK会長は、経営委員会の席上、こうした動きは国民の知る権利を担保する「表現の自由」を危うくするとして、「放送事業者、放送界全体が、自主的・自律的に対応する」(傍点筆者)ために、BPOの機能を強化すべきだと発言していた。そのBPOにETV2001の改変が「自主・自律」にもとる行為だと指摘されてしまったのだ。

この「意見書」が緻密なのは、自らの権能を「政治介入の有無にはふれない」と限定しつつも、NHKの「政放一致」につけこむ一部政治家の専横を暴けというメッセージをメディア全体に確実に送っていることである。

二〇〇八年六月一二日の最高裁判決をもって、ETV2001問題に関するすべての裁判プロセスは終了した。しかし、依然として問題の核心は解明されていない。放送の直前、NHKの幹部は何に怯えたのか。本当に政治介入はなかったのか。以下、八年の歳月のあいまに埋もれてしまった諸点を再整理しながら筆を進める。

失われた八年間　放送の半年後、二〇〇一年七月二一日付で「女性国際戦犯法廷」の主催団体であるバウネットジャパン

（「戦争と女性への暴力」日本ネットワーク）は、ＮＨＫと制作会社ドキュメンタリー・ジャパン（ＤＪ）を提訴した。訴状は、「ＮＨＫが番組を改ざんしたことによって、被害女性たちの名誉を傷つけ、視聴者に誤解を与え、市民の知る権利と表現の自由を侵害し、報道機関としての報道の自由と責任を放棄した、そして、取材協力者の信頼（期待）を侵害し、番組改変の説明義務に違反した」と主張する。「期待権」裁判と略称されるが、それは正確ではない。ＥＴＶ２００１は、国家が行った戦争の犠牲者である女性たちの名誉を回復するために、市民と公共放送ＮＨＫが「信頼」を前提に「共」に番組を作っていこうという試みであった。今のメディア状況は確実にその方向を探っている。それが暴力的に壟断されたことへの怒りなのだ。暴力の正体、それがＥＴＶ２００１問題の核心である。

だが、この段階のバウネットの事実認識は、のちに問題になる「政治介入」については、「ＮＨＫ上層部の前代未聞の番組への介入の背後に政治権力の圧力もあったといわれている」（傍点筆者）という伝聞表現にとどまっていた。

一審のＮＨＫは、バウネットが確証を持っていないＮＨＫと政治との関係にいっさい頬被りし、右翼団体などの攻撃には毅然と対処し、あくまでも自主的な判断で編集を行ったと主張しつづけた。しかし、ＮＨＫの内部では、歴史教科書から「従軍慰安婦」の記述の削除を求める議員たちが有形無形の干渉を加えてきていたことは公然の秘密だったという。

それとは対照的に、ＮＨＫの内部では、バウネットとＤＪを「悪者」にするキャンペーンがはられていたともいう。両者が「ぐる」になってＮＨＫを「はめた」、というのである。

法廷では、バウネット側は、二〇〇〇年一〇月末にＤＪから企画書を示され、「女性法廷をつぶさに記録する」と信じて協力したが裏切られたと主張した。それに対して、法廷に立ったＮＨＫの教養部長は、それ以前にＥＴＶ２００１のシリーズの通しテーマを「人道に対する罪」とすると決めていたと証言し、ＤＪの企画書の内容を相対化すると同時に、バウネットの言い分も封殺した。

結局、東京地裁はＮＨＫを免責し、ＤＪには「取材相手に誤解を与え、取材を受けることを決めさせた」として、百万円の支払いを命じた。かくてＮＨＫは、「政治家の影」をいっさい覆い隠したまま一審をクリアしたのである。

ところが、高裁段階で事態は一変した。

二〇〇五年一月一二日付朝日新聞は、この番組の放送前日の二〇〇一年一月二九日に、政治家がＮＨＫ幹部に対して偏った内容だなどと指摘し、ＮＨＫがその後、番組内容を変えて放送した、と放送当時の松尾武放送総局長、「日本の前途と歴史教育を考える議員の会」の幹部安倍晋三、中川昭一両議員らへの取材に基づいて報じたのだ。翌一三日、ＮＨＫの放送担当デスクが異例の会見をし、ＮＨＫにおいて政治の介入が恒常的に行われていると告発した。ＮＨＫは、自らのニュース枠を使って朝日新聞とNHK職員への攻撃を繰り返したり、「政治家への事前説明は通常業務の範囲内」と開き直るなどして、このときばかりは「皆さまのNHK」の素顔からいつもの笑みは消えていた。

二〇〇七年一月二九日、東京高裁は、NHKが政治家の意図を必要以上に忖度《そんたく》した結果、番組内容を大幅に改変し、「当たり障りのない」(BPOは「完成度に欠ける散漫な」と表現した)ものにしたことは、自ら編集権を放棄するに等しい行為と断じ、原告勝訴の判決を下した。ただし、政治家の介入があったとまでは認定しなかった。

つづいて、法廷闘争は最高裁に持ち込まれた。NHK執行部は最高裁に上告するにあたって、原告の主張する「期待権」が認められれば、これを政治家や大企業などが利用して、「表現の自由」を制約するという憲法論争に持ち込むことを決めていた。このときすでに「期待」が「信頼」の別表現であることなど、「皆さまのNHK」の眼中になかった。二〇〇八年六月、最高裁横尾和子裁判長は、NHKの主張を全面的に支持し、編集権はもっぱら放送事業者(その頂点としての会長)にあるとして、原告の「期待権」侵害の訴えを退けた。これでNHKに法的責任はないことになった。

しかし、なお倫理的な責任が残るとするNHK有志・OBと視聴者・市民団体メンバーは、同九月、BPOに真相究明を求める申し入れをした。BPOはのべ三〇時間もの議論を重ね、「意見書」を書き上げたのである。

検証番組は避けられない

三月一〇日の経営委員会の席上、安倍晋三元首相に近いとされる小林英明委員は、何を思ったかBPOに指摘される前にNHKとして独自に検証番組を作ってはどうかと提案した。それに対して、NHK執行部はその必要はないと突っぱねた。小林委員が、「元の番組内容のデータ自体が残っているのか。取材を受けた側が放送されると思っていた内容は残っているか」と質問したところ、報道担当の今井環理事は言下に「残っていない」と答えた。

四月二八日、BPOの意見書が出た。その結語に、小林委員が危惧したとおり、NHKの放送現場にETV2001の検証を促す記述があった。「当該番組を含むシリーズ全体の番組を自分の目で見、その上で、その制作・改変の過程を説明文書や本意見書やその他の資料と突き合わせ、みずからたしかめ、考えていただきたい」とした上で、「みずから検証し、考え、議論し、そこで獲得した教訓を、番組その他どのような形であれ、……視聴者にていねいに明らかにするよう、希望する」と。その含意するところは、この八年間一本も放送されていない従軍慰安婦に関する番組が制作されること、そして、ETV2001の検証番組がつくられ、何らかの形で視聴者に届けられることへの期待である。

五月四日、毎日新聞の臺宏士記者は、長井暁デスク(当時)が高裁の法廷で当該放送の途中ヴァージョンを保管していると証言していたことに着目して、すでに退職している同氏に取材し、これを証言後、それらはNHKに没収されたという談話を取り、これをNHK広報に当てて「残っているのは放送したもの(四〇分)だけだ」と紋切り型のコメントを引き出した。これでは「編集過程の詳細」の根拠となるテープが廃棄されたことになる。毎日の記事がジワリと効いたとみえて、五月一二日の会長会見の席上、臺記者の質問に対して、NHKはテープが存在していることを認めた。これで検証番組を作る材料があることがわかった。あとは「皆さまのNHK」が視聴者に向き合うかどうかだ。

そこで、検証ポイントをあらかじめ指摘しておこう。二〇〇五年七月二〇日、NHKが東京高裁に提出した「編集過程を含む事実関係の詳細」という陳述書(放送総局長、番組制作局長、国会担当局長、教養部長、チーフプロデューサーらの陳述)は、削除・修正箇所とその理由を満載している。三点だけ紹介する。(1)女性法廷において「天皇の責任」にふれた部分を削除。番組制作局長の陳述、「天皇の戦争責任に触れることでそこに焦点が当たってしまい、本件番組について天皇有罪を紹介した番組として一人歩きする懸念なども踏まえて考えた結果、最終的には天皇の戦争責任に関するナレーションはふれないことになった」とある。そもそも「戦争をどう裁くか」というシリーズで、女性法廷が「何をどう裁くか」という場面を欠いて番組は成立しない。このポイントでは、NHK幹部の天皇制理解の前近代性が検証される。(2)証言した被害女性が失神するのはセンセーショナルであるとして削除。放送総局長は「動作に関心が向かうような映像をそのまま用いることは、それ自体が一方的な視点に立つのではないかと思われてきた」と削除の理由を述べている。この映像を復元することで、被害女性が苦痛を超えても訴えたかったことの真の意味を視聴者が知る権利を奪われていたことが検証されよう。(3)元加害兵士の証言は、政治的な運動との関係が否定できないとして削除。関係者の話では、放送直前のヴァージョンまで、元兵士が「恥を忍んで証言する」と言って、みずからの加害責任を認める場面が残っていたという。国会担当局長も認めていたシーンが、放送直前になぜカットされたのか。この部分を検証すれば、NHK幹部も及ばない大きな力の存在が見えてくるかもしれない。

しかし、今のところNHKは検証番組をつくるつもりはないと言っている。

ならば、八年間、この問題に取材者としてかかわったすべてのジャーナリストたちは手を組んで検証作業に着手してはどうか。これを機会に、朝日新聞は取材のやり取りの生の記録を公開すべきだ。そのときはじめてETV問題の核心であるところの「政治介入」の意味と実態が見えてくるかもしれない。

NHK「JAPANデビュー」攻撃の源

八月号

始まったNHK攻撃

「選挙期間中の放送は、歴史ものなど微妙な政治的問題に結びつく可能性もある。いつも以上にご注意願いたい」——。こんな言葉を残して、昨年一二月にNHK経営委員長を退任した古森重隆・富士フイルムホールディングス社長。この発言をきっかけに経営委員による番組介入への懸念が広がり、放送法が改正されて経営委員は個別番組について関与できなくなった。古森氏が在職中ならきっと、「オレの言うことを忖度していれば面倒なことは起きなかった」と得意げだったかもしれない。

古森氏を経営委員長としてNHKに送り込んだ安倍晋三・元首相が戦前の日本による台湾統治を描いた、NHKスペシャル「シリーズ・JAPANデビュー」の「第一回アジアの〝一等国〟」(今年四月五日放送)に対し、「偏向、捏造番組だ」として噛みついている。安倍氏いわく「日本統治時代について、肯定的に話をされる台湾人は李登輝元総統はじめ枚挙にいとまがありません。しかしこの番組は『反日』で貫かれています。歴史認証抜きに『人間動物園』とか『日台戦争』といった新たな概念を作り上げ、イメージ操作を行い、これでもかと日本を貶《おとし》めています」(六月三日配信の安倍氏のメールマガジンから)と言うのだ。

NHKの発表によると、「JAPANデビュー」は、「横浜開港(一八五九年)一五〇年」となる今年から三年間にわたって日本の近現代史を見つめ直そうという「プロジェクトJAPAN」の初年度企画という。「アジア」「天皇と憲法」「貿易」「軍事」という西洋列強に伍して行こうとする一九四五年までの日本の命運を握った四つのテーマに絞ったシリーズ、「アジアの〝一等国〟」はその初回番組だった。同番組は「台湾を内地と同様に扱う『同化政策』や、台湾人を日本人に変えようという『公民化政策』といった植民地統治の実態を、一次史料や映像、証言などによって描いた」という(六月一七日公表の説明文書)。

安倍氏が貶めると批判した人間動物園というのは、一九一〇年に当時、軍事同盟国だった英国のロンドンで開かれた日英博覧会で、台湾の先住民の暮らしぶりを見せ物としていたことを紹介した番組内での表現だ。NHKの説明によると、これは植民地の人々が文明化していることを宣伝する場のこととして英仏で使われ、日本はこれをまねたのだという。日台戦争も併合に伴って武力で制圧しようとする日本軍に対する激しい台湾人による抵抗が全土に広がった状況を表現したもので、日本台湾学会で九〇年代半ばになって認められるようになった用語らしい。

ＥＴＶ特集攻撃と同じメンバー

番組に嚙みついている政治家はもちろん安倍氏だけではない。自民党の中川昭一氏、中山成彬氏、古屋圭司氏、そして稲田朋美氏らで、六月に結成された自民議連「公共放送のあり方について考える議員の会」には六〇人以上が名を連ねたという。会長は古屋氏、事務局長には稲田氏が選出された。中山氏は教科書での旧日本軍の従軍慰安婦などの記述を問題視した運動をかつて全国展開した自民議連「日本の前途と歴史教育を考える議員の会」の現会長だ。

彼らの名前を見てすぐに思い浮かぶのは、慰安婦問題を裁く女性戦犯法廷を取り上げたＮＨＫ教育テレビＥＴＶ２００１「シリーズ戦争をどう裁くか　第二回問われる戦時性暴力」(二〇〇一年一月三〇日放送)の番組改変問題と、昨年春に公開された中国人の李纓《リイン》監督のドキュメンタリー映画『靖国　ＹＡＳＵＫＵＮＩ』の上映問題だろう。安倍氏らが、ＥＴＶ番組の放送前にＮＨＫ幹部と面会し、「公平、公正にやって下さい」などと注文を付けたことが、大幅な番組改変につながった。稲田氏は、文化庁所管の独立行政法人・日本芸術文化振興会の審査委員会が「靖国」を製作した「龍影」に対して七五〇万円の助成を決めたことを問題視した。これをきっかけに右翼団体による上映妨害を懸念した東京都内の映画館が直前になって上映中止を決めるなど、社会問題化した。稲田氏は一九三七年に起きた旧日本軍将校二人による中国兵の「百人斬り競争」を巡る報道で、戦後に処刑された将校の遺族が「虚偽報道で名誉を傷つけられた」として、毎日新聞社と朝日新聞社、柏書房、元朝日新聞の記者でジャーナリストの本多勝一氏に損害賠償を求めた訴訟の代理人も務めた(二〇〇六年に最高裁で原告敗訴が確定)。

歴史教科書問題、「女性戦犯法廷」番組、「百人斬り競争」報道、映画『靖国』。そして、今回の台湾統治を取り上げたＪＡＰＡＮデビュー問題も、一九九〇年代中盤から自民党の保守派議員を中心に連綿と続く自虐史観批判勢力によるいわば「政治運動」の延長線上にあると考えるのが自然だろう。ただ、面白いのは、せっかく設立した議連もＮＨＫ関係者を呼ぶなど直接的な動きはまだ控えているようだ。当面は、総務省に放送法の観点から対応を求めていくという。ＥＴＶ問題を巡る政治介入批判の経験から慎重になっているとすれば、当メディア欄でも積極的に取り上げてきた甲斐があったというべきか。

安倍氏は、偏向番組批判の勢いに乗って、衛星放送「日本文化チャンネル桜」の番組「桜プロジェクト」に出演した六月一一日にはＥＴＶ問題を「昭和天皇を有罪にするとんでもない番組だった。中身は明らかに不公平。作っている人たちが恣意的な人たちだからだ」と改めてやり玉に挙げた。同番組を巡っては今年春に番組の担当デスクだった長井暁氏とチーフプロデューサーだった永田浩三氏の二人がＮＨＫを去った。長井氏は二〇〇五年一月に記者会見し、政治介入によって番組が改変させられた実態を内部告発。その後、永田氏とともに、同番組に取材協力した市民団体『戦争と女性への暴力』日本ネットワーク」がＮＨＫと制作会社の計三者を相手に「事前の説明と大きく異なる内容の番組が放送された」として損害賠償を求めた裁判の控訴審で政治圧力を証言した。ＮＨＫはほどなく二人を取材現場から外す人事異動を行い、左遷だとの批判が上がったが、現場に復帰しないままの退職だった。

偏向を問えるのか

これに対して、安倍氏は首相在任時に自身のスキャンダルを取り上げた月刊誌『噂の眞相』(二〇〇四年休刊)を相手にした損害賠償訴訟で、代理人を務めた小林英明氏を古森氏とともにＮＨＫ経営委員に任命した。その小林氏は、安倍氏の言動に呼応するように経営委員会の中で「ＪＡＰＡＮデビュー」批判を展開している。

例えば、五月二六日の経営委員会で「放送法第三条の二第一項第三号は、真実でない報道を行うことを禁止しています。当該番組にはその法律に違反した疑いのある事項が存在したと考えています。『日台戦争』ということばを使っていました。『日台戦争』とは日本と台湾との間に戦争があったことを意味することばですが、私の歴史の知識によれば、このような歴史的事実はなかったと思います。このような歴史的事実がなければ、そのような内容の放送をすることが放送法に違反すると思います」と安倍氏らとほぼ同じ主張をしている。古森氏が去った後も思惑通りの展開なのではないか。安倍氏ら「圧力」側は長井氏らと異なり少しも傷を負っていない。

六月二五日、八三八九人がＮＨＫを相手に「ＪＡＰＡＮデビュー」が事実を捏造した放送法に違反する番組内容だとして一人当たり一万円の損害賠償を求める訴訟を東京地裁に起こしたという。八三八九人という多数の集団訴訟には驚かされた。六月一〇日から二二日までの一二日間で集まったらしい。背景にはインターネットによる呼びかけが力を発揮したのは間違いない。安倍氏が出演した「チャンネル桜」の番組は、衛星放送だけでなく、動画投稿サイト「ユーチューブ」などでも無料で閲覧できる。政治家らにアピールの場を提供するたくみなメディア戦略の主舞台は桜プロジェクトだと筆者はみる。

ところで、産経新聞(東京本社発行版)の今年五月一八日付朝刊には全面を使った意見広告が掲載された。「ＮＨＫの大罪」と横書きの大きな活字。そのすぐ上には「私たちはＮＨＫスペシャル『ＪＡＰＡＮデビュー』の『やらせ』取材、歪曲取材、印象操作編集の偏向歴史番組の制作と放送に抗議します」と、総務省が見たらＮＨＫに今にでも行政指導に乗り出しそうな言葉が並んでいる(もちろん監督官庁による行政指導の是非は問題だが)。意見広告に賛同する国会議員として自民党を中心に稲田氏や中山氏ら六人が名前を連ね、ＮＨＫに対して訂正放送などを求めている。その意見広告の連絡先「日本文化チャンネル桜二千人委員会事務局」とあり、チャンネル桜のホームページをのぞいて見た。東京・渋谷のNHK周辺で行われたデモの主催者に「日本文化チャンネル桜二千人委員会有志の会」なる団体の名前があり、今回の訴訟に関する委任状の送付先は、「日本文化チャンネル桜二千人委員会事務局」とある。「有志の会」「事務局」と「日本文化チャンネル桜」との相互関係は不明だが、番組では連日、大きくデモの様子や訴訟などこれらの動きを伝えているのだから無関係ということはないだろう。

チャンネル桜のホームページには、「日本の伝統文化の復興と保持を目指し、日本人本来の『心』を取り戻すべく設立された日本最初の歴史文化衛星放送局です」と書いてある。衛星放送局は、電気通信役務利用放送法に基づく「衛星役務利用放送事業者」のことで、総務大臣への登録制だ。同法によると、放送法の準用規定があり、三条の二も含まれている。同規定は「放送事業者は、国内放送の放送番組の編集に当たっては、次の各号の定めるところによらなければならない」とし、具体的には、(1)公安及び善良な風俗を害しないこと、(2)政治的に公平であること、(3)報道は事実をまげないですること、(4)意見が対立している問題については、できるだけ多くの角度から論点を明らかにすること——と定めている。何のことはない。チャンネル桜も偏向番組を流せば、放送法違反になるということである。安倍氏は自ら出演した番組についてはどのような認識を持っているのだろうか。

噛みあわない歴史観

原告の主張を代弁するような内容で、自民党の世耕弘成氏が六月二五日の参院総務委員会でNHKに質問したが、気になった発言があったので指摘しておきたい。それは、世耕氏が多くの視聴者らが問題視していることを示す事例として、「千人を超えるデモがNHKに対して行われている」と言及したことだ。デモは、民主主義社会における大切な表現の自由の一つだが、今回のデモには参加者とみられる人たちによる首を傾げるような行為もあったという。NHK内部に許可を得ないで立ち入ったり、視聴者向けの見学施設「スタジオパーク」行きの直行バスを「占拠」して構内に乗り込もうとするなどの行為があった。デモとは別だが、番組出演者を偽装して入り込み、番組担当者を捜し回る人もいたらしい。NHKには公共放送として多様な意見に真摯に耳を傾ける責務があるが、世耕氏にはエスカレートしつつある抗議手法には一言くぎを刺してほしかった。

ただ、筆者には議論によって歩み寄れる番組批判だとは思えない。訴状が台湾総督府民生局長だった後藤新平(一八五七—一九二九年)について「番組は台湾人の弾圧差別の首謀者としてのみ描いている」と指摘しているが、根本には、植民地経営の負の面を強調した番組だという不満があるらしい。しかし、なぜそもそも他国の領土である台湾に後藤がいるのか。放送法は目的を「健全な民主主義の発達に資する」と定めている。こうした目的に沿って日本がアジアの人々とこれからどう向き合っていくべきなのか。「植民地デビュー」を通じて考えようという番組の狙いと、「良いこともした」式の歴史観とはそもそも噛み合うわけがない。

核密約をめぐる「メディア・スクラム」

九月号

メディア・スクラムの好例

「メディア・スクラム」という言葉はこういう状況を表すのにふさわしいのではないか。今年五月下旬以降、核兵器を搭載した米艦船の日本国内への寄港を認める日米政府間の密約を巡って、報道各社が外務省高官だった人物による密約の存在を認める証言を競うように報じている。この密約は、米公文書や米側の当局者の証言によって存在が裏付けられていたが、日本側は一貫して認めて来なかった。証言のインパクトは大きく、一気に終盤国会の政治課題に浮上し、総選挙の争点にもなりつつある。

メディア・スクラムとは、一社一社の取材活動は適正でも、例えばある事件の犯罪被害者に集中することによって生じる圧力という意味で使われる報道用語の一つだ。集団的過熱取材と併記されることが多い。報道機関にとっては、ネガティブな言葉だが、本来は今回のような報道に使われるべきではないか。日本政府は、いまだ密約の存在を否定している。密約の証拠を突きつけられるたびに政府がこれを否定するという展開を繰り返してきた。報道の次の役割は、密約は存在しないとウソをつき続ける政府に認めさせることだ。引き続き、スクラムを組んでほしいと思う。

元高官が証言した密約は、一九六〇年の日米安全保障条約改定で、米軍による核兵器の持ち込みは、「事前協議」の対象だとしたが、核を搭載した艦船の寄港や領海通過、航空機の飛行場への着陸は「持ち込み」に該当しない、とした内容だ。六〇年一月の当時の藤山愛一郎外相とダグラス・マッカーサー駐日大使の会談で確認された。その後、六三年三月に池田勇人首相(当時)が「核弾頭を持った船は日本に寄港してもらわない」と国会答弁した。これによって、日米密約が事実上、破棄されることを懸念したエドウィン・ライシャワー駐日米大使は大平正芳外相(同)と、密約を再確認する。

ライシャワー氏は八一年、毎日新聞の古森義久記者(現在は、産経新聞ワシントン駐在編集特別委員・論説委員)の取材に応じ、「日米間の了解の下で、アメリカ海軍の艦船が核兵器を積んだまま日本の基地に寄港していた」と証言し政治問題化した。藤山外相とマッカーサー大使、大平外相とライシャワー大使との会談内容は九九年に米公文書館で見つかった文書でも裏付けられている。

そして今回、外務省の元高官が日本側として初めてその存在を明らかにした。その口火を切ったのは、共同通信が五月三一日に配信した記事だ(各紙の掲載は、翌六月一日付朝刊)。同記事は四人の外務省事務次官経験者がこの密約について「密約は、外務省の中枢官僚が引き継いで管理し、官僚側の判断で橋本龍太郎氏、小渕恵三氏ら一部の首相、外相だけに伝えた」と報じ、共同通信加盟の地方紙に掲載された。しかし、「匿名」証言のインパクトはそれほど大きくなく、全国紙では毎日が、河村建夫官房長官や藪中三十二外務事務次官が一日の会見で報道内容を否定した、という記事を掲載し、政界でも共産党が参考人招致を求めた程度だった。

共同のせっかくの特ダネも立ち消えかと思われた状況を打ち破ったのが、西日本新聞が六月二八日に掲載した八七年七月から八九年八月まで外務次官を務めた村田良平氏の山崎健記者による実名インタビュー記事だ。共同記者に明かした四人のうちの一人で、西日本は村田氏の「事前協議は必要ないとの密約が日米間にあった。前任者から引き継いだ。一枚紙に手書きの日本語で、その趣旨が書かれていた」との証言を引き出した。

実名証言の説得力　実名証言の説得力は大きい。翌六月二九日朝刊で毎日、同夕刊で読売、東京(共同通信)、三〇日朝刊で朝日、日経、産経(時事通信)など全国紙が一斉に後追い記事を掲載した。その後の各紙の発掘報道はめざましい。やや出遅れ感のあった朝日は複数の元政府高官や元外務省幹部の証言として、〇一年の情報公開法の施行を前に、当時の外務省幹部が関連文書の破棄を指示していたことや、外務省はその文書を溶かしてトイレットペーパーに再利用していた疑惑を報じた。朝日の追及は、核持ち込みだけでなく、七二年の沖縄返還に伴う密約にも広がった。沖縄にあった米の海外向け短波放送のVOA(ボイス・オブ・アメリカ、アメリカの声)の施設移転費一六〇〇万ドルは本来は米国が負担するべきだが、日本政府が肩代わりした密約について、米公文書だけでなく韓国側の公文書でも存在が裏付けられたと報じた。大阪市大の小林聡明研究員が発見したという。その後の関連の特ダネ記事が相次ぎ、追及姿勢は緩めていない。

こうした各紙の報道を受けて、政治も大きく動いた。河野太郎衆院外務委員長(当時)は村田氏を訪ね、直接聞き取りした上で「密約はあったと判断した」と表明。『密約はない』との答弁は認めない」と政府答弁の変更を求める意向を示し、村田氏ら密約を知りうる立場にあった人たちの参考人招致を示唆した。しかし河野氏が主導した政府答弁の修正を求める委員会決議は、衆院解散などでできなかった。

政府はなお「密約はずっとなかったと申し上げている。改めて調べるつもりはない」(麻生太郎首相)との立場を貫いている。しかし、東京都議選の勝利で政権交代を視野に入れた民主党の岡田克也幹事長は各紙のインタビューで「(密約文書を外務省に)きちんと出すよう命令すべきだ」(共同)との考えを明らかにしたほか、与党内でも政府方針に異論が出たことは無視できない政治状況の変化を促したと言えないだろうか。

沖縄返還の密約でも

報道機関が発掘した密約は「核持ち込み」に限らない。

過去をさかのぼれば、毎日新聞政治部記者だった西山太吉氏が沖縄返還に伴って本来、米国が負担するべき民有地だった米軍用地の原状回復費四〇〇万ドルを日本が肩代わりする密約問題を追及したし、TBSの金平茂紀記者や朝日も我部政明・琉球大教授とともに九八年から〇二年にかけてこの密約の存在を裏付ける米公文書の発掘に当たった。沖縄返還交渉の当事者だった吉野文六・元外務省アメリカ局長は〇六年VOA移設費や原状回復費を肩代わりする密約を証言している。米公文書が見つかるたびにそれまでは否定し続けた吉野氏の発言が翻ったのは、北海道新聞の往住嘉文記者による取材だった。『週刊朝日』の諸永祐司記者は今年五月二二日号で谷内正太郎・前外務次官にインタビューした内容を「谷内正太郎・政府代表が語る『核再持ち込みの密約はあった』」とのタイトルの記事にしている。この密約では沖縄返還交渉に当たった若泉敬・元京都産業大教授が、自著の中で返還後も有事の際には沖縄へ核兵器を再び持ち込むことを拒否しないことを事前に合意していたと明かし、〇七年に信夫隆司・日本大教授がこれを裏付ける文書を米公文書館で発掘した。若泉氏を「師」と仰ぐ谷内氏は「詳細な記録を残して嘘をつく理由もないし、嘘をつく人でもない」とし、「核の再持ち込みの密約はあった、と私は思う」との証言を紹介している。谷内氏の発言からうかがえる政府の密約否定のからくりが面白い。谷内氏は「首相官邸や外務省内もすべて調べてみたのですが、該当する文書は見つかりませんでした。証拠となる文書が日本側にない以上、公式に『あった』とは言えません」と語ったという。文書を破棄してしまったのだから、そういう理屈にいまはなるだろう。それでは文書を破棄したのはいつなのか、何故なのかの説明責任は、日本政府にある。

ところで、実名での証言を引き出したのが日本列島の北にある北海道新聞であり、南の西日本新聞であるのは興味深い。吉野氏は話さないというのが全国紙記者の念頭にはあったようだし、既に自著で明らかにしていた村田氏が共同に当初は匿名報道を望んだ理由も定かではない。地方紙記者には特別な取材術があるのだろうか。ぜひ、聞いてみたいところでもある。

喜んでばかりもいられない

しかし、手放しで喜んでばかりいられないのも現実だ。それは安全保障政策や憲法観ともかかわり、「核持ち込み」の密約証言を巡る、各紙の大きな扱いも狙いは政府のウソを是正させ、「国是」とも言える核兵器の「持たず、作らず、持ち込ませず」とした「非核三原則」の徹底を求める論調には必ずしも結びついていないからだ。

産経の姿勢は明確で、村田氏の証言が既に自著で書かれていることを指摘し、「どこがニュースなのだろう」(産経抄)とかみついた。しかし、産経だけしか読んでいない読者は知らないのだから報じる価値はあるのではないか。第一報の時事通信の配信記事よりも批判する記事の方が目立つ扱いだというのはいかにも産経らしい。北朝鮮による核実験に触れ、「敵基地攻撃能力や核保有の是非を含めた独自の抑止態勢のあり方」(主張)にも言及した。

読売も「密約を見直せば、非核三原則のあり方にも踏み込まざるを得ないだろう」と主張している。日経も「米国の核持ち込みを認める非核二・五原則の提案もある」と書いた。むしろ三紙が狙う密約問題の位置づけは、北朝鮮の核脅威に対抗するため、日本の核保有に向けた論議であり、それは確信犯的だと言っていいと思う。

密約があったと判断した河野氏も毎日の取材に応じ、「日本は核の持ち込みを認めますか」との質問に対して、「(北朝鮮や中国の核保有について)抑止するために日本はどういう戦略を取るのか。日本も核を持たなければ駄目かを含めてフリーに議論しようということです」と答えている。ただ、河野氏自身は日本の核保有には否定的だが、姿勢は三紙と共通しているのではないか。政府のウソに焦点を当てて追及する朝日や毎日、東京の姿勢とは大きく異なる。

東京地裁では西山氏らが原告となり、沖縄返還を巡る密約文書の開示を国に求める情報公開訴訟が起きている。杉原則彦裁判長は六月の第一回口頭弁論で、国に対して、密約は不存在だと主張する理由についての十分な説明を求めた。この種の訴訟での立証責任は通常、原告側にあるとされ、同裁判長の訴訟指揮は異例だ。原告側も驚いたという。朝日、毎日、東京(共同)はこの異例の訴訟指揮を記事化したが、読売、産経、日経は報じなかった。一部の「メディア評論」にはこれらの三紙が扱わなかったことをとらえて、「だから今のメディアはおかしくなっている」的な論調がみられ、中には、三紙の記事にさえ「鈍感だ」と評した者もいた。あまり建設的な評論には思えなかった。

それよりも私は、一連の密約の発掘報道にかかわった一線記者の奮闘は、複数の全国紙があり、たくさんの地方紙があることで多様な言論が確保される一例でもあると思う。日本では今も核保有を「否」とする世論が多数を占めている。非核三原則は唯一の被爆国である日本が世界に胸を張るべき政策だ。憲法九条に追加したっていいはずだ。取材した記者には今後もなお頑張ってほしいし、それに共鳴した読売、産経、日経の記者らにもメディア・スクラムに加わってほしい。

裁判員裁判をライブで中継？……………………一〇月号

主役はだれだ？　ついに民間の裁判員が実際の殺人事件を裁く時代がきた。内閣に司法制度改革審議会が設置されて一〇年目の夏。裁判員制度をめぐる長い論争などなかったかのように、公判初日の八月三日、テレビカメラは裁判員候補たちが足早に東京地裁に入って行く姿を追い、上空のヘリは、傍聴希望者たちの列をとらえていた。二〇〇〇人以上が五八ほどの傍聴席を争うという。これまでの世論調査では、「自分は裁判員になりたくない」という回答が多数を占めていたのに、この行列は何なのだろう。テレビのコメンテーター用の椅子取りかもしれないが、それだけではなさそうだ。そうこうするうちに、すべてのテレビ画面が裁判員裁判の幕開けを告げ、四日間のコース・メニューをいっせいに説明し始めた。

いったい、この裁判の主役はだれなのか。隣の女性を殺害した被告の男か、それとも被害者とその遺族か。事件を裁く検察官か弁護士か、あるいは裁判員たちか。いやそうではない。この裁判の主役は「裁判員制度」それ自体である。連日見せられたのは、テレビの同時中継に最も適さない「制度」であった。とりわけ、この裁判員制度は、「公正な裁判」と「公正な報道」という二つの「公正」を同時に引き寄せている。テレビ自身がすでにこのルールの内側に縛られているので、密着中継をすればするほど、対象化することは困難になり、「制度」のプロパガンダにならざるをえない。

裁判員制度の検討過程で、司法当局から「裁判の公正」を妨げる行為を排除するために示されたルールは以下の通り――、裁判員に誤解を与えるような「偏見報道の禁止」「裁判員等の個人情報の保護」「裁判員等への接触の禁止」「裁判員等の守秘義務と秘密漏示罪」など。このうち「偏見報道の禁止」についてメディアの側は露骨なメディア規制として反発、項目を削除させた。しかし、その余の三項目については、押し返すことができなかった。それによって、裁判員と裁判官による「事実の認定」「法令の適用」「刑の量定」など評議の内容にかかわる部分は、取材者から完全にガードされることになった。

そこで、テレビはまるで甲子園の球児たちの応援でもするかのように、法廷内の裁判員たちの緊張状態、疲れた表情、たまに飛び出す素人らしい質問など、要するに活躍ぶりを後生大事に法廷外に持ち出す仕事に励んだのである。

際立っていたのはＮＨＫの報道姿勢だ。連日、霞が関の地裁前に特設したスタジオから、「同時進行　裁判員裁判」と題して生中継を定時ニュースごとに送り続けたのである。公共放送ＮＨＫの使命は、殺人事件を市民が裁くという新しい制度について、これまでの論点を整理しながら、視聴者に考える素材を提供することであったはずだが、何を勘違いしたのか、徹底したライブ・スタイルに踏み切ったのだ。

ライブは時間を現在に徹底して集中させる。ＮＨＫは、裁判員制度をひたすら現在化することで、制度設計に際して十分に論じられなかった未決の問題、すなわち「死刑の存廃」「メディア規制」などにかかわる議論を、過去と未来にきれいに振り分けてしまったのである。

ＮＨＫは昨年一一月と今年五月上旬の二度にわたって、「裁判員制度に関する世論調査」を実施していた。両者を比較した結果、裁判員制度実施の日が近づくにつれて、その必要性、参加の意向ともに著しく低下していることが判明した。しかし、彼らは自ら行った世論調査の結果を番組作りに生かすことなく、ひたすら実況中継にこだわった。どのみち法廷内の撮影はできないのだから、通常のスタジオでもよかったはずだ。四日間同じ中継スタイルを貫くことで自分たちが次に実施する世論調査になんらかの影響が出る、そういうメディア状況に身をおいているという自覚はないのだろうか。

死刑の話は終わったのか

ほかのテレビ局も同工異曲で、キャスターや記者たちの話法は、滞りなく、そつなく、差し障りなくであった。こうした思考停止は、先進諸国では廃止が大勢の「死刑制度」についてまともな議論をする機会を奪ってしまった。国家が合法的に自国民を死に至らしめることができるのは、戦争と死刑であるといわれる。二〇世紀後半に到達した人類的水準は、「戦争違法観」と「死刑の廃止」である。死刑廃止論には、死の不条理に人間が関与すべきでないという説、人の裁きには誤判を排除しきれないという説、死刑を存置しても凶悪犯罪は減少しないという説などがある。そして、ジュネーブの人権委員会も昨年一〇月、日本の死刑執行件数の増加を懸念し、死刑の廃止を勧告している（日本政府は国民の八〇％以上が死刑を支持していると反論したが、死刑の存廃は世論によって決めるものではないという見解が示された）。

裁判員制度の始動と過剰同調によって、メディアは死刑問題を埋没させ、ひたすら被害者・遺族感情を「どのように」裁判に取り入れていくかとか、重い判決を下すことになる裁判員の心のケアを「どうするか」などというハウツー問題に議論をスライドさせてしまった。

もう一つ気になったのは、検察と弁護士が事前審査で証拠などを決めてしまい、裁判員たちはいわばお膳立てされた料理に箸をつけ、吟味する役割しか残されていない点だ。それによって、裁判は大幅にスピードアップされるのだが、メディアは裁判員たちの「疲労」や「多忙」などを伝え、四日間の審理期間でも長すぎるという印象を与え続けた。スピード化は裁判の密室化をもたらし、冤罪の可能性を増すかもしれないという懸念、これもどこかに押しやってしまった。

PRドラマが現実をリードする

そんなことを考えながら、法廷の中で検察が「わかりやすく」をモットーに、今回の殺人事件の概要を説明したくだりを聞いていて、ある映像が頭に浮かんだ。最高裁判所が企画制作した裁判員制度のPRドラマ「審理」である。そのストーリーが今回のケースと構図がよく似ているのだ。

PRドラマ「審理」で扱われる事件はこうである。妊娠中の妻とその夫が電車に乗っていて、そばにいた男性と接触してトラブルになり、夫が殴る蹴るの暴行を受ける。それを止めに入った妻も突き飛ばされる。男は「かっこうつけるんじゃねえ」と捨てゼリフを吐いて立ち去ろうとする。夫は持っていた釣り用ナイフで男の胸を刺した。公判では、被害者の母親が裁判員の前で泣きながら検察の求刑より重い刑を求める。次に、現実の裁判ではまったく秘密になる評議のシーンが続く。裁判員たちは、被害者の母の気持ちと被告の身重の妻の気持ちのあいだを揺れ動く。

裁判が終わると、裁判員たちは初めての経験について心境を語る。「私、裁判をやってみて裁判員って、生き方まで問われているような気がして」「僕なんかこの三日で一気に一〇年分ぐらい脳を使ったくらいですよ」などと。

実際の裁判の終了後にも、裁判員たちは感想を述べた。「四日間、長い時間でした。ほっとしています」「裁判員制度はすばらしい制度だと思う。この四日間で自分の考え方が変わりました」などなど、まるでPR映画がリプレイされているようだった。

実際の裁判員制度では、裁判員に選ばれるには、いろいろな関門をくぐらなければならない。最終的にはくじ引きで決めるといっているが、実際には、お上の「身体検査」に身をゆだねる局面もある。ちなみにこのPRドラマ「審理」の裁判員役は、覚せい剤取締法違反で逮捕された酒井法子容疑者。ドラマの中で「自分も恥ずかしくない生き方をしなけりゃ」と言う。こちらのほうはどんな「身体検査」がなされたのか。

国家と秘密を共有することができるのか

今後、裁判員に選ばれる市民は、事実認定の難しい例や、死刑を含む判決に参加しなければならなくなる。しかも、判決にいたる評議の内容を誰かに漏らせば、守秘義務違反、秘密漏示罪(六カ月以下の懲役、五〇万円以下の罰金)に問われる。つまり、裁判終了後も何らかの形で国家と秘密を共有していくことになる。

そこで、メディアがもっと真剣に取り組まなければならないのは、そもそも裁判員制度が設定された本当の意味は何なのかということだ。現行の裁判に重大な欠陥があるので、ついては市民の知恵を借りて歪みを是正してもらいたいというのではまったくない。少なくとも市民の側から、司法の民主化を求めた結果ではないことは確かだ。司法制度改革審議会の趣意書は言っている、「司法への国民の主体的参加を得て、司法の国民的基盤をより強固なものとして確立する」と。これまで、議論に紆余曲折があったことを考慮しても、これでは、国家は国民を自らの事業に参加させることで、司法の基盤を強固にしようとしているとしか読めない。この「主体的に」にどれだけ「民主的に」が含意されているか疑わしい。メディアは、自らのスペクタクル化機能が、無内容な「主体化」に加担していることにもっと自覚的であるべきではないのか。

だが、それをチェックするメディア自身の実力は以下に述べるとおりなのだ。メディアは、裁判員に選ばれた人のプライバシーを守り、守秘義務を侵してはならないとされているが、これまであまりにも無神経に個人のプライバシーを侵害し、肖像権などを侵してきた。それどころか、権力者の不利になるような情報を隠蔽しながら、それを取材源の秘匿のためだと誤魔化してきた。この間の報道で、裁判員の「主体性」が司法の側に搦め捕られるにまかせ、司法判断(評決)のブラックボックスを覗き込む手立てを完全に失ってしまったのである。こんなことで、どうして裁判員たちから真実を聴取することなどできようか。

ことに、テレビメディアに求められるのは、取材源の秘匿と明示の間隙をぬってものを言う技術だ。自らの機能を熟知した上での技術力である。

裁判長が読み上げた判決文の中に、遺族感情を考慮した一文があったが、これが昨年暮れから導入された被害者参加制度の延長線上のものなのか、今回の裁判員のいわゆる市民感覚の反映なのか、文脈からではわからない。裁判員と裁判官の評議のすえに出した判決は一五年だった。この量刑をめぐって、識者の中からあらためて裁判員たちが評議の過程でどのような議論をしたのか、その内容を知りたいという声が上がった。裁判のブラックボックスにやはり関心が向かったのである。このままでは、裁判員制度は、市民を裁判に参加させることによって、ブラックボックスを開けるのではなく、市民の代表たちを司法権力の内部に吸引するシステムとして機能することになる。

判決後、一五年の刑を不服として被告が控訴したことで、審理は高裁の三人のプロの裁判官にゆだねられることになった。しかし、裁判員が参加して出した判決を覆すことは、それが「明らかに不合理な判断」と認められないかぎり難しいとされる。東京高裁の裁判長でつくる研究会は、「量刑判断は国民の視点を裁判に取り入れやすい領域」という見解を示している。

刑事訴訟法第一条の第一目的「事案の真相」を明らかにすることは、裁判員には期待されていないということか。裁判員制度を導入してなにがどう変わるのか、国民の「主体的な」関与とはなんなのか、それを見極める仕事をメディア自身が放棄することがあってはならないのである。

メディア「変える な」コール

一一月号

社説の「変えるな」コール

今回の総選挙では、半世紀以上にわたって事実上の一党支配を続けてきた自民党が惨敗し、民主党が大勝して、戦後初めて本格的な政権交代が実現した。有権者の多くは、政官財の利益を優先した自民党に引導を渡し、「生活第一」のスローガンと不十分にせよそれを裏打ちするマニフェストを掲げた民主党に希望を託した。

鳩山政権が発足した九月一六日と翌日に実施した全国世論調査でも、ほとんどのメディアが翌日、同内閣の支持率が七割台の高さで歴代内閣二位のトップ・クラスだと報じた。読売、日経が七五%ともっとも高く、産経FNN合同調査だけが六〇%台で六八・七%だった。

ところが、民主党の歴史的な勝利に反発し、自公前政権の内外政策を変えるなと大声で叫ぶ大手メディアが少なくないのだ。在京の主要六紙の選挙結果を扱った社説(八月三一日付朝刊)で検証しよう。まず読売は「最大の課題は、大不況から立ち直りかけている日本経済を着実に回復軌道に乗せることだ。切れ目のない景気対策が欠かせない」「外交・安全保障では、政権交代によって、国際公約を反故にすることは許されない」などと主張した。麻生太郎前政権の内外政策を継続せよ、つまり変えるな、というのだ。

続いて日経の社説も「小泉氏の退任後は、なし崩し的に構造改革路線の転換が進んだ」と嘆き、構造改革路線をいまだに信奉する同紙の真意が露わである。そして、社民党を含む連立政権に言及して、「外交・安全保障政策では社民党と大きな溝がある。連立を優先するあまり、政策面で安易な妥協をせぬように求めたい」とこちらも「変えるなコール」である。

予想されていたこととはいえ、産経はもっとすさまじい。一面のコラムで政治部長が、自民党の大敗の原因として、麻生前首相が「靖国神社を終戦記念日に参拝しなかったことへの保守層の失望は大きい」と持論を繰り返した。そして、「政党の背骨ともいえる党綱領も持たず、安全保障政策も定かでない民主党がつまずく可能性はかなり高い、と私は思う」とのべ、「消えるな！ 自民党」とエールを送っている。

一方、こうした改憲派各紙とニュアンスの差はあれ距離を置く他紙はどうか。

総選挙の結果をもっとも肯定的にとらえたのは毎日だ。社説の見出しからして「国民が日本を変えた」とあり、脇見出しが「政権交代、維新の気概で」とある。この社説からは、当選者や支持者の万歳の声が聞こえてくるような雰囲気がある。中身も「国民は断固として変化を選んだ。歴史に刻まれるべき政権の交代である」『風』などという段階をはるかに超え、革命的とすら言える自公政権への決別だ。約七割という投票率が国民の関心と、政治のあり方を変える強い意志を物語る」などと、見出しを裏付けるものになっている。

東京も社説の見出しから「歴史の歯車が回った」とあり、本文は「霞ヶ関の役人が族議員や天下り予定先の業界と一体でリードしてきた縦割り式の予算配分。その惰性を絶ち、政策の順位を政治がきめる。国が主、地方が従の中央集権を地域主権へと転換する。いずれも時代の確かな要請だ」と述べ、「外交・安全保障のありようも旧来の官僚任せを改めるとすれば、政治の風景も一変する」とまで踏み込んでいる。

総選挙前に、政権交代を望むニュアンスの社説が目立った朝日新聞も、当然だが、選挙結果に肯定的だった。

いずれにせよ、社説を見る限り、「変えるな」コール派の読売、日経、産経と、総選挙の結果を支持する毎日、東京、朝日の二つのグループにはっきりと分かれている。前者の紙面からは、総選挙の結果、民主党に地すべり的な勝利を与えた民意は受け入れがたいというニュアンスが伝わってくる。

八ツ場ダム

他の先進国に比べて、日本は公共事業費の国内総生産(GDP)に占める割合が数倍になる土建国家として国際的にも知られてきた。この間、他の先進国並みに公共事業が減らされ、それが福祉財源や教育費にまわされていたらと考える日本人の数も膨らんできた。それが今回の総選挙の結果に影響したと考えてもあながち的外れではないだろう。

民主党のマニフェストで福祉財源などを捻り出すためにも見直しが打ち出された公共事業の筆頭に八ツ場ダムが挙がっていた。そして前原誠司新国土交通大臣が、九月一六日の新政権発足の翌日に、八ツ場ダムの中止を明言すると、メディアによるバッシングの嵐が吹き荒れた。

先頭を切ったのは、筆者の知る限り、朝日である。九月一日付一面に「八ツ場ダム　入札凍結へ」という記事が人目を引き、それを受けて社会面のトップの長尺記事は「地元や流域の自治体には戸惑いが広がる」という見出しが躍っていた。関係自治体の首長など関係者の「水の供給に欠かせない」「洪水対策に不可欠」などという談話を長々と引用し、ダム計画に翻弄させられてきた住民たちの「いまさらなんだ。中止はだめだ」といった反応を載せている。中止反対の声の報道は九〇行ほどある。一方、建設中止運動の幹部二人の声は合わせても一一行である。他のメディアも、同工異曲で、とくにテレビは専門家でもない「識者」の「いきなり中止はでたらめだ」といったコメントを流すなど複雑な問題を即座に対応するには適していないメディアとの印象が残った。

なぜ書かない

各紙はなぜ、民主党が同ダムの建設中止を打ち出した背景を書かないのだろうか。八ッ場ダムのことを書くなら、例えば、本誌一〇月号で「水源開発問題全国連絡会」の共同代表で、「八ツ場ダムをストップさせる市民連合」の代表である嶋津暉之氏が簡潔に要約している同ダムの問題点を知っていなければ書く資格がないだろう。

このダムの問題点を手短に挙げれば、(1)過去半世紀の間に、首都圏の利根川水系や荒川水系で多数のダムが建設された上、高度経済成長時代が過去のものになり、節水技術も進歩して首都圏でも「水余り現象」が起きている。利水の点からいうと、八ツ場ダムの必要性はなくなっている、(2)同ダムの建設の引き金になったカスリーン台風が再来しても、既存の六カ所のダムだけでも、八ツ場ダムを加えても、治水効果は変わらない、つまり治水効果もゼロだと国土交通省が認めた(〇八年六月の石関貴文民主党衆議院議員の質問趣意書に対する政府答弁書、〇五年の衆議院予算分科会での塩川鉄也共産党議員への国土交通省の清治真人・河川局長の答弁など)、(3)八ツ場ダムの建設事業費は二〇〇四年度に最初の二一一〇億円から四六〇〇億円に倍以上に増額された。一方で、治水でより効果のある堤防の強度を高める河川改修費が急減している、などだ。建設費の倍増は同ダムの費用対効果を半減させた。

八ツ場ダム問題の報道を読んでいて、建設中止の理由も含めて多面的な報道を行っていたのは東京新聞の「こちら特報部」だけだった。

読む新聞によって、時代の重要な問題がまったく違って見える典型をここにみるだろう。今後は政権ばかりでなく、メディアも選ばれる時代がくるのではないか。

二五%バッシング

まだ首相に就任する前の九月七日に民主党代表だった鳩山由紀夫氏が都内で開かれた「地球環境フォーラム」で演説し、同党のマニフェスト通り、日本は二〇年までの温室効果ガス削減の中期目標について「九〇年比二五%の削減を目指す」と宣言した。すると、多くのメディアは八ツ場ダム問題を上回る激しいバッシングを浴びせた。

例えば、読売は九月八日付朝刊の総合面でこの問題を取り上げ、二五%削減だと二〇年時点で実質国内総生産を三・二%押し下げ、失業者は七七万人増え、家計では可処分所得が低下し、光熱費がふえるなどして、二〇年時点で一世帯当たりの負担増は年間三六万円にのぼるという試算もある、と書いている。同紙の翌九日付の「二五%のハードルは高すぎる」と題する社説でも『家計の負担が年三六万円増加』といった麻生内閣の試算もある」と述べている。

産経新聞も鳩山代表の演説を伝えた九月八日付一面記事の解説に「家計・産業界に過大負担」という四段見出しをつけ、「民主党の目標達成では一世帯当たりの経済負担が年三六万円増える」とここでも読者に脅しをかけている。そして、同日付の「主張」では、「二五%削減で、国民の生活と国の経済が疲弊しても、世界全体では一%減に薄まってしまう」と意味不明の主張までしている。

八ツ場ダム問題では、「こちら特報部」が包括的な報道で独走した東京新聞はどうか。残念ながら、こちらも九月八日付の経済面の大型企画記事で、「太陽光発電など高額な自然エネルギーへのシフトによる光熱費の増大や経済活動の停滞による給与の削減などで一世帯当たりの負担は年三六万円と試算され……」と書いている。

しかし、例外もあった。毎日は同日の経済・総合面でこの問題を扱っているのに、右の各紙が使った費用負担増の数字を避け、国連やNGOが「歓迎」し、経済界も警戒しているものの、鳩山提案が米国、中国、インドなど主要排出国の参加を前提にしていることから、「民主党は(政治的な)逃げ道をちゃんと考えている」という市野紀生・日本ガス協会会長の言葉も伝えており、多角的な報道になっている。

ここで、市野氏の名前をソースとして記していることは重要だ。日本の報道では、とかく消息筋とか、周辺では、などと情報源をあいまいにして、発言があったのかさえ疑わせるケースが多すぎる。「家計負担が一世帯当たり年間三六万円増える」という記事や論評には極めて重要なリフレインの明確なソースが書かれていない。

政権交代処理　「二五%削減」バッシングの砲弾になった「企業への負担、家計への負担の耐え難い増大」というデータの出所はどこか。経済産業省関係の財団法人日本エネルギー経済研究所(IEEJ)だ。〇九年の初めから、国の会議やシンポジウムなどで発表されてきた。一般に知られるようになったのは、総選挙の投票日直前の同年八月二四日に、経済産業省が同省の試算と偽って発表したためだ。

しかし、IEEJの試算には市民団体などから強い批判があった。例えば、NPO法人「気候ネットワーク」は〇九年四月に発表した文書で、(1)こうした試算では、温暖化対策を強化するほど経済が悪化するようにモデルが設計されている、(2)温暖化対策によって生まれる新たな産業や雇用の創出を十分に反映できないモデルだ、(3)コストを家庭・ビル・民間運輸部門に押し付け、日本の排出の七割近くを占める発電・産業部門の削減はほとんど見込まれていない、などと指摘した。この文書は関係記者クラブで発表された。

そこで、なぜほとんどの新聞やテレビは、記者たちが不当だと知っているはずのIEEJの試算を使って、鳩山新政権の環境政策にネガティブ・キャンペーンを繰り広げたのか。メディアは深刻な反省をもって検証しなければならない。

そして、米国などでは、政権交代で新政権が発足してから一〇〇日は「ハニームーン」とされ、メディアは新政権を批判しないで見守るルールがある。しかし、この国の多くのメディアは、これまで見たように、このルールを新政権の始動前から破った。民主党連立政権は、自民党時代の政官財が半世紀かけてつくった巨大な利権構造を解体しなければならない。それには気の遠くなるような時間が必要だ。せめて、メディアは一〇〇日くらい静かにできないのだろうか。

ETV2001年問題　新たな展開……一一月号

最後に残った「政治介入問題」　従軍慰安婦問題が裁かれた「女性国際戦犯法廷」を扱ったNHK教育テレビの特集番組ETV2001「シリーズ戦争をどう裁くか　第二回問われる戦時性暴力」(〇一年一月三〇日放送)の番組改変を巡る自民党議員による政治介入問題が新たな段階を迎えていることを実感した集会だった。今年九月二六日に東京都練馬区の石神井公園区民交流センターで開かれた「放送を語る会二〇周年記念のつどい」。番組改変の現場にいた人たちが、見聞きしたことを市民ら視聴者に直接語り始めたからだ。あくまで「政治圧力による改変はなかった」と全面否定し、改変過程の検証を求める声が会場からは相次いだ。

この問題は、番組制作に協力した市民団体『戦争と女性への暴力』日本ネットワーク」(バウネット)がNHKや番組制作会社「ドキュメンタリージャパン」(DJ)ら三者を相手に起こした損害賠償訴訟や、NHKと民放でつくる放送界の第三者機関「放送倫理・番組向上機構」(BPO)の「放送倫理検証委員会」で議論されたが、政治介入があったとまでは認定していない。東京地裁判決は、NHK幹部による改変の指示について、「(国会議員の)発言を必要以上に重く受け止め、その意図を忖度」(〇七年一月二九日)したとし、放送倫理検証委員会の意見書はNHK幹部が放送前に安倍晋三元首相(当時は官房副長官)に面会したことについて「NHKに期待と信頼を寄せる視聴者に重大な疑念を抱かせる行為」と指摘するにとどまっている。主催した放送を語る会は、判決や意見書を評価しつつも、政治介入問題が残されたという認識で、今回の当事者を交えた集会を開いたという。

歴史的な局面にもかかわらず当日夜のニュースや翌日朝刊で報じた報道機関は知る限り、毎日新聞と共同通信だけで、この問題を先駆けて報じた朝日やNHKを含めて新聞・放送各社の反応は鈍かった。メディアのゴシップがいまや売り物となっているネット媒体の「J-CASTニュース」さえ配信していない。記者らには既に「過去のニュース」と映ったのかもしれないが、制作現場にいた人たちから語られる「政治介入の場面」は、それだけで「有罪」に持ち込める決定的な証拠とは言えない。しかし、断片的だが詳細で、迫真性があり説得力のある内容で、心証で言えば「黒」。真実は細部に宿る。報道機関に代わって当メディア欄が僭越ながら読者の「知る権利」に応えようと思う。

NHK幹部「介入認める結論になる」　集会の最大の目玉は、番組改変について同番組デスクの長井暁さん(四七)と、チーフプロデューサーの永田浩三さん(五四)の二人が不特定多数が参加する場で語ったことだろう。二人とバウネット共同代表の西野瑠美子さんの三人がパネリストとして同席した。三人の見ていた方向は本来、同じだったにもかかわらず、同席が実現したのは二人がNHKを今春退職した後だったのは問題の複雑さとともに今後の可能性を示したとも言える。長井さんがこの問題で公の場で発言したのは、〇五年一月の内部告発会見と同年一二月の東京高裁での証言。永田さんも〇六年三月の同高裁での証言以来だ。長井、永田両氏に対して、放送を語る会運営委員で、元NHKプロデューサーの戸崎賢二氏が聞き手となって番組改変の経緯について質問する形で政治圧力に結びつくいくつかの証言を引き出した。

「NHKが自律した立場で自らの編集判断に基づいて編集したもので、政治的圧力を受けて内容を改変したり、国会議員等の意図を忖度して内容を改変したりした事実はない」。NHKは今年六月にBPOの意見についての見解でこう言い切った。これに対して、永田氏は「いろいろな形で幹部とこの問題を話し、特に求めたのは真相を究明し過程を含めて検証番組をつくり放送することだ」と明かした。そのうえで、「放送総局長とサシで話す機会があり、今でも覚えているのは、『調べて行けば政治家の介入があったという結論にしかならないじゃないか』と言ったことだ。本当のところは(政治介入がなかったと)信じている人は幹部の中にもいないと私は思っている」と語り、会場からは苦笑する声が漏れた。

中川氏はやはり放送前に関与?　こう確信する永田氏は、改変の現場で何を目撃したのだろうか。改変を巡って登場するNHK幹部は、永田氏の直接の上司である、▽吉岡民夫・教養番組部長▽伊東律子・番組制作局長▽松尾武・放送総局長。それに国会担当の野島直樹・総合企画室担当局長——の計四人。主な政治家は中川昭一氏(「日本の前途と歴史教育を考える若手議員の会」会長、以下「議員の会」という)のほか、安倍氏、下村博文氏、古屋圭司氏ら議員の会に所属する自民党議員だ(肩書きは当時)。

朝日新聞は長井氏の内部告発会見に先立ち、NHK幹部が安倍氏と中川氏に放送前に面会していた、と報じた。安倍氏はこれを認めたが、中川氏は朝日以外の報道機関の取材に対して認めていたが、その後面会は放送後だったとして、今も否定に転じている。野島氏が自民党議員が番組を問題視していることを古屋氏らから聞いて知ったのは一月二五日ごろ。永田氏の話によると、同じころ、永田氏は伊東氏から「言ってきているのは、この人たちよ」と一冊の黄色いつるつるした表紙の本を見せられ、「歴史教科書への疑問」というタイトルの本に印刷された中川氏らの名前を示されたという。

伊東氏は裁判所に提出した陳述書の中で、「自分は読んでいないが、こんなの読んだ?」と尋ねたと書いていた。ところが永田氏が放送前に示されたことを証言しようとすると、陳述書を訂正した。「歴史教科書への疑問」は二月一日にNHKの資料室から借りてきたものか、職員に数冊買わせたもの(二月一三日に入手したという)かどちらかだというのだ。永田氏は、「自分が見せられたのはつるつるのカバーが付いたもので、資料室から借りたものなら(黄色のカバーのない)ざらざらのはずで、記憶は間違いない」と話した。仮りに一三日入手分だとすると、カバーがあるかもしれないが、放送から二週間もたったあとにわざわざ言う必要があるのだろうか、との素朴な疑問が永田証言からは浮かぶ。さらに最初の陳述書には、二月二日に伊東氏は中川氏に会いに行く前に借り出し読んだ、とある。そうであれば、「私は読んでいないが」ではなく、「私は読んだけれど」にならなければおかしいが、修正陳述には、このくだりはない。伊東氏の陳述書には矛盾がある。永田氏は「放送前でないはずはないと思う」と強調した。中川氏は直接面接ではないかもしれないが電話など何らかの形で、番組について伊東氏側に言った可能性は大いにある。この本のエピソードは、そのシグナルの一つであり、これを放送前に見せたことになれば、朝日が報じた中川氏の「放送前干渉説」は再び浮上する。戸崎氏は永田氏の証言について、「放送前に中川氏の名前が出たことを何としても(NHKが)否定したいからではないか」と推測した。記者らは、中川氏について洗い直す必要があろう。

一方、長井氏の証言も生々しい。「この時期、NHKは政治とは闘えないのよ。天皇の責任はなしよ」。これは長井氏が法廷で証言した伊東氏の有名な発言だが、背景には、NHKの予算は国会の承認が必要で二月初めには自民党総務部会が予定されていたことがあるとされる。長井氏は番制局長室に初めて入ったところ、いきなり言われたのでびっくりした。だから、よく覚えているのだという。NHK側はむろん、番組についてのことではないと否定しているのだが。

「口裏合わせ」に新証言

「永田氏がNHKが口裏を合わせたと裁判で証言したが私も聞いた」。会場にいたNHK職員の発言が大きな注目を集めた。口裏合わせとは、野島氏と松尾氏らが安倍氏と放送前日の二九日に面会したことが発覚(〇五年一月)した際、野島氏らがNHK内部で対応策を練った協議に参加した上司の話として「安倍さんのところへ行ったのは、呼びつけられたのではなく、こちらから行ったことにしよう」という内容だ。永田氏が裁判で語った。職員は「(協議の場にいた)吉岡氏が電話をかけてきて『ものすごい口裏合わせ大会を見物してきた』と言っていた」と明かした。新証言である。吉岡氏は改変の指示と制作現場をつなぐ重要な役割を演じた。真相を語るべき一人だろう。

安倍氏は面会について、「呼びつけていない」と主張し、NHKも予算説明のためと説明するなど、口裏合わせは政治圧力を否定する根拠にもなっている。口裏合わせには、複数の証言が存在することが明らかになり、その信憑性が高まった。また、放送日の三〇日に松尾氏らの強い指示で日本兵の証言が「独自の調査をしていない」という理由でカットされたが、この証言をした兵士は八九年に放送されたNHKスペシャルで主役級で登場した人だとも明らかにした。この職員は「メーンの取材対象者を疑うことになる」と指摘した。さらに「(野島氏らの指示で)直された台本は生々しい。自分の所にも、複数のソースから途中の素材が回ってきている。どこがどのように削られたかは技術的には検証できる」とし、「あとは朝日新聞が取材源の秘匿としていまだに公表しない松尾氏や安倍氏、中川氏への取材録音があれば、オーディオヴィジュアルにできる」と語った。

職員と市民で検証番組をとのBPOの意見書は、改変の根本問題について、四回シリーズを通じた人道に対する罪を裁くことの意味を問いかけるという趣旨から外れ、裁くことの是非に転換していると指摘し、「番組を自分の目で見、意見書や資料と突き合わせ、自らたしかめ、考えていただきたい」とNHK内部での議論を期待した。

今年五月一八日付毎日記事によると、福地茂雄会長は会見で「勧めることも、止めることもしない」との考えを示した。会長自身が職員と意見交換することについては「職員の中でそういう声が強くあれば、私か放送総局長がやることを考えてもいい」と述べたという。しかし、その後今日までのNHK内部での広がりは、残念ながら限定的なようだ。しかし、今回の集会は今後には大きな期待を抱かせるのに十分だった。パネリストの一人、元共同通信編集主幹の原寿雄氏は、ジャーナリストがつながって検証することの重要性に言及した。

長井氏によれば、最近、大阪のNHK労組に招かれた会合には、管理職を含めて七〇人以上が集まり、長井氏の話に耳を傾けたという。今回の集会自体が検証作業の一歩だとも言える。NHKが検証番組の制作を拒むのであれば、職員やこの問題を取材した記者たち、そして市民と協力して作ったらどうだろう。

ジャーナリスト・ユニオンの結成を……………… 一二月号

鳩山新政権が今年九月一六日に発足して以降、首相就任会見をはじめ、大臣の記者会見を巡る論議がかまびすしい。従来、閣議後の大臣会見は、各省庁に常駐して取材に当たっている新聞、放送記者らでつくる「記者会(クラブ)」が主催して行われてきた。これに対して政権交代を機に、記者会に非加盟のフリー記者や週刊誌記者らが会見参加への権利を新政権に求め始めた。公的情報へのアクセス権獲得の訴えは、「国民の知る権利」に応えようというジャーナリズムの姿勢の表れであり、歓迎したい。

ただフリー記者らの参加を認めるよう大臣から要請を受けた記者会側は、見直しを進めたものの、フリー記者ら側を満足させる内容ではなかったようだ。一部の週刊誌やネットメディアなどは「鳩山政権・フリー記者 vs.記者会・官僚」の構図を描き、「既得権益」を守るメディアゴシップとして取り上げている。一方、「政治主導」を掲げる新政権は各省の事務次官会議とともに事務次官会見も廃止をした。しかし、記者が役所の誰を取材(会見)しようと、与党政治家に言われる筋合いなど全くない。むしろ官僚に会見に応じさせないという新政権による口封じは、知る権利を制約するだけなのではないか。民主主義社会にとって公的な情報を引き出すパイプが細くなったり少なくなることは望ましいことではない。

外務省が会見取材資格を認定

記者会見の開放が論議になったのは、内閣記者会が主催する九月一六日の鳩山首相の就任会見にフリー記者らが出席できなかったことが発端らしい。週刊朝日に掲載されたフリー記者の上杉隆氏と神保哲生インターネット放送局「ビデオニュース・ドットコム」代表の対談記事などによると、「民主党は野党時代から記者会見を広く開放していたし、鳩山首相も『政権交代しても会見はオープンですから、どうぞお入り下さい』と公約していた」(神保氏)という。首相としての会見取材に期待は膨らんだことだろう。ところが実際に参加できたのは、日本外国特派員協会、日本雑誌協会、日本専門新聞協会の所属記者で、二人はかなわなかった。背景には党主催の代表会見と記者会主催の首相会見とは仕組みが違っていることがあり、この経緯について読売新聞は「官邸側が参加者の拡大を提案し、クラブ側が応じた。この際、官邸側からネットメディアの記者やフリージャーナリストの参加について提案はなかった」と報じている。

大半の大臣会見は記者会主催で運営されてきたが、岡田克也外相は記者会に非加盟の記者にも開放すると表明した。同省は会見参加資格について、▽日本新聞協会▽日本民間放送連盟▽日本雑誌協会▽日本インターネット報道協会に所属している記者と、これらの媒体に定期的(過去六カ月以内に二本の署名記事)に執筆しているフリー記者という基準を設け、九月二九日の大臣会見には一八人が出席したという。記者会は省との共催という認識だったようだが、この日、外務省は省主催だと宣言した。

これに続いて、亀井静香・金融郵政担当相(国民新党代表)は一〇月六日に金融庁の記者会主催の会見とは別にフリー記者や週刊誌記者向けに大臣主催の会見を開いた。記者会側にフリー記者らの無条件参加を求めたが、幹事社が判断するという現行方式との折り合いが付かなかったらしい。しかし、フリー記者向けは、コーヒーも出るうえ大塚耕平副大臣と田村謙治政務官も同席するフルキャスト。日本雑誌協会人権・言論特別委員会の渡瀬昌彦委員長は「亀井金融相の会見方式の方がより開放されていると思う」(毎日新聞)と評価している。棚からぼた餅かもしれないが、国民から見ればアクセス機会が増えたわけである。記者会主催の会見と「質問力」を切磋琢磨し、知る権利に応えるべきだ。亀井氏の負担と言っても、テレビ番組には頻繁に出演しているくらいであれば、多くの記者を相手にした会見を優先するのが筋だ。

文部科学省も一〇月下旬、記者会に新たな提案を行った。内容は、主催は記者会とし、進行も幹事社記者が行うという従来の方法を踏襲したうえで、外務省基準に首相会見にも出た日本専門新聞協会も加えるというものだ。毎日記事によると、大半の会見は幹事社判断で参加は可能で、法務省、環境、厚生労働と消費者担当については、事実上制限していないようだ。日本新聞協会編集委員会は「記者会見参加者をクラブ構成員に一律に限定するのは適当ではありません。より開かれた会見を、それぞれの記者クラブの実情に合わせて追求していくべきです」との見解を発表している。出席するだけのオブザーバーではなく、質問できることを含めて論議していくべきだろう。

会見主催は記者側が望ましい　亀井氏の会見議事録(要旨)を読む限り、一般紙と雑誌記者らの関心の方向はやや異なるように見える。週刊朝日の川村昌代氏の記事が面白い。中小企業や個人向け住宅ローンで借金の返済を猶予する「中小企業金融円滑化法案」について、川村氏が「地方の中小企業などの大票田が取れますね」と質問すると、亀井氏は絶句。週刊新潮記者が「返済猶予義務付けでは副大臣と大臣に温度差がありますね」とたたみかけた。週刊誌記者らしい「人間」に迫ろうとする質問だと思う。ところが、週刊新潮記者がさらに食い下がろうとすると、脇にいた大塚氏が「ルールを守ってご対応いただかないと前の方に進まない」と遮った。一記者一質問なのだという。そんな一方的に大臣側が作ったルールは、無視したっていい。亀井氏はフルオープンだと宣言しているのだ。出席拒否にはなるまい。

日本新聞協会が発行する月刊誌『新聞研究』九月号に興味深い論文が掲載された。筆者は共同通信の杉田弘毅・前ワシントン支局長。米ジャーナリズムを取り上げた内容で、今年七月までに四回開かれたオバマ大統領の会見に言及していた。いずれの会見でもオバマ氏側は事前に自分で用意した記者リストを元に質問者を指名していくのだという。手を挙げても指名されることはない。あるブロガーは「大統領があなたの質問を受けたがっている」とホワイトハウスから事前に持ちかけられたという。驚くような報告だった。

毎日記事によると、宮内庁は〇五年、紀宮さまと黒田慶樹さんの二人の記者会見でNHKの出席を拒否したという。NHKが取り決めに反して上空からのヘリコプターによる生中継を行ったことが理由で、その根拠となったのが「会見は記者クラブとの共催」ということだったらしい。NHKは「制裁」を受けたわけだ。会見の運営実態をみると、主催が誰かというのは非常に重要な要素であるように映るが、役所が会見を主催し、記者の取材資格を判断することを支持する意見は、意外に少なくないのだ。

上杉氏は、東京新聞に寄せたコメントで「日本以外の国では会見は事前申し込み制でオープン。本の執筆や記事の掲載歴などジャーナリスト活動の実績があり、犯罪歴がないなどの条件を政府が審査し、認められれば誰でも出られる。他の国と同じことをすればいい」とし、朝日新聞には「会見に出られるかどうかの最終決定権を同業者が持っているのはおかしい」と述べている。『マスコミはなぜ「マスゴミ」と呼ばれるのか』の著者、日隅一雄弁護士だとみられる「ヤメ記者弁護士」は、自身のブログに、元NHKディレクターだという池田信夫氏のブログでの「政府がチェックして記者証を発行した記者はすべて参加できるようにすべきです」という発言を引用し、「多くの方に伝えよう」と呼びかけている。弁護士も同じ意見なのだろう。神保氏も「世界標準」として容認しているように見える。

他国がどう運用していようが、日本では公権力が取材資格を審査するようなことは受け入れるべきではないし、主催はジャーナリスト側であるべきだ。

政策決定過程の不透明化の懸念

鳩山政権は発足した九月一六日の閣僚懇談会で「府省の見解を表明する記者会見は大臣等の『政』が行い、事務次官等の定例会見は行わない」と申し合わせた。一斉に次官会見は廃止となった。

主催者の記者会側に相談なく一方的な措置に対する批判は強く、いち早く取り上げた日経新聞社説は、白須敏朗農水次官が昨年、「事故米」を巡る会見発言が理由で辞任した例を挙げ「喜ぶのは官僚たちである」と批判した。

一方、週刊誌やフリー記者らの反応は総じて冷淡だ。例えば、上杉氏は『週刊文春』への寄稿の中で、会見廃止に批判的な各紙の論調に言及し、「そもそも『会見』がなければ記事も書けないのか」と揶揄し、ネットメディアの「日刊べリタ」で道井良司氏は「『政治家が話す』というのだから大臣、副大臣、政務官なりに会見させればいいではないか。官僚の意見を聞きたいなら、独自に関係を築いて取材すれば済むことだ」。週刊文春のコラム「新聞不信」の「秋」氏は「『会見禁止』で困るのは新聞だけ」と言い切る。フリー記者側が大臣会見に参加しようと声を上げている今、記者会見を不要だとする主張は鈍感すぎないか。民主主義社会では官庁が持つ情報は原則として公開であり、それを引き出す手段は多ければ多いほど社会にとっては良いことだと考えている。「男はつらいよ」の主人公・フーテンの寅さんではないが、「それを言っちゃあ、おしめぇよ」。

鳩山政権の下では、次官会見廃止のほか、首相が記者団に応える「ぶら下がり取材」は前政権の一日二回から一回に減るなど取材機会は減少傾向だという。取材する人数が増えたところで取材機会が減れば、公的情報の全体量は当然少なくなる。会見のオープン化に見せかけた巧妙な情報抑制なのか。実は新政権下では行政の透明度は低くなってきているのではないかとの懸念を、前出の川村氏の記事で感じた。五五年体制下と民主党政権下での法案検討の流れを比較したチャート図を見ると、新政権では、副大臣と政務官が素案を作成し、与党議員を加えた政策会議で原案が確定する。記事によると、この素案がまとまった一〇月九日に大塚氏が配布した資料は法案作成手順のような極めて簡素な内容だけで、記者から批判が上がったという。前政権で言えば、与党審査が終わるまでは明らかにしないということのようだ。これでは政府が与党に法案(素案)を示せば事実上、オープンになった前政権時代より政策決定過程が見えにくくなったと言われても仕方ないと思う。大塚氏は川村氏らに「(政権交代で)そういう変化が起きている」と愚痴ったらしいが、勝手な言い分ではないのか。次回記事に期待したい。

期待されるジャーナリスト・ユニオン

上杉氏や神保氏らが政府に求めた会見の開放が期待した速さで進展していないことの苛立ちは理解できるが、主催者の意向を無視して政府が勝手を始めたら、それこそ別の問題をはらむ。長い目で見れば、会見参加者は新しい媒体が登場するたびに広がってきている。ネット媒体の広がりは強く促していくだろう。朝日の各社アンケートを読む限り大勢は開放の流れなのではないだろうか。

二つの提案を新聞、放送や週刊誌、そしてフリーの「ジャーナリスト」たちにしたい。一つはこれからの会見のあり方についてだ。ジャーナリストが「ジャーナリスト・ユニオン」(記者組合)を設立し、このユニオンが主催したらどうだろう。例えば、ユニオンに所属する記者が発行する記者証があれば大臣・次官会見への出席ができるようにすればいい。会見場のある庁舎に入るための役所によるセキュリティー上のチェックはやむを得ないが、取材資格があるかどうかは、ジャーナリスト自身が行うより方法はない。ユニオンは、ジャーナリストの倫理機関として苦情の処理や教育に当たる役割を担ってもいい。新政権自体が広く記者に取材をしてほしいと思っている今こそ、経営者団体でない、ジャーナリスト自身による団体を設立する絶好の機会だ。これこそ日本のジャーナリズムを世界標準にする第一歩だとも言える。新聞協会や民放連、雑誌協会、そしてネット報道協会の経営者団体も支援してあげてほしい。

もう一つは、記者会も事務次官の定例会見の復活をねばり強く求めていくことだ。勝手な廃止を許せば、将来の政権に大臣会見を止めるなどの口実を与えかねない。

2010年

尖閣諸島中国漁船衝突事件で，衝突の状況を記録したビデオ映像（YouTube より）
提供：時事

3月26日　黄海で韓国の哨戒艦「天安」が沈没し，乗組員104名の内46名死亡．韓国は北朝鮮の魚雷が原因とし，北朝鮮はこれを否定（天安沈没事件）．

6月4日　鳩山由紀夫内閣が総辞職．菅直人が第94代内閣総理大臣に選出される．

7月11日　第22回参議院選挙で民主党が惨敗．与党が過半数に達しないねじれ国会へ．

9月7日　尖閣諸島付近で操業中であった中国漁船と，これを取り締まろうとした海上保安庁の巡視船とが衝突（尖閣諸島中国漁船衝突事件）．

9月21日　前年6月に虚偽公文書作成・行使の容疑で逮捕された村木厚子厚生労働省課長に対し無罪判決．10月1日には逆に大阪地検の担当主任検事らが証拠物件の改竄などをしたとして逮捕される（郵便不正事件・大阪地検特捜部主任検事証拠改竄事件）．

11月23日　朝鮮人民軍が韓国の延坪島を砲撃．民間人2名を含む4名が死亡し民家60軒以上が延焼．韓国軍も応戦射撃を行った（延坪島砲撃事件）．

置き去りにされた沖縄の声

一月号

米国の拡声器　鳩山由紀夫首相と初来日のオバマ米大統領の首脳会談(一一月一三日)の前後に、日本の大半のメディアでは、沖縄の米普天間飛行場の名護市辺野古への移転に進展が見られず、日米関係は危機に瀕しているという報道が溢れた。

例えば、読売新聞は一一月六日付夕刊の一面トップで、米上院が沖縄駐留の米海兵隊のグアム移転費をオバマ政権が要求していた約三億ドルから七割削減したと報じ、鳩山政権が普天間移設問題を先送りしているからだという推測でこのワシントン電を締めくくった。そして、翌七日の朝刊三面の大型企画スキャナー欄で、米上院決定について「普天間先送り重いツケ」「年内決断迫る」という見出しの解説記事を載せて念を押した。

また、同紙は、同月一五日付朝刊の一面で、『普天間』解決迫ったオバマ氏」という特ダネ記事を載せ、首脳会談でオバマ大統領の方から普天間問題を切り出し、沖縄県名護市を移転先とする現行案に基づいて早期に決着するよう鳩山首相に強く迫っていた、と報じた。

普段は憲法をはじめ様々な問題でスタンスの違う朝日新聞が、読売を上回る「対米従属」的な報道を展開していた。同紙は一一月七日朝刊では、二面の半分以上を使ったワシントンと東京の合作記事を載せたが、主見出しは「会談目前　きしむ日米」である。三本もある脇見出しは「普天間　いらだつ米」「先送り発言『無責任』」「『対等』に首相こだわり」といった具合だ。半世紀にわたる自民党中心の政権が日米安保問題で積み重ねてきた「対米従属」を通り越して「対米隷属」の臭いがする。

読売や朝日に比べると分量は少なく、トーンも低いが、他の主要紙も、日米関係の危機を強調する報道が目立った。例えば、毎日新聞も、一一月一〇日付朝刊のトップに「日米漂流　オバマ大統領来日を前に」という三回の続き物を始めた。主見出しが「岐路に立つ同盟」とあり、「普天間移設　迷走」『冬の時代』『危険水域』」「続く対日不信」とある。

日経などは一一月一三日付二面で、日米が〇六年に合意した普天間基地移設や沖縄の海兵隊のグアム移転計画の米側の責任者だったリチャード・ローレス元国防副次官の元に駆けつけて行ったインタビュー記事を載せ、「普天間移設ができなければ合意はすべて白紙に戻さざるを得ない。普天間移設は日米同盟のエンジンだ」と語らせる別の手を使っていた。

総体的に、濃淡の差はあれ米国の拡声器化して、日米間の危機を煽る報道が目立ったのである。これでは、主要メディアが、日米同盟のために、沖縄は普天間飛行場の辺野古への移設を認めよと迫っているのも同然ではないか。

もう少し冷静であってしかるべきだったろう。それに、なぜ沖縄発の報道はほとんど皆無だったのだろう。

機能を疑わせる社説　では社説はどうだったか。読売、日経、産経の改憲派御三家は相変わらずだった。そして、いつもは全国紙よりシャープな主張をすることの多い地方紙も普天間問題をめぐっては、解決策を提示できないという点で、全国紙と同様に社説の機能を発揮できないまま終わった。首脳会談を受けた一一月一四日付の社説を検討してみよう。

日米首脳会談で普天間問題は先送りされ、この問題を協議する閣僚級の作業部会の設置が合意されたことについて、読売は「同盟深化へ『普天間』の決着を急げ」と題する一本社説を掲げ、現在の日米関係に「きしみが生じているのは否定しようのない事実だ」と述べ、「その最大の原因は、鳩山首相が普天間飛行場の移設問題を先送りし続けていることにある」と断じた。

日経の社説も普天間問題を「遅くとも年内に解決できなければ、すでに始まっている日米同盟の空洞化は止まらない」と断言してみせた。案の定だが、産経はやはり同日、主見出しが「普天間『決着』を現実に」、脇見出しが「作業部会協議を加速せよ」という「主張」を載せている。

では、ワシントンという色眼鏡を通した報道が多かった朝日はどうか。一四日付の「新しい同盟像描く起点に」と題する社説は報道面と相当に違っていた。普天間をめぐる作業部会ができたことを歓迎し、「三年前に合意された辺野古移設以外の選択肢がありえないのかどうか、日本の新しい民意を背景に協議できることになったからだ」とかろうじて朝日の面目を保った主張をしている。しかし、残念ながら社説に期待される解決策の提案がない。

毎日は「連携の舞台が広がった」「安保五〇年へ信頼を深めよ」と題する社説を掲げ、日米首脳会談が地球温暖化や核拡散問題などにもテーマを広げたことを歓迎している。そして、首脳会談で二〇一〇年の安保条約改定五〇年へ向けて同盟深化へ一年かけて政府間協議を始めることで合意したことに言及し、脇見出しのような主張になった。しかし、普天間問題については、「首相が『最後は私が決める』と言うだけでは国民の不安や米側の疑心をぬぐうことはできない」と批判しているだけで、普天間問題の解決策がないのは朝日と同様だ。

東京新聞の「新しい同盟の出発点に」という社説は「地球規模の課題で協力を進めるほど、同盟強化につながる」と首脳会談を前向きにとらえている。しかし、普天間問題では、「『最低でも県外移設』を期待する沖縄県民と両政府が折り合える着陸点を見つけることが必要だ」と述べるだけだ。

次に、地方紙をみてみよう。

北海道新聞は「新時代の構想が問われる」と題する一本社説を掲載した。そして普天間問題については、「米軍再編と在日米軍基地のあり方をもう一度洗い直し、全体構図の中で普天間問題をとらえる。その手順をしっかり踏むことが重要だ。両政府は沖縄の基地負担軽減につながる解決策を見出すべきだ」と述べるだけだ。社説なら、道新としては普天間問題も含めた沖縄の基地負担軽減のどんな解決策があるのか主張すべきだっただろう。

信濃毎日新聞の社説は「友好の先に重い課題が」というタイトルで、その重い課題とは普天間の移設方針で、鳩山政権は迷走ぎみだと指摘している。そして、「早期解決を明言した以上、沖縄や国内の世論を納得させ得る日本政府としての移設案がまとめられるかどうか。そこが問われている」というだけだ。

西日本新聞も「理想は高く、足元を固めよ」と題する社説で安保改定五〇年に向けての日米協議に触れ「新政権同士による日米同盟はどのような姿になるのか。次の五〇年にふさわしい同盟の再構築が望まれる」と述べるだけで、同紙が考える再構築の条件や姿にまったく触れず、普天間問題については、「本来は首脳会談で紛糾してもおかしくない状況だったが、早期決着を確認するにとどめた」とよそよそしい。

沖縄の悲痛な声　実際に痛みを知る沖縄紙の社説は悲痛に響く。琉球新報は、首脳会談が開かれた当日の朝刊で一面にオバマ大統領宛の一本社説を載せ、沖縄では駐留軍により人権が踏み躙られていること、普天間飛行場の現在の移設計画は「危険の『たらい回し』にほかならない」と訴えた。そして、「普天間問題は『全面返還』から『県内移設』にすり替えられた経緯がある」と指摘して、冷戦終結から二〇年たち、沖縄にこれだけ大規模な米軍基地が必要なのかどうか。政治主導で徹底して洗いなおしてみるべきです」と訴えた。

これより先の一一月七日の社説では、訪米中の松沢成文神奈川県知事（米軍基地を抱える知事の組織「渉外知事会」の会長）が現地時間五日に米国で行った講演で「辺野古移設しか解決できる選択肢はない」と述べたことに反論した。社説はいう。「今回の米軍再編協議で、米側が日本政府に北海道移設を打診したことが分かっている」と指摘し、「打診は、すくなくとも米側としては『県外移設』も可能だったことを示している」と強調した。そして、「北海道が地元の町村信孝外相（当時）は、『地元（北海道）知事が反対』という理由ですぐ断り、真剣な検討をすることもなかった」と述べた。このほか、米側が普天間の移設先として過去に日本側に打診した場所には西日本の広いが便数の少ない空港なども含まれていた。こうしたことも念頭にあったのだろう、社説はいうのだ。「確かに、全国どこでも移設案が上がれば反対するだろう。世論の反発でむずかしいというのは理解できるが、それなら沖縄も同じだ」。それは大多数の沖縄県民の声である。

琉球新報は首脳会談を前にした一一月六日朝刊で両面見開き

のカラー版で普天間移設問題の特集を組んだ。そこには、毎日新聞と共同で一〇月三一日と一一月一日に実施した世論調査の結果が載っていた。それによると、「普天間飛行場について鳩山首相はどうすべきか」という問いには、「県外か国外への移設を目指し米国と交渉すべきだ」が六九・七%、次に多かったのは「知事の求める辺野古沿岸案の沖合移動を実現させるべきだ」が一三・四%だった。普天間飛行場の辺野古沿岸への移設については、反対が六七・〇%、賛成が一九・六%、その他が一三・四%だった。

この特集をまつまでもなく、在日米軍施設の七四%が沖縄にあり、人口一人当たりにすると本土では〇・六平方メートル、沖縄では一六六・一平方メートルで本土の約二五〇倍だ。沖縄戦やその後の米軍統治という事情があったにせよ、このままでは公平性という観点からも不条理なことはメディアで働く者ならだれにもわかる。もっと、沖縄の人々に寄り添う報道や論評ができなかったのだろうか。

首脳会談で二〇一〇年の安保改定五〇周年に向けて、日米政府は一年かけて両国関係の深化を図る取組みが行われる。まず沖縄問題の解決の手がかりとしては、毎日新聞が一一月四日の朝刊に掲載した我部政明・琉球大学教授の寄稿がヒントになるだろう。同教授は、海兵隊基地と一緒に普天間飛行場をグアムに移転すべきだと主張する。海兵隊を輸送する米海軍艦船は佐世保に分散配置されているが、グアムには、ブッシュ米前政権時代から海兵隊及び海軍基地の建設・整備が進められており、一体的な運用ができて、「海兵隊にも有益だ」と述べている。

そして、自民党を主体とする政権下で、日本は米国の言いなりに「専守防衛」から、〇五年一〇月に日米両国政府が合意した「米軍再編」(日米同盟　未来のための変革と再編)を通してグローバルに展開する米軍と一体化を強めてきた。日米合同の軍事訓練をみると、両国が合同で海外に出撃するシナリオが見て取れる。つまり、改定安保条約の五〇年は、戦争放棄の第九条に対する憲法違反の積み重ねの歴史だった。

軍事力による覇権主義は、米国のイラクとアフガニスタンの戦争で破綻が明らかになった。メディアでも安保条約の改定五〇年を迎えるこの機会に、憲法九条に従って、日本が自ら自衛隊の軍縮を進め、日米軍事同盟の見直しと米軍基地の縮小を進める見取り図を提案すれば、日本ができる世界への大きなプレゼントになるだろう。

いまこそ、日本のメディアは、脱安保条約への道を具体的に調査し、報道すべき時だ。〇九年八月の総選挙で、第九条を目の敵にし、改憲に熱心だった安倍晋三元首相や麻生太郎前首相に象徴される自公政権が倒れたことは、改憲に向かっていた潮流に有権者の多くがストップをかけたからでもある。メディアは有権者の声に耳を傾けよ。

続く「同時進行報道」…………一月号

「政変」なのかもしれない　最近、筆者は毎朝朝日新聞を開けて「政権交代○○日目」というロゴを探し、民主党政権の存続を確認している。というのは冗談で、朝日がいつまでこのロゴを使い続けるのかをウオッチしているのだ。これは半分冗談。政権とメディアの「一〇〇日ハニームーン」もあればこそ、日に継ぐ批判の特盛にいささか食傷気味だ。鳩山内閣の成立が〇九年九月一三日だから、本誌が書店などに並ぶころには、何もなければ八〇日目を突破しているはずだ。その先は、朝日のこのシリーズが検証の対象になるかもしれない。そのときの検証タイトルはさしずめ「ビタームーン」か。

民主党マニフェストの不達成度チェック、ありていに言えば粗探し。これは編集方針というより、とりあえずの社内ムードと受け取っておく。

民主党が圧勝したのは、自民党の敵失に負うところが大きいが、どうあれ、それは国民の選択の結果である。その選択が甘かったかのような記事ばかり読まされると、朝日への反発からメディアへの不信となり、やがて政治一般へのシニシズム（冷笑的態度）に転化しかねない。

そもそも今起こっているのは「政権交代」ではなく、自民党の自壊と民主党のフロック（まぐれ）が重なった無定形かつ不気味な政治変化、つまりほとんど「政変」ではないか。戦後社会は、政権交代可能な与野党システムをいちども経験したことがないので、そう気軽に政権交代と呼ぶことはできない。

あとで触れるが、八ッ場ダム建設予定地のある住民が、かつて事業計画が滞ったとき、自民党議員に「本当にダムを完成させる気があるのか」と尋ねたところ、「政変でもない限り八ッ場はやめない」と答えたそうだ。つまり、少し前までの自民党は今日の事態をまったく想定しておらず、「ありえないこと」の喩えとして「政変」という言葉を使っていたようなのだ。

そういう「ありえない」ようなことが起きたときの常として、テレビ局は「同時進行ドキュメント」にシフトする。朝日の「政権交代○○日目」にもそれと似た「同時性」へのこだわりを感じる。同時性は真の批評を犠牲にする。

○○さんなら、どう語るだろう　一一月三日、東京大学本郷の福武ホールで行われた「筑紫哲也との対話　没後一周年」（東大・朝日新聞社主催）をのぞいてみた。評論家の立花隆氏、朝日新聞編集委員の外岡秀俊氏、東大情報学環教授の姜尚中氏、TBS「NEWS23」元デスクで現アメリカ総局長の金平茂紀氏(スカイプ参加)らが、「揺れ動く世界と日本の『いま』を、筑紫さんなら、どう語るだろう」という趣旨でシンポジウムを行った。

筑紫さんは、オバマ政権誕生前夜までを見たが、日本の民主党政権成立を見ずに亡くなった。日米二つの民主党の出現から一定期間が経過したこのタイミングで、ジャーナリスト筑紫哲也を偲ぶならば、当然のことながら、彼が前政権の壊しに壊した世界と社会をどのように総括し、どのような現状分析の上にアメリカと日本、そして世界の再建を展望するかがテーマとならざるをえない。

これまで筑紫哲也氏は新聞、雑誌、テレビなどのメディアを渡り歩いた多才・多彩なジャーナリストとして語られることが多かったが、じつは、あまり同時性に振り回されない、ある意味で不器用なジャーナリストだったと思う。たとえば、沖縄にこだわった氏は、鳩山・オバマの日米会談の「前に」何を言っておくべきか、そして、オバマが帰った「後に」何を言うべきか、そういうことにもっともエネルギーを注いだであろう。

残念ながらシンポジウムは、「筑紫さんなら、どう語るだろう」という所期の目標に十分接近できたとは言えなかった。ただ、ニューヨークの金平氏は、日本のメディアはパブリック・インテレクチュアルズ(Public Intellectuals)を欠いていると指摘した。金平氏はS・ソンタグ、E・サイードそれにN・チョムスキーなどを念頭に置き、そうした知識人の資質を筑紫哲也氏に見ている。それをうけて姜尚中氏は、筑紫さんが徹底した観察者でありながらシニシズムと無縁だったのは、沖縄の現場に触れていたからだろうと言った。

ようやく議論の入り口が見えてきたと思った。だが、その通路は立花隆氏によって閉ざされてしまった。いわく、「ジャーナリズムの使命は権力を監視することと、大衆の妄動に抗うことだ」と。これにはまったく異論はない。が、その先がいけない。権力というのは、「時の権力」、すなわち独裁者小沢一郎だと断言したのだ。そうかもしれない。だが、この言明は畢竟、歴史軸の脱臼(同時性への逃避)によるシニシズムの同類とみえた。あろうことか、話題はガンと闘った筑紫哲也氏の「残日録」に移り、ガンの宣告を受けてなお厳しい仕事を続けた「ジャーナリスト魂」の称賛に流れていった。聴衆は手元のパンフレットを見て、「揺れ動く世界と日本の『いま』を、筑紫さんなら、どう語るだろう」という部分の答えを待ちながらおとなしく座っていた。

メディアは記憶をとりもどせ　姜尚中氏がこんなことを発言した、「民主党に四年間やらせてみたらどうですか。これで失敗したら、そのあとにくるのはポピュリズムであり、どこかの府知事や県知事が出番を待っているかもしれない。ひょっとすると田母神さんかもしれませんよ」と。会場から笑いが上がった。ところが、立花隆氏はまたしても小沢の独裁を四年もやられたらたまらないと言った。姜氏は、穏やかに、しかし厳しくこう返した、「韓国はせっかく手にした民主化を浪費してしまった。いま韓国で起こっている反動について日本の人々はもう少し知る必要があるのではないか」と。

パネラーの一人、外岡氏は、新聞連載をまとめた『新聞と戦争』(朝日新聞出版・二〇〇八年六月)の「はじめに」に書いている。企画のきっかけは、一通の投書「私が小さな頃、祖父が口癖のように言っていたのを思い出します。朝日の論調が変わったら気をつけろ」だったという。外岡氏は、この投書が今の朝日の変調に警鐘を鳴らしていると理解して、あえてこの投書を引用したのではないか。すでに異変が起こっているという危機感がなければ、そもそもあの企画は始まらなかっただろう。

しかし、過去を反省している間に、朝日の中に「安保堅持」を当たり前のように言う新たな変質が始まっている。シンポジウムから二日後、アメリカ通を自認する主筆の「日本@世界」を読んで、その感を強くした。

「入亜入欧こそ歴史的使命だ」とサブタイトルが付く文章の中身は、要するに日米同盟の堅持、沖縄基地は辺野古沖案と海兵隊グアム移転案という米側の代弁に終始している。外交に不慣れな民主党に対して、主筆は、政治手法としての「根回し」の指南に及んだ。これが朝日の主流なのだろうか。

一方、一一月一四日の朝日第二面の「蜜月の裏　日米に火種」は、熟読すると、前記の論説と異なるスタンスで鳩山政権を牽制している。すなわち、鳩山内閣は現在の苦境を乗り越えるために危ない選択をしそうだと指摘するのだ。これは、過去と未来を見据えたオルタナティブの提示であり、シニシズムとは無縁である。

普天間問題の先送りは、米側に不満を残した。しかし、沖縄住民の反発はもっと大きい。このことは、たしかに両首脳が問題を一〇年に迎える日米安保五〇周年に先送りする口実を与えた。しかし、この先に何が待ちかまえているのか。記者は記憶をたぐり寄せて書く、「もともと日米同盟の見直しは鳩山首相の持論だ。首相になる前には『常時駐留なき安保』『九条改憲』『自衛軍の保持』『集団的自衛権行使の一部容認』などを提唱したこともあった」。それに追い討ちをかけるように、政権交代後も九条の解釈を問われて、「現時点で、従来の解釈を変えていない」と答えたことについて、「現時点で」という留保をしていたことに注意を促している。この記者は、この先にある危険を牽制するというメディアの記憶機能を果たしているように見える。

まず自民党が謝れ

過日、筆者はメディアが遠ざかった後の八ッ場ダムの建設予定地を訪ねた。さすがにこの問題に日米同盟は関係なかろうと思っていたが、それがそうでもない。政権交代は、日米安保体制を支えてきた自民党政治の公共事業依存症に根本治療が求められていることを、谷の人々がすでに知り抜いていることに気づかされたのである。戦後復興に邁進する東京は、一九四七年のキャスリーン台風の洗礼を受けて治水ダムの建設を求め、高度成長のシンボル、東京オリンピック直前の渇水で利水ダム建設を渇望した。それ以外の歴史が語られることは少ない。すなわち、ダム建設反対から賛成への決定的な転換期に、だれが利益を得たのか、住民はどんな夢を見たのか、要するに何があったのか、本当の歴史が語られていない。

　連日メディアを賑わしているのは、民主党が何の相談もなくいきなりダム建設中止を宣言したことに、地元住民が怒っているという同時進行ドキュメントばかりである。その声は依然として多い。しかし、現地を一巡し、谷間を見下ろせば、一目瞭然、あちらこちらに工事現場が散らばっていて、「虫食い」という形容がピッタリだ。第一小学校は、超モダンな温水プールつきの大きな建物に変身している。生徒は二〇人を割る勢いだという。また、対岸の山の中腹には、まるで建売住宅の展示場のような殺風景な町が作られつつある。

　人々は一様に「時間を返してくれ」という悲痛な言葉を口にした。もっとも印象的だったのは、「前原大臣は八ッ場に来たときに、曲がりなりにも謝罪の言葉を述べた。しかし、谷垣自民党総裁は謝罪の言葉を述べず、ただ民主党の悪口だけを言って帰った」という苛立ちの言葉だ。土地の人たちは、「国のやり方はひどすぎる」と言うが、けっして「民主党は」とか「自民党は」とは言わない。彼らが翻弄されてきたのは、「国家の権力」なのであり、党派ではないということだ。小泉元首相が、郵政民営化をぶちあげ自民党をぶっ壊すと叫んだとき、ダムの拡大路線と矛盾することをここの人々は気づいていた。これは戦後日本が犯した負の歴史を直視しろという谷の「歴史認識」である。

　八ッ場ダムの歴史は、公共事業にまつわる巨額の金がどこに消えてしまったのかを手繰り寄せてみればわかる。日本の公共事業の底なしぶりは、アメリカの軍需産業の伏魔殿と深いところでリンクしている。谷間に立って、日米安保体制を思うことがはたしてお門違いだろうかとあらためて自問した。

人権に鈍感な犯罪報道……二月号

犯人視報道　厚生労働省の雇用均等・児童家庭局の村木厚子局長が事情聴取もなく大阪地検特捜部にいきなり逮捕された

のは二〇〇九年六月一四日だった。将来の次官候補の一人とされていた同局長の逮捕は新聞やテレビで特大級の一面トップ記事になった。

なぜ逮捕されたのか。同局長が障害保健福祉部の企画課長だった二〇〇四年五月に同課長の公印が押された偽の証明書が発行され、障害者団体向けの郵便割引制度が悪用された事件にからんで、同特捜部から虚偽有印公文書作成・同行使という容疑を突き付けられたからだ。

メディアが流した当時の特捜部の具体的な容疑は、村木課長は上司の部長から自称障害者福祉団体「凜の会」(倉沢邦夫会長)への証明書発行を指示され、当時企画課の上村勉係長に偽装を命じ、その虚偽証明書を厚労省で倉沢会長に直接手渡したというものだった。

当時のメディアの洪水のような「犯罪視報道」はすさまじかった。逮捕当日の夕刊一面の予告記事(朝日はトップ)、翌一五日朝刊は一面で逮捕トップ記事、社説(例えば、経済紙の日経でも「郵便不正を生んだ厚労省の罪の重さ」という見出し)、社会面のトップ、そして二社面へ溢れて全面展開だった。その後も、検察のリークや匿名の「関係者」などを情報源として、容疑の内容を微に入り細をうがつ報道が延々と一週間続いた。

倉沢会長が民主党の石井一副代表(当時)の元私設秘書だったため、石井氏は障害保健福祉部の部長に証明書の発行を要望したとも伝えられた。しかし、同氏が実際に捜査の対象になったという報道はこれまでのところない。

膨大な犯罪視報道が終わると、この事件は新聞からもテレビからも、忽然と、しかも一斉に姿を消した。捜査当局が、メディア操作はこれで十分とばかり、リークを打ち切ったという印象は否めなかった。

村木氏が突然、メディアに再登場したのは、同氏が同年一一月二四日夜に保釈され、翌二五日の朝刊の記事になったときだ。保釈されたときの記事は、逮捕時とは打って変わって、極めて地味な扱いだった。全国紙では社会面や二社面などのベタ記事扱いで、産経にいたっては完全に無視した。

その二五日には村木氏が大阪で記者会見し「偽の証明書の発行を依頼されたことも、部下に指示したことも一切ない」と容疑を全面的に否定した。翌二六日朝刊では、東京と産経が会見を無視し、朝日と読売が二段見出し扱いで、毎日や日経がベタ記事だった。

そして、朝日の記事は村木氏の会見内容が一三行、検察側の「有罪構図」の説明に三〇行費やすという異常な報道になっていた。朝日は障害者団体向けの郵便割引制度の悪用について〇八年一〇月から追及を開始し、これが事件化すると大阪地検特捜部のリークや「関係者」の情報を他社よりも大きく、大量に流してきたという事情があった。

有罪視報道の洪水と容疑者側の主張の無視あるいは軽視なら、この国の犯罪報道のいつものパターンだ。しかし、今回は背景などの事情が違っていた。

村木事件は、足利冤罪事件で無実のまま一七年半を獄中で過ごした菅家利和氏の釈放と再審が重なっていた。各紙は菅家氏の冤罪判明を受けて、検証記事を載せていた。例えば、毎日新聞は六月一一日付朝刊の二社面で、「毎日新聞にも逮捕時、捜査当局への取材を基に犯人と決めつけるような記事があり、事件報道と人権を巡る重い課題を改めて突き付けられた」という前書きで始まる大型の検証記事を掲載した。

この検証記事では捜査当局に頼った取材への反省を口にした毎日は、その言葉の舌の根もかわかないうちに、村木氏をめぐって大量の犯人視報道を展開したのだ。これは、どの全国紙もほぼ同様であった。

人権無視　まさに今回の村木事件で、各紙による人権を無視した事件報道の反省など口先だけだったことが白日の下に晒されてしまった。

犯人視報道は日本のメディアの宿病だからいまは措くとして、ここでは別の意味でメディアが人権に無関心なことをとくに指摘したい。先に言及したように、同氏の保釈や容疑否定会見はベタ扱いが多かった。しかし、さらにもっと重大な問題があった。筆者が調べた限り、村木氏が逮捕されてから五カ月以上も当局に拘束され、その間、警察・検察の取調べを受け続けたこと、しかも検察はさらに拘束を続けようとして東京地裁に却下されたことへの言及は各紙でまったくなかったのだ。これは先進国のメディアとして極めて異常なことだ。米国の刑事訴訟問題を多少かじった筆者には、米国だったら村木氏は数日で保釈されており、これほどの長期拘束は人権無視として大きな社会問題になるはずだと思われた。

確認するために、内外の刑事訴訟問題に詳しい五十嵐二葉弁護士に聞いてみた。欧米では、基本的な取調べは午前二時間、午後二時間の一日だけで、翌日には裁判官の決定で保釈されている可能性が高いという。

同弁護士によると、日本では一九八〇年代まで、警察官用の教科書は「自白は証拠の王」と教え込んでおり、この国の捜査は依然として冤罪を生みやすい自白重視の伝統が今日まで続いている。村木氏のようなホワイトカラーも、あるいはホワイトカラーであるからこそ、身柄拘束が長期化する可能性があるという。なぜなら、インテリなら容疑を否認する可能性が高いし、インテリ相手の捜査は、殺人などにくらべると複雑で、裏を取りながら自供に追い込もうとすれば時間がかかり、人権無視の長期拘束になりがちだ、というのだ。

その解決策は、欧米のように、自白に頼らず、容疑を固める十分な証拠を収集することだ、と同弁護士は強調する。なにより、身体の自由が基本的な人権の基礎だからである。

そういえば、英国で個人の身体の自由を保障する「人身保護法」が制定されたのは一六七九年で三三〇年前だ。その精神はその後、欧米で継承され、発展を遂げた。例えば、フランス革命の際の人権宣言(一七八九年)の第九条はいう。「すべての者は、犯罪者と宣言されるまでは、無罪と推定されるものであるから、その逮捕が不可欠と判定されても、その身柄を確実にするために必要でないようなすべての強制措置は、法律により峻厳に抑圧されなければならない」

残念ながら日本では、身体の自由が保障されるのは一九四六年一一月三日に公布された日本国憲法を俟たなければならなかった。その第三一条から第三九条まで身体の自由を中心とした司法における国民の権利条項が並んでいる。その一部を引用してみよう。

「何人も、理由を直ちに告げられ、且つ、直ちに弁護人に依頼する権利を与えられなければ、抑留又は拘禁されない」(第三四条)。現実は、逮捕後の司法官憲による取調べに弁護士の立会いは拒否されている。

「①何人も、自己に不利益な供述を強要されない。②強制、拷問若しくは脅迫による自白又は不当に長く抑留若しくは拘禁された後の自白は、これを証拠とすることができない。③何人も、自己に不利益な唯一の証拠が本人の自白である場合には、有罪とされ、又は刑罰を科されない」(第三八条)。これらの条項も日常的に警察・検察当局、そして裁判官たちに踏み躙られ、無視されているのは周知の事実だろう。

日本国憲法というもっとも基本的な法律を持ち出さざるを得なかったのは、憲法に盛り込まれた基本的な人権を司法当局と並んでメディアも無視、あるいは軽視していることを改めて確認するためだ。繰り返すが、二〇一〇年一月から始まるとされる村木氏の裁判の結果の如何を問わず、言葉の厳密な意味でいえば、同氏の長期にわたる拘束はこうした憲法の条項に違反し、重大な人権侵害になっていることを指摘しないメディアは、人権にあまりに鈍感だと批判されても仕方ないだろう。

国際的批判　そして、日本の刑事訴訟上の慣行は国際的な批判を浴び続けてきた。最近の例でいえば、国連の「市民的および政治的権利」人権委員会は二〇〇八年一〇月三〇日、日本政府に対して様々な人権状況の不備を改善するよう勧告する審査報告書を発表した。審査報告書は、政府が死刑廃止の検討に向けてリーダーシップを発揮するよう勧告し、慰安婦問題についても「生存している慰安婦に十分な補償をするための法的、行政的なすみやかな措置」を求めた。

そして、象徴としての村木事件との関連で言えば、同報告書は、日本の刑事訴訟関係で多岐にわたる「懸念」を表明し、これらの改善を勧告している。主な勧告を列挙すれば、①冤罪の温床とされてきた「代用監獄」を廃止する、②虚偽の自白を防止し、被疑者の権利を確保するため、取調べの厳格な時間制限を実現するための立法措置をとる、③取調べの全過程について体系的に録音・録画する、④全ての被疑者に、弁護人が取り調べに立ち会う権利を保障すべきである、⑤起訴前の保釈制度を導入すべきである、などだった。

また、報告者は、犯罪捜査における警察の役割として「取り調べにおいてなされた自白よりも現代的な科学的証拠」を重視するよう勧告し、自白偏重の日本の捜査の根本的な変革を求めた。

日本に対する審査報告書は一〇年ぶりで、同書にはその一〇年の間にも人権の保護に関する進展があまり見られないことに対する苛立ちが溢れていた。

では、メディアはこうした重大な報告書をどう報じたか。同年一〇月三一日付け夕刊(産経は夕刊がないので翌日朝刊)を振り返って検証してみよう。在京主要紙で報告書を一面に掲載したのは東京だけで、それも一面中央の三段記事だった。後は朝日が二面のトップで三段記事、毎日と読売が二面で二段並の横見出し、日経が二社面の左すみに二段見出しとなっていた。産経に関係記事は載っていなかった

しかも、関係記事を掲載した各紙も、死刑廃止と慰安婦問題に焦点を絞り、刑事訴訟の手続き問題では代用監獄の廃止に触れたぐらいで、右に記したような日本の刑事手続きの基本的な欠陥の指摘と改善勧告はほとんど無視した。

このような報道では、読者は国際基準からみた日本の刑事訴訟上の根本的な問題点や、改善案がまるで知らされないで終わった、とメディアが批判されても仕方ないだろう。

そして、一二月一四日付で、最高裁判所がやっと冤罪の疑いが強いとされてきた布川事件の第二次審査請求で犯人とされた二人の再審開始を決めた。一二月一六日付朝刊で、朝日と読売が普天間問題を、毎日が布川事件を一面トップに据えた。それほど事件発生から四二年ぶりの再審決定の衝撃と意義は大きかった。

布川本件は、一九六七年八月に茨城県利根町布川で、大工の玉村象天さん(当時六二歳)が殺害され、現金約一一万円が奪われた事件で、杉山卓男さん(六三歳)と桜井昌司さん(六二歳)が茨城県警に強盗殺人容疑で逮捕され、捜査段階では自白したとされたが、公判では二人とも否認に転じた。しかし、二人は七〇年に一審の水戸地裁土浦支部で無期懲役の判決を受け、七八年に最高裁で刑が確定し、一八年も服役した後の九六年に仮釈放された。服役中の八三年に起こした第一次再審請求は最高裁まで争ったが、九二年に退けられていたという経緯がある。

今回の再審決定では、捜査当局が隠していた「犯人は二人と違うという」目撃証言が新証拠として提出され、それが決め手の一つになった。

菅家氏の足利事件に続く布川事件の再審開始は、警察や検察ばかりでなく、最高裁を頂点とする裁判所の人権軽視が著しいことを改めて明らかにした。

村木事件の報道に関する検証から始め、足利と布川という二つの冤罪事件に及んだ本論の結論は一つだ。メディアは、洪水のような犯罪視報道に別れを告げ、国連人権委員会が勧告したような刑事人権問題の根本的な改善を目指す報道と論評を始め

るのには今をおいてない。

リークの洪水…………三月号

公正な報道とは　一月末の執筆時には、事件の行方は不明だ。しかし、日本のメディアの信頼がかかっている大問題なので、本欄はいま取り上げておくことにする。

事件とは、周知のことなので簡単に記すが、小沢一郎民主党幹事長の資金管理団体「陸山会」が二〇〇四年に世田谷区で秘書らの住宅用などとして土地を約三億五二〇〇万円で購入したことにかかわる。小沢氏から陸山会への購入の原資四億円(〇四年)、購入代金の支払い(同年)、そして、〇七年の陸山会から小沢氏への四億円の返済がいずれも当該年度の収支報告書に記載されていないなど、政治資金規正法の不記載、虚偽記載などが東京地検特捜部に問われている。

ここで焦点を当てるのは、この事件をめぐって、検察当局しかほとんど知りえない情報のリークとそれを垂れ流す新聞・テレビの問題である。

民主党とくに小沢氏批判の急先鋒に立つ読売新聞の二〇一〇年に入ってからの報道を見てみよう。例年なら正月企画が座る一月一日付一面トップに「小沢氏から現金四億円」「土地代の相談後」「石川議員供述」「翌〇五年も四億円」という見出しが躍った。特捜部の事情聴取に、陸山会の事務担当者だった石川知裕衆議院議員が供述したという。

しばらく飛んで一月二〇日の夕刊トップに「小沢氏　四億円不記載了承」という横大見出しが載り、「石川容疑者が供述」「東京地検　刑事責任　追及視野」などの脇見出しが躍っている。記事を読むと「特捜部は、収支報告書の虚偽記入容疑について、小沢氏が石川容疑者らと事前に共謀していた疑いがあるとみて、小沢氏自身の刑事責任追及を視野に捜査している」とある。これに対して、石川氏の弁護士は直ちに、石川議員は記事のような供述はしていない、と報道を否定する文書を報道各社に送付した。

朝日新聞も負けてはいない。元日紙面の右肩トップに「土地取引小沢氏が指示」「石川議員『直接やりとり』」という見出しの記事が載った。一月一六日夕刊では、一面トップに「故意の不記載認める」「土地問題　石川議員、供述」という大見出しが躍り、記事では、特捜部の調べに対し、それまでの「記載ミス」から「故意の不記載」を認めた、とある。

他の各紙にも、いくら政治問題がらみとはいえ、裁判で決着がつくまでは推定無罪という原則は無視され、主として検察情報を基に独自のチェックを欠いた小沢氏有罪視報道が洪水のように流れた。

さらに特捜部は岩手県の胆沢ダム建設工事を受注した鹿島の下請けの水島建設から計一億円の裏金が小沢氏側に流れ、そのうちの五〇〇〇万円が土地購入資金の一部に充てられたというリークを繰り返し、メディアはこれも垂れ流している。

例えば、小沢氏は一月二三日に特捜部の事情聴取に応じ、その後、「不正なカネは受け取っていない」などと同氏が聴取で行った説明を文書にして配布した。しかし、日経新聞は一月二五日付朝刊の社会面トップで「収支総額、先生に報告」「池田元秘書供述」「虚偽記入　小沢氏の認識有無焦点」といった見出しが並ぶ記事を載せた。

こうしたリークによる有罪視報道は、特捜部の思惑通りに進んでいる。例えば、これより先の一月一八日付朝日新聞は朝刊の左肩トップに載った世論調査である(一六、一七日実施)。それによると、幹事長を辞職すべきだという答えが六七%に上った。鳩山内閣の支持率は前回(一二月一九、二〇日)の四八%から四二%に下落し、不支持の四一%(前回は三四%)と並んだという。やはり同日朝刊に掲載された読売新聞の世論調査(一六、一七日)でも幹事長職辞任に賛成は七〇%だったという。リーク報道で小沢氏側を追い込む大きな成果を上げ、特捜部がどう動こうが世論は支持する土台が出来上がったといえる。

ジャーナリストは情報を取るのが仕事だが、検察と一体と見られる現在の姿は異様だし、情報の使い方には公平、公正な報道を心掛けないと、読者の信頼を失うだろう。

類似の米国の事件

今回の事件にある意味では似た事件が米国でもあった。事の起こりは、テッド・スチーブンス上院議員(共和党、アラスカ州選出)がジョージ・ブッシュ共和党政権時代の二〇〇八年七月二九日に、合計二五万ドルに上る譲与を申告しなかった政治資金適正化法違反の容疑で起訴されたことである。連邦検察官は同日の発表で、同上院議員の容疑はアラスカ州の自宅の大規模改装工事などを同州の石油関連会社VECO社とビル・アレン社長に負担させるなどしたのに申告しなかったものだ、と述べた。

同上院議員は直ちに声明を発表し、「私は無罪であり、身の潔白が証明されるまで戦う」と述べた。しかし、ワシントンの連邦地裁の陪審団は、〇八年一〇月二七日に有罪の評決を行った。この評決を受けて、一一月三日に行われた総選挙で当選確実とされていたスチーブンス氏は約四〇〇〇票差で落選した。

だが、連邦地裁のエメット・サリバン判事は量刑を決める前に、スチーブンス氏の弁護団が要求している検察官が保管している証拠を提出するよう求めた。しかし、検察官が十分に応じないため、サリバン判事は法廷侮辱罪を適用し、担当の三人の連邦検察官は解任された。検察官の主張を鵜呑みにしがちな日本の裁判官と違って、米国の裁判官の多くは公正な裁判のために検察官の主張を厳しく精査することで知られている。これを受けて、別の検察官グループが担当することになり、証拠を改めて精査すると文書化されていなかった米国連邦捜査局(FBI)の捜査官がアレン氏に対して行った事情聴取のメモが見つかった。

このメモによると、アレン氏はこの捜査官にスチーブンス氏の住宅の改装費は八万ドルだと述べていた。スチーブンス夫妻は、改装費用として一六万ドル払っていた。そもそも、検察官側から提出された証拠に瑕疵があれば、公正な裁判が害されたとして訴訟自体が却下されることもしばしばある。アレン氏は自分の事業拡大のためアラスカ州議会の議員への買収容疑で起訴されており、検察官の求刑に手心を加えてもらうことを期待して、FBIの捜査官に虚偽の証言をしたことがわかった。

これらの展開を受けてオバマ政権のエリック・ホールダー司法長官は二〇〇九年四月一日に、サリバン判事に「検察官たちの不正行為があったため、スチーブンス氏に対する訴訟を取り下げる」と通告した。司法省の高官らは、「連邦検察官はその権限をいいことに、強引な捜査や起訴をする傾向が強まっていた。これは検察官らにたいする警告だ」と述べた。その後、ホールダー長官は最初の三人の連邦検察官を懲戒処分にしている。

秘守義務違反　実は、スチーブンス氏の起訴はほとんどの米国人に青天の霹靂で、大きな衝撃を与えた。なぜなら、連邦検察官が記者会見で起訴を発表する前に、日本のようにリークをやると、秘守義務違反で解職をふくむ懲戒処分になるので、リークによる事前報道がなかったからだ。

また、メディア側にもリークを拒否ないし警戒する原則が根付いている。米国の大学のジャーナリズム学部の報道倫理の教科書は「リークは公正な裁判を害する危険があるうえ、名誉毀損や損害賠償で訴えられる可能性がある」と警告している。

日本でも、国家公務員法第一〇〇条に秘守義務違反が定められており、違反者は一年以下の懲役か五〇万円以下の罰金に処せられることになっている。では、なぜ日本ではリークを繰り返す検察官は起訴されず、処罰されないのか。

前号でも登場してもらった、世界の刑事訴訟に詳しい五十嵐二葉弁護士に言わせると、「日本は世界的に珍しい公訴権(起訴権)の検察独占」制度をとっている。起訴権限があるのは検察官だけで、秘守義務違反で自分自身や同僚を起訴することはありえない構造になっている、という。

しかし、同弁護士によると、フランスでは犯罪の被害者や発足から五年以上たった非政府組織(NGO)などは、自ら裁判所に起訴ならぬ「私訴」できる制度がある。また英国では、地域の市民がつくる市民警察にも起訴権があるという。

少数派　検察とメディアの癒着とは別に、小沢氏問題では、民主党の一部から検察の「独走」や「横暴」を批判する声があがり、メディアから「検察への介入だ」など非難のボルテージが上がっている。特捜部への批判は無きに等しい。

そうした中で、ごくわずかだが、検察の捜査に批判的な声も紹介されている。

毎度のことだが、一月一七日付東京新聞朝刊の「こちら報道部」は特捜部の動きに対する別の視点を提供している。

元共同通信記者で現役時代から検察をフォローしてきたジャーナリストの魚住昭氏は、「検察を中心とする〝霞が関村〟から国家の主導権を政治にとり戻すのが、小沢氏ら民主党の狙いだ。これを阻止するのが霞が関全体の意思である」と主張し、捜査の最終目的は小沢氏の政治的失脚であり、民主党政権の瓦解だ、と述べている。元読売新聞記者でジャーナリストの大谷昭宏氏も、「なんとしても小沢幹事長に手をつけたいという恣意を感じる」「背景には外国人参政権、捜査の可視化、指揮権発動、検事総長の人事をめぐる動きがあるのではないか」などと述べている。同氏はその発言を「国民が選んだ政権政党に対し、検察は決して民意を代弁していない。捜査というよく切れる刃は抑制して使うべきだ」と締め括っている。

特捜部が流す小沢氏の裏金問題では、当時野党議員だった氏に特捜部がにおわす斡旋収賄罪や斡旋利得罪の適用は無理だろう。特捜部はだから政治資金規正法違反で小沢氏逮捕を狙っていると読める。

今回は毎日新聞も特捜部批判に加わっている。一月一九日付夕刊の「特集ワイド面」で「小沢氏団体の虚偽記載を読む」で三人の「識者」へのインタビュー記事を載せている。そのなかで元東京地検特捜部検事だった郷原信郎・名城大学教授は、政治家は日常的に資金団体との間で経費の立て替えなどをしている、と指摘し、「どこまで忠実に収支報告書に記載するかで収入・支出の総額はいかようにも変わる。それを虚偽記入だとして国会議員を逮捕できるなら、検察はどんな政治家でも逮捕できることになる。検察が国会以上の強大な政治的権力を持つことになり、民主主義の崩壊を招きかねない」と警告している。

こうした声が全国紙や地方紙でもほとんど聞こえてこないのは、日本のメディアの病が重篤であることを示している。検察批判ができないのは、司法記者クラブへの出入りを禁じられたり、リークがもらえなくなるからだろう。これでは、独立・公正なジャーナリズムの名に値しない。メディアとくに新聞は、広告収入などでインターネットの脅威に直面している。しかし、インターネット上にあふれる検察批判の多様性を読めば、新聞は記事の内容でもインターネットに敗北する道を転落しつつあることがよくわかる。

混迷する「日本版FCC」構想……四月号

自民党と同じ体質　民主党が昨年八月の衆院選に当たって公表した「政策集INDEX2009」に明記した「日本版FCC（米連邦通信委員会）」構想の論議が迷走を始めている。公権力を監視する役割の放送局の免許を総務省が交付する現行制度を批判し、米国と同様、政府から独立した規制機関の所管に移し、政府の放送介入を防ごうという提案だ。

なぜなら自民党政権下では、立場を利用して政治や行政の放送事業者への圧力や干渉が繰り返されてきた。放送の自由を守る手段の一つとして考えられたわけだ。ところが、昨年一二月から総務省が設置した有識者委員会で始まった議論は、「公権力による干渉」の視点は薄れ、放送事業者が法令遵守（コンプライアンス）した活動を行っているのかどうかのチェックなどに重点が置かれた議論に変質しつつあるように映る。個人情報保護法や人権擁護法など自民党政権時代に国会提出された数々のメディア規制法も当初の目的を離れメディアの手足を縛る内容に転じていった経緯がある。今回も同じように展開していくのではないかとの懸念が広がっている。

新たな機関の設立に向け検討を始めたのは、原口一博総務大臣が設けた「今後のICT分野における国民の権利保障等の在り方を考えるフォーラム」。

座長に濱田純一・東京大学総長、座長代理には、長谷部恭男・東京大学法学部教授が就任した。メンバーは構成員と呼ばれ、▽上杉隆▽宇賀克也▽後房雄▽音好宏▽木原くみこ▽楠茂樹▽工藤泰志▽黒岩祐治▽郷原信郎▽五代利矢子▽児玉平生▽重延浩▽宍戸常寿▽中村伊知哉▽根岸哲▽服部孝章▽羽石保▽浜井浩一▽深尾昌峰▽堀義貴▽丸山淳一――の計二三人という大所帯。ほかに孫正義・ソフトバンク社長や広瀬道貞・日本民間放送連盟会長、福地茂雄・NHK会長、小野寺正・KDDI社長兼会長、三浦惺・NTT社長、河合久光・全国地上デジタル放送推進協議会会長の通信・放送事業者のトップ六人がオブザーバーとして参加している。

民主党が「政策集」で情報通信政策の目玉として掲げた日本版FCCとは何か。

実は日本以外の先進国では政府から独立した行政委員会が所管している。米FCCには、民間放送局の認可や、番組規制の遵守の監督権限がある。英OFCOM（放送通信庁）、仏CSA

(視聴覚最高評議会)も同様だが、日本だけが政府が所管するという異例の仕組みだ。ただ、日本でも現行の放送法が成立した一九五〇年当時は、独立機関である電波監理委員会が担当していたが、連合国による占領が五二年に終わると廃止され、現在まで続く総務省(旧郵政省)の所管になった。

民主党の日本版FCC構想は、こうした独立機関にならおうというもので、過去にも「通信・放送委員会設置法案」として提出したことがある。政策集は、委員会の意義について「国家権力を監視する役割を持つ放送局を国家権力が監督するという矛盾を解消するとともに、放送に対する国の恣意的な介入を排除します」と宣言した。

ところが、手本とする米FCCは政府から独立した機関とは言っても上院の同意を得て大統領が五人の委員を任命する仕組みで、委員長を含む三人は与党系、二人は野党系の人物が選ばれるなど党派色が濃い。さらに、監督権限の行使のケースでは〇四年にジャネット・ジャクソンさんの胸が放送中に露出した問題で、放送したCBSテレビなど二〇局に計五五万ドルの罰金を命じたことがある。

放送局側は裁判に訴え、米ペンシルベニア州の連邦高裁は〇八年、FCCの命令を取り消す判決を出した(最高裁は〇九年五月に審理を高裁に差し戻した)。米FCCにはこうした強力な権限がある。一方、日本の放送法は、総務大臣が番組内容に関して直接罰金を科す規定はない。〇七年に発覚した関西テレビによる番組捏造問題でも総務省は行政指導(警告)にとどめている。

独立性が高い反面、監督権限の強いFCC。大臣が所管するが弱い関与しかできない総務省。日米の放送行政の隔たりはかなり大きい。昨年九月に新政権が発足し、日本版FCCの創設論議が高まり、懲罰的な制度への懸念が広がると、原口総務大臣は「米FCCと間違えられるのでFCCという言葉はもうやめる」とあっさりと撤回してしまう。

奇異な「言論の砦」論　原口大臣が日本版FCCに代わって使い出したのが「言論の砦」だ。それはどんな機関をイメージしているのか。そのヒントは、権利保障フォーラムの初会合で配られた資料にあった、原口大臣が昨年一〇月に自分のブログに記した言葉にあるように思う。

「世界の歴史を見ても、時の政治権力は自らを正当化するために放送に介入する誘惑を断ち切れず、今まで多くの言論弾圧や抑圧が行われてきました。真実に基づかない報道や人権を侵害する放送が相次ぎ、放送や報道自身で自主規制することができないことは、とても深刻な言論の自由への挑戦を招きます。誰が権力につこうが、決して侵されることのできない自由。言論の自由を守る砦が必要だと思います」

少し長いが、紹介したこの一文から読み取れるのは、公権力による放送介入は、名誉を棄損するような報道や誤報などを流す放送事業者自身が招いていると言わんばかりの発想だということだ。

本欄でもしばしば取り上げてきた旧日本軍の従軍慰安婦の問題を描いたＮＨＫ教育の特集番組ＥＴＶ２００１「戦争をどう裁くか　第二回問われる戦時性暴力」（〇一年一月放送）の改変問題。番組改変は、なぜ起きたのか。放送法にはＮＨＫ予算案が国会承認を得ることを必要とする規定があり、この仕組みがＮＨＫと政治との距離を誤らせ、番組改変問題で安倍晋三元首相（当時は官房副長官）にＮＨＫ幹部が放送前に面会して、事前説明せざるを得ないという事態に結びついたのではなかったのか。

〇七年の改正放送法で、それまでの「命令放送」は「要請放送」に名称が変わったのはなぜか。菅義偉元総務大臣は〇六年に北朝鮮による拉致問題を重点的に取り上げるようＮＨＫに短波ラジオ国際放送での放送命令を出した。五二年に国際放送が開始されてから、個別具体的な項目では初めてで、これこそ露骨な政治介入であった。〇七年にＮＨＫ経営委員長に就任した古森重隆・富士フイルムホールディングス社長は、安倍元首相（当時は首相）を囲む経済人の親睦団体「四季の会」メンバーの一人。放送法では委員長は、「委員の互選」と規定し、首相権限は、国会の同意を得た委員の任命に限定されている。それにもかかわらず、安倍氏の意向通りに委員長に就任できたのはなぜなのか。いずれも「政治との距離」を巡って最近、社会問題化したものばかりだ。

ところが原口大臣が権利保障フォーラムに最初に示した、アジェンダ（検討議題）案は「放送・報道の自由を守る『砦』が必要とされる背景、現状及び課題についてどう考えるべきか」とし、▽放送事業者（ＮＨＫ・民放）による自主的な取り組みの現状と評価▽業界の自主的規制機関であるＢＰＯ（放送倫理・番組向上機構）の現状と評価▽行政による対応の現状と課題▽諸外国の現状、国際比較——との内容だ。過去の政治介入を検証し、それをどう防ぐかの視点は見当たらない。

三月一日の第三回会合からは関係者からのヒアリングを行っていくが、最初に呼ばれたのは、ＮＨＫと民放連、日本新聞協会などメディア関係団体だ。砦を築くのであれば、まず事情を聞くのは、放送介入を繰り返してきた過去の総務大臣や、そうした閣僚を野放しにしてきた首相の筈ではないか。例えば安倍氏や、菅氏である。

この権利保障フォーラムの構成員の人選にも疑問がある。濱田座長は、菅氏の命令放送問題にお墨付きを与えた当時の電波監理審議会のメンバーの一人であったし、長谷部氏は政府が今国会に提出予定の放送法等改正案の骨格となる報告書を昨夏まとめた「通信・放送の総合的な法体系に関する検討委員会」の主査を務めた。同報告書は放送免許を通じた総務大臣による番組介入を招きかねないような内容だった。

郷原氏と服部氏は昨春に西松建設事件に絡んで民主党が設けた「政治資金問題を巡る政治・検察・報道のあり方に関する第三者委員会」のメンバーで、その報告書は民主党の対応が適切だったかよりも多くを報道批判に割いた。上杉氏はジャーナリストだが、鳩山氏の首相就任前に対メディア政策を記した「メモ」を提出して、「指南」するなどメディア批判論者だ。上杉氏や孫氏の強い意向を受け入れ、アジェンダには「記者クラブ制度」も新たに盛り込まれた。記者クラブ批判はあってしかるべきだがその問題解決は、本来、ジャーナリズム自身の手によって行われるべきではないか。報道・取材の自由に対する公権力の介入を誘発するような動きは看過できない。

個人情報保護法が立法化の過程でメディア規制の内容に変質したことは既に述べた。小沢一郎民主党幹事長の資金管理団体「陸山会」の土地購入を巡る政治資金規正法違反事件報道に絡んで、メディアが取材源を「関係者によると」と表現していることに対し原口大臣は「(検察、容疑者どちらの関係者かを)明確にしなければ、電波という公共のものを使ってやるにしては不適だ」と今年一月の会見で述べた。監督権限のある大臣による報道内容に関する発言だけに批判が出て、原口大臣はその後に「マスコミに介入する気は全くない」と釈明したが、放送の自由への理解の低さをさらけ出した形となった。誤解を恐れずに言えば、小沢幹事長に近いとされる原口総務大臣が民主党寄りのメンバーを起用し、政治資金問題で追及を受けたメディアに意趣返しをしているようにさえ映る。こんなところに、「国の介入を排除する」という理念が後退した日本版FCC論議の「変質」の要因があるのかもしれない。アジェンダから見えるのは砦の「敵」は、放送事業者や新聞社といった既存のメディアだということだ。権力を握った者は結局、同じ道を歩むということなのか。

構成員には新聞社の論説委員も参加している。権利保障フォーラムで発言の機会があるのだからきちんと問題点を指摘し、自らのペンで読者に知らせるべきではないか。毎回、多くの新聞、テレビ記者が傍聴取材しているにもかかわらず、紙面や番組からは危機感をみてとれない。極めて残念である。

安保「五〇年間の嘘」

五月号

「宇宙人」とメディアの一〇〇日戦争

かつて「変人」と呼ばれた首相がいた。小泉純一郎氏である。現首相・鳩山由紀夫氏は「宇宙人」と言われている。よせばいいのに、彼は記者たちを相手に「いろんな意見を聞きながら、揺らぎの中で本質を見極めていくのが宇宙の真理ではないか」と、スタンフォード仕込みの数学理論を披露し、すっかり顰蹙を買ってしまった。

それかあらぬか、メディアによる「一〇〇日間・蜜月《ハニームーン》」の恩恵に浴することもなく、もっぱら受けているのは苦いバッシングばかりなのである。

小泉氏は暴言を連発した。「人生いろいろ」「格差があってもいいんです」「自衛隊が活動している地域は非戦闘地域だ」。しかし、支持率は不思議と下がらなかった。「ふまじめさ」が小泉氏を救ったともいえる。鳩山氏の場合は「きまじめさ」が相手を苛立たせた。政権誕生から半年で、鳩山内閣の支持率は七〇％から三〇％に落ちた。

メディアは、自民党政権下で「権力監視」の能力をすっかり錆びつかせてきた。それが一転、新政権たたきに狂奔しはじめたのを見るにつけ、前代未聞の政権交代に周章狼狽しているのはむしろマスメディアのほうではないかと思えてくる。

ことに朝日新聞の「ブレ」は、新政権の「ブレ」をしのぐ勢いだ。「政権交代〇日目」という同時進行の連載に力を入れ、鳩山政権に対して、あたかも新米の親が第一子に対するがごとき厳格さで臨んでいる。子を叱咤する口調は日増しに激しくなり、「一〇〇日目」を過ぎた去年一二月二九日、ついに主筆までがこぶしを振り上げた。「政権一〇〇日が過ぎたのを機に改めて、権力監視の責任の重さをかみしめたい。調査報道をこれまで以上に強化していく」と。

こうした流れの中で、「政権交代〇日目」の「成果」が単行本『民主党政権　100日の真相』(朝日新聞政権取材センター編)として出版された。いま、リアルタイムの記事と本書の記述をいちいち比較検証する余裕はないが、象徴的な一点だけを記す。

「政権交代二日目」(二〇〇九年九月一八日)の記事は、「『鳩山官邸』はまだまだ建設途上だ。それでも、鳩山首相は率直だ。一六日の就任会見では『試行錯誤の中で失敗もあろうかと思う。ぜひ国民のみなさんにもご寛容願いたい』(傍点筆者)と新首相のメッセージを伝えた。この時期、記者は新政権の「率直さ」に対して「寛容」である。ところが『100日の真相』ではニュアンスが変わる。取材チームのエディターは、「鳩山は二〇〇九年九月一六日の就任記者会見で、『試行錯誤の中で失敗することもあるだろう。国民にご寛容を願いたい』と語った。まさにその予感があたった」と切り捨てた。

むろん、あたったのは鳩山氏の「予感」である。しかし、読者が知りたいのは、鳩山内閣が国民のどんな「寛容」に支えられながら、いつ、なぜその「寛容」を失ったのか、ということだ。その答えは本書のどこにも書いていない。市民の視点の不在、すなわち記者の視点の冷たさだけ印象に残る。

それが普天間基地移設問題で集中的に表現される。「……結局、年内(二〇〇九年末)に結論を出せず先送りになったため、米国政府の不信や批判を招くという最悪の展開となった」と。このあと、新政権の調整能力のなさが厳しく指弾される。だが、指弾されるべきは記者の現場感覚のなさではないのか。

日米安保と日米同盟のあいだ

記者たちは、はたして沖縄

あるいは本土の米軍基地の縮小ないしは撤退を願っているのだろうか、それとも日米同盟を強化するために現状維持ないしは拡大を願っているのだろうか。書き手たちはそもそもそんな設問自体が無効だと思っているのではないか。

主筆が堂々と日米同盟の堅持を掲げているのであるから、推して知るべしか。ならば、彼らの「調査報道」も関係筋の情報(英語でインテリジェンスという)を「嗅ぎまわる」というほどの意味に解してもいいわけだ。二〇一〇年二月四日の「日本@世界　新たな同盟像どう描く」で、主筆は知日派の米高官や学者からえたインテリジェンスを取り混ぜながら、日米同盟の基本的な柱を「米国の日本防衛」と「日本の基地提供」であるとする。そして、それに対する最大の障害は、五〇年前の安保闘争に見られた日本人の屈折したナショナリズム(対米依存したくはない、しかしそれなしでは生きられない概念——米政治学者ジョージ・パッカード)であるというのだ。それが「民主党指導層と国民の心の中に埋《うず》み火のように眠っているように見える」と分析し、「民主党と自民党が日米安保政策について超党派合意を形成することができれば、五〇周年の歴史的意義は大きい」と結論づける。「超党派合意」は、主筆の価値判断であり、調査報道とはなんの関係もない。問われるべきは、むしろ歴史認識である。

日米両国が平和と安全を守るために共通の関心を持つ地域は、五〇年間たえず議論の対象になってきた。「極東の範囲」は地理的概念ではないなどという珍無類なレベルからスタートした議論は、その後の日米関係の不可逆的な強化にともない、それを「アジア・太平洋」へと拡大してきた。特に、冷戦終結後の日米関係を再定義した一九九六年の日米安全保障共同宣言、二〇〇五年の日米安全保障協議委員会での合意などを経て、日米安保条約という言葉はほとんど死語になり、いまや日米同盟(軍事同盟)が常用されている。この間の「なし崩し」については詳述しないが、在日米軍が日本防衛のために基地を使用していることを日米両国民が本気で信じていないこと、また、かくも広大な基地を提供する国は日本をおいて世界に例がないことを知れば、「米国の日本防衛」と「日本の基地提供」が不離不可分だなどという認識は持てないはずだ。まさに自民党政権は、こうした世界の非常識をひたすら同盟強化の名の下に推し進めてきたのではなかったか。

今回の政権交代は、これまでの路線の見直しを不可避のものにしている。普天間問題の浮上と沖縄密約の露見が絶妙なタイミングで交差し、議論の質が、戦後初めて日米関係の根幹に触れるレベルにまで達しているのである。

マスメディアの多くがこの流れにブレーキをかけるなか、去る三月二〇日、東京都内二カ所で、普天間基地と密約問題を同一線上に議論するシンポジウムが開かれ、それぞれに三〇〇人以上の参加者があった。筆者は、その内容もさることながら、マスメディアがこれをどう伝えるかも知りたくて二つの会場に足を運んだ。だが、翌日、琉球新報、しんぶん赤旗が伝え、共同の配信で複数の地方紙が報じただけだった。

ネット上に二つのシンポジウム

日ならずして二つのシンポジウムの動画がユーチューブにアップされた。そういえば、会場には民生用の小さなカメラが何台か並んでいた。マスメディアがほとんど報道しなかったことを、市民が自由に取材・編集してインターネットに配信するオルタナティブ・メディアの時代が来ていることを実感させられた。

千代田区内幸町の日本プレスセンターで行われた「普天間問題のウラに隠された真実――進行中の米軍グアム統合計画の意図を探る――メディアはなぜこれらの事実を伝えないのか?」（マスコミ九条の会主催）で、軍事評論家の前田哲男氏が語ったことに代表させて要約すると以下のようになる。

「五〇年前の安保国会の議事録をみると一五三時間以上の議論をしたが、『日米地位協定』については一切審議せず強行採決された。そこから『思いやり予算』などという地位協定の『自由解釈』が生まれた。日米安保は『極東の安全のために』日本の基地を米軍に提供するというもので、そこでの米軍の行動については、『事前協議』で日本政府がそれに関与する。核搭載艦船の一時的寄港（トランジット）も含むいかなる核持ち込みに対しても『ノー』と言う。本土の基地は縮小していく。しかし、岸内閣は、裏では『密約』を結んでいた。『裏安保』がなければ普天間基地の建設もなかったはずだ。話題の普天間は密約安保のなれの果てといえる。密約と普天間移設問題は一体のものとして考える必要がある」

もう一つ、法政大学で行われたシンポジウム「普天間　いま日本の選択を考える」。このメンバーは一月一八日に「普天間基地移設計画についての日米両国政府、国民に向けた声明」を出している。賛同署名者はすべて本土の人々だったが、琉球新報は一面を使って声明の全文とすべての氏名を掲載した。本土のメディアが一切無視したときに、である。

この日は、呼びかけ人の一人、川瀬光義・京都府立大学教授が経済学の立場から、いま沖縄が基地依存から抜け出そうとしている現状を報告した。

「沖縄には『基地なしでもいい』とは言えない構造があった。いま公共事業費は九八年ピーク時の四四〇〇億円の半分に減った。しかし、それを埋め合わせる額が普天間受け容れの見返りとして広義の『思いやり予算』として使われている。この質の悪い金を、新しい名護市長は断った」

桜井国俊・沖縄大学学長は、本土の平和は「憲法九条」「日米安保」「沖縄の米軍基地」の三つで成り立っているとした上で、海兵隊が抑止力だというのは全くのまやかしで、彼らが出動するには佐世保から強襲揚陸艦が来るのを待たなければならないと指摘した。

「環境の観点からしても、急浮上している陸上案も勝連沖案もアセス上問題があるし、実施しても長時間かかる。造るのは日本、使うのはアメリカだ。結局、基地で何が行われてもわからない仕組みになっている。本土の皆さん、どうしても基地が必要というならどうぞ引き受けてください」

マスメディアはこうした声をほとんど伝えていない。それどころか、国際政治を冷戦期の古臭いゲーム理論で語ったり、政権交代を古い政治部的な派閥言語で分析したりして、要するにお茶を濁している。アナクロの極みだ。

メディアが記憶を回復すれば……　内閣支持率をさして気にする素振りも見せない「宇宙人」首相に、メディアがいら立ちを募らせていることはすでに述べた。内閣支持率に一喜一憂するようになったのは小泉首相の郵政ミラクル選挙以来のこと。自民党政治はこの傾向に拍車をかけすぎて、三人の哀れな後継者たちを「凡人」として退陣させ、自民党そのものを潰してしまった。そして、人々は貧困・格差の極点でポピュリズムを捨て、政権交代を選択し、未知の領域に足を踏み入れた。そして、政権交代とはどういうことなのかを考えようとしている。何かを変えようとするなら、この自覚の道をたどるほかはない。

政権への高い支持率は、難問を解決するために国民から政権に託された預金であり、それを賭金として政権は国民に奉仕するチャンスを握っている。鳩山政権がこれをどう生かすか潰すか注目が集まっている。政権にモラトリアムを与えるのは、メディアではなく市民なのだということ。この原点にメディア自身が立ち返れば、知日派の怪しげなインテリジェンスに惑わされ、残り少ないメディアの賭金をはたいてしまうことはないだろう。

沖縄「密約文書」公開訴訟の行方……六月号

国は控訴を取り下げるべき　東京地裁が四月九日、沖縄返還(一九七二年五月)を巡る日米政府が交わした土地の原状回復補償費(四〇〇万ドル)の肩代わりなど日本の財政負担を内容とした密約の存在を初めて明確に認めた。この疑惑を報じた元毎日新聞政治部記者の西山太吉さん(七八)らが密約文書の開示を国に求めた訴訟で、密約文書を不開示(不存在)とした国の処分を取り消し、全面開示を命じた判決は、「国民の知る権利をないがしろにする外務省の対応は不誠実なものと言わざるを得ない」と断じた。岡田克也外相は会見で「外務省にそういうもの(文書)はないのは明確」だと判決を批判し、国は四月二二日、東京高裁に控訴した。同日発表した控訴理由には⑴外務省による密約調査の結果(三月九日公表)を判決は踏まえていない、⑵保有していない文書の開示はできない——などが挙げられている。しかし、岡田外相が取るべき態度は、米国に存在した文書がなぜ外務省にないのかの調査を尽くすことであり、密約を結んだことの釈明なのではないか。さらに「国民に事実とは異なるウソの説明をしてきました」と密約を率直に認めて謝罪することだろう。昨年九月に鳩山政権の成立を受けて核密約を含む四件の調査を指示した姿勢は新政権の閣僚として清新さを感じさせ、期待を抱かせたが、いまや国民を欺き続けた外務官僚の思考と同じになってしまったかのようだ。『週刊金曜日』四月一六日号の記事によれば、岡田外相は会見で、密約の存在を認めないばかりか、「私自身の考えは特にありません」と答えるだけだという。ただちに控訴を取り下げ、判決を受け入れるべきだ。

国に密約文書の開示を求めているのは、西山さんのほかノンフィクション作家の澤地久枝さん(七九)、我部政明・琉球大教授ら二五人。原告を含む六三人が二〇〇八年九月に▽本来、米国が支払うべき土地の原状回復補償費を日本が肩代わりすることを示す文書(外務省)▽沖縄に設置された海外向け短波ラジオ「VOA」(ボイス・オブ・アメリカ、アメリカの声)の施設移転費(一六〇〇万ドル)を日本が負担することを示す文書(外務省)▽沖縄復帰に伴って県内で流通していたドルを日本円と交換して日本政府が得たドルの金額か六〇〇〇万ドルいずれか大きい金額を米連邦準備銀行に無利子預金(二五年間)するなどを決めた文書(旧大蔵省)——の三件を含む付随する計七件の関係文書を情報公開法に基づき外務、財務の両省に開示請求した。三件のうち外務省の二件は、吉野文六・元外務省アメリカ局長(九一)とリチャード・スナイダー駐日米公使、旧大蔵省の一件は、故・柏木雄介・元大蔵省財務官とアンソニー・J・ジューリック米財務省特別補佐官の間で交わされた文書で、それぞれのイニシャルが記されており、いずれも米国立公文書館に保管され開示されている。両省は翌一〇月に不開示(不存在)としたため、このうち二五人が処分取り消しと開示を求めて二〇〇九年三月に提訴した。国側は訴訟でも文書が存在しないと主張し、密約についても否定の立場を変えなかったが、政権交代後に始まった外務省、財務省の密約調査を受け認否留保に転じ、そのまま今年二月に結審した。

東京地裁(杉原則彦裁判長、品田幸男裁判官、角谷昌毅裁判官)は、三件の文書の保有を認めて開示を命令したうえ、内容についても「国民に知らせないまま日本がこれらを負担することを米国との間で合意していたこと(密約)を示すもの」と認定し、一人当たり一〇万円の計二五〇万円の損害賠償の支払いまで命じた。これまで一貫して財政上の密約を否定してきた国の姿勢を批判し、密約の存在を明確に認めたという点で、日本外交史に残る画期的な内容だった。上級審で開示命令が取り消される余地はあるかもしれないが、密約の認定を覆すのは相当困難であろう。

一方、不存在処分の取り消し訴訟では、原告側が存在することの立証責任を負うとされる。今回の判決も基本的にはそれを踏襲しながらも、⑴公文書は一般に作成・取得から保有に至り、⑵保有の状態が継続された後に廃棄・移管という流れの中で、原告は⑴を立証すれば⑵は推認されるとし、国が廃棄・移管を立証しない限り保有していたと推認されると、原告の負担軽減を図った。原告の主張に理解を示した判決だと言え、ひょっとしたら情報公開訴訟を長く手がけ、杉原裁判長の思考も熟知した小町谷育子弁護士にとっては、緻密な計画を尽くした立証活動の当然の結果だったかもしれない。

西山さんの名誉は回復された

東京地裁判決があった翌四月一〇日朝刊の新聞各紙は産経を除き朝日、毎日、読売、日経、東京の五紙はいずれも一面で扱った。中でも朝日、毎日、東京は本記、解説、原告の会見雑感、判決要旨、社説などのいわゆるフルメニューで手厚く報じたことは、率直に評価したい。この判決が最初に密約疑惑を指摘した西山さんの名誉の回復にも間違いなくつながるだろう。

読売によると、西山さんは勝訴判決後の会見で「主権者である国民と国との裁判。私個人の裁判ではない」と述べたといい、『週刊朝日』四月二三日号は「今日、こういう形になりましたが、どういう思いを抱いていらっしゃいますか」という質問があったことを報じた。西山さんはこれに対して「そんな個人的なジャンルについて答えるような性質の裁判じゃないんでね。お断りしますね」「そういう問題のとらえ方が、密約問題を引きずらせてきたんだよ」と切り捨てたという。

三九年前に話をさかのぼりたい。

西山さんは沖縄返還協定が日米政府によって調印され成立した七一年、密約疑惑を指摘する記事を執筆した。しかし、国民の大きな関心が高まるのは、西山さんが外務省の女性事務官から入手した秘密電文が当時社会党議員だった横路孝弘衆院議長に渡り、国会で電文を基にした追及が始まった翌七二年三月のことだった。翌四月に西山さんと事務官が国家公務員法違反の疑いで逮捕され、頂点を迎えた。ところが担当検事だった故・佐藤道夫・元参院議員の発案で起訴状に「情を通じ」との言葉が盛り込まれていたことがわかると、その取材手法が社会的な非難を浴び、週刊誌やワイドショーの格好な餌食となった。検察の狙い通り、世論は割れて、国家のウソは男女の問題にすりかわる。

七八年に制作された澤地さんの『密約——外務省機密漏洩事件』を原作としたテレビ向け映画が先月から全国各地で劇場公開され、鑑賞した。映画の中の西山さんは法廷において「国民は政府の密約にもっと厳しい目を注ぐべきで、私はそのデータを提供したのではなかったのか。この法廷で裁かれるべき被告は、佐藤内閣ではなかったのか」と心の中でつぶやく。吉野文六・外務省アメリカ局長は映画の中でもウソの国会答弁をしていた。今、当時の心境について、「(〝情を通じ〟のおかげで)新聞論調はガラッと変わり助かった」と述べている。新聞記者として初めて逮捕された西山さんは一審・東京地裁では無罪だったが、東京高裁は懲役四カ月(執行猶予一年)の逆転有罪判決を出した。最高裁も七八年に高裁判決を支持して上告を棄却し、有罪判決が確定した。前例のない問題に報道界が直面し、取材倫理が問われた中で、毎日を含む当時の報道関係者が大きな衝撃を受け、国家のウソの追及に及び腰になったことは、後に「メディアの敗北」と指摘される。

西山さんに質問した朝日新聞の記者は、映画での疑問をいまどう受け止めているのかを聞きたかったのではないかと思われるし、むしろ朝日の現役記者は先輩記者の敗北を乗り越えようと我部教授が米公文書館から探し出した密約文書など沖縄密約を熱心に報じてきた。政府の情報公開への姿勢が問われた訴訟で、西山さんの名誉回復ではないとの思いは他の原告や弁護団の中にもあるかもしれない。しかし、同時に西山さんを抜きにこの訴訟がこれほどの社会的な関心を集め、問題意識が共有されることはなかったのではないかと思う。問題なのは次のような報道だろう。

報道倫理を問う産経社説

「報道倫理の検証も必要だ」との社説を掲げたのは四月一〇日の産経だ。「刑事裁判では機密文書の入手方法の当否などが争われたが、裁判とは別に西山氏や毎日新聞の報道のあり方も問われた」とし、横路氏にコピーを渡した結果、情報源が容易に特定されてしまったことをあげて、「国家機密の扱いや報道の仕方、記者のモラルなどについて毎日新聞も含めた報道機関が改めて考えてみる必要がある」と指摘した。また、元『週刊文春』編集長の花田紀凱『WiLL』編集長も四月一五日付「夕刊フジ」の「密約文書訴訟でヒーロー気取り　西山太吉氏にその資格はあるか」との見出しのコラムで産経社説と同様、コピーを渡して情報源が明らかにされたことを取り上げ、「西山氏は会見でニコニコ笑って話をしている資格は、ないはずなのだ」と批判し、返す刀で外務、財務両省に再調査を求めた毎日社説の主張に対し、「そのまま毎日新聞にお返ししたい」と結んだ。

西山さんが言う密約問題を引きずらせてきたのは、こういう人たちなのだと思う。産経を含む当時の報道界はなぜ追及を緩めたのか。女性事務官の告発記事などスキャンダル報道で検察による情報操作に加担した責任に今日の週刊誌界はどのように向き合うべきなのかまず足元を見つめ直すことだ。

一方、ジャーナリストの上杉隆氏は「ダイヤモンド・オンライン」のコラムで西山さんが指摘した四〇〇万ドルの肩代わり疑惑に触れ、「『密約』の存在は、その後の後輩のジャーナリストの怠慢によって再び歴史の闇に葬られたのだ。それを白日の下に暴き出したのは、残念ながらジャーナリストではなく政治家であった」と岡田外相を持ち上げている。

だが、これは明らかに事実誤認だ。既に指摘したように岡田外相は外務省の有識者委員会が「広義の密約」とし裁判所も密約を認定しながら、なお密約と認めていない。吉野文六さんの密約を認める証言を引き出したのは、北海道新聞記者であったし、西山さんが長い沈黙を破り映像メディアに登場するきっかけとなった番組には、琉球朝日放送のディレクターのねばり強い取材があった。今回の情報開示訴訟は西山さんが国を相手に起こした損害賠償訴訟がその前哨戦としてあり、その時代理人を務めた弁護士が西山さんと出会ったのは毎日新聞労組が主催したシンポジウムだ。今回の判決は記者らのこうした成果の積み重ねが背景にあったと思う。

何もしてこなかったのは、むしろ政治の側だった。原告団共同代表の桂敬一・立正大講師が判決言い渡し後の会見で、報道機関が今回の判決までに果たした役割を評価していたという。敗北したメディアの名誉も少しは回復されたのではないか。

新聞は普天間を忘れたか

八月号

「産経化」する各紙

六月三日朝、フリージャーナリストの江川紹子さんがツイッターでつぶやいた。「今朝の朝刊は全紙、産経と化している」。前日、鳩山首相が党の衆参両院議員総会を招集、そこで辞任の意向を表明し、あわせて小沢幹事長の解任を告げていた。各紙は、溜まりに溜まった憂さを晴らすかのように、「菅氏　代表選へ出馬」を大見出しに掲げ、社説では、民主党は〝小沢氏の権力〟から脱して出直せ、と声をそろえて叫んだ。

どの新聞も、鳩山内閣の崩壊は、首相の個人的資質に問題があったせいだ、と断じた。みずから「カネと政治」で不信を招き、普天間問題では迷走に迷走を重ね、対米関係を傷つけ、沖縄県民をも裏切った、というのだ。また、小沢幹事長の党独裁支配の影をついに払い除けられず、リーダーに求められる役割を、すべてにわたって果たすことができなかった、とする批判も鳩山首相に浴びせた。そこには、自民党政治が民意を失う原因ともなった古い政治の残滓もうかがえ、これに対する国民の失望は、世論調査における鳩山政権に対する支持率の大きな低落となって現れる結果ともなった、とする指摘も共通して認められた。

だが、こうした声が、画一的ともいえるほど、各紙を通じて多数認められればそれだけ、なにか白けた気分に駆られる。鳩山首相の失敗が取り返しのつかぬ局面に至ったのは、普天間問題に対する誤った処置のためといえるが、そこに至る間にメディアは、少なからぬ影響を彼に及ぼしてきた。にもかかわらずメディアは、水に落ちてしまった犬の愚かさは責めるが、水たまりに犬を押しやり、そのなかへ引きずり落とした自分たちの役回りには、口をつぐんでなにも触れなかったからだ。

在京紙では、昨年の政権交代直後から、朝日、読売、日経、産経の四紙が明確に、〝普天間移設は自民党の対米合意どおりやれ〟と鳩山政権にいってきた。毎日はこれに疑問を呈し、東京新聞は、普天間問題は日米安保の見直し作業のなかで解決を、と述べたりしたが、これらも強力な主張とはいい難かった。確かに朝日は、普天間移設先を自民党案とほぼ同じ「辺野古周辺」とする、五月二八日の日米両政府の共同声明が出た翌日の社説(「首相の普天間『決着』政権の態勢から立て直せ」)で、政府を批判し、「私たちは五月末の期限にこだわらず、いったん仕切り直すしかないと主張してきた」と述べ、自分たちは、日米安保体制と沖縄の問題全般を見直す作業が先決だ、といってきたではないかと論じた。だが、点検してみると、それまで「自民党合意どおり」一点張りだった朝日の論調が変わったのは、ようやく五月一四日の社説、「普天間移設問題　仕切り直すしかあるまい」においてだった。朝日がせめてこの程度の議論でも、新政権発足後すぐにも開始し、引きつづき論点を深めてきていたら、鳩山内閣の運命は大いに変わっていたのではないか。そうせずに、鳩山政権の命運が尽きるとき、これを、政権の息の根を止める捨てぜりふにするのは、いかにもむごい。白紙の無謬をこれで誇ろうとでもいうのか。

また、読売、日経、産経の、首相の辞任は普天間問題での失敗の責任をとるものであり、当然だとする議論もうなずけない。〝日米関係に亀裂を生じさせた。沖縄県民に対して「県外・国外」移設の約束をホゴにした〟が、そのいい分だが、おかしいではないか。民主党がようやく翻意し、アメリカの注文どおりにやることにしたのだし、三紙はかねてから、外交・安保の施策は中央政府の責任で決めるべきもので、地方の意向に左右されてはならない、といってきた。だったら、これに合致して政策転換した鳩山首相に、〝ご苦労だった。ようやった。今後その線で万難を排してやれ〟というのが筋ではないのか。そういわないわけは、手の付けられない権力者・小沢幹事長ともどもの鳩山首相切り捨てだからではないのか。彼らは、政策の適切な解決に対してより、政局を自分たちの思うままにいじくり回すことに、よほど大きな関心を向けているのだ。

内閣支持率V字回復　そして菅内閣が発足する。すると、各紙の「産経化」的画一性は、新首相への期待、政策への注文などの影響の及ぼし方をめぐって、再び大規模に出現する。その要点は、前首相の遺した普天間対米合意を新首相がそのままやるか、小沢氏との縁が切れるか、経済危機に対してはマニフェストを修正、バラマキ政策を止め、法人税減税をやるか、財政危機対策としては消費税引き上げをやるか、といったところが共通の関心事となる。

その結果、似たような社説がつぎつぎに出てくる。たとえば、六月五日・読売「菅・新首相選出　日米同盟と経済を立て直せ」、同八日・毎日「菅内閣　きょう発足　『脱小沢』で新しい政治を」、同九日・朝日「菅内閣発足　『選択と説得』の政治を――公約の見直しを」、同・毎日「菅内閣に注文する◎財政再建の道筋示せ◎熟慮と信頼の外交を」、同・読売「菅内閣発足　国家戦略を明確に示す時だ――税制で与野党協議を」、同一〇日・日経「まず日米関係の立て直しを」、同一八日・朝日「参院選マニフェスト『消費税タブー』を超えて」、同一九日・読売「安保改定五〇年　日米同盟深化へ戦略対話を」、同二〇日・読売「消費税公約　引き上げを国民に堂々訴えよ」など。例示の四紙をみる限り、どの新聞がどのタイトルを載せても、もうおかしくない。

このような流れのスタート地点で、各紙世論調査の内閣支持率に、これまた画一的な変調が出現したのも、興味深い。五月三一日発表の調査結果では、鳩山内閣の支持率が軒並み一〇％台まで急落したのに対して、六月四・五日実施の調査では、菅氏に「期待する」が、毎日六三％、朝日五九％、共同通信五七・六％となり、読売(一〇日発表)では、菅内閣支持率は六四％にまで達した。まさにV字型の民主党政権の人気回復ぶりだ。このような世論の変わり方を私たちはどう評価したらいいのだろうか。政策の中身を考えれば、鳩山政権と菅政権とで大きく変わったわけではない。変わった、あるいは変わりそう、と思えるところは、民主党が否定してきた消費税の引き上げを、菅首相は検討課題にする、といっている点だ。だが、そうだとしたら、消費税引き上げを党是としてきた自民党を拒否し、民主党を政権に就かせた多くの国民は、鳩山政権よりも菅政権に、もっと辛い点をつけるはずではないか。

しかし、そうはならず、メディアがそろって菅首相への期待を述べ、政策について菅内閣に同じような注文をつけたりするのに伴い、逆に世論の急激な支持率増加が、大きな流れとなって菅首相・菅内閣に向かう結果となった。多くの国民がどうやら、メディアの多数派的言説の流れに安心を感じ、無意識のうちにもそれに同調的に振る舞う傾向を、強めているようだ。少数意見を尊重するジャーナリズムの気風が衰えたため、それに学んで自分の頭で考えることにこだわる読者・視聴者が少なくなっていくのか、と危惧される。

「はやぶさ」報道

六月一六日、若干のすったもんだはあったが、国会は会期終了となり、メディアの目線はいっせいに参院選に向き、その後は、全選挙区の立候補予定者、主要選挙区の形勢、各党の選挙戦方針などの話題が紙面や番組を賑わすことになっていった。鳩山政権瓦解の後に残された「普天間問題」は何も変わっていない。消費税問題を本当に参院選の争点にできるのかも、怪しい話だ。にもかかわらず、メディアは変わり身早く、つぎの政局につながる新しい話題を追走しようとする。そして、その間隙に、日本中を興奮させるニュースが飛び込んできた。

六月一三日の夜、テレビは宇宙空間六〇億キロを往復、火花を散らして地球に帰還する小惑星探査機「はやぶさ」の光芒を映し出した。翌朝の朝刊は、各紙いっせいにその写真を一面トップで扱い、多くの紙面を割いて報じ、テレビも全局、この話題を繰り返した。そして一五日深夜、南アフリカのサッカーワールドカップで日本チームがカメルーンに勝ち、テレビは最高四九%を超える高視聴率をあげた。これまた翌日の各紙朝刊はそろって一面トップ。本田選手のシュートシーンは、次回のオランダ戦まで何度もテレビで繰り返された。この間、国会では菅首相に対する代表質問が行われていたが、これを「はやぶさ」やワールドカップより大きなニュースとして扱ったメディアは、まったくなかった。

こうしたメディアの画一性や軽い調子はいったい何なのか。その調子である種の大きいニュースを目立たせ、軽躁の気分を国民にうつし、それが時代の動きであるかのように感じさせていくのが、メディアにとっては成功なのかもしれない。だが、その陰に、ガザへの支援船に対するイスラエル軍の武力妨害、韓国哨戒艇爆破事件の危険な余波、メキシコ湾の原油流出事件、アフガン戦争の泥沼化、NPT(核不拡散条約)再検討会議の成果、日米安保改定五〇年など、もっと注目され、深く論じられていい問題が数多く存在していたのではないか。

このようなメディアと、無意識のうちにもそれに馴らされていく国民との関係を、どうしたら逆転させ、国民の自覚的な問題意識をこそ、メディアが真剣に尊重しなければならなくなるような状況を、つくり出すことができるのだろうか。

沖縄への「謝罪」と「感謝」

菅首相は、普天間問題の解決には日米合意を基本方針とするが、そこには、沖縄の基地負担の軽減に努める、とする内容が含まれているので、こちらも真剣に取り組んでいく、と言明している。その第一歩として六月二三日、沖縄戦終結六五周年の「戦没者追悼式」に出席した。首相は国会の初めての所信表明演説で、「式典に参加し、……長年の過重な負担に対する感謝の念を深めることから始めたい」と述べた。だが、地元紙・沖縄タイムスはこの発言を捉え、『謝罪』ならまだしも『感謝』という論理のすり替えには閉口する」と批判、菅首相の「負担軽減」は「振興策」に衣替えするのではないか、と懸念を表明した(二一日・社説)。そのせいか、二三日夕刊(毎日)によれば、首相は「全国民を代表しておわび申しあげる」と述べたようだ。だが、沖縄県遺族連合会の仲宗根義尚会長は、追悼の言葉のなかで「県内移設は容認できない」と、述べたという。

私たちは菅首相に、「私たちを代表して詫びてくれ」と頼んではいない。菅首相が最後まで県内移設にこだわり、沖縄に事実上、新基地をつくるために、勝手に「国民の代表」を名乗ったのなら、それは許せない。彼が「国民の代表」を名乗ることができるのは、彼が新基地はもうつくらないとする約束を果たし、沖縄の死んだ人びとに、そしてそこで生きていく人たちに、詫びるときだけだ。私たちがそうした意志を固め、沖縄の人びとと具体的に連帯し、そのことをさまざまな行動でかたちに表していくとき、それを伝えるメディアは、いやでも変わらざるを得なくなるだろう。

「韓国併合」で問われた歴史認識　一〇月号

菅首相談話があけた蓋　去る八月一〇日、菅直人首相が「韓国併合一〇〇年談話」を出した。その骨子は二つ、韓国に対して(1)「植民地支配がもたらした多大の損害と苦痛に対し、ここに改めて痛切な反省と心からのお詫びの気持ちを表明する」と(2)「朝鮮王室儀軌等の朝鮮半島由来の貴重な図書について、韓国の人々の期待に応えて近くこれらをお渡しする」に要約される。マイクを向けられた自民党総裁谷垣禎一氏は「今後、国会論戦等で追及していく」と気の抜けた答えを返した。これに満足しないメディアは、元首相安倍晋三氏に変わり映えのする言葉を期待した。安倍氏は怒気を含んで「愚かな総理大臣、愚かで歴史に無知な官房長官」(NHK「ニュース7」)と言い放った。メディアはこの「愚か」という表現にとびついた。

告白すれば、筆者は、首相談話が「謝罪」を「お詫び」と濁し、「返還」を「お渡し」とぼかしたことを「愚か」と批判しようとしていた矢先、安倍氏に先を越され、「ま逆」の意味で同じ言葉を使われてしまった。おそらく、安倍氏は本気で腹を立て、己を省みる余裕をなくしていたのである。その本気の理由は少し後でわかった。

安倍氏は、菅首相談話が(1)で過去の植民地支配(朝鮮半島を含む)に対する反省を明確にし、(2)で戦後補償(被害者・遺族などへの個人補償)への可能性を含ませることで、日韓基本条約(一九六五年)の見直しという不快な問題が伏在していることを察知した。日韓基本条約こそは、安倍氏の祖父岸信介が首相引退後に心血を注いだ大事業だったのだ。

首相談話の翌八月一一日、韓国の新聞各紙が社説を掲げた。朝鮮日報は、「菅談話は基本的に『村山談話』の延長だが、植民地支配が『韓国人の意思に反したものだった』と明記した」と述べた。東亜日報は、「併合条約が、二〇世紀初頭、軍事的、外交的に優位にあった日本により強圧的、不法に行われたという厳然たる事実を認めないかぎり、両国の真の歴史和解は難しい」と主張。また、ハンギョレ新聞は、併合条約が最初から無効だったと宣言しなかったことや、教科書問題や慰安婦問題などについての言及を避けたこと、韓国と同様に植民地支配の被害を受けた北朝鮮に対する言及がなかったこと、などの問題点を指摘した。

以上のように、韓国メディアは、韓国世論が必ずしもこの菅談話をゴールとしていないことを伝えていた。

いま「韓国併合一〇〇年」を語りだすに際して確認しておくべきことは以下のとおりである。(1)前半でもふれたように「韓国」とは大韓民国ではなく大韓帝国のことであり、いまの北朝鮮を含む。(2)したがって、主たるテーマは朝鮮半島の植民地支配の問題に及ぶ。(3)そうなれば、当然日韓基本条約の枠組みを見直すことになる。

具体的なことから始めよう。いま「朝鮮王室儀軌」について「返還」か「お渡し」か、言葉遣いが話題になっているが、じつはもっと大きな問題をはらんでいるのである。

安倍氏が「愚か」発言をした同じNHK「ニュース7」の中で、「朝鮮王室儀軌」の中のとりわけ「明成皇后国葬都監儀軌」を映し出し、それに字幕をつけながら「朝鮮国王高宗の妃、明成皇后の葬儀の記録です」と説明を加えた。だが、それ以上の説明はなかった。

明成皇后は誰あろう一八九五年に日本政府関係者に暗殺された「閔妃《ミンビ》」のことである。朝鮮王朝末期の大スキャンダルで、「韓国併合」を語るときに避けて通れない事件である。韓国は、かねてからその葬儀の模様を描いた文書の「返還」を求めていた。菅談話を機会に、「韓国併合」の正統性に疑問が生じたり、個人補償を含む日韓基本条約の見直しに議論が及ぶことを恐れる日本人たちが、「返還」の二字を嫌った。日韓基本条約の中心的課題は「対日請求権」の放棄であった。安倍氏はそうした微妙な問題を呼び覚ますことを恐れて、仙谷由人氏を「愚かで歴史に無知な官房長官」と非難したのである。

「韓国併合」と日韓基本条約の再定義

「一九世紀末以来、世界の列強が帝国主義的分割の最終局面においてしのぎを削っているころ、日本はこのレースにかろうじて間に合い、駆け込みデビューを果たした。こうしなければ、日本も植民地化されたし、アジア諸国はもっと悲惨なことになったに違いない」。これらは、日本の植民地主義を正当化し説明する典型的なイデオロギーである。いまメディアがなすべきことは、一〇〇年前の「韓国併合」を、「日本は一九一〇年以降、朝鮮半島を植民地として支配する宗主国となった」と再定義することである。

公共放送NHKの大河ドラマは、戦国時代と幕末・維新に多く題材を求めてきた。ことに明治維新に関しては、その後のアジア・太平洋戦争とは対照的に、〝清新の気あふれる時代〟として描かれてきた。しかし、NHKにはそうした放送が「やむをえざる植民地主義」のイデオロギーを増幅しているという自意識はない。

そこで、少し外側から系統的に見てみよう。

今秋から、去年に引き続き司馬遼太郎の「坂の上の雲」(第二部)が始まる。NHKの公式サイトには、「少年のような希望をもって国民が近代化に取り組み日露戦争を戦った物語。グローバル化の波に洗われ、国家、民族のあり方が混迷する二一世紀の日本が向かうべき道にヒントを与えてくれる」と要約されている。現在放送中の「龍馬伝」の脚本家福田靖氏のコメントは「幕末の時代に、日本が外国の植民地にならなかったのは、奇跡的なことだった……一歩間違えれば、欧米列強の植民地になっていた」(NHK「龍馬伝」公式ウェブサイト)というものだ。またもや、明治の成功譚イデオロギーの反復である。

聞くところによれば、原作者の司馬遼太郎は生前、『坂の上の雲』は日露戦争の戦闘場面があまりに多いので、どのように映像化しても軍国主義のニュアンスを払拭できないとして反対していたという。それでも、これを中止する力学がNHKのなかで働かなかったとみえる。

NHKは大きな賭けに出たと想像している。『坂の上の雲』の毒を消すために、明治時代を扱うハードなドキュメンタリー・シリーズ「JAPANデビュー」を立ち上げた。その第一回がNHKスペシャル「アジアの〝一等国〟」(二〇〇九年四月放送)だった。日清戦争に勝利した日本は、台湾を最初の植民地として世界にデビューした。抵抗する人々を虐殺し、言葉を奪い、名前を変えさせ、民族の誇りを傷つけた。しかし、この番組は「反日番組」だとして、右翼団体などから猛烈な攻撃を受けた。戦後、日本が撤退した後、台湾は大陸からやってきた蔣介石国民党による独裁支配を受けた。台湾人は、その反動で戦前の日本時代を懐かしみ、軍歌を歌い、軍人勅諭をそらんじたりする。これを否定的に描くのは「自虐的」だというのである。NHKは公式には放送に間違いはないという姿勢をとっているが、ボディーブローはそうとう効いたはずだ。

植民地支配の重み

そこで今年は、「坂の上の雲」への〝当て駒〟としてさしずめNHKスペシャル「プロジェクトJAPAN」、シリーズ「日本と朝鮮半島」が用意された。その第一回は「韓国併合への道　伊藤博文とアン・ジュングン」だった。

放送前から厳戒態勢の中で編集が進められたはずだ。ナレーションにその成果(?)を読み取ることができる。「韓国併合への道をグローバルな視点から見つめる」「日本と朝鮮半島の歴史を世界史の中で見つめなおす」として、まず日韓という当事者の能力や意図を超える巨大な力が支配する世界を設定する。そうすれば、争いと見えるものも大きな歴史の一コマに過ぎないということになる。

そこで番組の冒頭のナレーション、「弱肉強食の帝国主義の時代だった二〇世紀初頭のアジア。その中で国の独立をいかに守り、生き残りを図るかという重い課題に伊藤博文もアン・ジュングンも向き合っていた」。あるいは、二人は「暗殺と処刑という形で命を散らし合った」と表現される。いかにも二人は列強の強圧のもとで、ともに独立と「東洋の平和」を願いながら、「心ならずも」ハルビン駅頭で不幸にも相まみえたことになる。これでは「坂の上の雲」の毒消しどころか毒の上塗りであった。羹《あつもの》(=「アジアの〝一等国〟」騒動)に懲りて膾《なます》(=「韓国併合への道」)を吹くの喩えだ。

八月八日、菅直人首相談話の二日前、NHKスペシャル「日本の、これから　若者が考える日韓の未来」が放送された。これについては、紙幅の関係で放送中から起こった2ちゃんねるやツイッター上での「炎上」についてのみ触れる。

出演者の一人、歴史を勉強したという日本人男性が、「韓国と日本は、同じ大日本帝国の一員だった。一緒に米英と戦った戦友……韓国併合のときに、日本人は韓国人を虐殺したわけではなく、……当時は列強の帝国主義の時代で、やむを得ずやったんですよ」と述べた。すると、崔洋一監督が猛然とこれに反論した。「一九一〇年当時は、そうしたイデオロギーが日本を支配していたのは事実だ。しかし、あたかも強い友情が弱い者を助けてもっと強いものに抵抗するために併合があったんだというのは、まったくとんでもない史観。……三六年間にわたる植民地支配がそれによって肯定されるという考え方は、基本的に歴史を語る資格がない」。

いま、このやりとりがネット上で大騒ぎになっている。筆者は、この放送を見ていて、大人がごく当たり前に、青年の無知を諭しているように見ていた。それがネットの世界では「在日韓国人崔洋一」への攻撃に変わっている。歴史認識を語りあう基盤もなくなっているということか。

「〝心ならずも〟植民地主義」「NHKの明治維新シフト」「歴史を学んだ日本人」「安倍元首相の歴史観」のあまりの類似に驚かされる。ことに安倍氏の苛立ちは、祖父岸信介が陰でまとめた日韓基本条約の意味が、その後のアジア情勢と日本政府の対応の変化で、じょじょに相対化されていくことに対するものだということである。

シリーズ日本と朝鮮半島、第五回「日韓関係はこうして築かれた」に引用された『岸信介回顧録』によれば、岸はアジアの国々に対して、戦時中の迷惑について「遺憾の意」を表明し、同時にアメリカの後ろ盾のもとに、賠償を経済援助に切り替える仕事をした。インタビューでは「現在のアジアに対する外交の姿勢はかつての『大東亜共栄圏』の考え方とまったく変わっていない」と言っている。

最後にキャスターの五十嵐公利解説委員が述べている。「日本は欧米の目を通してしか朝鮮半島を見てこなかったのではないか。直接向き合うことなく大韓帝国を併合し、植民地支配をし、本格的な謝罪なしに日韓基本条約を調印したことが、日本と韓国、朝鮮半島の間に不信の構造を生み出してきた」。おそらくこれが現場のまっとうな見方だろう。しかし、それをNHKの公認のナレーションがいちいち否定していく。一つの番組の中で、現場の本音と統括部門の保身という二枚舌が常態化している。だから、ネットの攻撃は、NHK本体にではなく、もっぱら五十嵐解説委員の発言に向けられている。

安倍氏の祖父岸信介が考えた「大アジア主義」と、現政権が掲げる「東アジア共同体構想」は、似て非なる概念である。アジアの国々がこの二重基準を問題にする日は遠からずやってくる。そのときNHKの二枚舌はまったく通用しなくなるだろう。

郵便不正事件の検証報道…………一一月号

心身障害者団体が定期刊行物を郵送する際に大幅な料金割引が受けられる「低料第三種郵便物」制度を悪用し偽の証明書を発行したとして、虚偽有印公文書作成・同行使の罪に問われた厚生労働省の元雇用均等・児童家庭局長、村木厚子さん(五四)=現内閣府政策統括官(共生社会政策担当)=の無罪判決(二〇一〇年九月一〇日)が確定した。この事件は、一連の捜査の主任検事を務めた大阪地検特捜部検事の前田恒彦容疑者(四三)が押収した資料を改竄したとして証拠隠滅の疑いで最高検に逮捕されるという、特捜検察の信頼を根底から揺さぶる前代未聞の事態に発展した。

朝日新聞記者の調査報道によって一昨年秋に社会問題化した郵便割引制度の悪用問題は、大阪地検特捜部が捜査に乗り出し、村木さんの企画長時代の部下だった元係長の上村勉被告(四一)=虚偽有印公文書作成・同行使罪で公判中=の関与にまで広がりを見せた。不正に免れた郵便料金は少なくとも二二〇億円を超えるとみられ、さらに村木さんの事件では主任検事が証拠品のフロッピーディスク(FD)を改竄した疑惑を掘り起こすなど、朝日の仕事は見事だった。

しかし、手放しでほめてばかりもいられない。一連の報道では根深い事件取材の問題点も浮かび上がってきたからだ。捜査当局が描いたシナリオにしたがって一度事件が動き出すと、報道はそれがどんな内容なのかを知ることに血眼になり、村木さんを犯人視する検察側の記事の扱いが大きくなる。無実を訴える声など吹き飛んでしまうのだ。元朝日記者の藤森研・専修大准教授は毎日新聞(九月二〇日朝刊)への寄稿の中で「(朝日は)社説で『事件は組織ぐるみの様相を見せている』などとたやすく書いてしまった」と指摘した。

ところがこうした報道を検証する朝日の記事(九月一一日朝

刊)もさえない。一般国民が刑事裁判に参加する裁判員裁判の導入(〇九年五月)に当たり、新たに定めた事件・事故報道の指針(例えば、検証記事によると、同紙の新指針には容疑者・被告の供述報道について、「弁護側への取材に努め、その言い分を報道し、対等な報道を心がける」と記してあるという)にのっとって努力したというのだ。村木さん側の弁護人への接触を試みたことなどを紹介している。

しかし、今回の前田検事の逮捕報道では、朝日は二四日朝刊一面トップで「検事、改ざん認める　最高検調べ、供述一転」と報じた。前田検事は「故意にデータを改ざんした」と認める趣旨の供述を始めたという。これまで意図的な改竄を否定してきただけに驚いたが、その後の報道の曖昧さから、どうもこれは正確ではない気がしてくる。わずか二週間前に対等報道を心がけると書いたではないか。また、「供述報道」の危うさを、身をもって学んだのではなかったのか。データ改竄事件でも、検察の捜査情報に頼った前田検事の供述内容が紙面に躍っている。

光った調査報道

朝日のキャンペーンを軸に不正事件報道を考えてみたい。

一連の事件の発端となったのは、朝日新聞の〇八年一〇月六日朝刊(東京本社最終版、以下の引用記事は同じ)だ。一面三段の二番手で「郵便の障害者割引悪用　通販広告を大量発送」との見出しで、石川県の大手印刷・通販会社「ウイルコ」が顧客にダイレクトメール(DM)広告を郵送していた事実を報じた。郵便の不正利用にかかわったとされる障害者団体は匿名だったが、通販会社と両者に話を持ちかけた大阪市の広告会社は実名で報じ、社会面トップで「他もやっている」と消費者団体の声を取り上げた報道は大きく目を引いた。通常は一二〇円かかるDMの郵送料金がわずか八円に圧縮できると、悪用は急速に広がったようだ。

朝日縮刷版(東京本社最終版)をたぐると、第一報の六日朝刊に続き、六日夕刊では仲介していた広告会社から、発行元の障害者団体に対し、寄付名目で発行部数に応じたおカネが支払われていたと報じられている。翌七日朝刊では同じ手口で別の大阪市などの三社も悪用していたことを指摘するなど、独自取材に基づくスクープの連発は、派手なテーマではないが、取材した記者の問題意識が読者によく伝わる内容だった。

一〇月二六日朝刊では〇五年以降、悪用した郵便は全国で一五〇〇〇万通に上り、不正に免れた郵便料金は少なくとも六億円に上るという独自試算の結果を一面で報じた。一一月に入ると、大手広告代理店(博報堂)、大手家電量販店(ベスト電器)の関与もつかみ、七九六〇万通の悪用差益はさらに膨らみ、三一億円を超すことを伝えている。一二月にも三件の続報がある。署名を見ると複数の記者がかかわっているようだが、鹿児島県警による県議選公職選挙法違反での「でっちあげ事件」をめぐるキャンペーンや、「偽装請負」追及キャンペーンに続く調査報道として評価したい。

「特捜神話」の呪縛

独自調査を主とした昨年初めごろまでを第一期とすれば、〇九年二月に大阪地検特捜部が捜査に乗り出して、村木さんを同六月に起訴するまでの第二期は、報道の軸足を検察捜査に置いた典型的な事件報道の様相を呈する。「大阪地検特捜部の調べで分かった」というスタイルの報道だが、報道機関自身が調べた結果ではないからしばしば落とし穴に陥る。

今回も朝日は〇九年八月二日朝刊一面に、四月一九日の一面トップで報じた記事に関する訂正記事を出した。牧義夫・衆院議員(民主)の秘書が約一五八万通の不正DMが日本郵政新東京支店から発送される前に関係支社を訪れ、その後に発送が認められたという内容で、情報源は「関係者」として明かしていない。ところが訂正記事はその後の捜査で秘書の訪問は発送後だったことがわかったというもので、この件について言えば牧氏側にとっては、議員生命を失いかねないとんだ濡れ衣だったわけだ。この「関係者」が特捜部の関係者かどうかはわからないが、記事は特捜部も関心を示していることに言及しており、記者が少なくともその感触は得ているのは間違いない。

今年二月からほぼ毎週、村木さんの公判を傍聴し続けたジャーナリストの江川紹子さんが興味深い談話を毎日(九月九日朝刊)に寄せている。江川さんは大阪地検特捜部の捜査について、「郵便法違反事件として摘発したままでは良かった。社会的意義の高い事件だった」と評価した上で、「『特捜部は政治家や官僚の汚職を摘発すべき』という暗黙の使命に縛られ、迷走したのではないか」と指摘している。その通りだと思うが、迷走は特捜部だけではない。朝日の訂正記事をみてもわかるように、「特捜神話」の呪縛に報道機関もとらわれていたのではないか。

「検察の構図に当初は疑問もあったが、関係者の供述などから、村木元局長の容疑は徐々に固まりつつあるように感じた」。これは、毎日(九月一四日朝刊)に掲載された、元特捜担当記者の証言だ。恐らく大半の担当記者の平均的な受け止め方だと思う。ただ、毎日の名誉のために言及すると、確かに逮捕翌日の夕刊社会面トップとなった村木さんの「やってない　確信　逮捕前疑惑を否定」との記事は異色だった。これはかつての厚労省担当記者が執筆したものだ。

朝日が逃した新聞協会賞

二〇〇九年度の新聞協会賞の「ニュース部門」は該当者なしだったが、最有力候補は実は、朝日新聞社の「障害者団体向け郵便割引制度悪用事件」報道だった。一二社から一五件の応募があり、同報道は選考分科会の審査をへて最後の一候補にまで絞られたが、最終決定する選考委員会への推薦は見送られた。

理由は先に紹介した訂正記事である。『新聞研究』〇九年一〇月号によると、第一回選考段階では「訂正という瑕疵があったことは事実だが、この訂正によって事件の構図、根幹事実が揺らぐものではない」として第二回分科会に候補作として推薦された。しかし、同分科会では訂正記事によって報道の評価が変わるのかどうかが議論となったという。その結果、「新聞協会賞の権威や信頼、記者への奨励という観点を考慮すると推薦できないとする意見もあった」ことから全会一致に至らず選考委員会への推薦を見送った経緯があったようだ。

朝日落選の真相は不明だが、第二回分科会の三日前に朝日に掲載されたジャーナリストの池上彰氏のコラム「新聞ななめ読み」が致命傷になったという同協会関係者の証言もある。池上氏は先の訂正記事を取り上げ「記事が誤りだったのは、大阪地検特捜部の当初の見立てが間違っていたからだという言い訳になっている。責任を大阪地検に押し付けている。読者の理解を得られるのか」と疑問を投げかけた。もし、朝日が実際に受賞していたら新聞協会賞の権威は間違いなく失墜していただろう。今度のスクープをよもやまた新聞協会賞候補に申請するわけではあるまい。

物足りない全国紙の検証記事

調査報道によって浮かび上がった社会問題が捜査に結びつくことはある。今回のように調査報道がきっかけで刑事事件に発展し、その後に無罪判決を受けた裁判では、安部英・元帝京大副学長が薬害エイズ事件で業務上過失致死罪に問われて一審で無罪となったケースがある。安部氏は控訴審中に高齢に伴う心神喪失で公判停止されていた〇五年に八八歳で死去し、公訴は棄却された。ただ、東京高裁は死去の直前に、弁護団による無罪判決を求める申し立てについて、「無罪にすべき明らかな場合に当たらない」との異例の見解を発表した。弁護側薬害エイズ問題の報道では朝日、毎日、NHKが力を入れていた。安部氏は報道機関に対して複数の名誉毀損訴訟を起こすなど、報道内容を巡って鋭く対立してきた。

今回の村木さんの逮捕・起訴から判決までの報道を検証した朝日(九月一一日朝刊)、毎日(一四日朝刊)、読売(一二日朝刊)、産経(一三日朝刊)の記事は、逮捕・起訴段階の報道は検察側の描いた事件のストーリーに寄りかかった印象を強く与えただけに総じて、言い訳じみたようなまとめ方だった。裁判員制度導入にあたって報道各社が定めた、情報の出所をなるべく明示し、容疑者・被告側の主張を紹介する対等な報道にしようという共通の指針が検証の軸となったために、視点があまりに狭かった。池上氏は同じコラム(一四日)で三紙の検証記事を読み比べて「自社の報道のあり方を検証しているはずなのに、なぜか自慢話が紛れ込む。困ったものです」と皮肉っていた。

厚労省局長は紛れもなく権力者だ。その権力行使に対して厳しい視線で臨むのは当然だが、同時に検察・警察など捜査機関との距離感を失った事件報道は、読者の厳しい批判と信頼を損なっている。報道界は困難な対応を迫られている。

今回の村木さんの事件は、そもそも捜査段階での供述がいかに危ういものかを見せつけた。とすれば、供述に限らず事件報道の重点を、例えば容疑者・被告も一応は防御できる態勢が整う公判段階に移していくという大胆な改革も検討されていいのではないか。もはや小手先の工夫では事件報道のほころびを繕うのは難しい。

記憶なきメディア……………………一一月号

メディアが摩擦を再生産する　昨今のメディア状況は、新聞・テレビ・インターネットの区別なく、共に〝中継主義〟に陥っている。中継は、取材から発信までのエコノミー（最速）で成り立つから、ものを考えることを排除し、記憶を蓄積しない。今回の日中摩擦において、メディアは両国の「擦れ違い」を絶えず中継しつづけたが、歴史の忘却という視点からも、この問題の検討を試みたい。

いまや活字と映像の境はなくなり、ジャーナリズムの論調も左右の境界をなくしつつある。新聞についていえば、かつて「左」の筆頭といわれた朝日新聞は、テレビとインターネットの挟撃にあって、中継主義に陥っている。先述のように「国益論」（ナショナリズム）が隠しようもなく基調になり、産経新聞の論調を下支えしているように読めるのだ。

尖閣事件後、一〇月三日の産経記事から紹介しよう。一面の見出しは「日米軍事演習で尖閣奪還作戦」（傍点筆者）。中国が尖閣諸島を占拠したという想定で、一一月の米オバマ大統領来日直後から、島の奪還作戦を日米合同で行う。米海軍と日本の海上自衛隊が中心となり、空母ジョージ・ワシントンも加わって大規模に実施する、という。ワシントン情報とあるだけで、どこまで本当だかわからないが、じつに勇ましい「軍事演習」の概要が記されている。この記事の効果は、第一に中国脅威論を蓋然的に提示し、第二にそれへの対処として「集団的自衛権」発動の視覚イメージを示したことである。すなわち日本が個別的自衛権の行使として独力で尖閣諸島を占拠した中国軍と渡り合い血を流せば、米軍は日本を応援するというシナリオである。さらに第三面でだめ押しをする。防衛省の幹部の弁として「日本が、在沖縄米軍はいらないが、『有事のときは助けてください』ということでは、なかなか米国人に理解してもらえない」と、さりげなく普天間基地の必要を説いている。

一方、朝日新聞は産経の「軍事記事」の二日前（一〇月一日）に、尖閣危機を図解入りで解説していた。「強硬中国　海で膨張」（一面）、「尖閣　ひとごとでない」（九面）と見出しを掲げ、中国の東シナ海、南シナ海への軍事的プレゼンスを、おそらく米国防総省の年次報告（直前の八月にでた）をネタ本として描出してみせた。ことに、九面の関連記事は、ワシントン目線で以下のように現状を表現した。「⑴中国が海洋進出を図る狙いは、年一〇%前後の伸びを続ける経済成長を支えるエネルギーの確保だ。⑵南シナ海と東シナ海には、石油などの豊富な地下資源が眠っている。南シナ海はマラッカ海峡に通じる重要なシーレーン(海上交通路)でもある。⑶エネルギー需要の急増で、中国は一九九六年に原油の『純輸入国』になった。⑷輸入原油の八割がマラッカ海峡を通る。中国軍は、南シナ海の玄関口である海南島・三亜に最大規模の海軍基地を建設中。原子力潜水艦の基地も備え、建造中の空母も配備される予定。そうなれば、中国は南シナ海に圧倒的な影響力を持てる。⑸これを見逃すことができないのが米国だ」(番号表記は筆者による)。

筆者は、この記事はインターネットだけで書けるというつもりはないが、論法が江戸時代の諺「風が吹けば桶屋が儲かる」式なのが気になる。筆者も試みにウィキペディアを覗いてみた。諺の意味は「あり得なくはない因果関係を無理矢理つなげて出来たトンデモ理論」と出た。中国のエネルギー戦略はもっと多面的でロシア、中央アジア、アフリカにまで手を伸ばしているはずなのに、このストーリーはことさら東シナ海を焦点化している。石油の純輸入国になったのも一五年も前の話だ。シーレーンの論議は今に始まったことではない。中国海軍が拡張し、アメリカが神経を尖らす。これは典型的なアメリカ式冷戦思考の引き写しだ。

さらに、朝日は産経記事の二日後(一〇月六日)の夕刊トップで、「警戒機展開　南西諸島も　防衛省検討、レーダー死角補う」という記事を載せた。この記者は、航空自衛隊幹部の情報に依拠して読者に警告する。宮古島の地上レーダーでは二一〇キロ離れた尖閣諸島に中国軍機が低空で侵入してきたら捕捉できない。そこで三沢のE2C(早期警戒機)が上空から定期的に監視を強化するというのだ。まことに危機便乗型の防衛省PRだ。この日の話題は、ブリュッセルのアジア欧州会議で菅・温家宝両首相が廊下でばったり会って、顔をそむけたのではなく、一応会話を交わしたというものだった。まともな感覚からすれば、「尖閣は沖縄本島から五〇〇キロ以上も離れたところにあるのか」と感慨を深くして、平和の方向へ筆を走らせる場面だ。

一〇月三日の産経の軍事記事が「横綱」なら、その前後の朝日の官製記事は「露払い」と「太刀持ち」といったところだ。

メディアの暴走

一〇月一四日の参議院予算委員会の中継を見ていたら、自民党山本一太議員は「(中国漁船)船長逮捕の報告が遅れたことに対し、総理が官邸に集まった秘書官を前に、『オレは逮捕を六時間も知らず、野党からせめられる』とどなったと記事がある」と新聞記事をかざして政府にかみついた。これに対して、仙谷由人官房長官が「『この新聞記事は本当か』なんて国会質問は聞いたことがない」と答弁すると、山本議員は、「民主党が野党時代にはやっていたぞ」と猛反発。仙谷官房長官は、「一年生議員のとき先輩から最も拙劣な方法だからやらないようにと教育を受けてきた」とやり返した。国会議論まで中継を意識した茶番劇を繰り広げてくれた。これを「中継メディアが中継されて、もう一段安くなった瞬間」と評しておこう。

一七日のTBS「サンデーモーニング」では、造園家の涌井雅之氏の次の発言が光った。「あまりにも瑣末な話ばかりで愕然とする。いま世界は誰がどういうルールをつくるのかが大変な課題。資源やもろもろの地球の未来に関するルールを誰が作るのかというところに日本が参画していないのは完全な『ガラパゴス現象』。たとえば日本列島の中でしか使えない携帯電話。そういうガラパゴス現象が政治の世界にまで出てきてしまっている」と。筆者は、あらぬ妄想に駆られた、「もしかして、尖閣諸島は日中のガラパゴスなのでは」と。アメリカの推進したグローバル化の幻想が色あせて、金融の暴走を制御するルールを作り、地球の延命のためのルールを決めようという時に、「わたしたち」はなんと時代錯誤の議論をしているのだろうか。

尖閣問題は発想を変えなければ埒があかない。日中間の摩擦の種ははっきりしている。歴史認識(過去)と経済問題(未来)。「政経分離」の原則が貫かれていれば、領土問題、安全保障問題は前面化することはない。逆に、安保問題で行き詰まったら、政経分離を思いだすしかない。

尖閣問題を「不動産」をめぐる争いだと考えてみよう。たった一〇センチばかりの地割をめぐって隣家と何十年も争っている「わたしたち」に、この問題を解決する力があるとは思えない。たとえ隣に住んでしまった不運を嘆いても、たいていの「わたしたち」は引っ越したりはしない。無暗に短気を起こさないのが「草枕」的処世訓——、やはり、人の世は、向こう三軒両隣にちらちらする唯の人で成り立っている。互いに譲れない問題を前にしたときの先人の知恵は「問題の先送り」(put-off)。そして熟慮することだ。よく似た言葉に「水に流す」(Let's forget it)とか「なし崩し」(little by little)というのがあるが、忘却や誤魔化しでは何も解決できない。

五年前(二〇〇五年)にも日中間に大きな摩擦があった。小泉純一郎首相の靖国参拝問題であった。当時、激しい「反日デモ」について南ドイツ新聞は書いた、「デモには共感できないが、血塗られた過去に対する日本の誤った振る舞いにはそれ以上に共感できない」と。ドイツには過去の清算についてものいう権利がある。そのときの日本は参拝を自粛し、東シナ海海底ガス田問題で中国案に譲歩した。両政府は、このときも政経分離をつらぬいた。これが便宜的な政教分離だったから、問題が再燃した。

厄介なのは、国家と個人のあいだに何やらちらちらするメディアというやつだ。問題がいったんそこに持ち出されると、とかく送り手も受け手も黒白をつけたくなる。そして、紙面や画面上で気楽な疑似戦争(virtual war)が始まる。まさに目先の現在が中継に流されていく。

しかし、消すに消せない火種は、先の戦争の甚大な被害に対する記憶である。中国の反日感情を根底から拭い去ることはおそらくできまい。何百万という単位で人を殺された国民が、そう簡単に加害国の忘却につきあってくれるわけがない。

日本人が忘れているのは「過去の歴史」である。まずフジタの社員が視察していたのは、旧日本軍が残してきた毒ガスの処理であり、つづけて話題となった劉暁波氏の「〇八憲章」の前半は欧米列強とともに中国を侵略した日帝が中国社会を混乱に陥れたことを明確に指摘している。

過去と未来のあいだで考える

「〇八憲章」に即して言えば、弱体化した清国は日清戦争(一八九四、九五年)に破れ遼東半島・台湾・澎湖島の割譲を余儀なくされた。典型的な帝国主義戦争だが、その後の世界は中国に冷淡であった。二〇世紀に入ると、中国は孫文の辛亥革命(一九一一、一二年)、ロシア革命(一九一七年)、米ウイルソンの民族自決原則(一九一八年)などと相まってナショナリズムの高揚期に入った。しかし、パリ講和会議は中国人の期待を裏切って日本の山東省権益を容認した。これを聞いた北京の学生が天安門広場に集まり大規模なストライキを行った。五四運動である。「〇八憲章」で劉氏は書いている、「科学と民主を旗印とする『五四』新文化運動が起こったが、内戦の頻発と外敵の侵入により、中国政治の民主化過程は中断された……」と。要するに、「〇八憲章」は、世界人権宣言の精神を掲げ、つぎに欧米列強と日本による中国侵略に対する非難から書きはじめられている。「わたしたち」は、劉暁波氏を現代の中国政府に対する批判のヒーローとしてのみとらえ、ノーベル平和賞受賞を妨害する中国を人権のない国と嘲弄しているのだが、提起されていたのはやはり「歴史問題」なのだ。

そして、いまだに中国内陸部の都市で「反日デモ」が起こっているという報に接すると、あれは格差・貧困など中国内部の矛盾が噴出しているのだと高をくくる。デモが起こった鄭州は盧溝橋から武漢にいたる要路、そして武漢、西安、成都、重慶と飛び火した。さて、これらの地名を聞いた日本人は、蔣介石軍が日本軍に追われて敗走した「戦地」を思い出さねばなるまい。デモをする若者たちの記憶はどうあれ、少なくとも「わたしたち」日本人は「歴史問題」に取り組まなければならないだろう。

最後に付け加えれば、「〇八憲章」に一貫する精神は、世界人権宣言を仰ぐ点において、そして人民の権利として掲げる条項において、「わたしたち」の日本国憲法に酷似している。日本の「愛国者」たちは、当面の友・劉暁波氏と意見を異にすると気づいたとき、どんな悪態をついて別れるのだろうか。

2011年

煙が上がる福島第一原発4号機(3月16日午後4時頃)
東京電力提供：時事

1月14日　チュニジアでベン＝アリー独裁政権が崩壊．いわゆる「アラブの春」の発端となる(ジャスミン革命)．

2月11日　連日の抗議運動を受け，エジプトのムバーラク大統領が辞任を表明．

3月11日　東日本大震災が発生．

5月 2日　アメリカの諜報機関がアル・カーイダの指導者ウサマ・ビンラディンをパキスタンで殺害．

9月 2日　菅直人内閣が総辞職．野田佳彦が第95代内閣総理大臣に任命される．

9月17日　「我々は99パーセントだ」を合言葉とするオキュパイ・ウォール・ストリート(OWS)運動がニューヨーク・ウォール街の一角を占拠．

尖閣ビデオ流出をどう見るか

英雄扱いは疑問だ　一一月四日夜、インターネットの動画投稿サイト「ユーチューブ」に、二〇一〇年九月に沖縄・尖閣諸島沖で起きた中国漁船の衝突映像が流出していた前代未聞の事件。神戸市の漫画喫茶で投稿された可能性が高いと報じた同一〇日朝刊の読売記事には、とつぜん浮上した神戸という地名にまず驚かされた。

その日のうちに、事態は急展開を告げた。「映像は自分が流出させた」と第五管区海上保安本部・神戸海上保安部の海上保安官(四三)が名乗り出た、というのだ。中国人船長は事実上、刑事処分がない中で、保安官が逮捕・起訴されるのかが焦点となったが、報道機関による世論調査で「映像が見られて良かった」と評価する声が多くを占めたことは、捜査当局が逮捕を見送る判断にまで影響を与えたようだ。

とはいえ一公務員が菅政権の非公開方針は不満だからと映像を自ら流出させた行為に眉をひそめる人は少なくない。世界中を驚かせた映像流出から本稿執筆時までのおよそ三週間、保安官の行為をめぐる議論は尽きず、「国民の知る権利」と「国家の情報管理」の間でいまもなお揺れ続けている。

今回の保安官の行為について、経済評論家の山崎元氏はダイヤモンド社が運営する「ダイヤモンド・オンライン」の一一月一七日付コラムで保安官の行為を「新しい内部告発」という見出しで支持していた。しかし、政府はビデオ映像を公開しないまでも衝突状況については説明してきた。一部とは言え、国民の代表者である国会議員に六分五秒版を視聴させてきたことを考えると実質的な秘密性は低いと言える。筆者自身は、国家公務員法が定める「守秘義務」違反で保安官に刑事罰を科すことは相当ではないと考える。

沖縄返還をめぐり本来は米国が負担するべき旧軍用地の原状回復費を日本が肩代わりする沖縄密約の存在を指摘した西山事件と比較する人もいる。だが政府が違法な密約の存在をいまだに認めない事件と、今回のように内容がほぼわかっているケースとでは情報の質が異なるはずだ。仮に目的に公益性があったとしても、その手段が相当であると簡単には評価するわけにはいかないのではないか。

保安官が一一月一六日未明に小川恵司弁護士(第二東京弁護士会)を通じて発表したコメントには「政治的主張や私利私欲に

基づくものではない。一人一人が考え、判断し、そして行動してほしかっただけだ。今回の行動が、正しいと信じている」とあった。偽らざる心情なのだろう。昭和史家の保阪正康氏が各紙にコメントしたように、海上保安庁は機関砲などを武装した準軍事組織である。そういう集団に所属する公務員が、政府の判断が気に入らないからと言って独自の判断で行動する。これを許容することによって生じる将来の危険性などを考えると、なおなされるべき内部告発だったとは言い難い。海上保安庁や報道機関には「犯人捜しをしないでほしい」という意見が流出直後から寄せられていると言うが、こうした英雄扱いは、おかしな結果を招きかねない、という指摘は説得力がある。

政府は今回、流出したビデオ映像と同じ四四分版は参議院の求めに応じて提出したが、四時間三六分に上るという全映像の公開には今も消極的だ。もはや外交カードにもならないのだからすべての映像を明らかにするべきだと思う。

ネット告発　今回の報道をめぐる新聞、テレビの報道姿勢はどう評価するべきか。日本テレビ系列の読売テレビ(大阪市)の記者が、名乗り出る前に保安官と接触していたことにはびっくりさせられた。事前に放送していれば大特ダネだったが、できなかったのは裏付け取材が難しかったのだろう。一一月二〇日付日刊スポーツの記事によると、保安官は同局の看板番組「たかじんのそこまで言って委員会」(関東地区では放送していない)のファンだったという。やしきたかじん氏は記者会見で「国民の知る権利を国が封じていたところをよくやってくれた。もし重い処分になったら、番組でキャンペーンを張ったる!」と支援を表明したらしい。歯に衣着せぬ物言いが売り物のやしき氏流の表現で、番組としてここまで明確な姿勢を打ち出すケースは珍しいとしても、他の番組でも、識者のコメントなどを活用しながら総じてかなり多角的な論点を提示していたように思う。

フジテレビが六日朝の「新・週刊フジテレビ批評」で取り上げたテーマは「〝尖閣ビデオ〟流出　テレビに与えた波紋」。産経朝刊によると、従来であれば映像はテレビ局などに持ち込まれたかもしれないが、ネット流出という手段が取られたことをテレビ局側としてどう受け止めるかを考える番組内容だったらしい。残念ながら視聴できなかった。報道機関がビデオ映像の提供先にならなかったことは報道関係者にはよほどショックだったようだ。朝日新聞記者が簡易投稿サイト「ツイッター」で「内部告発はぜひ報道機関へ」などと率直な感想を述べたが、ネットニュースのJ-CASTニュースではかえって批判的に取り上げられていた。

日本でも「ネット告発」は広がっていく可能性がある。現行の公益通報者保護法(二〇〇六年四月施行)は、告発対象が刑法など四三三の法に違反する疑いのある行為である場合はもちろん、所管する行政機関や報道機関、消費者団体など通報先にその行為の是正を担う人が存在していることを前提にしている。取材源秘匿は記者の職業倫理であるうえ、民事裁判では証言拒否も最高裁の決定で認められるようになった。一方、今回、流出元が漫画喫茶と判明した背景には、通信事業者が裁判所の令状があれば、電気通信事業法が保護する通信の秘密に該当する記録であっても捜査機関に提供するのが通例になっていることがある。社会全体がネット告発を保護する仕組みになっていないのだ。

清水英夫・青山学院大名誉教授は一一月二〇日付の毎日朝刊で、生の情報がストレートにネットに流出する危険性を指摘し、「既存メディアに欠点はあるが、情報に対する判断と処理能力については長年の蓄積がある」と評価していた。ツイッターで報道機関への内部告発を呼び掛けた朝日記者が後日指摘したように、ネット告発と新聞・テレビなどマスコミの報道は排他的なものではないだろう。公益通報者保護法は二〇一一年度を目指して政府が現在、見直しをしている最中だ。不正行為を是正する内部告発を保護する、新たな社会的な仕組みを作るための知恵を互いに出し合ったらいい。

匿名報道の違和感　海上保安官が一一月一六日未明に初めて大勢の報道機関の前に姿を見せたことを報じる記事や映像に違和感を持った読者は少なくなかったのではないだろうか。

テレビカメラの前に現れながら新聞、テレビでは顔はもちろん名前も伏せられた。いわゆる匿名報道が貫かれていた。保安官は捜査当局が国家公務員法違反の容疑で調べを受ける立場ではあるが、逮捕には至らず任意捜査の段階であるためこれまでの事件報道の例にならって匿名にしているのだと推測される。保安官本人の要望でもあったようだが。

その一方で週刊誌は『週刊現代』(講談社)を皮切りに実名報道に踏み切っており、さらにそれを理由に先に見解を紹介した山崎氏も実名で表記した(ダイヤモンド・オンライン編集部の見解は、見あたらなかったので個人的な判断かもしれないが、媒体としての見解も知りたいし、聞きたいところだ)。もはや「秘密」には当たらない状況になっている。だが、今回のとくに匿名報道に関しては、大胆な行為に至った人物像についても記事に物足りなさが残ったことも事実である。

その理由の一つに、一般国民が裁判に参加する裁判員裁判が二〇〇九年から始まるにあたって、各社が定めた事件・事故報道ガイドラインの影響があると思う。例えば、日本新聞協会が〇八年一月に公表した「裁判員制度開始にあたっての取材・報道指針」には「被疑者の対人関係や成育歴等のプロフィルは、当該事件の本質や背景を理解するうえで必要な範囲内で報じる。前科・前歴については、これまで同様、慎重に取り扱う」とある。「中国漁船衝突ビデオ流出問題で流出を告白した」とか、「映像流出を認めた」とやたらに用いられる表現も「犯人視していませんよ」ということを言いたいのだろう。

政府の二重基準　事前接触があった読売テレビ記者が、日テレ系の複数番組で明らかにした保安官のメモには「これを国家機密とするのであれば、時の政府が自身の都合の悪いことはすべて国家機密にしてしまえば、何をやっても許されるのでは」と民主党政権批判と受け取れる記述があったようだ。

防衛省が一一月一〇日、同省や自衛隊が主催する行事で自衛隊法が定める自衛隊員の政治的な中立に疑問を招きかねない民間人の参加を拒めという事務次官通達を出した。自衛隊の協力団体会長が同三日に航空自衛隊入間基地（埼玉県）であった航空祭の祝賀会で、民主党政権批判を展開したことに腹を立てたようだ。仙谷由人官房長官をはじめ政府は保安官に対しては厳しい懲戒処分を求める方向で臨むらしい。

菅政権は「刑事事件で起訴されても、有罪が確定するまでは推定無罪であり、その原則は、けじめをつけたものの考え方をしなければならない」（仙谷官房長官）としていたはずだ。小沢一郎・元民主党代表が政治資金規正法違反の罪で強制起訴されることに関連してそうした姿勢を示し、野党が求める証人喚問にも否定的だ。その一方で、刑事処分もまだ決まっていない段階で、保安官には厳しい処分をちらつかせる民主党政権のご都合主義は、もっと指摘されるべきだ。

執筆中に保安官が米ＣＮＮ東京支局にユーチューブへの投稿前に映像を収録した外部記録媒体・ＳＤカードを郵送していた、というニュースが飛び込んできた。報道によれば、保安官はＣＮＮで取り上げられなかったことからネットへの流出を決意したという。ただ、ＣＮＮへの投稿は説明文もなく匿名であったため、ＣＮＮは内部規定に従って廃棄したという。ネット流出を上司に申し出る前に保安官が読売テレビ記者と接触したことを考えると、もう少しねばり強い報道機関への働きかけはあってもよかった。

やはり、保安官の英雄扱いは好ましくないという考えは変わりない。だがＣＮＮは同様のケースでミスを重ねないよう、情報提供をしっかり受け止められるような規則に改めるべきだろう。一方、政府には四四分版だけでなく、全ビデオ映像の公開を改めて求めるとともに、仙谷官房長官がネット流出を機に検討を表明した秘密保護法制の制定は、白紙表明するべきだ。

ウィキリークスは何を問いかけるか……二月号

ジャーナリズムを揺るがす衝撃

二〇一〇年一一月二八日、欧米メディアが報じたウィキリークス（ＷＬ）による米外交公電の暴露が国際社会に波紋を広げている。きたるべきものがついにきた、という感じがする。

最初そうした予感に襲われたのは一九九一年一月、湾岸戦争のさなかだった。米ＣＮＮ記者、ピーター・アーネットが〝敵国〟＝イラクに残留、襲いくる味方＝米軍の動きを報じつづけていた。米軍が「生物化学兵器工場」を空爆と報じた目標が、実はイラク唯一の乳児用粉ミルク製造工場だった事実を、彼は衛星放送で世界中に暴露した。米議会は、このニュージーランド人をスパイ罪で告発しろ、と怒ったが、アメリカのジャーナリストは一致して、その行為はジャーナリストとして正しいものだと、彼を支持した。狭い国益には縛られない、グローバル・ジャーナリズムというべきものが誕生するかに思えた。

だが、そうはいかなかった。同年六月、国際メディアコミュニケーション研究学会（ＩＡＭＣＲ）は急遽、イスタンブールで国際研究会を開き、湾岸戦争報道の実態にメスを入れた。明らかにされたのは、戦場報道のほとんどが、個別取材を許さぬ米軍のプール取材（代表取材）方式に制約され、〝ペンタゴン・ジャーナリズム〟というにすぎないものだった実態である。そして二〇〇一年、「９・11」が起きると、メイン・ストリームのメディアは、「テロ」への報復と愛国主義に沸き立つ国民感情に流されていった。米軍は、イラク戦争が始まると、記者ひとりずつを兵団に埋め込み、目前の兵士の戦闘行動を即、一部始終報道させる、至れり尽くせりのエンベッデッド（embedded）取材方式を発案した。臨場感溢れる戦闘シーンが読者・視聴者を熱中させ、米国内のテレビ視聴率は上がり、新聞の部数も増えた。これらメディアは、「テロ」とたたかうアメリカの国際的影響力も、格段に強めた。しかし、そこに成立するジャーナリズムは、グローバルに公正なものであるはずがなかった。

ところが、オーストラリア生まれの青年、ジュリアン・アサンジュが一〇年七月にアフガニスタン戦争、同年一〇月にイラク戦争をめぐって、米軍などの機密文書を自分の主宰する告発サイト、ＷＬで公表、つづけて今回、総数二五万件にのぼる米国務省を中心とする秘密公電の公開に踏み切ると、その内容からも、また欧米有力紙を事実上のパートナーとする公開方法からも、世界中のメディアの大きな関心を集めるなりゆきとなった。公電中で名指しされた各国の政治家、外交官・役人、軍人なども、安閑としてはいられない。今度こそ、全世界のあらゆる人々に関心を抱かせる、かつてない、まったく新しいタイプのジャーナリズムが出現しつつあるのではないか、と思わせる。

国境を超えたプラットフォーム　ＷＬにジャーナリズム性を認めるべき第一の理由は、その活動が既存のジャーナリスト、メディアのそれと原理的に同じものだ、といえる点に求められる。どちらも国家権力を監視し、そこに不公正な事実や公益に反する行いがあれば、それを広く公衆に知らせることを本務とする。ただし、既存メディアの多くは、主権国家の枠内で権力を監視するに止まり、国益を最大の公益とみなし、国家がそれを損ねるとき、国民に向かって告発するのが主な仕事だ。一方、WLは、多国間関係の枠組みのなかで、どこかの国家が不公正な行いによって相手国に不利益を及ぼすことを公益に反するとみなし、それを当事国双方とそれらの国民、さらには世界市民全体に向かって告発し、国際秩序における公正さの迅速な回復を図り、その安定した維持に資そうと努める。そのような意味では、WLは主権国家を超えたジャーナリズムの公共的なあり方を提起している、といえる。

第二に、今やインターネットが、既存のマスメディア、公衆電気通信メディア、政府・企業・団体の組織内通信メディアなど、すべてのメディアを呑み込んだ共通のプラットフォームと化している現実に注目しなければならない。WLはそうした新しいメディア空間のなかで存在し、機能しているのだ。そのジャーナリズムとしての新しさも、そうした状況に由来するものだ。このプラットフォームに国境はない。どこの国の政府・軍の所属員も、大企業など公共的責任が問われる団体の成員も、さらにはそれら組織から被害を被った市民も、そこに不正が認められれば、インターネットで簡単にWLに告発することができる。WLはそれらの情報をそのまま流しはしない。情報源となった告発者の痕跡を注意深く消し、提供情報中に出現する私人のプライバシーの保護を図る点でも、ネット・コミュニケーションの特性を生かしている。そして注目すべきは、七月にはガーディアン(英)、ニューヨーク・タイムズ(米)、シュピーゲル(独。週刊誌)が、さらに一〇月からはル・モンド(仏)、一一月からはエル・パイス(スペイン)が加わる、既存五紙との協力関係をつくったことだ。これら各紙は、WLから情報の提供を受けると、自分のカバー・エリアの政府などに対する裏切り取材や、地域・使用言語圏に適合したニュースの選択を行い、全紙がほぼ同時に紙面で公表することになっている。このような共同行動にもネットの組織力・機動力が生かされていることはいうまでもない。

重要なのは、ネットで結ばれたこれら情報・ニュースの受け手が単純な受け身の存在ではない、という点だ。日本語サイトだけでもいい。ニュース・ブログの「GIGAZINE」(ギガジン)、ツイッターの「@gloomynews」(暗いニュース)などを、試みに開いてみてもらいたい。マスコミが報じない、スウェーデン・テレビのWL関係ドキュメンタリーの情報、メディアでは一番頑張っているザ・ガーディアンの続報などが、詳しく伝えられており、そこからさらに欧米の言論NPOなどの市民サイトにもアクセスでき、これら市民のWLをめぐる多彩な動きそのものが、報じられるに値する情報・ニュースとなりつつある状況がわかる。これもインターネットあってのことだ。地方紙の一二月二日朝刊に掲載された共同通信の配信記事のなかで、水越伸・東大大学院情報学環教授が「メディアに地殻変動が起こり、ジャーナリズムやニュースのあり方が変わろうとしている。この大きな流れは止まらない」と語っているが、ようやくここまでくることになったのだ。

既存メディアはどう見たか

東京新聞・一二月一〇日朝刊「こちら特報部」が、在京新聞各紙のWL論議を紹介しているが、読売「公益性欠く米外交文書の暴露」(社説。一二月一日)、産経「情報テロ　公開には責任と覚悟必要」(主張。同三日)におけるWL全否定的な見方には、首をかしげていた。自紙の社説『情報流出』が問う意味」(同五日)に対しても、既存メディアに投げかけられた問題を一応考えているものの、「抽象的な印象をぬぐえなかった」と手厳しい。一方、毎日は一日『公電二五万通流出』の重さ」、五日「何が公益で何が危険か」の二回、社説で論じたが、ほぼ東京新聞と似たところか。毎日の後者の社説のなかで、まだ社説で論じていないのはなぜかと、疑問を呈されていた朝日がようやく一〇日、社説「公益の重みで判断したい」を掲載したが、ネット手法の危険、プライバシー侵害の心配を繰り返す、毒にも薬にもならない話に止まっていた。興味深いのは日経だ。二日の社説「米外交文書の流出が突きつけた問題」は読売・産経的だったが、二度目の社説「告発サイトは圧力で止まるか」(九日。アサンジュ氏逮捕後)になると、第二、第三の〝WL〟の出現はもう止められないとする危機意識を、さすがに表出するものとなっていた。

これらの議論が含むWLに対する敵意、あるいは危機意識のなかに潜んでいるのが、当事者間の機微にゆだねておくべき言説の暴露は、円滑な外交を阻害し、マイナスだとするリアリズム論だ。しかし、思い出してみよう。当然WLのない遠い昔、アメリカが表向きの外交辞令と本心の隠蔽の使い分けで、多くの国の独裁者と国民の両方を、どれほど酷い目に遭わせてきたかをだ。中南米ではドミニカのトルヒーヨ、キューバのバチスタ、ニカラグアのソモサ、パナマのノリエガ、チリのピノチェト、アジアでは南ベトナムのグエン・カオキ、フィリピンのマルコス、中東ではイラクのサダム・フセインなどが思い浮かぶ。

「帝国の外交」と日本

これらの独裁者を、アメリカは自分にとって都合のいいあいだは支援し、国民を苦しめ、用済みとなったときは無惨に見限った。秘密の公電暴露に国務省が慌てるのは、そうした二重基準の使い分けをまだしているせいではないのか。テキサス選出のロン・ポール下院議員は一二月九日、米議会で「WLへの政府の攻撃は……国の安全のためというより、帝国の外交を秘かにつづけるためのものではないのか」と、演説で疑問を呈した(ユーチューブやハフィントン・ポストなどのサイトによる)。アメリカの身勝手を肌身に感じてきたボリビアのモラレス大統領は、メキシコ・カンクンの気象変動サミットの記者会見で、米独立テレビ「デモクラシー・ナウ!」、エイミー・グッドマンの質問に対して、「WLはDiplomacy of Empire(帝国の外交)を暴いている」と評価、自国内でWLにサーバーを提供する意向を示した(「デモクラシー・ナウ!」一〇日放送)。米国のリーマンショックで手痛い経済危機に見舞われたアイスランドは、すでに同様のWL支援体制を取っている。

日本だってWLのおかげを被っていることを、忘れてはならない。〇九年九月一七日付でミサイル防衛関係各国の米大使館に発信された米国務省公電は、海上配備型迎撃ミサイル「SM3」の将来におけるNATO、東欧・ロシアへの配備に関する計画が主題だったが、それは、対象ミサイルの開発・製造に日本が全面的に協力しており、その力をフルに生かすには日本に戦略的な決断をしてもらう必要がある、とする記述部分も含んでいた。これが一二月一日、WLで暴露されたおかげで、同年一〇月の北澤俊美防衛相・ゲーツ米国防長官会談の中身はその件であることがわかり、そのころから防衛省で武器輸出三原則の見直し論が活発化したわけも、はっきりした。日本が製造に関わったミサイルを第三国に売るには、三原則を変えねばならない。米国はその決断を日本に迫ったのだ。しかし、早くそうした事情が判明したため、新防衛大綱に三原則見直しを書き込むことに対する世論の反対が生じ、菅内閣はこれを見送ることにした。際どいところだった。

このような視点から日本のメディアのWLをめぐる議論を顧みるとき、痛感させられるのは、公共性、公益性を問うジャーナリズムが出現、既存メディアにもそうした属性の獲得が要請される時代状況となっているのに、そのことを自分の実践課題として、緊張感を持って受け止める問題意識が、どの議論でも大きく欠落しているという点だ。そうした姿勢が変わらない限り、アサンジュのWLからも、あるいは新たに出現するであろう別のだれかの〝WL〟からも、アジア言語圏における既存メディアのパートナーとして日本の新聞・放送が選ばれることは、ないのではないか。

情報を隠すもの、暴くもの……二月号

日米安保条約の〝米軍隠し〟

WLを支える主体は、いまやインターネットによって〝軽武装〟した無名の多数者として世界に広がり、少なくとも国家権力と国民の間の壁を取り除くことを志向する者たちを多く含んでいる。隠す者と暴く者の関係はいまや国境を超えつつある。米国務省はWLを報道機関ではないとの見解をとっている。アサンジュ氏はジャーナリストなのか、スパイなのか？　日本にとっても他人事ではない。仮定の話だが、さきの武器輸出三原則見直し論議のように、「新

防衛大綱」について日米の当局者が水面下ですり合わせた草案の中身が、明日にでも暴露されかねない、それがWLをめぐるメディア状況であることは変わりがない。

そうしたなかで、NHKはスペシャル番組「シリーズ日米安保五〇年」を放送した。その第一回「米軍隠し」は、在日米軍の存在をなるべく目立たないように〝密議〟をこらす日米高官の半世紀前の攻防を描いたものである。当時、WLのような内部告発サイトがあったなら、日米の当局者たちはどんな窮地に陥っていただろうか、そう考えさせる内容だった。

一九六〇年、アメリカは日本の反共的指導者岸信介らと計って、日米安保条約を「改定」し、基地の使用を永続的なものに作り変えた。それ以前、砂川、内灘、東富士など全国規模で米軍基地反対闘争がまきおこっていた。米当局者は、これらを一部の共産主義者に煽動された反米ナショナリズムの現れとしながらも、足早に沖縄への移転を進めていた。しかし、他方で米軍当局者は、日本の自衛隊基地にそっと同居し、しかも駐留経費を日本に肩代わりさせつつ、自由に使用できる道も探っていた。

「米軍隠し」は、日米の当局者が日本人の戦争アレルギーをかわしながら、米軍の駐留を永続化するために、どんな手練手管を使ったかを克明に追うドキュメンタリーである。こうした番組はNHKの独壇場といわれ、豊富な取材陣とアクセス能力は「NHKならでは」という賞賛の常套句を生んできた。しかし、WL騒動以後、国家の秘密なるものが二〇年、三〇年、あるいは半世紀というタイムラグをつけて(もったいをつけて)解禁されることが、ひどく理不尽なことのように思えてきた。もしかしたらNHKは公共放送の名のもとに、情報公開の遅延に与《くみ》し、公認された歴史を代筆してきたのではないか。以前には、さして気にならなかった米国立公文書館《ナショナルアーカイブズ》の建物が情報公開の〝輝かしき砦〟ではなく、情報にランクをつける〝権威の殿堂〟のように見えてきたから不思議である。

そこで、これから「米軍隠し」の過程をNHKの番組にそって見ていくが、WL時代の視聴者としては、「日米密議の内容が直後に暴露されていたら、われわれはどんな選択をしただろうか」という問いを自らに課しながら再検証していく。

太陽のかげに星を……

NHKスペシャル「日米安保五〇年　第一回　米軍隠し」の冒頭は、沖縄の人々の「ふざけるなって、沖縄を何だと思っているんだ!」という怒りの声で始まる。しかし、その声をかき消すように、尖閣諸島の中国船衝突事件やヨンピョン島砲撃事件の映像が挿入される。そして、自衛隊のイラク派遣の映像をバックに、アメリカの世界戦略の変化と日米安保の変質について語られる。

その上で、舞台は陸上自衛隊東富士演習場に移動する。現在ここでは、沖縄から来た米海兵隊による各種砲撃訓練が行われている。最近は、アフガニスタンを想定した白リン弾の実践訓練が日常化している。これが、番組の中で、過去と現在を象徴的につなぐシーンである。

現在、全国四九カ所で米軍は自衛隊基地を「共同使用」(joint use)している。その面積は自衛隊施設の七〇%に及ぶ。この共同使用はいつから、なぜ行われるようになったのか。その協議の過程がずっと機密扱いになってきた。

元駐日米大使館特別補佐官ジョージ・パッカードは語る、「自衛隊基地を共同で使うことで、なにより星条旗が目立たなくなるのです。市民が基地に怒りを感じても、それが米軍だけでなく、自衛隊にも向けられるのですから」と。これは、太陽(日の丸)の眩しさで星(星条旗)を見えにくくするというアイディアだ。それにしても、なぜこれほどあけすけな物言いが通用するのか。彼はこれを国家の秘密とは思っていないということだ。しかし、こうした聞かれたくない〝たわごと〟の積み重ねが国家の戦略を決めてきた。WLが暴露しているのは、アメリカの昔も今も変わらないこうした不都合なのだ。

一九六〇年、安保闘争の激しいうねりを目の当たりにしたアメリカは、同年五月三一日の国家安全保障会議で「日本が離れていく。安保改定に同意したのに、すべてを失うことになるだろう」と不安を隠さない。同年八月二九日、駐日米大使館から国務省宛の公電は「反米を理由に闘争を行ったのは、一部の共産主義者にすぎない」という楽観論を述べている。直後に外務省で開かれた日米安全保障協議委員会の議事録が、最近機密を解かれた。席上、江崎真澄防衛庁長官は、「富士演習場を返してもらいたい。その代わりアメリカ軍は必要な時いつでも使っていい」と切り出した。米軍基地をいったん日本の管理下においた上で、米軍に使用を認めるという「共同使用」の提案であった。しかし、アメリカ側は「今まで通り、米軍が訓練を行えるしっかりとした保証が必要だ」「米軍の使用について、住民との合意が不可欠だ」と念を押してきた。市民の反発は避けたい、しかし基地の機能を失いたくないというアメリカのご都合主義。この交渉は頓挫した。その後、日本側は東富士の土地使用料をじょじょに上げて、反対派の間に分裂を持ち込み、米軍受け入れの地ならしをしていたこともわかった。

一九六四年一一月一二日、ベトナム戦争が激化するなか、原子力潜水艦シードラゴンが米海軍佐世保基地に入港した。このとき駐日米大使だったエドウィン・ライシャワーは、日本人の核アレルギーを取り除きながら、佐世保、横須賀への原潜寄港を定着させようとしていた。いわば「核慣らし」である。元駐日米大使館職員スチーブン・ドーキンスは、「最初の寄港はとにかくじょじょに進めることに努力した。滞在する日数も少ない日数から始めた」という。原潜はその後三カ月ごとに定期的に入港するようになった。停泊日数もじょじょに増えていった。それと反比例するように、反対運動に参加する学生の数はじょじょに減っていった。そして、ついに一九六八年一月、世界初の原子力空母エンタープライズが佐世保にやってきた。アメリカは学生の一過性の抵抗を見越して、さらに「核慣らし」を続行した。こうした手法は〝知日派〟(ジャパン・ハンド)と呼ばれる人々によってもたらされた。

同じころ、東富士演習場に核弾頭搭載可能なリトルジョンの配備計画が持ち上がった。即座に東富士の反基地闘争が再燃した。アメリカが恐れたのは基地周辺住民の反発であった。日米合同委員会でアメリカ側は東富士演習場の返還を決めた。しかし、日本の当局者は別の思惑を持っていた。日本の側から再び基地の「共同使用」を申し出たのである。同年九月一二日、外務省で駐日米大使や在日米軍司令官らとの間で会議が開かれた。駐日米大使アレクシス・ジョンソンは、「質問がある。共同使用だ。実際には、その前例がない。日本政府はわれわれが東富士を共同使用する際に、米軍基地と同じ権利を保証してくれるのか」。それに対して、日本政府は共同使用を法的に説明する条文「在日米軍に関する地位協定Ⅱ4(b)」を用意していた。それには「合衆国軍隊が一定の期間を限って使用すべき施設及び区域に関しては、合同委員会は、当該施設及び区域に関する協定中に、適用があるこの協定の規定の範囲を明記しなければならない」(傍点筆者)とあるが、日本側はこの「一定の期間」をほぼ無制限に延ばすことを提案したのだ。これについて元米国防総省上級担当官モートン・ハルペリンは言う、「日本は乗り気だった。基地を日本に返し、米軍は利用するというのは、われわれにとっても興味深い提案だった。さらには、基地にかかる費用を抑えるようになることができるのだから」と。

会議の席上、ジョンソン駐日米大使が、「ポイントは、象徴的に日本の国旗が基地に掲げられればいいということか」と質問すると、東郷文彦外務省アメリカ局長は「そうだ。それが私たちのアイディアだ」と応じた。

すべては今の問題

はじめは日の丸のかげに星条旗が、つぎは星条旗のかげに日の丸が……。こうした一連のやり取りが国民不在で行われていた。ここに、今日にいたる日本の対米従属外交と、アメリカの〝新植民地主義〟の本質が透けて見える。ハルペリンはこうも言っている、「もしアメリカが将来安保条約五〇周年を祝いたいなら、……われわれは米軍基地の存在をいかにしたら目立たないようにさせられるかを考えなければならなかった」。

「目立たないこと」を旨とし、去年、日米安保条約は五〇年目の節目を〝無事〟通過した。言祝《ことほ》いだのは、日米どちらの政府であったかは知らない。しかし、考えるべきは、外交文書や公電がかくも長きにわたって機密扱いにされてきたことに、メディアの怠慢がまったく与《あずか》ってこなかったかどうか、また、スクープの名のもとに、情報の公開にではなく囲い込みに奔走してこなかったか、ということだ。

けだし、これは過去の話ではない。NHKスペシャル「日米安保五〇年　第三回〝同盟〟への道」においては、アメリカのジャパン・ハンドといわれる人脈が、日本の政治家、知識人たちと手を携えて国家機密を再生産しながら、日米安保体制を軍事同盟にまで変質させてきた経緯を描いた。第四回の討論の流れは、日米同盟そのものがアジアの現実に不適合を起こしていることの確認に向かった。そして、いずれの論者も非対称的な二国間関係を段階的に変化させることに異存はないようであった。

ただし、一つのことが残った。沖縄が背負う歴史の問題だ。戦争の記憶を封印したその上に、日米安保の密約が重くのしかかった歴史、この二重のくびきを簡単に取り除くことはできない。メディアにはまず過去の隠された不正を白日のもとに持ち出す仕事が割り振られている。しかし、日米安保に関するかぎり、今も再生産される不正を暴露する仕事がさらに期待されている。

WLの衝撃が教えることは、現在の不正を暴くことが未来への責任をはたすことになるというジャーナリズムの基本だ。ペンタゴンペーパーを暴露したダニエル・エルズバーグは、米独立系メディア「デモクラシー・ナウ！」のインタビューに答えて、「四〇年この日を待っていた。WLは、情報を隠した者の責任を問うている」と弁護した。隠す側に立つのか、暴く側に立つのか、これは遠い国の話ではないし、国の内側の話でもない。

「防衛大綱」 全国紙に欠けた視点

三月号

対中軍事対決論

有権者の投票で政権交代が起きれば、有権者は将来に多少なりとも希望をいだくだろう。しかし、戦後を支配してきた自民党に代わって二〇〇九年に登場した民主党政権、とくに現在の菅直人政権は、支持率一〇%台後半～二〇%台との世論調査が示すように、急速に有権者から希望を奪っている。それも、自民党政権でも実行をひるんだ内外政策を強引に展開しているのだから当然だろう。

では、メディアはこうした事態をどう報じただろうか。ここでは、軍事・外交問題に絞る。菅政権は二〇一〇年一二月一七日に新たな「防衛計画の大綱」と「中期防衛力整備計画」を閣議決定した。新大綱は、自民党を中心とする政権が建前としてきた防衛力の使用を日本防衛に限定するという「基盤的防衛力」構想を公然と放棄し、中国に軍事的に対抗し、海外派兵をにらんだ「動的防衛力の構築」を打ち出した。日本の軍事政策の大転換である。

そして、「中期防衛力整備計画」では今後五年間に約二三兆五〇〇〇億円を投入するという。財政危機が懸念され、菅政権は今年中にも消費税の引き上げに向けて走り出そうとしているのに、防衛費は今後五年間も実質的に現状維持に近い額を費すつもりのようだ。

こうした事態に、この間、日本の軍事力強化と日米軍事協力を主張してきた読売新聞は「機動性ある自衛隊へ転換急げ」と題する一本社説を掲げて歓迎の意を表明した上で、その具体化を急げと強調している。さらに、同社説は「防衛大綱はあくまで防衛力整備に力点が置かれている」と指摘し、「日本と世界の平和と繁栄を確保するには、どんな具体的目標を掲げ、外交、防衛、国内政策をどうすすめるのか。包括的戦略をまとめ、着実に取り組むことが大切だ」と力説し、大綱が示唆している米国の「安全保障会議」(NSC)のような組織をつくれと要求している。読売のモデルは昔も今も米国なのだ。政治部の編集委員はワシントンで米戦略国際問題研究所のマイケル・グリーン日本部長に会見し、「戦略はA評価　財源には難点」というお墨付きと注文を受けている。グリーン氏はいわゆる「知日派」の一人で、米国の安保・軍事戦略を日本に伝える窓口になっている。読売は、米国の日本側窓口とでもいえようか。

産経新聞は「日本版NSCを評価する」と題する主張を掲げ、その実現を煽っている。また、菅首相が「自民党政権でもできなかった、防衛省の首相秘書官を登用した」ことを絶賛、さらに「大綱も同盟国との協力を重視している」と主張し、「それには集団的自衛権の行使が欠かせない」という社論を繰り返して念を押した。産経はさらに「中国への懸念を打ち出し、沖縄県・南西諸島に沿岸監視隊を置くなど島嶼防衛を明確に位置づけたのは当然だ」と力説し、大綱を手放しで評価している。

日本経済新聞も、読売や産経に負けじとばかりに、「安保強化への防衛大綱の着実な実行を」と社説のタイトルで呼びかけた。この社説は、とくに新大綱が「海軍力を増強する中国をにらみ、南西諸島や島しょ部の防衛を手厚くするほか、核兵器開発を進める北朝鮮を見据え、ミサイル防衛力を強めることをうたった」ことを歓迎している。しかも、社説は今回の大綱には検討されながら見送られた「武器輸出三原則」の見直しに言及し、この三原則によって日本は装備品の国際的な共同開発・生産に加われない、と指摘して「これが装備品調達のコスト高の一因になっており、引き続き緩和を検討すべきだ」と力説している。

これら大綱支持が明白な三紙に比べると、他の全国紙はどうか。

毎日新聞の社説は『対中』軍事だけでなく」というタイトルからして右記三紙とは中身も違う。毎日も、中国の軍拡と尖閣諸島沖事件のような行動がエスカレートすれば、日本周辺、アジア太平洋地域の不安定要因になると認め、東アジアの安全保障環境を踏まえた防衛力構想の改定は、「有効かつ必要であろう」とする。だが、毎日社説は「とはいえ、国際政治における中国の役割や今後の日中関係を考えれば、軍事面の対応が対中政策の中心となり得ないことは明らかだ」ともっともな指摘をして、「今、必要なのは、多面的な相互依存関係の拡大・深化を考慮した政治、経済、外交・安全保障を含めた総合的な戦略である」と述べる。日本の最大の貿易相手国が、米国を抜いて中国となった一事を考えただけでも、先の三紙の軍事対決型より毎日が説く総合的な「バランスの取れた対中政策」のほうが現実的であり、説得力がある。

残る全国紙である朝日新聞の社説タイトルは「新たな抑制の枠組みを示せ」とある。いささかわかりにくい内容だ。要するに、「軍事は政治や外交を補完する機能の一部にすぎない」し、民主党政権では「外交と軍事がばらばらとの感が深い」と主張する。そこでこの社説は「防衛大綱の枠を超えた総合的な国家戦略を立案する必要を痛感する」と述べる。朝日も読売が主張するような「包括戦略」を念頭に置いているのかもうひとつ明らかでない。

鋭い地方紙　重大問題になると、全国紙より地方紙の方が権力から距離を置くぶん鋭い、つまり真実に迫る報道や論説が多いようだ。今回も例外ではない。

まず北海道新聞の主張はその社説の「脅威あおる重大な転換」という題名が物語っている。米国は昨年二月に、「四年ごとの国防戦略見直し」(QDR)で中国の軍事的台頭を念頭に同盟国との連携強化を打ち出した。同社説は「新大綱は米国の戦略と軌を一にしている」と断じ、言外に菅政権の米軍事政策への追従を批判している。全国紙にこうした事実に基づいた批判があっただろうか。同社説はやはり「中国とは今後も経済などの分野で相互依存が深まる。そうした状況の中で日米の軍事連携が強まれば、緊張をあおるだけではないか」と当然の疑問を呈している。そして、社説は「防衛政策は日本の平和外交を基軸に据えた上で、抑制的な姿勢で立案しなければならない。今回の大綱はそうした視点を欠いている。議論をやり直すべきだ」と当然の要求をしている。

本欄が昨年すでに指摘したように、この大綱は、防衛省と外務省がおぜん立てをした「タカ派」と目される識者と専門家からなる「新たな時代の安全保障と防衛力に関する懇談会」が昨年八月に策定した報告書に基づいている。菅政権内部で大綱策定への国会を含む公開の場での議論が必要だという思考はほとんどなかったのではないか。

その点を、新潟日報の社説が衝いている。「安保・防衛政策の根幹を変えようというのに、首相が理念を語らないこと自体、首をかしげる。通常国会などでの明快な説明を求める」と主張している。この社説のタイトルは「理念なき政策転換を憂う」とあるが、まさに通常国会で首相は理念を語るべきだ。国や国民の将来にかかわる重大な軍事政策の転換なのだから、メディアはこの問題に絞った首相の記者会見をなぜ要求しないのだろうか。昨年一二月に行われた首相の記者会見でも、記者団から大綱をめぐる軍事問題に関する質問がまったくなかったのはなぜか。おそらく記者たちには大綱をめぐって首相会見で疑問を呈するほどの関心がなかったのではないか。それなら、時代の問題について考える材料を読者に提供するというジャーナリズムの重要な役割を自ら放擲している。

信濃毎日新聞は新大綱について一本社説を掲載した。「危険過ぎる政策変更」と題するその社説は、「米国の軍事戦略とのさらなる一体化、国防政策の基本としてきた専守防衛の有名無実化、武器輸出の本格的解禁……」「大綱の中身に目を凝らすと、こんな方向がみえてくる。国民的な議論がなされたわけではないのに、ここまで踏み込むのか、と思った人も多いのではないか」と書き出されている。そして、「憲法の精神ゆがめ」「対米傾斜さらに」「国民に説明を」という三つの小見出しが物語るように、戦後の平和憲法秩序が新大綱によって崩壊する危機への懸念にあふれている。

この社説は次のような段落で終わっている。「安保問題は最終的には国民の暮らしに重大な影響を及ぼすことを忘れてはならない。なぜ、大綱を大きく見直したかを含め、菅首相は国民にきちんと説明しなくてはならない。これほど重要な問題をいとも簡単に決める政権は信用できない」。多くの読者はうなずいたのではないか。

防衛費削減への波

しかし、全国紙と地方紙がそろって忘れていたのは、今後五年間にわたって防衛費を実質的に現在の水準で維持するという「中期防衛力整備計画」の検討、とくに国際比較である。

読者のなかには衝撃的な記事だったのでご記憶の方々もおられるのではないか。米ニューズウィーク誌の昨年一〇月二〇日号に載った「欧州の軍事費削減に米国は渋い顔」という記事だ。その要旨は「ドイツは最近、軍事予算の約六％にわたる八〇億ユーロを二〇一一年から一四年にかけて削減すると発表」「フランスは一一年から一三年に三五億ユーロをカットする計画」で「イタリアは今後数年で一〇％を削減する予定だ」などとあった。同誌には「米国が最も神経をとがらせているのは、一番信頼できる同盟国の英国が三七〇億ポンドの軍事予算を一〇〜二〇％削減する方針を掲げていることだ」とあった。

いま手元にある『ミリタリー・バランス』二〇一〇年版を繰ってみると、こうした欧州の軍事費削減は一部の国ですでに始まっていることが確認できる。例えば、イタリアの軍事予算は二〇〇八年の一六四億ユーロから一〇年の一五五億ユーロへ削減され、英国の軍事予算も同期間に三八五億ポンドから三六七億ポンドに減っている。この『ミリタリー・バランス』は米国の軍事予算計画について「二〇〇八年度の六九五一億ドルから一二年度には五六〇七億ドルになる」としている。米国の軍事予算計画は地元の軍事工場に税金を引っ張ってこようとする議員の暗躍もあって膨らみがちだが、オバマ大統領が昨年二月のQDRで財政危機を訴えて、軍事予算の膨張にブレーキをかけて削減の方向を打ち出したことは記憶に新しい。

日本のメディアには、こうした世界の潮流の紹介が決定的に欠けている。財政難といえば、日本は世界の先進国で最悪なのだ。そして、菅内閣が編成した二〇一一年度の国家予算は税収より国債収入が多いという欧州連合の基準でいえば財政破綻国家に転落しているのだ。メディアがまともに軍事費削減への国際的な波を紹介すれば、読者に時代の問題について判断材料を提供するというジャーナリズムの主要任務のひとつを果たすことになる。しかし、繰り返すが、その気配はない。

大手メディアからは、「中国の脅威にどう対処するのか」という声が聞こえてきそうである。しかし、全国紙の一部や地方紙の多くが指摘しているように、対中関係は外交を主軸にすべきだろう。とくに安保問題では産経化が指摘されている朝日新聞による中国脅威論には疑問を感じざるをえない。中国が空母の建造を始めたことに関して実況中継的な報道を繰り返している。中国の空母建造をいうのであれば、はるかに強力な米空母群の主力が太平洋に配備されていることを同時に指摘しなければならない。いまほど中国報道にバランスが求められている時はないだろう。

NHK会長人事迷走があらわにしたもの

三月号

不透明な選出過程　二〇一一年一月二四日にNHK会長の任期(三年)満了を迎えた福地茂雄氏(七六)の後任にJR東海副会長の松本正之氏(六六)が決まった。放送法はNHK会長について、国会の同意を得て内閣総理大臣が任命した一二人で構成する経営委員の、九人以上の賛成を得て経営委員会が任命することを定めている。同一五日の臨時の経営委員会は全会一致で松本氏を選出し、翌日の新聞各紙は新会長就任を大きく取り上げた。

NHK会長人事は伝統的に政治銘柄で、自民党郵政族による関与が指摘されてきた。一昨年秋の政権交代もあってか、今回は、小丸成洋委員長(福山通運社長)を中心にした経営委員会が主導し、表向きには露骨な関与があったようには見えなかった。しかし、報道によれば、水面下ではさまざまな動きがあったようだ。昨年一一月に成立した改正放送法には、経営委員や会長の資格要件を緩和する条項が政府案から削除された経緯がある。福地会長が一期での退任を表明していたこともあり、政府は東芝の西室泰三相談役を会長に起用することを念頭に調整を進めていたという。原口一博総務相(当時)の後押しがあったらしい。

そのためには、過去一年以内に放送用機器メーカーの役員だった者は任命できないことを定めた放送法を改正する必要があったわけだ。昨夏の参院選の民主敗北で野党の主張に配慮してこの改正条項は削除されたが、あまりに露骨な政治の関与ではないだろうか。

また、後述するが、前慶應義塾塾長の安西祐一郎氏が昨年末に会長候補に浮上した背景には、安西氏が塾長時代に慶應大教授に就任した片山善博総務相の意向もあったという。民主党も政権を取れば、会長選びにかかわりたいらしい。

三年前、経営委員長だった古森重隆氏(富士フイルムホールディングス社長)は、翌年一月に橋本元一会長を更迭した。橋本氏はNHKの技術畑出身で、〇四年七月に発覚したNHK職員による受信料着服など相次ぐ不祥事による批判を受けて、三期目の任期途中で退任した海老沢勝二氏を引き継いだが、わずか一期での退任だった。そして後任に放送界とは全く無縁の人物だが、旧知の財界人であったアサヒビール相談役の福地氏をNHKに送り込んだわけだ。なぜ福地氏が会長にふさわしいのか。任命に当たり、福地氏が委員にどのような所信を述べたのかは今もわかっていない。

ただ、古森氏が同氏を委員にした安倍晋三元首相に近い経済人であることから警戒感はNHK内外に広がった。

しかし、古森氏と福地氏の財界コンビによる「NHK支配」は、その後の二人の関係を見ると杞憂に終わったともいえる。例えば、現行の経営計画(二〇〇九～一一年度)で盛り込まれた「受信料収入一〇%還元」を巡って、実施時期と値下げ幅の明記に難色を示す執行部案を退けて、経営委員会が独自に議決するなど、必ずしも二人三脚とはならなかった。また、歴史番組の内容に注文を付けるなどした古森氏に対して、太平洋戦争を取り上げた番組が頻繁に制作されるようになるなど放送局内からの福地氏の評価は高かったと聞く。その点で、ふたりはむしろ好対照であった。

このように結果として評価を得た福地氏の前例があるとはいえ、今回も経営委員会だけで会長人事を考えればいいというものでないはずだ。

小丸委員長は、安西祐一郎氏に昨年末に会長への就任を要請したが、その後、委員会内に安西氏への不信感が広がり九人の賛同を得るのが困難と見ると、一転して安西氏に受諾撤回を求めた。このお粗末さは、密室審議のツケだと言ってよい。福地氏と同様、不透明な選出であったことは否定できない。各紙を見る限り、残念ながらこうした視点から強く批判する報道はあまり見られなかった。

JRグループは現在、九州から経営委員に石原進会長を出している。監督機関の経営委員会と執行機関側の会長に同じ企業グループの関係者がいるのはいかにもおかしい。石原氏に対して、松本氏の就任と同時に自主的に委員を退くことを求める意見があってもいいはずだ。

竹中ナミ委員長(社会福祉法人プロップ・ステーション理事長)は自身のブログで、松本氏がふさわしい理由として、JRの民営化や新幹線N七〇〇系導入、人事・総務畑経験、労使問題にリーダーシップを発揮、若い(福地氏より一〇歳年下)――などを上げていた。しかし、安西氏以外にも経営委員会内に浮上していた早稲田大前総長の白井克彦氏、日本郵船相談役の草刈隆郎氏、NHK副会長の今井義典氏らを押しのけ、わずか一回だけの面談で、松本氏を選んだ理由としては、説得力に乏しいのではないか。

メディア研究者の松田浩氏(元日本経済新聞記者)が毎日新聞(一月一七日付)や赤旗(一月二二日付)で、会長の資質として文化・ジャーナリズムの見識を上げ、選考過程の透明化と、自他薦を含めた会長公募制の導入を求めていた。今回と福地氏会長選びの前回もこうした要望を研究者らとともに提出していたそうだ。もっともな指摘である。残念だが、会長公募制の導入をNHKに求めたとしても、これまでの慣例を覆す意志も力も経営委員会にあるとは思えない。

足りない公共放送論議

不透明な会長選出が再び起きた背景には、公共放送のあり方に関する議論不足があるのではないか。情報伝達路の多メディア化や、今年七月のテレビの地上放送の完全デジタル化などで公共放送のあり方は大きく変わっていくことになるだろう。

それにもかかわらず、昨年一一月に成立した改正放送法は一九五〇年の放送法制定以来、六〇年ぶりの大改正をうたいながら公共放送(NHKではない)のあるべき論議は国会では全くなされなかった。同法改正の発端になった竹中平蔵総務相が設けた「通信・放送の在り方に関する懇談会」(松原聡座長、〇六年設置)でも抜本的な論議には至っていない。

原口一博前総務相の肝いりで改正放送法の政府案に盛り込まれたのは、NHK会長を経営委員の構成員に加えることであった(野党の反対で削除)。福地前会長の働き掛けがあったという。また、福地会長はインターネットの積極展開を口にし意欲を示していた。

しかし、公共放送の将来は、総務省とNHKだけで考えることではない。地上波テレビ・ラジオ、BS、そしてインターネットなど関連会社を含めて現行事業を今後も維持するべきなのかどうか。NHKの収入の大半を占める受信料とはどのような性格のお金なのか。未納者に対して裁判所を使って督促をするような現在の集金方法を今後も続けていくのがいいのか(これでは受信料は税金に近い)。旧日本軍の従軍慰安婦を取り上げたNHK教育テレビETV2001「シリーズ戦争をどう裁くか第二回問われる戦時性暴力」(二〇〇一年一月三〇日放送)の改変問題で問われた「NHKと政治との距離」はどのようにして担保していくべきなのか。NHK予算案は事前に国会が承認する制度でいいのか。

真剣に議論するべき課題は数知れない。この中には、経営委員や経営委員長、そして会長の選出の方法も当然含まれる。

しかし現状ではこうした議論は一部の識者らの中だけにとどまっているに過ぎない。やはり、社会的な議論を起こした上で導入を進めるのが穏当である。

「好調NHK」の落とし穴

昨年の放送界はNHKがリードしたと言ってもいいだろう。

漫画家・水木しげるの妻武良布枝さんの人生を描いた連続テレビ小説「ゲゲゲの女房」や福山雅治さんが主役を務めた大河ドラマ「龍馬伝」、そして報道・番組関係でも「無縁社会」が大きな話題になった。新語流行語大賞では「ゲゲゲの〜」は年間大賞、無縁社会もトップテンに選ばれた。東京新聞は社説で福地NHKを「福地現会長は過度に政界に神経を使ったNHK出身の会長とは逆に、むしろ現場への細かな注文を抑えたことで、歴史の検証番組などの制作が伸び伸びと進められ、高い評価を得ているという」(一月一八日付)と指摘した。最近は「さすがNHK」との声を耳にすることもある。ひょっとしたら、二〇一一年度予算案での受信料収入が六六八〇億円と過去最高になったのもこうした好調と結びついているかもしれない。

しかし、この賞賛の陰にポッカリと空いた落とし穴も覗いておこう。意地悪く私見を言えば、どのような組織も順風な環境だと改革論議は、生まれにくい。竹中委員はブログで、会長の人選について率直な私見を述べていた。また、会長公募制は重要な問題提起であると思うが、松田氏らの声は残念ながら届かなかったようだ。

そして、少し注意深く見ればただちに気づくのは、好評といわれる番組の多くが、多額の制作費をつぎ込み超豪華なキャスティングと高品位画質をフルに生かした一大ページェント物だということだ。民放の制作者の垂涎をよそに、NHKの視聴者は目も耳も奪われているのだ。NHKの中では「高視聴率は七難隠す」と言って、つまらない番組でも高い視聴率をとりさえすれば、担当者は廊下の真ん中を歩けるという。いまでは、受信料の高収入が七難を隠すというわけだ。

「NHKの何が問題なのか」と胸を張る関係者の姿が浮かんでくる。公共放送についての議論でいまもっとも欠けているのは、組織の問題ではなく、放送内容にかかわるまっとうな論議だ。前述の「ETV2001問題」から一〇年、この種の番組はNHKの画面からパッタリと消えた。これを視聴者はどう見るのか、そしてNHKの制作者はどう決着するのか。

新聞もテレビもこうしたテーマを取り上げた論議の場を提供してほしい。

原発の危険をどう報じるか…………五月号

社説の主張に失望　さて、仄聞するところによると、米国のニューヨーク・タイムズなどの一流紙でも論説委員は五人から七人くらいだという。要するに、一桁のメンバーが手分けして一日二本の社説を書いている。彼ら、彼女らは野球でいうユーティリティー・プレイヤーなのだ。

一方、日本の全国紙はおよそ二〇人から三〇人の論説委員が手分けして毎日二本の社説を担当するという。したがって、これらの論説委員諸氏は、細分化された様々な分野ごとに豊富な経験と深い専門知識を駆使して、読者の知識に大いに資する社説を書いているということであろう。

そこで、三月一一日に起きた想像を絶する規模の大地震に巨大津波、そして原発事故が重なって起きたあと、各紙の社説が待ち遠しかった。とくに、危険性がはっきりした原子力発電について、どういう主張を展開するか。

この地震国で原発は危険ではないかと以前から危惧されていた。日本は太陽光、風力、水力などの再生可能なエネルギーを開発する環境に恵まれている。ヒートポンプやパワー半導体などの技術革新も得意としている。こうしたエネルギーを駆使すれば、問題の多い原発の設置にブレーキをかけ、計画を減らしていくことは十分可能である。

原発の危険性が誰の目にも明らかになった今こそ、メディアは先頭に立って脱原発の旗を振るべきだと期待したのだ。

原発事故の翌一三日朝刊各紙の社説を見て驚いた。東京で読める全国紙のどこにも原発政策の転換や今後の方針の提案がなかったのだ。

例えば、毎日新聞は「原発制御に全力を尽くせ」と題する一本社説だった。「まずは、これ以上、事態を悪化させずに食い止めることに、国も電力会社も全力を注いでほしい。万が一、事態が悪化しそうな時には、速やかに必要な手立てを講じ、住民のリスクを最小限にとどめなくてはならない」。当たり前すぎて拍子抜けもいいところだ。

読売新聞も一本社説で、主見出しは「原発事故の対応を誤るな」となっている。この社説は、「原子力発電は日本の基幹的な電力源となってきた。だが、爆発の衝撃は、その位置づけを足元から揺るがしかねない」と指摘する。そして、旧ソ連で八六年に起きたチェルノブイリ原発の事故で、「欧州を中心に、反原発運動が盛り上がりを見せた」と述べ、「原発事故を防ぐ体制を強化すべきだ。対応を誤れば、国内外の原発活用が危うくなる」と強調する。つまり大事なのは原発活用であり、原発推進は変わらないのだ。さすがに日本原子力の父といわれる故正力松太郎・読売新聞社社主の事業を引きついだ読売である。

では、朝日新聞はどうか。「大震災と原発爆発」のロゴのもとに「最悪に備えて国民を守れ」という、やはり一本ものだ。「原発事故で何が起きたか確定するには、時間がかかる。わかった時には、周辺住民の安全を確保する手立てが間に合わないかもしれない」。そうしてこう続く。「苦しいことだが、事態が不明な時こそ、最悪を想定して住民の安全を確保することが政府の務めである」。

菅直人首相ならずとも、とくにこれほど情勢が流動的な時に、「最悪」は想像できないだろう。つまり、この社説はほとんど意味がないのだ。

日経も一本社説で、見出しは「津波と原発事故の困難　ただちに総力結集を」とある。要点は、「政府と東電は現場の状況をしっかり掌握し、包み隠さず迅速かつ丁寧に情報を明らかにする必要がある」ということらしい。今度の事件で、情報の開示が後手に回り、国民の信頼を失わせたという見立てだ。

そこで、この社説は「多数の住民の避難を伴う国内最大級の原子力事故が起きたことで、原子力への懸念を新たにした人も多い」と指摘し、「有力なエネルギー源として原子力を利用し続けるには、これ以上、信頼を失うことは許されない」と、これも原発の推進を力説している。

ほかの全国紙も同様の肩すかしだったので、原発事故の福島県の新聞ならこちらが期待するような論説があるのではないか、と思いついた。

しかし、福島民報の一三日付の論説のタイトルは「住民の安全確保に万全を」と題するもので、原発事故の地元紙ならではの原発政策や放射能問題に関する議論や提案は皆無だった。「本県と原発との関係は深く、長い」というだけで、「最優先すべきは住民の安全だ。国や関係機関は情報や支援を十分に提供し、新たな被災者を出さないよう万全を期すべきだ」と述べているだけだ。

こんなはずはないだろう、と東京都立中央図書館にこもって、一三日付以降の全国紙と各都道府県の代表的な新聞を全部読んでみた。しかし、新聞やテレビで目立った「識者」や解説委員たちの「大丈夫だ」「ただちに問題はない」などという争点隠しのオンパレードをここでも思い知らされた。

光る海外の論調　今回事故を起こした原発はこれまで数えきれないほどの事故を起こしていた、とすっぱ抜いたのは米経済紙のウォール・ストリート・ジャーナルだった。

米原子力安全委員会が、日本の事故を起こした原発から二〇～三〇キロ圏内の避難ではなく八〇キロなのも、ニューヨーク・タイムズの詳細な報道で理解できた。自分の国で起きていることを知るために外国の新聞の電子版を毎晩チェックしなければならないというのも情けない。

両紙の報道の例をみておこう。まず、ウォール・ストリート・ジャーナル紙の三月二二日付の電子版に「過去にもトラブル続きだった福島第一原発」という見出しの記事があった。

この記事によると、「原子力安全基盤機構に提出された事故報告書についての本紙の調べによると、福島第一原発の事故率は、データが入手可能な二〇〇五年〜〇九年の五年間で、日本の大規模原発の中でもっとも高かった。そのため同原発の作業員は、ほかのほとんどの原発の作業員より多くの放射線に被曝していた」という。

同紙が入手したデータを分析した結果、同原発では〇五年以降、一五件の事故が起きているという。その一つの例として、〇九年二月、一号機原子炉内の圧力レベルが急上昇し、蒸気を安全弁から抜かざるをえなくなった。調べてみると、ボルトが損傷しており、原子炉を手動停止させた。詳しい調査の結果、ナットの締め込みが不十分で、かつ、定期的な点検が行われていないことが判明したという。

公開されている公文書をこのように調べた日本のメディアがあっただろうか。同紙はまた別の日に、日本では電気事業者と監督官庁が癒着していると指摘し、天下りの人数まで報じていた。

これより先、ニューヨーク・タイムズの電子版(三月一七日付)は、日本政府が原発事故の重大性を十分認識していないことに驚いた米国政府は自ら放射能汚染を調査するため、航空機やヘリコプターを独自に展開している、と報じた。日本のメディアは、日本でなぜ調査飛行を実施しないのか政府に問うていない。

いずれにしても、現実が無視の壁を吹き飛ばした。

東京都は三月二三日、葛飾区にある金町《かなまち》浄水場の水道水から一キロ当たり二一〇ベクレルの放射性ヨウ素を検出したと発表した。乳幼児の飲み水に関する国の基準の二倍を超えるため、同上水場から給水している東京二三区全域と多摩地区の武蔵野、三鷹、町田、多摩、稲城の五市(計四八九万世帯)という広範囲を対象に乳幼児に水道の水を与えないよう呼びかける緊急事態が発生した。

同浄水場は利根川水系の江戸川から取水している。同じ利根川水系から取水している千葉県も同日、全域に同様の呼びかけを開始した。放射性ヨウ素が体内に入ると甲状腺がんなどの原因になることがあると知られている。都は原発事故の発生後、放射性物質の除去に効果が期待できるとして浄水に使う粉末活性炭の量を通常の三倍にしていたが、今回の事態を受けて通常の四倍に増やした。

さらに、厚生労働省は二三日、一キロ当たり一〇〇ベクレルという乳児についての基準を超える放射性ヨウ素が新たに福島県いわき市の水道水で検出されたと発表した。基準値の一・〇三倍だった。同省によると、茨城県常陸太田市の簡易水道の浄水場でも二・四五倍、同県東海村の一般家庭でサンプル調査した水道水からも一・八九倍の放射性ヨウ素が検出されたという。

ここまでは水に関する摂取規制だが、政府の原子力災害対策本部(本部長・菅直人首相)はさらに二一日、関東地方などの農産物から食品衛生法の暫定基準値を超える放射性物質が検出されたことを受け、原子力災害対策特別措置法に基づき、福島、栃木、群馬の三県に対して、当分の間、葉物野菜のホウレンソウとカキナの出荷停止を指示していた。福島県には牛の原乳の出荷停止も求めた。

こうした事態を受けて各紙の社説はどう書いたか。朝日新聞は二四日、「ヨウ素検出」というロゴの下に「あかちゃんを守ろう」というタイトルの社説を掲げ、「ここで共有したいのは、放射線の影響を一番受けやすいのは乳幼児と妊婦だという事実だ。大人は、こうした放射線から守るべき人たちを最優先に守って、落ち着いて行動したい」と述べる。そして最後に「放射性物質の拡散を絶つには、福島第一原発の状態を安定させ、放射性物質を原発内に封じ込めるしかない。現地での作業が最も急がれる」と締めている。至極もっともだが、この期に及んでも、原発依存をどうするかという根源的な問いに対する検討や答えへの試みがない。これでは、原発推進の政官財学報のペンタゴンと言われかねないだろう。

日経新聞は「水・食品への不安を鎮める丁寧な説明を」と題する社説を掲げた。国内ばかりでなく外国に対しても放射能被害の実態を丁寧に説明し消費者の不安を鎮めるべきだ、と強調し、「米国が福島県産ホウレンソウなどの輸入規制を発表し、ほかの農産物を含める国も出ている。このままでは風評被害が国境を越えて広がり、日本の農産物全体への信頼性を失墜させかねない。政府は海外にも情報を的確に発信し、不安の連鎖を早く断ち切るべきだ」と力説している。

だが、米国の有力紙の電子版を毎晩読んでいると、米国の判断は風評ではなく、しっかりした独自調査に基づいて下されているのがわかる。日経の社説は政府に対して「海外にも情報を的確に発信せよ」と強調しているのに、ではどうすればいいのかという社説に求められる肝心な提案がない。

病膏肓《やまいこうこう》に入るを通り越したというべきか。日経は三月二五日付の紙面から「三度目の奇跡」と題する夜郎自大な連載物を一面左肩で開始した。

「大丈夫だ」「頑張ろう」のメディア・キャンペーンのなかで唯一といっていい例外は、三月二五日の朝刊一面トップで朝日新聞が報じた記事だった。その主見出しは「福島第一、レベル6相当」、脇見出しは「スリーマイル超す」とあった。

いつになったらほかのメディアも真実を伝え始め、真実に基づいた論評を開始するのだろうか。

原発一〇キロ圏の大熊町で異常に放射線量が高い遺体の発見・原発敷地土壌からのプルトニウム検出(どちらも二八日)は、

汚染地域の状況悪化が、一刻も猶予できない事態に陥っていることを証している。メディアは政府・東電に対し、放射能汚染のこれ以上の発生・拡散の停止・封じ込めを当面唯一の目標とし、そのためには福島第一原発の閉鎖もやむなしとする方針を明確化、その実現のための作業計画を急いで策定せよ、と迫るべきであろう。

「災害後」の社会像を提示せよ……五月号

政府は、災害の直接的な被害の全容を細部にわたって把握、さらにライフラインの破壊、原発事故など二次的原因に由来する、派生的被害についても確度の高い予想を立て、それらすべてを情報開示する必要がある。あわせて被害救済、復興・再建への政策的展望とそれらの実施過程をも、被害地域住民および全国民に、さらには救援の手を差し伸べてくれている諸外国にも、周知しなければならない。メディアは、そうした情報開示で政府のやり方に問題があれば、改善を求め、ときには政策内容についても適切な提言を、タイミングよく行う必要がある。しかし、先に見たように、地震発生から農畜産物・飲料水の放射能汚染までの過程を新聞・テレビなどで知る限り、政府もメディアも、逐次的に起きる現実の異変に忙殺され、情勢の後追いに終始している観が否めない。なぜなのだろうか。

住民の人的被害の実相がいつまで経っても完結しないのは、「死亡」と「行方不明」の区別が判然としないせいもある。「死亡」はいわゆるボディ・カウント＝「死体」の数で、すべての氏名・身元がわかっているわけではない。近親者・知己が確認できたときだけ「死者」になる。「行方不明」は、家族が警察に届け出た、死体が発見されない所在不明者と、自治体関係者がこれぐらいは住んでいたはずだと推定する概数の合計だ。だれがいなくなったかもわからないケースも多い。また、「死亡」したが「死者」になれないものも含まれている。さらに「死亡」にも「行方不明」にも含まれない不明者もいるはずだ。

問われぬ内部被曝の危険性　原発事故の被害では、東京電力の隠蔽体質や、東電情報に依存するだけの政府の無策ぶりが目についたが、そこを衝くべきメディア・サイドの非力さも指摘しておきたい。相手は「……の可能性は否定できない」「ただちに人体に有害な影響は与えない」「政府は住民に……するように呼びかけた」など、いってみれば言を左右にするだけなのに、これに対して、「可能性があるのなら、その対策は……」

「長期的にはどんな悪影響が現れるのか」「呼びかけるとは、政府の責任が担保された指示か、めいめい勝手にやれということか」というような反問がメディアから出てこないのだ。

さらに頼りないのは、「CTスキャンを一回受けるぐらいの放射線量」「この場合はレントゲンを二回つづけて受けるぐらい」というような答えをあっさり受け止め、軽率に「冷静に行動することが望まれる」など、余計なコメントを付け加えるメディアが多い点だ。

広島における原爆症患者の認定問題検討の経験は、未被爆者が救援や復旧のため、被爆後の市中に入り、残留放射性物質による二次被曝に遭い、とくに塵埃などと一緒に体内に入った放射性物質による内部被曝を被り、がん・白血病などの原爆症に罹ることになった事実を、明らかにしている。内部被曝で体内に残った放射線で彼(彼女)らの染色体が傷つけられると、本人に不妊症が、その子どもにも白血病、小頭症などが発症する危険のあることもわかった(広島記者団被爆二世刊行委員会編・深川宗俊監修『被爆二世』時事通信社・一九七二年)。

体外から瞬時照射されるだけの放射線の影響と、取り込まれる放射性物質の種類によっては体内器官に蓄積され、有害な作用が累増することもある内部被曝の危険とでは、問題の性格も重大性も大きく異なる。そうした知識を、記者たちは失くしてしまったのだろうか。行政も東電も、原発を推進してきた「御用学者」も、その区別を知らないわけはない。彼らにごまかされてはならない。

なぜ、このような事態に陥ってしまったのかを考えるとき、問題の根は深く、大きいと痛感する。自治体は果たして住民の存在がその姿や声で感じられるほどの距離に、常にいたのだろうか。繰り返される市町村合併で行政組織は大型化し、住民台帳制度によって住民管理の情報化も進み、行政効率は高まっただろう。だが、住民は個に解体され、コミュニティは自立的な力を弱め、行政も住民の生活に寄り添う姿勢を失ってはいなかったか。地域の流通も消費もレジャーも、外部大資本による大型化、広域のモータリゼーションに適合させられ、駅前はシャッター商店街と化していたのではないか。大災害に対する脆弱性は、これらによって助長されたのではないか。

原子力発電は、産業復興、経済成長の切り札、CO_2排出が極めて少ない環境に優しいエネルギーともてはやされてきた。大方のメディアもそうした政治・行政や寡占的な電力会社の方針に同調、なかには率先して原発推進の旗を振ってきたメディアもある。しかし、今回の大事故はその動きに冷や水を浴びせることとなった。

「原子力　郷土の発展　豊かな未来」と記した大きなアーチを町道の上に掲げてきた福島第一原発のある双葉町は、町を挙げてさいたまスーパーアリーナに避難したが、いつ帰還できるか予測がつかない。最悪の場合、町のかなりの地域が、長期にわたって立ち入り禁止地区になるおそれもある。これでは原発がやっていけるわけがない。日本だけのことではない。日本における原発の危険の露呈を機に、ヨーロッパ全体で原発計画の凍結や見直しが進み、オーストラリアでもアジアでも、原発計画の推進を最近決めたアメリカにおいてさえ、同様の動きが生じている。

「復興」は何を意味するか

以上のような事態を眺めるとき、高度経済成長以来、そこでの成功体験と繁栄モデルを頭から信じ込み、効率優先、成長一本槍で突き進んできた私たちのやり方全体に大きな盲点があったのではないか、と思わざるを得ない。今度の災害からの再建・復興は、元に還ればすむものではなく、今回さらけ出された欠陥を克服し、政治・経済・社会・文化すべてのあり方を変革、一新する必要があるのではないだろうか。

社説は前に見たとおりの惨状だが、他の面には以下のような観点を示す論考が出だしている。石橋克彦・神戸大名誉教授「全原子炉停止　総点検を」(毎日朝刊三月一三日)、作家・高村薫「この国はどこへ行こうとしているのか『人間サイズ』の勧め」(同夕刊一七日)、広井良典・千葉大教授「私の社会保障論『脱成長型』の社会モデルへ」(同朝刊一八日)、増田寛也・前岩手県知事「地方主体・住民参加型の再生の視点失うな　東北人自ら復興のデッサンを」(同朝刊二四日)、政治学者・御厨貴「三・一一　復旧を超えた新しい国造り」(朝日朝刊一七日)、赤坂憲雄・福島県立博物館長「東北の民族知　今こそ復権」(読売朝刊二三日)などである。

これに対して朝日の「できるだけ『東北産』を買おう」(二三日朝刊小野善康大阪大学フェロー「ザ・コラム」)には、気が抜けた。また、日経の「がんばろう日本」(二一日朝刊・小孫茂編集局長)は、結局元どおりの繁栄を目指すものとしか読み取れず、懲りない話の繰り返しに思えてしまった。

エネルギー政策の転換で一九六〇年代半ば、政府が炭鉱離職者とこれを正規社員として受け入れる大都市の企業に補助金を支給し、炭鉱閉山を推進したことを思い出す。今度はその逆をやってはどうか。東日本大震災で災害過疎に追い込まれる小さな町や限界集落が、そのまま見捨てられるおそれがある。そこで、当該地域の出身者で故郷を離れて働く若者や、出身に関わりなくそれらの地域に移住し、有機農法による農業、自然再生資源の場としての林業、安全な養殖水産業、個性的な地場企業、エコ・ツーリズムなどの観光産業、教育・福祉事業などの仕事に就きたいと思う若者を全国から募り、彼(彼女)らとこれを受け入れる自治体に補助金を出す、というような政策を政府に取らせることはどうだろうか。また、原発を閉鎖する代わりに、被災地域の復興建築物全戸に補助金を出し、太陽光発電パネルを設置させるというアイディアはどうだろう。地域ごとに電力の自給体制が整えば、最強の防災地区が出現する。グーグル・アースで、村の家々の屋上にパネルがきらめく光景を、見たいものだ。

このぐらいの政策転換をメディアは大胆に提起し、大いに論じてもいいのではないか。だれに気兼ねする必要があるものか。人間は将来に希望がみえれば、現在の苦難を耐え、目標に達するための課題を解決していける。

「ひとつの原発の建設は、その他の選択肢をすべて圧殺してしまう。漁民が漁業をする権利や、他の手段によって生活をする可能性もつぶしてしまう」「巨大権力集中型のエネルギー社会システムを否応なしに生み出していく。人間と自然の関係も一方的になり、人間がなんの権利もないのに、動物や植物に対して絶大な危害をおよぼしていく」「人間と他の生物が共生すべき二一世紀にむかっては、そういう人間の側の一方的な押しつけになる技術を減らしていくのが、われわれのなすべきことではないか」(原子力資料情報室を創設した高木仁三郎の遺著、小説『鳥たちの舞うとき』工作舎)。今胸に染み通るような言葉ではないか。

安全保障政策も見直しを

最後に、災害救助で出動の自衛隊に触れた読売の社説「行政と連携し効果的支援を」(二二日朝刊)に注目しておきたい。とくに注意を引くのが、「トモダチ作戦」と銘打った米軍の自衛隊との共同支援活動に言及している部分だ。米軍に感謝を表明するとともに、「今回の協力を、日米同盟を深化させるための重要な一歩としたい」と述べている。在日海兵隊のホームページは「トモダチ作戦」の活動ニュースを掲載、普天間基地からの輸送機の発着も紹介、普天間が「トモダチ作戦に決定的に重要」であると繰り返している(朝日二三日朝刊)。読売にいわれるまでもなく、米軍の方が勝手にこの機会を同盟深化に役立てている。もちろん米軍は戦争のために日本に、そして沖縄に居つづけようとしている。「沖縄はユスリの名人」という失言で米国務省日本部長を更迭されたケビン・メア氏が、同省の東日本大震災支援調整役に就任したことも、意味深長だ。

しかし、四基の原子炉の事故で、この国のほぼ半分が危険にさらされている日本には、五〇基を越す原子炉が全国に点在している。そのうちの一〇基でも「敵」に攻撃され、破壊されたら、もうこの国はたたかえない。だとしたら、一緒にたたかうために米軍にいてもらう意味もなくなる。自衛隊は破壊された原発災害に対処するだけで精一杯だ。しかし、今回の経験も含め、日本の自衛隊は原発事故まで含めた、さまざまな災害の救助活動の高度なノウハウを身につけている。海外へ災害救助のために出動することは有益だ。安全保障の国際協力のあり方にも、大きな政策転換が必要となっているのだ。ヒロシマ・ナガサキ・第五福竜丸とつづいた日本の核との不幸な縁をフクシマで完全に絶つことこそ、多くの被曝犠牲者の霊への手向けとなるはずだ。厳しい福島の事故現場で生命への危険を冒して放射能を押さえ込もうとしている自衛隊員の多くも、そういう気持ちではないか。

戦争するための軍事協力をアメリカと一緒に強化していく必

要がどこにあるのだろうか。もうアメリカとて、しだいに戦争はできなくなってきているのが実情だ。「人道的介入」を理由に、仏英が主導、アメリカも協力してリビアへの軍事介入が始まった。しかし、予想される未来に待つものは、かつてのユーゴ内戦への介入、アメリカのアフガン・イラク戦争がそうであったような、多数の市民の被害と戦争が新たにつくり出す矛盾の山であろう。日本は、このような方向での戦争政策に、絶対に協力すべきではない。それとは違う方向に安定した恒久的な平和構築の道があることを、この大震災の攻撃を乗り越えるたたかいを通じて、証明していくべきだろう。

共振するメディアと原発

六月号

東京電力・福島第一原発の事故発生から約一カ月後の四月一二日、経済産業省原子力安全・保安院は、事故の深刻度を国際評価基準で「レベル7」まで引き上げた。以来、筆者は毎日、テレビの画面に「脱原発」の字幕スーパーが出てくるのを待っている。なぜなら、これほど長期にわたって放射能汚染の不安と怒りに苛まれながら、この一言だけをだれも口にしないのは不思議でならないからだ。

巷では、三月の後半から原発に反対するデモが波状的に行われ、その動画がネットに大量にアップされている。東京電力本店前では、ネットやツイッターを利用する若者たちが連日、小さな集会を開いている。そこに、道行く人たちが随時参加し、マイクを握って次々に抗議の声をあげる。そして、土日には、必ずと言っていいほど反原発のデモが行われている。四月一〇日、東京で行われた「超巨大反原発ロックフェスデモ in 高円寺」には、主催者側発表で一万五〇〇〇人が集まり、芝公園には浜岡原発の危険を訴える二五〇〇人が集まった。とくに後者は、東海・東南海、南海連動型地震を強く意識した行動だが、マスメディアはいっこうにそれらに目を向けようとしない。

ここまでくると、メディアは原発イデオロギーに染まっているのではないかとさえ思ってしまう。福島原発の一部電源が回復し、中央制御室に灯りがついたとき、筆者は、なんとテレビ局のコントロールルーム(副調整室)に似ていることかと直感した。両者の相同性は、いうなれば「制御不能」である。

「レベル7」と危機意識のレベルダウン

「レベル7」の認定を境に、テレビのトップ・ニュースは、なぜか原発事故の最新情報ではなく、もっぱら「復旧」に話題をシフトするようになった。さっそく東電は原子力賠償制度に基づいて被害住民に補償金の仮払いをすると発表した。これは確かに必要な措置ではあるが、第一原発の「冷温停止」のめどもつかず、「レベル7」の危機がまったく去っていない時点で、どのように被害の範囲を特定し、補償額を算定するのだろう。こうした東電の〝したたかな甘え〟を、メディアが下支えしている。福島での危機の高まりをよそに、テレビは急速に日常化し、バラエティー番組が軒並み復活している。それに反比例するように、ニュースは沈黙し始めた。明らかに、メディア＝原発の同調的な共振がある。

なぜこのようなことが起こるのか。「レベル7」以前の報道には、一つのルーティーン・オーダーができあがっていた。たとえばNHKの場合、トップ・ニュースは、必ず(1)原発事故関連(怖さ、驚き)、つぎに(2)被害者と被災地リポート(同情、共感)、最後は(3)明日の天気(日常性)という流れが定番となった。これは意図的なものというより、放送局内におけるニュース編成の反映にすぎないのだろう。しかし、こうした不安の「煽り」と「沈静化」の反復が、視聴者の意識を再編成してきた。今は、「レベル7」と「復旧」の組み合わせによって、危機意識はクールダウンさせられているというわけだ。メディアが、批評や感情の麻痺を構造化している。それに対して、ネットやツイッターの利用者が「脱原発」の意識を研ぎ澄ましているのは、ルーティーン化されたメディアウォールの遮蔽を受けていないからだともいえる。

それにしても、「脱原発」という言葉は依然としてマスメディアに現れない。忘れられているというより、意識的に無視されているとしか思えない。その有力な理由を、ユーチューブの中に見つけた。原発CMにタレントやスポーツ選手が大動員されているのだ。筆者は、それらをテレビの画面上でなんども見ていたにもかかわらずデジャヴュの感覚を持たなかった。おそらくなんと愚劣なという感覚を抱いて、まともに見ていなかったせいか、CMが奇妙に新鮮に見えた。福島以前と以後の間に何かが決定的に変化したのだろう。

CMの実例を少し挙げておこう。クイズ番組の司会者草野仁氏はこう言っている、「資源の少ない日本では、電気も様々な発電の特徴を生かして作っているんだよ。その一つ、発電時にCO_2を出さない原子力発電。一〇〇キロワット級が一年間で削減できるCO_2は、関東と同じ広さの森林を吸収できる量に相当します」。プロ野球楽天(仙台)の星野仙一監督は、「日本は資源の少ない国。子どもたちの未来を考えていかないとね。(女性の声)日本のエネルギー自給率はわずか四%。関西電力は、エネルギー資源を有効に活用するため、原子力発電所の使用済み燃料を再処理して活用するプルサーマル計画を進めています。(星野)みんなと未来。電気とエネルギー。関西電力」。タレントの岡江久美子氏は、「電気のない暮らし、想像できませんよね。子どもにそんな未来が来ないように、電気を使ってきた私たちは、すべきことを考えないと。(男性の声)原子力発電の燃料は、リサイクル過程で出る高レベル放射性廃棄物。その安全な処分方法として、「地層処分」の実施への取り組みが進められています。(岡江)私は必要だと思います、NUMO(原子力発電環境整備機構)」。これ以上は紙の無駄になるのでやめる。

こう見てくると、テレビが原発を批判したり、「脱原発」を言えなかったりする事情がよくわかる。

みんな油断していた

東電前の抗議デモのなかに、チェルノブイリ原発事故の直後、「まだ、まにあうのなら」の合言葉(同名の甘蔗珠恵子著がある)のもとに、反原発のために動いた人たちが多数いた。意外なことに、彼らの一人が「私たちは、ここ何年か油断をしてしまった」という悔恨の言葉を述べた。「だから、東電謝れ！とは言えなかった」というのだ。

油断は、しかし責められるものではない。このところメディアに溢れていたのは、「ワーキングプア」「セイフティネットクライシス」「無縁社会」など労働・雇用環境に関する番組であり、それらは流行語にさえなっていた。「失われた一〇年」が、いつのまにか「失われた二〇年」に延長され、世論は、慢性的な閉塞感の中でついに政権交代に雪崩を打った。これにはメディアが一定の役割を果たした。しかし、その後も若者たちの生活ベースは一向に好転せず、もはやどこにも出口がないように見えてきた。そのような不安と不満のピークで、今回の震災・津波・原発事故が起こった。今度はメディアもパニックを起こしてしまった。社会の底が抜けたのだ。

現代の貧困・格差は、高度成長期に顕在化した地域間格差や南北格差だけで説明することはできない。大量の貧困層が世界規模で、まるでグローバル・システムの遠心分離機にかけられたように四散している。にわかに、ワーキングプア問題と原発クライシスを直結して説明することはできないが、水・空気・森・川・湖など自然環境を人間の経済活動の内側に取り込み、言葉・慣習など人間の信頼関係を資本とし、学校、医療、金融、司法、出版、ジャーナリズムなどを包含する制度も社会資本とみなす考え方(宇沢弘文『社会的共通資本』岩波新書)が今の状況にもっともフィットする。

しかるに、メディアはやたらにスペクタクルな映像をたれ流し、人々の視力のみならず思考力までも麻痺させている。出来事と記録から、その伝達と受容までを担うメディアがただのお喋りに閉ざされ、自由な批評に開かれていない。

「なぜ止められなかったか」と問う時

「なぜこんなことになってしまったのか」。この問いは一瞬まともに聞こえるが、結局、ことの必然を説明するにすぎない。そうではなくて、「なぜこんなことになるのを防げなかったのか」と問うべきなのだ。メディアはいまこの「否定の問い」を封印している。その上に立って、住民への補償、原発の再開、新炉の建設などを言い出すのは醜悪である。

メディアの閉塞状況を、しかし、わずかながらもこじ開けようとする努力を見出すことはできる。以下、ＴＢＳ「報道特集」、テレビ朝日「サンデー・フロントライン」、そして最後に「城南信用金庫の理事長発言」を紹介する。

ＴＢＳ「報道特集」は、事故発生の翌三月一二日の土曜日から、反原発の立場を表明する「原子力資料情報室」の伴英幸氏をスタジオに招いた。情報室の代表だった高木仁三郎氏ががんに冒されながら「筑紫哲也のＮＥＷＳ23」に最後のテレビ出演をした縁だろう。伴氏は、福島第一原発では、冷やす段階に失敗し、炉心溶融に向かっていると示唆した。一カ月以上も前に「レベル７」を予告していたことになる。キャスターの金平茂紀氏は、一貫して原発で何が起きているのかと問い、政府、東電の情報開示を強く求め続けた。そして、メディアの報道姿勢そのものについても、つねに反省的な視点を忘れず、視聴者にも事実に基づいた冷静な判断を求めた。次の放送までの一週間、金平氏は被災地に足を運ぶというジャーナリストの基本姿勢を取り続けた。あるとき「情報被曝」という言葉を紹介して、報道機関がパニックを起こしているのではないかと自戒した。メディアに関わる者がメディアに懐疑的であることが、メディアへの信頼につながる発言である。時々刻々状況が変わる中でメディア論を展開するのは勇気がいる。

伴氏は、三月一九日の放送の最後に、「故高木仁三郎氏の遺志をついで、原子力政策の見直しを訴えていきたい」と結んだ。ようやく、「脱原発」の視点がメディアで表明された。

次に、四月一〇日（日曜日）の「サンデー・フロントライン」は、原子力安全委員会が過去に「全電源喪失は考慮しなくてもよい」と結論づけた議事録を明らかにした。元委員長松浦祥次郎氏はインタビューに答えて、「すべての可能性に対応しようとすると費用がかかり過ぎる」という率直な意見を披露。その上で、「今後の対策として、津波以外の要件も精査しなければならない」と発言した。しかし、このやり取りには二つの落とし穴がある。一つは、原子力安全委員会がコストを考慮する発言をしてはばからないことだ。つまり、東電との距離を見出せない点。もう一つは、「厳密な安全対策」という美名のもとに、原発という技術体系をいささかも疑っていない点。すなわち、コストをかけさえすれば今度のような事故は起こらなかったと開き直ったようなものだ。ここからは、「脱原発」の選択肢は巧みに排除されている。「サンデー・フロントライン」は、せっかくここまで追及しながら、「脱原発」の一歩手前で立ちすくんでしまった。

最後に、ユーチューブから、東京の城南信用金庫理事長吉岡毅氏の発言を紹介しよう、「原発というものはいかに危険なものか。人は必ずミスをすると思います。なにがあっても大丈夫だという説明がことごとく違ったことを知って衝撃を受けました。東京は福島の人たちに迷惑をかけてきたことに気づきました。原発への依存度は三割から四割ならば、その分の節電を行い、ソーラーや風力などの代替エネルギーを開発利用していきたいと思います」。この金融機関がこのご時世でどのような道を進んでいくのか、それはわからない。しかし、これらの言葉は、今のマスメディアの常識を踏みぬいている。少なくともメディアの側からつけ加える言葉はない。

メディアの汚染地図……………………………七月号

ようやく映し出された「現場」

これを書く五月の下旬、依然として福島第一原発の危機的な状況は続いている。「便りのないのは良い便り」は、今は昔の喩えである。今時は、「安心情報は悪しき便りの前兆」とみなが受けとめるようになった。次々に判明する恐ろしい新事実。高濃度放射能に汚染された水の大量漏出、地震直後から一、二、三号機すべてがメルトダウンし始めていたことなどが明るみに出て、安心情報をなんとか信じようとしてきた人々をついに突き放してしまった。

そんななか、文部科学省は福島県の幼稚園・学校などを開設するにあたり、年間の放射線許容量を二〇ミリシーベルトとする暫定基準を通達した。一般人の年間許容量は一ミリシーベルト。福島の親たちは文科省の決定に対して猛反対の声を上げた。文科省は、旧科学技術庁系の官僚を中心に強硬路線を譲らない。二〇ミリのお墨付きを与えたと疑われる原子力安全委員会は、そんな数字は子どもに許容できないと逃げを打ち始めた。こうした大人たちの議論をよそに、子どもたちは今日も〝汚染土〟の上で遊んでいる。これが、原発事故から二カ月以上たった現実である(その後、文科省は今年度の線量につき「年間一ミリシーベルト以下を目指す」との目標を発表した)。

こうした危機的状況のさなかの五月一五日(日)、NHK教育テレビでETV特集「ネットワークでつくる放射能汚染地図〜福島原発事故から2ヶ月〜」が放送された。これが大きな反響を呼び、再々放送まで組まれた。このことの意味を考えてみる。

これまで、われわれがテレビのニュースを通して見聞きさせられてきたのは、無残に吹き飛んだ原子炉群、東電や原子力安全・保安院のモタモタ記者会見、そして、当局の発表を図解するだけの記者、最後に「ただちに健康に影響は出ない」とつけ加える原発専門家たちの姿ばかりだ。思えば、事故発生以来、視聴者は現場のない、首から上の放送(発表ジャーナリズム)をあてがわれてきた。

このETV特集は、当たり前のはずの「現場」をはっきりと映し出した。それが驚きをもって受け止められている。以下、内容を記述する。

ホットスポットの発見

番組の始まり方が衝撃的である。厚生労働省の放射線衛生学の研究者木村真三氏(四三歳)が、事故発生直後の放射能の汚染状況を自主的に調べようとするが上司の許しが出ず、敢然と職を辞して福島に出発する。そこにNHKのスタッフが同行する。まさに福島第一原発一号機、三号機、二号機の水素爆発があり、半径二〇キロ以内の住民に避難指示、二〇〜三〇キロ圏の人々に屋内退避の指示が出された直後のことである。御用学者、御用メディアがテレビを独占していたころ、専門知識を良心的に使おうと初動したマスメディアの人間がわずかながらいたということだ。

NHKの取材チームは、空気中の放射線量が最大だった三月一六日、原発から二〇〜三〇キロ圏の屋内退避地域を起点に、西から東に原発に向かって走りながら、土壌のサンプリングと大気汚染の調査を始めた。原発から二二キロ地点の田村市都路《みやこじ》町で合計二四万ベクレル／㎡のセシウム137を測定。これはチェルノブイリでは移住が補償されるゾーンの数値である。つまり、屋内退避では不十分という指摘だ。二〇キロ圏内に入ると雪が降っていた。車内の線量計はあっという間に二〇マイクロの限界に達して振りきれた。小林という地名のあたりでは、二五〇マイクロから計測限界の三〇〇マイクロ(東京の五〇〇〇倍)に跳ね上がってしまう。しかし、常磐線の落ちた高架橋をくぐると、数値は四〇マイクロに下がった。通過してきた町は、高濃度放射能に局部的に汚染されたホットスポットだったのだ。

三月二〇日、スタッフは南から北に移動計測を開始した。その結果、原発からほぼ同じ距離でも放射能汚染に濃淡があること、とくに北西部で高い放射能汚染が起きていることを発見した。二七キロ地点の葛尾は全村自主避難して人気がなかった。日没後、取材班は一軒だけ灯りのついた家を見つける。競走馬を育てる一家だ。まもなく仔馬が生まれるのでここを離れられないという。三日後、スタッフが再びこの地を訪ねると、生まれたばかりのオスの仔馬がすやすや眠っていた。

スタッフはこうしたポイント取材を続けながら、調査活動を支援するネットワークを広げていった。京大、広大、長崎大の研究員たちが手弁当で集まってきた。元理化学研究所の研究者岡野眞治氏(八四歳)は、移動しながら六秒ごとの放射線量が測定できる機材を調査チームに提供した。これで、全般的な汚染地図を描くことができるようになった。

三月末、取材班は原発から北西方向にのびる浪江町の赤宇木《あこうぎ》集会所に立ち寄った。そこには四組の夫婦と四人の独身者が屋内退避していた。駐車場で八〇マイクロシーベルト／h、室内でも二〇マイクロという高い数値が検知された。セシウムは合計四〇〇万ベクレル／㎡、原発から四キロ地点に次ぐ高濃度だった。取材班は、ここに留まることの危険を告げ、別の場所に退避することを薦めた。政府がここを「計画的避難区域」に指定する一二日以上も前のことである。

筆者は、この人助けを研究者として取材者として正当な研究・取材行為だと考える。危険な数値を知ったら誰であれそれを知らせ、生命の危険からその人を救う。本来、研究者やマスメディアが奉仕すべき公共性とはこういうことではないのか。メディア的には、そのプロセスを記録し、多くの人々に証拠として示すという重要な仕事も果たした。

取材チームは、集会所の夫婦が原発に近い自宅に帰り、猫と犬に最後の餌を与える場面に立ち会った。犬は、夫婦の車をどこまでも追ってきた。その見事なラストランはつらく悲しい。考えてみれば、このような痛覚をともなった取材を、われわれはテレビの画面からついぞ受け取っていなかった。

調査報道とニュースのギャップ

試みに、NHKの同時期のニュースを録画で遡り比較してみた。たとえば、取材班が三〇キロ圏に入った三月一六日、たしかに文科省も原発から西北西二五キロの地点で、高い放射能を測定したと発表した。NHKニュースは、枝野幸男官房長官が記者会見で、文科省が福島第一原発から二〇キロから六〇キロ離れたところで測定した放射線量のうち最も高かったのは二五キロ地点の八〇マイクロシーベルト／hであったと述べ、しかし「直ちに人体に影響を及ぼすような数値ではない」とコメントするのを伝えた。この数値は、東京の一三〇〇倍である。つまり、ホットスポットが屋内退避区域内にもあった。メディアは、もっと大きな扱いにするべきだったが、「安心情報」を追認するだけであった。

三月三〇日、赤宇木の避難民は、木村氏のアドバイスを受け入れて、集会所を後にした。翌四月一日のNHKニュースは、屋内退避の指示が出ている原発の二〇キロから三〇キロの範囲で放射線の数値にバラつきがあるにもかかわらず、指示が同心円状に出ている問題について、原子力安全委員会は「この後の進展が分からない以上、いまの指示の範囲を変えて、自宅に戻っていいということはできず、いまの区域を維持せざるをえない」と答えるのをそのまま伝えた。このとき安全委員会は、もっと安全なところに人々を避難させるのではなく、逆に、自宅に戻る指示は出せないと言ったのだ。安全委員会も文科省も、原発から二〇キロ以内の退避指示地域の線量測定をしていなかったのにもかかわらず、である。ほとんどの住民が避難を終えているから不要だというのが理由だ。もっと絶望的なのは、安全委員会の呆れた見解に、疑問もはさまず、そのまま垂れ流したニュースの感覚である。ETV特集のスタッフはこのころ被災者を安全誘導していた。なぜこんなことになるのか。答えは簡単、取材の有無である。

だが、話はこれで終わらない。五月一五日放送のETV特集を見た一視聴者のブログに瞠目すべき書き込みがあった。「大金星であり大黒星である」と題して、次の言葉、「NHKが放射能汚染地域に早い段階(三月一五日頃〜)から入って記録映像を撮り続けていた、というのは『よくやった!!!』とほめてあげましょう。しかし、報道されなければ、存在しないのも同然です」。

取材コントロール

このETV特集と内容が重なる四月三日放送の「原発災害の地にて」を見直してみる。こちらにも赤宇木の集会所で屋内退避する人々を訪ねる場面がある。しかし、訪ねたのはノンフィクション作家の吉岡忍氏。やはりこの場所の放射線量が高いことを知らせ、避難を促している。撮影は字幕によれば、五月一五日の番組に登場する木村真三氏。なにか事情がありそうだ。この放送でも、赤宇木の谷間に漂っていた放射能が雨や雪によって地表に沈着し、高濃度の放射線を出して汚染したと言っている。この時点でも、十分大事な情報を流していた。しかし、今回のような徹底した調査に裏付けられた番組が、なぜ五月一五日まで放送されなかったのだろうか。ブログ氏がいう「大黒星」に関わる話だ。

筆者は、五月二二日(日)に行われた「原発報道を考える〜メディアは真実を伝えているのか〜」という緊急シンポジウムを覗いてみて、そこでヒントをえた。まず、フリーのカメラマンから、二〇キロの「立入り禁止区域」に入って撮った映像をマスメディアは買おうとしないという告発があった。そういう〝違法な〟映像は存在しないというのだ。それをうけてマスメディアの自主規制について、パネリストの一人からNHKの内部文書が披露された。

三月二一日付の「放射線量についての考え方」というタイトルの文書だ。NHK報道局が被災地のある放送局長などにあてたもので、「今のところ政府は原発から半径二〇キロに出している避難指示と二〇キロから三〇キロまでに出している屋内退避の指示を変更する予定はない。我々の取材も政府の指示に従うことが原則」と書かれているという。政府の指示に従え、それがNHKの方針だと読める。どうやらNHKには報道局主導の取材コントロールがあったようだ。制作局のETV特集チームは、このバリアーを勝手にかいくぐってしまったらしい。昔から、一見さんの制作局が、ニュースの領分を侵してスクープをものしてしまうことがしばしばあったそうだ。メンツをつぶされた報道は掟破りだと大騒ぎをする。これはどこの民放、新聞社でもお決まりの構図だ。なぜかコングラチュレーションとはいえない性《さが》が見える。

ところが、三月下旬にもなると原発事故も直後とは異なり比較的安定し、二〇キロ圏内の自宅を往復する避難住民による撮影映像などがネットで公開されたり、四月になると避難指示区域に警視庁機動隊が入り、行方不明者の捜索をするようになり、フリーだけでなくマスメディアの記者がルポを書くようになった。二〇キロ圏内の様子が平気で報じられるようになったこのころに、一回目のETV特集が日の目を見た。しかし、それもつかの間、四月二二日に二〇キロ圏内が「警戒区域」に設定されると、また規制が厳しくなった。

推測するに、事故直後から二〇キロ圏内に入って独自取材した「放射能汚染地図」の方は急に値が上がった。だから大金星、されど大黒星。こうしたＮＨＫのお家の事情が浮かび上がってきた。だが、ＮＨＫの中にいくつ顔があろうがそれは瑣末なことだ。自主規制、自己保身、内部抗争のために、子どもたちをホットスポットに置き去りにするようなことがあれば、もっと大きな黒星がつく。

福島「低線量被曝」の不安を伝えているか……………………八月号

松本市長の集団移転案は検討すべき　東京電力・福島第一原子力発電所事故を巡る最近の報道で目を引いたのは、東京（中日）新聞六月一六日付朝刊の「こちら特報部」で取り上げられた「子に体調異変じわり『避難か』苦悩の親」だ。政府が現在の放射線レベルは「健康に影響はない」と断言する中で、福島の子どもたちに変調が現れているという事実を伝える内容である。その中でも秦淳哉記者による菅谷昭・長野県松本市長のインタビュー「国は集団移転支援を」は、二〇キロ圏内の警戒区域など特定地域における住民の被曝の危険のみならず、広く福島県の子どもの被曝対策を視野に入れた説得力ある提言を紹介していた。子どもたちの年間の被曝限度は、二〇ミリシーベルトなのか、もしくは一ミリシーベルトであるべきか、という議論が盛んに報道されていた中で、子どもをそもそも安全な地域に一時的に学校ごと集団移住させようという論点提示は、新鮮に映った。

菅谷市長は、旧ソ連のチェルノブイリ原発事故（八六年）の後に五年以上も現地で医師として甲状腺がんに苦しむ子どもらを治療していたことで知られている。福島原発事故でも報道機関を通じて積極的に発言していたが、今回の学校単位での集団移転の提言は、国はいわずもがなだが、同県内の学校関係者が真っ先に耳を傾けるべき内容ではないか。この記事にかんする読者からの反響も多かったと聞く。例えば松本市が市営住宅を無償で提供する範囲を福島県内で一五歳以下の子どもを持つ世帯に拡大したこと、また夏休み中、飯舘村の子どもたちをキャンプに受け入れる予定であることが紹介されているが、同市担当者によれば、これについての問い合わせが福島県の避難指示地域外に住む保護者からも寄せられているそうだ。

特報部の原発事故報道が他の一般紙の報道記事とはひと味もふた味も違っているのは、原発の被災者に寄り添おうとする脱原発の視点が明確であるからのように思われる。政府や東京電力の事故情報がもはや信頼性を失っている今日、こうした問題に報道機関がどう向き合おうとしたのかは、重要な批評の対象だ。

子どもの被曝問題が社会的な注目を集めたきっかけは、福島県の母親らの切実な訴えだ。文部科学省が小学校の校庭などの利用制限基準を「年間二〇ミリシーベルト」と決めて通知したのは、四月一九日。国際放射線防護委員会（ＩＣＲＰ）による年間限度量一～二〇ミリシーベルトの上限を根拠にした。これに対し、「基準値が高すぎる」と保護者らから不安の声が相次ぐ。この基準は事故の収束期に適用されるものだが、その前提としてあらゆる低減措置が取られなければならない。しかもＩＣＲＰは一般公衆の年間の被曝限度を一ミリシーベルトとしているのだから、心配するのは当然だ。都合三回に及んだ厳しい対文科省交渉の模様を当初から伝えたのはUstreamか市民メディアの一部だけであった。その様子が徐々にマスメディアにも取り上げられるようになり、五月二七日になってようやく文科省は「当面、一ミリシーベルトを目指す」と軌道修正したが、この被曝はあくまで学校内でのことであり、しかも食べ物などから摂取される内部被曝は含まれていないという。子どもは一日中、学校にいるわけではない。授業を行って子どもを学校に縛り付けておきながら、校外のことは管轄外だと言いたいのだろうが、基準の決め方といい、便宜的な適用の仕方といい、子どもの生活の全体像を見ているとはとうてい思えない。

福島市内の放射線量は、いまなお毎時一マイクロシーベルトに達している。同市は福島第一原発から五〇キロメートルほど離れているため、法的に立ち入りが制限される「警戒区域」にも、今後一年間に二〇ミリシーベルトに達する危険がある「計画的避難区域」、自主的な避難が求められる「緊急時避難準備区域」にも指定されていないが、地形の影響で事故以来、比較的高い放射線量の検出が続いている。山形県の関係者に聞いたところ、事故当時には福島県の南相馬市や浪江町などからの避難者が多くを占めたが、このところ奥羽山脈を隔てて山形県と接している福島市民から、山形新幹線沿線の自治体に自主的に避難したいという相談が目立って増えているという。

平日は学校にいるためやむを得ないが、週末は放射線量が平常値にある山形県に子どもを避難させたいという内容だったり、子どもが参加できるような夏休みのイベントがないかといった問い合わせが多い。強制的に避難しなければならない人たちを想定していた住宅への申し込みも少なくないそうだ。郡山市の小、中学校に通う児童、生徒が学校ごとの疎開を求める仮処分を福島地裁郡山支部に申請したというニュースが六月二四日にあったが、低線量被曝の科学的な影響がはっきりしていない中で、少しでも子どもの被曝を減らしたいと親が思うのは自然だ。マスメディアが、こうした人々に寄り添った「ケア」の姿勢を公共性の名の下に忘れているとしたら、ゆゆしい事態であると言わざるを得ない。

福島県教委「集団移住はノーコメント」　子どもたちを放射能から守る福島ネットワークや福島老朽原発を考える会(フクロウの会)といった市民グループが国や県に対して避難・疎開を求める署名を集めている。「避難・疎開の促進と法定一ミリシーベルトの順守を」とのタイトルの文書は、首相や県知事、文科相や厚労相に宛てたもので、四つの要求項目のトップに「子ども、乳幼児、妊婦の避難・疎開」を掲げている。当然の要求である。フクロウの会のサイトに六月一四日に文科省と行った折衝で引き出した同省の見解が掲載されている。それによると「夏休みの前倒しは学校長の判断、疎開は学校長と設置者(小中学校なら市町村教育委員会)の判断で可能」ということだったらしい。

それならと今回、福島県教育委員会や、福島県教職員組合に菅谷松本市長らが提案する学校単位での集団移転案について、編集部を通じて聞いてみた。

県教委は「ノーコメント」と冷たい反応が返ってきた。県教組は「学校そのものの集団移転についての話も出ている」としながら、具体的な検討にはいたっていないという。一方、職場では「一マイクロシーベルト以下を目指す」取り組みとして、表土を削ったり高圧洗浄機を用いた除染作業のほか、冷房をつけて窓を閉めきるなどの対策にとどまっているそうだ。

文科省は地方に判断を委ね、その地方はせっかくの菅谷市長の提案を「無視」。一番、子どもたちと向き合っているはずの学校現場での教職員の動きも鈍い。「集団移住」という社会的に影響の大きい問題にだれも手を出さないまま日々、子どもが被曝の危険にさらされ続けている現状にだれも責任をとらない構図が浮かんでくる。

福島大学長の不可解な「メッセージ」　福島大学(入戸野修学長)は、福島市内にキャンパスがあり、五月九日に一カ月遅れの新入生の入学式(新入生を迎える会)を行い、同一二日に授業を始めた。地元各紙の報道によると、入学者は昨年より一二人多い九九三人。原発事故を理由に入学を取りやめた学生は四人という。福島大学では早くも三月下旬には授業の実施を表明している。

同三月二五日に出された「学長メッセージ」では、放射線量について、「三月一五日以降明瞭に減衰しており、開校までにはさらに一／三〇程度に減衰し、全く問題なく、安全に皆さまを迎えることができるものと考えている」とし、「大学は学問の府であり、科学の砦だ。非科学的な憶測や風評に惑わされることなく、学生のみなさんの安全と安心を確保しつつ、教育・研究の環境を整えて皆さんをお迎えしたい」と明言。四月二一日の同メッセージで「五月一日から一年間の大学屋外での被曝予測量は一五・〇ミリシーベルトから六・八ミリシーベルト、屋内では二・三ミリシーベルトから一・一ミリシーベルトとなっており、健康被害が発症する被曝量ではない」との見通しを明かしている。三回目となるこの日の学長メッセージには「学問の府として、人類初めての原発震災の事実を分析し、皆さんとともにその成果を人類史の中にとどめたいと考えている」と宣言している。学長メッセージには文科省が定めた安全基準を信用した言葉はあるが、大学自身の見解はないままで、福島大学長は一体、どんな「成果」を上げようと考えているのだろうか。よもや学生を文科省の実験材料にしようというわけではあるまい。

こうした中、石田葉月・福島大准教授ら一二人が県知事に対して、「行政は、すべての住民の被ばく線量が年間一ミリシーベルトを下回るように努力し続けなければならない」との要望書を六月上旬に提出したという情報に接した。

学長の見解を根本から批判する声が足元から上がったことになる。同大では授業を中止して疎開するとか、他大学で単位を互換できるような措置をとるといった意見が出ていると聞くが、それが大勢に至っていない。しかし、若い学生の被曝は、生殖機能にも甚大な影響を与える危険性があるという観点から、もっと健康問題へのケアがあってもいい。当メディア欄は、これは一大学の中のローカルな問題ではなく、本来、マスメディアが積極的に取り上げるべきであると考える。

ここまで書いたとき、福島大学の六月一三日付「ガンバロウ福大！　行政の『結』というブログに目が止まった。震災をきっかけに、同大学行政政策学類の教員有志が始めたものらしい。一三日付のブログでは、キャンパスの「ぶどう棚」の放射能除染作業が行われたことが報告されている。地上一メートルのところでは、一・二～一・三（「ぶどう棚A下」マイクロシーベルト／h）だったが、除染後に一・〇～一・二になった。地上一センチ（同A下）のところでは、一・三～一・四が除染後は〇・七～一・〇九に下がった。除染後に集めた落ち葉は、三・〇一～三・七二。「被曝量を低くしつつ、同時に私たちの果樹園を守ることはできないか」、とつづられている。が、筆者は、学生の健康面という視点から、そもそも、できるだけこうした場所から遠ざかったほうがいいのではないか、と考える。教職員の努力には頭が下がる思いだが、にもかかわらず、健康面を最優先するなら、こうした高い線量の場所から若者を遠ざけたほうがいいのではないか。

そう思っていたところに、福島の父母たちは、放射線被曝量が年一〇〇ミリシーベルト以下であれば問題ないとする、同県の放射線健康リスク管理アドバイザー山下俊一・長崎大学教授らの解任を求める動きを始めた。

先述した福島大准教授らの発言はこうした動きと連動しているように見える。こういう少数者は大学の中でどのような受け止め方をされているのだろうか。ブログなどを見ていくと、学生だけでなくその保護者を含めた心配の声はあちこちにある。保護者の叫びと裏腹に児童・生徒や学生の健康問題に関する現場の声が届いてこないのはどういうわけなのか。

公立学校の卒業式などで君が代斉唱と起立を求める学校長の

職務命令について、最高裁で相次いだ合憲判決に象徴されるような思想・良心の自由の統制強化の流れの影響とは考えたくないが、集団移転を決断する学校が現れてもよいのではないか。
こうした問題を提起する報道を重ねて望みたい。

「企業海外移転」キャンペーン　九月号

「日本沈没」の論調

経団連が企業の国外流出をカードに原発維持にしがみついていることはすでに述べたが、この「日本沈没キャンペーン」の口火を切ったのは産経新聞だろう。六月二七日付同紙の一面トップに「モノ作り　日本脱出加速」という大きな横見出しが躍っていた。縦の脇見出しは「電力供給不安」「脱原発に不信」とあった。同紙が挙げた「日本脱出」の具体例をみると次のようになっている。

・三井金属が高機能携帯電話（スマートフォン）向け回路基板の材料となる電解銅箔を生産するためマレーシア工場に新ラインを新設する。
・半導体大手のルネッサンスエレクトロスは、自動車用マイコンを台湾やシンガポールの企業への生産委託を強化する。
・富士通セミコンダクターはシステムＬＳＩを中国・江蘇省の工場に一部移管する。
・ＨＯＹＡはデジカメなどに使われる光学ガラス生産を昭島工場（東京都昭島市）だけで行ってきたが、中国・山東省で工場建設を始め、今年一二月にも稼働させる。ガラス原料を溶かす生産工程で、電力の安定供給が欠かせないためだという。
・信越化学工業はシリコンウエハーを海外で増産することを検討している。
・自動車部品の生産を中国などで増強してきたユーシンの田辺耕二社長は、「日本での部品生産がゼロになることも考えている」と公言している。

同紙によると、経済産業省が大手製造業を対象にした緊急アンケートでは、部品供給網を海外に広げる可能性があると回答した企業は七割近くに上ったという。同紙は、国内企業がもっとも危惧するのは、電力供給の先行きだ、と力説する。

つまり、定期検査で停止中の原発の再稼働のめどはたたず、来春には全原発が停止する恐れがある。原発停止で増大する火力発電用燃料の調達費に加え、割高な自然エネルギーの導入コストが電気料金の値上げにつながり、企業の収益を圧迫する。このままでは、産業の国内生産が空洞化するというのだ。

日本経済新聞も負けてはいない。これも少し以前だが、同紙の六月二三日付の紙面で「原発穴埋め　コストの壁」という大きな横見出しが掲げられた。この記事は「稼働中の全国の原発が全機止まり、それを火力で補った場合、液化天然ガスの輸入増で年間三兆円のコスト増が発生。企業負担は一兆六〇〇〇億円に達し、競争力低下を嫌う企業の海外流出が増える可能性が高い」と主張した。

読売新聞は七月初旬に「節電列島」という三回の続き物を掲載した。三回目(下)の見出しは、右記の産経や日経と同じように「生産　海外移転の動き」とあった。この記事はいう。

『このまま日本にいても大丈夫だろうか。』今夏の未曽有の電力不足は、日本企業に厳しい問いを突きつけている。全国的に原子力発電所の安定稼働が見通せないため、今夏を乗り切っても、この冬、そして来年の夏と、ずっと大規模停電の影が付きまとう」「電力消費の大きな施設では、すでに海外移転の動きが急だ」

「電子部品の日本電産は、モーターの試験施設を滋賀県から海外に移転させる方針だ。光学機械のＨＯＹＡは一二月、中国・山東省にガラス溶解炉を新設し、国内停電に備え東京・昭島市と二拠点体制を取る」「モノ作りで経済大国になった日本にとって、生産拠点が海外へ出る産業空洞化は死活的な問題だ」

各紙報道からは、多くの企業が電力不足のために外国に向かっているという印象を与える。しかし、各紙の例にＨＯＹＡが共通しているのは、その例がじつは限られていることを示すものだろう。ほかにどんな企業がこの夏の電力不足で海外流出しているのか、多くの具体的な例がないのはどうしてか。これでは説得力にかける。しかも、ＨＯＹＡなどこれら報道が挙げている例が、はたして震災を受けての計画か、あるいはそれ以前に進められていたかがはっきりしない。

六月一六日にＨＯＹＡが行った発表によると、同社のこれまでの内外の生産拠点はそのまま維持し、ガラス資源と拡大する市場を期待できる中国に進出するのだという。海外流出ではなく、海外への事業拡大なのだ。

三井金属のマレーシア工場における新ライン建設も、話が違うようだ。東日本大震災による計画停電で、同社の上尾事業所の生産が一時停止し大きなダメージを受けた。そうした事態に備えるため、マレーシア工場に新設するラインにバックアップ機能を持たせるのだという。そうした不測の事態が起きない限り、同社はこの新ラインは使わず、これまで通り上尾事業所で生産を続ける。

制限令　各紙が日本沈没という印象を読者に与えようとしているのは、これから言及する東京新聞などを除くと、おおむね無批判に政府や電力会社の発表を伝えているからだ。

政府が七月一日に、第一次石油危機以来、三七年ぶりに、東京電力、東北電力管内の大口需要家を対象とする電力使用制限令を発動した。大企業などはピーク時の電力使用量を昨年夏と比べて一五%削減するよう義務付けられ、家庭も一五%の自主節電を求められている。

政府はまた七月二〇日には、関西電力管内の西日本地域に一〇%以上の節電を要請した。

こうした政府の発表に、おじけづいた私たち市民は、初めから拍子抜けだった。七月一日の東京電力の最大電力供給量は五一〇〇万キロワット、同日午後一時五分現在の消費電力は四一二九万キロワットで、電力使用率は八一・〇%と大いに余裕があった。

そこで東京新聞の朝刊の名物紙面「こちら特報部」(七月一五日付)をのぞいてみると、「電力各社の今夏の電力需給予測を見ると、ほとんどの社で電力は足りている。それでも危機をあおる背景には、『原発再稼働』への思惑が見え隠れする」と断じている。

詳しくみると、「そもそも、電力各社は既に、今夏のピーク時の需要を上回るか、ほぼ同等の供給力を備えている。火力発電の再稼働、夜間に水を汲み上げ昼間に発電する揚水発電の活用、『埋蔵電力』といわれる民間の自家発電の余剰分の購入などで帳尻を合わせた」という。

この記事は「『定期検査を終えた原発を再稼働させせなければ電力が不足する』などと騒いだのはウソのようだ」と力説している。そうウソだったのだろう。

「こちら特報部」は、聞くところによると、部員は二〇人ほどで、多数の部員が自由に取材に飛び回っているようだ。

読者はすでによくご存じのように、記者クラブは政官財などの権力機関に張り付いているので、権力の情報をもらい下げていることで悪名高い。「こちら特報部」が多くの場合に他紙にない視点を提供するのは、記者クラブに張り付いていないからだろう。

朝日の「脱原発」　こうした大手メディアの体たらくを指摘した後で、当メディア批評として特記しておきたいのは、朝日新聞が七月一三日付朝刊で展開した「提言　原発ゼロ社会」である。一面左肩に「いまこそ　政策の大転換を」という大見出しを掲げ、小見出し「提言　原発ゼロ社会」がついている。一面の大型提言の筆者は大軒由敬《おおのきよしのり》論説主幹、これを具体化した複数の社説を一四・一五面に展開するというまさに大型企画だった。長大な文章になっているので、当欄で全部を要約するのは不可能だ。しかし、きわめて大雑把にいえば、大軒主幹の主張は、こうなるだろう。

- 福島第一原発の事故の後、多くの国民が原子力発電のない社会を望んでいる。
- もう新たな原子炉をつくらずに、既存の炉については代替電源の開発・導入に力を入れ、節電に努めれば、寿命の四〇年より早く廃炉にできるだろう。
- 現在は、五四基ある原発のうち三五基がすでに休止しており、八月にさらに五基が止まるので、この夏の需要最盛期を一人ひとりの努力で乗り切ればかなりの原発がなくても大丈夫である。

•たとえば、「二〇年後に原発ゼロ」という目標を思い切って掲げる。

•戦後、原発が国策になり、地域独占の電力会社と一体になって動き始めると、反対論を敵視してブレーキが利かなくなった。

•原発から脱し分散型の電源を選ぶことは、エネルギー政策をお任せ型から参加型に転換し、二一世紀型の持続可能な社会を築くことにも通ずる。

次に、一四・一五ページに掲げられた詳細なロード・マップを極めて大雑把に要約してみよう。

•脱原発への道筋「新たな原子炉はつくらない」「古いものは閉めていく」。その際に考慮すべきは、高リスク炉から順次、廃炉にしていく。

•廃棄物の処理にあたっては、核燃料サイクルから撤退し、次世代に丸投げせず、少なくとも国内で処理する。

•原発に代替する自然エネルギー政策を推進し、風、光、熱という代替エネルギーを大きく育てる。

•脱原発の電力体制を構築するため、「電源の分散」と「発電と送電の分離」を推進する。

破綻した原発計画

こうしてみると、かなり常識的だという見方もできよう。しかし、新聞メディアがこれだけ包括的な原発ゼロ社会を提案したことは特筆に値すると考える。

ここで強調しておきたいのは、朝日の提言が指摘するように、原発は点検や定期検査でほとんどが発電を停止し、あるいは停止しようとしている。この事態をこのまま乗り切れれば危険な原発はなくてもすむことが証明されよう。

しかも、原発は発電コストが安いと原発ムラが振り撒き、大手メディアが長期にわたって伝えてきた「安価神話」が、今回の膨大な損害賠償問題の前に吹き飛んだ。

事実、七月二五日に参議院で可決、成立した第二次補正予算には、損害賠償資金として交付国債発行限度額二兆円、政府保証枠二兆円を設定している。事故を起こした東電に損害賠償で債務超過にならないように、何度でも国民の負担で資金援助を繰り返す仕組みができたことを物語っている。

さらに、政府、東電は損害賠償の一部を電気料金への上乗せで、つまり国民負担で賄おうとしている。原発の危険と事故が起きた時の膨大な賠償資金を考えただけでも、原発計画全体が破綻したのは明白だ。

まさに、朝日がいうように「原発ゼロ社会」を目指す時がきたのだ。他紙はいつ「原発ゼロ社会」に向かって明確な歩みを踏み出すのだろう。歴史的なメディアの責務が問われている。

福島「子どもの声」に報道は応えられるか……………………一〇月号

八%の児童・生徒が転校

二〇一一年度の夏季休暇が終わり、福島県の小中学校では二学期が始まった。共同通信が、東京電力・福島第一原発事故後に福島県から県内外に転校・転園(休退学・園を含む)した小中学生と幼稚園児数について、全五九市町村教育委員会や、国立幼稚園一園、国立小中学校二校、県立中学校一校、私立小中学校一〇校、福島県全私立幼稚園協会にアンケートを実施して聞いたところ、一万七六五一人に上っていたと報じた。県内の全小中学生と園児計約二二万人(昨年五月時点)の八%に当たり、放射線への不安を理由にした転校は、一万三三三〇人で約七割を占めるという。

原発被害を避けるための避難や転校が急増する一方で、南相馬市は七月に同市外に避難している約二万八〇〇〇人の市民に対して、八月末までに帰還するよう求める桜井勝延市長名のメッセージを出した。緊急時避難準備区域内にあるために閉鎖されている小中学校(二二校)のうち五校についても今秋には再開する方針だという。

山形県内の二次避難所(旅館)で要請文を受け取った二〇代女性(自宅は警戒区域内)は「家族とともに市内の仮設住宅に入居することを決めた。しかし、将来の出産を考えると、この時期に戻って大丈夫なのかという不安をめぐって、友人の間でも見解が割れている。気持ちは揺れている」と話していた。同じ避難所にいる別の家族(同)は、乳児がいるため、同市に戻ることはあきらめて、同県内で生活の再出発を図ることにしたという。成人でも戸惑いが広がる中で、子どもたちはもっと不安の中にいることだろう。

集団疎開仮処分に関心低く

そんな中で筆者が関心を寄せているのが、今年六月に福島県郡山市の小学生一四人が福島地裁郡山支部に申請した「集団疎開」を求める仮処分の行方だ。

申し立てによると、一四人は、学校生活で国際放射線防護委員会(ICRP)が線量限度として示す年間一ミリシーベルトを超える被曝の危険性があるとして、安全配慮義務を負う行政機関は速やかに学校ごと児童・生徒を疎開させるべきだと主張している。一四人はあくまでも代表で、これをきっかけに児童らの学校・集団疎開を実現しようというのである。原告代理人の一人である井戸謙一弁護士は金沢地裁で裁判官だった二〇〇六年、原発震災を危惧した住民による北陸電力志賀原発二号機運転差し止め訴訟で、初めて原発の運転停止を求める画期的な判決を出した。

二〇〇五年には同じ金沢地裁時代に、住民基本台帳ネットワークシステム（住基ネット）はプライバシー侵害だとして、削除を求める住民の訴えに対して、「住基ネットは原告らのプライバシーを犠牲にしてまで達成すべきものとは評価できない」とプライバシー侵害を認めて、住基ネットを憲法違反だと判断している。

井戸弁護士は、福島原発事故について毎日新聞の取材に対し「こういう事態が起きることを危惧していたが、判決から数年しかたっていないので、こんなに早くとの思いはある。もう一つは起こるべくして起きたのではないかという印象だ。志賀原発差し止め訴訟の審理の過程でも電力会社がさまざまな面で危険を過小評価し、見合った対策で済ませようとする姿勢が感じられた。経済産業省原子力安全・保安院と内閣府原子力安全委員会がそれを追認するという構造があり、今回の事故に結びついたと言える」（五月二一日朝刊）と指摘している。この判決の先見性は五年の歳月を経て、「原発」と「生命」の問題が裁判所において、同一線上で論じられることに結びついたわけだ。

ところが、この仮処分の「審尋」に対する報道機関の反応は鈍い。審尋は非公開で取材がしにくいことがあるのかもしれないが、各報道機関とも県内版での扱いにとどまっているのは、この仮処分申請の意義の大きさを考えるとニュースセンスが問われることではないか。九月中には裁判所の決定が出るとも言われる。もっと注目されていいはずだ。

子どもたちの叫び

胸が痛む子どもの悲痛な声だった。

八月一七日、父母に付き添われた福島県の子どもたち四人が上京し、政府災害対策本部の担当者を相手に放射能除染の徹底と、集団疎開の実施を直接、求めた。この要請の中心となったのは、これまで三回にわたり、子どもの放射線の許容量をめぐって無責任な文科省の姿勢を激しく追及しつづけてきた市民グループ「子どもたちを放射能から守る福島ネットワーク」（中手聖一代表）。同団体は、先の仮処分申請のグループと連携している。

ある女子中学生は、こう発言したという。「大人のつくった原発でなぜ福島の子どもが被曝しなければならないのか。なぜこんなに辛い目に遭わなければならないのか。これほどの事故が起きても、どうしてまた原発再開を目指すのか。私には全くわかりません」。その通りだと思う。さらに続けて「私たちが学校の友達とみんなで安全な場所に避難できるよう真剣に考えて下さい。そしてみんなが避難している間に学校も田畑も森も山も川も福島県全体を徹底的にきれいにする計画を立てて、それを実行して下さい」と訴えた。これに対して政府側は女子中学生が期待していたと見られる集団疎開については、意図的なのか回答しなかった。担当者の長い沈黙が続いた後の答弁も、原発の安定化を目指すというだけで明確な回答ではなかった。

女子中学生は「決まっていないなら、決まっていないってちゃんと答えてくれればよかった。ずっと黙られていて、質問の内容も変えられてがっかりした」と感想を述べていたが、子どもたちが持参した友達の手紙の内容はさらに悲痛だ。「きれいな空気をすいたい」「わたしはふつうの子どもを産めますか？何さいまで生きられますか?」。

子どもたちと役人の思考の順序は、正反対なのである。子どもたちは、自分たちがもはや相当な放射能汚染の中にいることを自覚している。だから、一刻も早く汚染地帯から脱出したいと考えている。しかし、同級生がバラバラに出て行くのは辛いので、政府に集団疎開の決断をしてほしい。そしてもう原発なんか必要ないと思っている。疎開し、その間に除染する。原発も放射能もなくなった安全な故郷に戻りたいのだ。

これに対して、役人の頭の中には反原発や脱原発につながるような発想は全くない。だから、「原発継続・除染・帰還」という筋道でしか対策を考えられないのである。役人の口から集団疎開という言葉が出てこなかったのは当然だ。

衆議院議員会館には、在京のテレビ各局が詰めかけ、子どもの要請と記者会見の模様を大きく紹介した。しかし、彼らの訴えと、官僚たちの意識のすれ違い、そこに含まれる重大な問題点を的確に指摘するものは残念ながら少なかった。報道機関は両者の違いの根本が見えていなかったのではないか。

原発に固執する読売、産経

報道機関の中からは、ここにきて「脱原発」に対する態度を明確にしつつある社も出てきている。朝日新聞が七月一三日付の論説主幹の論文と社説特集で、二〇年後には「原発ゼロ社会」を実現するという目標を掲げ、具体的な道のりを提案したのに続き、毎日新聞では八月二日付朝刊の一面で論説委員長の冠木雅夫氏が「原発から再生エネルギーへ」と題する論文を執筆し、見開きで原子力政策をめぐる社説と特集を掲げた。翌日には代替エネルギー、翌々日には送電網の開放を求める電力体制を扱った。リスクの高い原発から廃炉にし、中長期的には再生可能なエネルギーに代替すべきだという主張である。さらに、東京新聞は八月六日付の朝刊一面で名古屋本社論説主幹の深田実氏が執筆した「原発に頼らない国へ」という論文を掲げ、見開きの論説特集を載せた。

これに対して、日本経済新聞八月一二日付社説のタイトルは「多様な視点から原子力の議論を重ねよう」。「近い将来に原子力を代替できる水準にまで引き上げるのは容易ではない。選択肢の一つとして、原子力は外すべきではない」と強調している。

読売新聞と産経新聞は、あくまで原発推進の姿勢を崩さない。北海道電力泊原発三号機の営業運転再開を受けた八月一八日付読売社説は、「電力危機回避の一歩にしたい」で、産経は「泊営業運転　原発再稼働の一歩とせよ」と題する社説を掲載するなど、両紙の原発を巡る態度は、「フクシマ」以後もまったく変わっていないのである。

朝日、毎日、東京が脱原発を色濃く出しているのに対して、読売、産経は原発推進紙に分類されようか。かつての憲法改正論議で護憲派と改憲派に割れた新聞論調の組み合わせを思い出す。

それでNHKはどうか。

大きな反響のあったETV特集「ネットワークでつくる放射能汚染地図」(五月一五日放送)に続く、「続報　ネットワークでつくる放射能汚染地図」(六月五日放送)。そして、「大江健三郎　大石又七　核をめぐる対話」(七月三日放送)では、これまで日本が受けた一九四五年の広島、長崎、五四年の第五福竜丸事件の三度の被曝体験と福島原発事故を結びつけた人選を含めて好企画だった。

「核をめぐる対話」では大江氏が、日本の原発導入の旗振り役だった政治家として中曽根康弘元首相の名前を実名と「大勲位」との表現で紹介し、痛快だった。ネットでは大石さんを取り上げた「又七の海」(一九九二年放送)が再び脚光を浴びているという。

中曽根氏はかつて国労つぶしの国鉄改革でJR東海の葛西敬之会長と共闘した仲。それだけに、同社出身の松本正之会長(今年一月就任)下でこうした番組ができるNHKは、政治介入を招いた旧日本軍の従軍慰安婦問題を取り上げた同じくETV特集「シリーズ戦争をどう裁くか　問われる戦時性暴力」(〇一年一月放送)の時とは異なる、新たな変化を感じなくもない。もはや、大勲位による横やりがある時代でもあるまい。公共放送であるNHKが新聞のように明確な態度を主張できるかどうかはわからないが、今後もこうした番組制作姿勢を貫いてほしい。

いまだに福島原発事故の事態収拾の見通しが立たず、避難生活が二〇年間という長期化の様相を呈している状況を反映して、最近の各紙の世論調査では脱原発を望む声が七、八割を占めるようになっている。日本のエネルギー政策の方向性は明らかだ。読売、産経に女子中学生の言葉が届かないのはなぜなのだろうか。

「死のまち」という現実、逃げる者　逃げない者……………………一一月号

あいまいな辞任劇　九月一九日、大江健三郎氏らの呼びかけに応えて、六万人が都心の明治公園に集まり、「さようなら原発」を叫んでデモ行進を行った。出発に先立って、福島から来た武藤類子さんはスピーチをした。「毎日、毎日、否応なく

迫られる決断。逃げる、逃げない？　食べる、食べない？　子どもにマスクをさせる、させない？　洗濯物を外に干す、干さない？　畑を耕す、耕さない？　何かに物申す、黙る？　さまざまな苦渋の選択がありました(以下略)」。

いまも福島では苦渋の選択が日々行われている。しかし、このデモの一〇日前、現地の感覚とはかけ離れた議論が永田町界隈で行われていた。

九月九日、鉢呂吉雄・新経済産業大臣は閣議後の記者会見で、前日の福島第一原発視察について、「福島県のあの汚染が経産省の原点ととらえて、そこから出発すべきだ」と決意を述べ、二〇キロ圏内警戒区域の市街地は「人っ子一人いない死のまち」であると語った。この「死のまち」発言が被災者感情を逆なでするとして、政治家、マスメディアの集中砲火をあびて、翌一〇日、就任わずか九日で職を辞した。これだけなら、よくある新任大臣の舌禍事件だが、事が事だけに、永田町の定番と嗤って済ますわけにいかない、と筆者は考えた。

これまでなら記者クラブの密室で葬り去られた瑣事を、三・一一以後に急成長したソーシャルメディアUstreamが大衆的に可視化し、永田町のプレイヤーたちの馴れ合いを平土間に引きずりおろした。新しいメディア状況の出現である。

九月八日、鉢呂経産大臣は、福島視察から帰京し、議員宿舎前で記者団と懇談した。その際、記者の一人に近づき「放射能をつけた」との言動をした、とされる。翌九日、記者会見で、上記の「死のまち」発言をした。一〇日、「放射能」「死のまち」の合わせ技で大臣の首が飛んだ。だが、こうした攻防を、新聞の読者やテレビの視聴者はリアルタイムで知ることはできない。実際の動きを時系列で整理しておこう。

九日午前の「死のまち」発言のあと、正午のNHKニュースは、鉢呂大臣の会見のうち、夏の節電効果とこの冬の対応について述べた部分だけを伝えた。「死のまち」発言にも、前日の「放射能」言動にも触れていない。「死のまち」発言が問題化したのは、午後二時前、自民党の大島理森副総裁が「希望を被災者の皆さんから奪うような発言をすること自体、大臣として失格に値する」と批判してからだ。午後四時、鉢呂氏は緊急記者会見を行い、発言を訂正し謝罪した。ついで、五時五四分開始のフジテレビ「FNNスーパーニュース」が、「鉢呂大臣をめぐっては、福島県内の視察を終えた昨夜、着ていた防災服を取材記者になすりつけて、『放射能を分けてやるよ』と話す姿が、目撃されています」(傍点筆者)と報じた。フジの記者は現場にいなかった。いったい誰から情報を得たのか？　この報道の独り歩きが、大臣辞任劇のトリガーを引いた。NHKが「死のまち」発言を、失言問題として取り上げるのは夜九時の「ニュースウオッチ9」からである。この間、一般読者・視聴者は水面下の動きを知らない。

TBSは「NEWS23クロス」で、夜一一時三〇分すぎ、「鉢呂経済産業大臣が昨日福島第一原発を視察した後、報道陣に防災服をすりつけるしぐさをしながら、『放射能をうつしてやる』という趣旨の発言をしていたと一部で報じられた。これについて関係者は今夜、鉢呂大臣がこの趣旨の発言をしたと認めていることを明らかにした」と伝えた。「一部の報道」はフジの報道をさすのだろうが、「関係者」はどのようなポジションの人物なのかまったくわからない。

ＮＨＫが鉢呂氏の「放射能」言動を伝えたのは、日付が変わった真夜中のニュースである。それでも、「原発の中での作業員の厳しい努力の様子を共有してもらおうと思って、あのような言動になった」と、鉢呂大臣の釈明を客観的に伝えている。翌一〇日の毎日新聞朝刊が「……一〇人程度の記者が鉢呂氏を取り囲み、鉢呂氏はたまたま近くにいた毎日新聞記者に近寄り、防災服をすりつける仕草をした。その後、報道陣に『除染をしっかりしないといけないと思った』などと語った」と報じた。これで八日のことが俄然リアリティを持ち始めた。あいまいだった大臣辞任の流れはこれで一気に加速した。

Ustream の効用

そこで、問題の「死のまち」発言をした九日午前の記者会見の模様を、だれでもアクセスできるUstream で確かめてみた。中継映像を終わりまで見ても、記者たちは大臣の「死のまち」発言に対してまったく反応していない。のちにあれほどの騒ぎになった発言なのだから、発言の最中ないしは直後に、間髪を容れず「その発言はおかしい」という批判の声が上がっても不思議はないと思うが、いたって静かな会見であった。

一〇日、鉢呂大臣は辞任を決意し、会見に臨んだ。この模様もUstream が一部始終を伝えている。こんな一幕があった。

記者「あなた国務大臣をお辞めになるんですよ。その理由ぐらいきちんと説明しなさい！」

鉢呂「私も記者の皆さんとの非公式の懇談ということでございまして、その一つ一つに定かな記憶もありませんので……」（記者は「放射能」言動のことを問い質している）

記者「定かな記憶もないのに辞めるんですか。定かなことだから辞めるんでしょ？　きちんと説明ぐらいしなさい、そのことぐらい！」

鉢呂「そういうふうに私は国民の皆さん、福島県民の皆さんに不信の念を抱かせたと考えておるところです」

記者「何を言って、不信の念を抱かせたか、説明しろって言ってるんだよ！」

鉢呂「ですから、今言ったとおりです」

記者「だから何を言ったかだって」

ここで別の記者が「そんなヤクザ言葉みたいなのやめなさいよ。失礼でしょ。敬意をもって質問してくださいよ」と割って入り、「恥ずかしいよ。君はどこの社だ?」と誰何《すいか》した。割って入ったのは自由報道協会の記者で、注意されたのは時事通信の記者であることが、時を経ずにネット上で明らかにされた。

「死のまち」発言のあった会見で、あれほどおとなしかった記者たちが、一〇日の辞任会見では詰問調に一転、大臣の進退だけを問題にした。記者たちの頭には、鉢呂氏が「死のまち」と表現した現場の実態には何の関心もないことが、Ustreamを見ることでわかってしまった。政局に完全に巻き込まれている記者たちの姿が透けて見えた。

各社があとから追加した「放射能」言動についての情報のために「死のまち」発言は内容の吟味もされないまま忘れ去られてしまった。今回の辞任劇の過程で、筆者はUstreamがきめ細かな生中継のツールである以上に、後の検証に供するパブリック・アーカイブとしての効用を発見することができた。ここには、批評空間ならぬ批評時間が出現しつつある。

本当に帰れるのか

それにしても福島の被災者たちはどんな気持ちでいるのか。九月七日放送のNHK「クローズアップ現代」〝岐路に立つ原発避難者たち〟は、浪江町の避難者たちの苦悩を伝えた。すでに住民の三分の一が県外に流出している中で、町に戻るべきか、代替地を要求していくか、という苦渋の選択を迫られている。子育てや出産を控える若い世代は、除染が一向に進まないふるさとに戻りたくないと言う。また、商工会などで活動していた若手経営者たちは、このまま散り散りになるよりも浪江町の仲間がまとまって代替地を求める動きを始めた。しかし、年寄りたちは、元の浪江町に戻りたいという。町長は、国が世界の英知を集め、最大限の努力をして浪江の放射能を除染して欲しいと訴えるのみである。

ちょうど東京で鉢呂大臣の辞任が騒がれていた頃、九月一〇日の朝日新聞・テレビ朝日の共同世論調査は、福島県民に対して「放射性物質による被害を避けるため、県外や放射線量の少ない地域へ、できれば移り住みたいか」と質問していた。三四%が「移り住みたい」という回答を得ている。中学生以下の子どもがいる家庭では五一%に及んだ。「もとのような暮らしができるのはいつごろか」という問いに対しては、同県民の六八%が「一〇年よりさき」と答えている。政治家やメディアよりも、住民のほうが、ふるさとへの帰還については、シビアに考えている。

鉢呂大臣が語った「死のまち」は、受け容れがたいが、やはり現実なのである。言うまでもなく、ここで問われるべきは「死のまち」を出現させたものの正体である。まず、福島第一原発の過酷事故であり、その経営主体たる東京電力であり、原子力政策を推進してきた歴代自民党政府であり、それをあいまいに引き継いだ民主党政権ということになる。大臣の首一つで済む話ではない。

毎日新聞は、九月一四日になって、なぜ八日の出来事を一〇日に報じたかについて経過報告を行った。「毎日新聞は鉢呂氏の言動について、非公式な場での悪ふざけととらえ、翌九日朝刊では報じなかった。しかし、鉢呂氏は九日午前の会見でも、福島第一原発の視察に関し『まさに死の町』と発言。八日の言動と合わせて、閣僚としての資質に疑義を抱かざるを得ず、同氏の進退に発展しかねない重大な問題と判断し、一〇日朝刊に事実関係を掲載した」。

しかし、「死のまち」は、九日午前の記者会見のときの発言である。その直後にこの判断をしていれば、夕刊に間に合ったはずだ。一四日に弁明とも取れる記事を書いたのはいただけない。今度の辞任騒ぎは、報道が事実を伝えれば伝えるほど政局に利用される、そういう例である。といって、わかってきた事実を抑えるわけにはいかない。メディアの中にはそうしたことを理解しながら、あえて事実を伝える選択をしたところもあっただろう。毎日の場合、遅れたのはそうした政局にできるだけ巻き込まれまいとする判断があったかもしれない。あるいは、単なる判断停止だったかもしれない。いずれにせよ、メディアは、「放射能」言動を付加情報としたために、「死のまち」発言の真意を十分に測る機会をうやむやにする方向に作用してしまった。毎日新聞の経過報告は、福島の厳しい現実という原点にもう一度立ち返り、鉢呂問題でそらされた視点を取り戻すチャンスに変えることもできた、と筆者は惜しむのだ。

立法的現実　「原発の再稼働を止めるための一千万人署名運動」の呼びかけ人の一人、大江健三郎氏は、九月八日、日本青年館で開催された「さようなら原発」シンポジウムでこう語りかけた。「アジアへの植民地主義、二度の致命的な原爆被爆を経験して日本は、困難な敗戦後を歩き始めた。そのときに、不戦の誓いとして憲法を持った。大きな現実を前提とした決断として憲法を制定した。今回の福島原発事故は、日本の敗戦と同等あるいはそれ以上の破局である。この現実を前提として、われわれはどんな立法をするのか」。大江氏は憲法学者樋口陽一氏から、憲法をつくり出す原動力となるような大きな現実を「立法的現実」(legislative facts)ということを教えられた、と語り、いまは原発再稼働を止め、原発と決別する「立法的現実」に向き合っていると訴えた。

「死のまち」は、「言葉の問題」ではなくまぎれもない現実であり、そこを基盤にしなければならないところまで来ているという認識だ。

六万人デモが行われた晩のテレビ朝日「報道ステーション」は、作家高村薫氏のインタビューを紹介した。「完全に元通りには無理なんだと。厳しいけれど、そこで人間の理性の出番。福島の事故の結果の重大さ悲惨さ、被害を受けた方たちのことを考えたとき、ここで一歩踏み出さなかったらいつ踏み出すんだという思いがある。(再稼働の流れについて)日本が少しでも新しい歩みを始めることができるのか、できないのか、いま本当に分かれ目だと思う。厳しい現実と厳しい決断をすること、そのことが希望だと思う。誰も現実を認めないところで、どうやって希望を持つのか」。「死のまち」の現実を直視しろという同じ認識が語られた。

脱原発の流れを押し戻そうとする動きが始まっている。現在のメディアに期待されているのは、「死のまち」の現実から目をそらさず、「言葉の問題」にすり替えず、耳に快い「都合のいい真実」をささやかないこと、それらである。

秘密保全法制　危機意識は十分か……一二月号

各紙が「危惧表明」　政府が防衛、外交、治安・公安の三分野で秘匿性の高い機密情報を保全するための法制度の整備に着手した。警察庁警備局長、公安調査庁次長、防衛省防衛政策局長らで構成する「政府における情報保全に関する検討委員会」(委員長・藤村修官房長官)が、今年一〇月七日の会合で、次期通常国会への関連法案の提出を決定した。公務員だけでなく秘密情報に接する民間人も対象とし、最高懲役一〇年を視野に罰則を強化する内容だ。

新聞各紙は社説でこぞって取り上げた。だが朝日は『知る権利』守れるのか」との見出しで情報公開法改正案(一一年四月国会提出)が成立した後の検討を訴え、毎日の「情報隠しの恐れ消えぬ」はまず情報管理の徹底を主張する一方、「法案の内容を検討したい」と結んでいるなど、その主張は、知る権利や情報公開が制約を受けかねないという危惧の表明にとどまっている。

読売社説は、「『取材の自由』の制約が心配だ」とし、「取材の自由の制約は、国民の知る権利の侵害につながる」として取材の自由に関する明文規定を提案している。かつて「メディア規制法」と批判された個人情報保護法案や人権擁護法案が〇二年に国会審議入りした際、読売が修正案を提案し、法案の成立を主張したことは記憶に新しい(いずれの法案も審議未了のまま廃案になった。個人情報保護法は〇三年に大幅修正して成立)。取材の自由の明記はもっともだが、知る権利が侵害されては、その自由もまっとうできまい。条件闘争のような主張は取り下げるべきだ。

各紙とも、まずは法案の内容を見極めようというのかもしれないが、極めて不十分だ。すでに存在する防衛分野での秘密保全を外交や治安・公安分野にまで広げるという包括規制によって、国民の知る権利が侵害されることになるのは明らかである。報道各社はなぜ秘密保全法制そのものに法案反対の論陣を張らないのか。

秘密保全法制を巡っては二〇〇一年一〇月、前月に起きたいわゆる「米中枢同時多発テロ」を受ける形で自衛隊法が改正され、新たに防衛秘密の保全を図る制度ができた。テロ対策支援法案の審議のどさくさに紛れた法案提出で、八五年六月に国会に自民党議員が提出したものの廃案となった「国家秘密法案」(スパイ防止法案)と二重写しの内容も含まれることから「法案の復活を狙った」と批判が相次いだ。

今回、政府が動き出したきっかけは、昨年一一月、動画投稿サイト「ユーチューブ」に、沖縄・尖閣諸島沖で起きた中国漁船の衝突映像が流出した事件である。当時の仙谷由人官房長官が、法制の検討を表明した。同じ時期には警視庁公安部外事三課が作成したとみられる国際テロ関連資料が、ファイル共有ソフト「ウィニー」を通じてインターネット上に流出していた。先にも触れたが、民主党は情報公開を党是のように掲げながら、情報公開法改正案を放置しただけでなく、官房機密費の全面公開にも消極的という有様である。

「知る権利」を軽んじた報告書

「政府における情報保全に関する検討委員会」の下に設けられた「秘密保全のための法制の在り方に関する有識者会議」(座長、縣公一郎・早稲田大学教授)は、今年八月八日に「秘密保全のための法制の在り方について」という報告書を出した。これが、新たな「秘密保全法案」のたたき台となるという。

報告書によると、保全対象となる特別秘密は、「実質秘であることを前提」とし、行政機関が保有する秘密情報の中から「国の存立にとって重要なもの」として、「国の安全」「外交」「公共の安全及び秩序の維持」の三分野の中から該当する事項を、各行政機関が有効期限を定めて秘密指定するという。対象となる機関として、国の行政機関は当然含まれるが、ほかにも独立行政法人などや地方自治体では都道府県警、さらに行政機関から業務委託を受ける民間事業者や大学も挙げられている。具体例として、独立行政法人では、人工衛星の研究開発、大量破壊兵器に転用可能なロケットにかかる機微技術の研究開発を挙げている。東京電力が今年九月に国会に提出した福島第一原子力発電所事故で使われた「運転操作手順書」は、中身の大半が黒塗りにされていた(一〇月に経済産業省の原子力安全・保安院の判断で一部を解除)。その理由の一つは「テロ対策面での核防護」だった。特別秘密制度はさらに強い根拠を与えることになるのは間違いないだろう。

こうした特別秘密を取り扱う人に対しては、「テロリズム等への関与がないかどうかや、渡航歴、犯罪歴、借り入れなどの信用状態、「精神の問題に係る通院歴」がないかなど人的管理のための適性評価を実施するという。本人だけでなく配偶者も調査対象に含めるが、閣僚は「高度な政治的性格を有する職」として対象としないという。

罰則に関しては、防衛秘密の漏洩が上限を懲役五年以下としていることから、秘密保全法制も五年とすることが考えられるとの記述の後に、日米相互防衛援助協定等に伴う秘密保護法(MDA秘密保護法)や不正競争防止法が定めるように、懲役一〇年以下とすることも考えられるとしている。いずれも、国家公務員法の守秘義務違反(懲役一年以下)を大幅に上回っている。

これだけの重い規制を課すことに対して、報告書は知る権利との関係をどう論じているのか。「国民の知る権利は、健全な民主主義の根幹を支える極めて重要な権利である」と言及しつつ、従来は具体的な権利性を持たない抽象的な権利であったが、憲法上の権利として認める裁判例を引用している点は評価できる。しかし、続く結論は、有識者としての見識を疑わざるを得ない内容である。

知る権利が明記されている情報公開法改正案でも、国の安全や公共の安全に関する情報を国は不開示にできることになっている。国の存立にかかわる特別秘密を厳格な保全の下に置くことは国及び国民の利益のためにやむを得ない、国民の知る権利との関係で問題にならないとまで言っているのだ。当然、取材の自由についても「不当に制限」することにならないとの見解だ。その一方で、「ひとたび運用を誤れば、国民の重要な権利利益を侵害する恐れがないとは言えない」とし、「国民においてはその運用を注視していくことが求められる制度であることは、特に強調しておきたい」と結んでいる。報告書は、尖閣ビデオ問題での海上保安官による「内部告発」を意図したようなケースや、「違法秘密」をどう扱うかには触れていない。違法秘密は、沖縄返還協定で明記していない財政負担を日本が行っていたケースなどが当てはまろう。自分たち(有識者)の責任は負えないことを国民に押しつけるという、余りに無責任な報告書の内容ではないだろうか。

立法事実は不存在　新たな秘密保全法制での「特別秘密」の指定や運用が適切になされない懸念は、すでに運用されている自衛隊法に基づく「防衛秘密」の指定の取り扱いをみれば明らかだ。

たとえば、読売が二〇〇五年五月に報じた、中国海軍潜水艦が南シナ海で起こした火災事故はどうだろう。読売は認めていないものの、防衛省情報本部所属の一等空佐が読売記者に提供した火災事故情報が防衛秘密に該当すると判断され、一佐は自衛隊法違反(防衛秘密漏洩)の疑いで書類送検(〇八年三月)された。当時、周辺海域を航行する民間を含む船舶の安全運行を考えれば、本来は気づいた防衛省が率先して危険情報を国民に知らせるべき義務を負う公共性の高い情報のはずだ、との批判が出た。公海上で起きた事故情報を防衛秘密にしていること自体に疑問が投げかけられたのだ。

ところが、東京地検は一佐を提訴猶予としたものの、防衛省は火災事故情報の入手先が米国であることなどに配慮し、懲戒免職処分(同年一〇月)とした。この事件では、一佐の情報提供行為を正当な取材協力行為だと防衛省は判断しなかった。

さらに報告書には参考資料として事務局(内閣官房内閣情報調査室)が作成した「主要な情報漏洩事件等の概要」が添付されている。そこには、防衛秘密制度ができて以降、昨年までの八件の情報漏洩事件が列記されている。このうち、自衛隊法やM

DA秘密保護法、国家公務員法違反などで起訴されたのは、わずか二件だ（公安テロ情報流出事件は捜査中）。しかも、判決はいずれも最高刑の適用をしていない。特に秘密保全法制の発端となった尖閣ビデオ事件は起訴猶予処分だった。罰則を強化しなければならないような立法事実があったと言えるのだろうか。

お墨付きを与えた人々　有識者会議の顔ぶれをみてみたい。報告書を作成した有識者会議委員は、委員長の縣氏のほか、▽櫻井敬子・学習院大法学部教授▽長谷部恭男・東京大大学院法学政治学研究科教授▽藤原静雄・筑波大法科大学院教授▽安冨潔・慶應大法科大学院教授――の計五人だ。この中でも長谷部と藤原の二氏は、情報問題にかかわる政府の委員会の常連組だ。特に今年六月に政府・与党社会保障改革検討本部が正式決定した「社会保障・税の番号制度大綱」では、二人とも、大綱にお墨付きを与えた有識者グループ「個人情報保護ワーキンググループ（WG）」のメンバーだ。金沢地裁、大阪高裁と二つの裁判所が違憲と判断（最高裁は合憲と判断）した住民基本台帳ネットワークシステムをはるかにしのぐ国民などの個人情報を活用する番号法への道を開く役割を果たした。国家による国民管理とともに今回、秘密管理にもゴーサインを出したというわけだ。

政府は一一月三〇日まで秘密保全法制に関する国民からの意見募集をしている。秘密保全法制についてこれまで各紙は社説と一般記事では取り上げたものの、関連の特集は見あたらない。これはテレビ番組も同じだ。国家秘密法案の時は言うに及ばず自衛隊法改正案の時のような反対の世論の広がりが見えないのはこれを支持しているのではなく、マスメディアが十分に知らせていないことがあるのではないか。しっかり論点提示の役割を果たしてほしい。

今年一月号の当メディア欄で尖閣ビデオ問題を取り上げた中で、仙谷氏に対して「秘密保護法制の制定は、白紙表明するべきだ」と訴えた。改めて政府に対して白紙撤回を求める。

2012年

衆院選のさなかに仙台で遊説する安倍晋三自民党党首
提供：EPA＝時事

4月11日　金正恩が朝鮮労働党第一書記に就任．

5月 5日　北海道電力泊原子力発電所が運転停止．42年ぶりに日本のすべての原子力発電所が稼働停止となる．

11月 8日　習近平が中国共産党総書記に選出．

12月16日　第46回衆議院総選挙で自民党が大勝，与党に返り咲く．26日に安倍晋三が第96代内閣総理大臣に選出．自公連立政権が樹立する．

12月19日　韓国の大統領選挙で朴槿恵が勝利．翌年2月25日に大統領に就任．

テレビが伝えない「福島の女たち」の声

一月号

年配の女性が二人、筆者の目の前で、NHKのテレビドラマについて批評をはじめた。『カレ、夫、男友達』(火曜・夜一〇時〜)と『ビターシュガー』(同一〇時五五分〜)って、なんだか似たようなのが並んでいるわね。私たちには見るなってことかしら?」、二人はこちらをむいて私の反応を窺った。私は、「ああ、NHKは若い女性に迎合しているのかもしれません。あなた方は放っておいても、ちゃんとテレビを見て感想まで言ってくれる固定客だと思われているんですよ」と応じながら、この会話にはいくつもの落とし穴が潜んでいると思った。

NHKは、テレビに対する「性差・年齢差」別の視聴傾向をマーケティング・リサーチし、「若い・女性」をターゲットに番組を編成し、「成果」を上げているようだ。しかし、性差・年齢差を市場原理の中に流し込む、この姿勢はやはり公共放送としていただけない。思想・手法において「差・別」「偏向」を内包しているからだ。しかし、NHK中堅幹部(現場のリーダー)たちは、「若い女性層をターゲットにしてどこが悪い?」と開き直るだろう。NHK経営委員会の最近の議事録には、三〇代女性の視聴者を獲得することを歓迎する言葉がしばしば見られるのだ。

東日本大震災・福島第一原発事故から半年後の第一一五〇回経営委員会(二〇一一年九月一三日開催)で、NHKの専務理事は、一〇月中旬以降の番組改定は、震災と原発事故の影響で四月上旬から留めおいたものを放送していくので、小規模になるとし、事実上の〝自粛解除〟を明らかにした。その中に、三〇代女性の視聴者を「ターゲット」にした午後一〇時台から一一時台にまたがる前述のドラマの二階建て編成が含まれていた。

話題の二作、「カレ、夫、男友達」(江國香織原作)と「ビターシュガー」(大島真寿美原作)は、NHKのPRブログによると以下のような内容である。

『カレ、夫、男友達』:犬山家の三姉妹は、それぞれ大問題を抱えていた。次女の治子は最愛の同棲相手からプロポーズされるが、断ってしまい気まずい関係に。長女の麻子は夫のDVを隠している。三女の育子は、恋愛というものが感覚的に理解できない。イベントプロデューサーの治子は、恋もキャリアも絶体絶命の状況で、姉と妹のために奔走。紆余曲折の果て、三姉妹は家族の絆に助けられて、それぞれの殻を打ち破っていく。

『ビターシュガー』:甘いだけが幸せじゃない。苦くたって不幸せとは限らない。だから私たちの人生は〝ビターシュガー〟かな……。ひと通りの酸いも甘いも経験した三九歳の女性三人。友情の絆で結ばれた三人の間に、ある出来事をきっかけに微妙な亀裂が生じる。……いまを懸命に生きるすべての女性と、そんな女性の気持ちを知りたい男性諸氏に送る、「本音トークが気持ちイイ」「見れば、生きる勇気のわいてくる」ドラマ。

たしかに二作はテイストが似かよっている。この内容では、危機の四月の放送としてははばかられたのであろう。

もう一つ、若い女性に好評だと言われる「あさイチ」について、第一一四一回経営委員会(二〇一一年四月一二日開催)で、こんなやり取りがあった。

(**竹中経営委員**)「女性の二〇、三〇歳代の層の好感度が全体的に上がっているということについて、私の周辺でも結構実感できることで、特に『あさイチ』は、若い女性にとても評判がいいのです(後略)」

(**數土経営委員長**)「この件については、もっと議論の時間が必要だと皆さんも思っていると思いますが……本当にいいデータだと思います」

とにかくNHKの首脳陣は、番組が〝若い女性〟に評判がいいことをたいへん喜んでいるのである。しかし、どういう部分がいいという議論はなく、ただ人気があることが嬉しくてならないようだ。まるで私企業のマーケティング評価会議だ。三〇代といえば、男女を問わず深刻な雇用問題に直面している上に、放射能汚染の広がりの中で、妊娠や子育てに大きな不安を抱いて暮らしている。四月一二日といえば、福島第一原発事故が「レベル7」にまで引き上げられた日だ。おめでたいにも程がある。

テレビが〝余命〟を数えはじめた

筆者はいま『テレビは余命7年』という挑発的なタイトルの本を手にしている。破局は七年後にやってくるという。ペリー来航から七年後に大老井伊直弼が暗殺され、その七年後に大政奉還が行われた。そこで、地上デジタル化にともなって過剰投資した在京キー局のどこかが七年後の二〇一八年に破綻する、と予言している。もしかしたら、NHKの経営はこうした変化を見越して、組織の〝延命〟のために、若い女性視聴者の開拓を急いでいるのかもしれない。

もともとNHKの視聴者は、若い時にはあまりテレビを見ずに、中高年になると必ず茶の間に戻ってくると言われている。しかし、現在の中高年は名うての〝団塊の世代〟だ。かつては〝テレビっ子〟と言われた彼らも、過度な〝テレビ漬け〟を経験したあげく、いまやそれを卒業して〝自分流〟を生き始めている。しかも、インターネットの操作にかろうじて間にあった世代だ。そこで、NHKは三〇代女性を前方展開して獲得しようという作戦に出たというわけか。だが、それはじつに浅薄な判断だ。三〇代の女性たちが、今から手軽でチープなメニューに満足して歳を重ねてしまったら、まともな中高年にすらならない、とは思わないのだろうか。『余命7年』の著者は、NHKに期待するのは「ある層に突出してウケる番組ではない。……見識の深さや正確さに優れた番組である」と断言している。NHKは、そう言ってもらっているうちに襟を正したほうがよくはないか。

しかし、NHKはどうも一枚岩の組織ではないのかもしれない。今回の原発問題に関して、ときどき驚くほど鋭い番組が放送されるかと思うと、依然として「御用学者」と言われるような人をこっそり出したりしている。

第一一四六回経営委員会(二〇一一年六月二八日開催)で、NHK経営陣は、四月以降の震災・原発関連の番組について視聴者対応の中間総括を行った。もっとも反響が多かったのは、五月一五日放送のETV特集「ネットワークでつくる放射能汚染地図」で、一五六三件にのぼったという。ちなみに、二位は「ためしてガッテン　役に立ちたい！　避難生活が楽になる裏ワザSP」の六一六件、三位は「マイケル・サンデル究極の選択『大震災特別講義～私たちはどう生きるべきか～』」の五六〇件。このETV特集がダントツであった。なかでも、番組への反響の男女比は、三四％対五六％と女性が高く、特に三〇代の男女比は、二六％対七三％と、その差がもっとも大きかった。これをうけて、次のように分析している。

「『自分が住む場所や食べているものは本当に安全なのか』、『原発事故の影響について情報を手に入れたい』という視聴者の思いがある中で、『放射能汚染地図』についての話題がインターネット上で広がり、子育て世代の女性を中心に、反響がNHKに寄せられたものと考えられます」(傍線筆者)

こうした分析にもとづいて、NHKが三〇代女性をターゲットとする経営戦略を強化することに筆者は賛成しかねるが、それにしても、あれほど世間をあっと言わせた番組の内容に踏みこんだNHK自身の評価は、「話題がインターネットで広がり」などと、いたって冷淡なのだ。そこに、本来は番組内容に口を挟まないことになっている経営委員の一人が、この路線でどんどんやってくれとフライングぎみの檄(?)を飛ばした。すると、すかさず別の委員が、原発の再稼働ができなければ日本のエネルギーの「大危機」だと釘を刺した。だから、NHK側はこの番組を排除するでも推すでもなく、腫れ物にさわる態度をとり続けている。

中立主義という〝偏向〟

一〇月二七日から、経済産業省の前で「原発いらない福島の女たち」が、子どもたちと妊婦に避難の権利を与えること、原発の再稼働をさせないことを要求して三日間の座り込みを断行した。インターネットなどを介して、それに賛同した全国の女性たちが続々と霞が関に集まり、このまま越冬のかまえだ。このデモンストレーションには、「子育て世代の女性」も多く集まっている。中には、夫と別れて子どもを連れて東京にやってきたという女性もいた。しかし、彼女たちの必死の座り込みのニュースはテレビから一向に流れてこない。経産省につめているマスメディアの記者たちは、窓の下に座り込む人々の姿が見えていないのか。そんなはずはない。こうした示威行動を取り上げることは〝偏向〟であるという浅薄な「公平中立主義」に呪縛されているに違いない。「三〇代女性をターゲットにする」ことを〝偏向〟だと思わない無神経さは、その浅薄さと紙一重だ。

そうして記者たちが手をこまねいているうちに、「福島の女たち」は経産省の中に乗り込んで直接担当者たちに要求を突きつけた。それでもテレビは動かなかった。しかし、その様子はUstream(レイバーネットTV撮影)によってただちにネット上に拡散した。マスメディアが伝えなかった彼女たちの言葉、「もう福島はもとに戻らない。ならば今の原発全部やめてください」「私たちは失敗した。でもそこから一歩踏みださなければ、福島も、日本も、そして宇宙のいろんな汚れてしまったものたちが、犠牲を払った価値がない」「私たちは貧しかった。仕事がないから、定期点検のときに原発の下に入って被曝労働をしてきた」。いずれも痛切な言葉である。

福島の除染は遅々として進まず、また、せっかく除染しても雨が降れば、再び山から汚染した水や土が平地に流れ、やがて海にも流れ込むことがわかってきた。環境全体が汚染されているのである。一〇月三〇日、NHKはETV特集「果てしない除染~南相馬市からの報告~」を放送した。そのなかで、七月の国会で「七万人の人が自宅を離れてさ迷っているときに、国会はいったい何をやっているんですか」と国の姿勢を激しく糾弾した東京大学の児玉龍彦教授(医師・内部被曝専門家)に同行し、南相馬地区の除染の現状を報告した。この放送が一貫して訴えたのは、学校や家屋を個別に除染するだけではだめで、環境全体の除染が必要だということ、そして国が線量によって避難区域や特定避難勧奨地点を線引きすることで、境界線上の住民が動けなくなる事態が起きているということだ。この番組の制作は仙台放送局である。あのETV特集「ネットワークでつくる放射能汚染地図」に深いところで連動している。

一一月二七日のETV特集「海のホットスポットを追う」は、原発からの距離、水深と汚染の関係を魚介類の放射能測定から割り出し、海の中にも斑にホットスポットがあることを明らかにした。その要因として、山間森林地帯に降り積もった放射能が幾筋かの河川で運ばれ、沿岸流に乗って南下するメカニズムを示した。国は漁獲を全面禁止にするでもなく、安全宣言を出すでもない。このETV特集のシリーズは、民間レベルのネットワークによる「調査報道」の形をとり、それがインターネットで拡散することを見越しながら、国の対策を促すという、まさに新しいタイプのアジェンダ設定ジャーナリズムを体現している。

しかし、NHKはなんのつもりか、このETV特集と同じ時間帯に総合テレビでNHKスペシャル「原発危機　安全神話~

当事者が語る事故の深層～」を放送した。結局、「原発廃止」の一語だけを避けた内容だった。ここまでくれば、視聴者はNHKのジャーナリズム精神がメイン・ストリームではなく、教育テレビで息づいていることに気づき、そちらをもっと応援すべきだ。さもなければ、かつてのETV2001の「従軍慰安婦」関連番組のように、悪質な政治家に蹂躙されるようなことが起こるかもしれない。だが、そのときにはNHKが「ターゲット」にしたつもりの「若い女性たち」が先頭に立って「さようなら原発、さようならNHK」と叫びだすことだろう。

沖縄防衛局長「オフ懇」発言の波紋

二月号

失言では済まされない

「これから犯す前に犯しますよといいますか?」――沖縄防衛局長だった田中聡氏が、報道関係者を前に発した暴言だ。那覇市内の居酒屋での出来事である。当時、米軍普天間飛行場(沖縄県宜野湾市)の名護市辺野古への移設計画に基づく環境影響評価(アセスメント)の評価書の県への提出時期をめぐり、防衛省は明言を避けており、この関連で記者からの質問に答えた際の表現だった。

仲井真弘多・沖縄県知事が記者団に「口が汚れる。沖縄の人間の尊厳を傷つけ、極めて遺憾だ」と語ったと報じられたが、このニュースに不快感を持ったのは、沖縄県民に限らないだろう。

アルコールが入った懇談の場であったにしても基地政策を説明する際に用いる表現として不適切なのは明らかだ。琉球新報の報道などによれば、さらにこの場では一九九五年にあった駐留米兵三人が起こした少女暴行事件に関連し、「犯行に使った車を借りる金があるなら、売春婦を買えたのに」と発言して、更迭されたリチャード・マッキー米太平洋司令官の発言内容まで肯定したうえ、一七世紀の薩摩藩による琉球王国への侵攻になぞらえて「基地のない、平和な島はありえない」と熱弁をふるっていたというからあきれるばかりだ。沖縄戦で旧日本軍が取った行動を防衛省では教育しないのだろうか。

それにしても日米当局者から相変わらず沖縄を侮辱する発言が絶えない。

過去一年ほどだけでも▽仙谷由人官房長官「こういうこと(基地負担)について甘受していただくというか、お願いしたい」(一〇年一二月)▽鳩山由紀夫前首相「(県外移設断念の理由の)抑止力は方便だった」(一一年二月、琉球新報などのインタビューで)▽ケビン・メア国務省日本部長「沖縄はごまかしとゆすりの名人」(一〇年一二月、翌年三月に報道で発覚)▽玄葉光一郎外相「踏まれても蹴られても誠心誠意県民と向き合っていくしかない」(一一年九月)▽一川保夫防衛相は「(少女暴行事件について)正確な中身を詳細には知ってはいない」(一一年一二月)。

田中氏の沖縄観は決して、当局者の間にあっては異常なものではない。当局者に共通する差別的な価値観に由来するのではないかと勘ぐりたくなる。田中氏は発言の翌日には局長を更迭されその後、停職四〇日の懲戒処分となった。評価書提出のスケジュールに悪影響を与えたくないとの思惑が見え隠れするとは言え、当然の措置である。田中氏は昨年八月に防衛省の広報担当などをへて局長に就任。沖縄勤務の経験もあり、報道対応にも自信があったかもしれない。しかし、暴力が日常的に存在してきた県民感情にこれほど鈍感では、沖縄担当としての資質を決定的に欠いている。

光った琉球新報の判断

田中氏の発言は、報じられない可能性もあった。在沖縄の報道関係者によると、沖縄県政を担当する記者会と防衛局は毎月一回程度のペースで非公式な意見交換会を開いている。今回はこれとは別に、田中氏からの呼びかけでより率直な意見を交換する狙いで初めて設けられたという。定例的な意見交換会では防衛局側も幹部がずらりと出席するが、今回は局長、報道室長の二人のみだったらしい。

いずれの懇談会も防衛局が懇意にしている那覇市内の居酒屋で開かれ、オフレコ(オフ・ザ・レコード)と呼ばれる映像、音声はもちろん、メモも取らないことを条件にした取材が前提だった。実際にICレコーダーなどによる記録としては残っていない、とされる。

それにもかかわらず明るみに出たのは、発言のあった翌日(一一月二九日)朝刊で、琉球新報が一面トップで報じたからだ。数々の暴言が相次いだこの一年。田中氏の発言に敏感に反応して紙面化に踏み切った同紙の判断を強く支持したいと思う。沖縄県民の心情に寄り添う報道だった。

懇談会に出席していたのは、琉球新報のほか地元メディアは、沖縄タイムスと琉球放送(TBS系列)。全国メディアは、▽朝日▽読売▽日本経済▽時事▽NHK▽日本テレビ——の九人(九社)だったらしい。そのときの状況を琉球新報の松元剛政治部長は一二月八日記事で次のように説明している。「発言は記者との懇談が始まって一時間ほどたった午後九時半ごろ出た。テーブルが二つあり、真ん中付近の局長を記者が囲んだ。遅れて参加した本紙記者は離れた席にいたので、大きな声で『一川防衛相が、評価書を年内に提出すると明言しないのはなぜか』と質問した。局長は大きな声で『これから犯す前に犯しますよといいますか』と返答した」。そうだとすれば、その場にいた記者は全員発言を聞いていたはずだ。記者から笑い声も出たという情報もある。田中氏の発言は新報の記者に個人的にではなく全員に向けてだったと考えられる。では、琉球新報は「発言内容を報じる公共性、公益性があると判断した」と説明したが、その他の社が報じなかったのはなぜか。

朝日の谷津憲郎・那覇総局長は一二月三日朝刊コラム「記者有論」で「なんとも間抜けだが、私は例の発言を聞いていない」と釈明。沖縄タイムスも「記者と局長の席が離れており、発言をはっきりと聞き取れなかった」(一一月三〇日朝日朝刊)。読売は一二月一日社説で琉球新報に対して「懇談は、報道しないというオフレコが条件だった。報道姿勢は疑問である」と明言。理由を「報道機関がオフレコ取材の相手の了解を得ず一方的に報道するようだと取材先との信頼関係が築けず、結果時に国民の知る権利の制約にもつながりかねない」と指摘し、日経も朝刊コラム「春秋」で「喉に骨が引っかかったような感覚が抜けない。(オフレコの)約束はしてしまった」と報道に疑問を投げかけている。時事は「基地問題の背景を説明するのを趣旨としたオフレコ前提の非公式懇談だったため、記事にするのは見合わせました」との見解をホームページに掲載した。その他の社の見解はわからない。

谷津氏のコラムは、かなり率直に心情を明かしている。「もし聞いていたら記事にしたか。参加したのが自分ではなく同僚で、そう報告を受けたら『書け』と指示したか」と自問し、「いまこう書くのは大変気が重いが、たぶん記事にしなかったのではないかと告白せざるを得ない。酒の席で基地問題を男女関係にたとえ、政府が意のままに出来るかのように表現するケースは、防衛局に限らず、時々聞いたことがあるからだ」。つまり、「ニュースではない」という判断らしい。

琉球新報が一二月二日社説で「沖縄への差別意識を赤裸々に表した暴言は極めて重大なニュースであり、悪質性において過去の問題発言、舌禍事件とは比較にならない歴史的な暴言と捉えた」とする認識の落差はあまりに大きい。山田健太・専修大准教授(言論法)は「東京メディアしか居合わせなかった場であれば、報道されていなかったかもしれない」と同紙への寄稿(一二月一〇日)で憶測している。

ただ、今回は同席した沖縄メディアも報じなかったわけで、沖縄タイムスも鮮明ではないにしても耳にしていたことは推測できる。よく指摘される本土メディアの感度の鈍さというよりも、オフレコ取材の気楽さから田中氏の発言を記事にする目で見ていなかった落とし穴に記者全員がはまってしまっていたのではないか。ジャーナリストの原寿雄さんは「そもそもこれから犯そうとする当局者と酒席で懇談した記者団の不見識こそ問われないだろうか」(一二月二四日毎日朝刊)と厳しい視線を向ける。

記事化を松元部長に提案した若手記者の感度に軍配を上げたい。

ところで、報道に対して田中氏は防衛省の事情聴取に、「『やる』前に『やる』とか、いつ頃『やる』とかということは言えない」「いきなり『やる』というのは乱暴だし、丁寧にやっていく必要がある。乱暴にすれば、男女関係で言えば、犯罪になりますから」という表現だったと主張しているという。報道の印象とは全く違ってくるが、琉球新報側に訂正記事を求めているわけではないようだ。一方、外務省官僚だった作家の佐藤優氏は「オフレコ懇談でも、仮に記者が約束を破り、記事にしたならば国益にどのような影響があるかを頭の片隅に置きながら官僚はオフレコでの情報を提供するのである」(一一月七日毎日朝刊)と論じている。狡猾な官僚の世論誘導を感じさせるが、田中氏はそうした意味でも不適任だったということか。

オフレコ論議の先に何があるべきか

琉球新報によるオフレコでの発言報道に対して、東京(中日)のように指示する社もあれば、読売のような正面から批判的な社もある。産経抄のように「暴言を聞いた琉球新報の記者は、なぜその場で『沖縄をばかにするのか』と一喝しなかったのか。記事にするなら『看過できない発言なのでオフレコ扱いできない』と宣言し、酒杯を伏せて立ち去るのがプロの記者だ」(一二月三日)とオフレコ解除の方法論への苦言もある。

一一年七月に松本龍・復興担当相(当時)が村井嘉浩・宮城県知事との会談に際して待たされたことに「お客さんが来るときは、自分が入ってから呼べ」などと発言した後に「最後の言葉はオフレコです。書いた社は終わり」と一方的に通告したケースや、オフレコかどうかがあいまいだった同九月に福島第一原子力発電所周辺の視察後に衆議院宿舎で取材に応じた鉢呂吉雄・経済産業相(同)による「放射能つけたぞ」発言のケースとは異なり、今回は双方が完全なオフレコを認識していたと考えられる。

田中氏は、懇談会の冒頭に「完オフですから」と記者たちに念を押したそうだ。完全なオフレコだと言っても、そもそも政治家や官僚としての基本的な資質そのものに疑問符が付く今回のような暴言までをオフレコの対象とするべきではない。たとえ対象となり得るケースであっても、オフレコ取材も国民の知る権利に応えるための報道の一手段であることを考えれば、公益性、公共性が約束を違えることによる損失を上回ると判断した場合は報じるべきなのはいわずもがなだ。読売社説のような形式性を重視したオフレコ取材観では、ニュースソースが公人である場合など不当な選択権を与え、世論操作の温床になりかねない危険性を感じる。

報道関係者、特に琉球新報記者を除く今回の懇談会に参加した記者たちには、読者や視聴者、そして沖縄県民の知る権利に応える取材のあり方とは何かを考える機会ととらえて今後に生かしてほしい。

「脱原発世界会議」が映すメディアの現在…………………… 三月号

価値の転倒が始まっている

東京電力・福島第一原発の事故発生からまもなく一年になる。われわれの時代はついに先行き不透明な「低線量・長期被曝」の時代に突入した、と言っていい。事件・事故には必ず下げ止まりがあるものだが、今回はそうならない。いくら田畑や家屋などを除染しても、山に積もった放射性物質が自然の循環で流れ落ち、なかなか効果が上がらない。福島県の豊かさは、「里山」の循環システムを基本にした生産に支えられてきた。かえって、それがあだとなり、放射性物質の付着／滞留／循環／濃縮に最適(?)の場となった。こうしたパラドックスを経験した社会のあちこちに、思わぬ〝価値の転倒〟が見られるようになった。

メディアの世界でも異変が起きている。NHKは、原発の爆発直後から「放射能汚染地図づくり」のシリーズを放送し、陸と海にホットスポットがあることをいち早く報じた。政府の無策を先取りして批判するという、これまでのテレビでは考えにくい手法を採った。また、朝日新聞は事故の収束のめどが立っていないなか、シリーズ「プロメテウスの罠」で、関係者の生々しい証言をほぼ同時進行で伝え始めた。この種の記事は、事故発生から何年かへて書かれるのが通例である。同じ朝日(夕刊)の連載「原発とメディア」では、原発報道の在り方を検証するために、先輩記者をも俎上に載せている。身内の批判をもっともしたがらないマスコミとしては、シリーズ「戦争と新聞」(二〇〇七年四月〜〇八年三月)に連なる試みだ。今度の原発事故は、取材する側にもされる側にも、放射能との〝長い戦争〟になるという予感を抱かせているのであろう。

メディアはもはやマスコミの占有物ではなく、インターネットの匿名性と双方向性が、情報拡散の土台《プラットフォーム》として主流になりつつある。これに対抗する組織ジャーナリズムには、当然のことながら、匿名性を捨てる覚悟が求められる。上記のテレビ番組や新聞連載は、いずれも登場人物・制作者の署名性を賭金に、社会的リスクを負おうとしている。別の見方をすれば、これこそがスクープの本質であり、署名はあくまでも将来にわたる責任を明記する行為である。NHKと朝日のこのような前傾姿勢は、危機の時代のマスメディアのあり方として、これからも注視していく必要がある。

なぜなら、福島原発周辺の「グレーゾーン」の住民は、出るべきか残るべきか猶予のない選択を迫られており、その決断にとって、情報の質はマスメディアにもソーシャルメディアにも区別なく求められているからである。マスメディアは、発表ジャーナリズムから身を引きはがさねばならず、ソーシャルメディアは、社会的責任を自らに引きよせねばならない。この長期戦において、価値の転倒が起きるのは当然のことなのである。

付随的損傷

いずれのメディアも、今回の原発事故がけっして「想定外」の偶然ではなく、戦後の歴史を弄んできた者たちが引き起こした必然であることをはっきりさせるところから始まらなければならない。もしも将来、今度の事故をめぐって裁判が起こされれば、ジャーナリズムはその証拠となる事実をどれだけ集めておくことができたかを問われよう。そのときジャーナリズムが依拠すべき規準は、無差別な放射線を浴びた原発周辺の住民、とりわけ子どもや妊産婦など社会的弱者の救済である。彼らは、社会的なアンダークラスとして大きな災難の付随的損傷(collateral damage)を受けている。くだいて言えば「巻き添え」を食っているのである。かつてユーゴの内戦に際して、アメリカは無差別爆撃を実行したあと、巻き添えにした人々の死を、「やむを得ざる犠牲」と称した。いまは、福島第一原発の周辺から日々「付随的損傷」が再生産されつつある。

世界もまた、福島第一原発から出た放射能の巻き添えを食っていると感じ始めている。去る一月一四、一五日の二日間、パシフィコ横浜で「脱原発世界会議」が開かれ、二〇カ国以上から原発の専門家やヒバクシャを迎え、全国から延べ一万一〇〇〇人以上が参加した。この二日間で、「福島」は脱原発の国際会議というチャンネルを通じて、被災地から脱原発の発信地「フクシマ」へとシフトされた。かつて、被爆地広島、長崎が核兵器廃絶を訴えるヒロシマ、ナガサキとして認知されるようになったのと同じように。この流れのなかでは、マスコミは「原子力村」の構成員(原発に関係する電力会社、プラントメーカー、監督官庁、御用学者など)と袂を分かたなければ、報道する主体たりえないことが明白になった。しかし、筆者の見たところ、大手の新聞、テレビともに世界会議の開催をニュースとして伝えるのみで、ここで何が提起され、どんなムーブメントが始動しつつあるかという観点で報じたものはほとんどなかった。あたかも、市民運動にはけっしてコミットするまいという暗黙の了解でもあるかのように。これでは、当分のあいだマスコミは「原子力村」の住民登録を抜くことができないだろう。

ソーシャルメディアの挑戦

そこで、ソーシャルメディアがなにを報じていたか。目立ったのは、OurPlanet-TV(通称アワプラ)が二日間にわたってオープンスタジオと各分科会からUstreamで生中継を精力的に行ったことである(部分的には今もユーチューブで見ることができる)。

なかでも興味深かったのは、自治体首長の会議に参加した双葉町の井戸川克隆町長の話である。原発を誘致した双葉町の現在の放射線量は、高いところでまだ二〇マイクロシーベルト/

hを超えている。住民の多くはいま埼玉県加須市に移り住んでいる。町長が語った事故発生当時の様子は、とにかく東京電力や国からは何の誘導もないまま、放射能を帯びた大量の塵を浴びながら逃げた。その間、SPEEDIを含む国からの情報はまったくなかった。それで、できるだけ遠くに逃げた。しかし、福島県の他地域の住民からは、遠くへ逃げたのは国から特別の計らいがあったからではないのかと誹謗を受けているという。

井戸川町長はそれをはっきり否定した上で、二つの直言をした。その一は、子どもたちを救うためには、バスを借り切ってそのまま永田町に乗りつけ、首相官邸の地下室に籠城したらどうかという発言だ。これは、小説のように荒唐無稽だが、現職の町長の口から聞くと妙なリアリティをもって迫ってくる。その二は、原子力安全委員会のメンバーが企業から金をもらって何が悪いと開き直ったことに対して、「彼らは犯罪者であり加害者である」と言明し、そういう人間たちは「自分の目の前から消えて欲しい」と吐き捨てたのである。

あまり前例のないこれらの発言は、「脱原発世界会議」という開かれた場の雰囲気と、ソーシャルメディアの新たな位置取りが引き出したものと言えるかもしれない。アワプラの白石草代表が、それでも原発を誘致した責任はあるのではないかと問うと、井戸川町長は、東電はさんざん安全だ（大丈夫だ）と言い続けてきた、その安全神話に自分たちは完全に洗脳されていた。確かに責任はあるが、だからと言って、放射能に対して「頑張れ」とは言ってほしくないと答えた。そして、同じことは日本中の自治体でも起こりうるのだから、自分たちの経験を「反面教師」としてほしいと語り、除染よりもまず子どもたちを逃がすことが大人の責務であると力説した。この町長からすれば、「原子力の安全神話」は信じてしまったが、一〇〇ミリシーベルト／年以下なら安全だとして除染を推進するやり方は、今度は国が率先して「放射能の安全神話」をまき散らしているように見えるのであろう。

はじめに結論ありき

「プロクラテスのベッド」（ベッドに合わせてはみ出した足を切る喩え）のような本末転倒があちこちにある。

去年の九月一九日、細野豪志原子力行政担当相がIAEA（国際原子力機関）で、福島第一原発の「冷温停止」を前倒しして年内に実現すると表明した。それからさまざまなトラブルがあったものの、その後の展開は筋書き通りに進められ、野田佳彦首相は一二月一六日に「収束宣言」を出した。しかし、誰も完全な収束だとは信じていない。それと踵《きびす》を接するように、避難区域解除をめざす除染活動が活発になった。この流れのなかで、逃げたいという人と、戻りたいという人の間に軋轢が生じている。

同じ一二月一六日、「ふくしま集団疎開裁判」が、福島地裁郡山支部で却下された。といっても、それ以前も当日も、朝日、NHKはこれを報じることはなかった。この裁判は、一四人の子どもたちが原告となり、安全な環境で教育を受ける権利を有するという憲法の精神に基づき、学校教育を所管する郡山市に働きかけ、集団疎開を実現しようというものであった。訴えの根拠は、国が基準とする年間被曝線量一ミリシーベルト以下の条件を満たしていない地域(チェルノブイリ基準では避難指定地区)で自分たちが学校に通っているということである。弁護団には、能登の志賀原発訴訟ではじめて原発差し止めの判決を下した当時の裁判長井戸謙一氏が弁護士として加わり、半年前から、憲法のみならず、国際的条約である「子どもの権利条約」の精神を背景に続けられてきた。

しかし、郡山市は、訴えに対して「不知」の立場をとり、避難は子どもたちの「自己責任」において行うことを妨げないとした。裁判所は、全市三万人の児童を避難させることは困難だと、判断のハードルをわざわざ高めた上で訴えを却下した。原告団はただちに仙台高裁に控訴したが、同時に世論の支援が必要と考え、「脱原発世界会議」を機会に、二月後半に「世界市民法廷」を開く計画を明らかにした。この市民法廷には、世界的な民主活動家として知られるアメリカのノーム・チョムスキー氏が支援を表明している。彼は、もっとも弱い立場の子どもたちを救済することが最高の倫理規範だとした上で、「日本にとって、そして私たち全員にとって、これは失敗が許されない試練である」という言葉を寄せた。しかし、この分科会にもマスメディアの姿はなく、画期的な裁判の動きは未だ一般に知られていない。これ以外にも先入観に支配された本末転倒がある。

「子どもの権利条約」でいう子どもとは、一八歳未満のすべての者をさし、あらゆる人間としての基本的人権を保護される。保護されるだけではなく、権利の主体として発言し、それが大人たちによってサポートされなければならない。政府は、福島県からの要請で、一八歳以下の児童に対する医療費の無料化を検討してきたが、財源(約一〇〇億円)の確保が難しいとして断念することを決めた。もともと、この要求を出していた福島県側には、県外への人口流出を防ぎたいという思惑があり、子どもの健康、安全を確保することを主眼としていなかったふしがある。一方で、文科省は「原子力・エネルギー教育支援事業交付金」を各自治体に交付し、原発教育のために支給額の三〇%(原発の発電量が三〇%を占めているという理由)を使うことを条件としているが、東北の被災地からは交付辞退が相次いでいる。

国は「脱原発」(脱原発依存)と言いながら、「原発廃止」を含む原子力政策を明確にせず、ただ避難区域解除のために、巨額の資金を投じて放射性物質の除染を行おうとしている。県は人口流出を恐れ除染に同意しつつ、子どもの医療費無料化を国に求めるが受け容れられない。反面、国は原発促進のための教育支援交付金を三・一一以前のまま減額しようとしない。現状の町村レベルでは、放射能の危険を避けてすでに県外へ出た人、出たい人、出られない人、出たくない人などさまざまで、相互不信も深まっている。

以上の本末転倒に共通しているのは、世界の注目を集めながら、何も決断できない日本の姿である。メディアは、世論調査では「脱原発」がおよそ七〇％だと伝えながら、自らは「原発廃止」を言い出さず、結果的に、国の「なし崩し」政策を支持している。これでは、危険に直面する福島の子どもたちの目には、われわれ大人たち全員が「原子力村」の住人に見えたとしても反論はできまい。

問われつづける政権交代の意義

三月号

民主党シンボルの崩壊　二〇〇九年八月の総選挙で、「コンクリートから人へ」のスローガンを掲げて闘った民主党は、戦後の長きにわたって「土建政党」の側面があった自由民主党を破って政権交代を果たした。

このスローガンの具体例として、国土交通大臣に就任したばかりの前原誠司氏が「川辺川ダム（熊本県）と八ッ場ダム（群馬県）を中止する」と発表した。こうして両ダム計画の中止決定は、日本の転機を画すものとして、米ニューヨーク・タイムズなどでも報道され、世界的な話題になった。

つまり、両ダムの建設中止は、国際的にも田中角栄氏に代表されるコンクリート国家としての日本の退場と受けとられたのである。事実、熊本県の蒲島郁夫知事など首脳部の意向から同県に計画されている川辺川ダム計画は実態的には中止状態になっている。

ところが首都圏にあり脱ダムの国際的なシンボルだった八ッ場ダムについて、前田武志国土交通相は二〇一一年一二月二二日の記者会見で、「八ッ場ダムの本体工事経費を二〇一二年度予算に計上し、建設を再開する」と正式に表明した。

民主党の政調会長に就任していた前原氏は同日の記者会見で「予算計上に反対する」と明言していたが、野田佳彦首相は国交相の決定を追認しただけだった。

今にして思えば、野田首相が二〇一一年九月二日の内閣改造で、七三歳の前田氏をわざわざ国土交通大臣に任命したのは、同氏が旧建設省出身できわめつけの土建官僚出身者だったからではなかったか。

いずれにしても、専門家の多くはもちろん、この問題をカジったことのある人々の多くが知るように、八ッ場ダムの建設中止には理由があった。

まず、利水面からみてみよう。首都圏全体では人口が依然として増加傾向にあるが、一日最大給水量は、統計のはっきりしている一九九二年度から二〇〇九年度までの一七年間に一日あたり一八二万立方メートルも減っている。これは半世紀も前に計画された八ッ場ダムの開発水量にかなり近い。

別にいえば、この一七年間に、一人あたりの一日最大給水量は二二%も減っているのだ。その背景には、電気洗濯機、水洗トイレなどの節水化が急速に進んできたことがある。この傾向がさまざまな電化技術の発展によってさらに進むことは疑いないだろう。

しかも国立社会保障・人口問題研究所は、同所の推計によって、首都圏の人口は二〇一五年以降、漸減傾向になると発表している。

こうして、利水面からだけでも八ッ場ダムの建設再開決定には大きな疑問符がつくのは明白だろう。

では、治水面から八ッ場ダム計画を検討してみよう。最近六〇年間で記録された最大の洪水は一九九八年九月の洪水だった。専門家たちの計算では、ダム予定地のすぐ下流の岩島地点で、治水効果は最大に計算しても、洪水ピークの水位をたった一三センチ下げるだけだった。

この大洪水の最高水位は堤防天端《てんば》から四・五メートルも下にあったので、洪水のピークを一三センチ下げてもまったく意味がなかったのは明らかだろう。防水面からみても、八ッ場ダム計画にはさらに大きな疑問符がつくのがわかる。

ダム建設再開の波紋

こうした八ッ場ダムの建設再開に関して新聞メディアはどう反応したか。

二〇一一年一二月二四日付の毎日新聞は、「政権交代の旗はどこへ」と題する社説を載せた。同社説は「公共事業に組み込まれた利権の構図を解体するというのは、国民が民主党に期待したことだった。その象徴が八ッ場ダムだったはずだ。政権交代を訴えて掲げた旗を民主党は降ろすことにならないか」と鋭く問うている。同社説は、「人口減少に伴い水需要は増えない。水害対策の面でもダム以外の選択肢もあるのではないか」と事実関係でもまっとうな疑問を八ッ場ダム建設再開の決定に投げかけている。

東京新聞も一二月二五日に「消え失せた政権公約」と題する社説を掲載し、冒頭で「二〇一二年度の政府予算が決まった。八ッ場ダムの建設再開が象徴するように民主党が掲げた政権公約は跡形もない。野田佳彦政権は増税に傾斜する前に、自らの約束をしっかり検証すべきだ」と批判した。

多くの読者はこの批判にうなずいたのではないか。なにしろ、民主党税制調査会は一二月二九日の総会で野田首相が消費税を現在の五%から一四年四月に八%、一五年一〇月には一〇%に倍増する計画をつめていたのだから。無駄な公共事業の典型である八ッ場ダムと消費税の倍増計画のコントラストは強烈だ。

ところが、矢張りというべきか、読売新聞と産経新聞は、社説で八ッ場ダムの建設再開に諸手を挙げて歓迎しているふうなのだ。

まず、読売新聞は一二月二三日に「混乱と無策の果ての建設続行」と題する社説を掲げた。その中で、同紙は「治水や利水効果、事業費の面で『建設は最良』とする国交省の検証結果を踏まえた決定だ」「極めて妥当な判断といえる」などと断言している。国交省の検証がお手盛りであることを知らないとすれば、取材不足と経験不足の批判は免れないだろう。

産経新聞の一二月二四日付の社説のタイトルは「中断二年の責任は重大だ」というものだ。二年というのは、政権交代で民主党が八ッ場ダムの建設をストップさせてから建設再開まで二年もの無駄な時間が過ぎたという意味だ。この社説も「国土交通省の関東地方整備局がまとめた『事業継続が妥当』とする再検討報告に関しては、専門家を集めた同省の有識者会議も内容を支持している。工事再開の判断は適切であり、今回の最終決定を受けて政府は、本体工事の具体化に向けて、速やかに動くべきだ」と強調している。関東地方整備局も有識者会議も国交省が操る出先機関に過ぎないということは、この国の公共事業をある程度の期間にわたって取材してきていれば明瞭だろう。

さすがに、政官財への距離が他紙に比べて近いとされる両紙のことはある。しかし、八ッ場ダムの具体的な問題点に目をつぶったこうした社説は、メディアに真実を求めている多くの読者を裏切っていることにならないだろうか。

追及される政権交代の意義

日本経済新聞は八ッ場ダムの建設再開について、これだけ大きなテーマなのに、一本の社説も載せていない。おそらく、八ッ場ダムの工事再開が同紙の方向と一致しているといわないまでも、同意できるからだろう。

不思議なのは、朝日新聞がこの問題に絞った社説を書いていないことだ。これまでの同紙からすれば、少なくとも多少は批判的な社説の一本も載せてもよかったのではないか。

ところが、同紙は一二月三一日に「豹変して進むしかない」という奇妙な見出しの社説を載せた。

この社説は、野田政権が「来年度から八ッ場ダムの本体工事や、整備新幹線の三つの新規区間の着工、東京外郭環状道路の建設再開を決めた。大震災の復興費用がかさむなか、あえて大型公共事業の復活に道を開いた」と指摘し、消費税の増税を柱とする社会保障と税の一体改革はもはや後戻りはもちろん、立ち止まることさえ許されない」と強調する。

そして、社説は「無駄の削減を実現しなければ、改革への世論の支持は広がらず、政権の命運も尽きる。首相は厳しい現実をみつめ、突き進むしかない」と締めくくっている。

しかし、朝日は、社会保障を口実とした消費税の引き上げを認める前に、八ッ場ダムなど多くの無駄な公共事業の中止を提案するべきだったのではないか。

一方、この問題についても、地方紙の批判は的を射ており、鋭い。

たとえば、河北新報は一二月二六日付の社説で、八ッ場ダムの建設再開について、「どう強弁しようと、公約違反であることは明白である。政権交代の意義を否定するに等しい自殺行為だ。民主党政権は、正統性を問われる重大な局面に立たされたと言わざるを得ない」と野田政権に批判の矢を放っている。

また、一二月二五日付の愛媛新聞の社説は、「コンクリートから人へ――のスローガンは魅力満点。新鮮なマニフェスト（政権公約）に期待も大きかった。しかし現実は、迷走する素人芝居の政治でしかなかった」「政治主導による大型公共事業見直しの放棄である」と民主党の変節を切り捨てている。

「政権担当能力はあるのか」と民主党に詰問しているのは、一二月二六日付の琉球新報の社説だ。この社説は「県外を公約しながら結局県内移設に回帰した米軍普天間飛行場問題」に言及し、「民主党の政権公約がくるくる変わるたびに翻弄されるのは国民だ。公約違反、国民への背信行為が後を絶たず、もはや政権担当能力に疑問符を付けざるを得ない」と断じている。

数字を挙げて具体的に批判していたのは一二月二五日付の京都新聞だ。同紙の社説は八ッ場ダムの建設再開は「今後の河川行政への影響も大きい」と強調する。この社説は、国土交通省による全国で見直しの対象の八三のダム事業のうち、検証が終わったのは八ッ場ダムを含む二〇事業で、中止はわずか六カ所どまり、一四事業は検証の継続（官僚用語でいえば、ダム建設は実施）と指摘している。

八ッ場ダムの建設再開で、野田政権は、大型公共事業の洪水の門を開けたという危機的な状況にメディア、特に大手メディアは鋭敏に反応していないどころか、歓迎するメディアまである。メディア全体として危機的な状況だ。

報道は劇場型政治をふたたび支持するのか……四月号

凍結された調査　橋下大阪市長による市職員対象のアンケート調査に対し、これを不当労働行為とみなす市の労働組合が反撃、二月一三日には大阪府労働委員会に救済申し立てを行った。そのため市側は一七日、労働委員会の審理を見守るとし、調査結果の開封・集計は当分凍結することにした（一八日報道）。ネット内ではすでに一二日ごろから、「組合敵視の政治的な思想調査だ」と、議論が盛りあがっていた。そのやりとりを手繰っていくと、世界社会フォーラムおおさか連絡会（WSFOSA

KA)が一一日付でサイトにアップした、調査示達原文の全文コピーに辿り着くことができた。市総務局長が各所属長に宛てた調査依頼書、これに添付された、「橋下徹」とでかい自筆署名の入った「職員各位」宛の業務命令書(いずれも九日付)、長い調査票の三点セットだ。回答期限は一六日。一読、中身のおぞましさに呆れた。

この調査は、「庁内ポータル」をプラットフォームとし、所属長が部下の職員に個人アドレス宛で上記三点セットを送信、受け取った職員はみな、庁内パソコンでポータルに回答済み調査票を返送しなければならない仕組みになっている。市長は署名文書で、「任意の調査」でなく「市長の業務命令」だから、回答がないときは処分の対象とするが、「自らの違法行為について、真実を報告した場合」は、懲戒の「量定を軽減し、特に悪質な事案を除いて免職とすることはない」、と告げている。命令に怒った職員のだれかが全文をダウンロード、コピーし、それをPDFでウィキリークスよろしく大阪の団体に送ったようだ。発信者がコピーの文中の各所に印した線や丸から、憤りの理由が伝わってくる。

調査票の設問は、全体で二二区分、各区分内の回答選択項目が累計で一五〇ほどにものぼる。どの職場のだれであれ、組合に入っているかいないか、入ったものはだれに誘われたか、この二年のうちに演説会の参加など「政治活動」をしたか否か、誘ったのは組合の、あるいは外部のだれか、選挙で投票の依頼を受けたかどうか、特定候補者への支援者紹介カードを配布され、受け取ったか、組合幹部は職場で優遇されているか、職員採用では政治家・組合幹部・市職員の介入状況はどうか、職場の組合活動や選挙運動に問題はないか、労使関係は適正かなど、微に入り細にわたる。最終の番外項目では無記名回答への「通報窓口」(担当弁護士名とメール・アドレス、ファクス番号を記載)を示し、組合活動や選挙運動などの際、だれが誘ったり、そそのかしたりしたかについて、その人物の名前などを匿名で密告するよう促している。

当局による組合の組織活動への介入は団結権の侵害だ。公務員であっても、私的な時空間における政治運動は自由だ。管理職によるその掣肘《せいちゅう》は思想・良心の自由、政治活動の自由の妨害だ。これら憲法違反の行為について、答えなければ罰し、正直に白状すれば許すというのは、それ自体も憲法違反だが、さらに(差別的な)不利益取扱いは不当労働行為だ。また他人についての思想・信条・政治活動・労働組合活動などに関する情報を収集することはプライバシー侵害につながり、個人情報保護条例にも違反する。これほど違法だらけの「業務命令」が押し通せると、市長が本気で思っているとは信じがたい。ところが、この問題をまともに新聞もテレビも取りあげてこなかったのだ。

実際、全国紙・在京紙でこのような視点からある程度詳しく事案の具体的な内容、そこに潜む問題に進んで光を当てようとした報道・論評は、大阪朝日二月一四日付朝刊の『市職員調査は不当』大阪市労組が救済申し立て　組合・政治活動アンケート」、東京新聞の一五日付朝刊一面コラム「筆洗」ぐらいしか印象に残っていない。さすがに大阪の新聞はどこも地元紙として、早くからこの問題を追い、たとえば毎日一〇日付朝刊は、一面に長文の記事を掲載した。だが、その視点は、長年の市長選における市・労組一体、丸抱えの悪習が、今度の市長選でも対抗馬、現職市長の平松邦夫候補の陣営でつづけられた、とみる橋下候補側の問題意識に基づくものだ。その結果、記事のポイントが、橋下新市長は「政治と行政の峻別」を実現、悪弊を打破するために今回の調査を行うのだ、とする点にばかり置かれているのが頷けない。この調査の内容・方法を仔細に点検すれば、新市長のやり方もまた、敵を全部追い出し、市を丸ごと味方で固めるという「政治」にのみ帰結しかねないおそれがあるのに、そうした批判的観点が欠けているからだ。

ネットのなかでは、今度(共産党支持)を含めて三度も府知事選に出馬した、地元の梅田章二弁護士のツイッターが注目された。彼は、「労使癒着で選挙は丸抱え、縁故採用」という、大阪市のこれまでのひどさを認めたうえで、そうした状況を変えるためにも今、労組の団結と自立が大事だと力説、フォロアーの共感を集めていた。新市長は、長年の労使慣行で認められてきた適法の便宜供与を否認、組合事務局の撤去も通告した。彼は市に対する住民の不信、反感を利用、市と一緒に労組まで「敵」に仕立て、攻撃を仕掛けているが、思想・良心の自由、政治活動の自由に反するそのやり方に、表現の自由、知る権利に敏感なるべきメディアが危機を感じず、みてみないふりをするとしたら、なんのためのメディアか、といいたい。

「八策」に踊らされるメディア

代わって目につくのが、中央政治の「第三極」を、橋下市長と彼の膝下に結集する大阪維新の会が確立できるか否か、それはどこのだれとの連携によるか、というようなことばかりに熱をあげる政局報道の競い合いだ。

橋下新市長の目先を変えた多彩な動きに、メディアはすぐ飛びつき、引き回されていく。二〇一一年一一月二七日当選後の第一声は、「大阪都」構想の新たなぶちあげ。各紙は、国がその方向に動かぬのなら、維新の会は国政進出に踏み切る、とする新市長の発言をそろって大きく報じた。彼は一二月になると、上京して民主・自民の党幹部をはじめ、将来の第三極形成に関わりそうな有力政治家を歴訪、話題を撒き、その後、新年一月四日に「維新政治塾」の開設を発表、二〇日には次期衆院選挙への候補者擁立方針を宣言した。

そしてこの流れに、「石原新党」に色気をみせる石原慎太郎都知事が首をつっ込み、大村秀章愛知県知事も政治塾を開設、連携への意欲をみせると、橋下市長は「三都連合」を標榜、それを足場とする国の統治機構変革をも視野に入れた発言を、繰り返すようになった。定員四〇〇名の維新政治塾の応募者は二月一二日、三三二六人に達した。現役国会議員はじめ、官僚、弁護士、大学教授らも顔を揃えており、かつての「なんとかチルドレン」よりは重みがありそうだ。塾生のなかから三〇〇人を衆院選に候補として立て、二〇〇議席の獲得を目指す、と橋下市長は公言する。

そうした動きを背景に彼が一四日、衆院選の政権公約を、維新版「船中八策」として公表すると、野田首相は一五日、予算委員会での質問に対し、「国のあるべき姿を問題提起し、議論することはいいことだ」と、迎合ともみえる答えをした。一六日、橋下市長は政府の地方制度調査会で、「大阪都」構想について熱弁を振るった。

このような動きを伝えるメディアの役割は、政界に第三極ができていくのを報じるというよりも、それができるのを手伝っているようなものだ。朝日・毎日は曲がりなりにも、橋下市長当選の翌日の社説で、彼が責任を負うべき課題は地域政治の問題解決だ、と述べていた。しかし、「八策」が出ると、朝日は彼の「国盗り」を重視し(二月一五日社説)、毎日は、たるんだ既成政党への覚醒効果を評価、皮肉半分かもしれないが、「橋下さんに感謝しよう」とまでいう(同一九日朝刊五面)。読売にいたっては、「政治の現場　第三極:大阪維新の会『選挙こそ改革エネルギー』」・「同:石原新党『新しい保守合同　あってい い』」(同一七・一八日)、「列島再生:『一つの大阪』商都再び」・「同:関西連携　発言力増す」(同一八・一九日)など、橋下現象を二つの大型連載企画報道のなかで、正面からナショナル・イシューとして扱う。

維新の会が府市両方で進める教育基本条例・職員基本条例制定作業の帰趨を、地元市民が固唾を呑んで見守っている。それらの中身の大筋は、首長の定めた教育目的・職員規律に反したものや、評定で成績の悪いものに、最高で免職を含む処分を科すというもの。全文を読んでみたが、威圧と恐怖による支配構造の仕組みは、前述の政治活動調査のそれと瓜二つ。服従を誓うものへのお情けも同様に用意してある。教育をこういうものに変え、自治体職員を市民への奉仕者でなく、首長の奴隷に変えてしまうことは、特定区域だけの問題では終わらない。そういう危機の問題として全国的な議論を起こすことが、今メディアに求められているのではないのか。その点、朝日の二月二〇日の社説「大阪の条例　司法の警告受け止めよ」(二月一六日の日の丸・君が代処分への最高裁判決に言及)が、この時点で条例問題に触れたので、多少ほっとした。だが、同じ朝日の投書欄(一月二五日)に「国旗国歌で愛国心教えたい」、テレビ欄「はがき通信」(二月二日)に〝一月二七日・テレビ朝日の「朝まで生テレビ!」では橋下市長の説得力、頭脳明晰さが目立った〟などの投書が出ていたのだ。まだまだ危なっかしい状況がつづく。

「なんとなく」の支持

相次いで朝日・読売(発表二月一四日)、時事通信(同一六日)、共同通信・日経・フジテレビ系新報道二〇〇一(同一九日)が世論調査の結果を発表したが、どれも下落する野田内閣の支持率と橋下市長・維新の会の人気上昇が売りだ。野田内閣の支持率は、時事が最低で二四・九%、最高が読売で三〇%。民・自の拮抗状況は、政党支持率・つぎの選挙の投票先のどちらも、調査によってトップが入れ替わる。トップといってもせいぜい二〇%を少々超える程度。これに比べて、「支持政党なし」が、朝日四一%、読売五六%、時事六八・二%と大きく、第三極勢力の基層となる部分の拡大が目立つ。

橋下氏・橋下新党を評価するか・期待するかの質問がある調査では、イエスの回答が、フジテレビ系新報道二〇〇一が六六・〇%、朝日六五%、共同通信六一・二%、日経五八%。これを裏付けるのが、二一日発表の朝日・大阪朝日放送共同の府民世論調査の結果。橋下市長の支持率は七〇%にのぼる。つぎの衆院選で影響力を持つだけの国会議席を取ってほしい、とする回答は五九%。大阪都構想への賛成は四八%と半分以下だから、なんとなくの橋下支持の部分がかなり多いといえる。共同通信の調査は、関西圏以外でも維新の会の国政進出への期待を尋ねているが、結果は、期待するが北海道七三・三%、九州七〇・二%、中国・四国どちらも六〇%以上。期待が全国にも広がっている様子がうかがえる。いったいこれはなんなのか、それをこそメディアは追及、橋下ブームの実態と問題点を解明すべきであろう。

大阪市長選の投票率は前回(二〇〇六年・四三・六一%)を大きく上回る六〇・九二%に達した。六割台は一九七一年以来、四〇年ぶりだ。興味深いのが投票当日の大阪毎日・毎日放送共同の投票所における出口調査の結果(大阪毎日・翌日紙面発表)。橋下候補支持は二〇・三〇代の七割、四〇〜六〇代でも六割、七〇代以上は平松候補と互角だったという。このことは、二〇・三〇代がほかの年代よりも高い比率で投票所に足を運び、投票率アップに貢献、さらに橋下獲得票を六割台に乗せる決め手ともなったことを、物語っている。思い出すのが、二〇〇五年の小泉・郵政改革選挙だ。「改革は俺ひとりでもやる。死んでもやる」と、総選挙に踏み切った小泉首相を若者が支持、大勢が選挙にいき、投票率も、小泉派候補の得票数も、高める役割を演じた。選挙後の大阪朝日・一一月一七日付朝刊の企画報道「この町で『橋下支持』の人々[上]苦境二〇代　変化にすがる」が、見通しの立たない暮らしのなか、「若者のエネルギーで、この大阪、この日本の形を変える!」と叫ぶ橋下候補に惹かれていった二〇代の青年の姿を描き出していた。既視感に襲われた。二〇〇五年郵政改革選挙のあと、小泉に惹かれて選挙にいった若者の姿を東京アキバ、渋谷センター街に探ったルポを東京新聞が載せていたが、そこに描かれた若者とそっくりだったからだ。

ニーメラーの悔恨

橋下氏勝利の流れの底には、若者たちの不穏な情念の大きな渦が動きだしているのではないか。メディアはそれを的確に把握し、不幸な若者を、目にみえる希望、目標へと導き、情念のエネルギーの束縛から解放する義務がある。朝日の星浩編集委員もそのことに気づいたようだ。「政府の今の借金は大人がつくったもので、若者が返す必要はない。ハイパーインフレがきて既成の秩序が壊れ、高所得者が困っても、世の中がリセットされるのなら、早くそうなったほうがいい」と考える若者は、財政再建のための消費増税に反対だ、とする動向を紹介、そんなことにならないように若者に向かい合い、消費増税を円滑に進めていく必要がある、と説く(一二月一八日、「政治考　消費増税論　将来担う若者と向き合え」)。だが若者の希望の置き場所が、ライターの赤木智弘氏のいった「戦争」から、「ハイパーインフレ」に代わった事態の深刻さはよく理解できるが、野田内閣の消費増税で社会保障が改革・改善され、若者が希望を持つことになるとは到底思えず、星氏の結論部分には納得できない。

橋下維新の会代表は「八策」のなかで、国会議員の定数・歳費削減、公務員の定員・賃金削減、積み立て・富裕層掛け捨て方式への年金制度改革、TPP参加、日本全体で沖縄の在日米軍基地の負担軽減、憲法改正＝首相公選制・参院廃止などを政策として掲げ、さらに原発についても脱原発依存、発送電分離も主張する。一見思い切った改革案で、若者への配慮も厚いように映る。だが、よく考えてみると、おそろしく整合性に欠ける。ここまで政治・経済に若者が不満を抱くような状況は、民主的な教育をいっそう徹底し、一八歳以上を成人とし、投票権を付与、彼(彼女)らをどんどん国政に参加させなければ、変えられるものではない。衆院選挙は完全比例代表制とし、地方議員たちや宮台真司氏らが立ちあげだした「緑の党」や、反原発、環境保護、子ども・女性の権利確保、脱貧困などに取り組む集団が、国政に直接進出できるようにすべきだ。メディアは目くらましにだまされず、根本的なところから発想を変え、本気で若者の希望と幸福を追求しなければならないところに立たされている。

大阪市長選で橋下候補の出現に、共産党は独自候補を引っ込め、平松候補支持に回り、「独裁反対」の選挙運動を盛り立てた。新市長の職員アンケート調査には、このときの共産党の活動、それと組合との関係をあぶり出したい、とする狙いがある感じだ。共産党がもっとも強力にこの調査に反対しているのも頷ける。しかし、これを両者間の諍いとみなし、遠巻きにしているわけにはいかない。ドイツ・ワイマール体制の末期、ヒトラーが共産党員とユダヤ人を狩り立て始めたとき、どちらでもない牧師のマルチン・ニーメラーは、なにも動こうとはしなかった。そして、民主主義は崩壊、やがてだれもがナチの迫害を受けねばならなくなった。自分の無為を、敗戦のあと悔いるニーメラーの思いは、痛切だ。橋下なる人物はなにもこわくない。しかし今、「橋下的」なるものが遍在し、膨張していく様にはじゅうぶんな警戒心を持つことが必要だ。

〝なし崩し〟の原発再稼働に抗えないメディア……………五月号

低線量被曝の時代へ

メディアにとり上げられないかぎり、存在しないことにされてしまう。逆に、ありあまる映像と情報が何かを隠してしまう。そういうメディア状況に私たちは生きている。

今年の三月一一日、東日本大震災、東京電力・福島第一原発の事故から一年目のテレビ画面からは、予想にたがわず、被災地の映像が洪水のように茶の間に溢れ出た。そのほとんどが被災地への「同情」と「励まし」の言葉に彩られ、それ以外のものを見ることはまれだった。特別番組のタイトルは、例えば「明日へ支えあおう」「つながろう! ニッポン」「愛しきあなたへ」「絆スペシャル」「わ・す・れ・な・い」などと情緒的な命名において、新聞の「忘れないために」「悲しみ語り継ぐ」「時は流れない」「涙の3・11 祈りの日」などと大きな違いはなかった。この洪水の中に消えてしまったものは何か?

一年前、東日本大震災の発生直後、メディアは平常時に蓄積された中継ノウハウを総動員し、すべての時間枠を取り払って放送をした。各テレビ局は国民の財産・人命の保護を最高規範として指揮命令系統を一本化した。すなわちニュース・セクションは政府の指示に従って取材の安全基準を設け、番組セクションは、歌舞音曲などで被災者感情を損ねないことが周知された。民放については、特に経営基盤であるCMに格別の配慮がなされた。震災発生直後の三日間はすべてのCMを自粛し、再開後はACジャパンのあたりさわりのないCMを執拗に流し、最後に「がんばろうニッポン!」を連呼した。テレビは自らがパニックに陥り、翼賛体制を形成してしまった。この一年を通して、メディアが隠したのは、首都圏の後背地にされた東北の現実と、自らも被曝地帯に組み込まれた首都圏の姿である。

ニュースにならないニュース

三月一一日、国会議事堂を「人間の鎖」が取り囲んだ。両手を広げる場面はなかったので、あり余る人数が集まったことになる。テレビ好みの壮観なシーンが展開されたにもかかわらず、その夜のニュース映像では、わずかNHKの四三秒を確認できただけである。六〇年安保で国会周辺に集結した人々の映像が頭をかすめた。安保の映像は歴史に刻まれて今も繰り返し再生されるが、それ以上に歴史的な意味をもつ原発事故と放射能汚染を引き起こしながら、原発の再稼働を〝なし崩し〟に進めようとする政府に対する抗議が、なぜかくも軽くあつかわれるのだろうか。

「人間の鎖」の行動が許可されたのは、国会のフェンスに沿ってではなく、大きな通り一本隔てた歩道のみだった。そのため、信号が変わるたびに「人間の鎖」を切断するように車が通過した。筆者は、マスメディアのカメラを探しあぐねて、この「人間の鎖」は国会の〝開店休業状態〟を炙り出すパロディなのではないかと考えはじめた。それほど、メディアの不在は致命的であった。

この集まりには、将来の子どもたちが生きるに値する世界を残したいという、大人たちの切なる思いが込められていた。マスメディアはこれを倫理的な行動としてあえてニュースに取り上げようとする知恵も勇気もなかったことになる。「絆」という言葉にあれほど反応したメディアが、なぜ「鎖」という言葉には鈍感なのか。もう一度言う。「人間の鎖」が取り囲んだのは、民衆の代表機関であるがゆえに、国権の最高機関と美称される国会議事堂である。

子どもたちは告発する

ニュースにならないニュースをもう一つ。福島県郡山市の一四人の子どもたち(小中学生)が放射線量の低い安全な環境で教育を受けたいと、市に対して集団疎開を求める仮処分裁判を起こしたが、メディアの無関心が壁になっている。

福島の子どもたちを守ろうという運動「ふくしま子ども集団疎開裁判」は、高い理念をかかげて進められている。原告である子どもたちは、空間被曝線量(外部被曝)の積算が年間七〜二二ミリシーベルトに達し、法律が定める年間一ミリ以下という基準をはるかに超える状態で暮らしているという。これは去年四月、文科省が授業再開のめどとして示して猛反発を招いた年間二〇ミリシーベルトに近似する値である。

この裁判は、去年六月二四日に福島地裁郡山支部に仮処分申請が提出されてから、一〇月に至り結審、一二月一六日に原告の主張が却下されるまで、一度もマスメディアで報道されなかった。これらをわずかに知りうるのは、ユーチューブやUstreamを使った市民メディアを介してである。

この裁判の原告側には、能登の志賀原発差止判決(二〇〇六年)を行った井戸謙一裁判長が退官して弁護士として参加している。井戸氏は、差止判決の中で、年間一ミリシーベルトを超える被曝によって、人格権侵害の危険性があると述べた。また、作家の大江健三郎、評論家の柄谷行人、アメリカのノーム・チョムスキーの各氏が、郡山裁判を歴史的な裁判であるとしてメッセージを送っている。

チョムスキー氏からのコメントは概要以下のとおりである。「この裁判は福島原子力発電所事故の被害者のうち、最も痛ましい被害者である子どもたちを守るという、極めて重要なものであり、賞賛すべき努力である。……専門家の研究では、現時点ですでに、被害の規模はチェルノブイリのグロテスクな規模に匹敵するか、上回ることが明らかになっている。……核兵器が使用された唯一（今までのところ）の国という悲劇的な歴史の観点から、東京の世界市民法廷ほど、日本における原子力災害に終止符を打つにふさわしい場所と時は他にないだろう」

メディアの無関心に対抗して、原告弁護団は二月二六日、東京・日比谷で「世界市民法廷」を開催した。この市民法廷は、実際の裁判を再現し、それを受けて陪審員が自由な討論を行う場面で構成され、それに識者のディスカッションが加わり、最後に会場の観客が陪審員として評決を下すというものであった。

ここで中心的に議論されたのは、長期低線量被曝の時代に子どもたちの健康をどう守るかという市民的な課題であった。原告側が提出した書面によると、チェルノブイリ原発事故の際に住民が強制移住させられた区域と同じ年間五ミリシーベルトという空中線量が、郡山の子どもたちが通う学校周辺で計測されるという。会場の参加者から多くの疑問が投げかけられた。危険を未然に防ごうとする働きかけに、一向に耳を傾けない公権力は、基本的人権と子どもの権利に対する侵犯者＝憲法違反者ではないのか。ここは、大人たちがあとう限りの倫理を発揮すべき場面ではないのか。そして、メディアはその仲介のためにこそ存在するのではないか。

それでも再稼働か?

いま、ＮＨＫが昨年暮れに放送した「追跡！ 真相ファイル 低線量被ばく 揺らぐ国際基準」（二〇一一年一二月二八日放送）が不安を煽る番組として、原発推進派から批判を受けている。この番組の内容を再現する手間を省くため、ＮＨＫが放送のために公表したＰＲ文章を、少し長いが引用する。「〝生涯一〇〇ミリシーベルトとされる被ばくの基準で、本当に健康への影響はないのか？〟 福島をはじめ、全国の人々が現実に直面している放射能の脅威。国は『直ちに体への影響はない』と繰り返すばかりだ。その拠り所としているのが、ＩＣＲＰ（＝国際放射線防護委員会）の勧告。広島・長崎の被爆者の調査データをベースに作られ、事実上の国際的な安全基準となっている。しかし関係者に取材を進めると、一九八〇年代後半、ＩＣＲＰが『政治的な判断』で、被ばくでガンになるリスクを実際の半分に減らしていた事実が浮かびあがってきた」。

ＮＨＫへの抗議の骨子は、関係者の証言の翻訳に誤解を招くものがあり、いたずらに原発に対する不安を煽る悪質な番組だというものである。筆者が見た全体の印象は、短時間の放送であり、確かに粗削りの感はあるが、これまで当たり前の基準としてきたＩＣＲＰの安全基準が何らかの「政治的な判断」でリスク評価を低くしたことを明らかにした意欲的な番組だった。基準値を策定したＩＣＲＰのアメリカ代表は、他の委員が低線量のリスクを上げようとしたのに対して、それを下げるよう主張した。その理由は、原発労働者に子どもは含まれないと考えたからだと証言した。昨年一〇月、福島事故を受けてアメリカで開かれたＩＣＲＰ会議の録音テープが公表された。「八歳や一〇歳の子どもがなぜ原発労働者と同じ基準なのか。福島の母親や子どもたちは心配している」「ICRPの低線量リスクがこのままでいいのか、大きな疑問が持ち上がっている」などというもので、ICRPでも子どものことを無視できないと考えはじめていることがわかる。推進派の批判に対して、反対に、市民の側から多数の抗議が送られているという。

郡山の裁判でも、原告側が主催した世界市民法廷でも、年間の空中被曝線量が一〇〇ミリシーベルト以下では症例が報告されていないので、がん発生との因果関係は考えられないという福島県放射線健康リスク管理アドヴァイザー山下俊一氏の意見について議論が集中した。

ところが、当の山下氏は、『通販生活』二〇一二年春号のインタビュー（実施二〇一一年一一月八日）で、これまでの論調を少し変えて、「一〇〇ミリシーベルト以下の被ばく防護原則である『しきい値なし直線モデル』という考え方を支持しています」と述べた。直線モデルを認めるならば、放射線の被曝線量をできる限り抑えるという結論にならざるをえない。

山下氏へのインタビューは次のように続く、「低線量被ばくが持続する状況下で住民の健康を守っていくためには、長期的で定期的な健康診断をやりつづけるしかない」と。この発言は何かズレている。彼は健康を守るために、できる限り子どもたちの被曝線量を軽減させるために危険な場所からの避難を呼びかけるべきなのに、福島県民の健康管理調査を充実させることを提唱している。要するに、「データ収集」が頭の中を占めているとしか思えない。まさか、安定したデータ収集には「定住」が条件だと思っているわけではなかろうが、この人物の言葉の迷走はいつも除染派や再稼働派に利用されてきた。

アーカイブは記憶を保存する

NHKは上記の番組も含めて、多くの「脱原発」とみられる放送を世に送ってきた。それがNHKの総意であるかはわからないが、視聴者に内容は重く受け止められているはずである。

たとえば、二〇〇六年にNHKスペシャルとして放送した「汚染された大地で　チェルノブイリ二〇年後の真実」では、事故から五年後に小児の甲状腺がんが急増し、一〇年後には一〇〇倍とピークに達したと報告した。そして低レベル放射線地帯に二〇年近く住み続けた大人たちの間に甲状腺がんや白血病が急増しているという。舞台となったベラルーシでは、国家予算のおよそ二〇％を除染に使った。アレクサンドル・ルカシェンコ大統領は、農民を帰還させるための新しい住宅を準備して、「事故を忘れるのはいいことです。代わりに私たちが覚えておきますから」と語っていた。なんという言い草だろう。どこの国にも権力のために、民衆の命を平気で売り飛ばす薄情な政治家はいるものだ。

NHKはこの放送を「公開アーカイブス」として誰でも視聴できるようにしている。それからわずか六年後、「脱原発依存」を初めて語った首相の次の首相は、脱原発のひと言も口にせず、ただ再稼働に向けて動いている。これは〝なし崩し〟という日本のお家芸の極みである。アーカイブはそうした〃騙し〃を監視する役割を持つ。

ＮＨＫはこの間、メディアが方向性を見失っていたときに、政府・行政が行わない放射能汚染の実態を、ディレクターと研究者がネットワークで連携して明らかにするなど、原発について厳しい内容の番組を何本も放送してきた。このアーカイブ的な実績は重い。アーカイブは、それを保持する者の現在と未来を縛る。事実は確かに語られたのであって、なかったことにはできないのである。

マイナンバー法案　問われるメディアの「感度」……………六月号

各紙社説は番号制を支持

社会保障・税一体改革関連の一本の法案に、野田佳彦首相は、「命をかけてこの国会中に成立させる」と宣言するほどの執念を見せている。衆院に「社会保障・税一体改革特別委員会」が設置され、消費増税法案など一一法案の審議が五月の大型連休明けの終盤国会で本格化する見通しになった（四月二五日現在）。一一法案は、消費税、年金、子育て、共通番号——の四分野にも及び、とりわけ消費税、年金、番号法案はいずれも一国会を審議に費やしてもおかしくないほどの重要法案だが、会期末は六月二一日。審議不足に陥るのは明らかで、国会運営への批判は免れないだろう。

今回の一一法案のうち、消費増税と年金関連法案は、マスメディアの関心も高く、大きく取り上げられているので、社会的認知度は高い。これに対して、政府が「マイナンバー」と名付けた番号を割り当てる共通番号法案（個人識別番号利用法案）は、三年後の一五年一月には「国民総背番号制」が導入されようとしているにもかかわらず、ほとんど報じられることがない。国会議員でさえ問題点を認識しているとは言えない状況にあるのではないか。与野党の対決法案にならないこうした場面こそ、報道機関には議論の設定機能の発揮が求められるはずだが、大勢が番号制に賛成を示す論調で占められているのは極めて残念だ。

大半のマスメディアが共通番号法案に関心を示さない理由の一つは、国会と同様、賛成の立場だからだと思う。今年二月一四日に共通番号法案が閣議決定、国会に提出されて以降の、各紙社説を見てみたい。

朝日は「異なる制度にまたがる情報をつなげることで、行政効率の面でも役に立つはずだ」(一九日)。読売は「納税や社会保障の複雑な情報を結びつけ、きめ細かな福祉政策を実現するには、国民一人ひとりが固有の番号を持つ必要がある」(二〇日)で、毎日も「税と社会保障の一体改革を進める上で重要な仕組みだ」(一九日)と賛成の社説を掲げた。日本経済新聞の社説の見出しは、『『役立つ番号制度』の原点を忘れていないか」(二六日)。共通番号を医療情報や金融取引を除外したこと、民間利用を当面、認めなかったことに不満を表明しており、いかにも日経らしい。産経も「課税適正化へ早期成立を」(一六日)である。

南北二紙は反対

一方、地方紙・ブロック紙の姿勢はどうか。「脱原発」の紙面展開で評価が高まった東京(中日)も「情報を結ぶことで、社会保障を必要とする人に的確に提供できるとしたら新制度は役立つだろう」(二二日)とし、地方紙もおしなべて賛成派だ。政府の番号制度創設推進本部は昨年から全国の四七都道府県で「マイナンバーシンポジウム」を開催中で、シンポには地元の地方紙も協力しているところも多く、よもやそれに配慮しているわけではないだろうが、中央政治に厳しく注文をつける、歯切れのいい社説は少ない。

そんな中、注目すべきは、北海道新聞の「国民の監視強化は困る」(一五日)と、琉球新報の「〝改革の踏み絵〟のつもりか」(一六日)の南と北の二紙くらいか。琉球新報は、「国民的議論も合意もなく、拙速に事を進めるのは主権者不在でありおかしい。政府の世論調査で八割以上が番号制を「知らない」とし、個人情報に関する不安について四〇・五%が個人情報漏えいによるプライバシー侵害、三二・二%が番号や個人情報の不正使用による被害を挙げた。「政府の立場にたったとしても、法制化の機が熟しているとは言い難い」と踏み込んで反対意見を示しているのは異例だ。

捜査機関も利用可能に

こうした翼賛法案ではあるが、在京紙では、東京新聞「特報面」(三月七日)、毎日新聞「メディア面」(三月一〇日)にて、共通番号法案に批判的な特集が組まれており、多くの問題点を明らかにしている。

共通番号導入のうたい文句は、税と社会保険事務で同じ番号を使えば、所得をより正確に効率的に把握できる、ということだ。それに応じた納税や保険料、さらには適正な生活保護や年金の給付をしようという。番号は、外国人を含めて割り当てられる。申請主義の米国の社会保障番号と異なり、強制付番だ。悉皆性、唯一無二性、広汎性といった特徴を持つ。ICカードとセットで管理し、番号から確実に本人であることを特定、本人の個人情報を容易に入手できる大規模システムは世界にも類例を見ないと言っていい。

実際に利用できる事務は、法案の別表で法定され、税や年金のほかに公衆衛生、住宅、学校・教育関係など九三件に上るという。これらの個人情報は、一一六件の事務について、国や地方自治体を結ぶ「情報提供ネットワークシステム」を通じて入手できるようにするらしい。当初は税、社会保障、防災の三分野だが、施行後五年の見直し規定があり、政府は日経が強く主張する民間分野での利用の検討に入る方針だ。

国民全員に一一桁の住民票コード（番号）を割り当て、国民の個人情報をコンピューターで一元管理する住民基本台帳ネットワークシステム（住基ネット）導入のメリットとされたICカードの住民基本台帳カード（そのメリットとは、所持者が本人確認証のほか転居手続きの一部が省略されるという程度のものだった）を廃止し、代わりに「個人番号カード」が発行される。券面には個人番号が記載されるという。番号カードは、本人の申請が原則だが、行政手続きの際、本人確認に使うなど全員の所持を想定している。

一方、情報ネットを運営するのは、総務省と内閣府が管理する地方公共団体情報システム機構。母体は、総務官僚の天下り先との批判があった、住基ネットを運営する地方自治情報センターだ。情報ネットの構築や付番、番号カードの発行費用などで初期投資は五〇〇〇億円規模に膨らむとみられている。なんと住基ネットの一〇倍だ。さらに数百億円の運用費が毎年かかるわけで、ネット社会の大型公共事業と言われるゆえんだ。

実は、番号を利用できるのはこれだけではない。法案一七条は、個人番号で管理される個人情報を別表以外の目的で提供することを禁止（罰則は、四年以下の懲役若しくは二〇〇万円以下の罰金）しているが、例外を設けた。同条一一号では、捜査機関や国会、裁判所、租税に関する犯則事件、会計検査院に加え、「その他政令で定める公益上の必要」を挙げている。しかも、政府がプライバシー保護のために設けたとして売り物にしている、二つの仕組みの適用まで除外した。一つは、いわゆる第三者機関の「個人番号情報保護委員会」による立ち入り検査などの監督権限外としたこと。もう一つは、自分の個人情報をどの機関・組織が利用したのかを確認できるサービス「マイポータル」（システム機構が運営）の対象外としたことだ。捜査機関は泣いて喜ぶことだろう。マスメディアまでもお墨付きを与えてくれているのだ。

住基ネットの検証が先だ　今国会の状況は、相次いで悪法が成立した一九九九年の第一四五回国会を思い出させる。当時は自民・自由党政権で、首相は故・小渕恵三氏だ。温和な印象を演出した小渕氏の下で、問題を抱えた重要法案が次々に成立した。それは、捜査機関による盗聴捜査を合法化した「通信傍受法」、日の丸を国旗に、君が代を国歌に定めた「国旗・国歌法」、新たな「日米防衛協力のための指針（ガイドライン）」に基づく日本の領域を超えた後方地域での自衛隊活動を可能にした「周辺事態法関連三法」。住基ネットの導入を柱とした改正住民基本台帳法――の四法だ。

誰もがこれらが今日の社会に与えている影響が極めて大きいことに気づかされるのではないか。橋下徹大阪市長は、約二万三〇〇〇人の市職員の業務用メール内容のチェックを「問題ない」として堂々と始めたし、卒業式や入学式で君が代斉唱時に起立していなかったり、歌っていなかったりする教職員の調査と、それに基づく処分が相次いでいる。

自衛隊の活動範囲はさらに広がり、イラク戦争(二〇〇三年)後にはイラク特措法の成立を経て陸上自衛隊が、実態は戦地であるイラクのサマワに初めて人道復興支援活動の目的だとして派遣された。そして、今国会に提出された「個人識別番号法案」は、住基ネットの本人確認機能を活用している。これらの四法について、当時から、「国の形が変わったと後から語られるだろう」と指摘されていたが、その危惧は現実化したといえる。今回の一一の法案も人々の暮らしを大きく変えることになるのではないか。

情報セキュリティーに詳しい独立行政法人・産業技術総合研究所の高木浩光氏がツイッターで、次のような内容の見解を書いていた。

「日本のエンフォースメント機能は、四大新聞とテレビが握っている。そこが動くと事業者はいや応なく対応している。そこが動くにはそれら報道組織が納得する論点整理が存在すればよく、それだけのこと。(そこまで確実でない微妙な話題は放置されているにすぎない)」

高木氏の言う「エンフォースメント機能」が、ある団体や個人などが行った不適切な行為を是正させる社会的な強制力という意味であるとすれば、確かにその通りだろう。事業者には政府や国会も含めていいかもしれない。

私はこの機能がうまく発揮されるための前提条件として、報道組織の感度の存在も加えたい。新聞界は、法案に反対の立場を取っていないというよりもほぼ賛成なのだ。原発村ならぬ「番号村」の人たちの口車に乗せられていないのだろうか。賛成の社説を掲げる前に、政府の説明通りに住基ネットが役に立ったのかの検証記事が本来、先なのではないだろうか。このような感度ではせっかくの論点整理も気がつくまい。

蠢き始めたNHKの原発再稼働派……………七月号

去る五月一二日、NHKの數土文夫経営委員長(JFEホールディングス相談役)が、こともあろう、東京電力の社外取締役に内定したというニュースが流れた。取材する側とされる側に同時に席を置くことの非常識を超えて、相手が東電ともなると何をかいわんやである。政府筋は、NHKの経営委員が非常勤であることを理由に、數土氏が東電を兼職することは法制上問題ないとしてきた。しかし、一般視聴者や市民団体などから連日のように抗議の声がNHKに寄せられた。數土氏は、あくまでも「自らの判断」としながら、NHKの経営委員および委員長の職を辞した(五月二四日)。これで、彼が東電のほうをあきらめ、NHKにとどまるという最悪の決着はなくなったわけだが、ことはさほど単純ではない。

數土氏は、辞任の記者会見で、「東電に対する国難だという気持ちがますます高まってきて、東電がもし何かの条件で止まれば本当に壊滅的、悲惨的状況になるという思いが強くなってきた」と語った。要するに、公共放送の仮面を捨てて、原発再稼働派の素顔を露わにしたにすぎない。この人物が、この一年あまり、もっとも危機的な状況下でNHKの最高意思決定機関のトップにあったことは、それでなくとも発表ネタを垂れ流す放送局と揶揄されてきたNHKに対する不信感をさらに深めることになった。

松本正之NHK会長は、いわば後ろ足で砂をかけられたかたちになったわけだが、「數土経営委員長が熟慮されて、みずから結論を出されたことだと思う」と、本心はどうあれ、いっこうに痛痒を感じていないという口調なのだ。ジャーナリズムを与る者なら、ここは「報道の公正・中立を危うくした」と一言あるべき場面だ。

このところ、NHKは地上デジタル化やインターネットとの競合・共存を最優先課題と考え、ジャーナリズムのイロハもわきまえないような経営陣を次々に戴いてきた。そのほころびをいよいよ隠せなくなった。

検証という名の修正

NHKは、今年三月二二日に放送記念日特集として、NHKスペシャル「NHKと東日本大震災〜より多くの命を守るために〜」を放送し、一年前の地震・津波と原発事故にかかわる初動について組織的な検証を行った。ことに原発報道については、去年七月から、局内に「原子力災害報道検討会」を立ち上げ、緊急災害に備えた新しいマニュアル作りを始めたという。ここでもっとも議論になったのは、放射能予測装置「SPEEDI」の情報がなぜ早く公表されなかったかであった。放送では、検討会の議事録を明示しながら、議論の推移を紹介した。筆者は、NHKがこの一年間をどのように総括するのかに注目した。

番組が検証したSPEEDI情報の公開までの流れは以下の通りである。

まず、事故の翌日からNHKの記者は国に対してSPEEDIの予測データを公表するよう求めていた。しかし、データが公表されたのは事故発生から一二日もあとだった。NHKはさらに一〇日以上あとになって公表した。国、NHKの情報の遅延をどう考えるか。これがNHKの内部検討会の重要課題だった。しかし、議論は、国の公表がなぜ遅れたのかについてはまったく触れず、NHKがさらに一〇日以上発表を控えたことの是非に集中した。判断を鈍らせた要因として、この検証番組でもっとも重要視されたのは、班目春樹原子力安全委員長の以下の発言である。「この試算については、限定的な情報しか得られていない状況下で試算されたものであり、こういうところではこれくらい危険になっているというふうには是非使わないでほしい」。

検討会では、国が「試算」であるとする情報を放送で伝えるべきであったかどうかをめぐって意見が分かれたという。信頼性が低い状態で放送すると住民がパニックを起こすという慎重派と、一定の限界があることを添えて、あえて放送すべきだという積極派。NHKが出した結論は、「検討会では、最終的に今回のSPEEDIのような不確かな情報でも、一定の科学的根拠があれば、住民の安全に関わるものとして、いち早く伝える」というものであった。

筆者は、この結論と結論の導き方に不自然なものを感じた。

事故発生の翌日から、NHKの記者たちが国に対してSPEEDIの情報を早く出すよう要請していた。それは、SPEEDIが緊急避難の参考になるシミュレーション(暫定試算)であることを知っていたからであろう。そのことは番組内で述べられていないが、それにしても、国がSPEEDI情報を出してこなかった一二日間、情報開示を求めた当の記者たちは、現実の放射能の拡散状況についてどんな取材をしていたのか。その空白については検証されていない。

次に、NHKは国の発表後一〇日以上あとになって報道したとあるが、この番組は、班目委員長の「念押し」にNHKが惑わされたとも受け取れるように構成されている。SPEEDIの機能を知っている記者がいたのなら、班目委員長の念押しがあっても、国の発表直後に間髪を入れずに公表できたはずである。躊躇や抑制の理由を、班目委員長の念押しだけに帰するのには無理がある。人々がパニックを起こすかもしれないからというのは、理由にもならない。

以上のように、この検証番組は、核心部分に切り込まず、むしろそれを見えなくしている。それで、「(今後は)不確かな情報でも、一定の科学的根拠があ」る場合には「防災情報」として出していくというが、このわけのわからないフレーズで本当に緊急対応ができるのだろうか。このままでは、どのような検討がなされたのか心もとない。番組では、画面に記者たちの議論の一部が明示されていたのだから、この際、全文を情報公開してみてはどうだろう。

あの番組が隠された

この検証番組を見ていて気になったのは、外部の賞を総なめにしたあのETV特集「ネットワークでつくる放射能汚染地図」のシリーズが一度も登場してこなかったことだ。もういちどナレーションを聞いてみると、検討会議には、「ニュースに携わるスタッフが集まった」とある。ということは、ETV特集の取材者たちは、「ニュースに携わるスタッフ」とはみなされていないということだ。視聴者からすれば、三・一一のような緊急時には、ニュースも番組もなく総動員で取材に当たっているものと信じていたが、そうでもないらしい。われわれからすると、ETV特集のグループこそ、事故発生直後(三月一六日以降)いち早く現場に入り、誰も明らかにしなかった放射能のホットスポットを見つけ、しかも、危険な場所に取り残されていた人々を助けたりもした、これこそが「防災報道」の模範ではないのか。

それにしても、このETV特集が放送されたのは五月一五日である。それとほぼ同じ情報が四月三日のETV特集「原発災害の地にて~対談　玄侑宗久・吉岡忍」の中で扱われている。ホットスポットの存在と危険な場所に避難する住民の映像である。この四月三日という日付は、ちょうど、NHKが、SPEEDIの情報を国の発表から一〇日以上も遅れて放送した時期と合致する。もしも、このグループが「ニュースに携わるスタッフ」として認知されていたなら、NHK版のSPEEDI情報をもっと早く出せたはずである。わざわざ放送記念日に、辻褄合わせのような検証番組をつくるよりも、被災者の側でものを考えるべきではなかったのか。

「ネットワークでつくる放射能汚染地図」は、その後もシリーズとして、海洋汚染、河口の汚染、初期のヨウ素被曝など、本来行政が調査公表しなければならないような領域を次々に独自の取材によって明らかにしてきた。しかし、「情報の垂れ流し」に歯止めをかけた画期的な番組シリーズが、どうやら内部では評判がよくないらしいのだ。

NHKの〝非常用電源〟　毎日新聞は、この間、ETV特集の取材班が番組制作の過程を著した『ホットスポット　ネットワークでつくる放射能汚染地図』(講談社)の出版後、取材班へのインタビューを申し込んだところ、「本の宣伝になる」という理由などで広報に断られたという(五月二六日「時流の底流」欄)。そこで、五月一〇日の定例記者会見で、記者が数々の賞に輝いたETV特集について松本会長の所感を尋ねると、「そういう賞を受ける内容のものだったと思っている」と素っ気ない回答、局内での表彰は「特にない」と述べたとある。毎日の記事によると、前述の関連本の中で、担当者が同僚や上司を批判する記述をしたことに対して、口頭で注意を受けたらしい。NHKでは、番組の内容が良くても、作り手の行儀が悪いと賞どころか罰を加えられるらしい。

筆者も同書を手にして、どこが首脳部の逆鱗に触れたのか探してみた。

こんな記述があった。「番組はいくつかの賞をいただいたが、私たちは『報道の端くれ』として、『事実を取材して伝える』という当たり前の仕事を、当たり前にやっただけで何も特別なことはしていない。山奥に置き忘れられていた非常用電源のようなもので、たまたま水没を免れ稼働を続けたに過ぎなかった」。この何気ない表現も、読み手によっては、癇にさわるのかもしれない。著者は自らを「報道の端くれ」と呼び、「当たり前の取材」をしただけと言う。「ニュースに携わるスタッフ」(狭義のニュース記者グループ)からすれば、「報道の端くれ」に出し抜かれたことになり、聞き捨てならぬということになる。

加えて、孤軍奮闘したETV特集の取材班が、自らを、「山奥に置き忘れられていた非常用電源」に喩えたのだ。「ニュースに携わるスタッフ」の面々はすべて水没してしまったと言われたようなものだ。しかし、全電源喪失しても、非常用電源が生きていたことで、NHKの方が東電よりましだったことにもなり、NHK会長としては、誇りに思ってもいいはずだ。ちなみに、芸術祭大賞の授賞理由は次のとおりである。「福島原発事故発生の四日後、福島に入り、独自に放射能汚染の実態を調査する科学者たちの活動を追った。情報が届かない地元の住民にいち早く警告を発し、被災地の農家などの苦境を克明に伝えた。深刻な放射能災害に際し、現場主義に徹した調査報道として高く評価したい」。毎日の記者には、この授賞理由について会長の感想を聞いてほしかった。

松本会長の考え方が、古巣JR東海のグループ会社が発行する雑誌『Wedge』とどの程度連動しているかはわからないが、その目次は〝壮観〟だ。「それでも原発　動かすしかない」「賠償スキーム　東電だけが悪者か」「政府は前面に立ち、原発を動かすべきだ」「風力発電　空回りの理由」「食品セシウム基準強化は世論迎合」「原発再稼働から逃げ回る政府の大罪」「年間1ミリシーベルト　高すぎる壁」……こうした傾向が、公共放送に持ち込まれないことを願うばかりだ。

今のNHKの危うさは、番組作りにまでコンプライアンスが過度に適用されているところにある。前述の放送記念日特集はその典型例で、NHKの〝正規軍〟を自認するグループに、責任を他に転嫁し自らの判断ミスを省みることが少ない保身の体質を見た。使われる言葉の端々に上目遣いの怯えのようなものを感じるのは筆者だけだろうか。外の圧倒的支持を受けながら内では不人気なETV特集のような番組を残すことができるかどうかは、視聴者・市民のネットワークの力に負うところが大きいことは言うまでもない。

沖縄「復帰」四〇年報道を読み解く……七月号

「沖縄差別ではないか」

米国統治下に苦しんでいた沖縄が一九七二年五月一五日に日本に復帰してから、満四〇年を迎えたが、この日をメディアはどんな社説で論評したのだろう。

まず、沖縄の主要二紙の社説を読んでみよう。

琉球新報の社説は冒頭から「県民が『復帰』に込めた『基地のない平和な沖縄』『日本国憲法の下への復帰』の理想は今なお、実現していない」と断じている。この社説はその理由として「問われるべきは、民主主義や憲法が機能しないこの空洞化、為政者の無策ぶりだろう」と強調する。

琉球新報はさらに二つの問題を取り上げている。一つは米軍普天間飛行場の移設問題で、沖縄県民は知事選など各種選挙を通じて繰り返し名護市辺野古への、つまり県内移設を拒否してきたのに、日米両政府は辺野古案に固執していることだ。もう一つは、墜落事故をよく起こすことで悪名高い米空軍の垂直離着陸輸送機MV22オスプレイの日本配備問題だ。当初計画の沖縄配備に対して地元の反発が強烈だったため、日本政府はまず山口県岩国基地に配備することを山口県と岩国市に打診した。

当然といえば当然なのだが、両自治体はこの打診を即座に拒否した。すると、「地元の理解を得られなかった」として、オスプレイは沖縄配備に逆戻りになった。琉球新報はこうした事態を受けて「野田佳彦首相に問いたい。民意無視と危険極まりないオスプレイの配備は、沖縄差別ではないのか」と詰問している。そして、同紙の最新の世論調査によると、沖縄振興の重点として、沖縄県民は「米軍基地の整理縮小と跡地利用」を求めていると強調する。

毎日新聞と琉球新報の在日米軍基地が沖縄に集中している現状に関する共同世論調査(五月五、六日)では、本土と沖縄の住民の反応が大きく違った。毎日新聞の全国調査では「不平等だ」との回答が三三%だったのに、沖縄県民だけを対象にした琉球新報の調査では六九%と倍以上になった。

「軍事要塞化」は一面的な考え

次に、沖縄のもう一つの主要紙である沖縄タイムスの社説をのぞいてみよう。

この社説は「基地問題をめぐる加重負担の構図はこの四〇年間、ほとんど何も変わっていない」と述べ、その理由として「復帰から二〇〇九年三月までに返還された米軍基地は約一九%にとどまる。この間、本土では五九%が返還されたのに、沖縄の負担軽減は遅々として進まない」からだと指摘している。

沖縄タイムス社と朝日新聞社が四月に共同で実施した県民意識調査によると、沖縄の基地が減らないのは本土による沖縄差別だと思うかという問いに対し、「その通り」だと答えた人が五〇%に上ったという。「この四〇年を通して本土と沖縄の心理的な距離は、今が一番開いているのではないだろうか」とこの社説は問うている。

そして、タイムスは重要なつぎのような指摘でこの社説を締めくくっている。「沖縄を軍事要塞化し日米で中国を封じ込めるという発想は、米中関係の奥深さや国境を越えた『ヒト・モノ・カネ』の移動、市民レベルの文化交流など、国際政治の潮流を無視した一面的な考えである。冷戦思考を引きずっていては、沖縄の未来を展望することはできない」。

このところ、大メディアでは、中国に対する警戒感を大いに盛り上げている。しかし、タイムスの指摘は沖縄問題ばかりでなく中国問題でも適用できるのではないか。

「安保優先派」の論陣

では次に東京で発行されている全国紙の六紙がどんな社説を掲げたか検討してみよう。

米軍基地を本土から押し付けられて苦悩する沖縄に同情心のほとんどない社説を真っ先に掲げたのは、産経新聞だった。

五月一六日付の同紙の社説(同紙は主張と称している)は、「沖縄復帰四〇年」という見出しを振ったタイトルを、あからさまに「安保激変乗り切る要石に」としている。

この「主張」は「大戦時の沖縄戦での戦没者は一八万八〇〇〇人で、うち一二万人以上が県民の犠牲者だ。戦後も長く米施政権に置かれた。こうした歴史をもっと国民で共有すべきだろう」とまず述べる。

しかし、衣の下に鎧で、この「主張」は「同時に、沖縄県民も悲しい過去を超えて未来にも目を向けてほしい。ルース駐日米大使も『沖縄は日米同盟の礎だ』と評価した。沖縄の位置や役割を冷静にとらえつつ、『安保も経済も』の両立を目指したい。日本の安全が守られてこそ沖縄の平和が維持される」と続ける。これでは、駐留米軍という巨大な負担を沖縄に背負わせるという現状をそのままにしておこうと言っているに等しいではないか。

辺野古移設に「粘り強く取り組むべき」

読売新聞も五月一五日付の社説で「沖縄復帰四〇年」というロゴを振り、「経済と安保を両立させたい」というタイトルを掲げた。この社説は「日本全体の米軍施設用地の七四%が集中する過重な負担が続く中、政府はいかに経済振興と安全保障を両立させるかが問われている」と書き始めている。

この社説がいう「経済」とは、「民主党政権は、米軍普天間飛行場移設問題を迷走させた負い目もあり、今年度の沖縄振興予算を二九三七億円へ大幅に増やした」ことにかかわる。社説は「これを有効に使うために、沖縄県と各市町村が、中長期的展望に立った振興策を企画し、自助努力を続けることが大切だ」と述べている。

しかし、読売社説も、すぐ衣の下に鎧をみせる。この社説の重要部分を引用してみよう。「最近は、中国の軍艦や政府船による尖閣諸島周辺などでの活動が恒常化している。中国海空軍の急速な増強と近代化を踏まえれば、今後、沖縄の安全保障面の地政学的重要性は一層大きくなる」「政府は、この現実を直視し、自衛隊と米軍の防衛協力を基盤とする日米同盟の抑止力と実効性を堅持しなければならない」。

この社説にも、軍事的な負担を減らしてくれという沖縄の叫びを聞き届ける具体的な対策の提案はない。そして驚くべきは、沖縄が全県民的に強く反発している問題、つまり普天間飛行場の辺野古移設にも「粘り強く取り組むべきだ」と強調していることだ。読売新聞は、本音を思わずこぼしてしまったのではないか。

さて、五月一五日付の社説に「復帰四〇年の沖縄は自立に向かえるか」というタイトルを振ったのは日本経済新聞である。一見しただけでは、内容の見当がつきにくい。

読んでみると、「政府は使途を県が判断する一括交付金を創設した。次期振興計画の主体も国から県に移す」「沖縄側にも国任せにしない主体的な努力が求められる」などという文言が並ぶ。

しかし、社説は最後の部分で本音を明かしたように読める。「中国の海洋進出などで尖閣をはじめ琉球列島の戦略的な価値は一段と高まりつつある。安易に米軍基地を減らせば沖縄県ひいては日本の安全保障を損ないかねない」。結局、沖縄の米軍基地負担を維持すべきだと主張しているわけだ。

これら三紙の社説は、沖縄の立場に耳を塞いだ、いわば「安保優先派」というべきだろう。

「抑止力」は真実か

一方、沖縄の現状に同情的に聞こえる社説を掲げたのは、朝日新聞、東京新聞、毎日新聞の各紙だろう。だが、沖縄に対する立場の違いを反映しているのか、各紙の社説のニュアンスの違いはかなりあるようだ。

朝日新聞の五月一五日付の社説のタイトルは「まだそこにある不条理」となっていた。

この社説は冒頭で「日本が主権を回復した一九五二年、国内の米軍基地の九割は本土にあった。その後、沖縄への移転、本土内での集約が進み、復帰時には五九％が沖縄にあった。いまは七四％で、『基地の中に沖縄がある』と言われる」と指摘する。

そして、こうした重要な事実を指摘した後で、この社説は、最後に「経済的な支援策では埋めきれない不条理なまでの重荷を沖縄は負っている。負わせているのは、本土の人々だ」「こんな現実から目をそらすような安全保障政策を、いつまでも続けていくわけにはいかない」と断じている。

しかし、ではどうするのか。

具体的な提案を示したのが、やはり五月一五日付の「いまだ『復帰』なし得ず」と題する一本社説を掲げた東京新聞だ。

この社説は「日米安全保障体制が日本の安全に不可欠であり、沖縄が日本の不可分な一部であるというのなら、基地提供という安保条約上の義務は沖縄県民により多く押付けるのではなく、日本国民ができ得るかぎり等しく負うべきだろう」と指摘する。

そして、同社説は福島第一原発事故が「自らの頭で考え、判断する行動様式が根付きつつある結果、政府や電力資本のうそが次々と暴かれた」と指摘した。そして、この社説は最後に重要な提案をしている。

「沖縄の現状にも国民全体が関心を寄せ、沖縄に基地をおく根拠とされた『抑止力』が真実であるかどうか自ら考えるべきだろう。本土と沖縄が同胞として痛みを共有し、連帯して初めて、本当の復帰に向けた第一歩を記すことができる」と説いている。

情報の「垂れ流し」からの脱却を　安全保障問題となると、政府などの利害関係者たちが一方的に情報を操作し、日本特有の記者クラブ制度がそうした情報を垂れ流すというシステムがこの国にはある。

メディアは、この社説が主張するように、各種の発表が真実かどうか自ら十分に考えてから報道することを改めて肝に銘じるべきだろう。

毎日新聞も五月一五日付の『「差別」の声に向き合おう』と題する一本社説で「沖縄の基地の本土移転」を主張している。この社説は、沖縄の負担を軽減するのに必要なのは「沖縄の基地や訓練場の本土移転である」と力説し、「本土側が沖縄の意識を共有することが第一歩であり、政府の努力が不可欠だ」と述べている。

いつものことだが、東京新聞と毎日新聞は、ここでも沖縄の人々に寄り添っている。同じ新聞といいながら、その主張がこれほど違うことは一般の読者の多くは知らないのではないか。多くの人々に図書館に行って様々な新聞を読み比べることをお勧めしたい。

萎縮する慰安婦問題報道　八月号

写真展中止の波紋　韓国人写真家の安世鴻《アンセホン》さん（四一）＝名古屋市在住＝が撮影した、旧日本軍の元朝鮮人従軍慰安婦四〇人の写真展「重重――中国に残された朝鮮人元日本軍『慰安婦』の女性たち」を巡り、会場となった「新宿ニコンサロン」（東京都新宿区）を運営するニコンが、開幕日（六月二六日）の約一カ月前の五月二二日になって突然、中止を通告した。この問題は、プロ仕様のカメラを製造するなど表現の自由に理解が深いと思われた名門企業のニコンでさえ、慰安婦問題を批判する団体の圧力に折れてしまうのか、といった驚きをもって社会に受け止められたのではないだろうか。プロカメラマンの登竜門としての社会的評価を得ていた「ニコンサロン」のブランドが大きく傷ついたのは間違いない。

写真展は、安さんが東京地裁（伊丹恭裁判長）に会場の使用を求める仮処分を申請し、東京地裁が当初の予定通り七月九日までの使用を認める決定を出したことで、開催が決まった。

ニコンは「抗議を受け入れて展示を中止した」とは言ってい

ない。安さんの代理人弁護士が報道各社に配布した資料によると、「写真展が政治活動の一環であることが判明した」と中止理由を示しており、「写真文化の向上」を目的とした使用基準に反したことを根拠にしている。

ニコンサロンでの展示会の告知が朝日新聞(名古屋版)に掲載されたのが五月一九日。同二一日ごろからインターネット上に写真展開催に抗議する書き込みが急増し、ニコンにも多数の電話が寄せられたという。時間的な経緯を見れば、ニコンの説明とは裏腹に、抗議と中止は密接に結びついていると見られてもやむを得まい。

東京地裁の仮処分の決定は「政治活動と一定のかかわりを有していることは否定できない」としたうえで、「そもそも写真文化はその扱うテーマによっては一定の政治性を帯びつつも写真技術としてあるいは芸術表現として独立の価値を認められながら発展してきた。本件写真展はニコンサロン開設の趣旨である写真文化の向上の目的に反するものであるとは認められない」とニコン側の主張を退けた。

ニコン側は、抗議を受けたことで、写真展が政治性を帯びたものであると見なすようになったのではないか。写真家ら五人の選考委員会をへて今年一月に決まった企画で、展示写真の提出も事前に受けていたというのだから、ニコンの説明はいかにも場当たり的だ。ここまで明快に東京地裁が認めても、なおニコンは「法的な主張が認められなかったことは誠に遺憾だ。(写真展の)内容については係争中でコメントは控える」との談話を出して異議申し立てを行った。開幕日には抗議活動もあっただけに、安さんにとっては気の抜けないスタートだったに違いない。一方、安さんの講演会は、六月一〇日に三重県四日市市の市民交流会館でも開催されている。開催当日を含めて、この時も抗議活動が行われたらしいが、中止とはならなかった。

直接活動による抗議

「反日」や「国益」といった価値を重視するいくつかの民間団体が、自分たちの考えに合わない映画やイベントを、インターネット上だけでなく、電話やデモなどによる直接の抗議活動によって中止に追い込んでいく——今回のニコンサロンの会場提供拒否問題は、こうした、好ましからざる最近の流れの中にあるといえる。

二〇〇八年には、靖国神社を舞台にしたドキュメンタリー映画『靖国 YASUKUNI』(李纓監督)の上映が中止に追い込まれた。文化庁所管の独立行政法人・日本芸術文化振興会が助成金七五〇万円を支出したことを、自民党の稲田朋美衆院議員らが問題視。同庁担当者の仲介で国会議員対象の試写会が開かれるなど、同年四月からの一般公開に先立って政治問題化し、右翼団体による街宣活動が活発化したのだ。

当時の毎日新聞の記事によれば、上映中止した「銀座シネパトス」を運営する「ヒューマックスシネマ」の担当者は「現場は若い女性スタッフばかりだ。彼女たちは携帯電話の着信音にも右翼団体が来たのではないかと脅える状況だった。会社としては上映を支える人的配置は困難だった」と明かした、という。映画館も表現の自由を担う社会的機関の一つだ。「その程度でおじけづくのはおかしい。相手の思うつぼではないか」という見方もあるかもしれないが、当事者にしてみれば不安で仕方がなかったに違いない。

この年には、グランドプリンスホテル新高輪(東京都港区)が日本教職員組合の教育研究集会の会場使用を拒んだり(二月)、茨城県つくばみらい市がDV(ドメスティックバイオレンス)をテーマにした講演会が、直前になって中止にするという問題が起きている(一月)。また、皇室を題材にした映画『天皇伝説』(渡辺文樹監督)について、横浜市、東京都渋谷区、同杉並区は、一度出した上映許可を後に取り消し、その際の理由の一つに右翼団体の街宣活動による「近隣への迷惑」「混乱を招く恐れ」などを挙げた。

『靖国』はその後に別の映画館での上映が可能になったほか、『天皇伝説』では、渡辺監督が横浜地裁と東京地裁に出した計三件の取消処分の執行停止の申し立てのうち、横浜と杉並の二件で上映が認められた。ところが、日教組大会のケースでは、プリンスホテルは使用を認めた東京地裁、同高裁の仮処分決定に従わなかった。右翼団体など外部からの圧力に脅えて、萎縮が進む日本社会で、かろうじて裁判所が防波堤になっているという危うい社会状況が浮かび上がる。

そして、二〇一〇年には和歌山県太地《たいじ》町のイルカ漁を批判的に取り上げた米アカデミー賞受賞作の米ドキュメンタリー映画『ザ・コーヴ』(ルイ・シホヨス監督)の上映中止問題が起きた。同映画の上映では、抗議活動が実際に行われた『靖国』のケースと異なり、映画館に対する抗議予告だけで、中止が相次いだ。また、明治大学や立教大学といった学問の自由・自治が保障されているはずの大学でも中止になったことは波紋を呼んだ。特に明治大学では抗議の予告さえなかったが、「不測の事態も考えられる。授業や教授陣の研究に支障の恐れ」のあることなどが理由となった。『ザ・コーヴ』をめぐっては、配給会社社長の自宅までが街宣の標的になった。上映に踏み切った映画館もあったが、封切りにあたって東京、横浜地裁が民間団体に対し上映館周辺での拡声器を使った街宣活動を禁止する仮処分を出したり、大勢の警察官が警備に当たる物々しい雰囲気の中での上映だった。

今回、ニコンに対して抗議した団体の一つはホームページで、『ザ・コーヴ』やつくばみらい市の講演も中止させたと「実績」を強調しているだけでなく、ニコンが五月に写真展の中止を決めた後に本社(東京・有楽町)を訪れ、「国益に適った判断」との文書を担当者に渡した様子を写真付きで紹介している。関係者はきっと複雑な心境であっただろう。

悪循環を断つために　慰安婦問題を取り上げたが右翼団体に狙われた放送番組としては、二〇〇一年一月に放送された、NHK教育テレビETV2001「シリーズ戦争をどう裁くか

第二回問われる戦時性暴力」がある。東京で開かれた慰安婦問題の責任追及をした民衆法廷を取り上げた内容だ。政治家までが乗り出し、放送前日には官房副長官だった安倍晋三元首相と面会したNHK放送総局長らが元慰安婦や加害兵士の法廷証言の削除を指示するなど、大幅な改変がなされたことが、二〇〇五年一月になって担当デスクの内部告発により社会問題化した。

この番組が放送された二〇〇一年以降、慰安婦問題は国内外で広がりを見せている。昨年八月に韓国の憲法裁判所が、元慰安婦の日本政府に対する損害賠償権に関して、韓国政府が具体的な解決に向けた努力をしていないことは違憲だとした決定を出した。民主党は〇九年の政策集で慰安婦問題に取り組む考えを表明。兵庫県宝塚市議会が慰安婦問題解決を政府に求める意見書を採択するなど、真相究明や被害者の尊厳回復を求める意見書を採択する動きが日本国内でも広がっているほか、国際的には〇八年に国連の自由権規約委員会が日本政府に解決を図るよう勧告。〇七年から〇八年にかけて、米、カナダ、オランダ、韓国や台湾、欧州連合（EU）の各議会でも同様の決議が相次いで可決されている。李明博大統領は、人道的な措置を求めているが、野田佳彦首相の姿勢ははっきりしていない。

松本正之・NHK会長は昨年二月の記者会見で「（慰安婦番組については）必要な時に必要な番組を作る」と表向きには説明する。しかし、NHKでは、国内外でさまざまな動きがありながら現実には二〇〇一年以降、一〇年以上もの間、慰安婦を正面からあつかった番組は作られていない。これもニコンのケースと同様、一つの萎縮ではないかと思う。

報道と抗議と上映拒否の悪循環をどうにか止められないものか。『靖国』は週刊新潮の記事が発端であったし、『ザ・コーヴ』はアカデミー賞受賞報道。そして、今回のニコンサロンは朝日名古屋版だった。報道で社会的関心の高まった結果、抗議の対象となり、せっかくの作品が日の目を見ないというのでは、こうした団体側の思惑にはまってはいないか。「街宣による騒音も混乱もある程度はやむを得ない」。悪循環を断つには市民社会の結束が不可欠だ。そして、更に大事なのは、政府は言論・表現の自由を守る決意を持っているという、国民の信頼がある社会であることだ。

そうでなければ、萎縮は今後も続き、表現の自由は狭まるばかりだ。

情報は「拡大」から「拡散」の時代に

九月号

〝金曜日の人々〟　毎週金曜日の夕刻、どこからともなく首相官邸前に大勢の人が集まり、「原発いらない」「再稼働反対」のシュプレヒコールをくり返している。東京電力・福島第一原発の事故から一年目の今年三月一一日には、国会議事堂を〝人間の鎖〟が取り囲み、四月からは毎週、首相官邸前で大飯原発再稼働に反対する声を上げてきた。はじめは三〇〇人ほどの集まりだったが、大飯原発三号機の再稼働が決定的になった六月一五日の金曜日以降、参加者が一万人台(以下、集会参加者数は主催者発表)に膨れ上がった。

「防潮堤」「免震棟」「ベントフィルター」など非常時に不可欠の備えをすべて先送りにしたまま、夏の電力不足と電気料金の値上げを煽り、ついには「国民の生活を守るため」「私の責任」などと表情ひとつ変えずに断言した、その首相の鈍感さに人々の怒りが爆発したのだ。この数カ月は、未来のために脱原発を諦めない人々と、その声の傍らを黙って通り過ぎる大手メディアの記者たち、という構図が際立った。その間、ツイッターやフェイスブックはひたすら情報の「拡散」を続けていた。

集会参加者は、六月二九日の金曜日に一気に一〇万人台に急増、歩道をはみ出した人々が車道を占拠した。このあと七月一六日に予定されていた「さようなら原発一〇万人集会」が人々の意識を後押ししていたのかもしれない。「新しい社会体への自己組織化」(A・ネグリ『マルチチュード』)という流れが見えてきた。

「車道にまではみ出した官邸前集会の参加者」「どこまでも続くデモの隊列」、言葉がそのように表現すると、私たちの想像力は画面いっぱいに広がる人々の群れを思い浮かべる。だが、まだ今回の官邸前集会の空撮映像を見ていない。それは、ヘリコプターをチャーターするマスメディアが関心を示さなければ、見せてもらえない贅沢品だ。それを、官邸前の参加者自身が「見たい、見せたい」と考え、すばやい決断で、寄付をつのって自前の空撮を実現してしまった。プロジェクトは「正しい報道ヘリの会」と名づけられた。

マスメディアの一部もヘリを飛ばした。結果、霞が関・永田町一帯を埋め尽くす群衆が可視化された。すると、次の金曜日七月六日には、一転して警察が本格的な集会規制に乗り出した。当日、国会議事堂前で電車を降りようとした人々が、出口を一カ所に絞られ、地下道に溢れた。最後まで地上に出られない人たちは、過剰警備に怒りの声を上げた。このとき彼らが理解してしまったのは、マスメディアの登場がデモの「拡大」を促し、それが逆に警察の警備強化をも促すという相乗・相殺の効果だった。

そうなると、ツイッター、フェイスブックが事実を「拡散」する。地下道の様子は、そこに居合わせた人のデジカメに収められ、ユーチューブにアップされ、文字通り陽の目を見た。隠しても、隠しても執拗に自らを可視化させる地下道の人々。「終わりなき祝祭」（J・ケルアック『地下街の人びと』）を連想させる。霞が関で見えてきたのは、マスメディアは情報を「拡大」するが、〝金曜日の人々〟はそれらを「拡散」するということだ。だが、この拡散の回路をたどるのは難しい。情報の流れ、人と人とのつながりはどこまでも水平に広がっているので、中央司令塔を見つけ出すことは困難であるし、仮に司令塔と称する者が名乗り出ても、それは垂直の権力構造を持ちこむとして人気がない。

思えば、去年の秋から始まった経済産業省横での福島の女性たちの座り込みは、命を産み、守っていくという運動として持続し、テント撤去の危機をなんども乗り越えてきた。ここで培われた精神が人々をつなぐムーブメントとなって、官邸前集会と響き合い、そこでのエネルギーが各地に拡散し、現地おおい町に飛び火し、のべ一〇万人という激しい抗議行動に結びついた。ここまでくれば、目視できるかぎりの水平（水平線）の彼方に、グローバルなネットワーク界（球形の海）がイメージできる。ネット上で「ウォール街占拠」（Occupy Wall Street）と「霞が関占拠」が重なってくるのである。

遅れてやってきたマスメディア　七月一六日、炎天下「さようなら原発一〇万人集会」が一七万人の人々を集めた。場所は、東京渋谷の代々木公園、NHKは目と鼻の先にある。この日のNHKの報道内容はお粗末だった。朝から、日中の猛暑を警告する字幕が画面を囲み、昼のニュースは熱中症関連が延々と続き、デモの抑制効果を狙っているのではないかと勘繰りたくなるような熱の入れようだ。後半にヘリコプターの空撮映像が入ったが、映っていたのは、女性がそこで溺れたという（幸い死亡事故ではなかった）一本の川筋だけ。NHKには「一〇万人集会」は大音響としてしか聞こえなかったらしい。

この集会の主催者は、「脱原発一〇〇〇万人署名」を呼びかけている。六月の時点で約七五四万人分の署名が集まり、一部を藤村修官房長官に提出したが、翌週、野田首相は大飯原発の再稼働を決めた。呼びかけ人の一人大江健三郎氏は、それを聞いて、作家中野重治の『春さきの風』にある「わたしらは侮辱のなかに生きています」を引用してこう語りかけた、もう十数万にものぼる私たちは侮辱のなかで生きてゆくほかないのか。あるいはもっと悪く、次の原発の大爆発によって、侮辱のなかで死ぬほかないのかと。その夜のNHKニュースは七時も九時も、一分三〇～四〇秒程度の簡単なものを流しただけだった。報道は、本来現場に立つ記者の取材に基づくものでなければならない。もし、ＮＨＫが前もって目の前の集会を大きくあつかわないという方針を立て、それに唯々諾々と従う記者たちがいたというのでなければ、このような無内容な放送は説明できない。

言語のクラッシュ

それに対して、テレビ朝日が脱原発の立場で活発な報道を行った。昼間からなんども現場中継を入れ、結果的に集会の〝拡大効果〟の役割を果たした。しかし、他は押し並べて低調、耳についたのは、遅れてやってきたリポーターの常套句だった。「ものすごい人です。ここに集まっているのは、デモに初めて参加したという人です。仕事帰りのサラリーマン、子ども連れのお母さんたち。みんな普通の市民です」。こうした放送局員のしたり顔の解説を聞くと、初めて集会に参加して興奮しているのは、マイクを持っている「あんただけだ」と突っ込みを入れたくなる。

七月一六日のフジテレビ「ＦＮＮスーパーニュース」は、言語のクラッシュを見せつけた。代々木公園の「一〇万人集会」の映像とスタジオの野田首相のワンショットが分割画面に映しだされている。安藤優子キャスターがまず野田首相に聞く、「毎週、金曜日にも反原発の集会が開かれている。こうした声にどう答えるのか」。野田首相は「この問題は国論を二分するテーマになっていると考えている。さまざまな声にしっかり耳を傾けて行きたい」と応じる。おかしな話だ。国論は二分されていない。どのような統計を取っても大半が原発に反対している。キャスターは「えっ、二分ではないですよ」などと切り返さない。続いて、放射能汚染された地域からの声を代表して、安藤キャスターは、「もう形ある未来を提示すべき時が来ているのではないか。戻れないかもしれない、戻れるかもしれないというのが一番つらいんじゃないですか」と首相につめ寄る。それに対する首相の答えは、「住民の皆様に情報をしっかり開示し、見通しをなるべく早く立てられるようにすることが責任だと思う」。いったい野田首相はなにを答えたのだろう。これでは、質問以前の認識への逆行ではないのか。こんな日に、一国の首相がテレビ局のスタジオで涼んでいていいのだろうか。

夜のテレビ朝日「報道ステーション」は、「やらせ」続発の国の意見聴取会を取り上げながら、二〇三〇年の原発比率として政府が誘導しようとしている「一五％」は、事実上の原発継続になると指摘した。「四〇年で廃炉の原則を適用すれば、原発を増設せずにそのまま達成できる。しかし、これは八〇％という高い稼働率を前提としたもので、より現実的な七〇％の稼働率の場合には、原発二基分を新設する必要がある。つまり、脱原発を推進するわけではない」というのだ。原発稼働率を過去にさかのぼれば、八〇％台を維持していたのは、一九九五年から二〇〇二年まで。〇二年に原発検査記録の改竄問題で東電の全原発が停止し、稼働率は急速に低下、その後は五〇％から七〇%台を推移した。福島第一原発事故後、今年五月七日に日本中の原発が定期検査などですべて停止した。

しかし、わずか一カ月半で再稼働が強行された。そのあとに、いかがわしい意見聴取会が設定されたのだ。なにかが壊れているとしか言いようがない。

「ウォール街占拠」と共通するもの

しかし、つまらぬ政府の弥縫《びほう》(とりつくろい)策には騙されない地点に「霞が関占拠」の人々は立っている。ウォール街占拠の遠いエコーが確実に届いている。世界金融危機の中心、ニューヨークのウォール街を若者が占拠しはじめたのは、二〇一一年九月一七日。東日本大震災と福島第一原発事故から半年後のことであり、日本でも同時並行的に若者たちが音楽を演奏しながら街頭に繰り出した。ニューヨークの合言葉は「《一%》の利益を追求するために《九九%》が犠牲になっている」だ。だから、集まってくる人々は「われわれ九九%」という自己意識をもっている。「われわれ九九%」というフレーズはあっという間に世界に広がった。彼らが目指しているのは、「水平につながる直接民主主義」である。

ウォール街占拠を、その始まりからずっとフォローしてきたのが、お膝元の独立系メディア「デモクラシー・ナウ!」である。新しい動きが起こったときのメディアのあり方を考える上で参考になる。

福島第一原発の事故から一カ月後の去年四月七日の「デモクラシー・ナウ!」のゲストは、ノーベル経済学賞受賞者ジョセフ・スティグリッツ。リスク分析の事例として、アメリカおよび世界中に起こりつつある金融危機を取り上げた。聞き手のエイミー・グッドマンが切りだす、「日本の原子炉のメルトダウンは、金融派生商品CDS(国、企業が破綻するリスクを取引対象とする。債務不履行の損失する一種の保険)のメルトダウンだ」。スティグリッツが話す、「ほとんど起きないとされ、発生確率の低い事象について金融業界の人々が言うには、今回のは千年に一度の大暴落だ。……原子力業界は、リスクはまったくない、心配ないと言ったほうが有利だ。金融業界も同じだ」。「デモクラシー・ナウ!」は、ウォール街占拠のニュースを連打し、同時に世界的な出来事とそれを結びつけていった。スティグリッツの話は、むろんアメリカの金融危機が主題だが、そのために用いられる比喩は、ただの比喩にとどまらず、リアリティをもって迫ってくる。ジャーナリズムが国境を超える契機は、世界の同時性を前提としている。

スティグリッツは続ける、「原子力発電は営利事業として決して成り立たない。政府の保護を前提としてのみ存在してきた。私たちの税金で支えられている。日本でも同じことをしてきた。その結果がこれだ。社会全体が、膨大なコストを被ることになる。アメリカでも起こりうる」。

九・一一後のアメリカで、メディアが国家に総動員されていくときに、この「デモクラシー・ナウ!」は、ぶれることなくアメリカの戦争を批判し続けた。三・一一後の日本のメディアに期待されるのは、目の前で起きている原発惨事をナショナルな視点から解放することである。

「集団的自衛権問題」はどう報じられたか……九月号

首相発言の背景　野田佳彦首相は七月一二日午前の衆議院予算委員会の質疑で、集団的自衛権の行使を禁じた歴代政府の憲法解釈について、「現時点では今の解釈の下で対応するが、さまざまなレベルで議論されるべきだ」と述べ、集団的自衛権の議論を進めるべきだという踏み込んだ発言をした。

　これには前段があった。中長期的な国家ビジョンを検討している国家戦略会議（議長、野田首相）のフロンティア分科会（座長、大西隆東京大学教授）が七月六日、集団的自衛権の行使容認を提唱する報告書を野田首相に提出したのだ。

　歴代政府は、集団的自衛権の行使は憲法で禁じられているという解釈を維持してきたが、野田政権が近くまとめる「日本再生戦略」にこの報告書の内容が盛り込まれれば、これまでの憲法解釈は放棄されかねない。

　二〇五〇年のあるべき日本の姿を提言したフロンティア分科会の報告書は、安全保障の分野では、同盟国などが武力攻撃を受けた場合に応戦する集団的自衛権について「解釈など旧来の制度慣行の見直し等を通じて、安全保障協力手段の拡充を図るべき」と明記したのだ。

　野田首相はこの報告書の提出を受け、「これは近々取りまとめます日本再生戦略の中に存分に反映させていただきたいと思います。また、この報告書が、政府内にとどまらず、広く社会全体において、我が国の国づくりに向けた議論を喚起することにつながることを期待をさせていただきたいと思います」と述べた。

　もっとも、野田首相が選任に意を用いたと言われるフロンティア分科会のメンバーをみれば、自民党でも公式にはタブー扱いしてきた集団的自衛権の見直しに踏み切ることは予測されただろう。

　日本のメディアは各種審議会の議長など幹部の氏名は報道するが、個々のメンバーを報道しないことがある。念のために、フロンティア分科会の委員名簿を記しておこう。

　座長：大西隆（東京大学大学院工学系研究科教授）、座長代理：小林光（慶應義塾大学政策・メディア研究科教授）、阿部彩（国立社会保障・人口問題研究所社会保障応用分析研究部長）、上村敏之（関西学院大学経済学部教授)、隠岐さや香(広島大学大学院総合科学研究科准教授)、苅部直(東京大学大学院法学政治学研究科・法学部教授)、栗栖薫子(神戸大学大学院法学研究科教授)、武田洋子(三菱総合研究所政策・経済研究センター主任研究員/シニアエコノミスト)、中西寛(京都大学法学研究科教授)、柳川範之(東京大学大学院経済学研究科・経済学部教授)、事務局長：永久寿夫(PHP研究所代表取締役専務)

知る人ぞ知るで、当然と言えば当然だが、筆者が知る限り、集団的自衛権に肯定的なメンバーも含まれている。野田首相の集団的自衛権の容認にかける強い意志が伝わってくるようだ。

読売・産経は「関連法」をリクエスト　さて、議論の多い集団的自衛権だからメディアの立場も割れた。たとえば、東京で発行されている主要六紙でこの問題をめぐる社説は真っ二つになった。

正確にいうと、日本経済新聞と毎日新聞は社説を見送った。毎日は、これまでの主張からすれば、集団的自衛権に懐疑的なはずだったので、社説を見送った理由に疑問が残る。

ところで、社説の賛否をみると、これも予想されたことだが、読売新聞と産経新聞が諸手をあげて賛成し、朝日新聞と東京新聞が集団的自衛権の容認に反対している。

読売新聞の社説(七月一六日付)は野田政権の動きを大歓迎し、さらに踏み込めと応援している。同社説は「ただし、首相判断だけでの解釈変更では、首相が交代すれば再び解釈変更が可能となるなど混乱を招きかねない」と危惧を表明している。

では、読売の提案は何か。この社説は「関連法を制定し、集団的自衛権が行使可能なことを法的に担保することが、より望ましい」と述べ、七月六日に、自民党が限定的ながらも集団的自衛権の行使を盛り込んだ「安全保障基本法案」の概要を決定している、と指摘する。結論は「政府・民主党は、自民党などと連携し、この法案も参考にしながら、憲法解釈変更をより確実にするための立法作業にも取り組んでもらいたい」というものだ。

読売の論説委員の諸氏の目からすれば、集団的自衛権の行使論議に踏み込んだ野田・民主党は、限定的な集団的自衛権の行使を主張している現在の自民党に似てきたのだ。多くの民主党支持者は仰天しているだろう。だがどのメディアもそうした民主党支持の有権者の驚きや怒りを報道していない。

ところで、集団的自衛権の問題とは別に、読売新聞は国連平和維持活動(ＰＫＯ)協力法の改正にも熱心だ。七月二三日のトップの社説は「ＰＫＯの実効高める法改正を」とあった。

内閣、外務、防衛の三府省がＰＫＯ協力法改正案をまとめたところである。自衛隊が、離れた場所にいる民間人らを助ける「駆けつけ警護」を可能にするのが改正案の重要部分だ。しかし、内閣法制局は、駆けつけ警護を「国や国に準じる組織が想定されない」場合に限定するというこれまでの立場を崩していない、という。

そこで、同社説は「野田首相は、駆けつけ警護を可能にすることに前向きだ。ＰＫＯの現場の実情をふまえ、この問題に取り組んでほしい」と述べ、集団的自衛権まで含め軍事問題に踏み込んでいる首相に抱く期待感の大きさをにじませている。

これも予想されたことだが、産経新聞は七月一一日の「主張」(他紙でいう社説)で「集団的自衛権　当たり前のこと決断急げ」と述べて、野田首相を叱咤激励しているようだ。

この「主張」はいう。「自民党政権時代から『権利は保有しているが行使できない』という憲法解釈は変更されぬままで、日本の安全保障の大きな足かせになってきた。日米安保体制についても、集団的自衛権を行使することで、初めて両国が対等な相互防衛体制を確立できる」。こう述べた上で、「それだけに野田政権による行使容認の提起を高く評価したい」と集団的自衛権の論議に踏み込んだ野田首相を称賛しているのだ。さらに、同「主張」は「民主党や政府内にも根強い慎重論がある中で、野田首相がいかに憲法解釈変更を決断できるか。そのことが問われている」と念を入れている。

ここには、歴代の自民党政権以上に、集団的自衛権の議論に踏み込んだと映る野田首相への期待感がにじんでいるようだ。

そして最後に、同「主張」は「自民党も集団的自衛権を限定的に認める法案などをまとめている。党派を超えた課題の実現には協力するのが当然だ」と強調する。読売の期待と重なっているようだ。やはり、自民党と野田首相は、集団的自衛権問題を筆頭に軍事問題で似ているスタンスを取っていると映っているのだ。

なし崩し「拡大解釈」を許すな

一方、集団的自衛権をめぐる野田首相の発言に疑問を投げかける社説を読んでみよう。まず、七月一九日付の朝日新聞の社説である。タイトルからして「あやうい首相の発言」となっている。

この社説は、野田首相が集団的自衛権の論議にあえて踏み込んだのは、民主党内から「離党者が相次ぐなど政権基盤が揺らぐ中で、自民党との連携をさらに深めようとの狙いもあるだろう」と推測する。

しかし、同社説は今回の集団的自衛権をめぐる首相の容認論の前にも、野田政権には「このところ対米防衛協力で前のめりの姿勢が目立つ」と指摘する。

昨年末には、米国が希望してきた通りに、武器輸出三原則を緩めた。四月末の日米首脳会談では、グアムや北マリアナ諸島で日米共同軍事訓練をしたり、政府の途上国援助(ＯＤＡ)を使ってフィリピンなどに巡視艇を供与したりすることも決めた。

こうした一連の動きを指摘し、この間にこうした問題が国会で十分に議論されたとはとても言い難い、と社説は力説する。その上で、「米軍とのなし崩し的な一体化の行き着く先」が今回の野田首相の集団的自衛権をめぐる発言なら、「あまりにも、危うい」と切り捨てているのだ。

朝日新聞以上に野田首相に手厳しかったのは東京新聞の七月

一四日付の「集団的自衛権　解釈変更は認められぬ」という社説だった。

同社説は、首相に就任するまでは、野田氏は集団的自衛権の行使容認が持論だったと指摘し、国家戦略会議フロンティア分科会の報告書を受けて今回の発言が出てきたと推測する。

東京新聞がもっとも力説するのは、「政府が憲法解釈を変更して集団的自衛権の行使を認めてしまえば、拡大解釈され歯止めが利かなくなる恐れがある」という点であろう。この国には、太平洋戦争での敗北という痛烈な記憶がある。

この社説は最後に「選挙で国民の審判を受けず、政権基盤が脆弱な野田内閣に、定着した憲法解釈を変える資格はそもそもないと自覚すべきである」と結んでいる。

ここに見てきたように、新聞によって報道内容というか傾向が違うし、情報分析も大きく違い、対処方針への提案も違う。多くの人びとは、各家庭で購読する新聞は一紙に限られるだろう。したがって、正確な情報分析を自ら手にするには、図書館などを利用して、あるいは隣近所と読みまわしをして複数の新聞を読むという習慣が役に立つだろう。とくに、集団自衛権という重大な問題については。

沖縄の声「空も陸も植民地か」をどう聞くか……………一二月号

オスプレイ配備の直後に　一〇月一六日未明、米国テキサス・フォートワースの海軍航空基地から出張中の米兵二名が、沖縄本島中部の金武《きん》町で県内の若い女性に性的暴行を加え、逃げ去った。同町の約六割は米軍基地だが、二人が基地外のホテルに宿泊していたため、通報を受けた県警は二人を逮捕、身柄の確保ができた。容疑名は集団女性暴行致傷だが、被害女性から奪ったバッグがホテルの部屋にあったので、強盗容疑も加わりそうだ。二人は同日中に任務でグアムに向けて出発の予定だった。基地内に逃げ込まれていたら、日米地位協定で日本の警察は手が出せず、逃げられるところだった。

垂直離着陸輸送機オスプレイの普天間基地配備が一〇月一日、強行され、全島にまたがる飛行訓練が、抗議を尻目に始まっていた。そこへきての暴行事件だ。沖縄の怒りは臨界点を超えた。沖縄中部・四市町村の首長は一七日、米総領事、米海軍艦隊司令部幹部に抗議、怒りをぶつけたあと、沖縄防衛局の武田博史局長に会い、「空にはオスプレイが飛び、陸には米兵の蛮行がまかり通る。沖縄はどういう見られ方をされているのか」「基地がなければ起きない犯罪だ。基地を提供している日本政府にも責任がある」と迫った（琉球新報一〇月一八日付記事「米軍に涙の抗議　中部四首長『空も陸も植民地か』」）。

「非行取締まり」にとどまる問題か

事件は東京でも大きく報じられた。一七日の各紙夕刊は、上京中の仲井真弘多沖縄県知事が事件の第一報に接し、同日午前に森本敏防衛相と急遽面会、「正気の沙汰ではない」と断じ、地位協定の改定を求め、米軍に厳しく対応するよう要請したことを伝えた。一八日には朝日「沖縄の怒りに向きあう」、毎日「米政府は深刻さ自覚を」、東京「沖縄に基地がある限り」の社説が出た。いずれもオスプレイの強行配備を批判してきた新聞だ。一方、読売「再発防止へ実効性ある対策を」、日経「米兵事件を繰り返さぬ対策を」の社説は一日遅れの一九日掲載。こちらはオスプレイ配備支持の新聞だ。さらに、中国の軍事的脅威を煽り、沖縄における日米安保体制の強化を持論とする産経は、一〇月二二日までのところ、各社の社説に相当する「主張」で米兵事件は論じていない。代わって目についたのが、「オスプレイ妨害　危険な行為は放置するな」「中国軍艦　ついに武力の威嚇みせた」の二本立て「主張」（一七日）。前者は、普天間基地周辺の上空に手製のタコを揚げ、オスプレイへの抵抗運動をつづける県民の行動を、非難したものだ。

沖縄現地二紙に目をやれば、沖縄タイムス「我慢の限界を超えた」、琉球新報「卑劣極まりない蛮行　安保を根本から見直せ」（ともに一八日社説）が、沖縄を踏み台にして安保の過大な負担を押しつけ、県民の人権を踏みにじる「構造的差別」を助長してきた日米両政府のやり方はもう許されない、と告発、新報に至っては、安保の見直しまで明確に要求したのが、注目される。朝日・毎日は、米国に自国兵士の非行を厳しく取り締まるよう求める姿勢を明らかにするが、それは日米安保と両国の同盟関係を堅持するうえで必要なのだ、と説く趣が強い。だが、沖縄ではもはや、安保と基地こそ自分たちへの過重な負担や米兵犯罪被害を生む構造要因であり、それらの根絶には安保を廃し、基地をなくすしかない、とする声が、他を圧しつつある。こうした声を反映する沖縄現地紙に近い立ち位置にある在京紙は東京新聞だけだが、オスプレイの訓練ルートが設定されている本土各地の地元紙も、いまや沖縄の怒りに深い共感を示すようになっている。

強制排除を生中継

オスプレイ配備問題でも、沖縄現地メディアと本土全国メディアとのあいだには、大きなギャップがある。そう感じさせられたのは、九月三〇日夜、普天間基地・野嵩《のだけ》ゲート前に座り込む配備反対の県民を、沖縄県警が強制排除する模様を、インターネット放送の実況中継でみたときだ。岩上安身氏が代表のＩＷＪ（Independent Web Journal）沖縄チームによるライブの現地中継にアクセスした。画面が開いた途端、警官が座り込み中の市民に襲いかかり、ごぼう抜きにかかっている光景が、目に飛び込んできた。二八日の配備実施が報じられると、これに反対する県民は、二六日から普天間基地の三つのゲート前の座り込みを開始、台風の襲来で配備が延期されたのに伴い、その後も連日、ゲートを封鎖しつづけてきた。天候が回復、一〇月一日の配備実施が可能となり、その前夜、警察が強制排除に乗り出したのだ。

暗くなった基地のフェンス前の道路には、大勢のオジイ、オバアが座り込んでいる。若い女性も混じる。同じ列に並ぶものはお互いに腕を組み合い、外側にいるものは、内側にいる人たちが抱きかかえている。ごぼう抜きを許すまいとしているのだ。警官は数名が一緒になって同一のターゲットを襲い、ほかの人たちの手や腕を外し、ひとりずつを荒々しく群れから剝ぎ取り、連れ去る。退去を命ずる警官の罵声や、これに抗議し、自分に手をかけることを拒む市民の叫び声が響く。激しく抵抗するものは、五、六名の警官が取りかかり、横倒しのまま運び出していく。市民側の徹底した非暴力主義で殴り合いこそ起こらないものの、この揉み合いでは怪我人も出る。救急車に連れていかれる人がつづく。

「静かな日々を返せ　オスプレイ配備　許せない」の横断幕をルーフ・デッキに掲げた街宣車と、ＩＷＪの沖縄クルーが屋根の上から実況放送をつづける中継車とのあいだに座り込んだ市民たちが、最初に狙われた。これらの人たちと警官を、大勢の市民が取り囲んでいる。こちらには若い男性も多い。もともとは基地のゲート前からやや離れた、安全な場所で座り込んでいる人たちを守る役割を担っていたのだ。排除行動が始まってからは、警官監視と安全確保が役回りとなった。初めの座り込み排除がすむと、警官隊は、これら車と基地フェンスとのあいだの、狭い場所にしっかり食い込んだかたちで座り込んでいる集団の排除に取りかかった。こちらの抵抗も強い。だが、そろそろ先がみえだしたころ、警官隊はレッカー車を持ち込み、フェンス前の道路やゲート前の空き地に置かれた市民の車を強引に撤去しだした。アップ画面に映った、フェンスの向こう側では海兵隊の警備兵二名が、薄ら笑いを浮かべながら、こちら側の様子を眺めていた。

映像があぶり出す問題の本質　八時半ごろ、パソコンを閉じたが、怒りが消えなかった。一九六〇年六月一五日夜、安保反対闘争で全学連が国会に突入、樺美智子さんが亡くなった混乱の中、ラジオ関東(現アール・エフ・ラジオ日本)の島碩弥アナウンサーは、中継車内で機動隊の暴行を被りながら、その様子も含め、実況中継を続行したという。声だけのリポートだったが、新聞・テレビなどほかのどのメディアもやらなかった国家、公権力による暴力の実態暴露が、聴取者に大きな衝撃を与えたと伝えきく。今回のＩＷＪ放送に、そのときのような血腥さはないのかもしれない。だが、外国兵士の監視下、国家の命で、同胞の意思を踏みにじる役割を担わされた警官の無惨な姿は、現代の国家の酷薄さや暴虐を、生々しく伝えていた。なぜそうした光景を本土メディアはつぶさに伝えないのだろうか。それがやられていたら、オスプレイ問題の本質は、日本国中の市民にも沖縄の人たちと同じように、すぐ理解されるのに、と思った。座り込み現場にいた市民は、NHKが一部始終を複数のカメラに収めたのを知っている。だが、同夜の「ニュース7」にも、翌朝の「おはよう日本」にも、強制排除の映像は出なかった。

騒動を尻目に「日米連携」強化

ジョン・ルース駐日米大使とサルバトーレ・アンジェレラ在日米軍司令官は一〇月一九日、声明を出し、沖縄の事件と類似の犯罪の再発防止策として、沖縄に限らず、日本滞在のすべての米軍兵士に対し、午後一一時から翌朝午前五時までの夜間外出禁止令を発し、即日実施したと発表した。防衛省筋は「前例のない厳しい措置」と評価したが、沖縄の人々は、米兵の夜間外出禁止令が気休めに過ぎないことを、度重なる経験から思い知らされている。森本防衛相は、オスプレイ配備では計画変更の要請を一顧だにせず、米兵事件ではこれを「事故」と呼び、地位協定改定の申し入れを行う気配もみせなかった。加えて米軍の「厳しい措置」に高い評価では、防衛省への不信を県民が募らせるのも無理はない。沖縄ではオスプレイ配備抗議行動が、普天間基地・野嵩ゲート前の毎週金曜日夕方の集会として、定例化されていた。米兵の夜間外出禁止令が出た一九日も金曜日。この日の行動参加者は集会後、「米軍は沖縄から出て行け」「県民軽視の日米安保はいらない」などのシュプレヒコールを叫びながら、北中城村《きたなかぐすく》のキャンプ瑞慶覧《ずけらん》・石平《いしんだ》ゲート前までデモ行進した。

仲井真知事は二二日には米ワシントンを訪れ、カート・キャンベル国務省次官補とマーク・リッパート国防総省次官補と会談、米軍の綱紀粛正を求める要望書と、普天間基地の県外移設・オスプレイの配備中止を求める要請書を提出した。だが、これと入れ違いにリチャード・アーミテージ元国務省副長官とハーバード大のジョセフ・ナイ教授が訪日、同じ二二日、官邸に野田首相を訪ね、その後も玄葉外相、石破自民党幹事長と会い、中国を睨んだ日米の連携強化について話し合っている。この二人は、日米同盟の新しい方向付けについて報告書をまとめ、八月一五日に発表した。日本に集団的自衛権の確立、国連平和維持活動の拡大を促し、日米防衛協力の多方面での強化を提言するものだった。

すでに多様なかたちの自衛隊と米軍の共同訓練が繰り返されてきている。統括司令機能は陸海空三軍とも在日米軍司令部が掌握する。驚いたのは九月のグアム・テニアンにおける陸自と米海兵隊合同の離島奪還訓練の実施だ。ところがその後も、沖縄で一一月、離島の入砂《いりすな》島が敵に占拠されたとする想定で、上陸用舟艇・ヘリコプターも使って島嶼奪還訓練を日米合同で行うとする計画があったのだ(産経・一〇月一三日前後の報道)。だが、二二日に急転、日米両政府はこの計画を中止した(これも産経系ネットニュースによる)。沖縄の官民挙げてのオスプレイ反対・米兵暴行抗議の運動が、計画を潰したといえるだろう。

安保体制の毒

アメリカによる日米安保と沖縄の利用には、閉塞と退廃の影がつきまとう。アフガン・イラクの戦争で膨れあがった軍事費は米政府の財政赤字の最大原因だ。オバマ政府は、二〇一三年から一〇年のあいだに最低四五〇〇億ドル(約三四兆円)の国防費を削減する方針を立て、その実施に入った。そのかたわらで、新型のミサイル迎撃用ミサイルの共同開発、次期戦闘機F35の開発・購入などをめぐる日本の費用負担は、増えるばかりだ。米国の海外派遣兵員削減の進行に伴い、自衛隊員が組み込まれる日米軍事一体化も急速に進む。米軍基地維持費用に関しては、日本は条約上の負担のほか、思いやり予算で、本来米軍が自分で負担すべきものまで面倒をみている。米軍は本国の基地は閉鎖しても、日本にある基地を手放そうとはしない。さらに地元住民から危ないと拒否され、本国訓練地のニューメキシコやハワイから追い出されたオスプレイを、なんでもいうことをきいてくれる日本政府をあてにし、沖縄に押しつけてきた。このような状況こそ、末端の米兵にも、日本相手なら多少勝手なことをしてもいいだろう、と思わせる原因なのではないか。

ここに浮かびあがるのは、単なる対米従属というより、アメリカに対する日本全体の、かつてなかった巨大な隷従の仕組みだ。その歪みに由来する痛みを沖縄が今、一身に負わされているが、本土が沖縄の痛みに気づけず、それは沖縄だけの問題だとして片づけてしまえば、安保体制の毒はやがて日本の全身に回り、この国は独立国の体をなさない状態に転落していくだろう。二人の暴行犯兵士、オスプレイのヘリモード時の、垂直に立つ二本の不気味なローター。両者が重なる禍々しい影の払拭を、われわれは迫られている。

2013年

特定秘密保護法に反対し参議院会館前に集まった人たち
提供：時事

1月16日　アルジェリア南部の天然ガス関連施設をアル・カーイダ系武装勢力が襲撃，日本人10名を含む多数の死傷者を生む(アルジェリア人質事件)．

4月20日　中国・四川省でマグニチュード7.0の大地震．死者200人，負傷者は5000人以上とされる(中国四川大地震)．

9月7日　東京が2020年夏季オリンピック・パラリンピック開催都市に決定．

12月6日　参議院で特定秘密保護法を可決，成立．

12月26日　安倍晋三内閣総理大臣，現役総理大臣としては小泉純一郎以来となる靖国神社参拝．

二度目の笑劇《ファルス》？「安倍晋三」という再チャレンジ……………… 一月号

「メディアはナショナリズムを克服できるか」という大命題をいきなり掲げたくなるほど、日々の情報にさりげなく「国益」という言葉が使われている。それが「右傾化」という言葉と隣接しているという自覚が、日本のメディアには欠けているのではないか。気になるのは、竹島(独島)に韓国の李明博大統領が上陸したときに、激昂した日本人と冷静だった日本人の割合はどうであったのか、そして、竹島上陸の理由が旧日本軍慰安婦に対する日本の責任を糾弾するためだと聞かされて、その比率はどのように変わったかということだ。

しかし、そういうことにメディアは驚くほど無頓着である。こう書きながら、筆者の念頭にあるのは、自民党総裁に再選された安倍晋三氏の判断力の具合または不具合についてである。自民党の公約案では、政府公認の「竹島の日」を定め、慰安婦問題にかんする「不当な主張」に反論していくと謳っている。しかも、憲法を改正して、「国防軍」まで持つと言い切る安倍氏に、はたして領土問題と歴史認識の複合に解を与えることができるだろうか。一一月二二日付朝鮮日報の社説は「安倍総裁、この公約で首相になり韓中首脳に会えるのか」と問うているのだ。

近隣諸国は五年前の辞任劇を忘れていない　去る九月二六日、安倍晋三氏が野党自民党の総裁に選出された日、韓国メディアは一斉に慰安婦問題に対する安倍氏の歴史認識の危うさを取り上げた。NHKは、韓国の代表的通信社「聯合ニュース」の報道を伝えた。「安倍氏は、慰安婦問題について、日本政府の謝罪と反省を表した一九九三年の河野洋平官房長官の談話を見直すべきだと主張しており、その政治的立場は〝極右〟である。彼の選出によって、日本の政治の〝右傾化〟が加速するとみられる」。ところが、同じころの『週刊文春』は、グラビアページに安倍氏が「一流ホテルの高級カツカレーを造作もなく完食」した写真を載せて、政界「再チャレンジ」を思い切り〝ヨイショ〟していた。おかげで忘れかけていた安倍氏の辞任騒動を思いだしてしまった。褻も度が過ぎると悪夢を呼び覚ます例だ。

安倍氏は二〇〇六年に首相に就任したとき、従軍慰安婦に対する河野談話を踏襲すると言っていた。それが翌〇七年には言をひるがえして、「官憲が家に押し入って人さらいのごとく連れて行くという意味での強制性はなかった」と〝狭義の強制性〟を否定した。それに対して、ワシントンポストは「拉致問題で国際的支持を求めるなら、日本の犯した罪を率直に認めなければならない」と批判した。女性たちは「甘言につられて」軍に従って行動したのだから責任を取る必要はないという安倍氏の見方は、アメリカ社会ではまるで通用しなかった。慰安婦になったいきさつはどうであれ、女性を長期にわたって隷属状態に置き、性の対象にしたことを問題にしているのである。

アメリカ合衆国議会下院や欧州議会は、日本軍慰安婦は二〇世紀最大の人身売買の一つであり、日本政府に対して、犠牲になった女性たちへの公式の謝罪を求める決議を採択した。その後、同種の決議がオーストラリア、オランダ、カナダ、そしてフィリピンで行なわれ、韓国、台湾でも謝罪と賠償を求める決議がなされた。背景に、韓国系アメリカ人とそれを後押しする中国系の人々のねばり強いロビー活動やしたたかなメディア戦略があったことは想像に難くない。

情勢不利と見た安倍首相(当時)は自説を「撤回」した。しかし、五年ぶりに自民党総裁に返り咲くと再び昔の顔にもどってしまった。安倍氏は「歴史事実委員会」の賛同者として、ニュージャージー州の地元スターレッジャー紙に「日本軍による強制連行を裏付ける資料はなく、発見された公文書によれば強制募集や誘拐を禁じていた」という意見広告を出したのだ。これはいま次の火種となっているが、安倍氏の〝暴走〟を諌めるメディアはほとんどない。

韓国人は領土問題と歴史認識を表裏の関係で理解しているが、日本人にはその感覚がない。韓国併合一〇一年目の二〇一一年八月、韓国の憲法裁判所は、韓国政府が従軍慰安婦の賠償請求権について解決のための努力をしていないことは憲法違反であるという判決を下した。李明博大統領の一連の強硬姿勢はこれを根拠にしている。同年一二月一四日、韓国挺身隊問題対策協議会はソウルの日本大使館前に従軍慰安婦の少女の銅像を建てた。後日、日本の活動家が少女像の横に「竹島は日本固有の領土」と書いた杭を縛りつけた。今度は、韓国人青年が日本大使館の門にトラックで突入した。そして、一二年八月一〇日、李大統領が竹島上陸を実行したのである。

時代の潮目は変わっている

日本の政治家は、一九六五年の日韓基本条約での「完全かつ最終的に解決済み」という線を譲らない。一九九三年の河野談話と九五年の「女性基金」の設置にもかかわらず、韓国側は、日本政府の法的責任を求めている。それでも埒が明かないとわかると、日韓条約第三条の適用を求めてきた。これは新しい動きである。第三条とは、両国間の紛争は外交ルートを通して解決することを原則としながらも、それができない場合には、所定の手続きをへて第三国に仲裁を付託することができる、という規定である。国際社会を意識した韓国のほうが、メディア戦略で一歩先んじているようである。

一二年八月一三日、李大統領は、国際社会における日本の影響力は「以前と同じではない」と話し、翌日には、天皇が韓国を訪問したいのであれば、「戦争中の独立運動の犠牲者に謝罪すべきだ」と発言したと報じられた。これに対して、日本のメディアはナショナルな感情むき出しの報道を行った。「韓国大統領〝天皇〟発言、外相『陛下の訪問予定なく』『極めて遺憾』」(NHK)、「李大統領発言に安倍氏『非礼だ』、外務省は『唐突感』」(朝日新聞)など。

それでも韓国側は追及の手を緩めない。九月二八日、韓国の金星煥《キムソンファン》外交通商相は国連総会で演説し、「戦時の女性に対する性的暴力は重大な人権侵害だ。歴史は悪質な行為を教訓として警告している」と述べた。さらに、この問題は国連の人権理事会に提起され、アメリカの世論をも巻き込むかたちで拡大していった。一一月、同理事会は、慰安婦問題の解決を求める勧告書を採択、日本に対して一三年三月までに回答するよう求めた。

このように国際的な包囲網が形成されても、日本のメディアは一向に無関心である。それどころか、李大統領の行動を、あれはレイムダックの悪あがき、政権の手詰まりを領土問題に転化しているにすぎないなどと、日本人の耳に快い言葉を並べるばかりである。それで、ニュースの終わりを、希望的観測(憶見)で締めくくるスタイルがすっかり定着してしまった。たとえばNHKニュースは、「竹島の問題をめぐって日本との外交関係が緊張するなか、慰安婦の問題を『人権問題』として提起することで、日本への圧力を一段と高める狙いがあるものとみられます(二〇一二・一〇・五)」。この記事が正しければ、次のような記事は成り立たない。「慰安婦の人権問題をめぐって日本との外交関係が緊張するなか、竹島の問題を提起することで、日本への圧力を高める狙いがあるものとみられます」。要するに、NHKは従軍慰安婦の人権問題は方便だと言ったに等しい。たんなるレトリックでは済まされない。

戦後、日本は広大な面積の米軍基地を提供しているが、それに対して日本政府がアメリカに対して激しいナショナリズムの感情を表現したことはほとんどない。しかるに、近隣諸国に対しては冷静な態度をとっているとは言えない。考えてみれば、もっとも〝実効支配〟されている島は日本列島なのではないか。むろんアメリカによってである。近隣諸国から見れば、日本のナショナリズムのダブルスタンダードは明瞭なのである。これに沖縄の視線を加えれば、彼らにはトリプルスタンダードが容易に透けて見えるだろう。

アメリカの韓国人社会

アメリカにおける韓国系住民の数はこの一〇年でおよそ三〇%増加し、地方議会などで発言力を増している。

一一月上旬、アメリカ大統領選はバラク・オバマ大統領の再選で幕を閉じた。選挙期間中に、NHKは近年急速に結束力と存在感を増す在米韓国人が大統領選の行方に影響を与えつつあるという米国発のニュースを放送した。現地リポートは多くの時間を割いて、在米韓国人が慰安婦問題に強い関心を持っていることを伝えた。

たとえば、ニューヨークのマンハッタンに近いフラッシング地区で、かつての「ローズベルト通り」が近々「慰安婦通り」に改名されるという。これは、あくまでもオバマ、ロムニー両候補の接戦の模様を伝えるニュースの一部として使われたのだが、マイクを向けられた韓国系市民は、選挙の話より慰安婦問題について語った。少なくとも編集上はそうなっていた。「(慰安婦を)思うと悲しい。通りの名前がかわるのは良い」「通りの名前を見るたびに慰安婦の苦しみを考えるだろう」などと。また、ニュージャージー州に「日本帝国軍に拉致された婦女子二〇万人以上の慰安婦の記念碑」が建ち、ニューヨーク市には「(慰安婦)記念館」建設の動きが紹介された。

そこで、スタジオの大越健介キャスターがこれらのリポートをうけて、「韓国系市民の票」と「慰安婦問題」と「大統領選」の関係をどのように整理するのかに注目した。ところが、彼は「慰安婦」という言葉を一度も口にすることなく、自らのワシントン支局時代の見聞と重ねて、日本人社会より韓国人社会の方がずっと結束が固いとコメントしたのである。この不自然さはどこから来るのか。

このリポートをこちらで整理すれば、(1)韓国系市民がアメリカの大統領選にまで影響を持ち始めている。(2)彼らの関心の大きな部分が慰安婦問題の解決に向けられている。(3)その矛先は、おのずと日本の「右傾化」に向かう。(4)五年前の議会の決議を思い出せば、安倍氏の言動がターゲットされるはずである……。そこで、キャスターとして、唐突に安倍氏のことを持ち出すことはできないとしても、韓国系市民の支持を受けたアメリカ大統領が当選した晩に、日本の歴史認識問題に口を出さないともかぎらない、その程度のコメントがあってもおかしくないだろう。

安倍氏といえば、二〇〇一年に放送されたＮＨＫの番組「シリーズ戦争をどう裁くか　第二回問われる戦時性暴力」と因縁浅からぬ関係にある。彼は、小泉政権の官房副長官時代、「日本の前途と歴史教育を考える若手議員の会」の議員らとともに、この番組を「中立に作るように」と意見を述べ、それに過剰反応したＮＨＫ幹部が現場に問題になりそうな箇所を三分以上カットさせた事件で話題になった。この事件の顚末について詳細は記さないが、以来、慰安婦問題に関する放送はＮＨＫから消えてしまったと聞く。

いまＮＨＫに期待されるのは、「メディアはナショナリズムを克服することができるか」という命題を理解して、戦時性暴力は国際人道法違反であり、すでに国境を越えた問題になっているという認識を持って取り組むことである。朝鮮日報は延世大学国際学大学院長孫洌《ソンヨル》氏の言葉を紹介している。「韓国は、日本国民全体が極右的傾向を示しているというような、詰問調の外交政策を展開してはならない」。ナショナリズムを超える契機を持つ言葉である。

思えば五年前、安倍氏のあまりに激しい憲法攻撃に、広範な市民が猛反撃に出て、そのボディブローが効いてか、とつじょ腹痛を訴えて退陣するという政治的な笑劇《ファルス》を見せられた。その彼が、今度は健啖ぶりをアピールして、憲法改正に「再チャレンジ」するというのだ。いまメディアに期待されるのは、「笑劇に二度目はない」と言い切って、自らナショナリズムを克服することだ。

安倍新政権のメディア政策を問う…………二月号

安倍晋三・自民党総裁が再び首相に就任した。国民の選択とはいえ、表現の自由を考える立場からはまた一つ心配事が増えたというしかない。自分の意に沿わないメディアを「敵視」し、力ずくで押さえ込もうとする安倍氏の姿勢は政治家のなかでも特に際立っている。それは、前回の安倍政権(二〇〇六年九月～〇七年九月)時代のメディア政策に如実に表れたと言っていい。安倍氏とメディアの関係について、改めて考えてみたい。

首相就任前　「今後、偏向・不公正な報道が再び行われた時には、出演自粛を再開することもあり得る」。安倍氏は党幹事長時代の二〇〇四年二月に記者会見でそう語った。

その前年にあたる二〇〇三年一一月の衆院選中、テレビ朝日の「ニュースステーション」は、民主党政権が誕生した場合の主要閣僚構想を、約三〇分間放送した。これに先立つ九月に放送された「たけしのTVタックル」では、野党議員が一九九七年二月の衆院予算委員会で日本人の拉致問題を質問している場面につづけて、当時は自民党の衆院議員だった藤井孝男参院議員(日本維新の会)がやじを飛ばしている映像を放送した。ところが、実際に藤井議員がやじを飛ばしていたのは、野党議員が北朝鮮へのコメ支援問題を質問した時だったのだ。安倍氏はこれらを問題視し、自民党幹部は「選挙期間中に一党だけをPRし、選挙の公正さを著しく害した」として開票日の選挙特番「選挙ステーション」への出席を拒否した。翌二〇〇四年一月には、幹部以外の議員にもテレ朝への出演自粛が広がった。テレ朝は謝罪し、幹部ら七人を減俸や譴責処分とした。これを受けようやく出演拒否が解除され、安倍氏も四カ月ぶりに出演した。総務省は、同年六月に「適正な編集を図る上で遺漏があった」「注意義務を怠った重大な過失があった」などと行政指導した。テレ朝の完敗である。

二〇〇五年に浮上したのが、旧日本軍の従軍慰安婦問題を取り上げたNHK教育テレビ「ETV特集」の「シリーズ戦争をどう裁くか　第二回問われる戦時性暴力」の改変問題だ。二〇〇一年一月の放送前日に、NHK放送総局長らが同番組を批判していた官房副長官の安倍氏(二〇〇五年時点は幹事長代理)と面会した後、大幅な改変が行われた。二〇〇五年一月にこうした内容を朝日新聞が報じた後、番組担当デスクが会見して内部告発し、政治家による番組介入が表面化した。

NHKと安倍氏は全面否定し、朝日との間で訂正・謝罪要求が繰り返された。同年八月、ジャーナリストの魚住昭氏が『月刊現代』(講談社)に執筆した、朝日記者と安倍氏らのやりとりの詳細な記事が朝日新聞社の資料を基にしたとみられることから、自民党役員は会見以外での朝日記者からの取材を当面拒否することを決めた。朝日は謝罪文を郵送したが受け取りを拒否されたという。「圧力」報道問題で、朝日は九月に「記事には不確実な情報が含まれていたが、訂正する必要はない」とする最終的な見解を発表したが、取材した記者はほどなく異動となった。『月刊現代』問題では朝日の担当役員と担当部長が処分された。

一方、NHKはどう対応したのか。二〇〇六年三月、山本順三参院議員は、番組チーフプロデューサー(当時)が裁判所でした証言(NHK幹部の対応について「安倍さんのところへは、呼びつけられたのではなく、行ったことにしようということになったようだ」と述べた)がNHKの公式見解と異なる点を取り上げ、「大変由々しきことだ」とただした。橋本元一会長は「根拠がなく、大変遺憾だ。人事上の扱いは適切に対処したい」と答弁。二人は六月、番組制作部門以外の部署へ異動となり二〇〇九年に二人ともNHKを退職した。ここでも安倍氏側の圧勝だ。新聞と放送の両雄と言っていい二つの報道機関が安倍氏に屈服させられたと表現してもよいのではないか。

首相在任　安倍氏は、二〇〇六年九月に首相に就任した。放送局を監督する総務相は、安倍氏に極めて近い、菅義偉《すがよしひで》氏だ。安倍政権が最初に手を付けたのはやはりNHKだった。菅氏は一一月、NHKの短波ラジオ国際放送で、北朝鮮による拉致問題を重点的に取り上げるよう放送命令を出した。個別事項での命令は国際放送の開始(五二年)以来初めてで、国営放送でないNHKの放送内容に政府が関与したことから放送の自由をめぐり大きな議論となった。当時の放送法は、放送事業者の番組編集の自由を保障している一方で、NHKの国際放送については「放送事項その他必要な事項を指定して国際放送を行うべきことを命ずることができる」と例外的に総務相の権限を規定している。しかし、初めて命令を出したのは、独立行政委員会の電波監理委員会(五二年七月廃止)だ。放送法はそもそもこうした強い権限を総務相(当時は郵政相)が行使できる仕組みを想定していなかった。だから、放送の自由に配慮し、抽象的な内容にとどめる運用が続けられてきたと考えられている。

菅氏が次に打ち出したのが、放送法を改正し、放送局に対して総務相が行政処分できる権限の創設だ。きっかけは、〇七年一月に発覚した関西テレビの情報番組「発掘！　あるある大事典Ⅱ」の捏造問題だ。同年四月に国会提出された放送法改正案は、放送事業者が、虚偽の説明により事実でない事項を事実であると誤解させるような放送をして、国民生活に悪影響を及ぼした恐れがある場合などに再発防止計画の提出を求められるという内容だ。「従軍慰安婦」を取り上げたNHK特集番組の改変問題をみても、政府・与党と報道機関が事実かどうかをめぐって、対立するケースは少なくない。恣意的な番組介入を招きかねない、との批判があがった。旧郵政省時代の電波監理局長による国会答弁「放送法違反という理由で行政処分をすることは事実上不可能だ」を菅氏自身が「拘束されない」とひっくりかえしての改正だ。この年七月の参院選で安倍政権が大敗。改正放送法案は一二月に成立するが、参院で与野党が逆転した「ねじれ国会」を背景に、命令放送は「要請放送」と言葉が代わり、行政処分条項は、削除された。すんでのところで放送法の改悪は免れたわけだ。

この同じ時期に国会に提出され、成立したのが憲法改正手続きを定める国民投票法だ。同法は、一般の人に賛否を呼びかける国民投票運動に関し、NHK以外の放送局に対し、政治的公平や事実を曲げない報道などを定めた放送法の規定に留意すること、政党や団体の有料CMの放送を投票日前一四日間禁止することを定めている。今回の衆院選でも資金量の多寡によるCM出稿量の差が目に付いた。しかし、CMと言ってもその放送の禁止を放送局に法律で課すのではなく、公正な投票を実現するための政治倫理の一環として政党自身が自粛規制を申し合わせるのが筋ではないだろうか。

二〇〇七年七月の参院選の公示前に安倍氏は首相として在京民放二局に単独出演したが、国会が閉会し事実上選挙戦がスタートしているなかで、放送法が定める政治的公平の規定に反するのではないかという批判を招いた。しかし、関係者によると、自民党サイドが担当記者に、公示前の番組出演の条件として、安倍氏の単独出演か、小沢一郎民主党代表（当時）との討論形式との考えを示したことが背景にあるらしい。さらに幹事長名で、候補者側に「一部テレビ等の報道機関に意図的な編集と報道が散見される。取材の全部について音声録音あるいはVTR録画等を記録として残すこと」という文書を送ったほか、在京キー局や全国紙、外国メディアなど二〇〇カ所以上に「公平な放送が行われることを強く望む」との内容の文書をファクスしている。

本稿の冒頭に戻るが、安倍首相は党幹事長だった二〇〇四年二月の会見で「選挙と報道の問題について、公正な報道を心がけなければならないテレビ局が一方に加担した形になった。選挙結果にも影響を与える」とテレビ朝日を批判していた。番組改変問題では、安倍氏は「圧力をかけたのではなく、『公平、公正にお願いします』と言ったに過ぎない」と反論していたが、「公平」という言葉を都合よく解釈していないだろうか。

そして忘れてはならないのは、NHK経営委員を巡る人事だ。放送法では経営委員は首相が国会の同意を得て任命することになっているが、歴代委員長は政権に都合のよい人物が起用されてきた。二〇〇七年六月に委員長になった古森重隆・富士フイルムホールディングス社長は、安倍前首相を囲む経済人の集まりである「四季の会」メンバーでもある。執行部に選挙期間中の歴史番組について「微妙な政治問題に結びつく可能性もある」と注文を付けたり、国際放送についても「利害が対立する問題については、国益を主張すべきだ」と訴えるなど物議を醸した。同時に就任した弁護士の小林英明氏は、安倍氏のスキャンダルを取り上げた月刊誌『噂の眞相』(二〇〇四年休刊)を相手にした損害賠償訴訟で代理人を務めていた。

二〇〇六年七月のTBSの「イブニング・ファイブ」のケースでは、旧日本軍の「七三一部隊」を取り上げた報道番組で、記者が社内で電話取材している様子を撮影した際に、安倍氏らの写真パネルが映った。TBSは、自社の放送基準の中で民放連の放送基準を準用することを規定し、同基準には「名誉を傷つけないようにする」とある。翌月、総務省は「適正な編集を図る上で遺漏があった」とし厳重注意した。実に事細かく総務省も安倍氏に気を遣っていると言えまいか。二〇一二年一一月、TBSの朝の情報番組「みのもんたの朝ズバッ!」で、NHKアナウンサーが痴漢容疑で逮捕された新聞記事を取り上げた際に、安倍氏の映像が二秒ほど流れたという。番組サイトによると衆院解散記事を紹介する際に用意していたビデオを誤って再生したらしい。TBSは、安倍氏に謝罪したという。総務省は安倍氏に気を遣って、TBSに今回も行政指導することになるのだろうか。安倍政権時代の二〇〇六~〇七年にかけては総務省による放送局への行政指導が頻発した時期でもある。これら紹介した事例は、安倍氏のメディア観をよく示していると言えないか。

再登場　自民党に今回の衆院選で二九四議席を与えた有権者も白紙手形を与えたわけではあるまい。自民党の政策には表現の自由を守る立場からは危うい内容も少なくない。

例えば、外交・安保政策の一環として国家安全保障基本法の制定を掲げている。自民党が二〇一二年七月にまとめた法案(概要)には、国の責務として「我が国の平和と安全を確保する上で必要な秘密が適切に保護されるよう、法律上・制度上必要な措置を講ずる」と明記されている。前回の自公政権時代から構想され、民主党政権になって本格検討が進められた「秘密保全法」の制定を念頭に置いていると考えられる。石原慎太郎、橋下徹氏率いる日本維新の会を含めた国会構成を考えると、安倍政権になり一気に法制化される可能性はある。

一方、放送政策に関しては、まずNHK経営委員問題に注目したい。數土文夫前委員長が東京電力社外取締役との兼職問題で二〇一二年五月に委員長と経営委員を辞任して以降、欠員となっている。安倍氏がどのような人物をNHKに送り込んでくるのか。よく見極める必要がある。

アルジェリア人質事件に見る実名報道の現在……四月号

Nスペが迫ったアルジェリア人質事件　日本人一〇人が犠牲になった、アルジェリア人質事件の発生から一カ月の節目に放送されたNHKスペシャル「なぜ日本人が…　～アルジェリア人質事件の真相」(二月一七日)は、力作だった。同番組を紹介するNHKのホームページには「海外に進出する日本の企業が、かつてない犠牲を出した今回の人質事件。それから一カ月。番組では、国内外で取材した様々な関係者の証言をもとに事件の真相に迫り、日本も脅かす新たなテロの実態を浮き彫りにする」と記されているが、決して大げさな宣伝文句ではない。特に実行犯の一人に焦点を当て、生まれ育ったチュニジアの岩山に細々と暮らす両親まで訪ね、高校中退後に首都チュニスで始めた商売がうまくいかなくなると、「リビアに行く」と言い残していたことを突き止めるなど、事件の背景を追いかけた粘り強い取材はNスペらしさを感じさせた。

　しかし、気になったのは、事件の詳細を語ったのがいずれも難を逃れたアルジェリア人やフィリピン人ら外国人だけと思われる点だ。武装勢力に拘束された一三人の証言を基にしたと解説していたが、七人の日本人生存者は含まれていなかったのではないか。好意的に解釈すれば、事件の舞台となった天然ガスプラント建設を手がけている日揮が犠牲者、生存者のいずれも非公表とする方針を表明していることから、取材には応じていたとしても、取材源への配慮として、番組の構成上、登場させなかったのかもしれない。日揮は、生存者から聞き取った内容を基に、事件の様子について記者会見で明らかにしているが、会見など直接取材の求めには応じていない。視聴者はこの点について、違和感を持ったのではないだろうか。

日揮は実名公表せず　「犠牲者の遺族、関係者に相当数の取材が行われている。これ以上のストレスやプレッシャーをかけたくないという姿勢はまったく変わっていない」。遠藤毅・広報・IR部長はそう会見で述べたという(朝日一月二五日朝刊)。一月一六日の事件発生当初、アルジェリアでの報道など現地からもたらされる情報は安否を含めて確認が難しかったためか、政府や日揮の開示する情報は具体的ではなく、特に拘束された日本人についての詳細は明かされなかった。政府が一月二一日に日本人七人の死亡を確認したと発表した際にも、氏名等を日揮は非公表とした。政府が公表に転じた二四日になっても、その姿勢は変わらなかった。

しかし、日揮の説明にはどうも納得がいかなかった。というのは、毎日記事(一月二六日朝刊)によると、亡くなった内藤文司郎さん(人材派遣会社「エーアイエル」)の母親のさよ子さんは遺体との対面後に取材を受ける予定だったが、体調を崩したため中止となった。代わりに取材に応じた「エーアイエル」の稲塚博社長は、「せめて(取材に)真摯に対応することが、ご本人に対する弔いになると考えた」と語ったという。安否が不明だった時期に取材を受けたと思われる、二四日朝刊の段階では、各紙で母親が心配する様子が紹介されている。取材に応じているのは、内藤さんだけではない。

報道では、被害者の所属に関して「現地駐在員」「従業員」「関係者」など、色々な呼称が用いられていた。そのせいか、筆者は、うかつにも朝日の一月二二日朝刊社会面の記事で、亡くなった渕田六郎さんが「協力会社社員」であると知るまでは、一七人全員が日揮正社員であると思い込んでいた。読売記事(一月二六日朝刊)は、犠牲になった一〇人を日揮社員とグループ会社・協力会社の五人に分けて紹介していた。政府が一月二五日に遺体が日本に到着した後に発表したのは氏名のみで、出身地や年齢、役職などは明かさなかったため、独自に取材したのだろう。日揮の元社員(七五)への取材を基にした毎日記事(一月二六日夕刊)には、「三〇年前の建設現場では臨時雇用も含めほぼ全員が社員だったが、円高が進む八〇年代半ば以降、派遣技術者で置き換えられていったという。現役社員の一人は『彼らみたいな派遣の職人たちがいなければ、プラント建設は成り立たない』と話す」との記述があった。

これらの記事を読んで、東京電力・福島第一原発事故で、原発プラントの建設や運転の実態をめぐって関心を集めた電力会社と協力会社、派遣会社の関係と、日揮とその協力会社などとの関係が重なって見えた。菅義偉官房長官は会見で、亡くなった際の状況に関しても「プライバシー」を理由の一つに挙げた。菅氏は実名を公表するかどうかについて、「ご家族のお気持ちを最優先に考えた。会社側を通じて、連携をとってきた」としたうえで、死亡状況については「個人にかかわるプライバシーだと思う。そこを思い浮かべるだけで大変な状況になると思う。(プライバシーに配慮しても)公表することは差し控えたい。当事者側からの強い要望もある」と突っぱねた。政府は遺族への配慮を挙げたが、あくまで日揮を通じて聞いた「当事者の要望」のようだ。無事救出された七人に関しては「現地に警察関係の看護師を派遣して心のケアをしてきたので、公表は控えている」と述べている。

二〇〇五年四月の個人情報保護法の全面施行を機に、政治家や官僚、そして企業による「個人情報の保護」を理由にした情報、不祥事隠しが相次ぎ、大きな社会問題になった。菅氏の「プライバシー発言」にも、そのにおいを感じる。先のNスペによれば、英のリスク分析会社は北アフリカ地域の危険性を警告しており、リビアに近い今回のプラントのある場所も危険地域に含まれていた。政府や日揮の落ち度が今後、問われるケースは想定されうる。犠牲者との補償交渉がこじれた場合に備えたリスク管理ではないのか、とは勘ぐり過ぎか。「犯罪被害者保護」を掲げる日揮の非公表方針とは別の意図をのぞいたように感じるのは、筆者だけであったろうか。

事件の真相を知る被害者

アルジェリア人質事件をめぐり、報道機関は、政府に被害に遭った日本人犠牲者名の公表を求めた。これに対して、ネットを中心に様々な意見が出た。批判的な意見の代表例は、曰く、実名が公表されれば、多くの報道機関による取材が遺族に対して行われる。遺族にさらに負担をかけたり、犠牲者自身も実名が報道されることによって世間の目にさらされる、という内容だ。そっとしてあげるべきではないか、ということだろう。あるいは報道機関を通じて思いを社会に訴えたいと自ら名乗り出る遺族らに絞るべきだという意見もあった。

一方、報道機関側は、名前の持つ社会的な訴求力を訴える。沖縄県糸満市にある平和の礎。国籍や軍人、民間人の区別なく刻まれた沖縄戦の犠牲者二四万人の名前を前に立つと、多くの人は自然と不戦を誓う気持ちになるのではないか。東日本大震災の死者全員の名前を何ページにもわたって掲載した新聞紙面も同じように「忘れない」という気持ちを読者に感じさせたのではないか。名前は社会全体で悲しみを共有できる力があるという考えだろう。

薬害被害者が実名公表して被害救済の世論が広がり、政治や行政が重い腰を上げたことはよく知られている。匿名でも悲しみを伝える記事として工夫すればいいという考えもあるかもしれないが、名前が明らかになることは、そもそも取材の出発点である。そして重要なのは、被害者やその遺族は事件の真相を知る立場にいる人物だということだ。

実名匿名問題の検証を

ではどうすればいいのだろうか。

神戸・連続児童殺傷事件(九七年)や和歌山カレー事件(九八年)、桶川ストーカー事件(九九年)などを受けて、報道機関による取材の集中によって犯罪の容疑者、被害者だけでなく地域が静穏な生活を乱される、ということが社会問題化した。集団的過熱取材(メディアスクラム)と呼ばれる。古くは新聞・雑誌記者にラジオが加わり、旧郵政省の四波化政策で多くの地上波テレビ局が誕生。CATVも各地域に設けられ、今日ではインターネットメディアが登場し、メディアの幅が広がった。一人ひとりの記者の取材は正当な活動であっても多数が一カ所に集中することでいろいろな問題が起こるわけだ。取材自体を敵視する意見も出てくるだろう。二〇〇二年三月に国会提出された人権擁護法案(審議未了のまま廃案)は、まさに犯罪被害者らへの取材を規制する内容だった。日本新聞協会や日本民間放送連盟は対策に乗り出しているが、実名公表(報道機関に対する開示を含め実名公表が実名報道に直結しないこともあることはいうまでもない)を社会が支持できるような説明をしているのかと言えば、公表に否定的な意見があるということは、十分ではないということだろう。日本新聞協会がまとめた冊子「実名と報道」には「国民の「知る権利」にこたえる取材・報道であっても、取材される側の日常生活を破壊してしまう事態は、社会通念上、許容されません」とある。

実名公表がメディアスクラムにつながるという論点は、マスメディアの記者にも認識されている。毎日新聞の斗ケ沢秀俊記者は「マスメディアに対する市民の目は一層厳しくなっている。新聞協会が改めてメディアスクラム防止の指針を出し、日本民間放送連盟や日本雑誌協会などと協議するよう、提案したい」(毎日二月九日朝刊)と書いた。報道内部の人なのだから、団体任せではなく記者の一人としても具体的な行動に移してほしい。

ネットの批判に応えるかのように各紙では、実名公表を巡る特集記事を掲載し、マスメディアの在京社会部長会は一月二五日(実名公表日)、「ご遺族や関係者の心情に十分配慮し、節度ある取材に努める」と申し合わせた。今回の人質事件取材で遺族取材はどうだったのか。この際きちんと検証し、それを踏まえて改めて世論に理解を呼びかけたらどうか。

メディアが届ける〝親米愛国行進曲〟……五月号

昔と違って今のテレビは、毛穴の一つ、つぶやきの一つまで茶の間に送り届けてくる。今回は、テレビがとらえた安倍晋三首相の素顔をウオッチした。

安倍首相は、第一次政権時代とは対照的に、「軽挙妄動」を慎み、もっぱら「隠忍自重」の構えでやってきた。だが、それもつかの間、内閣支持率の急上昇に気をよくしたのか、このところ安倍首相のトーンはとどまるところを知らない。施政方針演説の中で「世界一を目指していこうではありませんか!」と絶叫したのには、心底驚いてしまった。ほかにも、「世界を覆う大競争」「世界に羽ばたく意志と勇気」「世界でブームを巻き起こし」「世界の人たちを惹きつける」などなど、「世界」を連発した。一国のリーダーのスピーチとしてはなんとも幼稚すぎて、引用するのも恥ずかしい。これが、スピーチライターが介在してのことならば、彼あるいは彼女は、国民のみならず安倍氏をも愚弄していることになる。首相がテレビに登場するたびにそうした取り巻きの顔を想像し、おぞましい気分に襲われる。

施政方針演説は国会議員とメディアの厳しいチェックに晒される。五年前の安倍氏は、スピーチライターに恵まれなかったせいか、その答弁をよくせぬままに退陣した。だが今回は、メディアの反応がすこぶる鈍い。それをいいことに、スピーチライターはメディアをも馬鹿にしはじめているようだ。

テレビの余白に真実が

訪日したIOC（国際オリンピック委員会）の東京五輪準備視察団の前で、安倍首相が東京オリンピック開催時に流行した歌の一節「より速く、より高く、より強く」を唐突に歌い上げたときは、わが耳を疑った。スピーチライターが奨めたからなのか、その制止を振り切ってのことなのか。こんな代物を平気で垂れ流してしまうメディアの見識まで疑った。

嘆いて事態が変わるわけでもない。テレビの視聴者は、こうした茶番を茶番として対象化するリテラシーを身につけなければなるまい。デジタル化が進み、映像の保存はたやすくなった。取り込んだデータをパソコンで〝熟視聴〟できる環境は整っている。日々再生産されるリアルの世界から、テレビが思いがけず切り取ってくる映像や音声を、時間をかけて解読することが今や可能だ。

まずは簡単な例から――、三月五日の参院代表質問のあいだ、中継カメラがときどきひな壇の閣僚たちを映しだしたが、そのたびに答弁書をじっと見つめ、口を動かしている安倍首相の姿が目に入ってきた。質問者のほうには顔を向けず、発音の練習をしているのか、見てはいけないものを見てしまったようなのだ。NHKは、この映像を意図的に流したはずもなく、国会中継のマニュアル通りに、質問者と被質問者の映像を一定の間隔でスイッチングしたにすぎまい。そのあとに演壇に立った安倍首相は、原稿を一気呵成に読み上げたのだ。そのような答弁をくり返すうちに、なにかの手違いで別の原稿を読み上げてしまう、そんな瞬間に立ち会わされるかもしれない。想像するだに恐ろしい。その時、メディアがとれる態度はどんなものか。

それで思い出すのは、首相の大叔父にあたる佐藤栄作元首相の退任会見だ（一九七二年六月）。新聞記者に対する積年の恨みを爆発させた佐藤は、「テレビはどこだ」と声を荒らげ、目をむいた。すったもんだのあげく、記者たちは抗議し、席を蹴って退室、残ったカメラがガランとなった会場の映像を、ひたすら流し続けた。この経験が教えるのは、気骨ある記者たちがいたことと、テレビ映像には細部から読み取れるものがたくさんある、ということだ。

「息を呑むほど」の紋切り型

そこで、最近のテレビ報道から安倍首相の言動をチェックしてみた。見えてきたのは、スピーチライターたちの紋切り型、大衆蔑視の思想だ。

たとえば、原発再稼働について尋ねられると、安倍氏は「原発ゼロの方針はゼロベースで見直す」と答えた。ゼロベースとは、日本語ではご破算という意味。民主党時代の意見聴取会で七〇％以上が原発ゼロを望んだことを、まったくないがしろにする物言いだ。重要なことをレベルの低い語呂合わせでごまかすのを許すメディアも、同罪と言えよう。

最近の安倍氏は、愛国心を表現するときに、「息を呑むほど美しい棚田」というフレーズを好んで使うようになった。かつて「美しい国、日本」という言葉の空疎さを揶揄された首相が、今度は「棚田」を引き合いに出した。しかし、棚田は、急峻な斜面での厳しい労働の象徴であり、観光資源の対象にすべきではないはずだ。安倍氏のスピーチライターは広告代理店の出身なのか、貧しさを美しいと言いくるめられると考えているらしい。

オスプレイが突然、飛行訓練のコースを内陸部に変更した時も、安倍氏は平然として「アメリカは日米安保をしっかり遂行するためにやっている」と語っただけだ。一方で美しいふるさとの風景を口にしながら、あの妖怪のような飛行物体を平気で受け入れる。〝親米愛国主義〟の内容(無内容)はこんなものだ。こうした〝愛の表現〟に、アメリカもいつまで付き合うつもりなのか。そろそろ賞味期限を考えた方がいい。

対アジア外交については、新指導部が発足した中国に対して「対話のドアは常にオープンにしてある」と乙に構えている。歴史認識をめぐるアジア蔑視と、安保体制下の対米隷属との折り合いをどうつけていくのか。「ドアを開けておく」だけでは何も始まらない。

韓国の朴槿恵新大統領は、三・一独立運動の記念日に「従軍慰安婦問題」や竹島問題にかかわる歴史認識について、日本に強い口調で反省を求めた。とくに慰安婦問題は、安倍晋三という政治家についてまわる事案である。彼は、アメリカの新聞に出された意見広告――「女性がその意思に反して日本軍に売春を強要されていたとする歴史的文書は……発見されていない」――に賛同人として名を連ねながら、首相としては、慰安婦問題を政治問題、外交問題にしたくないとの本音をにじませた。

ペルソナ(仮面)の危機　最近の安倍氏は、一国の首相と自民党の総裁の一人二役、ペルソナ(仮面)のかけかえに大わらわである。

三月八日の衆議院予算委員会で民主党・無所属の辻元清美議員が、安倍氏のダブルスタンダードを執拗に指摘し、従軍慰安婦問題は世界中で非難の対象になっている、と追及した。しかし、安倍首相は腕を組んだり、配布資料の束をひざの上でポンポンと整えたりして、あからさまにうんざりだという表情を見せた。テレビはその様子をあますところなく映しだした。

午後の質疑では、日本維新の会の中山成彬議員が、ソウルの日本大使館前の、慰安婦問題を象徴する少女像と、在米韓国人によって掲げられた「戦時性奴隷」を非難する看板にふれて、日本軍が強制的に女性を連れ去ることはなかったはずだ、と述べ立てた。その上で、自分と安倍氏はかつて「日本の前途と歴史教育を考える若手議員の会」の盟友だったことを明かした。その時、テレビは、安倍氏のバツの悪そうな表情をとらえた。

そこで中山氏が、首相としての見解を求めるかと思いきや、二度にわたって「まあ、お答えになるには及びません」と答弁を制した。首相としての答弁は、河野談話の尊重にならざるをえず、それでは論争になってしまう。両者のなれ合いの場面がテレビ中継された。中山氏の質問は、今後この問題で集中審議することを要望し、その際には朝日新聞の関係者にも出席してもらいたいとつけ加えて終わった。この時、あろうことか、安倍首相が閣僚としてただ一人、拍手したのだ。中山氏は安倍氏との共通の標的を名指しし、図らずも安倍氏の〝ペルソナ症候群〟に一撃をくらわせる形となった。だが、標的に擬された朝日の反撃やその他のメディアの援護射撃が、いまだに聞こえてこない。

安倍首相は、サンフランシスコ講和条約発効の一九五二年四月二八日を、日本がアメリカの占領を脱した「主権回復の日」とし、今年からその日に記念式典を催す、と言いだした。それは、戦後の清算を目指す憲法改正を視野に入れた発言ともとれる。この日は、安倍氏の祖父岸信介とも深い関係がある。戦後、岸はA級戦犯容疑者として逮捕されたが、不起訴になり公職追放。その彼が公職追放を解かれ、「自主憲法制定」「自主軍備」を公然と唱えるのを許すことにもなった日だ。それは米軍の事実上の占領継続を内容とする旧日米安保条約発効の日でもあり、六〇年には、岸は首相としてこの安保の改定を強行し、日米の軍事連携を深めた。

孫の安倍氏は、日米同盟のさらなる強化＝アメリカへの同調のために国防軍を設置するというのだから、四月二八日は「主権回復の日」ではなく、「主権喪失の日」ではないのか。この日はまた、沖縄にとってはアメリカの施政権下に入った「屈辱の日」でもある。昭和天皇は、憲法九条で〝丸腰〟となる日本の防衛のために、沖縄の長期占領をマッカーサーに進言した。ところが、現在の天皇は即位の礼に際し、「日本国憲法を遵守し……象徴としてのつとめを果たす」誓いを明らかにした。憲法九九条に規定された天皇の憲法尊重擁護の義務に則ってのことだ。ところが、自民党の憲法改正草案は、天皇を国家元首とし、九九条から削除している。改憲への一里塚になりかねないこの式典に、天皇皇后が出席するとしたら、まことに奇想天外な図となる。

アジアに対する過去を消し去り、アメリカへの従属に奔走しながら、現憲法をアメリカの押し付けとして自主憲法を唱道する安倍氏の思想と行動を、まじめに受け止めることは難しい。アメリカとて同じなのではないか。

現代のトロイの木馬　それにしても、メディアの安倍礼賛は目に余る。三月一五日のＮＨＫ「ニュースウオッチ９」は、安倍首相をスタジオに招いて単独インタビューを行った。というより昼間行ったＴＰＰ(環太平洋戦略的経済連携協定)交渉参加表明を、公共の電波を使って広報したのである。安倍首相は、ＴＰＰ参加は日米同盟の強化につながるとし、北朝鮮には日米同盟を甘く見るなと威嚇のメッセージを送り、アジアに関する歴史認識については一言も触れず、挙句の果てに、「強欲を原動力とするのではなく、瑞穂の国にふさわしい市場経済を作っていきたい」と胸を張って見せた。筆者は一瞬めまいがした。ＮＨＫは一時間番組のうち四〇分を安倍首相に割き、キャスターたちはいっさい難しい質問を控えたのだった。

ＴＰＰについてはあとで詳述するが、まず頭に入れておくべきは、それが現代の「トロイの木馬」だということだ。当面のそれは日米同盟の経済条項――「締約国は、その自由な諸制度を強化する」「国際経済政策におけるくい違いを除く」――の発展形であり、交渉にあわてて飛びこもうとする日本の姿は、経済・軍事の一極化を進めるアメリカに擦り寄るいつもの親米愛国主義者のそれにすぎない。しかし、注意しなければならないのは、ＴＰＰの主役は、アメリカという国家をも超えた一％の富裕層(多国籍企業)が九九％の市民を食い物にする「通商システム」だという点である。アメリカは南米とのＦＴＡＡ(米州自由貿易地域)交渉に失敗し(二〇〇三年)、その後、ＴＰＰに参加してアジア・太平洋地域にシフト、中国・インドを封じこめる「地域限定排他貿易協定」(浜矩子『超入門・グローバル経済』)に活路を見いだそうとしている。それに日本が安易に乗っていくことは、親米愛国主義などという狭隘なナショナリズムでは対処できない「木馬」を相手にすることになる。そこから何が出てくるのか誰にもわかっていない。

個人番号法案報道に見るメディアの「国家観」……六月号

四〇年来の悲願

「先進国では日本だけが共通番号がなかった」。そんなもっともらしい理由を一つに、同じ番号で行政機関や、民間企業が個人情報をコンピューターで管理する「総背番号制」(共通番号制度)が導入されそうな勢いである。政府が今年三月に国会に再提出した個人番号(マイナンバー)法案は、自公民の三党が成立で合意しているからだ(もともとは民主党政権が、昨年二月に提出。衆院解散で廃案)。

共通番号制は一九七〇年代初め、旧行政管理庁が旗振り役となって、行政機関での利用を目的とする「事務処理用統一個人コード」を打ち出したことに始まるとされる。八〇年代には架空名義をなくすことなどを狙った「少額貯蓄等利用者カード(グリーンカード)」制度の導入が決まったが、実施を前に廃止に追い込まれた。九〇年代末になると住民基本台帳法が改正され、住民基本台帳ネットワークシステム(住基ネット)の住民票コードの導入が決まった。住民票コードと氏名、住所、生年月日、性別は本人確認情報と呼ばれ、年金支給や資格取得などの行政事務に本人確認のため使われている。

共通番号の導入は、第一次安倍政権(二〇〇六〜〇七年)で「消えた年金問題」と絡めて浮上した社会保障番号制度を含めて、これまで目的や名称を変えつつ構想されてきたが、その都度、「プライバシー侵害」「監視国家化」という国民からの強い批判にさらされ、官民をまたいだ汎用的な番号としては使われてこなかった。今回の個人番号は、社会保障や税、災害の三分野でまず、導入が始まり、将来的な利用範囲と、管理される個人情報の種類の多様さという点で「総背番号」と呼べる番号となるのは、間違いない。二〇一六年のスタート時点で番号を取り扱う団体数は、官民合わせて一五〇万を超えるという。四〇年をかけた政府の集大成だといっていい。

一方、共通番号制の先進国とされる米国はどうか。一九三六年に導入された社会保障番号(SSN)は納税番号としてだけでなく、民間も含めた社会の幅広い分野で利用されてきた。ところがインターネット時代を迎え、不正な還付金請求など本人になりすます犯罪が多発。国防総省などは独自番号に切り替え始めたという。米国が共通番号制からの転換を踏み出す中で、日本はあえてそこに踏み入ることになるわけだ。

それほど重要な法案が国会で審議されているにもかかわらず、新聞・テレビ報道は総じて批判的な視点が弱く、メリットが前面に出た取り上げ方のように見える。その背景には新聞各紙の社論の大半が法案を支持ないし、反対しない立場であることがあると思う。この国のマスメディアは、権力を監視するウオッチドッグの役割を果たしているのだろうか。

投資額に見合うかは不明　衆院を通過する見通し(四月二四日現在)の個人番号法案の正式名は「行政手続における特定の個人を識別するための番号の利用等に関する法律案」。個人番号はSSNと異なり申請に基づいて取得するのではなく、住民票に強制的に付番されることが特徴だ。

日本で居住している以上、中長期滞在の外国人を含めて「番号なし」は、ありえない。住民票コードは申請すれば番号の変更も可能だが、個人番号は漏洩などの事情がない限り、生涯不変だ。番号が記載された「通知カード」が市町村から配布され、券面に表記されている事項(名前、住所など)に変更があったり、紛失すれば届け出なければならない(身分証としても使えるICカードの顔写真付き個人番号カードは通知カードと引き換え交付になる)。二〇〇二年夏、住基ネット導入に伴い市町村から送られた住民票コード記載文書のように、それを紛失したままの状態は許されないことになる。このカードと運転免許証などで本人確認を行う制度に変わるからだ。

番号によって例えば、住民側は給付申請等を行う際に求められてきた住民票や所得証明書の添付が不要になるという。一方、行政機関側は、「社会保障・税分野全体を通じて、現状より正確な所得把握が可能となる」(甘利明経済財政・再生担当相)。ではどれほどの効率化が見込まれているかというと、「導入による合理化の効果については、数値化が難しいことから、具体的な試算は行っていない」(同)のである。システムの初期投資に二〇〇〇~三〇〇〇億円、運営費に年数百億円が見込まれる。これとは別に約二〇〇億円の住基ネットの運営費がかかる。投資に見合うシステムなのか。民間企業では許されないおおざっぱな事業計画ではないか。お荷物になりかねないIT公共事業に終わる可能性だってあるのだ。

衆院内閣委員会の質疑では、住民登録番号を共通番号に使用している韓国や米国で、番号を利用した年金や失業保険の不正受給など犯罪が多発していることが取り上げられた。米国では、二〇〇六~〇八年まで一〇〇〇万人以上がなりすまし犯罪の被害に遭い、損害額は年五〇〇億ドルを超えるとの統計が取り上げられた。二〇一一年に入り、内国歳入庁や国防総省が独自の番号の導入に転換をしているという。

日本でも同じ事態が起こる可能性は十分ある。これに対し内閣官房の向井治紀審議官は「両国では、本人確認が番号のみで行われるというケースがあり、番号に利用制限を設けていなかった。番号法案は、両国の教訓も生かし、番号の利用範囲を法律に限定的に規定し、利用に当たっては番号のみではなく、個人番号カードなど写真つきのもので本人の確認を行う」と答弁した。韓国の住民登録証は、顔写真付きである。

全国紙社説は賛成　多くの問題を抱える共通番号制度だが、マスメディアの取り上げ方は、政府に好意的だ。新聞各紙は政府が今年三月一日に法案を閣議決定し、国会に提出した後に社説を掲載している。見出しだけ見てみよう。朝日「マイナンバー　活用拡大への目配りも」(三月二六日)、毎日「マイナンバー制　将来像も含め議論を」(三月五日)、読売「共通番号法案　今国会こそ確実に成立させよ」(三月六日)、産経「マイナンバー　使いやすい制度に工夫を」(三月八日)、日本経済「マイナンバー法を今度こそ成立させよ」(三月二日)。

これに対して主な地方紙はどうか。東京(中日)「マイナンバー　導入は問題が多すぎる」(三月二日)、北海道新聞「共通番号法案　疑問と不安がぬぐえぬ」(三月一三日)、信濃毎日「マイナンバー　疑問点を国会でただせ」(三月四日)、北国新聞「マイナンバー法案　『決める政治』の試金石に」(三月四日)、愛媛新聞「マイナンバー法案　誰の利便のための番号なのか」(三月五日)、西日本「マイナンバー　不安の解消に万全を期せ」(三月六日)、琉球新報「マイナンバー　拙速な制度実施は危険だ」(三月六日)、沖縄タイムス「［マイナンバー法案］情報一元化に落とし穴」（三月五日）。

新聞の社説の見出しを並べる限りでは各紙の論調は、全国紙はほぼ賛成派。ブロック・地方紙は、反対もしくは慎重派、そして賛成派と分類できるのではないか。もちろん、社説と異なる記事は賛成の立場のものばかりではない。朝日は四月六日夕刊（第二社会面）で反対派の声を取り上げていたし、毎日も四月一六日朝刊（三面）では問題点を正面から問う特集を掲載している。

地方紙にも陰はある。民主党政権は二〇一一から一二年度にかけて四七都道府県で「番号制度リレーシンポジウム」を開催した。『共通番号制度のカラクリ』（現代人文社）によると、政府は開催地の有力紙と共催でシンポジウムを開き、その内容は後日、新聞にも広告特集として大きく載っていたようだ。広告をもらったからといって賛成に転じるなどというわかりやすい構図があるとは思わない。しかし政府にとってはこれが「保険」になっていたとしても、読者から見れば「不信」であることははっきりしている。

問われる国家観

四月二一日朝刊の毎日は、個人番号法を根拠に、個人番号の取り扱いが適正かどうかを監督する「特定個人情報保護委員会」が取材活動に介入する余地があることを指摘した。個人情報保護法（二〇〇三年成立）では、報道機関への情報提供に対しては主務大臣の権限が行使を制限される規定があるが、個人番号法案にはないというわけだ。個人情報保護法が全面施行された二〇〇五年四月に入り、個人情報の保護を理由にした政治家や官僚による不祥事隠しが相次いだ。同法には除外規定があるにもかかわらず、報道機関への情報提供をためらう「過剰反応」「萎縮効果」が社会問題化したのだ。日本新聞協会は抜本的な見直しを求め、当面の手当としては報道機関への情報提供を規制の対象外とするよう求める意見を発表している。個人番号法の施行後に同じような現象が起こり、慌てて除外を求めるなどというみっともないことがないよう、しっかり法案が抱える、表現の自由に与える悪影響の問題を指摘していくべきだ。

「ドイツでは、一九八四年に、行政分野を横断する形で個人識別番号を持つことについて違憲の判断をしたものと承知している」。向井審議官は、四月三日の衆院内閣委員会でそう答弁した。日本でも住基ネットは最高裁が二〇〇八年三月に合憲判決を出しているが、大阪高裁（二〇〇六年一一月）、金沢地裁（二〇〇五年五月）は、違憲判決を出しているのである。英国では二〇一〇年に誕生した保守・自由民主党政権が「国家は必要以上に国民の個人情報を収集してはいけない」「国民の人権を踏みにじる制度」などとして、労働党政権が決めた「国民ＩＤカード制」を廃止する法案を成立させた。

漏洩した個人情報の回収は不可能だ。放射能漏れ事故が起きる確率を極めて低く見積もり、「安全性」を繰り返し訴えながら原発事故史上最悪の事態を招いた東京電力・福島第一原発事故(二〇一一年三月)などなかったかのような政府答弁ではないか。マスメディアは、国家観も問われているのである。

どう伝える　安倍〃異次元〃政権の思想と行動……九月号

白けた選挙戦

予想通りとはいえ、与党が衆参両院の安定多数を獲得した。この先、私たちが経験することになるのは、おそらく強引な成長戦略の実施と格差の拡大、近隣諸国との軋轢とプチナショナリズムの暴走が複雑に絡み合った〃異次元〃であろう。異次元とは「ここではないどこか」という意味であるから、私たちはすでに〃神隠し〃にあっているのかもしれない。ネット選挙が導入されたが、投票率は五二・六%と伸びず、自公の得票率四九%をかけると約二五%、四人に一人の支持で与党が勝った。各紙一面に「自民大勝」の大文字が躍ったわりに、人々の熱狂は伝わってこなかった。

選挙翌日の七月二二日、NHKの討論スペシャル「日本政治はどう動く」(各党代表の生討論)の放送中、ずっと画面下に表示された視聴者からのファクス、メール、ツイッターは、人々の不安と苛立ちを伝えていた。

自公の圧勝を受けて、野党に厳しい意見が多いと思いきや、大勝した自民党の政策に批判的なものがむしろ多かった。たとえば、雇用の不安を訴える学生。アベノミクスは株を持っている人に儲けさせるだけ。地方には恩恵が届いていない。自民党は野党時代にTPPに反対すると言っていたが、いまは真逆のことを言っている。聖域が認められないときは交渉の席を立つ勇気があるのか。議員定数の削減をしてほしい。ブラック企業を規制してほしい。消費税は公共事業ではなく、教育、社会保障に使ってほしい。過去を謝罪し、近隣国と和解すべきなど。

この先がユートピア(理想郷)なのかディストピア(暗黒郷)なのか。私たちは選挙前にどこまでのことを考え、語ってきたのか。将来のために、記憶を積極的に蓄積することに努めたい。

「もどき」の攻防

まず、忘れそうなところから。TBSが選挙直前に流していた番組PRを覚えているだろうか。「サンデーモーニング」のキャスター関口宏氏、「NEWS23」のキャスター膳場貴子氏、そして両方のコメンテーター岸井成格氏の三人が並び、「(関口)ひょっとしたら予想しなかったことが起こるかも、(岸井)エッ! という、(膳場)仕掛けもありますよねぇ。（三人）うう〜ん、シッ！」。だが、参院選で予想外のことは何も起こらなかった。では、この思わせぶりなスポットは何だったのか。

筆者は、選挙前の自民党とTBSの奇妙なバトルを思い出す。参議院閉幕によって「電気事業法改正案」が廃案になったことについて、「NEWS23」（一三年六月二六日）のゲストが、責任は与党側にあるという趣旨の発言をしたことに安倍首相が激怒、自民党がTBSに抗議した。ところが、TBSからの回答がなかったので、選挙公示日の七月四日付で、自民党はTBSに取材拒否（出入り禁止）を通告した。すわ一大事と思いきや、TBSは選挙報道に支障が出ると考えたのか、あっさり「謝罪もどき」の文書を提出した。自民党は選挙期間中にずっとテレビと縁を切るわけにもいかないと判断したのか、「赦免もどき」の対応で手を打った。奇妙なスポットはそのわだかまりなのか？

〝有害〟な予想合戦

次に、選挙期間中の報道で気になるのは、メディアが実施する世論調査である。自説を展開することが公職選挙法に違反するとでも思っているのか、こぞって競馬の予想のような世論調査でお茶をにごす。メディアによる世論調査が世論操作になっているという自覚はないのだろうか。

去年暮れ、衆議院総選挙に自民・公明が圧勝したあとのNHKスペシャル「どうするニッポン　新政権に問う」（一二年一二月二一日）で、自民党の石破茂幹事長、公明党の山口那津男代表は異口同音に、はじめは自信がなかったが、世論調査が発表されるたびに数字が好転し、それに後押しされて勝利をつかんだと分析していた。当事者でさえ面映ゆいと感じるような世論調査を、マスコミ各社はくり返した。

中でも朝日新聞は、〝新聞の中の新聞〟を自認するかのように、ご丁寧に各社の世論調査結果を一覧表にして掲載した。ほとんどが自民党の圧勝を示唆していた。こうした一覧表を出すことで、有権者に熟慮を促すことになるのか。それとも、変わりようがないというアパシーをもたらすことになるのか。どこまで考えての掲載か、疑問が残る。腹のすわらぬ政治家と及び腰のマスメディアが目立った。

風立ちぬ、いざ……

選挙期間中、ほとんどの既成メディアは「公平中立」を守ることに汲々としていた。メディアは、新聞・テレビ・インターネットという「形」によってメディアなのではない、ということはおわかりだろう。「形」はどうあれ、メディアの本質はあくまでもジャーナリズムである。それは意外なところから気付かされた。

スタジオジブリが新作アニメ『風立ちぬ』の公開前に刊行した小冊子『熱風』の七月号である。タイトルに「憲法改正」をかかげ、自民党の改憲の動きに真正面から待ったをかけたのだ。しかも、『風立ちぬ』の公開日は七月二〇日、参院選投票日の前日、絶妙のタイミングだった。

宮崎駿監督は以下のように書いていた。

「法的には九六条の条項を変えて、その後にどうこうするというのでも成り立つのかもしれないけれど、それは詐欺です。やってはいけないことです。……それなのに今は、ちょっと本音を漏らして大騒ぎを起こすと、うやむやに誤魔化して『いや、そういう意味じゃないんだ』みたいなことを言っている。それを見るにつけ、政府のトップや政党のトップたちの歴史感覚のなさや定見のなさには、呆れるばかりです。考えの足りない人間が憲法なんかいじらないほうがいい」

そう言えば、安倍氏が自説への批判に対して明晰に答えた場面を寡聞にして知らない。討論型熟議政治(話し合いによる政治)がもっとも苦手な政治家なのかもしれない。

「それで国際的な舞台に出してみたら、総スカンを食って慌てて『村山談話を基本的には尊重する』みたいなことを言う、まったく。『基本的に』って何でしょうか。『おまえはそれを全否定してたんじゃないのか?』と思います。きっとアベノミクスも早晩ダメになりますから」。安倍氏が〝唯我独尊〟と〝右《う》顧左眄《こさべん》〟という矛盾する顔を持っていることを宮崎監督は痛烈に批判した。

ジブリアニメは観客動員数においてもマスメディアに匹敵する影響力を持っている。メジャーになれば必ず保守化するこの国で、これは例外的な出来事と言っていいだろう。

東京新聞は、選挙二日前の七月一九日、一面トップと六面でジブリの『熱風』を紹介した。この東京新聞の柔軟性は、真実のためにジャーナリズムがしばしば組織を超えうることを、思い起こさせてくれた。

無力だが無駄ではない

結果からすれば、こうした事前の抵抗はほとんど〝無力〟に近かった。とはいえ、それは〝無駄〟ではなかった。最後の抵抗を押し切った権力は、いったんその正統性を失えば、事前の〝無力の抵抗〟によってあっというまに凋落していくことを歴史が証明している。直面する政治情勢の中で、どのような〝抵抗の記憶〟が蓄積されたかにかかっているのだ。

もう一つ例を挙げよう。台湾北部の第四原発建設に反対する住民運動を描いたドキュメンタリー「こんにちは貢寮」が、三・一一後の日本各地で上映され、静かなブームを呼んでいる。貢寮の第四原発は、設計がアメリカのGE社、日本の日立、東芝、三菱重工の技術が輸出されている。いま、安倍政権が推進する「原発輸出」の原型がここにある。

ここから、日本が原発輸出を急ぐ思考回路を窺うことができる。⑴福島事故後、原発の新規建設は望めない。⑵そこで、円安を背景に、既存の原発技術をどこかに「輸出」したい。⑶そうしておいて、既存の原発は専門家のお墨付きをとりつけて「再稼働」をする。⑷これが、アベノミクスを失速させないエネルギー政策だと言えば、文句が出ない。問題の先送り方程式の完成である。

このドキュメンタリーを見れば、日本の原発輸出が台湾の美しい村と人々の暮らしを破壊したことがすぐわかる。一九九一年、警察と住民の衝突事件で一人の警官が死に、応援に来ていた青年が殺人罪で逮捕された。それから七年後、若いチェ・スーシン監督が貢寮に住みついて、獄中の青年に村のその後を伝える。漁船による海上デモで、日の丸が描かれた原発の模型が炎上する。福島原発を髣髴とさせる映像である。「こんにちは貢寮」は、まさに現在の日本を撃っている。日本のマスメディアはこれを見て、いま安倍政権が円安を追い風に輸出しようとする相手国に、何が起こりうるかを取材すべきではないのか。そこでどんな商談が行われ、住民はそれをどう見ているのか、反対運動は起きていないのか。かつて日本で公害規制が厳しくなったとき、韓国や東南アジアに公害を〝輸出〟する動きを監視する運動があった。市民とメディアが一体となって、現地を丹念に調査し、日本に報告する。無力かもしれないが無駄ではない。これなら、選挙後すぐにでも着手できるはずだ。

安倍語録を記録保存する　安倍政権は構造的な矛盾をかかえたまま、「景気回復」「成長戦略」というニンジンを追い続ける競走馬のようなものだ。その〝異次元〟な走りの先に、何が待っているのか。メディアには、ニンジンと脚質(走行能力)の関係を調査報道する必要がある。すでに、この馬には「馬脚をあらわす」徴候が備わっている。当メディア欄は、あえて順不同で箇条書きする。

(1)安倍政権は、九六条先行改憲を焦ったために、未熟な「自民党憲法改正草案」に人々の目を向けさせてしまった。宮崎監督は「詐欺」と切り捨てた。憲法学者の樋口陽一氏が面白いことを指摘した。「自民党改憲草案」をフランスの雑誌記者に翻訳して聞かせたら、これはまるでヴィシー政府の憲法のようだと呆れられたという。ヴィシー政権は、第二次大戦中、ドイツ占領下の中南部フランス・ヴィシーに「樹立」され、表向き「祖国」「家族」を掲げながら、ユダヤ人をナチの収容所に送っていた腐敗政権だ。安倍政権も「郷土」「愛国」「美しい国」などという空疎な言葉を弄んでいる。

(2)安倍氏は、主権回復の日を唐突に開催し、天皇皇后を臨席させ、「戦後レジーム」(占領政治)からの脱却を叫んだ。来年もまたやるのだろうか。内向きの顔と外向きの顔を区別できない政治家に、バラク・オバマも習近平も朴槿恵も手を焼いている。選挙のためとはいえ、わざわざ沖縄まで飛んで、基地より金の話をぶち上げ、石垣、宮古まで足をのばし、「(尖閣について)私たちは一歩たりとも譲歩する考えはない」と啖呵を切った。誰かが「いっそ尖閣に上陸してみろ」とは言わなかったのだろうか。米中を敵に回しただけで、沖縄の心をつかめなかった。社大党・糸数慶子氏の当選は象徴的だ。

(3)投票日前夜の最後の演説を安倍首相は秋葉原で行った。駅前を埋め尽くした若者たちは手に手に日の丸を握ったまま、安倍首相自身によるアベノミクス理論の講釈を聞いた。「焼き肉屋に行って普段はロースしか食べない人が、ボーナスが増えたら、カルビを一皿食べちゃおうか、ホルモンも食べるし、あるいはタン塩も食べる。そして枝豆も二皿三皿食べるし、そしてまた、ジョッキも二杯三杯と増えて行きます。そうなれば肉屋さんも八百屋さんも酒屋さんも潤って行くじゃありませんか」。ここで拍手がわいた。

安倍氏はこぶしを振り上げ、「私たち自民党は、日本人の命、そして日本の領土と領海を断固として守っていく！　誇りある国をつくっていくためにも、憲法を変えて行こうではありませんか！」と結んだ。そこで若者たちは熱狂的に日の丸を振りまわした。なるほどアベノミクスと憲法改正の関係がよくわかった。筆者の頭の中で、若者たちが酷使されるブラック企業と、首相参拝を待つ八月一五日の靖国神社のショットが一瞬重なった。

(4)七月七日、NHK参院選特集の党首討論で安倍首相は、アベノミクスが米FRBやヨーロッパ中央銀行などに評価されただけではなく、ノーベル経済学賞のジョセフ・スティグリッツ教授(コロンビア大学)などにもほめられたと自慢してみせた。それに対して他の党首たちは何も反論しなかった。

スティグリッツ氏ならずとも、金融緩和でデフレから抜け出し景気回復をはかり、財政再建のために歳出を抑え、歳入を増やすことを否定する経済学者はいない。氏は、かねがねワシントン・コンセンサス(「小さな政府」「規制緩和」「市場原理」「民営化」)が世界に格差社会を広げていると批判する経済学者だ。

今後、安倍政権が財政再建のために大幅な消費税を導入すると言えば、彼は厳しく批判するだろう。アメリカのパブリック・メディア「デモクラシー・ナウ！」に出演したスティグリッツ氏はアメリカを例題として「財政赤字の解消には二つの道しかない。税収を増やすか、歳出を削るかだ。一%に富が集中していれば税収を増やせる場所はここしかない。さいわい手続きは簡単です。収入の二五%が一%に集まるので、彼らの税率をちょっと上げれば巨額の税収が入ります」と語った。このインタビューは福島第一原発事故の直後、二〇一一年四月だったので、こんなことも言っていた。「原子力業界は『リスクは全くない心配ない』と言ったほうが有利だ。金融業界も同じです。……あまりに巨額な危険があるとリスクを過小評価しがちです。とりわけ社会全体がリスクを背負う時はそうです。原子力発電がまさにそれだ。営利事業として決して成り立たない。政府の保証を前提としてのみ存在してきました。つまり私たちの税金で支えられているのです。日本でも同じことをしてきた、その結果がこれです。社会全体が膨大な費用を負担することになる。僅かばかりのエネルギーコストの節約で、日本経済が被った巨大な損失を埋め合わせることはできない。米国でも起こりえます」。かく言うスティグリッツ氏に安倍氏はほめられたと自慢し、それをいさめるメディアもない。

(5)七月九日と一〇日、TBS(NEWS23)とテレビ朝日(報道ステーション)が連続して党首討論を行った。その過程で、政治家安倍晋三の憲法知識の質が見えてきた。九日の議論では、日本国憲法の根幹をなす「基本的人権」が話題になった。自民党憲法改正案が九七条を削除したことに批判が集まると、安倍氏は「これは一一条に吸収させた」と答えた。

翌一〇日の報道ステーションでは、司会の古舘伊知郎氏がTBSでの首相発言に言及して、生活の党の小沢一郎代表に話を向けた。小沢氏は「九七条には基本的人権は永久に信託されているとあり、同時に、それは世界的な近代法の原理であると指摘、自民党案はそれを軽視している」と批判した。すると安倍氏は、自民党案は「国民は、全ての基本的人権を享有する。この憲法が国民に保障する基本的人権は、侵すことのできない永久の権利であると断言しているから一一条で十分だ」と胸を張ってみせた。

これに対して、現行憲法一一条では「国民は、すべての基本的人権の享有を妨げられない。この憲法が国民に保障する基本的人権は、侵すことのできない永久の権利として、現在及び将来の国民に与へられる」とある。これに、九七条で基本的人権の人類史的な意味が付加され、それが日本人に託されていることが確認されている。加えて、基本的人権は、一三条の「幸福追求権」や二五条の「生存権」などで、国家によって積極的に保障されている。

テレ朝の報道ステーションに出演した安倍氏は終始メモを読み上げていたので、本人とブレーンのにわか勉強ぶりが明らかになってしまった。メディア的に言えば、TBSからテレビ朝日へ議論がバトンタッチされて深まっていったわけで、今後、こうしたことはもっと積極的に試みられてもいい。

(6)選挙公示日以降のマスコミの編成は「中立主義」に縛られ、にわかに活気を失う。しかし、そうした選挙シフトをくぐり抜けて放送された番組もある。七月六日、NHKのEテレ特集シリーズ「戦後史証言　日本人は何をめざしてきたのか」は、〝いま地方から日本の現実をみる〟という切り口で沖縄の戦後史を扱った。この流れにとって、沖縄戦、島ぐるみ闘争、普天間基地、オスプレイなどは欠かせない要素である。いま必要なのは歴史を淡々と語ることだという制作者の確信が伝わってきた。ことに伊江島の反基地闘争の中心にいた阿波根昌鴻とその精神を受け継いだ人々の語りは堂々として、この時期、特別の重みをもって視聴者に迫ってきた。そして、一九九五年の、米兵による少女暴行事件の七カ月後、普天間基地の返還が合意された歴史が語られ、それから一七年もの歳月が虚しく流れたと告げられた。ある老人が語った。基地は沖縄人にとってのニンジンだ。それなくして歩けなくなる。沖縄の人の本当の苦しみは本土の人にはわかるまい。六月二三日、慰霊の日に安倍首相は、「私が先頭に立って沖縄の振興を総合的、戦略的に推し進めてまいります」と語り、ニンジンに戦略的と名札をつけた。

(7)この国では、大勝利の後には誰しも「勝って兜の緒を締めよ」と謙遜する習わしがある。しかし、この政権は憲法改正に時間を要すると見るや、さっさと集団的自衛権の行使を可能にするための憲法解釈見直しに取りかかった。中断していた首相の諮問機関「安全保障の法的基盤の再構築に関する懇談会」を始動させると言いだしたのだ。これが安倍政権のやり方だ。首相は、なにかというと日本を取り巻く安全保障上の環境が変わったと言うが、日本の「右傾化」がその大きな要因であると認めたことは、当然のことながら一度もない。このままでは、集団的健忘症と言われてもしかたがない。

原発再稼働に向けて　最後に繰り返すが、安倍政権の矛盾は構造的なものだ。あちこちに〝馬脚〟が見え隠れしている。福島第一原発の地下汚染水の海への漏出について、東電は選挙前の記者会見で報道各社から何度も質問されていたが明確に答えていなかった。ところが参院選の翌日、高濃度のトリチウムが流出していることが発表された。記者が「選挙が終った翌日出てきたのはどういうことでしょうか」と質問すると、東電社員はいやにきっぱりと「まったく関係がございません」と否定した。その二日後、原子力規制委員会も先月から報告を受けていながら自ら進んで調査をしなかったのはなぜかと問われ、田中俊一委員長はいつになく歯切れが悪かった。何かが隠蔽されているのかもしれない。

参院選のツイッター分析によると、原発がダントツに多く、単語レベルでは「脱原発」「再稼働反対」「原発ゼロ」が上位に並んだという。なんという ギャップだろうか。事態は、〝異次元〟などという戯言で済まされないところまで来ているのではないか。

〝八月ジャーナリズム〟の新局面……一〇月号

ある「軍事郵便」　今年も「八月ジャーナリズム」が巡ってきた。終戦(敗戦)の日の八月一五日が近づくと、戦争関連の記事や番組が集中的に発信されるが、時期を過ぎると極端に減っていく現象を皮肉った言葉だ。しかし、戦後も六八年が過ぎ、実感をもって戦争の経験を語り継ぐことのできる人間が少なくなるなか、むしろ、八月ジャーナリズムに期待せざるを得ない、というお寒い社会状況になりつつあるのも事実ではないか。

今年の一連の報道において、注目を集めたのは毎日新聞の〝発掘記事〟だった。

日中戦争さなかの一九三八年三月三日、中支那派遣軍の歩兵中隊が、中国・上海郊外の農村集落を「抗日ゲリラ」の拠点であるとして掃討作戦を実施した。その全容を写した四六枚の写真が見つかったと、八月一四日付の同紙が一面で伝えている。

記事によれば、写真は「部隊の出発風景から集落の家屋に放火する様子、捕虜らの尋問、処刑後に埋められる穴を捕虜自身に掘らせた後に銃剣で突き刺す瞬間など」が写っているのだという。一面にはこのうち、日本兵による家屋の放火、日本兵にとらえられた捕虜、処刑後に埋められる穴を掘る捕虜――の計三枚が掲載されていた。

見つかった四六枚の写真は、四枚の便箋に貼りつけられ、作戦に参加した兵士(故人)が、軍事郵便で内地の家族あてに送ったものだという。社会面には、写真の貼った便箋の写真が掲載されている。一面の三枚の写真説明にはそれぞれ「どんどんつかまえちまえ　そっちへ逃げやあしないか」「銃殺が行はれ初めた。それを見て居る土匪」「自分の這入る穴を一生懸命に掘って居ます」と記してあったという。

掃討作戦が実施されたこの時期は、前年一二月に国民党政府があった南京がすでに陥落していたとはいえ、四月に徐州作戦が始まる直前にあたる。

江南地方は、一応は日本軍の占領下にあったが、なおも抗日ゲリラや一部の国民党軍などの抵抗に遭い、治安は不安定だった。日本軍が占領した地域では残敵・敗残兵の掃討名目で無数の治安戦が展開されたとみられるが、これほど明確に場所と時期が特定できる写真はほとんどなく、きわめて貴重な史料が発見されたということになる。

八月一九日朝刊に続報のかたちで掲載された全面特集記事では、記者が、現場となった中国の銭家草《せんかそう》を訪ね、義父を亡くしたお年寄りの女性ら遺族の証言を紹介している。この作戦が本当に「掃討」目的だったのか。記事はそこまで踏み込んでいないが、そこで紹介されている遺族の証言や、兵士の手紙のなかに「ゲリラの抵抗があった」という記述がないということからは、実際には六〇人にもおよぶ一般住民の大量虐殺だった可能性が高いのではないか、と推測される。

史料をどう扱うか

ところで、この毎日記事について筆者が注目したのは、写真の信用性を証明するために、記者が行ったという「裏付け取材」である。その経緯は、一四日付の社会面記事で詳細に報告されている。この記者は、南京事件(一九三九年一二月)を「まぼろし」だったとし、こうした歴史を修正する、一部の日本国内の声を強く意識したのではないか。八月一五日を前に掃討作戦の真相を伝えることで、歴史修正主義者らからの強い支持をうけ、靖国神社への参拝に意欲を示す安倍政権の歴史認識を問うたともいえるわけで、報道のタイミングを含めて、その姿勢を評価したい。

毎日は、これに先立つ八月七日朝刊一面でも、ビルマとシンガポールの慰安所で働いていた時の様子をつづった朝鮮人男性(故人)の日記が、韓国で見つかったことを伝えている。日記は慰安所の運営が、軍管理のなかで行われていたことを裏付ける内容だった。たとえば、「航空隊所属の慰安所二カ所が兵站管理に委譲された」「兵站の命令で再び慰安婦として金泉館に戻ることになったという」などの記述があったという。慰安婦問題をめぐって、日本では、強制連行の有無の議論に終始しがちだ。この日記は公的な文書ではないとはいえ、慰安所従業員である当事者が記しただけに、信用性が高い。軍が関与していたという、より本質的な慰安婦問題の論点を浮き彫りにしたといえる。

掃討作戦の写真が入っていた軍事郵便は古物市場で、慰安所従業員の日記も古書店にあったものだという。いずれも本人はすでに死亡し、生存中であればおそらく門外不出だったはずのものが、遺族に引き継がれて、市場に流れたとみられる。満州事変から八〇年以上の時間が流れ、当事者が鬼籍に入る時代になった。こうした貴重な史料が同じような経緯をたどって我々の目に触れることは今後もありうるだろう。むしろ、永久封印しようとされていた史料ほど、これから出てくるのかもしれない。だが、遺族が、その史料の価値を知らずに、あるいは意図的に、それらを処分してしまうケースもあるかもしれない。当事者がいないなか、歴史的な記録をどのように精査、裏付けして報じるべきか。毎日による周到な報道は、その手法の一つを示したように思う。

ツイッター上では、上海・復旦大学で歴史学を教える専門家が、掃討作戦の記事について「すべての日本人が侵略の歴史を否定しているわけではない」「日本は産経新聞しかないわけではない。同様に中国も環球時報しかないわけではない」と感想を述べていた。両紙はナショナリズムを刺激する論調が特色だ。日中関係が冷え切った今こそ、こうした記事が必要なのだろう。

「冷静な議論」という配慮

だが、毎日の報道を手放しで評価しているわけではない。これらの記事はいずれも一面トップではなく、「二番手扱い」だった。掃討作戦の関連記事は、社会面ではなく「第二社会面」に載っている。それではこれを上回るニュースがあったのか、と確認すると、八月一四日の一面トップは、改正耐震改修促進法で耐震診断が義務づけられ、その結果が公表されると、老舗旅館が消えるかもしれない、というニュースだった。ちなみに、ビルマでの慰安所についての記事が出た八月七日の一面は、原発関連機器を輸出する際に、立地予定地域の住民に安全性などに関する情報が十分に公開されているかどうかを確かめる「指針」が、作成されていないまま放置されているというものだ。いずれも、掲載日の調整が可能な類の記事ではないか。にもかかわらず、史料的価値の高い歴史記事が一面トップに来なかったのは、むしろ、意図的に「二番手」にした、と見るのが自然だろう。

「掃討作戦」記事が掲載された日の二面で、坂東賢治・編集編成局次長は「編集長のこだわりの五本」の一番にこの記事を挙げている。いわく「戦争は残酷です。写真には正視できない場面も写っています。どう扱うか。編集会議で議論しました。歴史を考える判断材料にしてもらうため、事実を冷静に伝えよ

う と確認しました」。

使い方のニュアンスに違いはあるが、ビルマやシンガポールの「日記」の記事では、リード部分の締めくくりに、「冷静な議論をする上で貴重な資料と言える」とあった。この日の編集長の吉野理佳・編集編成局次長が選んだ「こだわりの五本」の見出しにもやはり「冷静な議論」という言葉を使っている。小川一・編集編成局長は連日、毎日新聞の掲載記事を自分のツイッターで紹介しているが、二つの記事について掲載日に言及していない。このように見てくると、幹部の頭の中には、この種のニュースは批判的な世論を引き起こしかねず、面倒なことに巻き込まれたくないという認識があったのではないか、と勘ぐりたくなる。

掃討作戦の写真には、穴掘りの続きとして、処刑する場面もあったらしい。新聞界は一般に遺体写真を掲載しないことを原則としているが、これは絶対ではないはずだ。同じ毎日新聞の記事でも、たとえば、二〇〇五年八月五日朝刊には、「長崎の爆心地付近で焼死した少年」という説明を付して、全身が焼けた、「正視できない」写真を掲載していた。核兵器廃止に向けた写真として、大きな説得力をもつものだった。また、二〇〇三年七月二五日朝刊には、イラクのフセイン元大統領の長男ウダイ氏と次男クサイ氏の遺体写真を掲載している。さらに、最近では二〇一一年一〇月二一日、朝刊一面で、リビアの最高指導者だったカダフィ大佐の顔が血まみれになった凄惨な写真をカラーで掲載している。遺体写真は他にもあるかもしれない。

こうした報道のあり方を振り返ると、今回に限って、「凄惨な現場」の写真を掲載せず、また記事自体を一面トップ扱いとしなかったのは、日本軍による捕虜、もしくは民間人の処刑という状況(残虐性という表現をしてもいいかもしれない)を、ことさら小さくみせようとしている意図がある、と思われてもやむを得ないのではないか。これらの点に関する、「編集会議での議論」こそ、「編集長」には紹介してほしかった。

戦争のなかの「蛮行」　資料の発掘報道では、NHKがBS1で放送した「プロジェクト112　知られざる米軍化学兵器開発」(八月一三日)も見応えがあった。NHKサイトの番組紹介には「取材チームは、それを解き明かすきっかけとなる機密文書を入手した。文書から、一九六〇年代に、当時のマクナマラ国防長官の指揮のもと、大量のアメリカ軍兵士が参加し、総力をあげてサリンやマスタードなどの毒ガス兵器を開発していく特別なプロジェクトの実態が見えてきた」とある。返還(一九七二年)前の沖縄の米軍基地は、ベトナム戦争を背景に、アジア最大の化学兵器貯蔵庫になっていたという。ここで紹介されている事実の数々は、それ自体が「ニュース」だと感じたが、そういう扱いはされていなかった。人体実験された兵士の映像は、それこそ目を背けたくなる。NHKが地上波のニュースで取り上げなかったのは、毎日同様、「冷静に」との配慮からということになるのかわからないが、こうしたメディア状況が好ましいとは思えない。

広島の被爆問題を描いた『はだしのゲン』(中沢啓治作)が、松江市内の市立小中学校の図書館で、「閉架図書」扱いにされていたことは、様々なメディアで取り上げられた。詳細は繰り返さないが、きっかけは、現在は高知市に住む市民からの、市議会への陳情だったという。不採択になったが、「ありもしない日本軍の蛮行が描かれている」などと指摘をうけ、市教委が指示したらしい。

一九九〇年代半ば以降、歴史教科書から慰安婦問題に関する記述などの削除を求める意見書採択運動が全国の地方議会に広がり、実際に教科書から激減した。「新しい歴史教科書をつくる」運動には、安倍首相も支持してきた経緯がある。報道機関は市教委の閉架措置を批判的に取り上げているが、そもそも「ありもしない蛮行」なのか、その点に踏み込んでいるものは少ない。八月一七日付の朝日新聞朝刊によると、昨年一二月に死去した中沢さんは、生前、「戦争や原爆を食い止めるためには、子どもにも残酷でもその悲惨さを伝えるしかない。ゲンは子ども向けに描写をやわらげたが、実際の残酷さはあんなもんじゃない」と語っていたという。

毎日とNHKには、中沢さんの言葉をかみしめてほしい。いまからでも決して遅くはない。ぜひ、表現を工夫しつつ報じてほしい。

メディアは「暗い日曜日」をどう迎えたか？……一一月号
――二〇二〇年五輪開催都市決定

NHKは、二〇二〇年オリンピック・パラリンピック開催地決定の瞬間を伝えるために、九月七日から八日にかけて「朝まででテレビ」をやってのけた。しかし、東京のプレゼンを延々と流し、ライバル都市イスタンブール、マドリッドのプレゼンはほぼ無視する形で「オール・ジャパン」をテレビ的に演出した。

極端な視野狭窄の中で、安倍首相の「安全宣言」が飛び出した。福島原発の「状況は〝コントロール〟されている」「汚染水の影響は港湾の〇・三平方キロ以内に完全に〝ブロック〟されている」。いろいろ表現上の逃げ道を作ったようだが、この宣言の根に横たわる「大ウソ」は隠しようもない。メディアが首相アピールをリピートするので、これを機に、福島事故が収束するならそれもよかろうという淡い期待を抱いた向きもあるようだが、話はそう簡単ではない。台風、洪水、竜巻、地震などが福島方面を襲うたびに、傷んだ建屋の倒壊、汚染水タンクの破損という悪夢に苛まれる。

筆者はまた、ベルリン・オリンピック(一九三六年)に先だって、米英スペインなどがヒトラーのユダヤ人迫害を理由に開催の返上を求めると、手のひらを返したように人種差別を緩和したナチスのあの便宜的なウソを連想してしまった。さらに、その四年後に予定されていた東京オリンピックが、日本の大陸政策に対する国際的な批判や日中戦争の泥沼化によって返上を余儀なくされた歴史までが頭をよぎった。

安倍氏は開催決定直後の記者会見で、「一五年続いたデフレや縮み志向の経済を、オリンピック開催を起爆剤として払拭していきたい」とぶち上げた。「縮み志向」という言葉は韓国の李《イ》御寧《オリョン》氏のベストセラー『「縮み志向」の日本人』(一九八二年)で有名になった。日本人は、エネルギーを一点に「凝縮」し、一気に「全開」するという気質を持っているという指摘は、今回のオリンピック招致運動にもあてはまる。

一歩間違えば「意志の勝利」などと言いだしかねないこの〝高揚期〟に、メディアはどうあるべきか、オリンピック東京開催が決まるまでの数日間にしぼって考えてみた。

記者会見は可視化されている

九月三日、ＩＯＣ総会の六日前、日本政府は福島原発の汚染水問題には前面に出て取り組むと表明、対策に四七〇億円を計上すると発表した。大方のメディアが、この発表を肯定的に(というより無批判に)伝えた。それにしても、四七〇億円は安すぎないか。オリンピックスタジアムなどの施設建設には約三八〇〇億円が投じられるというが、汚染水の対策費用は、三年かけて生活保護費から削り取る予定の六七〇億円にも満たない。記者会見の場では、素朴な疑問は禁じられているのだろうか。いまどきの会見はユーストリームで流され、全文の文字起こしが出まわる。マスメディアは取材プロセスがただちに明かされる時代に生きていることを覚悟しなければならない。

九月四日、東京招致委員会がブエノスアイレスで行った記者会見は、外国人記者たちにはすこぶる不評だった。竹田恆和理事長は、福島第一原発の汚染水問題について質問されたのに、東京は福島から二五〇キロも離れているなどと、福島のことをないがしろにする回答に終始した。こうした小細工はジャーナリズムの国際基準をクリアできない。こんなとき、原発に詳しいはずの日本人記者たちはなぜ黙っていたのだろうか。彼らは、招致に水をさすような質問を控える〝報道協定〟でも結んでいたのだろうか。日本の記者たちは、もっぱら外国人記者にマイクを向けてお茶を濁した。

五日の午後、この東京招致委員会による会見の様子を受けて汚染水問題について尋ねられた菅内閣官房長官は、政府の安全対策を強調し、「福島県においても年間被曝量は一ミリシーベルトの一〇〇分の一以下であり、わが国の水や食料の安全は完全に確保されている」と述べた。ＮＨＫ七時のニュースは、官房長官のこの発言を字幕つきで伝えている。

この発言が水や食品による「内部被曝線量」に限ったものだとすると、確かに、安全なものだけを摂取した場合にはかなりの程度まで数値を抑えることができる。だが菅官房長官は「年間被曝線量」と言っている。とすれば、「空間線量（外部被曝線量）」も含まなければならないのではないか。福島において年間の空間線量が一ミリシーベルト以上というところは少なくない。菅氏の発言のあと、ネット上で空間線量を念頭に、とんでもない認識だという意見が飛び交った。これを誤解と一蹴することはできないだろう。こんな重要な局面で、いかようにも取れるような言い回しでその場しのぎをし、「一ミリシーベルトの一〇〇分の一以下」というフレーズだけが一人歩きしかねない情報の発信は、慎むべきである。

こうしたミスリードすれすれの会見内容をＮＨＫがスルーで放送したことについて問い合わせたところ、菅官房長官の発言は、飲料水や食品から受ける放射線量について言及したもので、ＮＨＫは適正に伝えたという回答があった。菅氏が間違ったことを言ったわけではないので、それを伝えたまでで、その判断は「適正」であったという意味に取れる。

同じ日の九時のニュースでは、問題の箇所はそっくり落とされていた。これも「適正」な判断だったということなのか。それよりも何よりも、官房長官の会見場にいた記者たちから、もっと厳密な表現をすべきだという声は上がらなかったのか。

オリンピックの陰で……

九月五日、安倍首相はシリア情勢をめぐり緊迫するＧ20首脳会合の夕食会を途中で退席し、ブエノスアイレスに向かった。

翌六日、宮崎駿監督の引退記者会見が行われた。大方のメディアは、引退の理由を体力的な限界説で無難にまとめあげた。宮崎氏は、原発の再稼働に反対し、自民党の九六条改正案や改憲にも厳しい批判をしてきた。メディアにとっては力量が問われる難しい記者会見であった。

ＮＨＫのニュース7は、宮崎監督の発言の重要部分を次のように編集した。

「ジブリを作った時の色々なことを思い出すと、浮かれ騒いでた時代だったと思います。それについて僕はかなり頭にきていました。経済は勝手に賑やかだけど、心の方はどうなんだとか、その後、じたばたしながら『もののけ姫』を作ったりいろいろやってきましたけど、僕の『風立ちぬ』までずるずると下がりながら、これはどこにいくんだろうと」

おおむね無難に編集してあるが、記者会見の書き起こしと対照すると、どこがカットされたのかがわかる。

〈日本人は経済大国、ジャパン・アズ・ナンバーワンとか言われていた。……一九八九年のベルリンの壁崩壊とともに日本のバブルも崩壊した。予想に反してユーゴスラビアで内戦が起こり、作品作りは今までの延長上ではできなくなった。……それから長い下降線に入ったが、失われた一〇年は二〇年になり、この先も続く。……最初のひっかかりが持ちこたえられなくなってドロっていく可能性があるところまできてるんじゃないか〉――筆者には、監督がカタストロフを前にして、これ以上、自分に期待してくれるな、皆で考えようと言い放ったように聞こえた。

しかし、世界的アニメ監督の感動的なフィナーレを演出したいと考えたのか、この編集では、会見の初めの方で語った「子どもたちに『この世は生きるに値するんだ』と伝えるのが、自分たちの仕事の根幹になければいけないと思ってきました」というメッセージで会見をしめくくった。大人のメディアなら、世界の変わり目、日本の変わり目を直視し、一向に先が見えない絶望を語った監督の言葉を、そのまま伝えるべきではなかったか。メディアは、このように「子どもになりすまし」状態でいいのだろうか。

開催地決定の前日、九月七日午後三時五分から、NHK広島放送局が制作した「ドキュメンタリードラマ　基町アパート」が再放送された。中途半端な時間帯だが、ジャーナリズムとしては絶妙のタイミングであった。

まず、ストーリーの概略。東京に住む龍太少年は、母の仕事の関係で二カ月間、広島の祖父のところで過ごすことになった。訪ねた先が爆心地近くに建てられた高層の「基町アパート」である。その一室に中国語しか話さない老人が少年を待っていた。このアパートには被爆者や中国から帰ってきた人々(戦後の中国からの引揚者と残留孤児)が暮らしている。龍太の祖父は日本語を話さない中国残留孤児だった。

龍太の小学校生活が始まる。廊下の展示コーナーで龍太は原爆関連の写真や資料を見る。そのとき彼が手に取ったのが漫画『はだしのゲン』。筆者は、本放送(八月二四日)の前後に話題になったこの作品の閲覧制限のことを念頭に先を見た。

龍太は、ある日、祖父の背中に切り傷があるのを見る。日本敗戦のとき、ソ連軍が迫るなか、母と姉は日本の男たちに殺された。祖父はかすり傷だけで助かった。日中国交回復後、残留孤児として日本に帰ってきた。

この話をたどれば、日本による中国侵略の歴史が見えてくる。ドキュメンタリー部分に、ある被爆者が龍太たちの前で八月六日の体験を話すシーンがある。「殺しつくされた。奪いつくされた。焼き尽くされた」と語った。これは日本軍の中国における三光作戦「殺光、焼光、搶光」を連想させる。原爆(被害)と侵略(加害)がこの番組の底流でつながっている。八月六日の登校日、校長は『はだしのゲン』の作者中沢啓治のメッセージを生徒たちに伝えた。「元　おまえは　麦になれ　きびしい冬に青い芽をだし　ふまれて　ふまれて　つよく大地に　根を張りまっすぐにのびて実をつける　麦になるんじゃ」。『はだしのゲン』の閲覧制限をめぐる大きな論争のさなか、作中の校長の言葉は、番組を超えて意味を持った。まさにこの状況がドキュメンタリードラマであった。

中沢啓治は、原爆投下直後の悲惨をくり返し描写しながら、少年ゲンの成長とともに、この大惨事をもたらしたものの正体に目覚め、その責任を追及していく。松江市教育委員会に閲覧中止を求めてきた人物は、『はだしのゲン』の批判の矛先が天皇におよび、中国や朝鮮で残虐行為を行った日本軍にまでおよんでいることに敏感に反応したのである。

八月二六日、松江市教育委員による臨時会議は、「市教委事務局が（審議を経ずに）学校側に閲覧制限を求めた手続きに不備がある」という意見で全員が一致し、閲覧制限は撤回された。だが、下村博文文部科学大臣は、教育委員会の閉架措置は「問題ない」と述べている。本質的な問題は何も解決していないのに、多くのメディアや一部の識者が、今回の制限撤回を「一歩前進だ」と評価していたのは的外れである。閲覧中止を求めた人たちの考えの背後には、日本の加害責任を追及しすぎると、アメリカの原爆投下はそれへの報復だったという「原爆容認論」につながるとの倒錯した主張が隠されている。暴力的なクレームに簡単に屈してしまう教育関係者の体質もさることながら、メディアや識者の不見識も問題なのだ。

ここから先はあくまで筆者の推察だが、この放送の内容とタイミングをめぐって、NHKの中で何の議論もなかったとは思えない。しかし、こういう形で本放送、再放送が出たのは、担当者のブログを使った広報努力もさることながら、この番組が、実際の被爆者の証言や基町アパートの人たちのエキストラ参加を前提とするドキュメンタリードラマであったことがポイントになったのではないか。

返上の覚悟ありや

この番組の再放送があった九月七日、TBS「報道特集」は、猪瀬直樹東京都知事が現地記者会見で「風評がメディアを覆っている」と開き直る場面を伝えた。これに対し金平茂紀キャスターは、五輪の招致にかかわる人たちにとって汚染水の問題はあたかも阻害要件として受け止められているようだと指摘、「オリンピックと汚染水問題のどちらが優先順位が高い事柄なのか、順番が逆なのではないか、福島の人々を取材してそう思った」と述べた。ようやく、オリンピック・フィーバーに対してまともな批判が出てきた。

安倍首相はどこを向いて政治をしているのか。ひとことで言えば、自民党結党以来の使命として埋め込まれた憲法改正の実現である。政権の維持はそのためであり、アベノミクスもその手段にすぎない。最近は、オリンピックを第四の矢だと言い始め、公共事業の呼び水とし、ナショナリズムへのシンボル操作の手段に使おうとしている。汚染水問題もそのために利用されている。つまり、改憲（その手前の集団的自衛権行使の容認）を目的として、すべてを手段としてしまう。七年前の敗北を絶対に繰り返すまいと、背水の陣で頑張る政治家の勝利への意志ほど怖いものはない。

評論家加藤周一氏は朝日新聞に連載していた『夕陽妄語』で書いていた。「ドン・キホーテに田舎娘を王女と偽って信じこませたサンチョ・パンサは、やがて自分自身の嘘を信じるようになる」(「周雖旧邦」)と。一九三〇年代なら「無敵皇軍」、高度成長期なら「ジャパン・アズ・ナンバーワン」、これら景気のいい言葉を百万遍唱えると、それが本物だと信じるようになる。加藤はこれを「サンチョ・パンサ症候群の普遍性」と言った。いつでも、どこでもそういうことは起こりうる。近頃のそれは、「オール・ジャパン」。

東京開催決定の夜の「ニュースウオッチ9」で、大越健介キャスターが真顔で、いま政治に期待するものとして原発問題が二七%と最上位にあることにふれて、ブエノスアイレスでの首相の安全宣言は「国際公約」になるとまとめた。ならば、これをNHKの「メディア公約」として原発問題に関する監視をゆるめるなと言いたい。そして、今後三年ほどで解決の目途が立たないとか、さらなる破綻があれば、オリンピック開催の「返上」も覚悟すべきである。メディアも大きな責任の一端を背負うことになった。

特定秘密保護法案　現場記者の反応は……一一月号

「記者逮捕」の号外　TBS「報道特集」で九月二一日に放送された特集は見応えがあった。安倍政権は、一〇月一五日召集の臨時国会に、外交や防衛、諜報活動やテロ活動にかかわる重要な情報の漏洩行為を厳罰化する「特定秘密保護法案」の提出を表明している。番組は「秘密保護法案の行方」と題して、勝手な秘密指定の恐れや、知る権利が制約されないかどうかを検証する内容だった。「取材記者　初の逮捕　秘密保全法違反容疑」という大見出しの号外を紹介するところから始まる。この号外は、新聞社で働く記者たちでつくる労組の団体「日本新聞労働組合連合」(新聞労連)が今年六月一日付で発行した。もちろん架空の記事だが、現場記者の強い懸念を伝えるものだ。

一九八〇年代、中曽根政権は最高刑を死刑とする「スパイ防止法案」の制定を目指した。これは広範な国民の反対にあって頓挫したが、今回の法案では、最高刑が一〇年以下の懲役であるものの、防衛分野にとどまらず広範な情報を対象にしているのが特徴の一つだ。防衛分野については二〇〇一年の米同時多発テロ後に自衛隊法が改正、「防衛秘密制度」(最高刑は五年以下の懲役)が先行して創設されたが、新たな制度では「秘密」を入手する行為も、処罰対象に広げている。本稿執筆時点で法案の具体的内容は不明だが、政府が九月三日に公表した「概要」

によれば、漏洩した公務員はいわずもがな、人を欺いたり、脅迫したりするほか、特定秘密を持っている人の管理を害するような行為(特定取得)、またこれらの未遂や共謀、教唆・煽動も処罰に加えた。

九月二三日の読売新聞は、礒崎陽輔・首相補佐官が前日のNHK番組で「合法的な取材である限り、罰せられることはないと思う」「しつこい取材をやったとしても罪にならない、という最高裁判所の判例があるので、我々も踏襲したい」と語ったと伝えている。最高裁の判例とは、一九七八年の西山太吉・元毎日新聞記者に対するいわゆる沖縄密約裁判を指すようだ。曰く「取材対象者の人格を著しく蹂躪した本件取材行為は、正当な取材活動の範囲を逸脱するものである」。

政府は報道界からの反対の声の広がりに対して、「通常の取材は問題ない」と繰り返すが、通常の取材とはどういうことか。かつて自民党政権が国会に提出した表現・報道規制の法案の一つに「人権擁護法案」がある。刑務所や入国管理局といった拘禁施設での収容者に対する公務員の暴力・虐待が国際的に問題視され、第三者機関がこれを救済する制度の導入を求められたことなどを受けて、二〇〇二年に国会提出された(二〇〇三年廃案)。「報道による人権侵害」は、同法案では第三者機関が勧告したり、訴訟を被害者側に立って支援するなどの「特別救済」の対象とされていた。法案は「報道機関又は報道機関の報道若しくはその取材の業務に従事する者がする、私生活に関する事実をみだりに報道し、その者の名誉又は生活の平穏を著しく害するなどの人権侵害」とは、「取材するに当たり、その者が取材を拒んでいるにもかかわらず、その者に対し、次のいずれかの該当する行為を継続的に又は反復して行い、その者の生活の平穏を著しく害すること」とし、具体的には、(1)つきまとい、待ち伏せ、進路に立ちふさがり、住居、勤務先、学校、その他通常所在する場所の付近において見張りをし、又はこれらの場所に押しかけること、(2)電話をかけ、又はファクシミリ装置を用いて送信すること――を規制対象として明記している。この法案を提出した際も、自民党政府は、先の最高裁判決を示しながら、これら(1)(2)は既に違法な行為とされていると説明していた。当時、報道界は法案に強く反対した。これらは報道側から見れば、「通常の取材」であるからだ。いわば政府の見解と真っ向から対立していた。過去にはこうした政府解釈があることも、思い出しておく必要がある。

特定秘密保護法案概要の「人を欺く」というのもくせ者だ。役所や団体内の不正取材では、組織内に内部告発者ら協力者をつくり、そこから情報を入手するのが基本だ。しかし、都合が悪くなると病院に逃げ込むような政治家の取材では、別の取材目的を告げたり、身分を偽って接触を試みることもあるだろう。英国ではこうした「偽装取材」は定着し、記者倫理に反しているとは考えられていないという。官僚や政治家にとっては、格好のメディア規制条項として機能するだろう。

反対の日経、賛成の読売

政府が法案の概要を公表した後に出た新聞各紙の社説をみてみよう。朝日、毎日、東京の三紙は、同法案に反対だ。だが、安全保障が絡むテーマでは政府に協調的な読売・産経グループにいつもは分類されるはずの日経の社説(九月七日)「疑問点があまりに多い秘密保護法案」は秀逸だった。現行法での対応を求めるのは当然だが、特に「秘密の指定が妥当かどうか、事後的にでも検証できる仕組みが必要ではないか。一定期間が過ぎれば開示したり、個別の指定に対する異議や不服を受け付けて裁定する機関をつくったりすることも検討すべき」との指摘は、本質的な制度上の問題点を突いている。これに対して、読売新聞の九月六日の社説「秘密保護法案　報道の自由への配慮が必要だ」はいただけない。内容はほぼ賛成論に近い。社説子の力量の差を示している。

「特定秘密」に関する文書は、秘密指定期間中は情報公開法に基づいて開示請求したところで、開示決定は期待できない。そもそも外交や防衛、公共の安全情報は不開示とできるからだ。法案のたたき台となった、民主党政権下で設けられた有識者による報告書「秘密保全のための法制の在り方について」(二〇一一年八月)では、「特別(特定)秘密は(情報公開法の)不開示情報に含まれる。国民の知る権利を侵害しない」との立場だ。礒崎補佐官は、成立させたい一心なのか、同じNHK番組で「国の情報公開審査会で『秘密指定がおかしい』と言われ、それが正当なら指定は解除される」と述べたそうだ。

イラク戦争後、自衛隊の現地派遣に反対する市民活動を監視し、情報収集の内容を記録していた陸上自衛隊情報保全隊作成の文書が二〇〇七年に明らかになった。市民らが国を相手に損害賠償訴訟を起こし、仙台地裁は一二年三月、情報保全隊による文書の作成を認定したが、政府はいまだに認めていない。特定秘密保護法案策定の直接のきっかけになったのは、警視庁公安部作成の国際テロ対策に関する資料流出(二〇一〇年)である。警視庁は流出後に「警察職員が取り扱った蓋然性が高い」との認識を示したが、公安部による監視の対象となった、在日のイスラム教徒が東京地裁で起こした損害賠償訴訟では、一転して認否を拒否している。沖縄返還の「密約」事件では、米国公文書館が日米両政府の担当者が交わした文書を開示しているにもかかわらず、日本政府はいまだに否定を続けている。

礒崎補佐官は、まず政府としてこれらを認めた上で、発言すべきでないか。現実の「秘密」の運用を知らないとすれば、そもそも法案作成をする資格さえない。

礒崎補佐官のまやかし

メディア総合研究所(砂川浩慶所長)は法案に反対する意見の中で「公文書管理法の適用を明記していない」点を指摘した。同法は重要な政策など意思決定過程に関する文書の作成を政府に求め、最終的には国立公文書館への文書移管を定め、廃棄にも首相の同意を要する点が特徴だ。特定秘密保護法案がモデルとする防衛秘密制度は、公文書管理法の適用対象外だという。防衛秘密は保存期間が満了すると、廃棄されることになっている。政府は法案に満了後の文書の取扱規定は盛り込まない方針で、防衛秘密と同様に廃棄される扱いになりかねない(九月二三日「毎日新聞」)。政府が「特定秘密はいずれ廃棄される」と高をくくっているとすれば、国民をばかにした話だ。礒崎補佐官のテレビでの発言をそのまま報じる政治部記者もいかがなものか。

法治国家であれば、合法なら当然、処罰の対象にならない。むしろ形式的には違法であっても、民主主義の原理に照らして、どこまで違法性が阻却されるかが論点の一つであるはずだ(そもそも不要なのは当然だが)。礒崎補佐官の発言は、明らかに論点そらしだ。知る権利や報道の自由に配慮する規定を設けるという与党の方針を問題が解消されたかのように大きく報じるのもどうか。憲法上、政府に求められることをなぞるに過ぎない。

あえて評価できるとすれば、内部告発や取材協力、そして取材や研究活動を適用除外とした時くらいだろう。政府が九月二六日に自民党に示した原案に「知る権利」は明記されなかった、という。

特定秘密保護法案の本格審議に入る前から、政府・与党の譲歩姿勢を歓迎するかのような報道は、国民の知る権利に奉仕するという役割を果たす気があるのか、メディアの本気度を疑わせる。冒頭に取り上げた新聞労連の号外を、加盟労組の朝日労組は「秘密保全法のビラ(機関紙号外)はパロディに過ぎるのではないか、という批判があり、そのまま労連に送り返した」という(機関紙「新聞労連」八月一日号)。

国民の知る権利を守るための報道を期待したい。

秘密保護法案と軽減税率問題——新聞経営者の関心は……………一一月号

成立報道は疑問だ　一〇月二二日午後六時過ぎ。首相官邸前には四〇〇人もの市民らが集まり、特定秘密保護法案に反対するアピールを行った。「秘密を守って民を守らず」「都合の悪いことを秘密にするな」——そう書かれたプラカードに交じり、「秘密保護法　戦争への第一歩」という言葉もあった。

秘密保護法案は、政府が重要な情報を漏洩から守るというだけではなく、集団的自衛権の行使を認めようとする安倍政権下にあって、米国との間で軍事情報の共有化を一層進めるための「戦争法制」の整備の一環であると、政府の狙いに対する危機感に包まれていた。奇しくもこの日、朝日新聞は夕刊一面に

「秘密保護法、成立の公算」との四段見出しの記事を掲載。同日、自民、公明両党で法案を了承する党内手続きが終了し、衆院でも法案を審議する特別委員会委員長に自民党の額賀福志郎・元防衛庁長官を選出したことなどから、一二月六日までの短い臨時国会であっても、成立の条件が整ったと判断したわけだ。

公明党が法整備の必要性を認めたことで産経新聞が一一日に早々に法案の成立を報じたのに続き、読売新聞も一八日朝刊一面で「秘密保護法成立の公算」との四段見出しの記事を掲載するなど、既に政局の流れははっきりしているのかもしれない。

しかし、両紙とは異なり、朝日は曲がりなりにも今年九月に政府が秘密保護法案の概要を発表し、国民に意見を募って以降、その問題点を指摘し続けてきた。新聞の存立基盤さえ破壊しかねない法案に対して、「成立報道」には抑制的であるべきではなかったか。

一方、先述した官邸前のアピールは、一〇月二五日の閣議決定を前に行われた、初めての大規模な街頭行動だった。しかし、翌二三日の朝日朝刊は、第三社会面のミニニュースで取り上げただけだった。「ミニニュース」扱いは世論を反映したのかもしれない。しかし、少数意見をすくい上げることこそ本来、新聞の得意とするところであったはずだ。ちなみに朝日と同じく法案に反対の立場にある毎日新聞も、第二社会面のミニニュース。東京新聞だけが第二社会面のトップ級の扱いで、写真も掲載していた。世論が変われば、与党が拙速な審議に慎重な姿勢に転じる可能性だってあるのだ。

秘密保護法案の成立報道に走り、反対する市民の声の扱いをあまりに小さくする報道にはがっかりである。

新聞経営者の関心は軽減税率

政府と与党の間で特定秘密保護法案の調整が大詰めを迎えていた一〇月一六日、鹿児島市で新聞大会が開かれた。日本新聞協会の加盟各社のトップが集まる同大会は、その時々の問題が通常はテーマとして取り上げられる。今年のテーマは「消費税八％を乗り越える新聞経営――協調と競争」。

新聞協会は、秘密保護法案については大会に先立ち、一〇月二日付で「意見書」を発表している。「政府や行政機関の運用次第で、憲法が保障する取材・報道の自由が制約されかねない」と指摘したうえで、「民主主義の根幹である『国民の知る権利』が損なわれる恐れがある。その点に関して強い危惧を表明する」とするものだ。だが、注意深く読むと、この意見書には「法案反対」の言葉がない。

法案は民主党政権だった一〇年九月に、沖縄・尖閣諸島沖で起きた中国漁船衝突映像がインターネット上に流出したことを受けて、仙谷由人官房長官が設置を指示した「有識者」会議の報告書(二〇一一年八月)がたたき台になっている。これを受けた新聞協会の意見書(同年一一月)には、「『国民の知る権利』や取材・報道の自由を阻害しかねない問題点が多い法制の整備には強く反対する」とあった。問題点が多くない法整備には反対しない、と読めなくもないものだが、少なくとも、「反対」の文字はあった。これが今回はなかったのだ。むしろ、「取材・報道の自由は侵害しないとの明文規定を盛り込むべきだ」と注文さえしている(これは、実際に閣議決定された法案に、「国民の知る権利の保障に資する報道又は取材の自由に十分配慮しなければならない」「出版又は報道の業務に従事する者の取材行為については、専ら公益を図る目的を有し、かつ、法令違反または著しく不当な方法によるものとは認めない限りは、これを正当な業務による行為とするものとする」――という表現で盛り込まれた)。

新聞大会が開かれた時期は、既にこの条文が盛り込まれる方向性になっていたからなのか。新聞協会の白石興二郎会長(読売新聞グループ本社社長・読売新聞東京本社社長)のあいさつは、来年四月に八%への引き上げが決まった消費増税に絡む新聞の軽減税率問題が大半を占め、秘密保護法案には触れていない。新聞大会決議も同様だ。軽減税率をめぐっては特別決議まで採択している。冒頭に紹介した首相官邸前での行動では、日本新聞労働組合連合(新聞労連)関係者が、新聞界が本気で反対しているように思えない、軽減税率を求めて遠慮しているのではないか、とする説を唱えていた。反対姿勢を明確にしている新聞がある以上、一括りにした大雑把な議論は新聞人としてどうかと思うが、法案をめぐる一連の新聞経営者の薄い危機感は、何のために新聞を発行しているのか、疑問を感じさせるのに十分ではある。

足並みそろわぬ新聞の社論

一〇月二五日の国会提出を受けて出した朝日の二六日社説「特定秘密保護　この法案に反対する」で、ほぼ全国紙の法案への姿勢が出そろった。毎日社説は「特定秘密保護　この法案には反対だ」(二一日)ともっと早く「反対」を表明し、日経も「秘密保護法案はさらに見直しが必要だ」(二〇日)と、政府案に異議を唱えた。報道機関として、当然の主張であると思う。

一方、読売の二四日社説の見出しは「秘密保護法案　国会はどう機密を共有するか」。法案への危惧は指摘するものの、見直しまでは踏み込まず、「日本の平和と国民の安全を守るためには、米国など同盟国とテロや軍事関連の情報共有を進めることが欠かせない……漏えいを防ぐ法律が必要なゆえんである」と説くほどだ。新聞協会が「意見書」を出したすぐ後の六日朝刊に、葛西敬之・JR東海会長の「対テロ・安保協力に有益」「国際標準の法整備急げ」とする寄稿を一・二面で載せるのだから本音は賛成なのだろう。産経に至っては「秘密保護法案報道の自由踏まえ成立を」(二二日)との見出しで、「制度の運用にあたって政府には……十分な配慮を強く求めたい」と早くも運用面での注文に移っている。

一九八五年に自民党が国会提出した国家秘密(スパイ防止)法案に対して、新聞協会は同年一一月に「表現の自由を侵す恐れが強い。この法案の立法化には強く反対する」との見解を発表した。同じ月、朝日、毎日は社説で自民党に撤回を求めた。読売社説は見当たらなかったが、結局、当時の自民党は立法化をあきらめざるを得なかった。新聞協会は、法案が国会提出されたいまこそ、「強く反対する」と訴えるべきだ。当時の会長も同じ読売新聞の小林與三次社長である。二四日の読売社説は、「漏えいを防ぐ法律が必要なゆえん」として、米国など「同盟国との信頼関係」を挙げているが、折しも米国に、ドイツをはじめ同盟国指導者の携帯電話盗聴疑惑が浮上している。情報を共有するに値する国なのか、冷静に見極める必要があるだろう。白石会長には、自社の社論を超えたリーダーシップを求めたい。

2014年

集合したイスラム国の部隊(公開されたビデオ映像から)
提供：AFP＝時事

3月18日　中台サービス貿易協定に反対する学生が台湾立法院を占拠(ひまわり学生運動).

3月27日　1966年の袴田事件について静岡地裁は再審開始を認め，袴田巌さんが即日釈放される.

6月29日　イスラム国(IS/ISIL)がカリフ制イスラム国家の樹立を宣言.

7月1日　安倍内閣が集団的自衛権の行使を認める憲法解釈を閣議決定.

12月14日　第47回衆議院総選挙で与党の自民・公明両党が326議席を獲得.

安倍政権の〝積極的秘密主義〟

一月号

特定秘密保護法案が、一一月二六日、みんなの党、日本維新の会などとの修正協議をへて、審議開始からわずか二週間ほどで強行採決された。「修正協議」といえば聞こえはいいが、与党自民・公明は野党側の〝ガス抜き〟のために採決をほんの数日延ばしてみせただけだ。密室談合のあいだ、高村正彦・自民党副総裁は、野党が真剣かつ柔軟に修正を求めれば、こちらも真剣かつ柔軟に協議すると気の抜けたコメントを出すばかり。両野党の議員たちは、協議室を何度も出入りして抵抗のそぶりを見せたあと、字句のすり替えであっさり修正案を了承。その間、国家安全保障に関する特別委員会の与党席は空席だらけ。このように野党がわれ先に体制にすり寄る姿を形容するのに、戦中の「大政翼賛」以外に言葉が浮かんでこない。

NHK「ニュースウオッチ9」(一一月二〇日)は、この事態に対して「与野党の修正協議　ヤマ場」などと他人ごとのような報道に終始した。いったいこのニュースはなにをウオッチしているのだろうか。いまジャーナリズムがなすべきことは、取材源に近い存在として、一連の法案(「国家安全保障会議設置法案」「国家安全保障基本法案」、そして「特定秘密保護法案」など)が、安倍内閣の宿願である憲法改正を目指して着々と進められていることを系統的に伝えることだ。

そこで、「治安維持法」の再来とまで言われる「特定秘密保護法案」に対して、「知る権利」の当事者でもあるメディアは何ができたのか。今後、問われるのは、阻止できなかったことより、悪法を悪法としてどこまで白日のもとにさらすことができたか、その取材力と言論力だ。

「他者」なき法案

「特定秘密保護法案」というからには特定される「秘密」があるはずだが、それがどんな秘密かは秘密だという。そして、驚くことに法案中に「その他」という表現が三三カ所もある(初めは三六カ所あった)。

繰り返すが、この社会は戦前の治安維持法のような時限爆弾を抱え込むことになった。時限爆弾とは、深く静かに潜行し、機を見て突然姿を現し炸裂する爆弾のことだ。だからはじめは濫用する必要はない。時が来れば、ごく普通に使用できるようになるからだ。修正協議などは、時限爆弾を作るための時間稼ぎにすぎなかった。だからこそ、この法律の根本的な危険性を再確認しておくことに意味がある。

あらためて第一章の「目的」を読むと、この法律は「国際情勢の複雑化に伴い我が国及び国民の安全の確保に係る情報の重要性が増大するとともに、高度情報通信ネットワーク社会の発展に伴いその漏えいの危険性が懸念される中で」、特に秘匿する必要がある情報を特定することで、「我が国及び国民の安全の確保に資する」とある。ここでは「国際情勢の複雑化」は、あたかも所与の条件(余所ごと)のように語られているが、日本こそが東アジア情勢の緊張を高めている当事者であることがすっかり忘れられている。

修正協議はもっぱら秘密の指定や公開を行う第三者機関の設置をめぐって行われたようだが、そもそも国家機密と国民のあいだを取り持つ第三者など存在するわけもない。まして、それが首相とは、いかなる頭からひねり出した理屈なのか。

自民党の町村信孝「インテリジェンス・秘密保全等検討プロジェクト・チーム」座長は、特別委員会(一一月八日)の中で、知る権利のために、個人の生存や国家の存立が侵されてはならないと発言した。国民が「知る権利」を行使し、秘密が明らかになれば「個人の生存」と「国家の存立」が脅かされる。つまり、外国人に国家の秘密を漏らせば、お前の命だけでなく国家の命運までも危うくするという恫喝だ。彼ははじめから非常事態(戦争状態)を前提に発言していた。

この法案は、先述の「国家安全保障会議設置法案」と「国家安全保障基本法案」とセットになっている。後者の第一〇条(国連憲章に定められた自衛権の行使)には、日本が自衛権を行使するのは「我が国、あるいは我が国と密接な関係にある他国に対する、外部からの武力攻撃が発生した事態であること」と規定されている。日米の集団的自衛権の行使が想定されているのだ。同様のことが、自民党が二〇一二年四月に決定した「日本国憲法改正草案」にある。「国際社会の平和と安全を確保するために国際的に協調して行われる活動及び公の秩序を維持し、又は国民の生命若しくは自由を守るための活動を行うことができる」。

そして、今回の「特定秘密保護法案」の議論の全般に、自民党憲法改正草案の中の文言が随所に忍び込ませてある。たとえば、現行憲法の第三章「国民の権利及び義務」において、憲法上の諸権利には、「公共の福祉に反しない限り」という緩やかな条件がつけられているが、自民党憲法改正草案には「公益及び公の秩序」という強い文言が随所に配置され、憲法の外側に国民の権利を制約する領域が拡大している。ただちに憲法改正ができないと見た安倍政権は、まさに現憲法の外堀を埋めるべく「国家安全保障会議設置法」「国家安全保障基本法」、そして「特定秘密保護法」の制定を急いでいる。

立ちあがったキャスターたち

一一月七日、テレビ朝日「報道ステーション」の恵村順一郎コメンテーターが、この法案は「社会を不安にさせ、民主主義を揺るがす悪法」と断じ、廃案を提案した。これに対して翌八日、礒崎陽輔首相補佐官は

「明らかに放送法に規定する中立義務違反」とツイッターで呟き、ネット上では恵村バッシングが起こった。

政治家は、放送局に文句をつけるときには必ず放送法の「中立」規定違反を持ちだす。放送が許認可事業である点を突くのだ。安倍首相も官房副長官時代の二〇〇一年一月、NHKの旧日本軍従軍慰安婦に関する放送に対し、事前に「公正中立に放送するように」と注文をつけてNHK幹部を震え上がらせ、結果として、番組を大幅に改変させた前歴がある。ここでは詳述しないが、このたびのNHK経営委員会へのお友だち人事は、「中立原則」をかざした間接統治から、露骨な直接統治への大転換を意味する。「特定秘密保護法案」のチェック機能を首相が総攬するという発想の延長線上に、今度は安倍イデオロギー＝「中立」という妖怪が公共メディアの中を闊歩し始めるのだ。われわれは、内部に言論の自由がない言論機関をどうして信じることができようか。

修正協議が進行する中で、報道ステーションは電話による世論調査の結果、「もっと時間をかけて審議すべき」が七四％に上ったことを紹介し、事実上の反対の意思表明を続けた。

続いて、テレビキャスターなど八人が代表となって、法案への反対を表明した(一一月一一日)。午後七時のNHK「ニュース7」は、その集会の模様を伝えた。この中にNHKのキャスターの姿はなかった。

これまでの自民党政権なら、数の過信が命取りになることを知って自制してきた。しかし、安倍政権にはそれがまったくない。この上は、オリンピック誘致やアベノミクスの神通力が衰えないうちに、二〇一四年春の八％消費増税を実現し、長期安定政権を目指し、やおら憲法改正の大悲願を達成してしまおうというシナリオだ。思うに、安倍氏は立憲主義のなんたるかを学ぶ機会を逸し、民主主義の原則は「少数意見の尊重である」と教える家庭教師に恵まれなかったのだろう。

なぜかくも面妖な政治がまかり通るようになったのか。だが、メディアはこうした〝腐蝕の構造〟を嘆き、常軌を逸した指導者が人気に溺れて暴走していると論評しているだけでいいものか。そうした単純な批判は、むしろ有害だと『自発的隷従論』(エティエンヌ・ド・ラ・ボエシ)は教えてくれる。「ただ一人の圧政者には、立ち向かう必要はなく、うち負かす必要もない。国民が隷従に合意しないかぎり、その者はみずから破滅するのだ」。つまり、市民は自発的に隷従する己を省みて、その悪習を改めればいいというのだ。

法案決議の直前まで、インターネットを通じて市民や識者レベルで反対声明と署名の拡散が盛んに行われた。その前駆的な運動である「九条の会(二〇〇四年〜)」「首都圏反原発連合(二〇一一年〜)」「九六条の会(二〇一三年〜)」などは、この一〇年、自分たちが対峙する相手の正体、手口を見定めてきた。その相手は歴史や国際政治の現実を直視できない、実にひ弱なお友だち集団であることもわかってきた。いまの為政者たちがもっとも恐れるのは市民的不服従(自発的隷従からの解放)なのである。

アベノミクスの賞味期限

それにしても、安倍政権はなぜこの法案を急ぐのか。

このところ「アベノミクス」という言葉のメディア露出度が激減している。半年前(二〇一三年六月)をピークに以後急落し、一一月に入ってめっきり減った。この政権は「九六条」改憲策動に批判が集中すると、その手法をさっと引っ込める広告代理店的な機敏さを特徴としている。アベノミクスの先行き不安が政権内部にくすぶりはじめているのかもしれない。

ちなみに、二〇一三年の「新語・流行語大賞」にノミネートされた五〇の言葉の中に、安倍政権にかかわるものが一〇個も入っていた。「NSC」「アベノミクス」「三本の矢」「集団的自衛権」「特定秘密」「汚染水」「ナチスの手口に学んだら」「アホノミクス」「お・も・て・な・し」「コントロールされている」など。だが、こんなキャッチコピー的な政治を笑っていてもはじまらない。

こうした政治情勢の中、日本記者クラブに招かれた小泉純一郎元首相が、安倍晋三現首相の「原発再稼働」政策に反対して「原発ゼロ」をぶち上げた。メディアはこれをこぞって取り上げた。しかし、小泉氏は「脱原発」の新たな政治活動をするつもりはないと断言し、安倍氏も目立った反論をしなかった。数字だけ見れば、安倍首相の支持率は六〇%、「原発ゼロ」の小泉発言も六〇%の支持を得た。単純な比較はできないが、これは、「放射能はいらない、だが、アベノミクス効果で金も欲しい」という正直な国民感情を反映したものと考えられる。これをどう見るか。

うがった見方をすれば、小泉元首相は自民党が長期政権を維持するためには安倍氏にもう少し賢く権力を行使せよと警告したのかもしれない。世論の動向に少し敏感であれば、「原発再稼働」を強弁することが得策でないことくらいわかるはずだ。すぐに終息できそうもない原発事故の現実を安倍氏一代で一身に引き受けるよりも、さっさと「原発即時ゼロ」に舵を切ったほうが楽になるのではないか。それが小泉氏の真意だったかもしれない。

現首相は民主主義のイロハを無視し、ただ数の論理を信奉する独断型の政治家。それに対し、元首相は現役時代、世論を味方に権力を使いこなした劇場型の政治家——彼らはともに違法に権力を握ったわけではない。しばしば法螺や嘘が混ざっていたとしても、愚かさも、強引さも自説に盛り込んだアピールで首相の座についたのだ。

国民は原発、安全保障、憲法という国論を分ける大きな問題を、「熟議なき採決」という政治慣習のなかで選択を迫られている。しかも、「同じ根」を持つ者の二者択一という不条理にも直面している。

思い起こせば、小泉氏の後任として首相の座についた安倍氏は、在任中に教育基本法を変え、国民投票法を成立させた。やがて病気のために政権の座を退いた。これで極右勢力の暴走に歯止めがかかったと思ったか、多くの市民は民主党支持にまわった。このときなにかが忘れられた。かつて小泉首相の「聖域なき構造改革」に同意し、安倍首相の「美しい国」幻想を支えてしまった、ということだ。その危うい構造はいまも変わっていない。それどころか秘密に包まれた警察国家の誕生で、憲法を扼殺しようと企てる第二次安倍政権の統治下にある。これから市民が自発的隷従から解放されていくためにも、小泉氏を招いた日本記者クラブとそこに連なるメディア、ジャーナリズムの責任は重い。

揃わなかったメディアの足並み——秘密保護法報道……二月号

「懸念」にとどまった声明

「知る権利」への制約が懸念される特定秘密保護法（二〇一三年一二月六日成立、同一三日公布）をめぐる新聞やテレビの報道に関して、読売とNHKの姿勢を疑問視する声が相次いだ。メディア総合研究所（所長、砂川浩慶・立教大学准教授）が法案審議中の一一月一八日に報道各社に出した要請書は、「国民が自らの問題としてこの法案を考えるためには、質・量とも十分な情報によって理解を深めることが欠かせない。そのためにも、さらなる報道の充実が必要となる」と問題提起した。

同要請書は、マスメディアの報道について「新聞においては、朝日新聞、毎日新聞、東京新聞、共同通信や各地方紙などが積極的な報道を展開している。テレビにおいてもテレビ朝日、TBSなどがニュース番組やコーナー企画を充実させている」と評価する一方で、「最大の発行部数を誇る読売新聞、公共放送であるNHKでは十分な報道が行われているとはいいがたい」と名指しで批判した。NHKでは「安倍首相に近い人物が経営委員に指名され、年明けに任期を迎える会長人選にも安倍首相の影響が及ぶことが懸念されており、そのことが特定秘密保護法案をあまり報じないこととつなげて考えられている」とも言及した。

しかし、残念ながら両社の姿勢は最後まで改まらなかったのではないか。日本新聞協会や日本民間放送連盟といった業界団体が出した声明は、結局、同法への懸念にとどまり、反対まで踏み込めなかった。加盟各社の報道姿勢の違いが背景にあるのだろう。

少数者の横暴？

読売新聞東京本社ビル（東京・大手町）が

竣工し、記念式典が行われた一一月二八日。既に法案は衆院を通過(二六日)し、参院での審議が始まっていた。新聞業界紙によると、式典に出席した安倍晋三首相は法案に触れ、「(取材活動を)委縮させるということを言う人がいる。この場には多数のマスコミ関係者がいるが、この中に萎縮するような人は一人もいないと思う。のびのびと取材をしていただきたい」と挨拶した。これに対して、渡邉恒雄・読売新聞グループ本社会長・主筆は「安倍総理から我々に対する教訓も含めてお話しいただいた」と述べたという。この教訓が何を指したのかは定かではない。しかし、読売新聞が秘密保護法の制定を歓迎していたことは、成立した翌七日の社説「国家安保戦略の深化につなげよ」は、疑念招かぬよう適切な運用を」の、「日本にもようやく米英など他の先進国並みの機密保全法制が整った」との書き出しからも分かる。

渡邉会長の出身部である政治部の松永宏朗次長による一二月六日朝刊の署名記事「民主主義　誰が『破壊』?　多数決の否定はおかしい」は、いかにも「読売らしさ」が出ていた。次長という肩書きは、いわゆるデスクで現場の記者を束ねる司令塔役だ。「国会の混乱について憲法と民主主義の観点から考えてみたい」とある。国会では前日の五日に、参院国家安全保障特別委員会での強行採決があった。委員長席には与野党議員が駆け寄り、野党は採決を阻止しようとし、陸上自衛隊出身の佐藤正久委員(自民)は中川雅治委員長の脇で、与党議員に賛成の起立を指示するなど委員会は混乱した。議事録の速報はこの強行採決の様子を次のように記録している。

○委員長(中川雅治君)

石井浩郎君(発言する者多し)

○石井浩郎君

……(発言する者多く、議場騒然　聴取不能)

○委員長(中川雅治君)

……(発言する者多く、議場騒然　聴取不能)

(委員長退席)

中川委員長が許可し、石井氏の緊急動議で採決に運ぶ段取りができていたのだろうが、これでは傍聴していた人でも何が起きたのか全くわからなかったのではないだろうか。

松永次長は、法案内容については与党と日本維新の会、みんなの党を合わせると衆参それぞれで三分の二以上の議員が賛成しているとし、「法案について『民主主義の破壊』などと批判を浴びせる人たちがいる。三分の一以下の少数者の言うとおりにせよ、というのは『憲法の規定を無視せよ』というに等しい。最後は採決で決めるのは民主主義のルールだ。それまでもだめだというのは、少数者の横暴でしかない」と書いた。審議を打ち切り、強行採決に踏み切った与党の乱暴な国会運営を批判しようとしたのではなかった。安倍首相は、秘密保護法を選挙公約に掲げていなかっただけでなく、三回にわたる施政方針、所信表明演説でも言及していないうえ、「一票の格差」の視点から最高裁は衆院を違憲状態とし、参院も違憲状態、違憲・無効だとの高裁判決が出ている。松永次長が言う「国民の代表者」としての資格が疑われているのだ。新聞が指摘すべきは少数派の横暴ではなく、多数派の横暴であろう。

ところで、読売新聞(東京本社版)の社会面にどのくらい関連記事が掲載されたのか、衆院で審議入りした翌日の一一月八日から一二月七日までを調べたところ、まとまった記事は一一月二七日朝刊、一二月六日朝刊、七日朝刊だけだった。七日の第二社会面には藤田和之社会部長の論文「『知る権利』に応え続ける」が掲載されていた。ここで藤田部長が指摘した懸念には同意するが、その部長としての問題意識を感じさせる紙面づくりではなかった。政治部が法案をめぐる政局報道に傾きがちな中で、社会面では、読者にとって身近な問題に引き寄せて、藤田部長自身が感じた法案の問題点を浮き彫りにする記事を出すべきではなかったか。

民主主義社会において新聞が担う役割とは、公権力の行使の監視だ。「民主主義　誰が『破壊』?」とつけられた松永次長の記事の見出しは、読売自身に向けられてはいまいか。

折れたマイクスタンド

政局報道ばかりが目立ったのは読売だけではない。NHKも同じだ。看板番組の「ニュースウオッチ9」(月〜金曜日・午後九時)は、その典型例だろう。与野党の修正協議、国会での論戦や与野党の駆け引きを中心にしたニュースは、秘密保護法が抱える課題を、国会議員自身が問題視できる狭い範囲に閉じ込めてしまうという問題点がある。政局報道からは拾えない独自の視点の提示や、市民社会にどういう影響がありうるのかといった、深刻な課題は浮かび上がらない。

一一月一九日の識者のインタビューも、賛成の立場の長谷部恭男・東京大教授と、反対する田島泰彦・上智大教授の二人の学者の意見を流す両論併記型。NHKらしいと言えばそれまでだが、特に長谷部教授は、民主党の菅直人政権が設けた有識者会議のメンバーの一人として、特定秘密保護法のたたき台となった「報告書」の作成にかかわった。同一三日の衆院国家安全保障特別委員会では与党推薦の参考人として意見を述べた。問題点の一つと指摘される、行政機関の長による恣意的な指定の恐れについても、長谷部氏は「具体的状況に応じて行政機関の長が的確、合理的に判断をしていかざるを得ない」と政府任せを容認し、第三者機関の設置も「理想的にはあった方がよい。実現可能な範囲の制度としてどういうものが考えられるのか、そこまで考えなくてはいけないのかなと思う」と述べ、否定的な見解を示した。捜査当局への信頼も厚いようで「捜索や逮捕は令状主義をとっている。罪を犯したと考えられる相当の理由、捜索の必要性を示す必要がある。(罰則規定に当たらない行為での逮捕などの)危険がそうそうあるとは考えていない」との考えを明かすなど安倍首相が泣いて喜びそうな意見の持ち主である。立法にかかわった学者なのだからインタビュアーはしっかりとした質問をして回答を引き出すべきだが、国会で示したような自分の言い分を紹介するだけの内容だった。

一二月五日の参院国家安全保障特別委員会での強行採決について、「ニュースウオッチ9」は、委員長席の折れたマイクスタンドのアップに「対立の果てに……」というテロップを重ねた。筆者は、むしろ「多数派の横暴の果て」を思った。毎日新聞の同七日の社説は「強行成立したこの日(六日)を、法律の中身と成立手続きの両面で、民主主義が損なわれた日として記憶にとどめたい」と提案している。マイクは、損なわれた民主主義の象徴なのではないか。アンカーの大越健介氏にはどう映ったのだろうか。

ＮＨＫのホームページには、松本正之会長や石田研一放送総局長が行う記者会見の要旨が掲載されている。法案が閣議決定され、国会に提出された一〇月二五日以降、それぞれ二回、一回と会見を行っているが、法案に対する見解はいずれも示されていない。特に一二月五日は、参院国家安全保障特別委員会での強行採決があった緊迫した日である。松本会長は一年を振り返った所感を述べているが、法案に関しての言及はない。報道機関の基盤を揺るがせる問題でありながら、任期満了(一四年一月)に伴い退任を表明している松本会長にとっては、既に関心外のテーマであったのだろうか。しかし、それを質問しない記者も記者である。文化部系の記者は、法案が成立したとしても自分たちは関係ないとでも思っていたのか。ＮＨＫの日本放送労働組合は一一月二一日に「短い時間での審議と法制化の動きには、反対の意思を示したい」との見解をまとめ、一二月一一日にも成立を受ける形で改めて出した。廃止を政府や国会に迫る決意の言葉がなかったのは残念だが、ＮＨＫの放送にも厳しい監視の目を向けてほしい。

読売とＮＨＫという、新聞と放送における二大媒体を含めてメディアが足並みを揃えていたら、安倍政権は臨時国会での強行採決に踏み切っていたか。歴史に「たられば」はふさわしくないかもしれないが、安倍政権もさすがに躊躇したのではないか。特定秘密保護法の施行は早くて今秋だという。メディア界は結束して廃止に追い込んでほしい。

春爛漫、安倍カラーは乱調にあり

三月号

安倍晋三首相は就任一年目にあたる昨年末、靖国神社を電撃的に参拝し、中国・韓国の十分に予測しえた反発と米国の意外な不同意をまねいた。ところが、内閣支持率は、特定秘密保護法案の強引な採択でいくぶん下がったものの今年に入って再び反転した。この国では、個人が国家に監視されることへの抵抗感より、他国から批判されることへの拒否感の方が強いのだろうか。巷では、嫌中・嫌韓のヘイトスピーチがボルテージを上げている。グローバル時代の不可解なナショナリズムの生命力、安倍政権の強気の源泉はこのあたりにあるのかもしれない。

靖国参拝後の記者会見で、安倍氏はさりげなく「この一年の安倍政権の歩みをご報告」してきたと語った。「この一年の安倍政権の歩み」？　政教分離の原則からすれば、そもそも首相の靖国公式参拝自体が憲法違反と指摘する声も根強いが、彼はこの一年の政権の活動を報告して、「ご英霊への尊崇の念」を表してきたという。

「ご報告」の内容　テレビは、首相の晴れやかで悪びれない顔をひたすら映して、批判はおろか疑問の声すら上げなかった。こんなとき、即座の反応が無理でも、せめて首相が発した「この一年の安倍政権の歩み」という言葉にこだわってもらいたかった。

筆者なりに「ご報告」の内容を考えてみる。

(1)三月、日銀総裁を取り替え「異次元」金融緩和を断行
(2)四月、「主権回復の日」に天皇皇后を招き万歳を三唱
(3)七月、憲法第九六条の先行改正を提唱するも、姑息との反発を受けていったん取り下げ
(4)九月、集団的自衛権行使に道をつけるため、内閣法制局長官の首のすげ替え
(5)同月、福島第一原発の汚染水問題はコントロールされていると断言。二〇二〇年東京五輪・パラリンピックの招致に成功
(6)一〇月、NHK経営委員に元家庭教師など四人の「お友だち人事」を断行
(7)一二月、一強多弱の国会を背景に、特定秘密保護法案をスピード採決
(8)同月、防衛大綱を閣議決定、武器輸出三原則の見直しを示唆
(9)同月、沖縄の仲井真知事が「驚くべき立派な」と形容した振興予算(二〇二一年度まで毎年三〇〇〇億円)を伝え、辺野古への移設同意を要請

「かくして憲法改正にまい進する環境を整えることができました」と、二礼二拍手一礼……。筆者はだんだんおぞましい気分になってきた。せめて、参拝後の記者質問で「特定秘密保護法や集団的自衛権の行使について〝ご英霊〟はなんと言っていましたか」と尋ねてほしかった。テレビ画面の中の安倍首相の表情の変化を見る、これこそ「国民の知る権利」ではないのか。

広がるシニシズム　「安倍政権一年の歩み」を見るかぎり、その目指す方向は一定していてその逆はない。行けるところまで行き、形勢不利なら立ち止まる。ただし後退はせず、雌伏する。これが安倍政権の手法である。靖国参拝に対する中国、韓

国からの反発は織り込みずみなので、木で鼻をくくったように、「いつでもドアをオープンにし、謙虚に礼儀正しく誠意をもって説明する」と繰り返すのみである。

メディアは、中韓の反発の真相を取材することなく、ここでもシニシズムに紙面や時間を割いているように見える。いわく、中国の習近平体制は統治基盤の脆弱さを押し隠すために安倍首相の靖国参拝を反日感情に向けている。いわく、韓国の朴槿恵大統領は経済政策で苦境に立たされているので、あちこちに従軍慰安婦像を立てる反日運動を鼓舞している。これは、政治家の言動を公共の利益でなく私利私欲のためのものだと決めつける「シニック・ナショナリズム」の典型的な言説である。その批判がなぜ外国の政治家にだけ向かい、自国の政治家に向かわないのか。最近、初代韓国統監・伊藤博文を殺害した安重根の記念館が、韓国の要請をきっかけに中国のハルビン市に建設された。しかし、安倍政権は、中韓合作の対日批判を受け付けない。官房長官は安重根を「死刑判決を受けたテロリスト」と言い、首相は胸襟を開いて話し合おうとしか言わない。

とはいえ、アメリカからの「失望」の表明には、さすがに首相周辺は狼狽したようで、次々に特使をアメリカに送り込んでいる。一月四日には、小野寺五典防衛大臣とチャック・ヘーゲル米国防長官が普天間基地の辺野古移設について電話会談を行った。翌五日朝のTBSニュースは、その際、安倍首相の靖国参拝の真意は「不戦の誓い」であることを伝えたところ、米側からは「特にコメントはなかった」と報じた。これで「失望」のニュアンスが払拭されたかの印象を与えた。直後のNHKニュースはさらに踏み込み、「防衛省によりますと、ヘーゲル長官は小野寺大臣の(靖国に関する)説明に感謝すると述べたということです」(傍点筆者)と報じた。ところが会談直後の米国防総省のプレス・リリースには、靖国について「ヘーゲル長官は、日本が近隣諸国との関係改善を進めることの重要性を強調した」と記されていた。小野寺大臣は誤情報を流し、TBS、NHKがそれを垂れ流したことになる。これは明らかな誤報であるが、NHKは昼のニュースで問題の部分を何の註釈もなくそっくり落とした。メディアのモラルハザードは、誤報を隠すところまできているということか。

呆れた新会長会見　一月二五日、安倍首相の肝いりでNHKの経営委員を人選し、その彼らが同意した新会長・籾井勝人氏が就任後初の記者会見を行った。関心は、安倍政権との距離のとり方に集中。籾井氏は、放送法を厳正に遵守していきたいと強調したが、その舌の根も乾かぬうちに「領土問題」「慰安婦問題」「靖国問題」「特定秘密保護法」などで馬脚を露した。午後七時のNHKニュースでは、一分間、「新会長は、不偏不党や公平をうたった放送法の遵守に努め、国際放送の充実を実行に移すと述べた」とアナウンサーが原稿を読み、籾井氏の肉声は伝えなかった。

しかし、翌日の各紙は籾井新会長の発言をこぞって取り上げた。朝日新聞は、国際放送との関連で、籾井会長は尖閣諸島、竹島などの領土問題について「明確に日本の立場を主張するのは当然。政府が右ということを左というわけにはいかない」と発言したと報じ、政府見解の代弁ともとれる発言が目立ったと論評した。毎日新聞は、NHKと安倍氏との因縁浅からぬ慰安婦問題について、籾井氏が「戦争地域にはどこにもあったと思う。……韓国は日本だけが強制連行したように言うから話がややこしい。日韓基本条約で(補償問題は)全部解決している」という発言内容を伝え、経営委員の一人から「外交問題に発展しかねない」という談話を取った。

慰安婦問題について、籾井会長が、「会長の職はさておき」と断った上で話したことに対して、記者の一人が「会長の職はさておきというが、公式の会見だ」と指摘すると、「全部取り消します」と開き直った。それを読売新聞は「個人的見解としつつ、いわゆる従軍慰安婦問題に関して」と表現を和らげて伝えた。東京新聞は、「どこの国でもあったことですよね」と言った籾井氏の姿に「安倍晋三首相の影が重なる。二〇〇一年に教育テレビ(現Eテレ)の番組が放送前に、当時官房副長官だった安倍首相から『公平公正に』などと注文が付き、大幅な改変が行われて放送された」と踏み込み、NHKと安倍政権との危うい関係を指摘した。

放送の編集権を握るNHKの会長が「放送法の遵守」「公平中立」を言うことは当たり前のように聞こえるが、政治家からこの規範が持ち出されれば、放送現場は、内容に偏向があると指摘されたと受け取る。安倍氏がかつて「公平公正に」と言ったことを、籾井氏が「放送法の遵守」と言い換えただけなのだ。

安倍首相の随行団

キャッチコピー好きの安倍政権の最近の売りは、「積極的平和主義」と並んで「地球儀を俯瞰する視点」でのトップ外交である。安倍氏を取り巻く外務官僚の中には、ただ「平和主義」とか「国際協調主義」というだけでは飽き足らない一九世紀的パワー・バランスの信奉者がいるらしい。彼らは、日本国憲法前文の表現を換骨奪胎して、「相互依存を深める世界において、内向きの発想では、もはや日本の平和を守ることはできない」「一国平和主義は無効である」というメッセージを盛んに発信している。

安倍首相は、このところアメリカ、中国、韓国以外の地域への外遊を頻繁に繰り返している。NHKはあたかも政府広報機関であるかのように「地球儀俯瞰的外交」に随行し、逐一、首相の動向を伝えている。中でも、一月九日から一五日にかけて行われた中東・アフリカ歴訪には、国内向けのメッセージが多く込められていた。首相は、ほとんどの訪問先でインフラ整備のための資金援助を約束し、その見返りとして日本企業の進出の機会を獲得するトップビジネスを展開した。しかし、この地域の安全は金だけでは買えない。そこで思い出されるのは、ちょうど一年前の一月一六日、アルジェリアの日本企業の従業員が巻き込まれた人質事件である。このタイミングを狙いすましたように、現地の治安当局と情報交換をする日本版ＮＳＣ（国家安全保障会議）の必要性が強調された。

ＮＨＫはまさに安倍首相の帰国に合わせるように、一六日朝のニュースで、国家安全保障会議と国家安全保障局設置の緊急性を支持する内容を放送した。スタジオには、安倍首相に一番近いと噂される政治部の記者が登場し、アルジェリア人質事件を引き合いに次のような解説を行った。「（人質事件当時）ベトナム・ハノイで一報を受けた安倍首相は現地の情報をただちにはつかめませんでした。こうした中、重要な情報源となったのはイギリスのキャメロン首相でした」と語り始め、安倍政権はイギリス、アメリカなどのＮＳＣと治安情報を共有するために関係を強化することにしていると述べた。

しかし、記者はアルジェリア政府が「テロリストと交渉せず」という姿勢を取っていたことに触れなかった。事実、双方の死者は五〇人以上にのぼり、アルジェリア内戦とその後の事情を少しでも知っていれば、あの事件を「００７」もどきの図式で説明することはできないはずだ。同じ日に放送された「海外ネットワーク」では別の記者が「イスラム過激派は体の弱ったところに入るウイルスのようだ」とコメントした。こういうのを幼稚で傲慢な偏向報道というのではないだろうか。

時代錯誤の会長と、社会をスパイ小説仕立てで見るような職員が合体したらどういうことになるか。ＮＨＫは、安倍氏の「未来志向と歴史修正主義」のグロテスクな融合を積極的に引き受けることになるのだろうか。危機的状況は、「〈より小さな〉悪（レッサー・イーヴル）は闘うに値しないという結論が生じるときに始まる」（ハンナ・アーレント）という言葉をかみしめてみる必要がある。

ＮＨＫ波乱の「新体制」スタート……四月号

内容自体は取り消さず

ＮＨＫ会長の発言がこれほど問題視されたことが過去にあっただろうか。国内ばかりか、キャロライン・ケネディ駐日米大使（一三年一一月着任）の、ＮＨＫによるインタビュー取材拒否にまで波紋を広げている。籾井勝人氏は、三井物産副社長をへて、子会社だったＩＴ関連企業の日本ユニシス社長に就任。同社特別顧問という経歴で、報道界では全くの無名だったが、瞬く間に知名度を上げた。

「戦時中だからいいとか悪いとか言うつもりは毛頭ないが、

この問題はどこの国でもあったこと」「ドイツやフランスにはなかったと言えるのか。ヨーロッパはどこにでもあった。なぜオランダには今も飾り窓があるのか」「会長の職はさておき、韓国は日本だけが強制連行をしたみたいなことを言うからややこしい。お金をよこせ、補償しろと言っているわけだが、日韓条約ですべて解決していることをなぜ蒸し返すのか。おかしい」

旧日本軍の従軍慰安婦問題に対する認識を問われ、籾井会長は一月二五日の就任記者会見でこのように述べた。間違いなくNHK史に刻まれるべき失言だった。さらに、国際放送に関しては、「日本の立場を主張するのは当然のこと。政府が右ということを左というわけにはいかない」。大半のメディアが反対する中で安倍政権が強行成立させた特定秘密保護法についても「通っちゃったんで、言ってもしょうがない」「あまりカッカする必要はない」。昨年末の首相による靖国神社参拝についても「総理の信念で行かれた。それを良い悪い言う立場にない」と言いたい放題だった。

籾井会長は記者から執拗に質問された、という点を国会答弁でも繰り返し強調していたが、会見映像を見る限り、口を滑らせた失言というより、記者からの質問をきっかけに、持論を自ら進んで披露していたように思う。官邸主導で新会長が選出された経緯を知る記者たちは、安倍首相と籾井会長の顔が重なり、「安倍政権の意向が番組にも強く現れていくことになるのだろう」との予感を抱いたのではないか。

籾井会長自身は、会見の場で個人的見解だとして取り消したとしているが、公人が、公的な場所でした発言はそう簡単に取り消せるわけがない。さらに重要なのは、発言内容に関しては事実誤認を含めて、撤回していないことだろう。二月一二日の経営委員会では「会見の全文を見ていただきたい。それでもなおかつ私は大変な失言をしたのでしょうか」と反論し、就任会見後の初めての定例記者会見となった二月一三日には「私見を述べたことが不適切だったということで取り消した」と述べている。

続く二月一九日の参院総務委員会で片山虎之助元総務相が「取り消した個人的見解は、その後変わったのか」と内容に関して質問したのに対して、籾井会長は「変わっておりません」と明言。その後で「ということでいいんでしょう?」と、会長の後方で控えるNHKの事務方に確認しながらの答弁だった。答弁がかみ合わないと感じた片山氏の再質問に籾井会長は「個人的な思想はどうかということをもう一度、ここで言うことは差し控えさせていただきます。取り消したことが変わっていませんということです」と修正する一幕もあった。これらの一連の発言からもわかるように、籾井会長はなお、自分の見解自体を取り消したわけではないのだ。

放送番組の編集にあたって放送事業者が守るべき準則を定めた放送法四条は「意見が対立している問題については、できるだけ多くの角度から論点を明らかにすること」(四号)と定めている。籾井会長の人事については、『週刊文春』が昨年一一月二八日号で、「最有力財界人」とスクープ。経営委員会が全員一致で選出したのは一二月二〇日だから、年末年始をはさんだとはいえ、就任会見まで一カ月以上あった。事前の準備不足であるとは言えまい。経営委員会議事録によると、浜田健一郎経営委員長は一月二八日の会合で「議論が複数ある事項について個人的見解を述べたことは、公共放送のトップとしての立場を軽んじたものであると言わざるを得ません」と苦言を呈したらしい。二月二五日の経営委員会では「大変な失言なのか」との発言について二度目の注意を受ける始末だ。

就任記者会見で籾井会長は今後のＮＨＫの経営方針について「ボルト、ナットを締め直すことが主たる任務。放送法に沿った経営をやっていく」と抱負を述べていたが、図らずも、緩んだボルトやナットとは、会長自身ではないか。視聴者ばかりか、国際的な批判も広がるなど、自ら大きなＮＨＫ不信を招いてしまったのである。報道機関のトップとして資質に問題があることは明らかだ。

ところで、原口一博・元総務相による二月二〇日の衆院予算委員会での質問で、籾井会長が理事の辞表を預かっているということが発覚した。二二日の共同通信の報道などによると、就任日午前の臨時役員会で「あなた方は前の会長が選んだ。今後の人事は私のやり方でやる」と提出を一〇人全員の理事に求めた経緯があるという。籾井会長は本稿の執筆時点では「ＮＨＫのために働く」と辞任を拒んでいるが、まずは自分を会長に選んだ経営委員会に辞表を提出すべきではないだろうか。

籾井会長の就任会見での問題発言は、明らかに報道価値のあるニュースだ。朝日、毎日、東京、産経の一月二六日朝刊はいずれも一面で報じた。産経だけは問題発言という観点からではなく、むしろ歓迎色が濃かった。「三」というイニシャルを記した記者が、会長に質問した記者を、ツイートを引用する形で批判していた(二月七日朝刊)のにはあきれた。「ネットろんだん」という欄で「三」記者は、「ネットの一部では記者の質問姿勢を問題視する声があがる」とし、「『誘導』『執拗な質問』などと批判がわき起こった」と書いた。同記者は、会長発言に対する批判的な報道を「多くのマスコミが『問題化』を図った」と表現し、ネットではこれを「マスコミの常套手段」と見なされるのだと紹介している。記者は会見場にいたのだから「誘導」「執拗な質問」と批判を受けるようなやりとりだったかどうか知っているはずだ。映像を見る限り「必要な質問」であったと思うが、根拠が薄くても都合の良いツイートを使うのは、記者の常套手段と言えなくもない。

当のＮＨＫは、当日(一月二五日)の午後七時のニュースで、就任会見の様子を取り上げたものの、問題となった発言部分には一切触れなかった。定例記者会見ではこの点も見解をただされたが、籾井会長は答えず、広報局長が代わって「事務方で判断した。要旨についてはホームページで発表している。個人的なことと断っており、勘案して判断した」と答えたという。編集権を握る会長自らが関与したかどうかは不明だが、自らのトップの失言を扱わなかった判断が公正と言えるのだろうか。籾井会長自身が語るべきである。

安倍首相と重なる発想

「放送法の精神を遵守し、個人的見解を放送に反映させることはない」。発言が社会問題化して以来、籾井会長はそう繰り返してきた。放送法の遵守は、就任会見でも「これさえ守れば、NHKに対するイメージもだいぶ変わってくる」と位置づけた重要方針の一つでもある。放送法は四条で「政治的に公平であること」(二号)と定め、こうした規定が念頭にあったとみられる。籾井会長が今後のNHKをどのようにイメージしているのかは不明だが、会見映像を見ながら、筆者は安倍首相の言葉を思い浮かべた。

それは、慰安婦問題を取り上げたNHK教育テレビ「ETV特集」の「シリーズ戦争をどう裁くか　第二回問われる戦時性暴力」(二〇〇一年一月放送)の改変問題に絡んだ発言だ。放送前日に当時の松尾武・放送総局長ら幹部が官房副長官だった安倍首相と面会。帰社後に大幅な改変を指示したという問題で、圧力をめぐり「NHKと政治との距離」が問われた。面会の際に安倍首相が松尾総局長に対して話したとされるのが、「公平・公正な報道をしてほしい」という言葉だった。安倍首相による介入は、二〇〇五年一月に朝日新聞が報じたことで明るみになり、当時の担当デスクも内部告発の記者会見を行うなど大きな社会問題になった。

番組制作に協力した市民グループが「事前説明と異なる番組内容に改変された」として提起した損害賠償訴訟で東京高裁判決(〇七年一月)は「政治家の意図を忖度して、当たり障りのない番組にすることを考え改変が行われた」と指摘している。この問題は本欄でも繰り返し取り上げてきた。放送史に残る番組介入問題である。少なくとも民主主義国家を標榜する国の政治家で、報道機関に正面から報道の中止を求めて圧力をかけるとしたら相当未熟だ。籾井会長の「放送法遵守」が安倍首相のいう「公平・公正」と同じ意味合いで使われないよう願うばかりである。

朝日は「録音」の公表を

二〇一三年二月号でも書いたが、安倍首相のNHK政策は、「介入」という点で実にはっきりしている。第一次安倍政権(〇六年九月～〇七年九月)では、当時総務相だった菅義偉官房長官がNHKの短波ラジオ国際放送で、北朝鮮による拉致問題を重点的に取り上げるよう放送命令を出した。個別事項の命令は放送開始から初めてだった。また、国会の同意を得て首相が任命する経営委員には、安倍首相と親しい古森重隆・富士フイルムホールディングス社長(当時)を委員長として送り込んだ。古森氏は選挙期間中の歴史番組について注文を付けたり、国際放送についても「利害が対立する問題については国益を主張すべきだ」などと述べて物議を醸した。籾井会長はキャラクターを含めて古森氏とそっくりである。

今回の第二次政権で安倍首相は、作家の百田尚樹氏(東京都知事選の田母神俊雄候補の応援演説で「南京大虐殺はなかった」などと発言)や評論家の長谷川三千子氏(朝日新聞社内で拳銃自殺した右翼活動家・野村秋介氏を礼賛する追悼文を発表)、日本たばこ産業顧問の本田勝彦氏、海陽学園・海陽中等教育学校(愛知県)長の中島尚正氏の四人の近しい人物を経営委員に任命した。その四人を含む経営委員会が選出したのが籾井会長である。放送法は経営委員一二人で構成し、会長の選出には九人以上の多数による賛成を求めている。新たな経営委員の四人は、事実上の拒否権を持っているに等しい。

安倍首相、慰安婦問題、NHKはこの十余年間、政治介入と公共放送を考えるキーワードであり続けた。安倍首相の番組介入と籾井会長発言は、密接に結びついている現在の問題である。今回の騒動を、長らく進展が見られなかった番組改変問題を改めて追及するきっかけにすべきではないか。NHKはこれまで安倍首相による介入の事実を否定してきた。介入をめぐる検証番組を制作する考えさえない。危機に瀕する放送の自由を守るために、まずは何がなされるべきなのか。改変問題をめぐって安倍首相ら政治家の関与が浮かび上がったのは、二〇〇五年一月一二日朝刊の朝日の報道によってだった。同一八日朝刊の特集記事によると、取材に応じた松尾武総局長が安倍首相や故・中川昭一衆院議員との面会について、「圧力と感じた」と語った、とされる。しかし、松尾総局長は報道後に会見し、圧力があったことを全面的に否定し、朝日とNHK側の主張は対立したまま今日に至っている。朝日記者が松尾氏に取材した際の録音を、朝日新聞社は公表し、「圧力」の有無を明らかにすべきではないか。安倍政権のNHK支配を断ち切るにはそれしかない。

安倍流〝早口答弁〟の驕慢——報道は「原点」に立ち戻れ……………五月号

冒頭から長い引用で恐縮だが、こればかりは引用抜きに語ることができない。去る一月二九日の参議院本会議で安倍首相は、靖国参拝にふれる部分に差しかかると異様な速度で原稿を読み飛ばした。録画でようやく聞き取れた〝早口答弁〟の内容は以下の通り。

「靖国神社への参拝では、二度と人々が戦争の惨禍に苦しむことがない時代をつくるとの決意を込めて不戦の誓いをしました。中国、韓国の人々の気持ちを傷つけるつもりはまったく……(読み飛ばし)、両国に対してはこれからも謙虚に礼儀正しく誠意をもって説明をしてまいります」

この内容をわずか一四秒で読み上げた。二倍はかかる分量だ。速読の中で使われた《謙虚・礼儀・誠意》の反対語は言うまでもなく《驕慢・無礼・不誠実》である。しかし、これを言論の府、国会を侮辱したと非難するメディアはほとんどなかった。

かくて、当メディア批評は自国首相の資質の問題にまで言及しなければならなくなった。そこでまず呆れるのは傍証の多さである。彼の〝お友だち人事〟の結果たるや惨憺たるもので、失言・暴言・妄言はうずたかく山をなしている。こういう状況を海外メディアは端的に、日本が極右勢力に乗っ取られたと報じる。

駐日米大使館は、安倍首相の靖国参拝に関して「失望している」(disappointed)とプレス・リリースした。メディアの多くは「日米関係に影響はない」という文脈で報じ、この単語の重さをやり過ごした。その後、これが外交用語としての重みを増してきた。首相補佐官の衛藤晟一氏が「むしろわれわれの方が失望だ」(二月一六日)と動画サイトでやり返すと、数日後の米議会調査局報告書は「アドバイスを無視した首相の靖国参拝は、日米両国の信頼の一部を傷つけた可能性がある」(二月二〇日)と事前の助言が無視されたとして不快感を露わにした。自民党内では、首相の側近たる者が首相の〝足を引っ張る〟とは何ごとか、〝百害あって一利なし〟という損得勘定が大勢を占め、衛藤氏の動画は早々に削除された。しかし、首相自身が〝馬脚をあらわした〟という論評は私の知るかぎりなかった。

歴史認識なき歴史修正主義

最近の安倍氏は、選挙に勝ちさえすれば白紙委任状を与えられたという全能感に支配されているように見える。ところが、他国民からの白紙委任状はそう簡単には得られない。靖国や慰安婦問題に関する歴史認識を問われると、安倍氏はきまって専門家の判断に任せるべきだと答えて、自分の言葉で政治理念や歴史観を語らない。

「戦後レジームからの脱却」は、第一次安倍内閣の施政方針演説で使われたフレーズだが、安倍氏は自身のHP(二〇〇九年六月一二日付)で、「脱却」をめざす根拠を三つ挙げている。(1)現憲法は拙速でつくられた(一説によるとリンカーンの生誕日に間に合わせた)。(2)時代が変わり、価値観が変わったので、環境権などを加えると同時に九条を変えて自衛軍を持つべきだ。(3)憲法前文の「平和を愛する諸国民の公正と信義に信頼して」の部分は、自国の平和と安全を他国の善意に任せている。

要するに「押しつけ」「時代遅れ」「性善説」の現行憲法は改正されなければならない。敗戦直後、マッカーサーに一二歳の子どもとみなされた日本人も成長したのだから、そろそろ「自主」「新品」「性悪説」に立った自前の服(軍服?)を着用したい、というのだろうか。しかし、この演説中に、過去の歴史に対する反省の言葉(成長の徴)はただの一行もない。他ならぬ旧日本軍従軍慰安婦の被害女性たちに対する謝罪や名誉回復は、歴史認識の核心部分である。

安倍氏は、やはり第一次内閣のとき河野談話について「(従軍慰安婦に関して)軍や官憲による強制連行を直接示す記述は見当たらなかった」とする答弁書を閣議決定し(二〇〇七年)、いまもその姿勢を変えていない。

安倍首相の靖国参拝に連動するように、今年に入ってから〝河野談話つぶし〟の動きが活発になった。一月一日、産経新聞が一面トップで「河野談話 日韓で『合作』 要求受け入れ修正」という記事を掲げた。これを受けて、日本維新の会の山田宏氏は衆議院予算委員会(二月二〇日)に、河野官房長官を補佐した石原信雄官房副長官(当時)を参考人として招致し、やや誘導的ではあったが以下のような証言を引き出した。(1)元慰安婦の女性たちの証言を裏づける客観的なデータは存在しない。(2)河野談話作成の過程で、日韓間ですりあわせがあった。(3)最近になって、韓国政府から過去の問題について提起されている現状を見ていると、当時の日本政府の善意が生かされていない。

この石原証言の後、菅官房長官は河野談話の作成過程を検証するチームを設置すると発表、安倍政権が段平をチラつかせた。ところが、韓国内に猛反発が巻き起こり、米国からも強い懸念が伝えられた。そこでまたもや外交日程(オランダでの日米韓の核安全保障サミット)に支障がないようにという配慮から、「見直し」論は一気にトーン・ダウンした。しかし、今度の一件で、調査、検証、見直しという流れが見えてきた。しかし、メディアはこうした政治の手口をあまり追及しようとしない。琉球新報社説だけが、「首相の不承不承の態度が透けて見える」と酷評した(三月一八日)。

歴史認識問題にも歴史があるのだ。話は一七年前にさかのぼる。安倍氏は「日本の前途と歴史教育を考える若手議員の会」の事務局長時代に、当の石原信雄氏を勉強会の講師に招いて、河野談話作成の過程を詳しくヒアリングしていたのだ(一九九七年四月九日)。石原官房副長官の証言を安倍首相はどんな気持ちで聞いていたのだろうか。山田氏はそのことを知ってか知らずか、石原証言を国会の場に持ち出し、ネット上で「歴史的質疑」をしたと賞賛された。この質問について安倍首相は国会内で山田氏に謝意を示したという。ところが、靖国と同様、米国の横やりで河野談話見直しプロジェクトは尻すぼみになった。収まらないのは仕掛けた(仕掛けさせられた?)維新の会である。三月一四日の参議院予算委員会で同党の清水貴之氏は「検証作業の中で、もしも、この談話を覆すようななにか問題が出てきた場合の対応はどうするのか」と迫ったが、世耕弘成官房副長官は言質を与えなかった。一七年前の勉強会当日、安倍氏はこんな発言をしていた。「韓国にはキーセン・ハウスがあって、そういうことをたくさんの人たちが日常どんどんやっているわけですね。ですから、それはとんでもない行為ではなくて、かなり生活の中に溶け込んでいるのではないか」(『歴史教科書への疑問』)と。NHK会長が、就任記者会見で従軍慰安婦について問われ、オランダの「飾り窓」のことを持ちだした発想とどこか似ている。

どこまで続くぬかるみぞ

安倍氏のNHKに対する露骨な〝お友だち人事〟は、笑えない段階に来ている。経営委員の百田尚樹氏は、都知事選の応援演説で田母神俊雄氏の対立候補を「人間のクズ」と言い、南京大虐殺は捏造であったと発言した。同じく長谷川三千子氏は、かつて「日本国憲法は近代史最大の汚点である」と書いた。NHKの「日の丸君が代」関連番組が気に入らないとして受信料不払いをしたこともあるという。その彼らが選んだNHK会長籾井勝人氏は、慰安婦問題、靖国参拝など歴史認識にかかわる失言で、就任早々受信料不払いの原因をつくっているのだから話にならない。だが、そのことでダメージを受けるのはけっして安倍氏の〝お友だち〟ではなく、NHKの公共性のほうなのだ。

安倍内閣は、広告代理店的な機動力をもって矢継ぎ早に方針を出してくる。NHKは追いつくのがやっとで、政府広報の役を担わされることになる。折から急浮上してきた集団的自衛権の行使をめぐって、安倍首相は以下のような手順を開陳する。安保法制懇(安全保障の法的基盤の再構築に関する懇談会)の諮問、内閣法制局との協議、政府与党との調整、閣議決定をへて法案として国会に提出する。この解釈改憲の方針に対して、与党内部から異論が噴出した。NHK「ニュースウオッチ9」(三月一八日)は、自民党内の三つの意見をならべて報じた。⑴首相の閣議決定優先案の支持、⑵安全保障基本法を先に成立させる案、⑶国会議論をへて憲法改正を行うとする案。しかし、気をつけなければならないのは、並べられたすべての案が集団的自衛権行使の容認を前提としている点である。集団的自衛権の行使は憲法に違反するという意見はまったく出てこない。コップの中の嵐を逐一報道すればするほど、「行使容認」の合意形成に資するだけだが、現場は新会長がくり返す「公正中立」の原則すら踏み外している。TBS「サンデーモーニング」(三月二三日)では、司会の関口宏氏だけが「皆さんに意見を聞くともっとちゃんと議論をしてという意見は出るんですけど、私は反対ですという人はいないんですね」とまっとうな意見を述べた。

真夜中の声

荒涼たるメディア状況の中で、三回目の「三・一一」が巡ってきた。それにちなんだ番組が一段落した深夜に公共放送ならではの番組が流れた。

三月八日の夜一一時から九日の〇時三四分まで放送されたNHKのETV特集「ネットワークでつくる放射能汚染地図〜福島原発事故から三年〜」。これは、事故直後から福島第一原発三〇キロ圏内に入って放射線量の測定と核種を調査し、二〇一一年五月に放送して大きな反響を呼んだ同名の番組の三年目の報告である。原発事故が人々の生命・財産に大打撃を与え、暮らしの仕方を根本的に変え、いかに人間と人間、人間と自然を切り裂いてしまったかをあらためて見せつけた。暗示的だったのは、放射線測定器のノイズが鳴り続けるラスト・シーンである。安心神話の誘惑に抗して、こうした番組をノイズのように続けるという宣言のようも聞こえた。

もっと深い時間、午前二時から「こころの時代~宗教・人生~選　私にとっての三・一一」の一本として、作家辺見庸氏が「瓦礫の中から言葉を」という題目で語っていた。「なんてわれわれの命は予定されていないのだろうか。この破壊を表現する言葉を失うもなにもわたしたちは最初から持っていなかったのではないか。人がある日突然、ゆくりなくモノ化してしまうという哲理をメディアは無視する。それは畏れ多いことではないのか。われわれはそれでも生き残った。こうも言える。生き残ってしまった。私たちの見捨てた言葉をもう一度回復することが必要だ」。この放送からは破滅を受けとめ、そこで言葉を紡ぎ出そうという抵抗の息づかいが聞こえてくる。三年前の再放送がリアリティを増している。

このような言葉が深夜に飛び交って、互いに知らない者同士をつないでいる。その中で、「原発再稼働・輸出」「集団的自衛権の行使」「河野談話の再検討」「汚染水のコントロール」などという言葉は、深いところから相対化されていく。メディアとは本来こういうものではなかったのか。

個人情報保護法はメディアをどう変えたか……六月号

保護から活用へ　個人情報保護法の改正論議が政府内で始まった。今年一月に安倍政権が閣議決定した「産業競争力の強化に関する実行計画」で、「早急に見直し作業に着手」と明記されている。二〇一五年の通常国会での法案提出を見込んでいるというから、かなりのスピードスケジュールだ。「実行計画」の見出しには、「世界最高水準のオープンデータやビッグデータ利活用の推進」とある。これは消費増税後の景気刺激策の一環として盛り込まれ、企業が取得した顧客の購買履歴や、行動履歴を活用した産業の創出が目的だという。

昨年夏、JR東日本がICカードの「スイカ」に記録された情報を日立製作所に販売しようとしたことが「個人情報保護」の観点から社会問題になり、JR東日本は、結局、販売を見合わせた。JR側にとっては、個人を特定できる情報ではあるものの、匿名化された情報を受け取った日立側では特定できないとされる。

政府で個人情報保護法の検討が始まったのは、一九九九年七月のことだ。すでに約一五年がたち、当時の論点から漏れた新たな課題に対応するための必要性が生じたとして、高度情報通信ネットワーク社会推進戦略本部（本部長・安倍晋三首相、IT総合戦略本部）の「パーソナルデータに関する検討会」（座長、宇賀克也東京大学大学院教授）が今年六月のとりまとめをめざし、法案のたたき台となる「大綱」の素案づくりを進めている。

だがちょっと待ってほしい。民間分野を対象にした個人情報保護法と行政機関を対象にした同保護法が施行されたのは二〇〇五年四月のこと。本来、法が制限していないのに、本人から同意を得ないで第三者に個人情報を提供する行為への萎縮が広がり、学校や町内会で名簿の作成が見送られるなどの現象――いわゆる過剰反応の連鎖――が起きたことを忘れたのだろうか。二〇〇五年、JR福知山線脱線事故では、事故に遭った乗客の家族の問い合わせに対して、搬送先の病院が照会を拒むということもあった。また、JR西日本が被害者名を公表しないことから、被害者同士の情報交換が結果として阻まれたという問題もある。「個人情報」を理由にした不祥事隠しもある。防衛省は天下り先での待遇を個人情報を理由に拒んだり、外務省は外国で飲酒死亡事故を起こした職員の名前はおろか、国名の公表までも控えたりしている。青森県教委のように懲戒免職者の実名公表をとりやめる自治体も現れた。例を挙げればきりがない。今もなお報道されないだけで、むしろ、当然のこととしてまかり通っている実態があるのだ。

「利活用」論者が占める検討会

こうした「過剰反応」にかんする指摘は、内閣府の国民生活審議会でも取り上げられてきたが、二〇〇九年、個人情報保護法の所管が、発足したばかりの消費者庁・消費者委員会に移管され、そこで論議の対象となった。現行の消費者基本計画（二〇一〇―一四年度）には「法改正も視野に」入れた検討が盛り込まれている。当時の担当相だった福島瑞穂・参院議員も、先にふれたのと同じような悪用事例を示し、「問題点について抜本的に見直す」と表明している（『週刊金曜日』二〇〇九年一〇月二三日）。あるいは、消費者委員会に設けられた個人情報保護専門調査会（座長、長谷部恭男・東京大学大学院教授）が二〇一一年七月に出した報告書は、不十分ながらもいわゆる「過剰反応」問題の分析から始まっている。こうした視点は、「パーソナルデータに関する検討会」では決定的に欠けているとしても過言ではない。

個人情報保護法の改正に向けた検討の事務局は、消費者委員会から、内閣官房・情報通信技術（IT）総合戦略担当室、経済産業省情報経済課、総務省情報流通振興課に変わり、所管する消費者庁は「オブザーバー」扱いに格下げになってしまった。専門調査会が当然、委員の顔ぶれも大きく入れ替わっている。専門調査会が弁護士や報道関係者、労働団体など多彩な人材を起用したのに対して、前述の「パーソナルデータに関する検討会」は、一二けたの生涯不変の番号で個人情報を管理する「個人番号(マイナンバー)法」に賛成する同検討会前座長、堀部政男・一橋大名誉教授(特定個人情報保護委員会委員長)の人脈に繋がる研究者を含め、「利活用」論者に偏った構成である。山本一太・IT政策担当大臣は検討会メンバーを前に三月の検討会で「パーソナルデータを産業競争力の強化に結びつけていくことを頭におかなければならない」と挨拶している。

検討会での議論の内容や、そこで打ち出される改正の方向性は、一つの考え方としてあり得たとしても、個人情報保護法が抱える根本的な問題について、いっさい検証がされていないことに加え、それを担う報道もほとんどない。個人情報保護法への危惧はすでに過去のもの、ということなのか。

「天下の悪法」揃いの年に

現行の個人情報保護法の検討の始まりは、いまから一五年も前にさかのぼる。一九九九年七月に、「住民基本台帳ネットワークシステム」の導入を柱とした改正住民基本台帳法案(九九年八月に成立)の国会審議と並行して、政府の高度情報通信社会推進本部の下に設けられた検討部会で、法制化作業が始まった。推進本部のトップは首相で当時は、故・小渕恵三氏だった。検討部会の座長は、このときも堀部氏だった。

一九九九年は、通信傍受法、国旗国歌法、改正住基法、周辺事態法といった「天下の悪法」が出そろった年だ。情報公開法が成立したことが評価できる程度のひどい国会だった。同じように安倍政権下で、昨年五月の通常国会では、住民票コードよりも利用範囲を広げたマイナンバー法が成立し、国家安全保障会議(日本版NSC)設置法と特定秘密保護法が臨時国会で通ってしまった。

住基ネットをめぐって、「国民総背番号制導入に道を開く」との国民の大きな批判を招くなか、個人情報保護法は、二〇〇一年に国会提出されたものの、表現の自由や報道の自由に対する規制懸念が広がり、成立見通しが全く立たないままだった。

政府は二〇〇二年八月の第一次住基ネット稼働に突き進んだが、これに対して、福島県矢祭町は早々に離脱を宣言した。当時の町長は、根本良一氏。全国で「平成の大合併」が続くなかで、人口わずか六〇〇〇人ほどの矢祭町は「合併しない宣言」を議会が決議し、注目を集めた。国内最大の都市である中田宏衆議院議員が市長だった横浜市や、東京都中野区、杉並区、国分寺市、国立市といった東京都内の基礎自治体による離脱も続いた。住基法が定める事務は、自治体が行う固有の「自治事務」とされ、こうした離脱自治体のトップは、住基ネットに加わるかどうかの判断は各自治体の判断に委ねられていると解釈していた。

もちろん、住基法を所管する総務省の見解は「違法」であり、全面的な対立は杉並区による「選択制」の導入を求める裁判にまで発展した(東京地裁は二〇〇六年、区の訴えを認めずに却下し、東京高裁も控訴を棄却。最高裁も二〇〇八年に上告棄却の決定を出し、同区の敗訴が確定した)。

一方の個人情報保護法も、住基ネット反対に劣らず大きな反対運動が起こった。日本における個人情報の取り扱いに関する法律は、デジタル処理された個人情報を扱う国の行政機関に対しては、一九八八年に制定されていたものの、民間分野にはなかった。一九九〇年代後半、コンピューターの高度利用がいっそう進み、特に個人情報の活用が企業にとって重要な経営資源として注目される一方で、大量の情報がインターネットに流出したりするなどの悪用が社会問題化し、法規制論議が高まった。それでも政府は重くのしかかる経営上の負担を嫌う企業に配慮し、法制化を図るにしても、金融(信用)や医療分野など特定分野に限った法律を模索してきたのだ。この政府の方針を大きく変える力となったのが、すでに触れた住基ネット問題、そして、個人情報の保護を理由にした公権力によるメディア規制の思惑だった。

このあたりの経緯は、三月三一日付の毎日新聞朝刊に掲載された山了吉氏(小学館顧問、前日本雑誌協会編集倫理委員会委員長)のコメントがわかりやすかった。一九九八年の参院選で惨敗した橋本龍太郎氏率いる自民党は、その敗因を政府・与党に厳しい報道に求めた。その意趣返しとしてメディア規制に乗り出したというわけだ。自民党の「報道と人権等のあり方に関する検討会」は、一九九九年八月にまとめた報告書で、プライバシー保護法の制定を打ち出している。山氏は官僚が日本雑誌協会に対して「実名で記事にする場合は本人の了解が必要だ。この(個人情報保護)法案はあなたたちの問題だ」と説明していたことを暴露している。

わかりやすく言えば、個人情報保護法は、情報源を縛ることで報道機関が個人情報の提供を受けにくくさせるとともに、政治家や官僚といった公人が「保護」を御旗に必要な説明も拒めるようにするという都合の良い仕組みだというわけだ。

施行一〇年の節目に検証を　小泉政権が二〇〇一年三月に国会提出した「個人情報保護法案」は、与野党の最大の対決法案となり、フリージャーナリストを含め、報道界全体が旗振り役となった大きな反対運動に発展した。昨年一二月に成立した「特定秘密保護法」で、報道界が割れたのとは対照的だった。もっとも、個人情報保護法案に対して、読売新聞が政府案に理解を示した独自の修正案を公表するなどの挙に出たため、日本新聞協会は途中からメディアによるスクラムを組めなくなり、反対運動の前線から脱落したのは、情けなかった。この時の新聞協会会長は、現在の渡邉恒雄・読売グループ本社会長兼主筆である。

個人情報保護法は、最初の法案は二〇〇二年一二月に廃案になった。しかし、部分的な手直しをしただけの新たな法案が、翌〇三年五月に与党の賛成多数で成立し、二年後の二〇〇五年四月に全面施行されたのである。衆参両院で施行三年後の見直しを付帯決議したが、改正されないまま、今年で一〇年目を迎えた。過去を振り返ると、個人情報保護法がいかに公権力に都合良くつくられて、運用されてきたかは明らかではないか。

マスメディアのすこぶる鈍い反応はマイナンバー報道にも現れている。日本経済新聞は三月一八日朝刊一面トップに預金口座にマイナンバーの登録を義務づける方向で政府が銀行界と調整に入ったことを報じている。日経らしく前向きに捉えた記事だった。政府税制調査会の検討グループが四月八日の会合で「早急に検討するべき」との提言をまとめたことを報じる後追いニュースの扱いは、各紙ともベタ記事扱いだった。本当にその程度の扱いでよいのだろうか。

番号のもとで丸裸のように管理され、個人情報が利用し尽くされる監視社会に暮らす国民は幸福と言えるのだろうか？　マスメディアには大検証を期待したい。

安保法制懇の安普請を見抜け……七月号

これは想像だ。安倍首相が回転する地球儀めがけて番外の矢を射る。要人外国訪問支援室長が矢を抜き、日程と旅費を組む。ここからは現実だ。首相周辺はそれを「地球儀俯瞰外交」ともてはやす。そのつど随行メディアが「遠い国」から日本に向けて首相のメッセージを送ってくる。「集団的自衛権行使」の容認も、外遊中に下ごしらえが済んでいた。

〝遠きと交わり、近きを攻める〟

一月、首相は中東、アフリカを巡り、ＯＤＡ（政府開発援助）の増額と進出企業の安全確保をひきかえに、自衛隊の対テロ活動に道筋をつけた。一年前のアルジェリア人質事件の記憶がそれを後押しした。

連休中は、ＮＡＴＯ理事会で米欧が共有する「価値」に日本も積極的に連なることを演説した。「価値」とは、「自由、民主主義、人権、法の支配」のことだが、それらはまた米欧が〝対テロ戦争〟の名のもとに血で贖ったものでもある。

安倍氏はそのＮＡＴＯ本部で、「価値観外交」と自らの「地球儀俯瞰外交」を掲げ、中国と北朝鮮を名指しで非難した。その機会に「大量破壊兵器や弾道ミサイル、テロやサイバー攻撃など、脅威は瞬時に国境を越える」「どの国も、一国のみでは自国の平和と安全を守れない」「日本は、積極的な役割を果たす意思と能力がある」と明言し、「積極的平和主義」と「集団的自衛権の行使」を結合させた。このとき使われた英語は、the policy of “Proactive Contribution to Peace”（積極的平和貢献策）。安倍首相は、自衛隊の外国での軍事行動の実質を、遠くから、マイルドな表現で発信していたのである。

「遠きと交わり、近きを攻める」（遠交近攻）という中国の故事があるが、中国、韓国と交わらないというのも困った話だ。

テレビがジャックされた

五月一五日、安保法制懇の報告書が出た。安倍首相は間髪をいれず、その日の夕方六時に記者会見を設定した。在京キー局は、テレビ東京を除いて生中継とそれに準ずる放送でこれに対応した。会見の冒頭、首相は「国民の皆様に私から直接ご説明させていただきたい」と切り出した。その瞬間、テレビはジャックされた。パネルを見せながら、「まさに紛争国から逃れようとしているお父さんやお母さんやお爺さんやお婆さん、子どもたちかもしれない、彼らが乗っている米国の船を、今、私たちは守ることができない。……自衛隊という能力をもった諸君がいても守ることができない。……おそらく世界は驚くことでしょう」。グローバルな視野の強調だ。

演説後の質疑応答も異様だった。司会者は、挙手をする記者たちのなかから固有名詞で名指したのだ。アドリブのきかない首相への配慮であろう。仕込まれた質問に、首相はメモを見ながら「視聴者」に向かって語り続けた。首相とカメラの間に座っていたのは誰なのか。プラトンの『国家』に、洞窟の壁にゆらめく影を現実と信じる囚人たちが登場する。暗愚の象徴だが、少なくともその一人は、暗闇から抜けだし外界に光を求める。だが、この日の記者たちのなかにその一人を見つけることはできなかった。

この夜のNHK「ニュースウオッチ9」は、歴史に残る宣伝放送として将来、検証されることになるだろう。

トップ・ニュースは当然「集団的自衛権」に関する首相会見かと思いきや、いきなり南シナ海での領有権をめぐる中国、ベトナムの衝突の映像が流された。ベトナム各地で反中国のデモが暴徒化し、日系企業も襲われていると伝え、遊弋《ゆうよく》する中国海警の艦船をとらえた。その五分後、スタジオのキャスターが「この事態を安倍総理大臣は他人事ではないと述べた」とコメントした。「邦人救出」を連想した人もいたはずだ。この日の編集責任者は、中国がらみの紛争を「集団的自衛権」の枕として使ったのだ。それだけではない。大越健介キャスターの横にゲストとして礒崎陽輔首相補佐官を座らせた。「今なぜ容認が必要なのか」という問いに、礒崎氏は、ベトナムの映像にふれながら「国際情勢の大きな変化」「アメリカの軍事費の削減」「日本の応分の負担の必要」などとした上で、憲法がネックになっていると断言した。氏は自民党憲法改正草案起草の中心人物である。

これで終わると思いきや、この日のデスクはしたたかで、沖縄の話題を最後にもってきた。本土復帰運動に弾みをつけたといわれる沖縄でのオリンピック聖火ランナーの話。五〇年後、その人に何のための復帰だったのかと語らせたが、集団的自衛権の行使容認に反対する沖縄でのデモ行進の映像はまったく流さなかった。大越キャスターは、最後に「小指の痛みを全身の痛みと感じてほしい」と、故喜屋武真栄氏(沖縄祖国復帰協会会長、参議院議員)の言葉を引用した。だが、この言葉は、うわべだけの報道姿勢にこそ向けられていたのではなかろうか。

〝なし崩し〟をどう崩していくか

今後、安倍首相が描くタイムスケジュールは以下のとおり。記者会見の場を使って国民に語りかけたあと、与党内合意を経て、閣議決定する。次に、秋の臨時国会で自衛隊法・周辺事態法の改正案の審議を行い、年末の日米ガイドラインの見直しに間に合わす。その先は……? 何かの機会に米軍と軍事行動をともにすれば、自衛隊は「実力組織」から名実ともに「軍隊」として認知される。このとき、安倍政権独特の翻訳技術が駆使され、九条二項は意味を失ったという理由で削除され、いよいよ自民党憲法改正草案が頭をもたげる。まさに日本的〝なし崩し〟の伝統である。そのためなら、どんな演出も厭わない。子ども騙しのパネルを用意し、言葉に抑揚をつけ、悲壮感と多幸感を滲ませながらのプレゼンテーションが行われた。

これに対しては、TBSの「報道特集」(五月一七日)が鋭く切り返していた。会見の映像を、これという人に見せ、コメントを取る超アナログなツイッター形式をとったのだ。

トップバッターは、大阪国際大学准教授の「全日本おばちゃん党」の谷口真由美氏。

安倍「我が国の安全に重大な影響を及ぼす可能性があるとき、限定的に集団的自衛権を行使することは許されるとの考え方です」。谷口「限定的って、誰が決めるんですかねえ。……ここで、もうすごい危機があるっていうふうに思わされてしまうんですけど、どこに? ファンタジーですよ」

元沖縄県知事大田昌秀氏が会見の画面を見ている。

安倍「いかなる事態においても、国民の命と暮らしは断固として守り抜く」。大田「〝軍隊は民間人の命を守らない〟ということなんですよ、沖縄戦の教訓というのは。……戦争を知らない人だなということがすぐわかりますよ」

元陸上自衛隊幕僚長・冨澤暉氏は、自衛隊の技術水準と現場の実態を踏まえて語った。

安倍「北朝鮮のミサイルは日本の大部分を射程に入れている。東京も大阪も、みなさんの町も例外ではない。そして核兵器の開発を続けている」。冨澤「安保法制懇の多くの方々は、軍事の現場の実態をあまりよくご存じない。……まさに集団的自衛権以前の技術的な問題なんですよ」

「報道特集」と対照的だったのが、NHK「NEWS WEB」(五月一五日)の「深知り」のコーナー。これは、画面の下にツイッターの意見が同時進行で表示されるデジタル時代の番組である。この日の放送では、集団的自衛権行使に否定的なツイートが肯定的なそれの二倍以上あった。肯定的と言っても、「断固やるべし」というのはなかった。たとえば、「憲法の解釈ってそんな簡単に変えていいものなんだろうか」「憲法改正の第一段階か?」など。一方、スタジオでは世論調査の結果が示され、賛成三〇％、反対二三％、「どちらともいえない」は三七％。ツイッターの内訳とは異なる結果が出たが、さてここからが「深知り」というところで終わった。今度はツイッター市民が、テレビをジャックする番だ。

メディアは野党なき時代の野党たれ

安倍首相は、『美しい国へ』(二〇〇六年)の中で、集団的自衛権は国連憲章五一条に規定されている、と書いていた。「集団的自衛権は、個別的自衛権と同じく、世界では国家が持つ自然の権利だと理解されている」と記し、しかも、「日本国憲法は、この国連憲章ができたあとにつくられた」のだから、当然日本も集団的自衛権を持っており、持っているから使えると結論付ける。しかし、豊下楢彦氏は『集団的自衛権とは何か』(二〇〇七年)の中で、安倍氏のこの論法は五一条が多様な意見の相克の末に成文化された経緯を考慮していない、と指摘する。

五一条は「この憲章のいかなる規定も、国際連合加盟国に対して武力攻撃が発生した場合には、安全保障理事会が国際の平和及び安全の維持に必要な措置をとるまでの間、個別的又は集団的自衛の固有の権利を害するものではない」(傍点筆者)と規定している。

そもそも国連憲章は、「戦争違法観」に貫かれ、平和が武力によって侵犯されたときに国際社会が一致して制裁や軍事行動をとるという「集団安全保障」の考え方を採用している。自衛権は、「安保理の保護をあてにできない限度においてのみ存在する」(同書)として、厳しい制限の下に置かれている。しかも、アメリカは、今とは違って、個別的自衛権より集団的自衛権を厳しく制限する立場をとり、「狭く限定された『武力攻撃』に対応するものとして位置付けられていた」(同書)。そこで、成文の時点で「安保理の措置」の文言が入るのを前提に、個別的又は集団的自衛の両方に「固有の権利」という言葉が付与されたのである。したがって、自衛権の行使を、いかなる制限も受けないという意味での「自然権」として拡大解釈することはできないのである。

こうした知識を持つ記者たちが五月一五日の会見場に座っていたなら、と思わざるを得ない。メディアに求められているのは、野党なき時代の野党の役割である。

TBS「報道特集」はその役割を十分に果たした。憲法を遵守する主体として天皇と自衛官を挙げてみせたのだ。憲法記念日(五月三日)の放送で、昭和天皇の米ドワイト・アイゼンハウアー大統領あての手紙を紹介しながら、去年の「主権回復の日」に臨席した(させられた?)今の天皇が、誕生日を前にして、日本国憲法四条「天皇は……国政に関する権能を有しない」を念頭に、「私は天皇としての活動を律しています」と言い切ったことを事実として伝えた。そして、安倍会見の二日後、五月一七日の放送で、自衛官の服務宣誓(自衛隊法施行規則三九条)を紹介した。「私は、我が国の平和と独立を守る自衛隊の使命を自覚し、日本国憲法及び法令を遵守し……」と。

さて、安倍首相の憲法感覚はどうか。一五日の会見で、彼は集団的自衛権行使の目的は一三条「個人の尊重、生命・自由・幸福追求」の権利を守るためだと明言した。そこで思い出すのは、去年の参議院予算委員会（三月二九日）で民主党の小西洋之議員が、最も重要な条文として一三条を期待して質問したが、首相はそれに答えず、内容も知らなかったことだ。それを今度は武力で守ろうというのだから呆れる。しかも、自民党はそこから「公共の福祉」の文言を取りのぞき「公益及び公の秩序」に置き換える改憲草案を準備している。すなわち緊急事態には憲法に保障される諸権利は、「国益・秩序」によって統制される。メディアは、集団的自衛権の行使は九条だけでなく憲法全体を破壊すると警鐘を鳴らさなければならない。

裁判員制度五年　事件報道の検証を……八月号

刑事事件をどう伝えるか

栃木県今市市（現日光市）で二〇〇五年、市立大沢小学校一年だった吉田有希さん（当時七歳）が下校途中に連れ去られ、刺殺されるという事件が起きた。それからおよそ一〇年の時を経た今年の六月三日、三二歳の男が、殺人容疑で逮捕された。男は別の詐欺事件で逮捕、起訴されている。栃木、茨城両県警の報道発表を受け、洪水のようにあふれたTV各局のニュースの流れを引き継ぎ、翌六月四日朝刊各紙は、この事件を大々的に取り上げた。

社会面の見出しは特に派手で、「押収画像『強い証拠』」「違法な刃物　複数所持」「『自信持って逮捕』」「逮捕でも帰らぬ命」（朝日）、「『私が殺害　間違いない』」「動いた未解決事件」「無念『今も晴れない』当時の校長」（毎日）、「発生八年半　急展開」「捜査初期にも浮上」「遺族『逮捕よかった』」（読売）、「元義父一カ月後に情報提供」「容疑者『言葉の壁』キレやすく」「拉致・遺棄現場に土地勘」（産経）——と見開き紙面で報じた。

両県警が発表、説明した逮捕容疑だけでなく、容疑者の生育歴や、遺族の言葉など、事件に関する様々な要素を、余すところなく取り上げた。大事件であればこその展開であるだろう。

しかし、果たしてこれで良いのだろうか。強い違和感をおぼえるとともに、裁判員裁判のスタートにあたって報道界が社会にした、ある「約束」のことを思いだした。一般市民が重大な刑事事件の審理・評決に参加する裁判員裁判の施行（二〇〇八年五月）を前に、新聞社だけでなくNHKと主要な民間放送も加盟する日本新聞協会が示した「裁判員制度開始にあたっての取材・報道指針」のことだ。

法規制への反発　この取材・報道指針が作成された背景には、裁判員制度の導入にあたり、政府部内で、事件報道に対する法規制が検討されたことがある。裁判員制度は、政府の司法制度改革審議会が出した意見書(二〇〇一年)で司法改革の三つの目玉の一つとして打ち出された。司法制度改革推進本部が、立法作業に着手する中で浮上したのが取材・報道規制だ。

二〇〇三年に事務局がまとめた「裁判員制度のたたき台(原案)」には(1)何人も、裁判員、補充裁判員又は裁判員候補者の氏名、住所その他のこれらの者を特定するに足る事実を公にしてはならないものとする、(2)何人も、知り得た事件の内容を公にする目的で、裁判員又は補充裁判員であった者に対して、その担当事件に関し、接触してはならないものとする、(3)報道機関は事件に関する報道を行うに当たっては、裁判員、補充裁判員又は裁判員候補者に事件に関する偏見を生ぜしめないように配慮しなければならないものとする——の三点が盛り込まれた。

国民の知る権利や報道の自由と正面から対立する、露骨な法規制を含んだ内容であることは一目瞭然であり、報道界は反発した。裁判員法一〇八条は、裁判員が、評議の内容や、被害者や裁判員の氏名などその職務上知り得た秘密について漏らすことを禁止し、違反すると六カ月以下の懲役または五〇万円以下の罰金を科す内容だ。これまで適用例はない。事件関係者や裁判員自身の保護などを理由としているが、表現の自由を制約する上、裁判員の経験を社会が共有することを妨げている、との批判がある。さらに、同じ裁判に参加する職業裁判官は適用対象外になっている。市民感覚を導入したはずの裁判員制度だが、厳罰によって内部からの告発を萎縮させ、取材しにくくしようとする発想は、昨年一二月に成立した「特定秘密保護法」と通底するものがある。

特に(3)の偏見報道禁止規定は、犯人視報道はもちろんのこと、無罪推定を原則とする刑事裁判にあって、冤罪を訴えるような報道まで規制することに踏み込んでいた。二〇〇四年に成立した裁判員法では(1)(2)については、ほぼ同趣旨の内容が裁判員法七二、七三条に盛り込まれたが、(3)の偏見報道禁止についての立法化は見送られた。

偏見報道禁止規定の削除と引き換えに新聞協会が約束したのが、偏見報道をしないよう、自主的に対応するとした指針の作成なのである。この指針では事件報道の目的・意義について「犯罪の背景を掘り下げ、社会の不安を解消したり危険情報を社会ですみやかに共有して再発防止策を探ったりすることと併せ、捜査当局や裁判手続きをチェックするという使命がある」と定めた。

その上で「捜査段階の供述にあたっては、内容のすべてがそのまま真実であるとの印象を読者・視聴者に与えることのないよう記事の書き方等に十分配慮する」「被疑者の対人関係や成育歴のプロフィールは、当該事件の本質や背景を理解するうえで必要な範囲内で報じる。前科・前歴については、これまで同様、慎重に取り扱う」「事件に関する識者のコメントや分析は、被疑者が犯人であるとの印象を読者・視聴者に植え付けることのないよう十分留意する」と定めた。

加盟各社もこの新聞協会の指針を受けて独自の指針を作成あるいは既存の報道指針の改定を行ったと聞く。

冒頭、栃木女児殺人事件報道に疑問を呈したのは、こうした指針に現状の事件報道は抵触しているのか、それともしていないのか、五年の節目にもかかわらず各社とも、自らを点検する姿勢が見えないからだ。自分たち自身で決めた裁判員制度下での報道のあり方に、何らかの検証が必要ではないか。

報道は予断を与えるか

裁判員裁判が始まり、量刑の厳罰化傾向が顕著になっているようだ。各紙の報道によれば、最高裁が今年二月までに検察の求刑を上回る判決を受けた被告は、殺人や傷害致死などの八つの罪で四二人に上り、全体の一％を占めるという。これは裁判員裁判導入前の一年間、つまり従来の裁判官だけの裁判では〇・一％だったのに比べると、一〇倍になるという。五年間で約五万人の一般市民が裁判に参加した。死刑判決を受けた被告は二一件で、一二六人の市民がかかわったことになる。このうち三件は高裁で破棄され無期懲役になっている。職業裁判官からみると、過去の量刑との比較では重すぎると判断したのだろう。

事件報道はこうした厳罰化に影響を与えているのだろうか。そう思って調べてみたところ、制度がスタートする前の二〇〇七年、最高裁事務総局刑事局総括参事官だった平木正洋氏が報道関係者を前にした講演(「マスコミ倫理懇談会全国協議会」全国大会)で、興味深い発言をしていることがわかった。

平木氏は「現在の事件報道は裁判を行う前に容疑者が有罪であるかのような一方的な報道がなされ、容疑者が適正な裁判を受ける権利を著しく侵害されている場合がある。ニュース映像を繰り返し放送される影響は格段に大きい」と厳しい苦言を呈していた。

そして裁判員に予断を与える恐れのある報道として、容疑者の自白の有無や内容、生い立ち・対人関係、容疑者の弁解が不自然・不合理という指摘、ＤＮＡ鑑定など容疑者の犯人性を示す証拠、容疑者の前科・前歴、事件に関する識者コメント——の六項目を例示したということだ。だが、この六項目を除いたら、栃木の事件の報道は成り立たないだろう。裁判員への影響に対する最高裁の強い危惧が窺える。

裁判員裁判の厳罰化傾向をどう分析・評価するかは難しい課題だ。しかし、「報道が予断を与える」という点は、もっと議論されるべきではないか。たとえば、米国の陪審員制度では、陪審員がニュースに接することを禁止するガイドラインを設ける州があったり、外部の影響を遮断するためにホテル生活を強いることもあるという。英国では法廷侮辱罪があり、特に起訴された以降の報道は陪審員に予断を与えないよう厳しい法的な制約がある。ただし、陪審員への影響を少なくするための工夫を、陪審員側に設けるか、報道側に設けるかの違いが見られるほか、平木氏が捜査段階の報道を問題視するのに対して、米英では起訴以降と時期にも違いがある。

事件報道の根本を問い直せ　今年は、オウム真理教の松本サリン事件から、二〇年の年でもある。この節目に報道各社はこぞって関連のニュースを取り上げている。

河野義行さんは、妻を失うことになった事件の被害者でありながら、自宅を捜索されるなどして犯人視された、冤罪被害者であり、そうした捜査機関の見立てを元にした報道の被害者ともなった。

今年三月には、一九六六年に静岡県清水市(現静岡市清水区)で一家四人が殺害された「袴田事件」で、死刑が確定した元プロボクサーの袴田巖さんに対し、静岡地裁は再審開始決定を出し、袴田さんが釈放されたことが大きな注目を集めた。

また、いったんは確定した死刑台行きから生還した元死刑囚は四人にも上る。捜査機関はもとより、裁判官もまた大きな過ちを犯すということは、いまや事件報道の大前提として定着した社会の共通認識だと言っていい。報道機関もまた冤罪が明らかになるたびに「犯人視」報道を検証した記事を掲載するなどして反省する姿勢を示してきてはいる。

事件報道に対する社会の批判が強まるきっかけとなったとも言える松本サリン事件以降、その教訓はどれほど生かされているだろうか。右の事件はいずれも裁判員裁判ではないが、個別事件の反省を超える、事件報道自体の見直しは自主的に進められているのか。裁判員裁判報道の検証がないのを見ると、心許ない。

当時、長野支局や社会部で現場取材をした記者もいまではデスク・キャップや部長クラスになり、一線記者を指導する立場になっているはずだ。

日本民間放送連盟(民放連)は、今年五月、報道委員長(島田昌幸・テレビ東京社長)名で、「裁判員制度のさらなる充実を目指して」と題した声明を出した。民放連は、裁判員経験者が裁判所で行う記者会見については、原則として録音・録画を行わないことを、裁判所と「暫定的な」扱いとして制度開始時に合意している。だが、開かれた司法を目指すという制度本来の趣旨からも、これを録音・録画ができるようにしてほしいと主張するものだ。

この主張には頷けるが、「われわれは取材を受けていただく方々との信頼関係をなによりも重視」するというならば、自らの報道のあり方を検証する姿勢がまず必要なのではないか。読者・視聴者が不信感を抱いたり、公権力の介入を招く前に、できることはあるはずだ。

ＮＨＫが危ない！

九月号

「ＮＨＫが危ない！」。これまでなんども、いく人もの人たちが口にしてきた言葉だ。しかし、今回ほどこのフレーズがリアリティを持つことはなかった。ＮＨＫ危機の元凶は、もちろん籾井勝人会長その人であるが、彼の推挙に当たった経営委員会、なかんずく〝暴言・愚論〟を頻発する複数の委員たち、その彼らを任命した安倍晋三首相ということになろう。

組織に漂う負の雰囲気

ＮＨＫの危機を憂慮する声は、籾井会長の罷免を求めるＮＨＫのＯＢたちによって代表され、今では、それに励まされる現役職員も少なくないという。この動きに他のメディアも注目し始め、ＯＢの会は記者会見を準備中とのこと。

中からも反乱の声が上がった。公開を前提とするＮＨＫ経営委員会の議事録（四月二二日）に、退任した二人の理事が、経営委員会に向けて異例の苦言を呈したのである。一人は籾井氏の会長就任以来の混乱を「異常事態」と表現し、放送局内に「負の雰囲気が漂い始めて」いることを警告。もう一人の広報担当理事は、経営委員会に対して、「新執行部に対する管理監督の役割と責任を十全に果たしていただきたい」と訴えた。要するに二人の理事は、会長を任命した経営委員会の責任を追及し、籾井会長の進退にけじめをつけろと述べた。

かくて、公共放送ＮＨＫは、複合リスクの中で身動きならない状態に陥っている。発信される情報や、表現される内容が急速に説得力を失いつつあるのだ。

危ないＮＨＫ

いまや「ＮＨＫが危ない」は、「危ないＮＨＫ」に置き換えることができる。確かに、籾井会長の露出度は激減し、その分だけ舌禍事件の現場を見ることも少なくなった。しかし、それは瑣末なことで、深刻なのは、「日本軍慰安婦をめぐる歴史認識」「特定秘密保護法」「集団的自衛権の行使容認」などに関するＮＨＫの報道が、視聴者をないがしろにした〝集団的暴走〟に舵を切りつつあることだ。

最近のＮＨＫは、政府要人の〝ゲストルーム〟と化している。集団的自衛権行使に関する安保法制懇の「報告書」が出た五月一五日、「ニュースウオッチ９」に、当事者中の当事者、礒崎陽輔首相補佐官が出演した。そして、行使容認の「閣議決定」から二日後の七月三日には、「クローズアップ現代」に菅義偉官房長官が登場した。さらに、この問題に関する衆参両院の

「集中審議」を翌日、翌々日に控えた七月一三日、今度は「NHKスペシャル」に、安倍晋三首相をはじめとする与党幹部たちが登場し、閣議決定にいたるまでの「水面下の攻防」を悲喜こもごも語った。タイトルは「集団的自衛権行使容認は何をもたらすのか」だが、内容は苦労の末の〝成功物語〟にすぎなかった。そこに見え隠れするのは、永田町のプレイヤー(パイプ役)に励む政治部記者たちだ。

ここで、あらためて今回の集団的自衛権行使容認をめぐる報道を通して、NHKが権力に隷従していく過程を見ておく。

五月一五日、安保法制懇の報告書が発注元の安倍首相に提出された。その日の首相は、図解パネルを二枚用意して、「わかりやすさ」を売りにプレゼンテーションを行った。「お父さん、お母さん、お爺さん、お婆さん、子どもたち」を救出する米艦が攻撃されたときに、日本が何もしなくていいのか。海外で活動するNGOが武装集団に襲われたときに〝駆けつけ警護〟をしなくてもいいのかなどと迫った。前者は満蒙開拓団が命からがら日本に引き揚げて来た過去を連想させるが、いまどきの朝鮮半島でこんな図は考えにくい。自国民の救出はそれぞれの国が行うことになっている。後者のNGO救出の想定については、軍事色が付けばかえって危険が増すと関係者から反発されている。

会見直後、安倍番の政治部記者が登場し、政府広報官のような口ぶりで、〝荒唐無稽〟で〝有難迷惑〟な首相会見の内容を無批判に復誦し、今後の政治日程だけを述べた。その日の「ニュースウオッチ9」には首相補佐官が登場し、新味のない話をして帰った。一方、テレビ朝日「報道ステーション」には、元官房副長官補・柳澤協二氏がビデオ出演し、首相説明は〝人情話〟にすぎないと切り捨てた。次に、安保法制懇メンバーで、安倍首相のご意見番と言われる岡崎久彦氏にマイクを向けると、「総理大臣に立派な人を選んでおくことが歯止め」だと、まことに傾聴に値するジョークを口にした。

氾濫する官房長官談話

その後、与党協議のアレコレを見せられた挙句、ついに七月一日、閣議決定の日を迎えた。官邸前には一万人もの人々が集まり、抗議のデモを行ったが、「ニュースウオッチ9」は、冒頭わずか二〇秒間だけその映像を流し、「騒然とする総理大臣官邸前」とだけコメントした。まるで虫のすだく声か何かのような扱いである。その上で、大越健介キャスターは、「記者　大越が見た　自衛隊　派遣のこれまで」と銘打って、「私も政策決定の最前線をずいぶん長く取材をしてきた」と胸を張りながら、湾岸戦争(一九九一年)は金だけ出して血を流さない日本が、国際貢献を模索する一大転機となったと位置付け、それを起点に、今回の閣議決定に至る道筋を段階的に説明した。「〝貢献〟から〝協力〟へ」「〝戦時〟への協力」「〝協力〟から〝抑止〟へ」という予定調和の年表をたどり、米中の反応などを紹介したあと、最後に「抑止理論」をもとに「いま、閣議決定によって、集団的自衛権の行使に道筋がつきました」と締めくくった。要するに、この政治部記者は、安倍首相の十八番である「安全保障環境の変化」という言葉を鸚鵡返しのように繰り返すのみで、何がなぜ変わったのか、その理由が説明されないことに、何の質問も差し挟まなかった。これはもうテレビの視聴者を巻き込んだ無理心中だ。このようにまず言葉が死んで、戦争が始まるのである。

七月三日、中国の習近平国家主席が北朝鮮に先立って韓国を訪問、朴槿恵大統領と首脳会談を行った。翌日、習国家主席はソウル大学で講演し、「中韓両国の人々は戦争の中で、塗炭の苦しみをなめ、国土を破壊され、生死をともにし、助け合った」と日本を批判した。これに対して、四日の「ニュースウオッチ9」の冒頭、大越キャスターは、「日本への厳しい批判はもはや驚くに値しないのかもしれません」と切り出した。なぜ、ニュース・キャスターが官房長官のようなコメントを述べたのだろうか。

メディア・スキャンダル

後でわかったことだが、どうやら前日の七月三日、菅官房長官が出演した「クローズアップ現代」で何かがあったようなのだ。七月一一日発売の雑誌『フライデー』に、『クローズアップ現代』で集団的自衛権について突っ込まれた菅官房長官側が激怒――安倍官邸がNHKを〝土下座〟させた一部始終」という見出しの記事が掲載された。しかし、筆者が視聴した「クローズアップ現代」では、閣議決定までの経緯を手際よく説明した後、国谷裕子キャスターと政治部記者が菅氏に質問をしたが、特に目新しい内容も、不始末もなかったようなのだが……。

『フライデー』の記事によると、官房長官側は予想外に鋭い突っ込みに遭って怒ったらしいのだ。NHK広報はこのような事実はないと否定しているとも同誌は伝えている。確かに、放送直後に何らかの〝お叱り〟があったことは、嘘ではないらしい。しかし、番組をなんど再生してみても、官邸側が怒る理由がどうしても見当たらない。そこで、どんな質問があったのかを抜き出してみた。

「他国を守るための戦争には参加しないか?」(注:この場面で国谷キャスターが念を押すと菅氏は「明言します」と答えた)、「日米安保条約では抑止力は不足ということか?」「国際的な状況が変わったということで憲法解釈を変えていいのかという声もあるが?」「密接な関係がある国はその時々の政権が決めるのか?」「密接な他国の強力な支援要請を断りきれるのか?」(注:キャスターは「断りきれる?」と念を押し、官房長官は「もちろん」と応じた)、「アメリカと一体化すると、アメリカの敵対地域で日本が独自の活動ができなくなるのではないか?」「第三国を攻撃することになると、先制攻撃と受け取られる危険性はないか?」「解釈変更に対する違和感や不安をどう払拭していくのか?」

これが質問のすべてであり、菅氏は懸念のすべてを否定した。それキャスターの「念押し」が煩いとでも思ったのだろうか。それが嫌なら公人を辞めるしかない。そんなことより、この対談の間、菅長官が「どこの国といえども、一国だけで平和を守れる時代ではなくなってきた」という意味の答えを四回も繰り返したことのほうが問題だ。これは武力行使を否定する国連憲章が掲げる平和主義の精神であり、むしろ集団的自衛権の行使を抑制する文言だ。菅氏は、「安全保障環境の変化」「時代の変化」を経文のように唱えればなんでも通るという安倍政権の「時代錯誤」に、そろそろ気づくべきなのだ。

あえてこの番組の粗を探せば、タイムキープがうまくいかず、菅氏の発言途中で放送が終了してしまったことくらいだ。「ですから先ほど来申し上げましたけれども、これだけ世の中が変わって、四二年間そのままでですね、どこの国でも一国で平和を守るような時代じゃない(プツン)」。しかし、この話は四回目なので視聴者的には実害はない。

筆者は念のため、NHKの公式サイトで、この番組の文字起こしを読んでみた。最後のやり取りがそっくりカットされていた。菅氏の尻切れトンボを救うためにカットしたのか、それとも聞き飽きた話としてカットしたのか定かではない。だが、生放送の醍醐味は、映像音声メディア独特の裂け目を出現させてしまうことである。カメラは、菅氏の顔つきが番組の進行につれて、どんどん険しくなっていくのを記録していた。とすると、NHKは余計な配慮から、せっかくのテレビ的な〝批評空間〟を自らの手で閉じてしまったことになる。

その後のNHKの報道ぶりを見ていると、七月一三日のNHKスペシャル「集団的自衛権行使容認は何をもたらすか」は、その無内容ぶりは言うに及ばず、「クローズアップ現代」に批判的な政治部がイニシアティブをとったために、いかにも政権への〝詫状〟のように見えたのは〝下衆の勘ぐり〟であろうか。しかし、「クローズアップ現代」で準備中だった「特定秘密保護法」に関する番組が、この間の〝騒動〟のさなかに放送予定から消えてしまったらしい。菅氏出演の件と何か関係があるのだろうか。

今度は、七月一七日の「ニュースウオッチ9」で、あの大越キャスターが「在日コリアン一世の方たちというのは、一九一〇年の韓国併合後に強制的に連れてこられたり、職を求めて移り住んできた人たちで……」云々とコメントしたところ、二二日の経営委員会で、委員の一人である百田尚樹氏が「日韓併合直後から強制連行があったように受け取られかねない」、と発言したという(七月二六日付共同配信記事)。

こうしたメディア・スキャンダルが跡を絶たないのはなぜだろう。つまるところ、NHK危機の深刻さは、メディアに手を突っ込む〝快楽〟を覚えてしまった総理大臣の衝動が、メディア構成員たちを自発的隷従に導き、それがやがて視聴者にまで浸透していく道筋が着実につくられていることなのではないか。しかし、他方で、NHKに対する批判の声は日に日に高まっている。これは、安倍内閣の支持率の低下と何か関係があるのだろうか。

分断される中央紙、頑張る地方紙……………………九月号

昨年は『八重の桜』だったが……　メディアには権力を監視する機能がある。その意味で本来なら野党的であるのがジャーナリズムのあり方だった。だが、安倍政権の復活を機に「与党メディア」が力を増し、政権のお先棒担ぎを平然と行うようになっている。

七月一九日、安倍首相は選挙区の山口県下関市を訪れた。「首相動静」にこうある。

午後三時四〇分下関市市民会館着、大ホールで長州「正論」懇話会創設一周年記念講演会で講演。終了後懇談会。七時二三分焼肉やすもり下関グリーンモール本店着。井上貴博自民党衆議院議員、村岡嗣政山口県知事、熊坂隆光産経新聞社長と会食。

「正論」懇話会は産経新聞の名物コラム「正論」や同名の雑誌の愛読者の集まり。日本各地に結成され、著名な筆者を呼んで講演会を行っている。名古屋では五月に櫻井よしこ氏、大阪では元自衛官の志方俊之氏、和歌山では日本教育再生機構理事長の八木秀次氏らが講演した。

長州「正論」懇話会は、安倍氏が首相に再登板したのをうけて産経新聞の肝煎りで作られた団体である。首相は要請に応じ「誇りある国を」と題する講演を行った。

「正論懇話会という名目で久々に地元に帰って来たようなもの」と切り出した首相は、「来年は長州を舞台にした大河ドラマが放映されると承知しております。松陰先生の妹さん・ふみさんが主人公ということです。昨年も女性が主人公『八重の桜』。長州人である私たちにとってはちょっと不満な場面もあったわけですが、来年はまさに長州が中心的な役割を果たしてゆく、そういうドラマになっていくのではないか」。首相のご威光は大河ドラマにまで及ぶのか、と思わせる挨拶だった。

講演を終え懇親会で首相と並ぶ熊坂社長の写真がｍｓｎ産経ニュースの記事に張られている。気心知れた仲間に囲まれるのが好きな首相に、選挙区で思いのたけを語らせる。この場を設営した熊坂は、首相を取り巻くメディア人脈の巨魁だ。

安倍政権が誕生したのは二〇一二年、暮れも押し迫った二六日のこと。正月を迎え真っ先に会食したのが読売新聞グループ本社の渡邉恒雄会長だった。二〇一三年一月八日、パレスホテ

ル東京の「和田倉」、菅官房長官を同席させての会食だった。その翌日、赤坂のANAホテルの「雲海」で夕食を共にしたのが産経新聞の清原武彦会長と熊坂社長だった。

産経ではもう一人欠かせない人物がいる。第一次安倍内閣で番記者でありながら安倍側近となった政治部の阿比留瑠比氏だ。安倍氏が発信したいことを先回りして質問する露払い役を務めた。「慰安婦」問題、歴史教科書、中国脅威論など安倍カラー満載の記事を書き連ね、櫻井よしこ氏によると「安倍政権にもっとも近い記者の一人」という。

「阿比留瑠比の極言御免」というコラムで安倍氏を褒めちぎり、返す刀で民主党、朝日新聞、中国、韓国などを扱き下ろす。七月一〇日付のコラムは「安倍外交　中韓以外は評価高く」。七月二四日は拉致問題について書き、「北朝鮮が結果を出してこなかったら、また制裁に戻る。安倍政権が北にだまされることはない」という首相側近の言葉で結んだ。

ジャーナリストの上杉隆氏は「阿比留は、偏ることを恐れない。もはや他の記者とは違う世界に存在している。ペンの力で安倍政権を支えるという政治的使命を抱いた『運動家』なのだ」と書いている(『官邸崩壊』)。

産経は戦後の歴史教育を「自虐史観」と批判し、戦争犯罪に対する謝罪は必要ないと主張してきた。保守の中でも右に張り出した異端の中央紙は、安倍政権の誕生で「ど真ん中」で声を上げるようになった。

取材も「規制緩和」?　もう一人の伴走者は読売新聞である。グループ本社会長の渡邉恒雄氏は、首相の父・安倍晋太郎が毎日新聞政治部の記者をしていたころから家族ぐるみの付き合いで、今や「安倍後見人」を自認する。象徴的な出来事が「消費税　来年四月八%　首相、意向固める」という特ダネだ。昨年九月一二日の読売朝刊に載った。二日前に安倍首相は渡邉氏と会食している。

「読売は消費増税に賛成ですが四月実施に反対でした。来年一〇月に一足飛びに一〇%にし併せて軽減税率を導入しろと求めていた。消費税が八%になると新聞購読者が減る。軽減税率で五%に据え置けば購読者離れが避けられる、というわけです。しかし政府として四月実施は譲れず、ナベツネの顔を立てるため、首相が会って特ダネを提供した」

首相官邸の関係者は舞台裏をこう解説した。事実であれば首相直々のリークである。読売との深い関係がうかがえる。

集団的自衛権、原発再稼働、積極的平和主義、TPPなど読売の政権と一体となった報道ぶりは目を引く。大方のメディアが異を唱えた特定秘密保護法では、渡邉会長が特定秘密を管理する情報保全諮問会議の座長となり批判の鎮静化に一役買っている。

行政や権力機関と一線を画すことがジャーナリズムの鉄則とされるが、読売新聞の特徴は「権力との一体化」である。最高権力者が特定秘密の座長に納まるように、論説委員など幹部社員が政府の審議会のメンバーになっている。

その一方、現場の記者は会見でほとんど質問しない。「聞きたいことは他社がいないところで聞け」という記者教育がなされている。各社同列ではニュース価値が乏しい。質問すれば他社に情報が流れる。会見は黙って聞き、他社が引き出した大事なニュースだけを書けばいい――記者会見は「皆が見ている」公共空間だ。答えたくないことを憮然と無視すれば、その裏に何かあることを世間に気付かせる。権力者を公開の場に引き出し、問い詰めるメディアの舞台だが、鋭い質問を連発すると嫌がられる。場合によっては記者クラブから外す工作さえ権力者はする。

一対一は情報を持っている者が強い。言いたくなければ言わない、都合よく書かせようと思えば情報を提供する。公の場で追及の輪に加わらず、裏でこっそり聞くやり方は「懐に飛び込む」と表現される。情報は得やすいが、権力監視という機能の放棄だ。表面では同じに見える記者の仕事は、チェックに重点を置くか、癒着するかで方向は正反対になる。

一〇〇〇万部を誇る読売新聞は翼下の日本テレビネットワークを合わせ、政権にとってNHKと並ぶ強力な宣伝媒体である。安倍首相はテレビ出演が好きだ。再登板後、最初に出たのが二〇一三年一月一三日、読売テレビの「たかじんのそこまで言って委員会」だ。真っ先に大阪のテレビ局に登場するのは前代未聞だった。可能にしたのは首相取材の「規制緩和」である。内閣記者会は首相の単独インタビューを原則自粛とし、テレビ出演は各社持ち回りとしてきた。縛りを掛けることで、特定メディアの優遇や排除を防ぎ、公平をはかることに配慮してきたが、政権の働きかけで規制が撤廃された。

「自由化」でメディアの選別が始まった。持ち回りの頃は、硬派の報道番組が主流だったが、自由化後は官邸側の意向を反映し「好感度」「視聴率」が重視される。私生活をスポーツ選手や人気歌手などを交えて紹介するなど、お茶の間の受けを狙ったつくりになっている。結果として日テレとフジ系列への出演が多くなる。「他局が流すならウチも、ということで首相に近い政治部記者を間に立てて出演交渉した」。テレビ朝日の関係者はいう。お願いすれば立場は弱くなる。官邸の期待するトーンから番組は外れるわけにはいかない。

悪貨は良貨を駆逐する。与党メディアが力を増し、ジャーナリズムの批判精神は細るばかりだ。

「火の手」は上がっている　ところが地方で逆の動きが起きている。それは集団的自衛権を論ずる地方紙の社説に現れた。主要地方紙四三紙のうち四〇紙が「反対」の社説を掲載したのである。

七月八日付の東京新聞「こちら特報部」が丁寧にまとめている。同紙によれば、新潟日報は七月一日付朝刊一面に佐藤明編集局長の「地方は黙してはならない」という論説を掲げた。首相や与党に、地方に説明しようという動きが全く見えないことに『外交や防衛に地方は口を出さなくていい』ということなのだろうか」と迫った。地方議会は集団的自衛権を容認することに「反対」や「慎重な議論」を求める意見書をあちこちで可決しているという。高村正彦自民党副総裁が「地方議会も日本人であれば慎重に勉強してほしい」と語ったことに、佐藤局長は「慎重に勉強しようにも、時間も与えず決めようとしているのは誰か」と反論した。

さらに特報部記事は、東北のブロック紙・河北新報の鈴木素雄編集局長が書いた「民権無視の横紙破り」と題する記事を紹介している。元仙台藩士・千葉卓三郎が起草した明治の憲法試案「五日市憲法」は、今の憲法に通じる先見性があったとし、憲法改正には特別会議の召集や両院の三分の二の議決を必要とする規定があることを指摘。「首相は解釈という『主観』を潜り込ませることによって、選手兼審判の座を射止めようとしているように見える。千葉が想定だにしていなかった禁じ手というほかない」と批判した。

また、沖縄の琉球新報は「日本が悪魔の島に　国民を危険にさらす暴挙」と見出しを付けたという。ベトナム戦争で爆撃機が出撃した沖縄は「悪魔の島」と呼ばれた。当時は憲法の歯止めで参戦に至らなかったが、憲法解釈の変更により今後は日本中が「悪魔の島」になる恐れがあるとし「……米軍基地が集中する沖縄は標的の一番手だろう。米軍基地が集中する危険性は、これで飛躍的に高まった」と書いた。七月四日付のしんぶん赤旗は、首相や高村副総裁の地元で読まれる山口新聞も「自衛隊活動の地理的制限もなく『アリの一穴』で武力行使の範囲が拡大する」と危うさを突いたと触れている。

中央では読売・産経・日経が「賛成」、朝日、毎日、東京が「反対」。賛否は均衡しているかのように見えるが、地方紙で賛成は石川県の北国新聞、富山新聞、読売系列の福島民友の三紙だけ。政権批判の火の手は地方から上がっている。

滋賀県知事選の意味　新聞ジャーナリズムが電波と融合しメディア産業に進化した今、ビジネスは不動産から娯楽・スポーツ、一部にはカジノまで手を広げようとしている。ビジネスと割り切れば権力と手を組むことが有利である。

二〇二〇年の東京五輪はメディアにとっても大勝負だ。放映権、広告宣伝、タイアップ事業などビジネスチャンスが山のようにある。安倍政権は強者にやさしい経済運営で、潤うのは中央だろう。疲弊し人口も減る地方には、アベノミクスの恩恵さえ見えない。

今や世界のテーマにもなっている格差は、日本で中央と地方の断絶さえ起こしかねないほど深刻化している。

七月一三日、滋賀県知事選挙で自民・公明が担いだ小鑓隆史候補が敗れ、劣勢を伝えられていた前民主党衆院議員の三日月大造氏が勝利した。卒原発を掲げた嘉田由紀子知事から後継指名を受け臨んだ選挙だったが、情勢が動いたのは七月一日の閣議決定だった。集団的自衛権容認への解釈改憲である。小鑓候補を推す公明党支持層の動きが鈍り、浮動票が三日月候補に流れた。

社説と同様に地方の民意にさざ波が立っている。中央ではメディアを抑え、耳障りのいい情報ばかりが聞こえる首相。お国入りしても、仲間内の集会で上機嫌でいられる人間に、草の根から湧き上がる民の声は届かないのかもしれない。

慰安婦問題の矮小化を許すな……一〇月号

異様なリアクション

旧日本軍慰安婦を巡る報道に対して、朝日新聞への攻撃、批判が相次いでいる。同紙は、八月五日・六日の両日、見開き二ページの特集記事（「慰安婦問題を考える」上・下）を掲載。その中で一部の記事を取り消したことが、前々から朝日バッシングを展開してきた保守系メディアなどからの〝格好の標的〟となった形だ。

朝日が取り消したのは、日本の植民地だった済州島（韓国）で、軍の慰安婦とするために若い女性を強制連行したと証言した、吉田清治氏（二〇〇〇年死去）を取り上げた記事だ。『私の戦争犯罪――朝鮮人強制連行』などの著書もある吉田氏は、戦時中、山口県労務報国会下関支部の動員部長として「慰安婦狩り」をしたと告白し、謝罪のため現地を訪れたこともある。

この特集記事によると、朝日が初めて吉田氏について記事にしたのは一九八二年九月二日の大阪本社版朝刊社会面。大阪市内での講演内容として、「済州島で二〇〇人の若い朝鮮人女性を『狩り出した』」と報じた。ところが、一九九二年四月、現代史家の秦郁彦氏による済州島での現地調査を元に、産経新聞が証言は虚偽だとする記事を掲載するなど、その真偽に疑問符が付いた。

朝日は、確認できただけでこれまで一六回、吉田氏を取り上げたという。今回の特集記事の「読者のみなさまへ」欄では、「当時、虚偽の証言を見抜けませんでした。済州島を再取材しましたが、証言を裏付ける話は得られませんでした。研究者への取材でも証言の核心部分についての矛盾がいくつも明らかになりました」と述べている。同特集はこの「済州島で連行」証言をふくめ、強制連行、「軍関与示す資料」、「挺身隊」との混同、「元慰安婦　初の証言」の五つを柱に、読者からの疑問に答える体裁を取っている。記事が掲載された八月五日、自民党の石破茂幹事長はさっそく国会での朝日追及に言及するなど、その後、事態は異様な展開をみせている。

週刊誌もこぞって攻撃

まずは、保守系メディアによる、朝日の特集記事をめぐる報道ぶりを概観しよう。ここでいう保守系メディアとは、憲法改正や集団的自衛権の行使容認、特定秘密保護法、歴史観などで政府・与党の政策に同調的なスタンスの報道機関などを念頭に置いている。

発行部数日本一を誇る読売は、朝日が特集した翌八月六日朝刊一面の二番手で、「朝日、三二年後の撤回　強制連行証言は『虚偽』」と報じ、社説でも取り上げたほか、一ページの特集を組んだ。産経もほぼ同様の構成だ。読売の社説の主見出しは「『吉田証言』ようやく取り消し　女子挺身隊との混同も認める」。産経は「『強制連行』の根幹崩れた　これでは訂正になっていない」。

読売社説は、朝日の報道に関して「韓国の反日世論をあおっただけでなく、日本について誤った認識が、世界に広がる根拠の一つとなった」「九六年の国連人権委員会のクマラスワミ報告にも引用された。これが、慰安婦の強制連行があったとする誤解が、国際社会に拡大する一因となった」と指摘する。読売のいうクマラスワミ報告とは、同委員会が「女性への暴力に関する特別報告者」に任命したスリランカ人のクマラスワミ氏が、韓国、日本への訪問調査に基づきまとめた報告書を指す。旧日本軍慰安婦を「性奴隷」と認定し、慰安婦制度は国際法違反として、日本政府に法的責任の受入れと関係者の処罰などを求める内容だ。吉田証言も引用されている(ただし、吉田証言を否定した歴史家の秦郁彦氏の主張も引用されている)。

産経社説(「主張」)は吉田証言が取り消されたことで、「(一九九三年の)河野洋平官房長官談話などにおける、慰安婦が強制連行されたとの主張の根幹は、もはや崩れた」と踏み込んだ。この点は「『強制連行の有無』が慰安婦問題の本質である」と書く読売も同じ認識を示している。

週刊誌の朝日批判は、タイトルもかなりえげつない。

週刊新潮は「全国民をはずかしめた『朝日新聞』七つの大罪」(八月二八日号)、「一億国民が報道被害者になった」(九月四日号)、週刊文春は「朝日新聞よ、恥を知れ!『慰安婦誤報』木村伊量社長が謝罪を拒んだ夜」(八月二八日号)、「朝日新聞『売国のDNA』」(九月四日号)。そして週刊ポスト(八月二九日号)は「朝日新聞『慰安婦虚報』の『本当の罪』を暴く」と、朝日批判の常連三誌に加え、週刊現代(八月三〇日号)も「日本人を貶めた朝日新聞の大罪」特集を組み、主要四誌は朝日批判で足並みをそろえた。

その主張の基本は読売、産経と同じ。週刊新潮は「それ(吉田証言)が瓦解すれば、軍が慰安婦を強制連行したという証拠は一つもなくなる」というジャーナリストのコメントを掲載。ポストは「朝日の吉田証言の全面取り消しによって、日本が慰安婦を性奴隷にしていたという『批判の根拠』は完全に潰えた」とし、現代も「吉田証言が否定され、慰安婦の強制連行がなかった」と書いている。

これらのメディアの文意は、「吉田証言は虚偽だったのだから、日本軍による強制連行の事実などない」「強制連行があったとしてもそれは現地の将兵が勝手にしたことだ」「一六回も報じて世界中に恥をまきちらし、日韓関係までこじらせた朝日はけしからん」――と要約できよう。

顧みられない被害実態　風が吹けば桶屋が儲かるとの言葉どおり、これら保守系メディアの論理展開は、控えめにいっても、かなりの無理がある。だが独りよがりになってもいけないので、「日本軍『慰安婦』問題とNHK」(『NHKが危ない!』所収)を執筆した、元NHKディレクターで現アクティブ・ミュージアム「女たちの戦争と平和資料館」(wam)館長の池田恵理子氏に、事態に関する見解を求めた。

質問内容は、先にも取りあげた読売や産経の社説を意識し、(1)「強制連行の有無」が慰安婦問題の本質なのか、(2)クマラスワミ報告に引用されたことなどが原因で、強制連行があったとの「誤解」が拡大したといえるのか、(3)吉田証言が虚偽だったことで、河野談話の根拠はなくなったのか――の三点。池田氏の回答は次のとおりである。

(1)については、「日本国内と、朝鮮半島・台湾などの日本の植民地以外の地域では、強制連行により女性たちが慰安所に入れられた事例が、公的文書などでも認められている」と指摘する。具体的には、BC級戦犯裁判で裁かれたオランダ領東印度(インドネシア)のほか、東京裁判においても、中国・桂林、ベトナムでの被害ケースがあるという。一方、朝鮮半島や台湾など日本の植民地だった地域ではどうだったのか。「連合国が戦犯裁判で旧植民地の人々の被害を取り上げなかったこともあり、裁判資料には出てこない」が、多くの元日本軍慰安婦の証言が存在するという。一例として、女子挺身隊員として動員されていた富山県の軍需工場から逃げ出したところを憲兵に捕まり、慰安所に連行された女性のケースを挙げた。ただ、朝鮮半島では募集にあたって暴力を用いるまでもなかったらしく、池田氏は「女衒や巡査、あるいは地域の有力者などが日本軍の出先機関とぐるになって『勉強ができる』『いい仕事がある』などとうそを言って『慰安婦』にした事例があるほか、親族に人身売買されたケースもあった。言葉で脅されたり、甘言があったり、口車に乗せられたりするなどして、本人が望んでもいない慰安所に連れられ、望んでいない性行為を強要させられることは、強制連行と言えないのか。銃を突きつけて無理矢理トラックに詰め込んで連れ出すだけが『強制連行』なのではない」と指摘する。

(2)については、「クマラスワミ報告は被害者の証言、兵士たちの証言、日本軍側の資料などを総合的に見て『慰安婦』制度について判断している。吉田証言が虚偽だったとしても、報告書全体の意義が損なわれることはない」。

(3)に関しては、「河野談話の作成にあたって日本政府は、二度にわたって調査を行い、BC級戦犯裁判関連をはじめ、いろいろな文書資料を集めている。談話の中で強制連行という言葉を使っていないのは、インドネシアでの事例のように裁判資料から明らかなケースもあったが、朝鮮半島の女性たちについて厳密に記述しようとしたために、『強制性』と表現したのかもしれない。吉田証言を根拠にしたとすれば『強制連行』としたはずだ。何の影響もない」と指摘する。

今年七月、国連自由権規約委員会は、慰安婦問題について、「公式な謝罪を表明すること」および締約国の「責任の公的認知」、「被害者とその家族への完全な被害回復措置」をとるよう日本政府に促す勧告を出した。保守系メディアの報道からは、こうしたことなど知らぬとばかり、いやむしろ、朝日の今回の記事取り消しを「てこ」に、慰安婦問題自体があたかも存在しなかったことにしようとの思惑すら透けて見える。その一方、歴史を修正しようと狂喜するメディアに待ったをかけようとする報道は、あまりにも頼りない。朝日は、こうしたリアクションをどう見ているのだろう。

ただ、検証記事が反発を招くというだけでなく、慰安婦問題全体が、吉田証言という狭い論点に絞り込まれかねないことは、事前に予想できたのではないか。議論があらぬ方向に展開しないよう、二の矢、三の矢の記事の準備が欠かせないはずだが、朝日はその後、全くの黙りを決め込んだ。三週間たった二八日、ようやく掲載した記事は検証特集の補充にとどまり、報道の意義をふくめた慰安婦問題の全体像を浮き彫りにするには程遠い内容だった。

それにつけても筆者は、NHKのETV2001「シリーズ戦争をどう裁くか　第二回問われる戦時性暴力」(二〇〇一年一月放送)について、当時官房副長官だった安倍氏らがNHKの幹部に対して「公平で客観的な番組にするように」などと釘をさし、放送直前に大幅な改竄があったとする朝日のスクープ記事(二〇〇五年一月)とその顛末を思い出す。安倍氏らから事実無根との猛反撃を受けて、朝日は取材時の録音テープを公表することもなく、曖昧な幕引きをしてしまった。その苦い記憶についても、どう考えているのだろうか。

何から議論を始めるべきか？　読売社説は今回こう論じている。「『戦場での性』の是非と、軍の強制連行があったかどうかは、区別して論じる必要がある。広義の強制性があったとして日本政府の責任を問うことは、議論のすりかえではないか」

この指摘は、あまりにいただけない。先にも触れた国連自由権規約委員会による、日本政府に対する所見をよく読んでほしい。国際社会が問題にしているのは、募集、移送から管理まで被害者の意思に反して行われた行為は、法的な責任を伴うということである。これに対する軍の関与を河野談話も明確に認めている。「強制性」に暴力的な要素があったかどうかではない。

筆者の手元には『司法が認定した日本軍「慰安婦」』(かもがわ出版)というブックレットがある。旧日本軍慰安婦が日本政府を相手に損害賠償を起こした一〇件の裁判(いずれも原告側が敗訴）のうち、八件で裁判官が認定した事実を掲載している。当時の軍資料ではないが、同書を読むと、確定判決からも朝鮮半島で行われた強制連行の事例を知ることができる。

ｗａｍは八月一〇日付の日本政府への要請文の中で「今、求められているのは『河野談話の作成過程の検証』ではなく、日本軍『慰安婦』制度についての第三次政府調査です」と指摘している。安倍首相は、河野談話を継承すると国際社会に約束しているが、その河野談話は「政府としても、今後とも、民間の研究を含め、十分に関心を払って参りたい」と結んでいる。読売の社説は「正しい歴史認識を持つためには、あくまで真実を究明することが欠かせない」と続く。筆者も同感である。すべてのメディアが足並みをそろえて、国際社会に通用しない歴史認識や人権意識を振りかざす政府に、正気を取り戻すよう迫ってはどうか。

「吉田調書」報道——記事取り消しの撤回を……一二月号

謝罪会見のあと　朝日新聞社内で、三つの委員会が同時に動いている。もちろん、東京電力・福島第一原発事故で現場を指揮した吉田昌郎元所長の聴取記録（「吉田調書」）のスクープ報道と、日本軍慰安婦の強制連行を告発した「吉田証言」の誤報をめぐってである。吉田調書問題は、常設の第三者機関「報道と人権委員会」（ＰＲＣ）が、慰安婦報道問題は、池上彰氏の連載コラム掲載見合わせの判断を含めて、今回設けた有識者による第三者委員会が取り上げ、それぞれの報道について社外の委員のみで検証するのだという。

これらのテーマを扱う委員会の発足を受けて、さらに設けられたのが社内外のメンバーで構成する「信頼回復と再生のための委員会」だ。編集部門に限らず朝日新聞社全体の意思決定や危機管理、企業体質などにも踏み込んで総点検するという。朝日ＯＢの組織「朝日新聞旧友会」は一〇月二〇日付で「木村社長の一日も早い辞任と、役員総退陣」を経営陣に訴える意見を出している。

どの委員会が、どのような事実を前提にして議論しているのか、詳細は不明だが、九月二四日にいち早く審理を始めたのが報道と人権委員会だ。吉田調書を特ダネで報じた五月二〇日付朝刊記事の取り消し問題について取り上げる。

ＰＲＣの議論は、その結論によっては、調査報道にもっとも大きな影響を与えるものだ。吉田証言を取り上げた記事の執筆記者はすでに退社し、朝日新聞に所属していない。だが、吉田調書報道の場合、記事を手がけたのはもちろん現役の記者である。木村伊量社長自身は、九月一一日の謝罪会見において、「関係者の厳正な処分」を表明している。

吉田調書のスクープについておさらいしよう。記事は「東電社員らの九割にあたる約六五〇人が吉田所長の待機命令に違反し、一〇キロ南の福島第二原発に撤退した」との内容で、朝日は『命令に違反　撤退』という記述と見出しは、多くの所員らが所長の命令を知りながら第一原発から逃げ出したような印象を与える間違った表現」としてこの記事を取り消した（九月一二日付朝刊）。

審理は非公開のため、委員会内の様子はわからないが、記事を取り消した朝日新聞自身（厳密には経営側というべきだろう）が申し立てた経緯を考えれば、自ずと論点は「調書を読み解く過程での評価を誤り、十分なチェックが働かなかった」（九月一二日付朝刊）などに絞られ、「記事の影響」（同）も論点になってくるのだろう。逆に言えば、記事が誤報であることと、取り消し措置を前提にした議論となっている可能性が大きい。しかし、前号でも当メディア欄で触れたように、そもそも取り消すほどの誤報があったのだろうか？

「なぜ取り消しなんだ」

そう思っていたら、『週刊現代』（一〇月二五日号）に面白い記事が載っていた。一〇月六日午後に東京本社で開かれた「社員集会」に、編集担当役員を解職された杉浦信之氏（九月一一日の記者会見にも木村社長とともに同席）が出席。そこで記者たちからの質問攻めに遭ったという。「社内の心ある記者たちの間では、『なぜ訂正・修正ではなく取り消しなんだ』という声が、あの謝罪会見以降、どんどん高まっている」と幹部記者の発言を紹介している。

この記事によると、吉田調書をスクープした記者らが第一報に続く特集紙面を準備し、掲載が決まりながら四度も先送りされた経緯があったらしい。この記事の肝は、実際に掲載される予定だった紙面を入手していることだ。「幻の記事」として、見出しの大きさやレイアウトまで詳細に紹介している。幹部記者は「（検証記事が）経営トップの手で握り潰されてしまった。その横暴に対する怒りが爆発したのが社員集会」と続けている。

先にも触れたが、八月五、六日に掲載した日本軍慰安婦報道の検証記事について、池上彰氏が同紙のコラム「新聞ななめ読み」で謝罪がなかったことを指摘する原稿を執筆したところ、朝日はいったん、不掲載の判断をした。これに対して社内から異論が上がり、SNSを通して実名で批判する記者が大勢現れたことはよく知られている。吉田調書をめぐっても、記事取り消しの判断に批判の声が上がっているのである。

記事取り消しへの疑問は、メディア法制に詳しい法律の専門家からも上がっている。中山武敏弁護士ら九人が、九月二六日に朝日新聞の木村社長と「報道と人権委員会」宛に送った『『吉田調書』報道記事問題についての申入書」がそれだ。

申入書は、今回の記事について「『命令違反で撤退』したかどうかは解釈・評価の問題。福島第二原発に撤退したとの記事は外形的事実において大枠で一致している。全部を取り消すと全ての事実があたかも存在しなかったものとなる」と指摘し、「記事全体を取り消さなければならない誤報はなかったと思料する」と言っている。この申入れには、一九二人の全国の弁護士が賛同したという。

新聞・放送関係者も一〇月二七日に朝日新聞へ申入書を提出している。五〇人以上が名を連ねた申入書には、「所員が実際に第二原発に退避したという事実は揺るがず……記事を取り消すまでの誤りがあったとは言えない」とあった。

朝日の記事取り消しが正しい判断であったかどうかは、重要な論点である。そしてこの論点は、木村社長が言及した「厳正な処分」の軽重にも大いに関係する。

朝日の「報道と人権委員会」委員を務めたジャーナリストの原寿雄氏(元共同通信編集主幹)は月刊誌『創』一一月号のインタビューで、「朝日は本来やるべきことと逆の動きになっている」として次のように答えている。

「(報道と人権委員会は)スクープ記事を書いた記者の事情聴取を始めた。これは非常に危険な兆候だ。朝日新聞が(委員会に)諮問するわけだから、テーマは『誰にどういう責任があるか』『取り消さなきゃならないような要素はどういう経緯で出てきたか』みたいなこと。朝日側の関心は〝犯人〟を絞りたいわけだ」。原氏は「今回は記事の取り消しまでいって大きな問題になったから、会社側が持ち出すのは〝自己退職〟だと思う。そういうことをPRCの答申を待ってやるんじゃないか」と懸念を示している。

これまでの処分は

朝日は、過去にスクープを放っていても、問題を起こした記者に対しては厳しく臨み、容赦なく「首」(解雇)にしている。その一例が、現在はノンフィクション作家として活躍する辰濃哲郎氏だろう。代表的なスクープの一つは、旧日本軍が慰安所運営に関与していたことを示す文書の存在を、歴史学者の吉見義明氏と協力して報じた一九九二年一月の記事だ。だが、辰濃氏は二〇〇四年に退社処分になった。氏は私立医科大学の補助金不正流用疑惑を追及するため、取材相手の元教授から拒否されたにもかかわらず、無断で録音を行った。そして録音内容の裏付けのため第三者に音源を渡したところ、その内容が怪文書の形で出回った――これが処分の理由である。朝日は「取材相手との信頼関係を損ね、取材源の秘匿の原則に触れる」と当時、説明した。

二〇〇五年には田中康夫・長野県知事(当時)らによる新党結成に関する報道に関して、長野総局の所属記者が懲戒解雇になった。政治部に出した記事の元になる「メモ」は、田中知事を直接取材しないまま捏造した虚偽の内容だった。政治部はこのメモに基づく記事を、記者本人に確認させないまま掲載した。また、二〇〇七年には他紙の記事を盗用した原稿を執筆した写真記者を諭旨解雇している。

これらの事案は吉田調書報道とは根本的に異なり、取材倫理に抵触するケースで、社長は辞任していない。今回の特徴は、一面記事を取り消し、社長の辞任問題に発展している点だ。

慰安婦問題をめぐって思い出すのは、朝日が二〇〇五年一月に報じたNHK番組(〇一年一月放送)の改変報道だ。NHKの放送総局長が放送前日に安倍首相(当時は官房副長官)と面会し、「公平、公正に」と言った後に大幅な手が加えられたいわゆる圧力問題。安倍氏はこの記事を事実誤認とし、政治圧力を認めていないが、安倍氏と放送総局長が会ったのは事実で、今回と同様、それをどう解釈・評価するかをめぐって、安倍氏と朝日は激しく対立した。執筆した記者は朝日を去ることもなく、社長の退任もなかった。

毎日新聞の基準　あるいは、吉田調書問題とよく似た最近の誤報として、毎日新聞が「被ばく防護策　規制委員長住民聴取拒む　評価会合議事進行優先」との見出しで昨年一一月に一面トップで報じた記事がある。

原子力規制委員会の田中俊一委員長が避難住民の帰還に向けた有識者委員会での聞き取りで、住民からの聴取を拒んだという内容。原子力規制委員会は誤報だとただちに反論し、会見での毎日記者の排除にまで広がった。報道した時点では、既に住民からの聴取は行われていたのが真相のようだ。毎日は誤報を認め、「おわび記事」を出したが、社長は辞任もしなかったし、執筆した記者も「首」にはならなかった。毎日の記事をデータベースで検索したら、この記者は木村社長会見を取材し、署名記事を書いていた。

先述の辰濃氏と似たケースは、二〇〇九年、毎日でも起きている。東京・南青山の土地取引に絡む国会質問をめぐって、衆議院議員が脅迫を受けた事件で、議員を取材した記者がICレコーダーを社外の知人に渡し、録音内容がインターネット上に流出したのだ。この記者は諭旨解雇処分になっている。このように見ると、毎日は、捏造や取材源秘匿にかかわる倫理違反と、事実だとして報じたが結果として誤報となったケースでは、処分に一線を引いていることがわかる。

PRCへの期待　吉田調書報道で申入れをした先の弁護士たちは、もしも不当な処分が強行されるならば、「現場で知る権利への奉仕、真実の公開のため渾身の努力を積み重ねている記者を萎縮させる結果をもたらすことは明らか」と指摘し、報道出身者たちも「調査報道に取り組む記者たちが萎縮してしまうことになれば、新聞や放送に対する信頼をさらに失うことになりかねない。誰から見ても公正で、そして不当でない内容であることを強く望む」としている。

「報道と人権委員会」の現在の委員は、長谷部恭男氏(早稲田大学教授・憲法)、宮川光治氏(弁護士・元最高裁判事)、今井義典氏(立命館大学客員教授・元NHK副会長)の三人だ。長谷部氏は昨年一二月に成立した特定秘密保護法の国会審議で与党推薦の参考人として賛成を表明した人物だ。宮川氏は弁護士出身で、有名な判決では、「光市母子殺害事件」で一二年に最高裁が被告の元少年の上告を棄却し、死刑が確定したが、その際に死刑に反対する意見を述べている。今井氏は報道局出身で、朝の情報番組「おはよう日本」のキャスターを務めた。

報道と人権の問題は、報じられた側のプライバシーや名誉の問題にとどまらない。国民の知る権利に応える記者たちの、取材の自由という人権も含むと理解したい。三人の委員には、ぜひ、そういう認識を持って結論を導いていてほしい。

世界史的変化のなかの姑息な「安倍暴走」……一二月号

すり替えられる焦点　九月二九日、臨時国会が召集された。当然、特定秘密保護法施行をめぐる問題と、七月に閣議決定された集団的自衛権行使容認に伴う関連法の行方が注目の的。政府は、後者については来年の通常国会で一括審議し、臨時国会では前者に審議を集中、施行に臨むとする国会運営方針をメディアに明らかにしてきた。ところが蓋が開き、首相の施政方針演説を聴くと、力点が置かれたのはアベノミクスの成長戦略に役立つとする「地方創生」と「女性活躍」で、あとの「災害に強い国づくり」「復興の加速」も同工異曲。成長政策に関係ないのは「地球儀俯瞰外交」だけだった。秘密保護法については、特定秘密の指定期間を定める政令や、秘密の指定・解除などの統一運用基準は厳格なものにせよとパブリック・コメントが二万三八二〇件も寄せられていた。だが政府は、一〇月一日の記者会見で世耕弘成官房副長官が同法の一二月一〇日施行を予告したのち、一四日に閣議で政令・運用基準を決定、報道発表をすませ、一巻の終わりとしてしまった様子だ。

もちろん国民が納得するわけがない。国会周辺や全国各地では市民が秘密保護法撤回運動を繰り広げ、全国一三〇の地方議会からの撤廃意見書も積み上がったままだ。だが、国会の論議はまるでなく、メディアの声もか細い。代わりに、オマケ的な「地球儀俯瞰外交」のほうが急に動き出す。きっかけは一〇月八日の日米防衛協力小委員会。これは、両国政府の外務・防衛の局長級会合で、上級交渉への議題を設定する会議だが、今回は日米防衛協力指針（ガイドライン）の一九九七年以来の改定として、注目を浴びる場となった。まとめられた中間報告は、日米防衛協力を質量ともに飛躍的に拡大するもので、日本周辺の防衛に徹するはずの日米安保を激変させそうだ。政府は、平時から戦争までのあらゆる事態、日本本土から地球上いたるところの地域に対応する同盟関係の形成だと、「切れ目」のなさを吹聴するが、その思惑の裏には、明年国会の審議を先に丸取りしようという魂胆が窺える。

地方紙は模様眺めか　ところが安倍政権の新たな暴走に対するメディアのチェックは、いささか甘くなっている感じだ。

在京三紙の社説は、朝日「拡大解釈が過ぎないか」(「指針」「ガイドライン」などの文言省略。以下も同)、毎日「際限ない拡大を恐れる」、東京・中日(名古屋)『専守』骨抜き許されぬ」(以上一〇月九日)と、急所を衝く批判を展開した。呼応して地方紙も、北海道「世界中で武力を使うのか」、信濃毎日「野放図な拡大止めねば」、中国(広島)「なし崩しは許されない」(以上九日)、京都「国民不在で決めるのか」、高知「安倍政治を問う国是の『専守』が危うい」、南日本(鹿児島)「対米協力に歯止め必要」、琉球新報「際限なき米軍追従は危険だ」(以上一〇日)、東奥日報「海外任務に歯止め必要」、西日本(福岡)「対米協力の歯止めどこに」(以上一一日)、沖縄タイムス「国会軽視は許されない」(一三日)など、的確な批判を加えるが、秘密保護法・集団的自衛権の問題が生じた当時と比べても、そこに列する地方紙の数が少なく、批判の勢いもやや弱い。かといって、安倍政権のこの路線を応援する地方紙が、陸続として登場するわけでもない。模様眺めが実情か。その眼差しは読売と産経にも注がれているようだ。

産経の社説＝「主張」(九日。以下同)は「集団的自衛権　日米指針に具体策みえぬ」。これは新指針に反対しているようにみえるが、実はそうでないところがミソ。アメリカといえども、新指針で露骨に日本の集団的自衛権行使のあり方には容喙《ようかい》できない。そのことが書き込まれなかったのは当然だ。ところが産経は、そこを明確に書くべきだったというのだ。安倍政権より産経の「暴走」のほうがウルトラだ。読売「切れ目ない共同対処が可能だ」は政府が自慢するポイントをバックアップする。日経「改定は細部こそ肝心だ」は、チェックしたうえでOKを出した感じの物言い。逡巡するメディアには、ある種の安心感を与えそうな社説だ。

このようなマスコミ界の空気を占うとき、メディア・サイドが、国政に課題を突きつけていくアジェンダ・セッティング機能をとみに弱め、国家権力に対する監視機能を著しく低下させている、という印象が否めない。これでは政権が既成事実化していく現実のなかに押し込まれ、問題の後追いばかりが仕事となる結果に陥ってしまう。そうした事態を回避するためには、目前の政府や、その周辺に蝟集するメディアの仲間うちの動きから目を転じ、問題の所以を現代世界の大きな地政学的な環境変化に尋ねることのほうが、有効ではないか。

「展望」をもつ読売　端的にいって、「切れ目のない日米防衛協力」とやらも、従来からの日米安保のいきさつはあまり関係なく、アメリカ側としては、手を焼く直近の「イスラム国」への対応の必要性、「有志連合」と称する戦争協力体制づくりに日本を誘い込む下心があってのことであろう。これに応じる安倍政権も、集団的自衛権の拡大行使の実績づくりや、本格的改憲へのステップとして役立つという思惑があってのことだ。そこをよく承知しているのが読売だ。オバマ大統領は八月、イラク領におけるイスラム国勢力の空爆に踏み切ったものの埒が明かず、九月になると、シリア領まで空爆を拡大する。読売は九月一四日、早々と「米軍空爆拡大へ　有志連合でイスラム国掃討を」の社説を、賛意を示しつつ掲げた。前記の産経社説より、ずっと先をいっている。国内政治の枠内で問題を眺めるのでなく、世界史的変化を展望する見方があってこそできる芸当だ。ならば、これを批判する側も、同様の眺望のなかで問題を捉える必要がある。

アメリカだけでなく、フランス、オランダ、ベルギー、イギリス、デンマーク、カナダ、オーストラリアまでもがイラク空爆に参加するにいたっている。その認識は、イスラム国は国際的な過激派テロ組織であり、その殲滅は軍事力によるほかないとするものだが、果たしてそれは正しい判断だろうか。日本の中東研究者・専門家でも、イラク・シリアの国家破綻とともに両国領土内に権力空白部が広がるのに伴い、そこに新しいイスラム国家を形成しようとする運動が起こった結果、イスラム国が生まれたのであり、単純なテロ組織ではない、とみる人たちがいる(たとえば、酒井啓子・千葉大学教授「理想の地へ、夢が生む暴力」朝日・八月二八日朝刊。畑中美樹・インスペックス特別顧問『イスラム国』との戦いは第三次イラク戦争だ」東洋経済オンライン・一〇月一二日)。

ニューヨーク・タイムズ、九月三日電子版のオピニオン欄に掲載された、スロベニア出身の哲学者でロンドン在住のスラヴォイ・ジジェク氏の見解も興味深い。イスラム国の動きは、第一次大戦中に勝手に大国に領土を分割された中東の反植民地運動の最終章であるのと同時に、現代の強大な主権国家の覇権下にあるグローバル資本主義との闘争の一つの章でもある、というのだ。そこにある国づくりの思想・方法は、先行する近代先進国のそれと同じわけにはいかないが、前近代に帰るとか、近代を否定するものでもない。カリフ(イスラム共同体の最高指導者)を戴く統治方式も、近代化への背理とはいえない。たとえば、日本の明治維新も、完全に天皇制に復古しつつ、全面的に近代化を追求するものだったではないかと彼は説く。それが現在、テロを随伴するのは事実だが、その動き全体を戦争で潰そうとしても、もはや不可能ではないか。

バグパイプと三線　そうした事情は、ウクライナをめぐる紛糾、チェチェン・グルジアの騒動、パレスチナ問題、アフリカ各地の民族・宗教対立、新疆ウイグル・チベットの抵抗、さらには最近の香港の混乱についても、同じようにいえるだろう。第一次大戦、第二次大戦、ベトナム戦争、アフガニスタン戦争、湾岸戦争、ユーゴ紛争、イラク戦争と、大国は戦争の勝敗で決着をつけ、問題を解決しようとしてきたが、そもそも過去のどの戦争でも、何も解決はできず、むしろそれをこじらせてきたのが実情ではないか。民族、地域、歴史、文化などの相違を重んじ、互いに独自性を持った他者の存在を認め合い、いかにしたら共存可能かを、とことん話し合って解決していくしかない時代に、我われは既に入っている。それは、発展の遅れた国とか、まともな国家形成ができていない民族・地域だけにいえることでもなくなってきている。

強力な集権体制で威信を誇ってきた先進国でも、地方分権の新しい動きが生じるようになっている。スコットランドの独立運動が好例だ。また、同様の動きが、スペインのカタルニア、フランスのバスク、ベルギーのフランドル、カナダのケベックなどで、いつ生じてもおかしくはない。すでにチェコとスロバキアは穏やかに分かれたではないか。EUのような大きな地域統合が、加盟の各主権国家内部の集権体制の強化よりは、その緩和を促す作用を及ぼしても不思議はない。周辺国の敵意を気にすることがなくなれば、一つの国の内部に立て籠もっていた各地域も、独自の風土・歴史・文化を生かして自立し、固有のアイデンティティを充足、個性を発揮しながら生きていけるようになる。それは、平和以外のなにものでもなく、戦争は不要となる。

九月一八日のスコットランドの独立を問う住民投票直後、二〇日に沖縄の地元二紙が掲げた社説が注目に値する。結果は僅差での独立拒否だったが、琉球新報は、国家機能の限界が露わになるのに伴い、地域が自己決定権確立に向かうのはすでに国際的潮流だ——「沖縄もこの経験に深く学び、自己決定権確立に役立てたい」と述べる。沖縄タイムスは「スコットランドの経験を受けて、沖縄でも独立論議が高まりそうだ」——現在の沖縄を取り巻く情勢の下、県民の政府への不信はかつてないほど強く根付き、広がっていると語った。実際、こじれる尖閣問題も、独立沖縄に任せたら、宮古・八重山と、台湾北部と中国・福建省の人びととのあいだで、平和裡に解決される可能性があることが、容易に想像できる。そこに、昔あった海上のコモンズ(入会圏)が復活するのだ。牙を剝き出しにした沖縄の米軍基地も要らなくなる。

琉球新報と提携する毎日・二九日朝刊に、スコットランド住民投票を現地で取材した、新報の新垣毅編集委員のルポが載った。現地運動家の鳴らすバグパイプの音を、沖縄での闘争中の三線のそれに重ねて聞く新垣記者の共感が、「沖縄にも現状を変える力」と題する記事によく描かれている。全国紙にこそ、そうした国際的な変化の新しい潮流を、もっと広く伝えてもらいたい。朝日・一〇月四日(朝刊)のオピニオン・ページに載った、「揺らぐ国民国家」をテーマにした「貪欲な資本主義へ抵抗の芽」(佐藤優氏)、「主権と民族、切り離すべきだ」(早尾貴紀・東京経済大学准教授)の論考も、刺激に満ちていた。戦争でない方法で多民族間の平和的な共存を希求しつづけることこそ、戦後日本の国民の願いであり、この国の内外に対する約束ではなかったか。その願いと約束を実現するチャンスはむしろ広がりつつあるのだ。そうしたビジョンの枠組みのなかで「安倍暴走」を迎え撃つほうが、ただ戦後を抹消、戦前に回帰するかのような、姑息で時代錯誤的なその思惑を叩き潰すうえで、はるかに有効であろう。

2015年

国会前を埋めた安全保障法案反対のデモ
提供：AA/時事通信フォト

1月 7 日　フランス・パリの政治風刺紙『シャルリー・エブド』本社がイスラム過激派により襲撃され，12人が死亡(シャルリー・エブド襲撃事件).

1月20日　イスラム国が湯川遥菜・後藤健二両氏を拘束し・身代金の支払いを求める動画を公開．その後，1月25日に湯川氏，2月1日に後藤氏の殺害が発表される．

8月11日　九州電力・川内原子力発電所1号機が，原子力規制委員会の新規制基準策定後，初めて再稼働．

9月19日　未明の参院本会議において安全保障関連法が可決，成立．

11月13日　パリ同時多発テロ事件が発生．6カ所で銃の乱射や爆発が発生，死者は130名超にのぼる．

だれが制するか　戦後七〇年の天下分け目…………………………

一月号

四七％の投票しなかった人　案の定、とはいわないが、案に相違して、というほどの驚きもないのが、昨年末の総選挙の結果だった。いや、驚くというより、暗澹たる思いに駆られたことが一つある。投票率が五二・六六％しかなかったことだ。危なく五割を切るところではないか。これで本当に国政選挙が成立したといえるのだろうか。新聞各紙の投票行動分析では、「支持政党なし層」、あるいは「無党派層」の多くが自民党に投票、と結論づけていたが、五割に近い国民が「多弱」の野党への支持はおろか、「一強」の自民党にも馳せ参じることはなかった、というのが冷厳な実相であろう。「自公大勝　三分の二維持」（朝日・一二月一五日朝刊）、「自公圧勝三二五議席」（読売・同）など、各紙似たりよったりの大見出しを掲げた一面をみるとき、マスコミとはなんて脳天気なものか、と思わせられる。テレビの騒ぎ方も大同小異。

在京紙では東京新聞が、見開きの社会面を貫く「数の力に黙らない　弱者を思う政治を」の大見出しの下、右ページでは「投票しなかった人の声」で、無意識のうちに選挙に背を向けてしまう人びとに、政治へのシラケた内心の思いを語らせた。左ページでは、原発事故の自主避難者、メーカーで働く期間従業員、海外派兵を恐れる自衛官の声を取りあげ、さらに全四選挙区で自民を敗退に追い込んだ沖縄県民の怒りを紹介した。その前のページでは「投票できない人々と衆院選」で、路上生活者、無戸籍の人、ＤＶ被害者など選挙権を実質的に侵害されている人びとの実態と声にも光を当てていた。そういう状態が放置されたまま、メディアのうえでは選挙だ、選挙だと騒がれてきたわけだが、その声の多くは国民の心に届かず、空振りに終わっていたのではないか。

選挙の先触れ記事は、早くも一〇月二九日、読売・朝刊内政面（四面）に「自民内に年内解散論　内閣支持率五〇％前後　野党選挙態勢　整う前に」と出た。朝日も「消費税にらみ『解散いつ？』　増税延期し年内」と追っかけ（一一月五日）、あとはいたるところのメディアが選挙の話題で持ちきりとなり、一一月一八日の首相による「アベノミクス解散」と総選挙の日程発表を、すっかりお膳立てしてした。

隠された争点　こうしてその後は選挙一色になっていくのだが、では国民がそれを真剣に受け止めているのかとなると、実に漠然たるものだ。新聞もテレビも、高倉健や菅原文太の死、フィギュアスケート・羽生結弦選手の怪我と復帰、LED発明の日本人三人組のノーベル賞授賞式出席、徳島の大雪といった話題を、連日よほど大きなニュースとして扱い、世の中、選挙は気にせずともやっていける、といった雰囲気を醸し出してきた。

昨年末、安倍首相が踏み切った解散・総選挙の理由は、アベノミクスの成功を確かなものとするために、消費税引き上げ先送りを民意に問う必要がある、とするものだった。その結果、選挙の争点は当然、経済問題とされ、多くのメディアがその「争点」に付き合い、選挙報道を盛りあげようとしてきたが、実際には通りいっぺんの記事ばかりが多かった。

それはそうだろう。首相の本音はそこにはない。強引な秘密保護法可決・集団的自衛権行使閣議決定で続落し始め、二閣僚の「政治とカネ」問題で急落しかねなくなった支持率を持ち直し、政権基盤を再強化、今年九月の総裁選を勝ち抜く——そして「戦後七〇年」内に全面改憲の目途を立てる、というのが真意に違いないからだ。その魂胆については、メディアのあいだでも「ごまかし解散」「自己中解散」などの皮肉が飛び交っていた。ならば隠された危険な真意を暴き、それを有権者にわかるように争点化することこそ、メディアの使命ではなかったか。

だが、全メディアを通じて、そうした議論を起こす大きな流れは出現しなかった。選挙日程が決まった直後、自民党は萩生田光一筆頭副幹事長・福井照報道局長連名の文書を在京テレビキー局に送達、衆院選の報道に「公平中立、公正の確保」を求めた。市民相手の街頭インタビューの質問の仕方が一方的になっていないかなど、具体的な例も挙げている。余計なお世話なので、さすがに朝日、毎日はそのいきさつを報じ、社説でも自民党の不見識を批判したが、肝心のテレビ局からは大きな異議が唱えられた様子がなく、ことを構えまいとする姿勢が垣間見えた。

社説で援護射撃　一方、新聞では、やはり経済問題、アベノミクスの成果をめぐる報道・論評ばかりが多く、集団的自衛権行使、日米安保強化、改憲をどうするのかとする追及は、散発的には朝日、毎日、東京などにみられたものの、全体としてはそれが大きな争点となっていく動きが生じなかった。

そのなかで、かねて改憲・集団的自衛権行使を主張してきた読売は、安倍首相が当分は唱えねばならない「アベノミクス解散」を擁護するだけでなく、その後必ず首相が言い出さなければならなくなる本音の代弁も、選挙情勢の節目節目でやってきており、目を引いた。社説を時系列で示してみよう。

「衆院解散表明　安倍政治の信任が最大争点だ　消費再増税できる環境が要る」(一一月一九日)、「衆院解散　首相への中間評価が下される『アベノミクス』論争を深めたい」(同二二日)、「主要な争点　経済再生の具体策を議論せよ　安全保障法制をどう整備するか」(同二四日。二〇一五年通常国会での法整備の必要とその考え方を主張)、「集団的自衛権　行使容認の意義を堂々と語れ　安保法制整備へ各論が問われる」(同三〇日)、「憲法改正テーマの絞り込みに進む時だ」(同六日)、「秘密保護法施行　他国との正確な対日理解を広げたい」(一二月五日)、「歴史認識　正確な対日理解を広げたい」(同六日)、「秘密保護法施行　他国との情報共有に不可欠だ」(同一〇日。米国との機密情報共有を力説)、「日米同盟　辺野古移設の実現が重要だ」(同一一日)。問題意識はとっくに通常国会まで飛んでいっていたのだ。

ここまで読売に守られ、後押ししてもらってきた安倍首相も、選挙に勝ったからにはもう遠慮は要らないとばかりに動く。首相は当選後初の一五日の記者会見で、憲法改正について「国民の理解と支持を深め、広げるために自民党総裁として努力する」と述べ、集団的自衛権の行使を含む安全保障関連法の整備についても、「(選挙での)支持をいただいたわけだから、実行していくのは政権としての使命だ」と語った。戦争ができる体制にしたうえで、このような現実に合わない憲法のほうを変えるべきだとする戦法で、首相は現行憲法を壊し、自民党改憲草案に基づく自主憲法づくりに勤しむはずだ。彼にとっても、総裁でいられるあいだ、「戦後七〇年」の一回のチャンスしかない。彼が「戦後七〇年」の覇権を制したら、「戦後レジーム」はそこで終わり、その先は新しい戦前となるに違いない。

日米開戦の日に

そういう意味では昨年の「一二・八」、太平洋戦争開戦七三回目の日は、回顧だけでなく、「戦後七〇年」とそれ以後を展望する特別な意味を持つ日になると思い、各紙の「一二・八」報道を瞥見してみた。しかし、在京紙でそうした意味を込めた社説を掲げたのは、ここでも東京一紙のみ。「開戦七三年と外交・安保　非戦の歩み、将来も」が、「平和国家という戦後の歩み」こそ「近隣諸国とのもつれた友好の糸を、解きほぐす」と述べていた。

さらに一面トップとこれにつづく社会面トップで、真珠湾攻撃に参加した元零戦搭乗員と若い男女学生とのあいだの、今の選挙の一票が戦争への道を止めるとする対話を報じていた。朝日、毎日、産経も「一二・八」にちなんだ挿話は載せていたが、いってみれば季節もののあしらいで、「一二・八」はさておき、メルクマールとしての「戦後七〇年」のヘゲモニーを安倍政権に奪われてもいいのだろうか、と不安になった。

朝日・一二月三日朝刊の社会面記事、「両陛下、被爆者慰問へ　戦後七〇年控え　きょう広島入り」は、「戦後七〇年」を前にした慰霊の思いからのもの、と報じていたが、昨年六月の沖縄・戦没者墓苑拝礼、一〇月・長崎爆心地碑供花を経て、今春のパラオ戦跡訪問とつづく二人の行動には、「戦後七〇年」への並々ならぬこだわりが秘められているのではないか。敗戦時、小学六年生の天皇、五年生の皇后には、敗戦をはさんだ戦時中と敗戦後についての、鮮烈な体験的記憶がある。とくに当時少年であった天皇にとって、父が直面させられた苛烈な境遇の変化をめぐる思い出は、終生忘れ得ないものであろう。その心中には、「戦後七〇年」を戦前回帰への転換点にさせたくないとする、強い思いがあるように感じられる。

「非自民」全勝の沖縄

これに比べると、一九五四年生まれの安倍首相は、同様に家族の歴史から戦中・戦後を学んだとしても、生々しい記憶は、祖父・岸信介元首相が「悪役」とされた六〇年安保騒動の話ぐらいで、あとはそれ以前の祖父の間接的な成功伝説だけだ。祖父は「二キ三スケ」(東条英機首相、星野直樹満州国総務長官、松岡洋右外相、岸信介商工相、鮎川義介日産コンツェルン創設者)の一員で、満州国の支配と工業化に活躍した。敗戦後はA級戦犯被疑者とされ、放免後も公職追放となるが、その解除後は政界に進出、「自主憲法」「自主軍備」「自主外交」を唱え、日本民主党幹事長として保守合同(五五年体制)に動き、自民党初代幹事長となる。その後、警職法改正・日米安保条約改正の立役者となり、日米関係における日本の主体性回復に努めたと評されるが、二〇〇六年の米国務省公表資料によれば、彼は米CIAに秘密資金を提供させ、対日工作に協力してきた大物だったのだ(ティム・ワイナー『CIA秘録(上・下)』藤田博司ほか訳。文藝春秋・二〇〇八年)。こうした情報の刷り込みがあるだけで、体験的な記憶は持たない安倍首相の場合、「戦後七〇年」は、時代錯誤的で勝手な思いばかりが、詰め込まれるものにしかならない。

総選挙に戻れば、超党派で普天間基地の辺野古移設反対の統一候補を擁立し、自民党の全面的な応援を得た移設推進派の現職候補を圧倒、勝利した沖縄県知事選の経験を踏まえ、その運動母体を県内四選挙区の統一候補擁立にも生かし、全選挙区で候補を当選させたたたかいは、希望の星ともいうべき出来事だった。そのたたかいには家族の歴史とその体験的記憶が詰まっており、メディアもその共有を通じて県民と結びついていることがうかがえる。

沖縄ではそう簡単には「戦後七〇年」はやってこなかった。その最初の二七年間は米軍の占領下に置かれ、その間はまだ戦争が終わりきっていなかった。本土への復帰後も、日米安保の歪みというべき米軍基地の過重な負担に悩まされつづけている。主権国家の勝手によって沖縄という地域にもたらされた構造的差別からの解放は、スコットランドの住民たちが求めているような形での独立が相応しいのかもしれない。現にその可能性を、地元の二紙、沖縄タイムスも琉球新報も語っている。そこには「戦後七〇年」以後にも語られ、追求されるべき未来が存在する。その未来の実現は平和によってのみ可能となるもので、日本全土のあり方にも関わるものだ。

「安倍談話」と「天皇のお言葉」、または「母の訴え」……三月号

「戦後七〇年」は、いまやメディアの枕詞と化している。多いのは、「今年は戦後七〇年の節目の年」というものだ。「節目」とは「物事の区切り」を意味する。しかし、何がどう変わるのか、深く掘り下げることは少ない。「昔、戦争があった。それが終わって、七〇年の歳月が流れた」、それだけだ。「戦争があった」などと中国や韓国で言おうものなら、「戦争を起こした」と言い直すべきだと迫られる。

中国は「ドイツのファシズムと日本の軍国主義」に対する戦勝七〇年の祝賀行事をロシアに呼びかけ、韓国に対しては、「抗日戦争勝利と朝鮮半島の植民地支配解放」の七〇周年の記念行事を働きかけている。今年は政治色の濃い一年になる。

「戦後」から「戦前」へ

一月五日、安倍首相は伊勢神宮を参拝したあとの記者会見で、「……いつもながら境内の凛とした空気に触れますと、本当に身の引き締まる思いがいたします」と切り出し、「戦後七〇年談話」について語った。安倍氏の語りには、しばしばレトリックが施されているので、傍点を付けながらオーラル・モードを活字に変換してみた。

「この七〇年間、日本は先の大戦の深い反省とともに、ひたすらに自由で民主的な国家をつくりあげてきました。……その誇りを胸に、次なる八〇年、九〇年、そして一〇〇年に向けて日本は積極的平和主義の旗のもと、世界の平和と安定のため一層貢献していかなければなりません。……安倍内閣としては、村山談話を含め、歴史認識に関する歴代内閣の立場を全体として引き継いでいます。そしてまた引き継いでまいります。……世界に発信できるようなものを、英知を結集して考え、新たな談話に書き込んでいく考えであります」

安倍氏の昂揚した顔を見ながら、筆者は首相の仕事始めがなぜ皇室の氏神天照大神を祀る伊勢神宮参拝なのかと訝った。この習慣は、鳩山一郎首相に始まり（五五年）、岸信介首相に引き継がれ（五八年）、佐藤栄作首相の参拝（六七年）以降は恒例になった。五五年体制、日米安保改定、沖縄基地の恒久化など、戦後史の曲がり角を担った政治家に連なる安倍氏は、「集団的自衛権」の行使容認に舵を切り、「憲法改正」を宿願としている。

安倍首相は、世界の平和と発展のために「次なる八〇年、九〇年、そして一〇〇年に向けて」貢献するとぶち上げた。しかし、記者席から「あと三〇年は平和が続くということか」と真

面目に尋ねる者は一人もいなかった。冗談ではなく、緊張感がなさすぎる。

「戦後七〇年談話」に入りそうな言葉の筆頭は、なんといっても首相お気に入りの「積極的平和主義」だろう。その根拠は、「自民党憲法草案前文」に書きこまれた「(我が国は)今や国際社会において重要な地位を占めており、平和主義の下、諸外国との友好関係を増進し、世界の平和と繁栄に貢献する」という文言だろう。〝平和のためなら一肌脱ごう〟、これが「積極的平和主義」の正体だ。安倍首相は米国が唱導する価値観外交(自由・民主主義・人権の尊重・法の支配・市場経済を貫く立場)に同調し、「価値のための戦い」に立ち上がる、としている。「積極的平和主義」は、米国との「集団的自衛権」の行使、有志連合への参加と表裏の関係にある。

「全体として」の用語法　安倍首相が「戦後七〇年談話」を出すことを閣議決定したのは昨年の三月二五日。答弁書には「安倍内閣としては、平成七年の村山談話および平成一七年の小泉談話を含め、歴史認識に関する歴代内閣の立場を全体として引き継いでいる」「これを前提として、来年が戦後七〇周年であることも念頭に置いて、しかるべき時期に、二一世紀にふさわしい未来志向の談話を発表したいと考えている」とある。これをメディアが「全体として」を外して、「今年は日本が侵略戦争に敗北して七〇年目の年だ。これを機会に、過去の植民地支配と侵略に対する痛切な反省の気持ちを改めて表し、未来に向けて平和を誓いたい」などと言い換えたなら、いまの日本ではただちに「自虐」のレッテルを貼られ、ヘイトスピーチの標的にされるだろう。「全体として」引き継ぐというのは、「部分的に」は重大な変更を加えるということなのだ。

安倍首相は「戦後七〇年談話」に触れるときに、「全体として」という言葉を一度たりとも外したことはない。菅義偉官房長官も「全体として」という言葉を使った。記者が「村山談話の文言も継承するのか」と念を押すと、菅氏は言葉を濁した。安倍政権としては解釈によって「村山談話」を換骨奪胎するという意味だ。記者諸君には、「これは閣議決定による解釈改憲と同じ手法ですね」と突っ込んでほしかった。

さらに注意すべきは、伊勢神宮の会見で、首相は「村山談話を全体として引き継いでいるし、これからも引き継いでいく」と現在形と未来形で語ったことだ。安倍氏は、すでに「村山談話」の骨抜きに着手し、今年が本番だと言っているのである。メディアは首相の言葉に敏感になってほしい。

会見の最後に、安倍氏はいつものように有識者に頼んで「英知を結集する」と言った。日ならずして「お友だち」の中から「有識者」が選び出されるはずだ。「積極的平和主義」「全体として継承する」「英知を結集する」——と並べてみれば、戦後七〇年談話のレベルは容易に想像がつく。

国際的な視線　この超軽量級の言語空間にすかさず突っ込みを入れたのが米国のジェン・サキ報道官だった。「(河野談話と村山談話が)示した謝罪は、日本の近隣諸国との関係改善の努力にとって重要な一章を刻んだ」「日本が友好的な対話を通して、歴史問題を解決していく努力を後押しする」。安倍首相もずいぶん子ども扱いされたものだ。彼の歴史修正主義は、米国にとってよほど心配の種なのだろう。そして、日本のメディアのふがいなさも批判されたことを忘れないようにしたい。

一月六日、安倍首相の伊勢神宮会見の翌日、天皇の年頭の感想がテレビ朝日の「スーパーJチャンネル」でほぼ全文紹介された。「本年は終戦から七〇年という節目の年に当たります。多くの人々が亡くなった戦争でした。各戦場で亡くなった人々、広島、長崎の原爆、東京をはじめとする各都市の爆撃などにより亡くなった人々の数は、誠に多いものでした。この機会に、満州事変に始まるこの戦争の歴史を十分に学び、今後の日本のあり方を考えていくことが、今、極めて大切なことだと思っています」(傍点筆者)。

歴史を満州事変まで遡れば、「侵略」から目をそむけることはできまい。満州国と言えば、安倍氏の祖父岸信介氏が辣腕をふるったことで知られる。「植民地支配」された朝鮮半島は、日中戦争の兵站部の役割を担った。そこから、軍事物資も軍「慰安婦」も戦地に移送されて行った。

メディアが、首相と天皇の「戦後七〇年」の所感に何のコメントもしない以上、言葉の軽重は読む側、視聴する側が量るよりほかはない。とはいえ、言葉の軽さは、一国の首相だけに帰せられない。日本人の言葉の曖昧さも相当なものだ。その遠因は、アメリカの占領政策に求めることができる。アメリカは、日本占領を円滑に行うために昭和天皇の権威を利用したというのが定説だが、じつはその逆ではなかったか。マッカーサーは、天皇の戦争責任を問わず、日本社会に無責任の体系をビルトインした。そして日本人は、マッカーサーが米議会で述べたとおり、「一二歳の少年」のまま成長を止めた。評論家加藤周一氏は、天皇制を「世界にも類例のない大がかりで、陰鬱な、社会的虚構」(一九五七年「天皇制について」)と看破した。その流れはいまも変わらない。

「積極的平和主義」の陥穽

一月七日、パリの風刺紙『シャルリー・エブド』の編集部がテロ攻撃を受けて一二人が殺された。直後、表現の自由を叫ぶ民衆と移民排斥のデモが合流するという奇妙な現象が起こった。人権の国フランスで、過去の植民地支配の記憶と現在の格差問題が結合して共和国の土台を揺るがせている。日本でも、過去の朝鮮半島の植民地支配と侵略の歴史を清算しない政治が、日韓関係の悪化を招き、倒錯した排外主義(ヘイトスピーチ)を増殖させている。表現の自由と人権の尊重がここでもせめぎ合っている。時を前後してまとめられた米議会調査局の報告書は、「強烈なナショナリスト」(国粋主義者)で「歴史修正主義的」である安倍首相の七〇年談話が「日本と近隣諸国の関係を左右」すると指摘した。

こうした世界の懸念をよそに、安倍首相は「積極的平和主義」を掲げて中東歴訪の旅に出た。一七日、安倍首相はエジプトでスピーチを行った。「トルコ、レバノンへの支援をするのは、『イスラム国』がもたらす脅威を少しでも食い止めるためです。地道な人材開発、インフラ整備を含め、『イスラム国』と闘う周辺各国に、総額で二億ドル程度、支援をお約束します」。そして、安倍首相は、中東に平和がもたらされれば「世界は祝福に包まれます」と続けた。

この演説の三日後の二〇日、「イスラム国」が日本人二人を拘束したという動画をユーチューブにアップした。中央の男がナイフをかざしながら、安倍首相に忠告している。「『イスラム国』から八五〇〇キロメートルも離れながら、自発的に十字軍の戦いに参加した」と。そして、安倍首相がカイロで示した二億ドル相当の身代金を要求した。

この夜、テレビ朝日の「報道ステーション」は、動画の冒頭にNHKの外国人向け国際放送「NHKワールドTV」が引用されていたことに触れた。じつは、これには深い意味が込められている。政府は近年、NHKの国際放送に「国益」を海外発信することを求め、籾井会長も就任会見で「日本の立場を明確に発信していく」と答えている。今回も、NHKは安倍首相の中東歴訪に密着し、逐一その発言を世界に配信してきた。しかし、安倍首相が唱える「積極的平和主義」は、「イスラム国」には敵対行為と見做されたのである。米ワシントンポストも「安倍首相の中東歴訪が『危機モード』に変わった」と伝えた。

安倍首相は、訪問先のイスラエルで「イスラム国」からの脅迫に対して、二億ドルはあくまでも人道支援であることを強調しながら、同時に有志連合とともに「テロとの戦い」に貢献したいとも発言した。

一月二三日の午後、相手が設定した七二時間の期限が切れる直前、外国人記者クラブで、拘束中のジャーナリスト後藤健二氏の母が「イスラム国」に向けてメッセージを発した。メディアはそれを紹介したが、私の知る限り当日夜のテレビ朝日「報道ステーション」だけが、日本国憲法に触れた部分を紹介した。「健二は、『イスラム国』の敵ではありません。……日本は戦争しないと憲法九条に誓った国です。七〇年間戦争をしておりません」。この言葉は、安倍首相の「積極的平和主義」の欺瞞と「イスラム国」の暴力を共に否定する意味を持った。「戦後七〇年」にあたって発せられたさまざまな言葉の軽重は、自ずと明らかであろう。

二日後、NHKの「日曜討論」で、安倍首相は伊勢神宮での「全体として」発言を繰り返しつつ、「植民地支配と侵略」「痛切な反省」「心からのお詫び」などのキーワードをそのまま使うことに否定的な考えを示した。NHKの司会者はこれに対して何も言わなかった。

旅券返還命令――ジャーナリストは自由を差し出すのか……………

四月号

驚き呆れたというほかない。

外務省が二月七日、シリアでの取材を同月二七日から計画していたカメラマンの旅券の返納を命じた問題である。しかも、外務省職員は警察官を同行させ、応じない場合は逮捕するとまで言及したという(外務省は否定している)。

菅義偉官房長官は「ぎりぎりの慎重な検討を行い、判断した。旅券を返納させることはある意味で国の責任だ」と述べ、必要な措置だったと説明している。時は二一世紀。憲法は居住・移転の自由を保障している。日本人の海外渡航を禁止した封建体制下の日本ではないのである。憲法が保障する表現の自由にも反する行為であり、政府は措置を撤回し、旅券を返還するべきである。

「取材や渡航、表現の自由への制限があってはならない。そもそも『イスラム国』の支配地域に行くつもりはなかった。法的措置を検討したい」。前代未聞というべき旅券返納の当事者となった杉本祐一さんは、取材に対してそう語った。

新潟日報の記事(二月四日)でシリア取材への渡航計画を知った外務省は、五日に杉本さんに電話で中止を求めた。杉本さんがこれに応じなかったため、七日に職員が岸田文雄外務相名の「一般旅券返納命令書」を自宅で読み上げた。杉本さんは取材にあたっての安全対策を説明したが、ハナから受け入れる意思はなかったのである。

政府は、返納を命じた理由について、(1)湯川遥菜さんと後藤健二さんが殺害された直後である、(2)「イスラム国」が日本人の殺害を公言している――などの特殊な事情を強調している。前代未聞と表現したのは、外務省によれば、返納命令の根拠となった旅券法(一九五一年制定)の、一九条の規定が適用されたのは今回が初めてだからだ。しかも、外務省が福島瑞穂議員(社民党)に行った説明によれば、日本の旅券法のように返納命令権を外務大臣に与えた法律上の規定を持つ国は、あまりないということらしいのである。

しかも、返還を命じるにあたって必要な手続きを怠ったとの指摘もある。青井未帆・学習院大法科大学院教授(憲法)は『週刊金曜日』(二月二〇日発売号)で、「強制返納の前に政府は事前の聴聞手続を踏んでいない。返納の理由は本人の『安全確保のため』とあるが、それでこのような重大な不利益処分をするのは行きすぎだ」「国家が恣意的に判断しての処分ということになり、大変危険な発想」とのコメントを寄せている。本人に不利益処分を課す場合は、行政手続法の定める聴聞手続きを行わなければならないが、外務省は今回、緊急の場合を想定した例外規定を適用して省略したのだ。

「イスラム国」と対決姿勢を強め、同じように自国民が拘束された米国やフランスでは、旅券を返納させるような措置は取っていない。適用例としても、条項が存在することとしても二重の意味で異例だった。

ところで、安倍政権には、旅券法の返納命令規定のように、それまで適用したことのない法律の条項をあえて発動した「前科」がある。

第一次政権時代の二〇〇六年だった。当時、総務大臣だった菅官房長官は、北朝鮮による日本人拉致問題に絡み、NHKのラジオ国際放送で、拉致問題を優先して取り上げるよう命令を出した。根拠は放送法(一九五〇年制定)が定める、総務大臣が放送局に対して、特定の内容を放送するよう命令を出せる規定だ。だが歴代総務大臣は、「国の重要な政策に係る事項」といった抽象的な項目について命じることはあっても、個別具体的な内容の命令を出すことは避ける運用をしてきた。そうした命令を本当に出せば、政府の番組関与によって放送の自由を侵害しかねないと考えられてきたからだ。税金が支出されている国際放送とはいえ、NHKは国営放送ではない。ところが、菅氏にはこうした理屈は通じず、今回の返納命令と同じように放送命令を出した。

憲法が保障する居住の自由、移動の自由に反する恐れがあるほどの強権を発動した理由である「邦人保護」が建前であるのは明らかだ。本音は、「イスラム国」をめぐって面倒なことに巻き込まれて支持率を下げたくないというリスク管理であろう。憲法が保障する国民の権利は、政権維持よりもはるかに軽く扱われているのである。

安倍首相の地元・山口県(長州藩)出身の吉田松陰が、黒船に乗り込んで外国を目指そうとしたことは、放送中のNHK大河ドラマ「花燃ゆ」を見るまでもない。なぜ徳川幕府が海外渡航を禁止したかと言えば、世界で起きていることを日本人が知らないほうが、統治に都合が良いからという一点に尽きる。逆に言えば、都合の悪い情報を持ち込まれては困るということだ。決して「天狗のような顔をした西洋人」から日本人の生命、財産を守るためでもなんでもない。

「ジャパンプレス」の佐藤和孝代表は二月一七日に東京都内であったシンポジウムで、「海外のことは、自分たちの生活に関係ないというかもしれないが、そんなことはない。外のことを知らなくていいというかもしれないが、そんなことはない。政府はどんどん出国させなくなる。これは『鎖国』だ。今は、その始まりのような気がしてならない」と指摘したという。その通りだと思う。じつは、こうした政策を、つい最近まで我々は経験している。二月一八日に参議院議員会館であった緊急集会「パスポート返納命令を考える」をネットでみたら、照屋寛徳衆院議員(社民党国会対策委員長)の言葉には説得力があった。

「旅券返還命令は沖縄県民にとってものすごいショックだった。我々には渡航の自由がなかった。アメリカが気に食わない人は日本(本土)に行けなかった。沖縄に閉じ込められた。パスポートがなければ、本土で就職も進学もできない。沖縄に閉じ込められてしまう。取材、報道の自由だけでなく、人間の根本、人身の自由にかかわる重大問題だ」

今回の返納問題の本質を突いた発言だと思う。

杉本さんは会見で、外務省の職員に「旅券は無期限に返還しない」といわれたと語った。まさにこういうことを青井氏が指摘する「恣意的な判断」というのではないだろうか。政権にとって好都合な情報を流させ、不都合な情報は入らせない。安倍政権の情報政策は、第一次政権時代から一貫しているのだ。

読売、産経社説は「妥当」

こうした事態だからこそ、メディアはスクラムを組んで政府に対して、杉本さんに旅券を返すよう求めるべきなのではないか。

ところが実際には、むしろ自ら取材の手足を縛るような政府の方針を支持するのだから、開いた口がふさがらない。その急先鋒が読売新聞と産経新聞だ。いずれも二月一一日の社説で取り上げている。少し長いが引用する。

読売のタイトルは「旅券返納命令 シリアの危険考えれば妥当だ」。菅官房長官が旅券を返納させた理由について「シリアに入れば、生命に直ちに危険が及ぶ可能性が高い」と言っていると紹介し、「外務省は、今回の返納をあくまで『例外的な措置』と位置づける。菅氏も、今後の対応について『個別の判断』としている」。そして、杉本さんの取材の自由が制限されるなどの主張に対しても「これはおかしい」「一民間人が自らの安全を確保できると考えていたら、認識が甘く、無謀だと言わざるを得ない」と批判している。

読売社説の特徴は、政府の説明を鵜呑みにしている点と、長い紛争地での取材経験のあるカメラマンを「一民間人」としている点だ。安全かどうかの判断の一切を政府に委ねる必要はない。また、たとえ新聞記者であっても、危険地域での取材の最終判断は組織ではなく、「一民間人」の記者が行うべきものなのではないだろうか。

読売のこの指摘に対して、杉本さんは「現地に入っていない人が書いている記事だと思う。過去の取材でも元自由シリア軍の兵士をガイドとして雇い、そのガイドの依頼でカラシニコフを持ったガードマンを二人も付けた。ガイドは、二〇一二年の取材時にはピストルを持っていなかったが、一三年の取材の際には所持するようになった。シリア滞在中も、アレッポの自由シリア軍や避難キャンプを取材したら、トルコ国境の手前、トルコまで二、三歩のシリア・トルコ国境まで送ってもらうことを毎日、繰り返していた」と取材手法を明かす。そして、「報道機関自ら報道の自由や渡航の自由、取材の自由を制限してもよいと言っている。言論機関として失格だと思う」と反論した。

先の参議院議員会館での集会では、新聞労連委員長も興味ぶかいエピソードを紹介していた。二〇〇三年のイラク戦争でバグダッドが陥落した日に共同通信はバグダッド発のクレジットで記事を配信したが、これは本社の指示ではなく、隣国ヨルダンのアンマンで待機していた現場のデスクらの判断で入ったのだという。この時、読売の記事はアンマン発のクレジットだったというのだ(バグダッド発の記事はイラク人の特約通信員の署名)。つまり、バグダッド入りはしなかったということだ。

一方、産経も「邦人保護は国の責務だ。渡航先の危険が明らかである以上、法律に基づき国が旅券返納命令を出したことは妥当だろう」としているが、読売とやや異なるのは「これを前例に同種の命令が乱用されるようなことがあれば、強く批判する。メディア規制のため、恣意的に運用することは許されない。公に資するため、そこがどうしても必要な現場であると判断すれば、政府などの意向に反して取材に赴くケースはあり得る」と一応はクギを刺している。

ところでこの種の問題で歯切れのいい記事を掲載する東京新聞は一面トップで取り上げたものの、社説(二月一〇日)は正面から返納命令を批判しておらず、「憲法が保障する『渡航の自由』は、十分に尊重されねばならない」「政府の言い分に安易に寄り添うわけにはいかない」と奥歯にものが挟まったような表現だった。毎日新聞の社説も「政府は抑制的に対応し、今回の措置を例外にとどめるべきだ」としているが、「例外措置」がいつのまにか普通の措置になってしまった例は総務省による放送局への行政指導や、先に紹介した命令放送(現在の要請放送)などいくつもある。「妥当」とは言わなかったとしても、反対だと指摘できないのはなぜなのだろうか。

実は読売と産経は、朝日新聞の複数の記者がシリア国内に今年一月に入国したことに対しても批判的な記事を掲載している。朝日はこの返納命令問題を外国の制度との比較を含めて報じるなど丁寧に取り上げているだけに、社説を掲載していないのは不思議である。

世論調査では八割超が「支持」

日本テレビの世論調査では政府の返納命令について「妥当である」(二七・九%)「問題点は残るがやむをえない」(五八・九%)を合わせると八六・八%にも上り、「いきすぎた措置だ」はわずか八・四%に留まった。

「イスラム国」の人質になれば、日本政府に迷惑をかける、ということなのかもしれない。二〇〇四年にイラクにいた日本人三人が反政府の武装勢力の人質となる事件が起きた。当時の小泉政権はイラクのサマワで「復興支援活動」をしていた陸上自衛隊の撤退を求められた。無事解放され、この時も国内からは自己責任論が吹き荒れたが、外国メディアは勇気ある行為だと称賛した。大きな違いである。

そして、今回は取材目的という自らの問題と密接にかかわることであるにもかかわらず、報道機関からも公然と政府を支持する声が出てきた。報道機関は国民の目と耳となり、知る権利を代行する存在ではなかったのだろうか。官公庁内にある記者クラブや、個人情報保護法の適用除外条項など昨今、評判の悪いメディア特権は本来、それを実現するための仕組みなのである。

　公権力の行使のチェックこそ民主主義社会でのメディアが果たすべき役割だ。読売や産経の社説から見える両紙のメディア観は、それを放棄しているようにしかみえない。

公平公正の名の下で——蔓延する〝逆ギレ〟とシニシズム……五月号

「キレる」とは、少し前までは頭のキレ味のよさを表す言葉だった。いまは、もっぱら一国の首相が感情抑制に失敗したときに使われる。「逆ギレ、大暴走！」「国会開始七分でキレた」などの書き込みをネット上で読むのは痛い。

　その安倍首相がキレたときのキメ台詞は、「そんな話題でだいじな予算委員会の時間を無駄にしないで下さいよ」だ。だが答弁のときには滔々と自説をまくしたて、質問者の時間を奪う。誰からこんなテクニックを学んだのだろう。

　前にもふれたが、安倍首相は高圧的な態度を批判されると、「公平公正に報道してほしいと言っただけ」と正論に逃げる。

　「公平公正に」という言葉を聞くと、二〇〇一年のＮＨＫ教育テレビ「シリーズ戦争をどう裁くか　第二回問われる戦時性暴力」について、当時官房副長官だった安倍氏がＮＨＫ幹部に同じ言葉を使ったのを思い出す。ＮＨＫは、安倍氏から「公平公正な番組に」と言われたのを過剰に忖度し、番組内容を大幅に改変して放送したのである。いまやＮＨＫに籾井勝人という会長が就任し、「政府が右と言うことを左と言うわけにはいかない」などと呆れた発言をし、国会で追及されると、今度は公共放送の基本は「公平公正」と念仏のように繰り返すようになった。かくて、安倍氏が直接ＮＨＫに「公平公正に」と注文をつける必要もなくなった。

　ところが、このところＮＨＫの看板番組「ＮＨＫスペシャル」はすっかり毒気を抜かれ、社会に切り込むものは年に二、三本しかない。あとは生きもの紀行やビッグデータなど、「公平公正」の注文もいらないものばかり。それなのに上司は口癖のように「脇を固めろ」と言うのだと、驚くほど多くのＮＨＫ

関係者から聞いた。公共放送の意味がなくなる。

「反省と謝罪」が値切られていく

ちかごろ、「反省と謝罪」が奇妙にもつれている。一つは、「戦後七〇年談話」に「村山談話」のなかの「反省と心からのお詫び(謝罪)」を入れるかどうかという議論。もう一つは、朝日新聞が一連の「誤報」問題で、訂正だけで「反省と謝罪」がないと非難されたこと。両者は決して対等ではない。反省も謝罪もしない政権による言論弾圧に他ならない。

以上の問題は、それぞれニュアンスを異にするが、さりとて無関係とも言い切れない時代の空気を感じさせる。「反省と謝罪」——いまの日本人には重い言葉だ。

「戦後七〇年談話」について言えば、有識者懇談会座長代行の北岡伸一氏が、あるシンポジウムで「私は安倍さんに『日本は侵略した』と言ってほしい」と述べた。それだけ聞くと、ずいぶんリベラルに聞こえるが、そのあとが怪しい。謝罪の部分ばかりを焦点化させるメディアはおかしいという意味のことを語り、メディアを牽制したのである。

三月二三日の東京新聞は、村山、小泉、菅など歴代首相の談話と、今年二月一二日の安倍首相の施政方針演説の文言を比較できるように掲載した。前三者には「反省と謝罪」が入っているが、安倍氏の演説には「反省」だけがあって「謝罪」の文字が抜けている。「反省するが謝罪せず」というわけだ。安倍政権一流のレトリックである。

こうした安倍首相の独善的な政権運営は、つとに海外でも知られるようになり、「極右」「歴史修正主義者」と呼ばれている。先ほど講演での発言を引用したドイツのアンゲラ・メルケル首相の訪日は、タイミングといい内容といい、なかなか興味深いものがあったが、日本ではまともな議論にならなかった。日経は、ベルリン発で「日本への失望抱くドイツ」と題して「原発・歴史認識は『不可解』」という記事を発信してきた。そこで紹介されたBBC(英国放送協会)などの世論調査の結果は興味深い。「日本が世界にいい影響を与えている」と考えるドイツ人は、二〇一二年には五八%いたが、一四年には二八%に減った。逆に、「悪い影響を与えている」と答えたドイツ人は、二九%から四六%に増えた。これ以上に対日感情が悪い国は中国と韓国しかないとも伝えている。この記事は要するに安倍政権になってから評判が落ちたことを伝えた。海外特派員には、これが常識なのだ。

しかし、安倍氏は、自分は歴史修正主義ではまったくないとした上で、『戦後レジームからの脱却』という言葉が海外である種の誤解を呼んでいる。戦後たくさんの仕組みができ、この仕組みを変えていくことが私たちに課せられた使命だ。戦後レジームからの脱却は内政について言っており、戦後体制に挑戦する類いのものではない」と述べた。にわかには理解できないロジックだ。

一般的な理解では、安倍氏が脱却したいとする「戦後レジーム」は、日本敗戦からサンフランシスコ講和条約調印(一九五一年九月)までの六年間である。その間にGHQの下で行われたのは、現憲法の制定と東京裁判(極東国際軍事裁判)の判決である。これが「内政」であって「戦後体制」とは別だと言うのだ。しかし、安倍氏の言に従えば、「戦後体制」というのは内政ではなく外交ということになる。日本にとって外交とは、ほとんど日米外交と読み換えることができるので、安倍氏は、アメリカに喧嘩を売るつもりはなく、日米同盟に貢献するために憲法と戦争責任の問題を内政として片づけたいと言ったとも理解できる。ここで巧みに取り除かれているのは、東京裁判でも問われなかった「植民地支配」の問題である。こうした総括は、アジアからはただちに戦前のアンシャン・レジームへの復帰と受け取られる。

安倍氏は続けて、「日本は戦後ひたすら平和国家の道を歩み、自由で平和な国、民主主義、法の支配を尊ぶ、アジア太平洋地域、世界の平和と繁栄のためにも貢献してきた。これからもこうした貢献を行っていく」と述べた。NHKは、ただ淡々と首相の説明を流した。

わかりやすく言うと、「戦後七〇年談話」から「反省と謝罪」の部分を差し引いて、戦後の平和の実績を代入し、それに「積極的平和主義」という名を冠するということになろう。しかし、自民党が戦後一貫して平和の擁護者として振舞ってきたと言い抜けるのは、いかにも無理がある。これは歴史修正主義を通り越した歴史の改竄である。

こうした政治風土の中で、とんでもない国会発言が飛び出した。三原じゅん子参議院議員(自民党)の「八紘一宇」である。多国籍企業による租税回避など、グローバル・システムの歪みが、それぞれの国を内向き、排他的にしている。それを一気に救済するために、すべてを一つに抱きかかえる日本古来の「八紘一宇」の精神を用いるべきだと述べたのである。

筆者は啞然呆然としながら、次のことを思った。満州国を建国したときのスローガンは、五族協和、王道楽土。そして、八紘一宇は、日蓮宗の田中智學の説明によれば「国家も領土も民族も人種も、各々その所を得て、各自の特色特徴を発揮し、燦然たる天地の大文を織り成して、中心の一大生命に趨帰する」というもので、あらゆるものが、それぞれが場所をえて輝くという意味だが、それが「一大生命」に帰着するという飛躍が含まれる。軍指導部は、この精神を聖戦の名のもとに侵略と植民地支配に差し向けたのである。異様だったのは、この時代がかった発言を、国会の場で長々と語らせたことだ。安倍首相は「だいじな予算委員会の時間を無駄にしないで下さいよ」とは言わなかった。

三月八日、中国の全人代に際して行われた王毅外相の記者会見で、NHK中国総局の達健雄記者が、まるで安倍首相の代弁者であるかのような質問を行った。『中国が歴史問題を武器にして日本の平和貢献に対する評価を下げている』とか、『中国が国際社会での日本の名声を傷つけている』と考える人が日本には少なくない。中国に大国の度量があるなら、対日外交の方針を修正すべきではないか」と。それに対し王毅外相は、「加害者がその責任を忘れなければ、被害者は受けた傷を癒すことができる。七〇年前日本は戦争に負けた。七〇年後のいま良識を失ってはいけない」と答えた。

シニシズムの隘路について

こうした政治の右傾化とメディアの劣化という危機的な状況には、必ずと言っていいほどシニシズムが蔓延する。事後的に何かを皮肉りながら、自らはそこに依存する知識人の悪癖だ。

その典型例を東京新聞・論壇時評「紋切り型報道の隘路」(二月二四日)に見ることができる。佐藤卓己氏は、メディアの不勉強の例として、「格差といえば、すぐ貧困、そして右傾化を連想する硬直したロジック」を批判し、それが「私たちを政治的隘路に追い込んでいるようだ」とメディアの有害を指弾する。しかし、貧困に無関心でありながら格差に関心を持つこともなかろうし、貧困は右傾化だけでなく、左傾化をももたらす。メディアの劣化は大いに批判すべきだが、代案のないシニシズムもまた「紋切り型」の亜種である。

佐藤氏の「紋切り型報道」批判の矛先は、メディア一般から雑誌『世界』に掲載された二つの論考の中の「部分的な対立」に向かい、両者の「多事争論」を期待すると結んでいる。具体的には、雑誌『世界』一月号の高橋哲哉氏の「極右化する政治――戦後七〇年という岐路を前に」が安倍政権を「極右」と名指しする議論に対して、同誌三月号の樋口直人氏の「日本政治の中の極右」は、高橋氏の認識に間違いはないとしながら、「(安倍といえども)極右と名指しすることで、開き直って歯止めがかからなくなる恐れもある」とし『国益』のために安倍に極右と手を切らせたい保守が、極右と対峙するような状況をつくる必要がある」と述べている。佐藤氏はこの最後の部分に言寄せて、樋口氏が高橋論文の「政治的センスに疑念を呈している」と書いている。こんな手の込んだことをせず、直接高橋論文を批判してはどうだろう。このままでは雑誌上の炎上狙いと取られかねない。

樋口論文にもあるように、「極右」のようなスティグマ(否定的な烙印)は、遠くに使いやすく、近くに使いにくい。だから、安倍政権は外国メディアで「極右」と名指しされるが、その逆は少ないのだ。さらに樋口氏は、極右の「次世代の党」は、昨年末の総選挙では「安倍政権のさらに右に入り込む隙間がほとんどないがゆえに」票を伸ばせなかったとも分析している。これでもまだ安倍政権が保守の側にいると信じるのは無理がある。それより、メディアが冷静に安倍政権を「極右」と名指しして批判するのを後押しできる知識人の出現が期待される。

最後に、シニシズムとは対照的な例をあげよう。三月二〇日の予算委員会の国会中継を見ていたら、質問に立った小西洋之参議院議員(民主党・新緑風会)が、昨年七月の集団的自衛権に関する閣議決定は、「改正国民投票法附帯決議　第六項」（政府が憲法解釈を変更するときにはその案文を国会で十分に審議する）に反する暴挙であるとし、「それを止めていただけるのは国民の皆さんしかありません」とテレビに向かって訴えたのである。メディアを徹底して利用する。これこそがジャーナリスト、知識人が学ぶべきことではないのか。

報ステ・古賀発言の本質

スタジオに走った緊張　三月二七日、元経済産業省官僚の古賀茂明氏がテレビ朝日の看板報道番組「報道ステーション」に出演した際、官邸による圧力で降板させられたことを突然、告発した。金曜日のゲストコメンテーターとしてたびたび出演してきた古賀氏だが、「最後の出演」で一矢を放ったわけだ。

今年一月、「イスラム国」によって日本人二人が人質として拘束され、処刑される事件が起きた。古賀氏はかねてから安倍政権にきわめて厳しい発言を繰り返していたが、事件後の一月二三日の同番組で政府の危機対応を批判し、「I am not ABE」と発言した。人質事件の直前、仏週刊新聞『シャルリー・エブド』編集部襲撃事件をうけて広がった、同紙を支持する人びとの合い言葉を念頭に置いたものだろう。古賀氏がアレンジしたキャッチフレーズの反響も大きく、ソーシャルメディアなどを通して支持を集めた一方で、政権サイドからは強い批判を招いたといわれる。

六月号

事前の打ち合わせにない古賀氏の発言に慌てたのか、キャスターの古舘伊知郎氏は「今の話、私としては承服できません」と封じ込めようとした。生放送に慣れているはずの古舘氏の狼狽した表情から、むしろ古賀氏が真実を語っているのではと視聴者は受け止めたのではないだろうか。テレビというメディアの特性が明かす「真実」なのかもしれない。

この二人のやりとりは週刊誌などで「古賀茂明 vs. 古舘伊知郎」などと面白おかしく取り上げられた。だが、最も腹を立てたのは、「ものすごいバッシングを受けてきた」と実名を上げられた菅官房長官かもしれない。

三月三〇日の記者会見では「事実に全く反するコメント。まさに公共の電波を使った報道として、極めて不適切だ」と批判し、「放送法という法律がありますので、まず、テレビ局がどう対応されるかをしばらく見守りたい」と矛先をテレビ朝日に向けた。放送法四条は、「報道は事実をまげないですること」

と定めており、この規定を念頭に置いたものと思われる。

放送法と権力

これに対して、同三一日、テレビ朝日の早河洋会長は記者会見で「視聴者には理解できないことだったと思う。予定にはない、ハプニング的なことで遺憾に思っている。適切な放送ではないと思っている。番組進行上、ああいう事態に至ったことをおわびしたい。菅官房長官の名前も出てきたが、そういった方々にはお詫びをしないといけないという心境です」と述べた。早河会長は、古舘プロジェクトの佐藤孝会長とともに番組中、「両氏の意向で今日が最後ということなんです」などと言及された当事者でもある。

菅官房長官は、第一次安倍内閣(二〇〇六年九月~〇七年八月)で総務大臣を務めた。任期中に、フジテレビ系列の関西テレビの人気番組だった「発掘! あるある大事典Ⅱ」で「納豆ダイエット」のデータ捏造問題が起きた。第一次安倍政権はテレビ局への露骨な番組関与が特徴で、行政指導を繰り返した。菅官房長官は「あるある事件」を好機とし、虚偽報道に対しては、総務大臣がテレビ局に再発防止計画の提出を要求する行政処分ができるよう放送法の改正案を国会提出した。この改正案は二〇〇七年の参院選で民主党が勝利したことにより廃案となったが、放送界は、第三者機関の「放送倫理・番組向上機構」(BPO)内に新たに「放送倫理検証委員会」を設け、自主規制を強化した。

この時の日本民間放送連盟会長は、テレビ朝日の広瀬貞道会長。早河会長は当時専務。二〇〇九年に広瀬氏と同じく朝日新聞出身だった君和田正夫社長の後任社長となる。早河会長の「全面降伏」は、菅氏の豪腕を間近で見てきたことも背景にあるかもしれない。

自民党の情報通信戦略調査会(会長、川崎二郎・元厚生労働大臣)は四月一七日、この「報ステ」問題で、テレビ朝日の福田俊男専務を呼び、事情を聞いた。毎日新聞はこの会合のあった翌一八日、朝刊一面トップで「BPOに政府関与検討」との見出しで報じた。川崎氏が記者団に語ったというもので、BPOを放送局から独立した法律に基づく組織としたり、委員に政府側の人間や官僚OBを入れる案があることを党幹部の話として伝えている。

もともと日本の放送局は、連合国の占領下では政府から独立した「電波監理委員会」が監督していたが、講和条約発効後すぐに政府(当時は郵政相)が直接、放送免許を与える制度に変更となった。政府の強い権限の下にあるという特徴があり、政府の意向の影響を受けやすいと言われる。

早河会長の謝罪はなんの沈静効果ももたないまま、政府のさらなる干渉に道を開きかねない事態へと問題はひろがりつつある。

「降板は前から決まっていた」

ところで、古賀氏が番組で発言した内容は、菅氏が言うように「事実無根」なのだろうか。『文藝春秋』五月号で上杉隆氏がこの問題をめぐる詳細なレポートを寄稿していた。かなり読み応えがあった。その中で、先の「イスラム国」をめぐる発言に関して「放送を見ていた官房長官の秘書官から局幹部に抗議のメールが届いたという情報がスタッフの間で広まった。菅は、会見で圧力をかけたという話を完全に否定し、テレ朝も当の秘書官も事実でないと本誌（文藝春秋）に回答する。しかし、古賀氏が三月二七日の放送で『官邸の皆さんからバッシング』と発言したのは、この情報も影響しているのだろう」と書いている。

今回の問題の核心でもあるこの点について、筆者もテレ朝関係者に確認してみた。すると、上杉氏のいう「抗議メール情報」が広まったことは事実であるという。とすると、菅氏自身の会見発言こそ虚偽であり、それを放送したテレビ局も、菅氏の発言の裏を取らずに誤報を流したということにでもなるのだろうか。

そもそも、仮に圧力を加えたところで、当事者が「圧力」と認めることなどまずあり得ないことは、安倍首相自身が証明しているところだ。当メディア欄では再三にわたって指摘してきたが、いまからさかのぼること一〇年前の二〇〇五年一月に発覚した、旧日本軍慰安婦を取り上げた「NHK番組改変問題」はその典型例だ。

二〇〇一年一月の番組放送前日、内閣官房副長官だった安倍首相はNHKの松尾武・放送総局長と面会し「公平、中立に」と求め、その後に大幅な映像削除・改変が行われた問題である。

もちろん、安倍氏は「圧力」を認めていないが、放送法四条の「政治的に公平であること」などを根拠に政府中枢の人物が個別具体的な番組内容について直接苦言を呈することは紛れもない圧力であり、公権力による放送の自由への干渉である。

これらは、放送当時、番組のディレクターだった人物が内部告発したことによって明らかにされた。しかし、NHKという組織そのものは、安倍氏による「政治圧力」を認めてはいない。今回のテレビ朝日の反応とそっくりだ。

「古賀さんの降板は、昨年末にはその流れがあった」と明かすのは、ある関係者だ。「もう呼ぶな」という話はすでにできていたというのだ。そこで、四月という番組改編時期を区切りとしたのではないか。関係者によると、早河会長は報ステの原発問題に関する厳しい追及姿勢に頭を抱えていたらしい。たしかに、県民健康管理調査の甲状腺検査をめぐる福島県の不誠実な姿勢を取り上げた報道など、優れた内容が多かったが、当然、政府や県からは睨まれる。

絶妙なバランスの中で続けてきた原発報道だったわけだが、一方でそれを早河会長が大勢の職員がいる中で、露骨に批判したこともあるのだという。古賀氏が原発即時廃止論者であることは言わずもがなで、先の上杉氏による寄稿では、他番組に出演中の古賀氏に、古舘氏がスタッフをさしむけ原発問題で助言を求めたとのエピソードが書かれている。

それを支えたのは同じく番組を外され、四月から経済部長に異動になった名チーフプロデューサーだ。ある意味で報ステのジャーナリズムを牽引した人物だと言ってもよい。早河会長は、表向き確認されただけでも安倍首相と一三年三月と一四年七月の二回、会食を重ねている。いずれも放送番組審議会委員長を務める見城徹・幻冬舎社長が同席。二回目には朝日新聞出身の吉田慎一・テレビ朝日新社長もいた。この会食をとらえてテレ朝を安倍政権にしっぽをふろうとしているテレビ局だというつもりはないが、安倍首相との距離が問われる中であまりにも無神経ではないか。原発再稼働を目指す安倍首相に共鳴する早河会長がチーフプロデューサーや古賀氏の首を狙っていたのではないだろうか――そう勘繰られても仕方がない。

政権に同調する経営陣

そのような口実を与えたのが昨年九月一〇日に放送された九州電力川内原発をめぐるニュースの扱いだったのではないか。田中俊一・原子力規制委員会委員長が記者会見で竜巻の影響評価ガイドについての質問に答えたにもかかわらず、火山に関する発言になるよう編集して報じた。記者とのやり取りを省略し、田中氏が複数の質問への回答を拒んだような編集を行ったのだ。

この報道に対して、テレビ朝日は番組内で謝罪するとともに、プロデューサーら計七人が処分された。さらに今年二月にはBPOが、「客観性と正確性、公平性を欠いた放送倫理違反」とする意見書を出した。あろうことか、BPOへの審理を申し立てたのは、ほかならぬテレビ朝日自身だったという。経営陣はこの誤報を奇貨として問題とし、朝日新聞の恵村順一郎氏を含む報ステの「顔」である三人を外すという体制刷新を図った――そういうシナリオがつくられたとは考えられないだろうか。古賀氏が番組の中で「プロデューサーが今度、更迭されるというのも事実です」と明かし、古舘氏が「更迭ではないと思いますよ」と反論しているが、異動の背景を踏まえれば、更迭人事といっても過言ではないように思う。

こうした事情は本来であればすべて「水面下」に隠され、視聴者は知らされないまま四月を迎えただろう。最後の最後でそれを白日の下にさらしたのが、古賀発言の本質なのではないか。古賀氏は朝日新聞の取材に対して「(テレビ局側に)政府批判を自粛するムードが広がっている。背後には政権与党の(テレビ局への)圧力と懐柔があると考えている。この二つを伝えたかった」と語っている。

自民党の情報通信戦略調査会の聴取に素直に応じる姿勢を見せた、テレ朝の福田専務の表情をテレビニュースで見た。政権与党による「圧力」というよりも、むしろ、テレ朝の経営陣による安倍政権への同調というのが真相ではないか。もはや「萎縮」という言葉では説明できない。

それにしても、テレ朝・吉田社長の声が聞こえてこないのはどういうわけか。吉田氏は駆け出し記者時代に、木村守江・福島県知事の汚職を追及して「木村王国の崩壊」を描き、新聞協会賞を受賞している。同一人物とは思えない氏の「沈黙」ぶりが、今日のメディア状況を示唆していると感じるのは筆者だけだろうか。

これはもはや「安倍事態《アベノリスク》」だ！……………………………………七月号

この国には、日中戦争を「支那事変」、原発のメルトダウンを「爆発的事象」などと深刻さの程度をやわらげて表現する婉曲話法の伝統がある。いま安倍政権は集団的自衛権行使容認の閣議決定と日米ガイドライン見直しを踏まえて、「安全保障法制」の整備を押し進めているが、その名称を「平和安全法制整備法案」と変え、いつの間にか「平和」という文字を挿入した。「平和」は、この政権になって軽い言葉になった。たとえば「積極的平和主義」。

関連の法案の中にも、婉曲表現が随所に見られる。たとえば「武力攻撃事態法」を集団的自衛権を行使できるようにする「存立危機事態法」に、地理的制限を含む「周辺事態法」を「重要影響事態法」に置き換えた。こうすることで、停戦状態のホルムズ海峡の機雷掃海を安全で例外的な海外派遣の事例として強調し、南沙諸島での活動に抜け道を残しているとも読める。だが、こうした停戦状態においてこそ和平に力を注ぐべきではないのか。

どんどん言葉が死んでゆく

こうした言葉のまやかしは、五月二〇日に行われた党首討論で一気に露見した。どんな議論が交わされたのか、NHKとテレビ朝日を対照しながら逐語的に見ていく。

(1)NHK「ニュースウオッチ9」(要約、以下同じ)：岡田克也民主党代表「新三要件にしたがって集団的自衛権を行使することとは存立危機事態にかかわり、自衛隊の活動が相手国の領土領海領空に及ぶのは当然ではないか」／安倍首相「一般には海外派兵は行わない。戦闘作戦行動を目的に武力行使を行うことはない」／岡田「後方支援について、自衛隊の活動範囲が広がり、リスクは高まるということでいいか」／首相「戦闘が起こったら直ちに部隊の判断で一時中止するか退避をする。リスクとは関係がない」」。

このやり取りでわかるのは、まず武力行使をともなう海外〝派兵〟は「一般に」しないと言っているだけで、三要件を満たせばする、ということだ。しかし、その前提となる立法事実は何なのか。また、後方支援については、戦闘が起こればすぐに中止か退避すると言う。だが、他国と戦争する特定の国（主にアメリカ)と共同行動をとれば、リスクが増大しないはずはない。岡田氏は、リスクがあると言ったほうがいいのではないかと迫った。だが、首相は世論の支持を失うことを恐れてか、リスクが増すとは決して言わない。

(2)テレビ朝日「報道ステーション」：岡田「米軍が相手国の領土領海領空で戦っているとき、そこまで行かなければ集団的自衛権も行使できないのではないか」／首相は笑って首を振る／岡田「もしこれが間違っていたら法案を修正して、他国の領土領海領空ではやらないとはっきり書いてください」／首相「我々が提出する法律についての説明はまったく正しいと思う。私は総理大臣なんだから」(筆者注：議場騒然)。

何度か聞いた行政府の長の立法府に対する暴言だ。安倍氏は、自己正当化が過ぎて集団的自衛権の不要を印象づけた。

(3)NHK「ニュース7」：岡田「アメリカの戦争に巻き込まれることは絶対にないと言った。本当に絶対ないのか。そのような断定的で粗雑なものの言い方で国民の理解は得られない」／首相「アメリカとどこかの国が戦闘をしていて、我々がたとえば助けてくれと言われたとしても、そこに行くということはありえない。日本の意思に反して、日本が戦争に巻き込まれて行くことはない」(傍点筆者)。

安倍首相は、巻き込まれ論を否定。自らの意思による集団的自衛権行使はありうると言った。こうした言葉の軽さが「安倍事態」の本質を物語っている。

五月二四日の東京新聞「こちら特報部」は、「安保法案閣議決定」についての新聞各社の社説・論説を点検し一覧にした。それによると、全国紙が賛否を二分しているのに対し、ブロック紙・地方紙のほぼ全紙が法案に批判的である。東京新聞の企画は今後の示唆に富む。

「国連憲章」再読　こうした地道な作業と並行して、「そもそも論」も必要だ。「平和安全法制整備法案」を構成する国際平和支援法案と自衛隊法改正など一括法案が通れば、自衛隊の活動は、前者によって「いつでも」(恒久的に)、後者によって「どこでも」「あらゆる事態」にも対処が可能になる。参加するのは、他でもない「アメリカが行う戦争」にである。

「アメリカの戦争」とはいかなるものか。たとえば一九九九年、アメリカはユーゴ内戦に際して、国連決議を経ずにコソボ空爆を断行した。この軍事的一極主義が世界に非対称性をもたらし、九・一一の悲劇を招く一因になったと言われる。その後、アフガン攻撃、イラク攻撃が行われた。

具体的には、アメリカによるアフガン攻撃は、テロの日から二六日後の一〇月七日であった。これを国連決議に基づく行動と見るか、自衛権の行使と見るか。「差し迫った脅威を取り除くため」という時間的要件からすれば、自衛権行使の範囲を超えていると言える。日本は「テロ特措法」で後方支援を行った。

二〇〇三年三月、アメリカは「国連決議一四四一」(イラクに大量破壊兵器があり、フセイン政権がその査察を妨害した場合には深刻な結果に直面する)を拠りどころにイラク攻撃に踏み切った。だが、大量破壊兵器は発見されなかった。このとき日本は「イラク特措法」で復興支援を行った。

その後の国際情勢の不安定化に対して、日本は、特措法を恒久法に変え、「アメリカ流の戦争」につきあおうというのだ。そのアメリカ流の戦争は、国連憲章の「戦争違法観」に抵触する。憲章第五一条で許容される武力行使は、個別的、集団的を問わず自衛の範囲を超えてはならず、衝突の発生後、直ちにその事案は国連安保理に付託されなければならない。だから、安倍首相が言う「切れ目のない」対処(いつでも、どこでも、いかなる事態にも)など論外のはずだ。

アメリカは、財政難からアジア・太平洋地域での「リバランス」を企図し、それへの「切れ目のない」協賛を日本に期待している。安倍氏が地球儀俯瞰外交などと気取って「東北アジアの情勢変化」を言挙げしても、近隣諸国は、日本こそがもっとも危険な因子であるとみなし、"Move Your Shadow"(汝の影を消せ)と言いだしかねない情勢だ。メディアは、安倍首相の軍事的現実主義の蒙を啓いて、たとえば「日中不戦の誓い」を中心にすえて、東北アジアの安定を求める方がどれほど現実的な選択であるかを強調すべきときである。

「明治」は近くなりにけり

しかし、このところ暗い戦前のその前の明るい時代として「明治」がやたらと引き合いに出される。今年二月、安倍首相は施政方針演説で「明治の日本人にできて、今の日本人にできないわけはありません」「『知と行は二つにして一つ』——何よりも実践を重んじ、明治維新の原動力となる志士たちを育てた吉田松陰先生の言葉であります」と述べた。

何のことはないNHKの大河ドラマ「花燃ゆ」の舞台にもなっている、安倍氏ゆかりの山口県の自慢話であったのだ。五月四日、連休をねらいすましたかのように、「明治日本の産業革命遺産　九州・山口」がユネスコから世界遺産への登録を勧告されるというニュースが飛び込んできた。テレビはここぞとばかり、ご祝儀番組で応えた。

首相の「日本を取り戻す」という復古的なスローガンは、そのまま単純な思考回路を経て、去年七月の産業遺産国際会議での発言に現れた。「植民地にならずして、産業革命の波を自ら取り込んで近代国家に変貌を遂げた日本に世界中が驚きました」。山口県の先人たち(長州藩)のおかげで、中国やアジア諸国のように植民地化されずにすみ、あまつさえそれらを掌中にした(植民地化した)歴史を誇って見せたのである。

しかし、ユネスコの諮問機関イコモスは、登録名称を「明治日本の産業革命遺産　製鉄、鉄鋼、造船、石炭産業」に変更するよう求めている。山口の名は消えたが、松下村塾だけはリストに残っている。殖産興業と富国強兵のイデオローグを育てた塾ということなら、かろうじて理屈がつく。だが、そこで思わぬ伏兵が頭をもたげた。隣の韓国が、日本の「産業革命」の陰には、朝鮮から強制徴用された人々の犠牲があったはずとして、登録反対の声を上げたのである。

官邸は、産業革命遺産は明治維新から一九一〇年までに限定されたもので、韓国合併後の徴用とは無関係と反論している。しかし、長州藩が天皇を担ぎあげて明治維新を行い、藩閥政府が富国強兵を進め、日清・日露の戦争を経て朝鮮半島を植民地化した。その結果、炭鉱などで働く朝鮮人労働者の動員があったのであり、因果関係を時間で区切ることはできない。ここにも自己中心的な「安倍事態」が起きている。

神域のエコロジー　安倍首相が米上下両院で「希望の同盟」をぶち上げたのが四月三〇日(日本時間)、「平和安全法制整備法」の閣議決定が五月一四日。この〝危機の二週間〟に、やはり「明治もの」がメディアに登場した。五月二日に放送されたＮＨＫスペシャル「明治神宮　不思議の森──100年の大実験」は、自然番組のスタイルをとりながら、じょじょに視聴者を「有り難い」気分にさせる内容に仕上がっていた。

明治神宮は、明治天皇と昭憲皇太后を祭神とする社である。建立に際して、代々木の荒地に〝太古の森〟を人工的につくろうという企ての下、針葉樹と常緑広葉樹を混ぜて植樹した。以来一〇〇年、人が勝手に入れない神域は都心では考えられない生物多様性のモデルを出現させたという。このタイムカプセルを開けるべく、現代の生物学者たちが内苑に分け入った。

その姿を見ながら、筆者は隣接する代々木公園のデング熱騒ぎを思い出し、内苑が果たして純粋培養された森なのかと勘ぐってしまった。「野生の宝庫」「東京の最後の秘境」などと言うが、今回の調査で外来種はまったく見つからなかったのか。ＮＨＫのサイトには、一〇〇年前、「日本各地から集まった一〇万本もの樹木を五年がかりで植林」したとある。実際は、当時植民地だった朝鮮半島や台湾の植物も植えられていた。この疑問には、それらの地域も当時は「日本」だったと答えるのだろうか。

番組の意図がどこにあったにせよ、結局、近代天皇制下の八紘一宇と現代風のエコロジーが神秘的に合体したのである。ネットの書き込みにそれが反映されている。「明治の人は偉大だったねえ」「こういうのに受信料ぶっこむのはいいな」「日本人のいいところも一緒にバカにされ続けたのが『戦後』ってやつなんじゃないか」。さらにこんなのもあった。「現天皇は自分らが死んでも、こういう施設はいらないって言ってるからなあ」。これにツイートするものはなかった。

この際、天皇制についても真面目な議論が急務であろう。安倍首相の極右的言説に倦んだ国民にとって、現天皇の言動がずいぶん平和的に映るとしても、そこで思考を停止していていいものか。不思議の森や沈黙の象徴に呪縛されたままでいいものか。

「安倍事態」をこのまま放置して、ポスト安倍の政治家(あるいは軍人)が「万世一系・万邦無比」を背に強権を発動する悪夢が、ふと筆者の頭をかすめた。

官邸癒着メディアと「機敏な反撃」

九月号

批判と擁護に割れた社説　七月一五日の強行採決を新聞はどう伝えたか。翌日の社説は「合意形成力の低下示した採決」と国会審議の不毛を嘆いた日経新聞の論調を真ん中に、「批判」と「擁護」が見事に分かれた。

朝日新聞は「戦後の歩み覆す暴挙」、東京新聞は「違憲立法は許さない」と踏み込んだ。世論より米国への約束を優先する安倍首相の政治姿勢、違憲とされる法律を数の力で押し通す立憲主義の否定、質問に答えない国会軽視、曖昧でわかりにくい法案そのものにも矛先を向けた。

擁護派は読売新聞が「首相は丁寧な説明を継続せよ」と今後に注文をつけたが、産経新聞は「与党の単独可決は妥当だ」と言い切った。憲法違反や立憲主義の論点には触れず、「一一六時間、論点はほぼ出尽くし」(読売)、「審議はすでに尽くされた」(産経)。国会論議の中身は素通りし、審議時間で「採決」の正当性を論じたのである。

両紙とも、まだ国民の理解が進んでいる状況ではないとの首相の言葉を引きながら、読売は「法案の内容は専門的で複雑だが、日本と世界の平和と安全を守るうえで極めて重要な意義を持つ」として「丁寧な説明の継続」を求めた。これまでも丁寧な説明をしてきたといわんばかりだ。産経は「中国が活動を活発化させるなど日本を取り巻く安保環境は悪化している。政府はそのことを国民に率直に説明すべきだ」と説く。

説明すべきは法案の中身より「日本を取り巻く安保環境の変化」というのが両紙の主張のようだ。読売はこの日の二面で「安保環境厳しさ増す、東・南シナ海中国進出」という大きな記事を載せている。強行採決にぶつけるように海洋での中国の動きを取り上げ、軍事情勢の変化を強調した。

囃される中国の脅威　メディアの使命は「なにを世間に問いかけるか」。すなわち問題提起する力こそ命だ。政権が憲法解釈を変え、安保法制を力ずくで再構築しようとする今、メディアは読者に何を問いかけるべきか。

朝日、毎日、東京は、憲法がないがしろにされる「立憲主義の危機」を訴え、読売・産経は、「中国・北朝鮮による軍事的脅威」に警鐘を鳴らす。どこも似た記事ばかり、と言われてきた日本の新聞が、違った視点で記事を書くようになった。紙面に個性が出て、読み比べる楽しさは増したが、気がかりはメディアの磁場に政府の威力が強まっていることだ。

真っ二つに割れた論調の片方は政府の言い分そのもの、というのが今のメディア状況である。安保法制を正当化する論拠とされる「中国の脅威」を改めて印象付けたのが、東シナ海での「ガス田開発」をめぐる報道だ。七月二一日に発表された防衛白書で、中国が日中境界線近くの海域で掘削を行うプラットフォームを増設していることが「軍事上の脅威」と指摘された。

この情報は産経新聞が二週間前に先行していた。暴露したのは櫻井よしこ氏である。

「確かな情報が私の手元にある」と書きだしたコラムで櫻井氏は、南シナ海で問題になっている人工島とほぼ同様の企てが東シナ海の日中中間線の中国側海域で進んでいることを批判した。一九九八年に四カ所だったガス田のプラットフォームが昨年六月までに六カ所に、さらにこの一年間で一二カ所に増設されている、と。そして同氏は中国軍の回転翼機や無人機の基地として使用されるおそれがある、レーダーを設置すれば、沖縄や南西諸島全域の自衛隊と米軍の動きをキャッチでき、中国の情報収集能力は格段に高まる、と警告した。

東シナ海に飛んで調べたわけではないだろう。「手元にある情報」とは誰が櫻井氏に託したのか。国会審議で沸騰している時である。安倍首相は「こうした大きな安全保障環境の変化に対応すべく、切れ目のない対応を」と訴えた。中谷元防衛相は国会で、櫻井氏の主張をなぞるように軍事的脅威を強調。自民党国防部会は中国の海洋進出の証拠として防衛白書で大きく扱うことを求めた。ガス田情報は「機密扱い」になっていたが、菅官房長官は「差支えない範囲で公表する」と述べ、外務省は海図とともに航空写真を公開した。

強者にすり寄るメディア　経済行為であるガス田開発さえ中国脅威論を補強する事実として動き出す。櫻井氏は政府の情報戦略の拡声器なのか、産経新聞は宣伝の場として機能する。

産経は以前から保守的な学者や評論家の論壇紙としての役割を果たしてきた。立ち位置は保守内右派と見られてきたが、安倍政権の登場でど真ん中に躍り出た。だが読者層に限りがあり、媒体としての力に欠ける。弱点を補ったのが読売である。安倍官邸になってすり寄りが目立つ。読売の紙面にリーク情報が躍るようになった。

七月一〇日付の読売四面に載った「安倍政権考・外交4」は首相側近の今井尚哉・首相秘書官(政務担当)とスピーチライター谷口智彦・内閣官房参与の手柄話を記事にしたものだ。「対外発信スピーチに力」という見出しで米国での議会演説など海外での首相スピーチの裏で側近たちがどんな工夫をしたかを書いている。ブエノスアイレスで行った国際オリンピック委員会での「Under Control 演説」などには触れず、取材相手の得意げな話を言うがままに書いたような記事。この二人こそ安倍官邸で情報戦略を担う要人である。緊張感に乏しい「安倍政権考」に読売の官邸取材が滲み出ている。

広告塔になった編集委員

官邸ばかりではない。読売と「原子力ムラ」との癒着は、三・一一が遠ざかるにつれ露骨になってきた。橋本五郎特別編集委員が登場した原発広告(六月一四日読売新聞)がわかりやすい。「なぜ原子力が必要なのか」を訴える電気事業連合会の全面広告である。「国民を代表」して橋本氏が、「今、電気は足りている」との見出しのもと、それでも原発は必要なのかなどと質問、八木誠電事連会長(関西電力社長)が諄々と説明する。橋本氏が「国民を代表して質問」という設定もヘンだが、橋本氏は「過去の経験を活かし、正面から原子力に向かっていく時だ」と対談を締めくくった。

過酷事故は「過去の経験」なのか。放射能が今も垂れ流される現実に目を背ける。ペンで生きる編集委員が原発の広告塔になる。地域経済への支配力と潤沢な広告費を抱える電力会社にメディアはすり寄った。その反省を生んだのが福島の惨事ではなかったか。

「川内再稼働　来月一〇日にも」。他紙に先駆けて報じたのも読売だ。原発再稼働は支持率低下に喘ぐ政権の難題だ。安保法制、七〇年談話、普天間基地の辺野古移転などと絡み、安倍政権への評価につながる。仕切り役は今井秘書官。経産官僚として原子力政策を担当してきた。「読売の記事は今井の観測気球」とも言われている。

報道を先行させ既定の事実として世間に印象付ける。記事への反応次第では予定を変える。気脈の通じた記者に書かせる。それが俗にいう観測気球だ。周到な段取りを考える官僚と担当記者が以心伝心で記事を作る。官邸情報は読売が早い、と評判だが、外れる記事も少なくない。「官邸の筋書」だけで物事は決まらないからだ。

紙メディアの衰退がいわれている。規模が大きいほど、業種転換も困難とされる。権力、情報、カネが集まる強者に寄り添って生き残る。それでジャーナリズムと相いれないものがあっても、企業として存続することを優先する。

「時代の証言者」という、日経なら「私の履歴書」に当たる読売の連載に、七月から森喜朗元首相が登場した。「楕円のボールを追いかけるように走り続けた人生を語ってもらう」という。新国立競技場の建設で我がままぶりを見せつけた「影の五輪担当相」の聞書である。興味深い人ではあるが、なぜ今森喜朗なのか。日本ラグビー協会会長から東京オリンピック・パラリンピック組織委員会会長になり、東京五輪の元締めという地位や権限と無関係ではないだろう。東京五輪はメディアにとっても様々な商機なのだ。

新聞社は新聞事業だけでは成り立たない。テレビ局のネットワークを築き、文化事業や不動産業にも手を広げた。ビジネスを広げるほど、提携先や銀行、お役所との関係が深まる。取材対象がいつの間にか事業パートナーだったり、監督官庁になる。

経営者が気を遣う相手は増えるばかり。好業績の頃は気にならなかった「外への配慮」も、経営に陰りが出ると景色が変わる。読売ほど露骨で率直でなくても、大手メディアに共通する弱点は「関係性」だ。「借り」が増えると、真綿で締めるように記者の自由を脅かす。ブランド・人材・発行部数を誇る大手新聞も、強者に切り込むのは容易ではない。

ネットパロディの機敏な反撃

自民党が作ったアニメ「教えて！ ヒゲの隊長」のパロディ版が話題になっている。本家のほうは、集団的自衛権の行使による米国との連携強化は、日本の抑止力を高め、中国・北朝鮮などの脅威から人々の暮らしを護る。この趣旨にそって、ヒゲの隊長が「あかりちゃん」に電車の中で安保法制を説明するというストーリーだ。パロディ版は音声を差し替えて、法案の曖昧さをあかりちゃんが隊長に詰め寄るもので、自民党の宣伝を逆手に取ったパロディの傑作。安保法制と聞いただけで難解に感ずる世間の反応を、面白い表現で伝える手法はなかなかのものだ。

パロディが指弾した「問題点」は、新聞に詳しく、あれこれ書き込まれているが、関心ある人しか読まない。記者がこれでもかとゴシゴシ書いても大多数に伝わらない。伝わらなくてはメディアの使命は果たせない。選挙で一票を入れる人は、新聞の解説記事を丹念に読む人ばかりではない。

立憲主義の危機を心配する人より、中国や北朝鮮が心配と思う人が多いのも事実だろう。「安保環境の変化」を強調する政府は、中国・北朝鮮が怖い国だと煽る。そうした宣伝に対抗するには、脅威＝国防強化という思考が近隣との関係をかえって悪くし、脅威を高めることになる悪循環を、面白く・わかりやすい表現で伝えることではないか。

米国の軍事介入は地域の秩序を壊し、世界平和どころか混乱を助長している。先にも述べたが日本が後方支援することは、自衛隊員の犠牲と日本がテロの標的になる恐れさえある。危うさをどのように表現したら人の心に届くだろうか。

安保法案は聞けば聞くほど理解できない。だから支持されない。ただ「中国・北朝鮮への不安」は人の心にしみ込んでいる。米軍との連携強化でこの問題は解決しない。そのことをどんな表現で説明できるか。超えるべき課題はここにある。

「アベ政治を許さない」の標語は、運動の中心だった中高年から学生や女性に広がっている。女性誌にも「戦争への不安」が載る。女性自身は「美智子さま『私は〝戦争の芽〟を摘み続ける』」。女性セブンは「今こそ耳を傾けたい天皇陛下『いのちのお言葉』」。女性に広がる不安を感じ取った編集者が読者に届く表現で「アベ政治を許さない」を形にした。

多様な人の参加が新鮮な表現を生む。大手メディアの会社員である記者には思いつかない表現が生まれることが運動の広がりを支えるだろう。SNSを手にした新たな表現者が増えている。敗戦の夏。日本がアメリカに付き従って戦地に赴く法案を多様なメディアはどう表現するだろうか。

たった八分の憲法クーデター

一一月号

九月一八日(満州事変勃発の日)の深夜から翌未明にかけて、「平和安全法制整備法案」と「国際平和支援法案」が、多くの疑念を残したまま採決された。この法案に、あえて「平和」の文字を冠したのは、安倍政権が進める「積極的平和主義」を偽装するためであろう。首相はこの法案が「戦争法案」と呼ばれると、「悪質なレッテル貼り」と猛反発する。ちなみに法案が提出されたのは、日本の政党政治が圧殺された五・一五事件と同じ日であった。いまや、永田町を禍々しい「平和」の亡霊が徘徊している。

九月二〇日(日)のTBS「サンデー・ジャポン」は「大荒れ国会　安保関連法成立」と題してこの日のことを報じた。お笑いコンビ「爆笑問題」の太田光氏は穿った見方を披露した。国会前のデモがかえって安倍首相を煽ったというのだ。理由は単純だ。安倍首相のお爺さんの岸信介首相は、六〇年安保改定のときに国会を取り巻く大衆を尻目に、私は「声なき声」(後楽園の野球観戦者や銀ブラの男女)に耳を傾けるとうそぶきながら「信念」を貫いた。その記憶を強烈に引き継いだ孫に、国会前のデモは格好の舞台装置を提供してしまった、というわけだ。

反面、この安保法案の通過に費やしたエネルギーのために、安倍首相は自らが考える憲法改正を柱とする「戦後レジームからの脱却」が難しくなったと分析した。たしかに、安倍氏は今回アメリカへの自発的な隷従のために、自らの「政治生命」(内閣支持率)をいくぶん削った。しかし、彼の憲法改正への執念がそう簡単に消えるとも思えない。

加害者になる日

サンジャポのレギュラー出演者の一人、テリー伊藤氏が発言した。「(自衛隊が)海外へ行くよね」「武器を持っている人は倒せるかもしれないけれど、子どもがもし隠して武器持っていたらどうするの?」「そのとき撃っちゃったら、もし違う子どもを撃っちゃったときだってあるわけだから、じゃその人はどういう罪になるの?」

PKOの駆けつけ警護を念頭に発言したのであろう。いま日本では、集団的自衛権の行使が容認されると、自衛隊員の危険度が増すかどうかに議論が集中する。しかし、見知らぬ遠い国や地域で、その政情や人々の慣習に疎い隊員たちが、恐怖に駆られて民間人を過剰に殺傷し、ジュネーブ条約違反に問われはしないか。未来の話ではない。かつて日本軍が中国の都市に入城し、脱ぎ捨てられた国民党軍兵士の軍服の山を見て、疑心暗鬼から多数の民間人を殺傷した事件がある。極限状態で自衛隊員が犯すかもしれない加害行為を、国家は未然に防ぐことができるのか。

逆に、自衛隊員が捕虜になったとき、ジュネーブ条約によって守られず、その土地の法や掟で裁かれる可能性がある。今後、アメリカと一緒に交戦することになる国の中に「イスラム国」が含まれていないという保証はどこにもない。この点について、毎日新聞は法案採決直後の二〇日、「撃ち、撃たれる現実味」という見出しで、自衛隊がすでに武器使用基準を独自に研究していることを伝えた。しかし、目先のノウハウに救いを求めるのは武装組織のつねであり、現場のエスカレートは冷静な判断を失わせる。誤爆、誤射、異常犯罪が続出するはずだ。

戦後アジア各地で行われたBC級戦犯法廷で、上官の命令の有無などまったく考慮されず重罪判決を受けて刑死した多数の兵士がいる。戦争トラウマという概念がないとき、精神に異常をきたした兵士は、隔離され補償もままならなかった。「戦後七〇年談話」から「加害」の責任にかかわる部分を極力けずった安倍首相が、自他の国民に対して国家責任を積極的に果たす意思があるとは考えられない。見捨てることも、救うこともできないところに、究極の無責任システムとしての「靖国の思想」が見え隠れする。

〝策謀〟の第一歩

思えば、一国の首相がポンチ絵を使って、国民の生命と財産を守る意気込みを表明してから、なにもかもがおかしくなった。集団的自衛権行使の例題として示した「ホルムズ海峡の機雷掃海」や「邦人救出中の米艦防護」など、その後の国際情勢の変化や米軍の対応の実際が明らかになるにつれ、ことごとく〝絵空事〟に近いことがわかってきた。「安保法案」は議論すればするほどその立法事実が希薄になり、圧倒的な数の憲法学者が「違憲」の疑いを指摘した。だが首相とその周辺はますます意固地になり、「法の番人は最高裁判事だ」と逆切れした。すると、当の元最高裁判事が「とても法律専門家の検証に堪えられない」「今は亡き法制局」などと切り捨てた。安倍首相の札は底をついたかに見えた。「強行採決」を急いだのはそのためだったかもしれない、と思うほどこの法案はレジティマシーに欠ける。正統性をことごとく否定された者は、しばしば異常行動に出る。「強行採決」に走る政府与党周辺から、不穏な空気が漂い始めた。

そこで、筆者は参議院特別委の「強行採決」に至る一連の映像をじっくり視聴してみた。映像メディアの同時性と記録性という二つの機能が〝策謀の瞬間〟をまざまざと甦らせた。そのメディアリテラシーを実践してみたい。

ことは九月一六日、横浜での地方公聴会を型どおりに済ませて、鴻池祥肇委員長らが脱兎のごとく国会にとって返すところから始まった。そして、参議院特別委員会で、締めくくりの「総括質疑」を二時間限定で行うと宣言した。これに反発する民主党などは、二五日までの会期を使って審議を深めることを求め、深夜まで平行線をたどった。その間、鴻池委員長は理事会室から出られない状態が続いた。日付が変わって一七日未明三時、委員長職権で午前八時五〇分から理事会を再開することを決めた。しかし、約束の時間になっても委員長は理事会室に現れず、委員会室にちゃっかり座っていたのだ。これが〝策謀〟の始まりだ。以後、すべてが与党の計算どおりに運んだ。

映像「政治学」の試み　だが、大きな誤算があった。国会のカメラとNHKの生放送がその現場をリアルタイムで国会外に中継し、民放各社のカメラがさまざまな角度からこの異常事態を目撃していた。八時五四分、NHKの「あさイチ」は草津温泉を紹介する番組を中断して、カメラを委員会室に切り替えた。いきなり目に飛び込んできたのが委員長席で怒鳴りあう理事たちの姿だった。「約束違反だ！」「いや、理事会室に閉じ込めたからだ！」。以後、NHKのカメラ・アイは瞬き一つせず、参議院特別委員会の惨状をモニターし記録する監視カメラと化したのである。

以下、民放のニュースショーなど後に使われた映像も動員し、註釈を入れながら「九月一七日」の謀を再現してみる。

(1)繰り返しになるが、NHKは一七日未明三時、鴻池委員長が、午前八時五〇分から理事会を開くことを職権で決めたと伝えた。

(2)テレビ朝日「報道ステーション」(一八日夜放送)のカメラは、なぜか一七日七時四五分に委員会室に座る鴻池委員長の姿をとらえていた。民主党の理事たちは気づいていない(取材班が、理事会の場所が変わったのかと関係者に尋ねてみたらどうなったか)。

(3)フジテレビ「とくダネ！」(一八日朝放送)のカメラは、国会職員が「安保法制に関する委員会理事会」の看板を理事会室から委員会室に掛け替えるのをとらえた(なぜかカメラワークに慌てた様子はなく、事前に情報を得ていたかのように看板の文字も明瞭)。

(4)NHKの「あさイチ」から中継に切り替わって、委員長席の激しいやり取り(前出)。

(5)委員長席での言い争いが続くなか、九時三〇分ごろ自民党の佐藤正久理事が鴻池委員長になにやら耳打ちする。委員長は「理事会はここで終わった」と宣言するが、怒号は治まらない。この段階で、民主党の福山哲郎理事は、委員長に対する不信任決議案らしき紙をポケットにねじ込み、委員長席に近づく。このあと委員長も膝のところでメモ用紙に目を通し、胸ポケットに入れた。

(6)九時四五分、委員長が職権で委員会を再開、同時に質疑の終局を宣する。すかさず福山理事が委員長に不信任動議を示す。委員長、まずそれを読み上げ、続いて机の下で先ほどのメモを読み上げる。「佐藤正久理事に委員長の職務を委託する」。これに対し「退任者に任命権なし！」の声。鴻池「わかった」と言って降壇する。佐藤理事は委員長席に居座るが、猛烈な抗議にあってしぶしぶ席を立ち理事会室に向かう。

(7)一三時、自民佐藤理事が委員長代行として、不信任動議の審議開始を宣言。

(8)この後、三時間以上にわたって野党議員らによるフィリバスター(議事妨害)演説が続く。しかし、日ごろ少数野党のために発言時間を十分には与えられない委員たちが、思いのたけをぶつけた。重要な指摘がずいぶん含まれていた。その終了直後、鴻池委員長に対する不信任案を賛成少数で否決。

(9)一六時二八分、鴻池氏が委員長席に再度座る。ほぼ同時に安倍首相着席。なんらかの質疑が始まるものと見えた。

(10)しかし、鴻池委員長は着席直後、委員会の開会を宣言する。これに対し野党側理事が委員長席に近づくと、間髪を容れず自民党席に合図をする者があり、若手議員ら(議員以外も含まれていたという説もある)が委員長席に殺到、いち早く委員長を「かまくら」状に囲い込む。NHKアナウンサーははじめ「野党議員が委員長席に詰め寄りました」と間違えて説明した。

(11)一六時三〇分、怒号ともみ合いのさなか自民党席から山本一太委員が「質疑打ち切り採決を求める動議」を読み上げる。テレビ朝日のカメラがそれをとらえていた。国会中継映像には、読了を委員長席に伝える者、それをさらに委員長に伝える者が映っている。間髪を容れず、安倍首相は委員会室を後にする。すべてが仕組まれたお芝居だったとわかる。

(12)大混乱のなか、民主党小西洋之委員がジャンピングするとヒゲの隊長こと佐藤理事がパンチで応戦。カメラが瞬間をとらえた。これは週刊誌向け。

(13)一六時三三分に「平和安全法制整備法案」、三四分に「国際平和支援法案」をそれぞれ可決。

三六分、与党・次世代・元気・改革による「付帯決議」可決。最後に「審議経過の報告書作成」を鴻池委員長に一任することを可決して散会。一六時三七分。この間わずか八分。

以上、テレビカメラは、見れば見るほどその先を見たくなるような中継映像をわれわれに届け続けた。その日のNHKに中継を打ち切る度胸も判断力もなかったはずだ。議事録には「議場騒然、聴取不能」とだけ記載されていたという。カメラ・アイはまさに記載通りの映像と音を残していた。だが、この惨事は正式の議事録にどう表現されるのか。九月一七日は、メディアが欲望を再生産し、欲望がメディアを再生産した日として記憶されるだろう。

民主主義を観察する

ファシズムは、昔も今もさしたる熱狂もなく近づいてくる。じつは、想田和弘監督の「観察映画」の手法は、今回のメディア批評のヒントになった。政治に無関心であったことで、安倍晋三という政治家にまんまと憲法を乗っ取られた。しかし、忌まわしい日の翌日も国会前に人々の姿があった。「民主主義ってなんだ?」「これだ!」というSEALDsのシュプレヒコールは、「私は立憲主義と民主主義に目覚めた」と聞こえる。彼、彼女らは、来年の参議院選に向けてネガティブリストをつくり「戦略的投票」をするという。

沖縄の闘いがイメージされている。また、「違憲」を指摘した学者たちを中心に、安保法制の違憲訴訟を起こす動きが広がりつつある。そして、地方紙やブロック紙に政府与党に対する憤りの声が集まっている。永田町政治が当てはまらない地域、格差社会を生きていく若者や女性や子どもたちは、自衛隊が〝非正規派遣軍〟として戦地に行くことを許さないだろう。メディアには、「平和的生存権」を脅かすものを徹底観察・暴露する仕事が割りふられている。

政府目線のマイナンバー報道

一二月号

この人たちに個人情報の管理を委ねて本当に大丈夫なのだろうか。そう思わざるを得ない事件が相次いだ。この人たちとは、今年六月に大量の個人情報流出が発覚した日本年金機構と、マイナンバー制度の導入をめぐる汚職事件で逮捕者を出した、年金機構の監督官庁である厚生労働省のことである。

「補償逃げ」した年金機構

日本年金機構のパソコンが、「標的型サイバー攻撃」と呼ばれる手口でコンピューターウイルスに感染し、一二五万人もの個人情報が流出した。そのわずか四カ月後の一〇月、厚労省では情報政策担当参事官室の室長補佐が収賄の容疑で逮捕された。年金情報を含む社会保障分野で活用するマイナンバー制度の関連事業を受注した業者から、便宜を図った見返りとして一〇〇万円を受け取ったとの疑惑だ。受注額は約二億一〇〇〇万円にのぼるという。厚労省と年金機構の前身、旧社会保険庁は、第一次安倍政権時代の二〇〇七年、五〇〇〇万人におよぶ記録の持ち主が不明になる「宙に浮いた年金記録問題」で批判を浴びたばかりである。

一連の事件が起きたのが同じ安倍政権だったからだろうか。〝再犯〟の反省は極めて軽いものだった。年金機構は流出の被害者に対して金銭的な補償を見送り、政府もこれを容認している。この対応は、民間企業とは大いに異なる。

個人情報を流出させてしまった企業はどう補償してきたのか。一つのモデルとされているのが、二〇〇四年に発覚したソフトバンクBB提供の「Ｙａｈｏｏ！ ＢＢ」による、約四五〇万人、延べだと一一〇〇万件にのぼる顧客情報の流出事件である。個人情報保護法の全面施行(二〇〇五年四月)前だったが、同社は、一人あたり五〇〇円分の金券で補償した。ＤＣカード(約四八万件、〇四年)、オリエンタルランド(約一二万件、〇五年)、アミューズ(約一五万人、〇九年)なども同様の対応に踏み切った。昨年、三五〇〇万件という前代未聞の流出件数が報じられたベネッセホールディングスは、当初は金銭補償に消極的だったが、最終的に一人あたり五〇〇円分を補償した。用意した金額は総額で約二〇〇億円という。

日本年金機構のような公的機関が、個人情報の流出に対して、被害者への個人補償を行わない。政府の態度は、企業が金銭補償をしなくてもよいという誤ったメッセージを送ったようなものだ。前述した企業の関係者などは、「発覚したのが、日本年金機構からの流出より後だったら……」と悔しい思いをしているかもしれない。

形だけの警告　日本年金機構の責任逃れを許している一端には、マスコミの追及の甘さもある。

マイナンバーという原則生涯不変の一二桁の番号は、社会保障や税分野の公的分野だけでなく、医療や金融など民間分野でも共通して利用することが決まっている。最近ではNHKも受信料管理に使いたいと言い出した。膨大な数の個人情報が一つの番号の下にぶら下がるのである。

一〇月のマイナンバー制度施行にあたって各紙は社説を掲げた。

「日本年金機構の個人情報流出問題を受け、国民には情報漏洩や悪用への不安が強い。政府は、番号を扱う自治体や企業も含め、情報管理体制の強化を急ぐべきだ」(読売、一〇月一二日)、「マイナンバーで個人情報が芋づる式に盗まれるのでは、と国民が懸念するのは当然である」(朝日、一〇月三日)、「情報の漏洩などに対する国民の不安を払拭することが不可欠だ。政府は不正防止などで徹底した対策を講じてほしい」(産経、一〇月一〇日)。

全国紙は、いずれもマイナンバー制度には賛成の立場だ。社説で政府や企業に警告を発しているように見えるが、数行触れているに過ぎない。個人情報の流出は、一度起こすと企業の屋台骨をも揺るがしかねない大きな問題であるということを、見過ごしているのではないだろうか。

個人情報の流出に対してはすでにいくつかの裁判例もある。たとえば五〇〇円を支払ったソフトバンクBBは二〇〇七年の最高裁判決で、弁護士費用(一〇〇〇円)を含む一人あたり六〇〇〇円の損害賠償の支払いが確定している(実際にはすでに払ってある五〇〇円を減額)。それだけではない。裁判所は、親会社であるヤフーの監督責任も認め同額の支払いを命じているのだ。

一方、公的機関では、一九九九年に京都府宇治市で住民基本台帳を元にした約二二万件の乳幼児の健診データの流出がわかり、二〇〇二年に弁護士費用(五〇〇〇円)と合わせて一人一万五〇〇〇円の賠償を命じる判決が最高裁で確定している。裁判になれば流出させた側はまず勝てないだろう。

もし、日本年金機構の流出事件の被害者全員が原告になって裁判を起こしたとする。裁判で敗訴となり、一万五〇〇〇円を認定した「宇治市基準」が適用されるとすれば、年金機構の損害賠償額は実に一八七億五〇〇〇万円にのぼる。

大量の情報がネットワークを通じて瞬時に行き交う社会では、一度に流出する個人情報の量も増えている。ところが一人ひとりの賠償額が認められたとしても、一万円程度では低額で裁判も起こせない。結果的に、日本年金機構のような「逃げ得」を許しているのだ。この種の被害を救済する有効な手段の一つに、米国で採用されているような、一部の被害者が全体の代表として訴訟を行うクラス・アクション(集団訴訟)がある。日本でもこの制度の導入を訴えるくらいの提案がなければ、国民の不安の払拭を政府に求めたところで、政府には痛くもかゆくもない。

待ち受ける「徴税社会」　マイナンバー制度に賛成するマスコミが掲げる導入のメリットとは何か。たとえば毎日は「限られた社会保障財源を、本当に必要とされているところへ重点的に配分する上で、十分活用されなければならない」「銀行の預金口座と番号をつなぎ、行政が所得や資産の実態をより正確に把握できるようになれば、低所得者層に限定した手当の給付などが可能になるはずだ」(一〇月五日)とする。日経も「税務も効率化を期待できる。企業から個人への給与などの支払いはマイナンバーで管理されるようになる。複数の収入がある人の場合でもマイナンバーで名寄せすれば、税務当局はその人の収入の全体をすばやく正確に把握できる。納税の際の間違いや不正も簡単に見つけられるわけだ」(九月六日)。朝日、読売、産経の主張もだいたい同じである。

しかし、何のことはない、これらは、政府自身が説明していることと同じである。マスコミは政府目線でこの説明をオウム返しに言っているに過ぎない。

政府は、一定額以上の国内入金・海外送金(一〇〇万円以上とされる)もマイナンバーで追跡可能にするというし、預金、証券口座、そして土地や建物などの不動産や自動車の登録情報にも広げるという。要するに、一人ひとりの資産をフローとストックの両面から把握できるようにして、税逃れを許さない徴税国家を目指しているわけだ。その一方で生活保護費の給付など支出は厳格にするという。マスコミは、そうした制度を後押ししているわけだ。

しかし、賛成するのならせめて国民目線の提言をしてほしい。たとえば、生活保護の支給漏れ対策だ。

昨年九月に放送されたNHKスペシャル「老人漂流社会――〝老後破産の現実〟」は見応えがあった。若いときからコツコツとまじめに仕事をしてきたにもかかわらず、親の介護などで退職したことがきっかけで、生活保護水準を下回る年金額での生活を強いられる単身のお年寄りが急増している。その深刻な実態を伝えていた。老後破産状態にあるお年寄りは二〇〇万人以上になるという。誰にも起こりうることなのだという問題提起が今日、社会的な議論になっている老後破産現象への関心を広めるきっかけをつくったと思う。

取材班はこうしたお年寄りに対して、「貯金がなくなったら生活保護の申請に来て下さい」と突き放す現場職員の対応も報告している。また、昨年一月、NHK「クローズアップ現代」は「あしたが見えない――深刻化する〝若年女性〟の貧困」を放送した。託児所付きの風俗店が行き場を失ったシングルマザーのセイフティーネット代わりになっている現実を突きつけたが、その中でも、生活保護費の支給には時間がかかるという行政側による窓口の説明で申請を断念した女性の証言を紹介している。

「政府目線」を改められるか　今年七月時点で全国の生活保護世帯は一六二万、過去最高を更新した。膨らむ社会保障費を少しでも減らしたいと考えているのかもしれないが、憲法に「すべて国民は、健康で文化的な最低限度の生活を営む権利を有する」とある以上、行政は救済の手を差し伸べるべきではないか。二つの番組からは、生活保護の利用が行き届かない原因として、申請主義が一つのネックになっていることがうかがえる。

マイナンバー制度の導入によって、行政は国民の資産状況を従来よりも容易に把握できるようになった。つまり、いままでは徴税コストとの見合いで見逃してきたことでも、しっかり課税することができるようになるわけだ。

生活保護の不正受給者の発見が容易になるというのだから、適正受給資格者の発見も同じように容易になるのではないか。所得税・住民税を納められないような高齢者はだれか。年金額はいくらで、資産はどのくらいにあるのか。その人は、貧困状態にあるのではないか。言葉を換えれば、行政はマイナンバー制度の導入によって、生活困難状況にいることを「知っている」「いつでも知りうる」状態になる。

知っていながら生活保護費を進んで給付しようとしないことは、行政の「不作為」にあたる。生活保護の不正受給は二〇一三年度は約四万三〇〇〇件(約一八七億円)だったという。

繰り返すが、老後破産者は二〇〇万人を越える。このままではマイナンバー制度の行き着く先は、封建領主も驚く「徴税地獄社会」である。

「マイナンバーを活用し、生活保護者の発見を行政に義務づけよ」。申請主義は明らかに限界に来ている。国民の目線に立ったこのくらいの社説は出ないものか。

2016年

報道陣が集まった「津久井やまゆり園」周辺
提供：時事

5月27日　バラク・オバマが現職の米大統領として初めて広島を訪問.
6月23日　イギリス，国民投票でEUを離脱することを選択.
7月10日　参院選で改憲勢力が議席を拡大，総議席の3分の2を超える.
7月26日　神奈川県相模原市の津久井やまゆり園で元従業員の男が入居者を連続して刺殺. 19人が死亡，26人が負傷(相模原障害者施設殺傷事件).
8月 8日　天皇がビデオメッセージで生前退位を示唆.

テレビに対する首相の〝異常な愛情〟

一月号

二〇一五年は「戦後七〇年の節目の年」という常套句でなんど語られたことか。だが、日本人は、いま「歴史に残る年」を越年しようとしている。日本国は、集団的自衛権行使のための安保法案を強行採決し、沖縄辺野古新基地の埋立てを強行する首相の〝異常な執念〟に包まれて危険水域に踏み込みつつある。その〝執念〟は、中国が「南京大虐殺の記録」をユネスコに申請し、登録されたときにも発揮され、側近は拠出金の減額まで匂わせた。また、首相は日韓首脳会談で、元「慰安婦」の女性たちへの対応は、ソウルの日本大使館前の「慰安婦少女像」の撤去を条件とすると伝えたとか。真相は藪の中だが、そんな憶測がすぐに飛び交うご時世だ。

安倍首相の荒唐無稽な執念は、スタンリー・キューブリック監督の映画『博士の異常な愛情』をもじれば「首相の異常な愛情」とでもなろうか。映画の副題は「または私は如何にして心配するのを止めて水爆を愛するようになったか」である。それに倣えば、首相の〝愛情〟の行きつく果ては、日本製の核爆弾であり、日本製の憲法ということになろう。

安倍政権は、しばしばメディアに対する並々ならぬ〝愛情〟を隠さない。幼児は自分の姿を鏡に映して世界を〝構造化〟するといわれるが、首相とそのチルドレンは、「政権に批判的なマスコミを懲らしめるために広告料を減らしてしまえ」と駄々をこね、世界の構造(制度)そのものを破壊しかねない。

狙われた「クローズアップ現代」

この政権が、NHKの看板番組「クローズアップ現代」(以下、クロ現という)に手を突っ込み始めた。その先には、前もって送り込んだ「右向け右」の会長が控えている。

標的になっているのは、二〇一四年五月一四日に放送されたクロ現「追跡〝出家詐欺〟――狙われる宗教法人」である。地域社会の崩壊で廃業寸前の寺に、多重債務者を出家させて名前を消してしまう新手の偽装ブローカーが暗躍しているという内容だ。ところが、一五年三月一八日発売の『週刊文春』が、番組の記者からブローカーの役割を「やらされた」という男性の告発を掲載した。それから間もなく、三月二七日のテレビ朝日「報道ステーション」の生放送中にコメンテーターの古賀茂明氏が「自民党の圧力で降板させられることになった」と爆弾発言をした。二つの〝不祥事〟を重く見た自民党情報通信戦略調査会がNHKとテレビ朝日の幹部を呼び、ヒアリングを行った。このときクロ現は〝刺身のつま〟程度の扱いに見えたが、やがて空気はクロ現たたきに変わった。

四月二八日、NHKは『クローズアップ現代』報道に関する調査報告書」を発表し、同時にNHKの理事がそれを総務省に提出した。すると、高市早苗総務大臣からの行政指導として「厳重注意」の書類を手渡されそうになった。理事はその受け取りを拒否しNHKに戻った。この判断は正しかったと思うが、深夜に及んでNHKは方針を変え、それを受理した。

NHKは「『クローズアップ現代』報道に関する調査を受けた再発防止策について」という文書を追加した。そこには、「チェックシート」「複眼的試写」「見える化」「予防的リスクマネジメント」など、政権や会長への上目遣いの自主規制用語が満載された。全国規模で討論集会を行い、その結果をすべて報告させるという内部統制の徹底が図られたはずだ。

この間の籾井勝人会長の仏頂面が目に浮かぶようだ。クロ現は、前門の虎と後門の狼に睨まれて身動きがならない。

NHK内ヒエラルキー

こうした危機のときには、永田町に通じる「記者諸君」がさっそうと虎や狼を撃退してくれると思いきや、じっさいはその逆で、現場はしばしば血祭りにあげられるという。たとえば、クロ現はディレクター主導の番組であり、情報源とつながる記者は、番組への帰属意識が希薄だという。一方、ニュースの場合は、記者主導でディレクターは調整役にまわる。どうやら報道のなかにもヒエラルキーがあるらしく、ディレクターよりは記者、記者の中では社会部よりも経済部、それより政治部という具合に序列が上がっていく。要するに、永田町との距離がものを言うらしい。

筆者もこの放送を見たが、不自然な演出というほかない。問題になったのは、多重債務者がブローカーに寺のあっせんを頼むシーンだが、そんな〝秘密の会話〟(共同謀議)を明瞭に録音し、しかもその様子を隣のビルから俯瞰して撮影している。「再現」の字幕を入れれば片づく話だ。部屋の中にNHKのスタッフがいなければ、いくら時間をかけてもこんな絵にかいたような会話は記録できない。いっそ記者の姿を入れ込んだほうがリアリティを増すが、それでは共謀を傍観していたことになる。もしも、地域社会の崩壊と寺の経営難を知らせたいなら、全国規模の調査を実施し、詐欺をしなければならないほど追い込まれた多重債務者を密着取材するだけで十分衝撃的だ。こんな三文芝居を上司が見抜けなかったというが本当か。要するに、このシーンはいらないのである。

BPOが虎と狼の間に割って入った

このころBPO(放送倫理・番組向上機構)が、独自の調査を始めていた。約半年かけた一一月六日、その結果を「NHK総合テレビ『クローズアップ現代』〝出家詐欺〟報道に関する意見」として発表した。むろん、NHKの取材方法への厳しい批判に多くのページをさいているが、同時に、現場の齟齬を指摘している。それを「報道番組における記者職と制作職（筆者注：ディレクター）……の間にある相互尊重の気風が一種のセクショナリズムに転化し」た、と表現した。ＢＰＯの意見書は、ＮＨＫ幹部を呼びつけ、事情聴取を行った政権与党と、それに唯々諾々と従ったＮＨＫ経営陣との間に割って入り、この一件の〝異常〟なことを厳しく指摘する役を担った。

ＮＨＫが「放送法」という放送局自身が守るべき「倫理規定」を危うくしたことを口実に、政府与党がＮＨＫに違法行為があったとして指導を行った。ＢＰＯは、こうした指導そのものが表現の自由を保障する「憲法二一条」に違反するとして、政権のメディアに対する〝異常な愛情〟を戒めた。これに対して、首相は一一月一〇日の衆議院予算委員会で、高市総務大臣が四月に行った厳重注意を擁護して、「（放送法は）単なる倫理規定ではなく法規であり、法規に違反しているのだから、担当官庁が法にのっとって対応するのは当然」と答弁した。そして、自民党議員たちの干渉についても、「ＮＨＫ予算を承認する責任がある国会議員が真実をまげているかどうかについて議論するのは至極当然」とはねつけた。それにつけても思い出すのは、日本軍慰安婦に関する「ＥＴＶ２００１」の改変が明るみに出た二〇〇五年当時、安倍氏はＮＨＫ幹部を呼びつけたりはしていないと繰り返していた。首相はそれを忘れたのだろうか。

安倍政権が問題にした放送法第四条一項は、①公安及び善良な風俗を害しないこと、②政治的に公平であること、③報道は事実をまげないですること、④対立する意見は多角的に明らかにすること、などである。これについてもＢＰＯは丁寧に説明を行っている。意見書の「おわりに」のなかに、「（放送法第四条第一項は）政府が放送内容について干渉する根拠となる法規範ではなく、あくまでも放送事業者が自律的に番組内容を編集する際のあるべき基準、すなわち『倫理規範』なのである」とした上で、これを表現内容に対する「法規制」として扱うと、「表現の自由を制限するものとして、憲法二一条違反のそしりを免れないことになろう」と警告しているのだ。

この警告は今のＮＨＫ幹部にも当てはまる。ＢＰＯは、総務大臣の厳重注意の書類を受け取ってしまったＮＨＫ上層部の判断ミスも指摘している。そして、「放送に携わる者自身が干渉や圧力に対する毅然とした姿勢と矜持を堅持できなければ、放送の自由も自律も浸食され、やがては失われる。これは歴史の教訓である」と結んだ。まさに「戦後七〇年談話」と「安全保障法案」が抱き合わせで躍り出た歴史の曲がり角に、この意見書は立ちはだかろうとしたのだ。

ついにここまで来た

最近、気色の悪い意見広告を目にした。「私達は、違法な報道を見逃しません」（一一月一四日産経、一五日読売）と標題され、人間のまなこがこちらを見ている。その瞳に「テレビ」という文字が左右反転して映っている。意見広告の主は、「放送法遵守を求める視聴者の会」とある。街のあちこちに貼られている警察の「誰か、見てるぞ！」「犯罪は見逃さない!」のポスターと重なる。つまり、違法な報道を犯罪的として取り締まるというコピーだ。政府・自民党の視線と奇妙に符合する。

〝違法放送〟の監視対象になっているのは、毎日新聞特別編集委員の岸井成格氏その人である。岸井氏はTBSの「NEWS23」や同局「サンデーモーニング」のレギュラー・コメンテーターを務めている。意見広告は、岸井氏が「メディアとしても(安保法案の)廃案に向けて声をずっとあげ続けるべきだ」と発言したことを、放送法第四条の規定に対する「重大な違反行為」だと名指しで批判している。

この意見広告は、メディアの偏向の根拠を、一般社団法人日本平和学研究所が調べたという「安保法制の賛否の比率」を表す円グラフを採用している。それによると、テレビ朝日「報道ステーション」は安保法制に「賛成五%(二六五秒)/反対九五%(四六五一秒)」、TBS「NEWS23」は「賛成七%(三二五秒)/反対九三%(四一〇九秒)」と、両局は安保法制に批判的な内容を多く放送している。これは、「偏向報道と言うよりも、国民の知る権利を蹂躙するプロパガンダであって、報道番組とはみなし難いと言わざるをえない」と断じる。だが、どんな基準で賛否を判断したのかがわからない。

また、意見広告は、安保法制が違憲と批判されたことへの憲法論的な反論をせず、メディア批判という形式をとっている。メディアに登場する人物を特定して攻撃し、スポンサーへの圧力とする。これまで、ネット上でよく見かけた手法が高額の意見広告にも使われるようになった。この話法や手法は安倍チルドレンのそれに酷似している。

BPOの意見書の「おわりに」は次のように書き出されていた。「戦後七〇年の夏、多くの人々が憲法と民主主義について深く考え、放送もまた、自らのありようを考えさせられる多くの経験をした」という歴史認識をまず示した。そして、こう提言した。「現場のありようや空気を劇的に変化させる即効性のある特効薬はないであろうが、番組にかかわる者すべてが心がけ、真摯な対話が活発に行われるように体制を整えていくべきである」。マスメディアに携わる者にとって「真摯な対話」とは、よきコミュニケーションを実現すること、つまり質のよい番組を誠意をもって放送することだ。それが差し向けられるのは、「憲法二一条」と「放送法四条」の関係を理解しない首相やNHK会長ではなく、ほかならぬ視聴者・市民なのである。

「放送法遵守を」広がる意見広告の波紋…………　二月号

意見広告の「効果」?　前号(一月号)でも少し触れたが、二〇一五年一一月一四日と同一五日、産経新聞と読売新聞の朝刊にそれぞれ掲載された意見広告が波紋を広げている。最も大きな反響は、この意見広告主である「放送法遵守を求める視聴者の会」と名乗る団体が、放送法違反の発言だとして狙い撃ちしたTBSの報道番組「NEWS23」のアンカー・岸井成格氏の番組降板が取りざたされ始めたことである。しかも、後任者までまことしやかに話題に上り、朝日新聞特別編集委員の星浩氏が内定しているという。

「視聴者の会」は、広告の掲載だけでなく、岸井氏本人やTBS、総務省に対して公開質問状を出している。番組スポンサーにも見解をただしていくらしい。岸井氏の発言をめぐって、事がTBSだけでなく、総務省にまで広がったことで降板につながったというのであれば、とんでもない出来事である。真相はどうなのだろうか。筆者が仄聞するかぎりでは、正式決定ではないが、すでに交代に向けた段取りができている中で、あの広告が掲載されたという。しかし、このタイミングで実際に交代したということになれば、視聴者の目には、岸井氏の発言に問題があるとTBSが認めたように映るのではないか。前例の記憶が鮮明にあるからである。

二〇一五年三月には、テレビ朝日の報道番組「報道ステーション」で、やはりスタッフを含めた出演者らの大幅な入れ替えがあった。経産省出身のゲストコメンテーター古賀茂明氏や恵村順一郎朝日新聞論説委員の降板、テレ朝社員のチーフプロデューサーの異動は、局内でどのような事情や理由があったにせよ、安倍政権にとって目の上のたんこぶのような番組に圧力がかかったという印象を視聴者に残した。TBSは今のところ沈黙を貫いているが、難しい判断を迫られているのは間違いない。ただ、この問題は副次的なものにすぎない。

岸井氏発言をふり返ると　そもそもどんな意見広告だったのか。一ページ分をまるまる使った全面広告は、上部の三分の一ほどを女性の両目をあしらったイラストが占めている。眉毛辺りに横見出しの大きな活字で「私達は、違法な報道を見逃しません。」とあり、目の下には「放送法第四条をご存知ですか?」との文字。

その下に四条の各項の規定が列挙されている。それは、⑴公安及び善良な風俗を害しないこと。⑵政治的に公平であること。⑶報道は事実をまげないですること。⑷意見が対立している問題については、できるだけ多くの角度から論点を明らかにすること――である。

見出しには岸井氏の名前が明記されていないが、九月一六日放送「NEWS23」でのアンカーである彼の発言「メディアとしても廃案に向けて声をずっと上げ続けるべきだ」は、黒塗りの上半身のイラストの吹き出しにあり、⑵や⑷の規定に反しているということを言いたいらしい。「私達の『知る権利』はどこへ?」という縦見出しもある。

それでは、岸井氏の発言はどのような流れの中で出てきたのか。この日、国会は安全保障関連法案の審議が大詰めで、参院安保特別委員会で与党による強行採決が大きな焦点となっていた。全国で反対の声が吹き荒れた。

番組がスタートした時は、まだ審議は始まっていなかった。番組は岸井氏の「私は一貫して権力の暴走と言ってきた」というコメントで始まる。空席ばかりの委員会室の様子や、国会周辺で強行採決に反対する市民の抗議活動を現場から中継したり、横浜市で開かれた地方公聴会の様子など安保法案を取り巻く一日の動きを紹介。さらに、世論調査では八割以上が「法案の説明が不十分」と回答する中で、安倍首相がなぜ会期内での成立にこだわるのかについて、スタジオに招かれた政治学者の御厨貴氏の解説を加えながら番組は進む。

この日の目玉は、河野洋平氏への岸井氏によるインタビューである。自民党総裁、衆院議長を務めるなど保守政界の重鎮でもある。その河野氏の安倍政権評が手厳しい。

「異例ずくめだ」と前置きし、閣議決定による憲法解釈変更、国会の大幅な会期延長、国民の気持ちと離れた国会の議論、米議会で先に法案の成立を約束したことなどを挙げ、「議会制民主主義というか、民主主義国家として恥ずかしい」と批判した。そして、「与党、野党の前に国会議員であるという本来の任務を忘れては困る。歴代の自民党総裁はタカ派もハト派もいたが共通していたのは権力の座に就くと抑制的だったことだ」と約五分にわたり岸井氏の質問に答えた。

その後に膳場貴子氏の「どこに注目されるか」との質問に答える形で、御厨氏は「政権の側は国民への説得を考えていませんから、国民はますます声を上げていかないと闘いになりませんね」と指摘する。

御厨氏の発言を引き取る形で岸井氏のコメントが続く。岸井氏は「この法案(安保法案)というのはとにかく憲法違反であるということが、そういう疑いが強くなってきたのですよね。しかも同時にアメリカとの軍事一体化が進むということですから」と述べ、件の「やっぱりメディアとしても廃案に向けて……」と発言するわけだ。この時の画面は参議院第一理事会室の表札が大写しになり、岸井氏は右下に小さく顔が映っているだけである。番組が始まって約二七分。このうち意見広告が取り上げた岸井氏の発言はわずか四秒ほどである。

この日の「ＮＥＷＳ23」の構成をたとえるならこんな感じだろうか。安倍食品から仕入れている生鮮食品店の岸井さんがある日店頭に立っていると、目利きの御厨の旦那がやってきて、「おっちゃん、これ腐ってるんじゃないか」と言った。そこで岸井さんは、元食品会社社長に業界の事情を聞きに行く。すると、河野元社長は「昔はあんなのは卸さなかった。同業者の面汚しだ」と散々こきおろした。そこで鮮度が売りの岸井のおっちゃんは、「オレも安倍食品から買わないことにする！」と言った。それだけのことなのだ。

放送法は何のために

ところが、ややこしいのは、この意見広告は、岸井氏が同じＴＢＳの番組「サンデーモーニング」でも同様の発言をしていることについては、「コメンテーター」としての発言だから問題ないというのである。アンカー、メイン・キャスターという位置づけが「報道番組を代表すると見られる立場」だから、放送法違反になるという理屈らしい。

キャスターの役割は、番組によって様々だ。同じ「ＮＥＷＳ23」のキャスターだった筑紫哲也氏は、自分の意見を述べるタイプだった。「多事争論」というコーナーでは特に多弁であった。一方、同じキャスターでも解説に徹し、自分の意見を述べることを控える人もいる。キャスターは野球の審判の役とも違うし、報道番組はディベートコーナーではない。もちろん、放送法は、キャスターとコメンテーターの役割など言及していない。四条の主語は「放送事業者」である。局を代表すると勝手に決めつけられても、社員でない岸井氏も困るのではないだろうか。

放送法は、そもそも何を放送事業者に期待しているのか。その一条に規定された目的を読むとよくわかる。そこで放送法の原則として掲げられた三つのうちの一つは「放送に携わる者の職責を明らかにすることによつて、放送が健全な民主主義の発達に資するようにすること」である。

したがって、四条は「健全な民主主義の発達に資する」ことにも適合していなければならない。繰り返すが、河野氏は議会制民主主義の危機を表明し、岸井氏も違憲の疑いを指摘した。日本の政治は、まさしく〝存立危機事態〟に陥っているのである。公権力の行使を監視し、警鐘を鳴らすのは、民主主義国のジャーナリズムの役割であろう。

岸井氏の発言がどのような文脈で出てきたのか。その際のテーマは何か、などを考えることなしに発言を切り取り、その是非を判断することはできないはずだ。

ところが、九月一六日の「ＮＥＷＳ23」の放送翌日の一七日、日本民間放送連盟（民放連）の会長の記者会見で、記者からあの意見広告を先取りしたような内容の質問が飛び出した。民放連会長の井上弘会長はＴＢＳ会長でもある。記者の「安全保障関連法案の報道などで、番組のキャスターやアンカーが法案に反対する意見を表明したりしているが、これをどう考えるのか」

という質問に、井上氏は「重要な法案であり、各局とも使命感を持って報道している。『政治的公平・公正』の問題は、各局が判断するものと思う。個々の番組についての論評は控えたい」と述べたらしい。質問したのは産経の記者と聞いている。記者の念頭には前夜の岸井氏の発言があったかもしれない。井上氏は、一一月一九日の会見では、今回の意見広告について記者から「どう考えるか」と問われ「いろいろな団体がさまざまな意見を表明されることは自由だと思うが、民放連として意見を述べることはない」と言ったという。

"傲慢"なテレビ局?

政治的公平に関する政府の解釈はどのようなものか。安倍政権の副総理兼財務相の麻生太郎氏は、総務相だった二〇〇四年六月三日の衆院総務委員会で「政治的に公平であるとの判断は、一つの番組ではなくて、その当該放送事業者の番組全体を見て判断をする必要があるというぐあいに考えている」と答弁している。では、誰が政治的に公平かどうかを判断するのだろうか。総務省の前身である旧郵政省時代の一九九三年、江川晃正放送行政局長の「最終的には郵政省において、そのこと自身の政治的公正であったかないかについては判断する」との答弁がある。

意見広告は、麻生氏の答弁を見直し、一つの番組ごとで政治的公平かどうかを判断するべきだと言っている。そうなれば、「総理と語る」のような番組は成り立ち得ないであろう。国会の質問の持ち時間よろしく、国会の政党の議席数に応じて放送時間を配分したらよいとでもいうのだろうか。

産経が一二月一三日にインターネット配信した「NEWS23の岸井成格氏の発言が放送法違反なのは明白ではないか　テレビ局の『傲慢』を許すな」という見出しの記事が目に止まった。執筆者名には高橋昌之とある。筆者との立場の違いはともかく、驚いたのは総務省に対し、放送法四条に関して「よりきめ細かなガイドラインを定めたり、報道番組の内容、構成をチェックして逸脱していた場合は指摘を行ったりといった対応をとるべきだと思います」と書いていることだ。

民主主義を名乗る国で、独任制の監督大臣が放送番組の内容に対して介入する仕組みを採用している国が果たして存在するのだろうか。近年、多チャンネル化によって周波数の希少性をめぐる問題が解消されつつあり、放送事業にのみ四条のような規定を守らせることを違憲と考える憲法学者は増えているという。記者は、放送はジャーナリズムを担う主体ではないとでも考えているのだろうか。

三月号

一八歳報道が象徴するメディアの〝撤退〟

「脱臭」された元日紙面　東京・内幸町、かつてNHK放送センターがあった場所に国内メディアの拠点である日本プレスセンタービルがある。新年、一階ロビーに全国の主だった新聞の元日号が展示された。一月一日に何を書くか。新聞社が姿勢を示す年始めの紙面だ。

「一面トップは特ダネで」という伝統的な紙面づくりで臨んだ全国紙は、読売「数研出版も教科書謝礼」、産経「マイナンバー、運営システムに欠陥」。教科書会社と教育現場の関係やマイナンバーの欠陥は独自取材の成果ではあるが、この一年を象徴する出来事とはいいがたい。政権との密着度の高い読売・産経は「権力はどう動くか」に関心は薄いようだ。日経は「アジアひと未来」という連載で勃興するアジア市場を強調した。ビジネス紙らしく、波乱渦巻く世界経済から、明るい材料を探した。

東京は「中古武器輸出を検討」を特ダネ風にあつかった。国産の中古武器を無償や格安で途上国に供与できるよう防衛施設庁が法改正を検討しているが、輸出先で周辺国との軋轢が増すと指摘した。安倍首相の掲げる積極的平和主義を問い直す編集方針を示した。毎日は「改憲に緊急事態条項」。緊急事態条項を突破口に改憲へと動く政権の意図を首相周辺の証言をもとに伝えた。改憲メニューに「緊急事態条項」が加わる、という観測は昨年末から政界で指摘されてはいたが、正面から取り上げられてはいなかった。「今年の焦点は憲法」という覚悟がうかがわれる紙面づくりである。

読売・産経・NHKが政権への翼賛姿勢を一段と鮮明にしたのが昨年のメディア状況だった。対抗するのが東京・毎日それに朝日だった。ところが元日の朝日新聞は、違和感を覚えるほど「政治の匂い」を脱臭していた。

元日から始まった連載は「一八歳をあるく」。フロントページは、カラー写真が九枚。スマートフォンのアプリ「インスタグラム」で撮影・編集された読者写真で、一八歳限定で募ったという。生まれたときからインターネットがあり、バブル経済の熱狂など知らぬ長期停滞の中で育った世代。そんな男女の感性、コミュニケーション、恋愛、将来への姿勢などを追う企画のようだ。

いつの時代も「若者」は大人から、批判と期待のまなざしを受ける。朝日があえて一八歳を取り上げたのはなぜか。選挙年齢が一八歳に引き下げられることと無関係ではないだろう。若者は政治への関心が薄いと言われる。だが、彼らを政治から遠ざけてきたのは大人である。選挙年齢の引き下げも一八歳が要求したことではない。大人の事情で突如、選挙権がやってきた。一八歳で政治が判断できるのか。一八歳選挙権に意味があるのか。政治をどう教えればいいのか。突如沸き上がった若者世代への関心に応え、朝日は「一八歳はこんなもの」と多彩な視点から示そうとしているのかもしれない。

もちろん「一八歳」を通じて今の日本を描くことは無意味ではない。だがこの二〇一六年と向き合う正面のテーマだろうか。これまでなら社会面か文化面、あるいは朝日新聞出版の雑誌『AERA』あたりで取り上げる切り口だろう。

一八歳報道の「大人の事情」　東京新聞の指摘する「軍事国化の懸念」、毎日の「憲法が問われる年」といった正攻法を避けたのはなぜだろう。

慰安婦問題報道の不手際から厳しい批判にさらされた朝日新聞は編集体制の総点検を迫られ「記者が書きたいことより、読者が読みたいことを紙面に」という方針にたどり着いたと聞く。朝日に限らず「紙媒体」はIT時代の逆風にさらされている。部数減に歯止めがかからない。「誤報」で躓いた朝日では、これまで編集方針に口を挟まなかった販売部門が声を上げるようになった。「部数減は読者を意識せず、独善的な記事を書く編集に責任がある」「売れる新聞をつくってほしい。批判はいらない」。やり玉に挙がった編集部門は、若い記者に販売店を回らせ、購読を停止した読者から「ご意見」をうかがい、レポートにまとめる試みが始まった。新聞製作の「文化大革命」が、購読料・広告収入が激減するなか給与カットとともに進んでいる。

売れる紙面を意識すると「踏み込んだ問題提起」にブレーキがかかる。政党、役所、財界といった強者は、なびくメディアに寛容だが、立ち向かえば細かいミスも突いてくる。翼賛記事で誤報しても笑って済まされるが、批判記事でしくじると裁判沙汰になりかねない。ゆとりのない組織はトラブルを嫌う。「文句が来ない」ことを良しとする無難な紙面づくりに陥る。ごつごつした記事は嫌われる。ファッショナブルで、わかったつもりになれる紙面。「一八歳をあるく」は、そんな中で正月特集に浮上した。しかし書くべきは、若者を無関心にさせ、政治を他人事と思わす大人社会についてではないか。

夏の参議院選挙は改憲勢力が議席数の三分の二を握る可能性がある。危機感をバネに、野党は「反安倍」で一人区の候補者を一本化できるのか。問われるのは野党ばかりではない。権力に押され、萎縮し、あるいはなびくメディアの現状を脇に置いて活力ある社会は築けない。

メディアにも「強者の序列」　一方で「独善・傲慢」と批判され、もう一方から「本当のことを書かないマスゴミ」となじられ、記者たちは元気を失っている。

元気の無さを見せつけられるのが、首相記者会見だ。今や安倍首相の「宣伝舞台」になっている。記者は、国民の知る権利の代理人としてそこに居るはずだが、現実はどうだろう。会見時間の大半は首相の演説。メモなしで喋っているように見せるため、透明な樹脂に文字が浮かぶプロンプターを視線の先に置いている。スピーチライターが書いた文章を読み上げるのが首相会見の実態だ。最初に記者クラブの幹事社が質問するが、首相が言いたいことを質問への回答として述べる。中身は官邸広報と調整済みだ。質問者を選ぶのは広報官。質問内容がわからないと当ててもらえない。

「出来レース」とも言われる会見で数少ない「異分子」は外国人記者だろう。年頭会見で「もはやデフレではない」と胸をはる首相に「インフレ率は〇％に近い。デフレ脱却というのは早すぎないか」と突っ込んだのは英フィナンシャル・タイムズの記者だった。首相は「残念ながら道半ば」と修正した。

日本の記者から、なぜ首相を問い詰める質問が出ないのか。「小泉さんにはきつい質問を楽しむ風があったが安倍さんは嫌がる」とベテラン記者は言う。首相の気持ちを忖度する周辺が、記者やメディアを選別しているのが官邸の空気だという。敵味方が峻別され、仲良しでないと情報をもらえない。たくさんの政治家とパイプを持つ記者が重宝がられ、社内秩序を這い上がる。カニが甲羅に似たところに穴を掘るように、伝統的な「密着取材」を得意とする大手メディアは、社内体制までそうして強者の秩序に染まってゆく。パイプが多いほど権力の引力は強い。政界が「一強多弱」になればなるほど、安倍政権はメディアへの影響力を増す。

皆が同じ方向に向いて走っている時代は、密着取材は、政治の向かう方向をいち早くつかむことができた。冷戦構造も米国の一極支配も崩れた今、権力者に密着すれば国の針路がわかる時代ではない。暴走の片棒担ぎになるのがオチだろう。メディアはいつまで「密着取材」をつづけるのか。

「限度を超えた」のはだれか　毎日が指摘した「緊急事態条項」は二〇一六年政局のテーマになりつつある。東日本大震災では法令遵守の手続きが対応を遅らせた、非常時の策として設けることに反対するのは難しいだろう、という戦術だ。

先述のように自民党改憲草案には緊急事態条項が明記されている。宣言が発令されると「内閣は法律と同一の効力を有する政令を制定することが出来る」。つまり緊急事態が宣言されると首相に権力が集中する。一種の戒厳令だ。法を自分の都合で捻じ曲げ、国会で多数を取れば何でも、という勘違い指導者が現れたときの不安はぬぐえない。歴代政権が封印してきた集団的自衛権の行使について、法制局長官の首を挿げ替えて解釈を変えた安倍首相のもと、戒厳令のような条項を憲法に設けていいのだろうか。

参議院予算委員会で社民党の福島瑞穂議員は「内閣限りで法

律と同じ効力を持つことが出来るなら、ナチスドイツの授権法と全く一緒だ」と批判した。民主党の岡田克也代表もBS放送で、緊急事態条項をナチスの全権委任法にたとえた。だが、メディアの扱いは小さい。国会での福島発言を囲み記事で扱った読売は、安倍首相の側に立って記事にした。「首相は『いささか限度を超えた批判だ。緊急事態条項は諸外国に多くの例があり、そうした批判は慎んでもらいたい』と語気を強めた」と書き、集団的自衛権行使を合憲とした憲法学者西修氏のコメント「レッテル貼りで冷静な議論が出来ないのは残念だ」を添えた。

首相が反対論を封じるときにいつも使うのが「レッテル貼り」というレッテルだ。ナチスを例にとるのは「限度を超えた批判」なので「慎んでもらいたい」という。だが思い出してみよう。最初にナチスを引き合いに出したのは誰だったか。

二〇一三年七月二九日、都内で開かれた講演会で「ある日気がついたら、ドイツのワイマール憲法がいつのまにかナチス憲法に変わっていたんですよ。あの手口学んだらどうかね」と説いたのは麻生太郎財務大臣である。

聴衆は自民党を支援する保守団体の人々。靖国神社参拝を首相に求める人たちを前に、「騒ぎすぎると中国や韓国を刺激する」として「誰も気がつかないうちに変えたナチスの手口を見習え」とアドバイスをしたのである。

緊急事態条項から始めるのは「ナチスの手口」をまねたことなのか。麻生氏は、自民党改憲草案に安倍首相と並び、名誉顧問として名を連ねている。

一月二二日の朝日新聞朝刊に、「ナチス憲法　あの手口学んだらどうかね」と白抜きの活字が躍った。「一人一票の国民投票で首相候補を選ぶ会」が掲載した意見広告、「文責：弁護士升永英俊」とある。

「ナチスに学べ」と麻生氏が講演で述べた箇所を書き起こし、改憲草案の条項を並べ、緊急事態宣言が言論の自由の否定や独裁政治につながる恐れは皆無ではない、と主張している。一九三三年総選挙でのナチス大勝利の理由を、升永氏は「緊急事態宣言下での、ナチスに反対する人々に対する、司法手続無しの大量逮捕・拘禁・その後の行方不明を知って生まれた、恐怖心と無力感と諦観であろう」と書く。

ナチスという狂気が、ワイマール憲法という民主主義憲法のもとでつくられた。メディアばかりか社会に漂う「強いものには逆らえない」という処世術、敗戦で生じた歪んだ自尊意識、近隣諸国への反発。貧困・不安・格差がポピュリズムや排外主義と結びつく世界で、その狂気は他人事として片づけられるのか。

「一八歳の感性」を語ることより、意見広告が提起した問題設定こそジャーナリズムの本流ではないのか。麻生発言は「政治家の妄言」か。メディアの感性が問われている。

高市氏・電波停止発言と「抜かずの宝刀」…………………………

四月号

「電波停止」発言　高市早苗総務大臣の答弁が波紋を呼んでいる。二月上旬の衆院予算委員会で、政治的公平を欠く放送が繰り返された場合に、放送法四条違反として、電波法に基づいて電波停止を命じる可能性について尋ねられ、「法律は法秩序を守る、違反した場合は罰則規定も用意されていることで実効性を担保すると考えている」「まったく将来にわたってそれがありえないとは断言できない」（八日）などと答弁した。質問したのは、民主党の奥野総一郎氏だ。

高市発言について、安倍晋三首相や、第一次安倍政権（二〇〇六〜〇七年）で総務大臣を務めた菅義偉官房長官は「従来通りの一般論」とかばう姿勢を示している。これに対して、野党が「放送事業者の萎縮効果は非常に大きい」と批判しているだけでなく、「放送を語る会」や「日本ジャーナリスト会議」（JCJ）、「NHKを監視・激励する視聴者コミュニティ」といった市民団体は、高市氏の発言撤回だけでなく、総務大臣の辞職を求め始めた。

ふり返ると高市氏は昨年一一月の衆院予算委でも停波に言及している。今回、朝日新聞が翌九日朝刊で一面で報じるなど、この発言が政治問題化している背景に何があるのか。

今年三月には、NHK「クローズアップ現代」の国谷裕子氏、TBS「NEWS23」の岸井成格氏、テレビ朝日「報道ステーション」の古舘伊知郎氏の三人がそろって降板する。奥野氏は、「この政権になってから行政指導も復活した。個別の番組についても政治的公平性を問われると、解釈の変更もした。こういったことがキャスターのみなさんの交代ということにつながっていないかと危惧する」と質問を締めくくった。介入が奏功し、放送局の萎縮が現実化していると受け止めたわけだ。

新たな政府統一見解　ここで高市氏の見解を要約してみる。放送法四条は、放送事業者に対して、(1)公安及び善良な風俗を害しないこと(2)政治的に公平であること(3)報道は事実をまげないですること(4)意見が対立している問題については、できるだけ多くの角度から論点を明らかにすること——と定めている。

総務省が二月一二日に出した「政治的公平の解釈について」（政府統一見解）では、総務省が従来「適合性の判断に当たっては、一つの番組ではなく、放送事業者の『番組全体を見て判断する』」としてきた解釈に加え、「『番組全体』は『一つ一つの番組の集合体』であり、一つ一つの番組を見て、全体を判断することは当然のことである」とした。

具体的には(1)選挙期間中又はそれに近接する期間において、殊更に特定の候補や候補予定者のみを相当の時間にわたり取り上げる特別番組を放送した場合、(2)国論を二分するような政治課題について、放送事業者が、一方の政治的見解を取り上げて、それを支持する内容を相当の期間にわたり繰り返す番組を放送した場合——と明らかにした。

総務省による再三の要請を無視して繰り返された場合は、電波法七六条に基づく三カ月以内の無線局の運用停止を命じることができるというものだ。

高市氏は、自身のホームページで公開しているコラム(二月一四日付)で次のように書いた。

「民主党議員から質問された『電波法』について、『既存の条文が適用される可能性が、将来に渡ってまで全く無いわけではない』という趣旨の答弁をしたばかりに『放送業界の敵』みたいな存在になってしまって、ニュース番組からバラエティ番組まで大のテレビ好きである私は残念でなりません」

「法治国家である日本ですから、既に法律に規定されている内容を所管大臣が完全否定するわけにもいかず、『将来に渡って、適用される事態が決して起こらないこと』を願うしかありません」。安倍政権こそ、二一世紀でもっとも表現の自由に制限を加えている政権であるとの認識が欠けているようだ。

安倍政権は、二〇〇六年に発足した第一次から放送法を政権に都合よく解釈し続けていた。当時の総務大臣は菅氏である。まずは第一次安倍政権の看板政策とも言われた北朝鮮による日本人の拉致問題に関して、NHKのラジオ国際放送で重点的に取り上げるよう命令した。それまで放送の自由に配慮し、形式的だった命令内容に初めて個別具体的な政策を命じたのだ。フジテレビ系列の関西テレビの情報番組「発掘! あるある大事典Ⅱ」の捏造問題では、放送法を改正し、総務大臣が捏造と判断した番組に対しては放送局に再発防止策の提出を求めることができる権限を盛り込もうとした。行政による地上波の放送局に対する〝制裁〟は、行政指導と停波の二つしかない。その中間の措置の行政処分を総務大臣がとれるようにしたいとの思惑からだ。二〇〇七年の参院選に敗北し、これは最終的には法案から削除されたが、当時、菅氏は電波停止を示唆する発言もしている。また、安倍氏に近い経済人をNHKの経営委員長に送り込んでもいる。

放送番組に対する総務省(旧郵政省を含む)の行政指導は、記録がある一九八五年から二〇〇九年までで三一件。このうち八件がわずか一年ほどの第一次安倍政権時代に集中している。

二〇一二年以降の第二次安倍政権では、衆院選前にTBS「NEWS23」に出演した安倍首相自身が街頭インタビューにクレームを付け、自民党もアベノミクスをめぐるテレビ朝日の報道に対して「公正中立」を求める文書を出している。自民党は各放送局に選挙報道に対する中立公正を求めた文書を出してもいる。さらにテレビ朝日の「報道ステーション」のゲストコメンテーター・古賀茂明氏が、自らの番組降板の背景には官邸の存在があることを番組内で暴露すると、この「古賀発言」とＮＨＫの「クローズアップ現代」のやらせ演出問題に関して、自民党は責任者を呼んで事情を聴取。高市氏もＮＨＫに行政指導を行った。

誇示される「宝刀」

ところで、昨年一一月に読売と産経の二紙、今年二月に読売に一ページ大の意見広告を出したのは、市民団体「放送法遵守を求める視聴者の会」。作曲家のすぎやまこういち氏や渡部昇一・上智大名誉教授、タレントのケント・ギルバート氏など同会の呼びかけ人には安倍政権の政策と重なる主張をする人が目立つ。読売に記載された賛同者には、勝間和代氏（経済評論家）、溝口敦氏（ジャーナリスト）、岸博幸氏（慶應義塾大学大学院教授）といった名前もあった。同会は、安保法や特定秘密保護法に関し、反対よりも賛成の意見を取り上げた放送時間が短いことを問題視しており、高市氏に質問状を出していた。高市氏は回答を一二月四日付で出している。同会にはこの政府統一見解と同じ内容が先だって示されていたのだ。

安倍政権と、この会が示し合わせたかどうかはわからないが、統一見解は、一つの番組内での公平性を求める同会の主張に近づいているようにも見える。それは、今回「一つの番組を見て全体を判断する」と、従来より踏み込んだ表現を使ったことだ。今後どのような影響があるのか。

菅氏は二〇〇七年四月、総務大臣時代にまとめた放送局への行政処分権限を盛り込んだ放送法改正案について、「ＢＰＯ（放送倫理・番組向上機構）による取り組みが機能していると認められる間は、適用しないこととする」とし、その狙いを「抜かずの宝刀」と述べた。放送局に対する威嚇効果を期待していることを露骨に表す言葉だ。高市氏の電波停止発言もこの「宝刀」であることを放送局に知らしめた。公明党の井上義久幹事長も、高市氏に「担当大臣が繰り返し言うことが、別の効果をもたらす可能性もある」と苦言を呈したという。

二〇〇九年に成立した民主党政権の放送政策にも危うさはあった。たとえば、小沢一郎氏の資金管理団体「陸山会」事件で、情報源を「関係者」とする報道に対して、原口一博総務大臣は「検察、被疑者どちらの関係者かわからない。少なくともそこを明確にしなければ、電波という公共のものを使ってやるには不適だ」と述べ、情報源を明かすよう求めたことがあった。必ずしも民主党政権が放送の自由を理解していたとは言い難い例である。

菅直人政権時の一〇年には、平岡秀夫総務副大臣が参院総務委員会で高市氏と同様の発言をしている。高市氏は自らの発言を追及する民主党も同じような姿勢であったと反論しているが、三年三カ月の間、行政指導が〇件だったことは、安倍政権とは決定的に異なる。

「行政指導」は当たり前?

放送法四条を根拠にした行政指導や停波問題では、この条文の性格付けが繰り返し議論になってきた。放送事業者が自律的に番組を編集する際の基準である「倫理規範」とする研究者の解釈と、行政処分の根拠となる法規範とする政府解釈の対立だ。これまで四条違反による電波の停止命令は出たことはなく、裁判所の憲法判断を仰ぐ機会はなかった。今後もそれはないかもしれない。ただ、強調しておきたいのは、高市氏はじめ安倍政権は、総務大臣による放送局への行政指導はあたかも当然のことだと見なしているようだが、全くの誤りである。日本のように放送行政を大臣が直接所管する仕組み自体が世界的には異例である。

英米だけみても、米国は「連邦通信委員会」(FCC)、英国は「放送通信庁」(OFCOM)のように、政府から一定の独立性を持った機関が担っている。これは時の政権による放送支配を排除しようとする発想が背景にあり、日本も一九五〇年に連合国軍による占領下に放送法が成立した時点では、電波監理委員会が放送行政を担っていた。しかし、五二年に占領が終わると即座に廃止し、旧郵政省が所管することになった。

そうした経緯から長く郵政省は、「番組の内部に立ち至ることはできない。放送法違反という理由で行政処分をすることは事実上不可能」という方針を貫いてきた。

ところが、この方針は、一九九三年にテレビ朝日の報道局長が日本民間放送連盟(民放連)の会合で「非自民党政権を成立させる手助けとなるような報道をした」との発言が政治問題化したことから大きく転換する。実際には報道局長が発言したような内容の報道ではなかったのだが、政府による放送への関与が強まることになった。

日本民間放送労働組合連合会(民放労連)が二月一〇日に出した声明は「今回のような言動が政権担当者から繰り返されるのは、マスメディア、とくに当事者である放送局から正当な反論・批判が行われていないことにも一因がある」と指摘している。もっともである。放送局内部からは聞こえてこないばかりか、萎縮などしていないという反発も耳にする。本当だろうか。三人のキャスターの降板に視聴者は納得しているというのだろうか。毎日新聞(二月八日付)によると、昨年一二月に元総務大臣でもある自民党の佐藤勉国会対策委員長が講演した会合が開かれ、在京民放の関係者ら約三〇人が出席したという。佐藤氏の事務所が準備した会費一人二万円の政治資金パーティーだったらしい。こうした関係は、視聴者の目にどう映るのか。

意見書は、「放送局への威嚇が機能してしまうのは、先進諸国では例外的な直接免許制による放送行政が続いていることが背景となっている。この機会に、放送制度の抜本的な見直しも求めたい」と訴えた。「テレビが大好き」という高市氏には、ぜひとも放送現場の声に耳を傾けてもらいたい。

「日本死ね!!!」という立憲・民主主義もある……………… 五月号

二月一五日は記憶すべき日となった。「保育園落ちた日本死ね!!!」のブログに共感した働くママたちの怒りが、〝燎原の火のごとく〟拡散しはじめた日として。安倍首相は、それが「匿名の書き込み」であることを理由に軽くうけ流そうとしたが、かえって火に油をそそいだ。議員たちの「誰が書いたんだよ!」のヤジがさらに火勢をあおった。これまで何度も保育園の不足、保育士給与の低さが指摘されてきたが、そのつど政治は先送りにしてきた。だが、今回は収まらない。なぜか?

乳幼児をかかえていつ「下流」に転落するかもしれない子育て世代は、「一億総中流」の次は「一億総活躍」と言われても、悪い冗談にしか聞こえなかったのだ。この一年、国会前のわずかな歩道にさまざまな市民が集まって「民主主義はこれだ!」と叫びながら、それぞれの「これ」を確認してきた。その一つが「待機児童隠し」という現代の残酷物語だ。急増する希望格差社会のキーワード、《ワーキングプア》《ブラック企業》《シングルマザー》《下流老人》《子どもの貧困》などが折り重なり、《子捨て》にたどり着いた。去年、安倍政権が放った「平和安全法制」という名の毒矢が、乳幼児たちにも向けられていると気づいたママたちが立ちあがった。「日本死ね!!!」は、「最高責任者は私だ!」と立憲主義を否定する首相の国家観に対するノーであった。

メディアの根底を撃ったブログ　当メディア欄は、「日本死ね!!!」が「メディアの現在」も直撃していると考え、異変のプロセスを追ってみた。

ブログのつぶやきは翌二月一六日にNHK深夜の「NEWS WEB」で取り上げられた。「つぶやきビッグデータ」のコーナーで、ほかのキーワードとともに「保育園」の文字がテレビ画面に七秒間映し出された。翌日も「保育園」「保育士」「日本死」と表示されたが、いずれもノーコメント。NHKはもっとも重要な時期に沈黙を続けた。

「日本死ね!!!」をまとまった形で取り上げたのは一七日夜のTBS「NEWS23」。番組には、認定NPO法人フローレンスの代表・駒崎弘樹氏が登場し、「一億総活躍社会と言うのであれば、待機児童ゼロにしなくてはいけない。保育園不足の理由の一つが保育士不足、それは保育士の処遇が低いから」と、この段階で論点のほとんどを整理。二二日のフジテレビ「とくダネ！　小倉が斬るニュース」は、ブログを書いた人に取材した。都内在住三〇代前半の女性で、三月で一歳になる子供がいて、育児休暇が切れるのに保育園がない。その怒りで独り言のつもりで書いた、というコメントを紹介。その実在を裏づけ、もはや匿名は形式にすぎないことを示唆した。

二三日の日テレ「スッキリ!!」は、保育園は全国で四〇〇〇〇カ所増えているが、東京都は一六五カ所にすぎないというデータを提示。しかも、保育園に入れなくて仕事をあきらめると、行政はその分「待機児童が減った」とカウントするというせちがらい現実を紹介した。二六日のテレ朝「羽鳥慎一モーニングショー」では、コメンテーターの一人が「日本死ね!!!」の書き込みは、「現在の日本社会の矛盾点を見事についている」と述べた。たしかに、ブログの主は日本国憲法の「勤労・納税の義務」を知った上で、「社会に出て働いて税金納めてやるって言ってるのに……」とつぶやいている。ブログで言及される時事問題は「少子化対策」「イクメン議員の不倫騒動」「重要閣僚の金銭授受疑惑」「オリンピック・スタジアム設計やエンブレム選考のやり直し」「ウチワ配布議員」など、連日国会やメディアを騒がせた問題ばかりだ。かくて、ネットとマスメディアが〝共振〟する条件は出揃った。

「日本死ね!!!」に心乱れる人々

二月二九日、衆議院予算委員会で民主党の山尾志桜里議員が、「日本死ね!!!」を安倍首相にぶつけた。安倍氏が対応に失敗したことは前に触れた。

この言葉は、「愛国者」の逆鱗に触れたのだろう。議場は怒号に包まれた。保育行政の不備を突かれたからではなかろう。「日本死ね!!!」は彼らの日本主義にもろに突き刺さったのだ。

自民党憲法改正草案が参考になる。「日本国民は、国と郷土を誇りと気概を持って自ら守り、基本的人権を尊重するとともに、和を尊び、家族や社会全体が互いに助け合って国家を形成する。我々は、自由と規律を重んじ、美しい国土と自然環境を守りつつ、教育や科学技術を振興し、活力ある経済活動を通じて国を成長させる」。聖徳太子から江戸の御触書、さらには国家総動員思想まで盛り込まれている。こんな鎖国憲法案を引っ提げて国連の常任理事国入りを希望するとは大した度胸だ。

メディア的に見れば、このあたりで第二ラウンドに入ったのだが、安倍政権はそれに気づかず「バカの壁」を高くかつ分厚く築き続けた。それを政府、与党関係者の失言、暴言の土塁が支えた。恥の上塗りという言葉があるが、最近は〝恥を重ねる〟から〝恥を忘れる〟という意味に転化した。不祥事のたびに安倍首相は潔く「任命責任」を認める。自分を選んだ国民にも「信任責任」があるとパスすれば足りるからだ。

「日本」を指弾したブロガー。みんな驚いてその言葉に反応した。その状態を新聞、テレビが報じて量的拡大が加速した。次に、関心は最初に指さした書き手に向かった。それを受けて国会の場で、ブログの言葉が現政権に投げかけられた。国民の目は、逃げる首相とヤジる議員たちに注がれた。フジテレビの二月二二日、テレ朝の二六日に続いて、三月二日に東京新聞「こちら特報部」が本人に取材をし、その二日後の三月四日、朝日新聞DIGITALに『保育園落ちた日本死ね!!!』匿名ブロガーに記者接触」という記事がアップされた。次々に同様のプロフィールが上書きされ、匿名女性の実在についてのダブルチェック、トリプルチェックが積み重ねられた。後追いは決して恥ずかしいことではなく、メディア間の自然な〝共闘〟が政権を追い詰める力となった。

かつてはスクープにはスクープで抜き返す、それがジャーナリストの勲章だった。しかし、ネット時代にはその感覚が変質した。皮肉なことに、政権によるメディア分断はあまり意味をなさなくなった。「電子民主主義」が誕生しつつあるのかもしれない。国家が悪政をなせば、主権者たる路上の市民がネットワークでつながり、ノーを突きつける。立憲・民主主義が意外なところから根づきはじめている。

ついでに言えば、議場でヤジったアナクロ・マッチョ議員たちの多くは、国連の女性差別撤廃委員会からの勧告にも同様の反応を続けている。いまだに「慰安婦の強制連行を証明する資料はない」とズレた反論を繰り返し、人権感覚のなさをさらしている。目の前の「日本死ね!!!」のママたちの合唱に、彼らはカラ威張りしながら怯えているのだ。

「バカの壁」には「愚直な問い」を

三月四日の「羽鳥慎一モーニングショー」が、国会でのヤジに対するママたちの批判の声を伝えた。いつのまにか投稿ネームは「保育園落ちたの私だ」に統一されていた。「やっと見つけた一時保育は時給より高い保育料。何の罰ゲーム?」「安倍さんの『匿名だから信憑性が低い』って聞いてがっかり」。それをうけて、玉川徹コメンテーターが、「匿名だってヤジった議員は、まさか自分は匿名で済まないよね」とカメラ目線で挑発を行った。テレビ的な場面だ。

そして、三月五日、ついに国会のまわりに「保育園落ちたの私だ」と書いたプラカードを持ったママたちが姿を現した。なかには「保育園落ちたのオレだ」と書いた紙を首から下げるバギーの乳幼児もいた。この一年、政治の貧困ゆえに国会正門前が無名の人々の言論空間になっていたのだ。ここに行けば、だれかしら語り合える相手がいる。

ことここに至って、ようやくNHKが重い腰を上げた。なんと「つぶやきビッグデータ」から二〇日が経過していた。満を持しての報道かと思いきや、「自民、公明両党の幹部は、待機児童の解消に向けて引き続き対策を進めていく考えを強調した」という与党広報をやってのけた。このそっけなさは、意図的ネグレクトと疑われても仕方がない。NHKには、待機児童をかかえる子育て世代はいないのか?

三月一〇日、国会中継のカメラの向こうでヤジっていた自民党の平沢勝栄議員が「羽鳥慎一モーニングショー」に生出演した。平沢氏は、民主党の山尾議員が匿名ブログの資料の配布やテレビ向けパネルの提示を求めたが、委員会の事前理事会で不許可にした事情を述べた。「日本死ね!!!」の表現は、「いじめ」を助長するから反対したとピンボケの抗弁をした。結果、内容が問題だったという本音を隠すことはできなかった。キャスターやゲストが、「保育園が足りない」との主張に反発しただけなのではないかなどと指摘すると、平沢氏は「これ本当に女性の方が書いた文章ですかね」と口を滑らせた。すると、コメンテーターの高木美保氏が即座に「それ関係ないでしょ。女性とか男性関係ないですよ」と噛み付いた。自民党議員のマッチョ精神が馬脚を現した瞬間であった。

同番組は、一八日に「子どもの貧困」をテーマに、「所得の再分配」がいかに重要かを伝えた。学費、給食費、修学旅行費、医療費の無償化を日本はすべて先送りしてきたと批判。待機児童問題が子どもの貧困の出発点にあることを指摘した。まさに同じ日、安倍首相は「国際金融経済分析会合」にノーベル経済学者のジョセフ・スティグリッツ教授を招き、消費増税に否定的な意見を聴取した。もともとスティグリッツ氏は、消費増税には反対で、相続税、贈与税などを増やして所得の再分配を行い、格差是正を主張する立場だが、はたからは選挙目当ての「いいとこどり」にしか見えなかった。

安倍首相の国会答弁での早口言葉を解釈すれば、賃上げをして、消費税を払ってもらい、それを財源に社会保障にまわすつもりなのだろうが、賃上げもままならず、消費増税も先が見えない状況で、結局、財源はないということだ。したがって、待機児童の抜本対策は立てられない。対策費を約三〇〇〇億円とすると、去年ならオスプレイ購入費、今年なら普天間・辺野古関連費用(思いやり予算も含む)で賄える、とは口が裂けても言わない。問題は、こうした愚直な取材をするメディアが見当たらないことだ。

同じ日、NHKの「クローズアップ現代」の国谷裕子キャスターが二三年続いた番組の締めくくりを行った。「未来への風〜〝痛み〟を越える若者たち」と題して、彼らの社会への関心の広がりに期待を寄せた。そして、学生団体SEALDsが「戦争するな! みんなの暮らしに税金使え!」と声をあげる映像を流した。「防衛費を社会保障費に」というメッセージに聞こえた。さらに、国谷氏はこの社会が「同調圧力」に弱いということに二度ふれた。これは、彼女がNHKで嫌というほど味わってきた四文字なのであろう。

安倍政治の属性は「薄情」としか言いようがない。それは「愚直」の対極にある。メディア的には、愚直な現場主義だけが薄情な政治にストップをかけられる。これまではネットのなかの情報に対する不信が語られることが多かったが、これほど現実が崩壊の兆しを見せているときにジャーナリストに求められる役割は、ネットのかすかな声を聞き分ける能力を磨くことであろう。

「ヘイトスピーチ規制法案」論議の陥穽

六月号

大災害とデマ　四月一四日夜に震度七を観測した熊本地震では、四八人が亡くなる（四月二一日未明現在）甚大な被害に見舞われた。大手メディアによる災害報道の一方で、約一〇〇年前の関東大震災（一九二三年）の際に起きた朝鮮人虐殺を想起させるデマ情報もウェブ上を駆け巡った。ただちにこれを否定する情報も出たが、在日コリアンに対してむき出しになる憎悪は、被災した住民の不安をさらに煽るかのようだ。

与野党が今国会に提出した、「ヘイトスピーチ」と呼ばれる「憎悪表現」を規制する法案の審議が注目されている。いずれの法案も憲法二一条が保障する表現の自由に配慮し、罰則の制定を見送ったため、実効性を疑問視する声もある。しかし、果たして表現を規制するだけでヘイトスピーチは収まるのだろうか。

熊本地震に伴うデマについて大きな特集をいち早く組んだのは、東京（中日）新聞「こちら特報部」（四月一六日）。「飛び交うデマ・悪意　まさにヘイトスピーチ」との見出しで取り上げた。記事によれば、ツイッターに投稿があったのは地震発生からわずか九分後。「熊本の朝鮮人が井戸に毒を投げ込んだぞ」という内容だったらしい。その後も「熊本では朝鮮人の暴動に気をつけてください」などとデマ情報が相次いだという。特集の真骨頂は、現地入りした特報部の記者によるルポ。デマ情報などに惑わされず、むしろ批判する被災者の声を伝えた。今国会での法案審議をにらんでか、このところヘイトスピーチに関する記事をより積極的に掲載してきた特報部らしいタイムリーな記事だった。

ＮＨＫの報道番組「クローズアップ現代」が二〇一五年一月一三日に放送した「ヘイトスピーチを問う〜戦後七〇年　いま何が〜」の中では、東京・大久保や大阪・鶴橋など在日コリアンが多く住む地域で行われるデモの様子を放送していた。「朝鮮人は全員死にさらせ」「焼身自殺しろ」といった聞くに堪えない言動が写し出され、若い女性が「いつまでも調子に乗っとったら鶴橋大虐殺を実行しますよ」と絶叫する映像に至っては、テレビを消したくなるほどであった。

ヘイトスピーチがやっかいなのは、不特定多数が対象のため定義が難しく、それが曖昧だと表現の自由を侵害しかねないからだ。特定の個人であれば、刑法の名誉棄損罪や侮辱罪などの適用も可能だろうし、民法上の不法行為として損害賠償も可能だ。憎悪表現が好ましくないことは明らかであるものの、それを法律で規制しようとなるとハードルが高かった。

与野党案・国会審議の焦点は

しかし、昨年五月の野党案に続き、ようやく与党がこの四月に国会に法案提出したことで与野党案が出そろった。与党が参院に提出した法案名は、「本邦外出身者に対する不当な差別的言動の解消に向けた取組の推進に関する法律案」(全七条)。野党案は「人種等を理由とする差別の撤廃のための施策の推進に関する法律案」(全二三条)だ。

与党案は、目的に「本邦(日本)外出身者に対する不当な差別的言動の解消」を掲げる。解消するとした、具体的なヘイトスピーチの内容は、「差別的意識を助長し又は誘発する目的で公然とその生命、身体、自由、名誉又は財産に危害を加える旨を告知する」などによって、「地域社会から排除することを扇動する不当な差別的言動」だとした。国に対しては、相談体制の整備、教育の充実、啓発活動などを求めた基本法だ。差別的な言動に対する罰則はない。

一方、野党案は、人種、皮膚の色、民族などを理由とした差別の撤廃が目的だ。「著しく不安若しくは迷惑を覚えさせる目的又は不当な差別的取扱いをすることを助長し若しくは誘発する目的で、公然と、不当な差別的言動はしてはならない」とした。不特定多数を対象にした言動だけでなく、特定の個人に向けられたりする表現や不当な差別的な取扱いを含めた差別行為を総合的に禁止した。内閣府に設ける有識者による「人種等差別防止政策審議会」は、政府に対して必要に応じて勧告できる仕組みとした。野党案も罰則はない。与野党は修正協議に入り、今国会での成立を目指すとしている。罰則がないことから、どちらの法案にしても実効性に疑問符が付けられているが、そもそも、いままさに社会問題となっている確信犯的な団体や個人によるヘイトスピーチが解消されるのかと言えば、難しいだろう。

そう考えるには理由がある。

今回のヘイトスピーチ規制法案制定の動きを、かつての人権擁護法案と重ねてみてみたい。人権擁護法案の背景には、法務省が管理する不法入国者の収容施設や、刑務所などの拘禁施設での公務員による収容者らに対する暴行が国際的な問題となり、日本政府が国連規約人権委員会などから幾度となく独立した人権機関による救済制度の創設を迫られたことがあった。今回のヘイトスピーチについての動きとよく似た状況である。二〇〇二年に小泉純一郎内閣が提出した法案は、こうしたそもそもの立法目的を大きく逸脱し、当時、報道機関による犯罪の被害者らに対する過剰な取材が社会的に批判を受けていたことをとらえて、法案にメディア規制条項を潜り込ませた。法務省の外局となる人権委員会には「加害者」に対する調査や勧告、差し止め請求訴訟が行えるなどの強大な権限をもたせるという。メディアの取材行為を人権機関が所管するという国際的にも異例の内容に変容していたのだ。当然、メディア界からは表現・報道の自由に大きな制約が出るとして批判も出た。

人権擁護法案と「右バネ」

翌二〇〇三年の衆院解散で法案は審議未了のまま廃案になったが、〇五年になると、部落解放同盟など人権団体の要望を受けた古賀誠・元自民党幹事長らを中心に再提出の動きが浮上する。その際に法案反対の声を上げたのが平沼赳夫氏らを筆頭にした自民党内の右派グループだった。当時、自民党幹事長代理だった安倍氏もその一人である。批判的な勢力は、旧日本軍慰安婦問題や南京事件では史実を直視しない、いわゆる歴史修正主義に連なる右派議員と重なり合っていた。反対したのはメディア規制に対してではなく、自らの表現にかかわると感じ取ったからであろう。

たとえば、人権擁護法案には、禁止する行為に「特定の者に対し、その者の有する人種等の属性を理由としてする侮辱、嫌がらせその他の不当な差別的言動」とあり、加えて「人種等の共通の属性を有する不特定多数の者に対して、当該属性を理由として不当な差別的取扱いをすることを助長し、又は誘発する目的で、……文書の頒布、掲示その他これらに類する方法で公然と摘示する行為」「不当な差別的取扱いをする意思を広告、掲示その他これらに類する方法で公然と表示する行為」とされている。具体的には部落地名総鑑の出版や、外国人の入浴を拒む公衆浴場での掲示などが想定されていた。

当時は、北朝鮮による日本人の拉致問題が大きな政治上の課題になっていた。拉致問題をはじめ対中、対北朝鮮への強硬姿勢を演出することで政治的な発言力を増してきた自民党議員らを中心に、人権擁護法案の成立で北朝鮮批判という「表現の自由」が制約されることを懸念した、というわけだ。それだけではない。人権委員会は、地方に二万人ほどの人権擁護委員を抱えることになるが、この委員資格に国籍を制限する条項がないために外国人、特に在日コリアンが就任できることを強く問題視して、この点に自民党外でも拉致問題などに取り組む右派文化人といわれる人びとが同調した。

こうした動きを背景に、小泉政権は再提出を断念したが、それまで人権擁護法案と表現の自由をめぐっては、リベラル派が中心に批判を展開してきたことから「右バネが働いた」と言われた。それもそうだ。〇五年という年は一月に慰安婦を取り上げたＮＨＫの特集番組(二〇〇一年一月放送)をめぐり、安倍首相がＮＨＫ放送総局長らと放送前日に面会した(当時は官房副長官)。その直後に番組が大幅に改変されたことがＮＨＫ職員の内部告発で発覚したばかりだ。そういう人物たちが「表現の自由」を口にしたのだから驚きであった。

民主党の野田政権は二〇一二年一一月に人権擁護法案を修正した「人権委員会設置法案」を提出したが、党内にも反対派がおり、審議未了のまま衆院解散で廃案になった。過去の経緯を踏まえれば、安倍政権で第一次に続き第二次でも成立する余地があるはずがなかった。

国家による差別政策

筆者は、ヘイトスピーチが日本社会に広がった大きな理由の一つに政府・与党自身の姿勢があると思っている。教科書では戦前日本の加害の歴史に関する記述が薄められ、自民党の要人による中国、韓国・北朝鮮を敵視する発言は、ヘイトスピーチを生む土壌をつくってきた。参院憲法審査会で丸山和也議員はオバマ米大統領について「今、米国は黒人が大統領になっている。黒人の血を引くね。これは奴隷ですよ」などと発言したが、弁護士とは思えぬ倫理観にあきれる。与党案の対象は、「適法に居住するもの」に制限しているのだ。これも差別ではないか。

二〇一〇年代に入り、ヘイトスピーチが社会問題化した中でも放置し続けてきただけでなく、差別政策をとって空気を醸成してきた。

今年に入ってからでも文部科学省は、北朝鮮に対する制裁を名目に、朝鮮学校に対する補助金交付の打ち切りを都道府県に求めたり、朝鮮籍者が日本から出国する際、法務省(入国管理局)は北朝鮮へ渡航せず、渡航した場合は再入国が認められないことを承知する旨の誓約書への署名を求められている。これらの措置は、明らかに制裁を超えた「官製ヘイト」である。

法務省がインターネット上の情報を元に集計した、二〇一二年四月から一五年九月までにあった在日コリアンらをターゲットにしたデモや街頭宣伝活動は一一五二件。これだけヘイトスピーチが問題視されながら、法務省が右派系団体「在日特権を許さない市民の会」(在特会)の元代表に中止を勧告したのは昨年一二月になってからだ。余りに対応が鈍くないか。人権侵害を犯している法務省が人権擁護行政を担当することの問題性が、ここにも表れていると思う。外務省に至っては今年二月の国連女性差別撤廃委員会の対日審査で、朝日新聞の慰安婦報道が国際社会の誤った認識を広げたかのような発言をする始末である(朝日新聞が設けた第三者委員会による慰安婦報道検証では影響の有無については両論が併記された)。

今年三月、ヘイトスピーチするデモに抗議する市民に対して現場で警備中の警察官が首を絞めるという事件が起きた。これでは警察はヘイトスピーチを容認しているとデモ側にメッセージを送っているようなものだ。その様子を撮影した有無を言わさぬ証拠写真があり、河野太郎・国家公安委員長が国会で過剰警備に謝罪を迫られた。この事件を取り上げた東京新聞(四月八日付)でジャーナリストが「警察官への人権教育を求めるような法制化が必要だ」とコメントしていたが、その通りだ。与党案でも教育プログラムはつくりうる。

〝在特会〟を生んだのは何なのか。それが根絶されない限り、ヘイトスピーチは再生産されるだろう。メディアの粘り強い「真の犯人捜し」の報道を期待したい。

電通を報じないテレビと新聞

七月号

「再スタート」のはずが　東京五輪にまつわる不名誉な事件がまた一つ露呈した。英紙ガーディアンは五月一一日、二〇二〇年の東京五輪の招致活動において日本の招致委員会が国際オリンピック委員会（ＩＯＣ）の委員だったラミン・ディアク国際陸上連盟前会長の親族側に一三〇万ユーロ（約一億六〇〇〇万円）を提供した疑いがある、と報じた。

報道を追認するコミュニケをフランス国家財政金融検察局が翌日、発表した。国際陸連のドーピング疑惑に関係するシンガポールの銀行口座に日本から資金が振り込まれていた。口座はコンサルタント会社ブラック・タイディングのもので、同社を経営するイアン・タン・トン・ハン氏は、ディアク前会長の息子パパマッサタ・ディアク氏と昵懇の間柄とされる。五輪開催地の指名獲得に絡む汚職・資金洗浄が行われた疑いがある。同検察局は捜査を開始するという。

日本では、選手のひた向きな奮闘や、街づくりからサービス業まで、みんなで五輪を盛り上げようという「お・も・て・な・し」が受けている。フランス検察局の発表は、見たくない現実を突き付けるものだ。首相官邸では菅官房長官が「招致はクリーンな形で行われたと認識している」と記者会見で述べ、「政府から東京五輪の組織委員会に詳細を聞くことは考えていない」とした。Ｇ７サミットでは「スポーツを巡る腐敗防止」がテーマになっている。税金を投入する政府は五輪の不正に厳しく対応するよう迫られているのに、事実解明より疑惑の払拭に懸命だ。そんな後ろ向きな態度をチェックするのがメディアの役割のはずだが、新聞やＴＶは日本オリンピック委員会（ＪＯＣ）や政府の言い分を伝えるだけ。

世界中でスポーツは巨大な利権となり、腐敗が問題になっている。「汚職のデパート」のような競技団体もあり、スポーツの濁流は東京五輪まで巻き込もうとしている。

ＦＩＦＡ（国際サッカー連盟）を舞台にした組織ぐるみの不正は、カネまみれのスポーツを象徴している。サッカー・ワールドカップを巡り、開催地の招致、放映権、商標使用権、マーケティング権益など、ありとあらゆる利権が汚職のタネとなっている。捜査する側もアメリカの連邦捜査局（ＦＢＩ）、スイス・イタリアの検察、国際刑事警察機構（ＩＣＰＯ）などへ世界規模に広がっている。

メディアも調査報道で頑張っている。英国ではサンデータイムスの記者が、ロビイストを装いFIFAの理事に接触し、投票と引き換えにカネを要求された一部始終を隠し撮りして記事にした。

国際陸連では、ドーピング事件のもみ消しで逮捕者が出た。捜査の標的となっているのが国際陸連を支配したディアクファミリーだ。陸上競技は五輪の華でもある。陸連が支配する「票」は開催地を左右する。二〇一三年八月にモスクワで開かれた世界陸上選手権大会に票集めの勝負を賭けた日本の招致委員会は、フランス検察に証拠を握られたという構図だ。

「スポーツムラ」の磁場

国際陸連が電通と「良好な関係」にあることはスポーツ記者ならだれでも知っている。電通は国際陸連が主催する大会のマーケティング権と放送権を二〇二九年まで独占している。ディアク氏が会長のころ理事会に諮らず決めた契約だ。電通はキヤノン、トヨタ、セイコーなど日本企業を国際陸連のスポンサーに束ねディアク体制を支えてきた。見返りが独占マーケティング権ともいわれる。

世界反ドーピング機関(WADA)の第三者委員会が二〇一四年一一月に公表した報告書には、トルコは国際陸連に四〇〇～五〇〇万ドルの協賛金を支払わなかったことでディアク会長の支持を得られなかった、一方、日本は協賛金を支払ったとの証言を得ていると書かれている。開催都市が東京に決まった裏話だが、独立委員会は「調査の対象外」として脚註に書くにとどめたという。

疑惑はこの時点で表面化したが大手メディアは動かなかった。記事にしたのは月刊誌『FACTA』だった。二〇一六年三月号に「東京五輪招致で電通『買収』疑惑」という記事が載った。筆者は英ガーディアン紙のオーウェン・ギブソン記者。ディアク会長の息子であるパパマッサタ氏や、スイスで電通の商権を差配するアスレチック・マネジメント&サービス(AMS)にも触れ「独立委報告書の記述は時限爆弾となる」と指摘した。五月のスクープも同記者によるもので、フランス検察の動きをフォローしつつ調査報道の成果を誌面化している。

日本の大手メディアはなぜ記事にできないのか。理由は三つあるように思う。第一は「スポーツムラ」に組みこまれた取材構造。第二はオリンピック礼賛の報道姿勢。第三が電通というタブー。三つは相互に重なり合い報道を歪めている。

「スポーツムラ」は競技団体から政治家、メディアまで、スポーツを軸とする利益共同体だ。記者はスポーツへの思い入れと見識が問われるので選手経験者が多いが、すべての競技に通じているわけではない。ネタ元となる競技関係者とのパイプは記者の財産ともいえる。政治記者と政治家、芸能記者とプロダクションとの関係と似た構図がこの世界にもある。

試合や競技などの記事を書くとき、その関係は役立つが、競技団体の体質や不正を取材するには「良好な関係」は障害でしかない。スポーツ界にはびこる先輩後輩や年功序列は「ムラ」

の上下関係を支配する。

新国立競技場の建設、東京五輪のエンブレム選定などの迷走では、「ムラ人」が書く記事に、急所を射抜く力はなかった。JOCの竹田恆和会長は、五月一六日の国会で二億三〇〇〇万円をシンガポールのブラック・タイディング社に送ったことを認めながら「コンサルに対する正当な支払い」と言い張り「ラミン・ディアク親子とこの会社に関係があるとは、まったく知る由もなかった」と証言した。ところが「なぜカネを送ったのか」などと突っ込まれると、二日後に「関係が深いことは認識していた」と答弁を変えた。二カ月で二億円を超えるコンサル料は何を期待する対価なのか。突っ込みどころ満載、常識で判断すれば、限りなく「裏金」に近い。

JOC会長はスポーツムラで最上層の顔役。お世話になっている「ムラ人」の目線がそのまま記事になっているようだ。

メディアもオフィシャルスポンサー

改めて確認すると、大手メディアは招致委員会に組み込まれている。

二〇二〇年東京五輪招致委員会の会長だったのは都知事の石原慎太郎氏。JOC会長や経団連会長が副会長におさまり、委員には競技団体、自治体、産業界、労働団体、農協などのトップが名を連ねる。NHK会長松本正之氏、日本民間放送連盟会長広瀬道貞氏、日本新聞協会会長秋山耿太郎氏も委員だった。広瀬氏はテレビ朝日、秋山氏は朝日新聞の会長。メディアは「不明瞭な資金を送った側」にいる。

開催が決まる前、五輪を誘致することに懐疑的な論調もあった。東京でオリンピックを開催する大義はあるのか。やるとしても「コンパクト五輪で」という雰囲気だった。ところがブエノスアイレスで決まった途端、空気は一変する。翼賛的と思えるほど「五輪礼賛」が広がった。政権は、震災・原発事故という「暗い話」をかき消す「明るい話題」として意識的に東京五輪を取り上げた。その戦略にメディアは乗った。

ビジネスに便乗しようという欲も芽生えた。放送局は五輪の枠をどれだけ取れるかが最大の関心事だ。新聞社もイベントの協賛企業になることで五輪を宣伝に使いたい。朝日、毎日、読売、日経の四紙は東京五輪のオフィシャルスポンサーとして六〇億円をJOCに払っている。

こうした戦略の裏にいるのが電通である。電通は安倍政権のマスコミ対策に関与している、といわれる。

傍流とされていた電通スポーツ局は国際大会のビジネスで存在感を高め、この分野で突出した存在になっている。成功のきっかけは一九八四年、民営五輪が始まったロサンゼルス大会だった。勢い盛んだった日本企業の協賛を得て大会を黒字に導いた。欧米企業は放送権やスポンサー契約に自前で動くが、リスクに慎重な日本企業は電通を通じて行動する。そんな企業風土を追い風に電通は人脈を広げた。だが深入りは危ない橋を渡るに等しい。クライアントである競技団体の腐敗に巻き込まれるリスクが増えた。見方によっては汚職体質に付け込むビジネスとなり得、それが電通の危機管理の範囲を超える恐れさえある。開催権、放映権、商標権。有力者のハラひとつで大きなカネが動くスポーツ権益にウジがわくのは当然だろう。監督官庁はなく、業界の自主規制も働かない広告代理店をチェックするのはメディアの仕事ではないか。

先述した「ガーディアン」の報道でも、裏金疑惑において、電通の役割に疑問が投げかけられているとある。招致委の会長だった竹田氏は、タン氏をコンサルに選んだことについて「電通に実績を確認し決めた」と証言した。国際陸連の内情に詳しく、会長だったディアク氏と太いパイプがある電通がタン氏を「推薦」したと見るのが自然だろう。だが大手メディアは電通関与の疑惑を、見出しに立てることはない。

先述の『FACTA』は二〇〇六年の創刊号から電通の内情を書いてきた。タブーに挑戦する姿勢が内部告発を引き出し、スイスに設立され、電通のスポーツ権益を事業化しているAMSの役割など厚みのある記事を書いてきた。

経営が厳しい新聞四社が東京五輪のオフィシャルスポンサーになった裏には電通の要請があったという。一社一五億円は決して安くないが「その分の広告料を電通が探してくれる」ともいわれている。兆円規模の広告を新聞に斡旋する電通にとって六〇億円の穴埋めはたやすいことだ。大手新聞は広告集めを電通に任せきりにしてきた。その横着ぶりが不況になるほど電通の影響力を大きくする結果となった。

AIになしえない仕事とは

大手メディアに使われてきた電通は今やメディアを超えた情報産業となった。

そうした中で調査報道はこれからどうなるのだろうか。ジャーナリズムの命ともいえる調査報道は、問題意識が問われ、ファイティング・スピリットなしに成り立たない分野だ。

朝日新聞は慰安婦問題報道で叩かれ、福島第一原発事故の吉田調書報道を取り消した中で「過剰な問題意識」を反省させられた。誤報をなくすため取材・執筆は批判を招かないよう「脇を固める」ことが強調された。問題が起きたら誰が責任を取るのか、という自問は、面倒が起きそうな記事は載せないという自答に傾斜する。結果として紙面の活気は失われ、読者ばかりか意欲ある記者までも去って行った。

記者会見では、交わされるやり取りの背後に、パシャパシャとキーボードを叩く無機質な音が響く。記者の仕事は入力なのか。コンピューターがプロ棋士に圧勝する昨今だ。発表情報を記事にする作業はAIでできる時代がすぐそこに来ている。ネットに飛び交うビッグデータから情報を集め、その分析もコンピューターがするようになるだろう。問題意識に沿って課題を設定し、新情報を探り出す調査報道は、コンピューターが追い付くことのできる最後の分野ではないだろうか。

経費と時間と人員が必要な調査報道は大きなメディアしかできないとされてきた。その大手メディアは萎縮し、調査報道にブレーキがかかった。代わって『FACTA』のような個性的な雑誌が切り込み、『週刊文春』が特ダネを連発する。

双方向に情報が流れる時代。記事にする覚悟がある媒体に情報が流れる。カネと時間をかけて情報を集める営みから、評価と信頼が情報を吸引する時代へ変わりつつある。メディアの地殻変動は確実に起きている。

少年法と死刑　石巻事件はどう報じられたか……………………八月号

実名か匿名か——分かれた対応

犯行時に一八歳七カ月だった二四歳の元解体工の男に対する死刑判決が確定した。一般市民が参加する裁判員裁判で、少年事件に死刑が適用された初めてのケースだ。最高裁（大谷直人裁判長）が六月一六日、一、二審の死刑判決を支持して、被告人の上告を棄却した。

少年法六一条は、少年事件の容疑者、被告に対しては匿名での報道を求めている（「少年のとき犯した罪により公訴を提起された者については、氏名、年齢、職業、住居、容ぼう等によりその者が当該事件の本人であることを推知することができるような記事又は写真を新聞紙その他の出版物に掲載してはならない」）。新聞・テレビの報道各社は同条を尊重し、それまでは匿名報道をしていた。

日本新聞協会は一九五八年、少年法六一条の取り扱いの方針を「二〇歳未満の非行少年の氏名、写真などは、紙面に掲載すべきではない。ただし、⑴逃走中で、放火、殺人など凶悪な累犯が明白に予想される場合、⑵指名手配中の犯人捜査に協力する場合など、少年保護よりも社会的利益の擁護が強く優先する特殊な場合については、氏名、写真の掲載を認める除外例とするよう当局に要望し、かつこれを新聞界の慣行として確立したい」としている。

しかし、東京に拠点のある報道各社は、最高裁の判決があったこの日を境に、一斉に実名報道に切り替えた。

その理由は、おおむね次の通りだ。朝日新聞は「おことわり」として、「犯行時に少年だった被告について、少年法の趣旨を尊重し、社会復帰の可能性などに配慮して匿名で報道してきました。最高裁判決で死刑が確定する見通しになったことを受け、実名での報道に切り替えます。国家によって生命を奪われる刑の対象者は明らかにされているべきだとの判断からです」との記事を掲載し、読者に説明。NHKも「少年事件について、立ち直りを重視する少年法の趣旨に沿って原則、匿名で報道しています。今回の事件が女性二人の命を奪い、もう一人に大けがをさせた凶悪で重大な犯罪で社会の関心が高いことや、きょう(一六日)の判決で元少年の死刑が確定することになり、社会復帰して更生する可能性が事実上、なくなったと考えられることなどから、実名で報道しました」とニュースの最後に付け加えた。テレビ各局や産経新聞は名前だけでなく、顔写真やスケッチ画なども報道した。

これに対して、従来通りに匿名報道を貫いたのは毎日新聞と東京新聞の二紙だった。二紙はどのように説明したのか。

毎日も「おことわり」の記事を掲載した。「元少年の匿名報道を継続します。女性二人の尊い命が奪われた非道極まりない事件ですが、少年法の理念を尊重し匿名で報道するという原則を変更すべきでないと判断しました。少年法は少年の更生を目的としています。死刑確定でその可能性がなくなるとの見方もありますが、更生とは『反省・信仰などによって心持が根本的に変化すること』(広辞苑)をいい、元少年には今後も更生に向け事件を悔い、被害者・遺族に心から謝罪する姿勢が求められます。また今後、再審や恩赦が認められる可能性が全くないとは言い切れません」と述べている。東京も「今回の最高裁判決によって元少年の死刑が確定しても再審や恩赦の制度があり、元少年の更生の可能性が直ちに消えるわけではありません。少年法が求める配慮はなお必要と考え、これまで通り匿名で報道します」との編集方針を掲載した。

大半のメディアが実名報道に切り替えたのに対して、毎日、東京の二紙が匿名報道を継続するという構図だったのは、今回で三度目である。一回目は二〇一一年に死刑が確定した大阪、愛知、岐阜の連続リンチ殺人事件だ。一九九四年の事件当時、三人の加害者は一八歳から一九歳だった。二回目は九九年に起きた山口県光市母子殺害事件だ。一八歳の元少年への判決は、一、二審では無期懲役だったが、最高裁はこれを破棄し、差し戻されて、二〇一二年に死刑が確定するという特異な経過をたどった。

少年事件の被告に死刑が確定した場合の実名の取り扱いに対して最も早くから検討してきたのは、朝日だと言われている。同紙は「おことわり」の中でも「本社は二〇〇四年、事件当時は少年でも、死刑が確定する場合、原則として実名で報道する方針を決めています」としている。

一九九八年の転機　報道界では、少年事件の容疑者、被告人を匿名で扱うことは定着した慣行だった。最高裁での死刑判決をきっかけに実名に切り替える流れは、少年事件での厳罰化を求める社会の動きと無縁ではないように思われる。

一九九〇年代後半になると、刑事事件ではそれまで不十分であった犯罪被害者・遺族の感情への配慮を徹底すべきだという世論が高まり始めた。きっかけの一つとなったのは、「隼君事件」だった。一九九七年、当時小学二年の八歳だった男児・片山隼君がダンプにはねられ死亡した事件だ(一九九七年にダンプカーではねて死亡させた運転手が不起訴になった。のちに両親が目撃者を探し、東京地検の再捜査の結果、起訴され有罪となった事件)。運転手は業務上過失致死罪と道路交通法違反(ひき逃げ)で現行犯逮捕された。しかし、検察は嫌疑不十分で不起訴処分とした。これに対し不起訴理由を開示するよう求めたが検察は拒否した。警察・検察による硬直的な対応は新聞報道や国会でも取り上げられた。

一九九七年に神戸で起きた連続児童殺傷事件や、九九年の光市事件では、犯罪被害者への支援の必要性がクローズアップされ、検察による処分内容の被害者等通知制度や被害者支援員制度、刑事裁判での証言・被告人質問を可能にする制度の創設に結びついていく。被害者救済の動きは、報道機関による取材行為にも向けられ、法務省は九九年、被害者側に対する一定の「過剰な取材行為」を制限することを内容とした、人権擁護法案の国会提出に乗り出した。犯罪被害者等基本法が制定されたのは、二〇〇四年のことだ。同法をきっかけに、事件広報では、犯罪被害者の実名発表の有無の判断は、警察に委ねられるとの方針が明確になった。

それと同時に被害者救済を求める世論は、事件を起こした少年への厳罰化も促した。主なものだけでも、二〇〇〇年には刑罰の適用年齢がそれまでの一六歳以上から一四歳以上へと引き下げられたほか、〇七年には少年院送致の年齢が「一四歳以上」から、「おおむね一二歳以上」になった。

少年事件報道も、その転機は一九九八年に大阪府堺市で起きた通り魔殺人事件にあったように思う。事件を起こしたのは一九歳の少年。月刊『新潮45』が、少年の実名、写真を掲載したことに対して、少年側が新潮社らを相手に損害賠償を求める訴訟を起こした。これに対して、大阪高裁は二〇〇〇年、「悪質重大で社会一般に不安と衝撃を与えた事件であり、表現行為が社会の正当な関心事であり、かつその表現方法が不当なものでない場合には、その表現行為は違法性を欠き、違法なプライバシー権等の侵害とはならない」と判断した。少年側は最高裁への上告を取り下げたため、少年側敗訴の判決は確定。死刑判決の前に実名で報じたとしても、凶悪犯罪に限っては先述した少年法六一条の趣旨には反しないことになったというのだ。

こうした九〇年代後半から約一〇年の動きを概観しただけでも、犯罪被害者側への配慮に歩調を合わせるように加害者、特に少年に対する厳罰化を求める世論が膨れ上がっていったことが窺える。

死刑問題でも「世論」に配慮　被害者・遺族感情と厳罰化の流れの中で置き去りにされたのが死刑制度だ。内閣府が実施した世論調査によると、「死刑もやむを得ない」と死刑を容認する回答は、一九九四年が七三・八%、九九年が七九・三%、二〇〇四年八一・四%、〇九年八五・六%、一四年八〇・三%。数字だけ見ると、死刑制度は圧倒的な国民の支持を受けている。被害者感情に寄り添えば、刑罰で定められた極刑(死刑)が支持されるのは当然だろう。

一方、法務省が公表した資料によると、国連総会では〇七年、〇八年、一〇年に死刑存置国に対して「死刑の廃止を視野に入れて死刑の執行猶予を確立すること」などを求める決議が採択されている。世界の潮流は廃止に向かっていると言えるだろう。賛成は、欧州連合(EU)など一〇九票。反対は日米中など四一票だった。ただ、棄権も韓国など三五票あった。これは、死刑制度を廃止した国・地域は一〇三カ国(通常犯罪のみ廃止の八カ国を含む)、死刑存置国九四カ国のうち、過去一〇年以内に執行のあった国となかった国は、ともに四七カ国(〇八年一二月現在)といい、こうした状況を反映しているようだ。日本政府の反対理由はどのような内容だったのか。法務省の資料によれば、「日本においては、国民世論の多数が死刑の存置を支持しており、極めて悪質な犯罪者を死刑に処することもやむを得ないものと考えられている。日本政府としては国民の多数の意見に反する行動をとってきていない」というものだった。

日本のメディアも、政府と同様、死刑制度支持の世論に配慮してなのか、今回の元少年に対する死刑確定報道は、そのほとんどが制度存続を前提にしていた。

TBS「NEWS23」では、判決を前に宮城刑務所仙台拘置支所で元少年と面会し、その心境を取り上げていた。元少年は、こう述べたという。「二つの気持ちが交ざり合っている。遺族の気持ちを考えれば、『俺も同じ目に遭ってほしい』と思うのは当然だと思う。一方で、更生させようと一生懸命やってくれた弁護士や支援者のことを思うと再起したいという気持ちもある。その二つの気持ちの真ん中に俺がいる」。番組は、極刑(死刑)を求める遺族の声と死刑回避を訴える弁護士の双方の声を紹介した。また、死刑判決について「人の命を奪った重い刑(罪)には、年齢を問わずに大人と同じ刑で判断するべきだと思った」と裁判員による記者会見での発言を取り上げた。キャスターの星浩氏は「被害者の家族のことを考えると極刑もやむを得ないという判断もある」とコメントした。朝日新聞も、元少年と面会した様子を記事にしている。「大人でも子どもでもない年齢(筆者注・一八歳七カ月)だからこそ、慎重な審理が求められる。裁判員裁判での集中審理のあり方も議論すべきだろう」という市川美亜子記者の「視点」記事を掲載している。

死刑廃止国である英国から来日した女性リンゼイ・アン・ホーカーさん(当時二二歳)が殺害された事件(二〇〇七年)の裁判で、父親は証人尋問の際、「日本の最高刑が死刑なら死刑を望む」と述べた。別の英国人女性ルーシー・ブラックマンさん(同二一歳)の殺害事件(二〇〇〇年)でも、ふだんは死刑制度支持者でないという父親でさえ、やはり証拠が明白であれば死刑を望むと発言していた、という。

かけがえのない存在を奪われた遺族が、「最高の刑を望む」のは、当然だろう。これまでの死刑廃止国は、その「最高の刑」をどのように引き下げたのか。死刑判決の裁判員への負担軽減や、慎重な審理を求めることも重要ではあるが、国連決議のあとも続く少年事件での死刑判決をどう考えるのか。今回の報道で欠けていたのは、元少年の死刑確定を機に、国際的な流れに逆行する司法制度で果たして良いのかという疑問を投げかけることではなかったか。

天皇が〃新憲法〃の遵守を誓う日……

九月号

「歴史的な選挙となった」——、参院選の翌日(七月二二日)、朝日新聞社説の書き出しだ。この選挙で、野党は改憲勢力に「三分の二」の議席を与えた。まさに日本は「戦後政治の分岐点」に立っている。与野党が論点を明確にすることができず、「有権者には判断材料が乏しいままだった」からだ。

なんともそっけない社説だ。メディアの仕事は、論点を整理し、問題を提起することではなかったのか。

朝日新聞にかぎらずメディアは、安倍首相が「アベノミクスは道半ば」と弱音を吐いたとき、なぜ「日暮れて道遠し」とやり返さなかったのか。消費増税見送りを言いだしたとき、そもそも貧困層に負担をかける税で貧困対策ができるのかとなぜ問わなかったのか。そして、改憲論議にだんまりを決め込んだとき、〃争点隠し〃のレッテル貼りで済まさず、自民党草案が現行憲法の「どこを・どのように」換骨奪胎しようとしているのかを逐条検証しなかったのはなぜなのか。むしろ、三分の二議席の攻防に多くの紙面を割くことで、〃争点隠し〃に手を貸してしまったのではないか。

だから、安倍首相は選挙に勝利するや、自民党本部で「アベノミクスを加速せよと国民から力強い信任を頂きました」とこぶしを振り上げ、憲法については「わが党の案をベースにしながら、三分の二を構築していく、それがまさに政治の技術と言ってもいいだろう」(傍点筆者)と、豪語したのだ。

ありていに言えば、こうなろうか。「私たちは口を酸っぱくして、経済優先を訴えた。それなのに、野党のみなさんは与党のねらいは改憲だと言い続けた。選挙が終わると、メディアはこぞって改憲勢力の大勝と騒いでいる。それほどおっしゃるなら、しっかり憲法改正の作業に取り掛からせてもらいます」。そして、「自民党憲法草案をベースにあらゆる政治テクニックを駆使し、改憲なんて小さなことを言わず、自民党憲法に取り換えてみせます」。危険なのは、世襲政治家たちが家運をかけて「自民党憲法草案」と「アベノミクス」という〃軍産複合体〃の実現を悲願としていることだ。

事前に何をしたかが問われる

この間、安倍首相は改憲については「音無しの構え」に徹して「敵失」を待ち、大規模災害やテロなど緊急事態への「備え」を説き続けた。念頭には、「緊急事態条項」をどのように憲法に取り込むかがあったはずだ。こうしたナチスまがいの手口にとって、新聞・テレビ・インターネットの総思考停止は好都合だったに違いない。他方、野党は相互の論点を明確にしない方針で臨んだため、あえなく「野合」のレッテルを貼られてしまった。

大勢が見えてきたときのメディアはどうあるべきか。投票二日前のテレビ朝日「報道ステーション」(七月八日)で、憲法学者木村草太氏は「テレビで各党代表が討論するとか、専門家の質問に答えるなどすれば、有権者も判断材料が得られるだろう」とメディア批判を行った上で、「沖縄の米軍基地の負担解消の問題」を争点にすべきだと念を押した。また、選挙前日のTBS「報道特集」(七月九日)では、金平茂紀キャスターが、被災地熊本などの現場、貧困、格差の実態を丹念にたどり、そこにこそ選挙の争点があることを指摘し、「メディアが事前予測をしすぎた」ことを自戒した。これらは、まっとうな感覚である。

開票中だからこその放送

与党圧勝が確実となり、開票速報が画面下に流れるだけの深夜から一一日未明にかけて、日テレ「news zero」は、櫻井翔氏の司会で、社会保障をめぐる問題を生放送で伝え続けた。大学入試に受かりながら授業料を払える見込みがないので、先生にも友人にも親にも内緒で合格通知を破り捨てたと告白する女性。カメラは膝に落ちた涙を見逃さなかった。また、子育てと親の介護という「ダブルケア」をする人びとの「ベビーカーと車いすは一緒に押せない」というリアルな嘆きも伝えた。こうした取材映像は、選挙の何日も前から準備しておかなければ放映できない。この番組のスタッフは、勝敗ラインの報道をよそに、政治家たちに重い課題を投げかけたのである。

翌朝の各紙の社説で異彩を放ったのは、琉球新報であった。「参院選　伊波氏が大勝　民意の厚みの表れだ　新基地建設は許されない」という見出しのもとに、本土の人々が忘れがちなことをしっかり書きとどめていた。(1)非改選を含む参院沖縄選挙区で二議席、衆院沖縄選挙区で四議席の計六議席「オール沖縄」勢力が独占、(2)二〇一四年一月の名護市長選、一一月の知事選、一二月の衆院選全沖縄選挙区のいずれも新基地を拒否する候補が当選、(3)今年一月の宜野湾市長選は基地問題を争点化せず、(4)六月の県議選では翁長雄志県政与党が圧勝、(5)米軍属による女性暴行殺人事件、そして(6)新基地建設の是非が争点になる選挙はこれで終わりにしたい、と報じた。これら沖縄の「民意の総決算」が、選挙の翌日、本土のメディアに突き付けられたことを忘れるべきではない。

あきらめるのは誰か?

選挙の直前まで、あきらめない若者たちが全国各地で活動していた。その姿は、永田町のプレイヤーになり下がったマスメディアの視野にはほとんど入らなかった。彼らの絶望はずっと深い。グローバリズムという妖怪が跋扈する世界に暮らしてきたからだ。ベルリンの壁崩壊(冷戦の終結)もリーマンショック(新自由主義の破綻)も身に覚えはないが、その結果たる福島第一原発事故、沖縄の辺野古新基地建設強行、米軍属による女性殺害事件、そして奨学金地獄、保育園待機児童問題など貧困や格差に取り囲まれている。

ある若者が、大阪の釜ヶ崎や沖縄で「オン・ラシャ・リアン」という歌が流行っていると教えてくれた。アルジェリア出身者が作ってフランスで歌われた「On lâche rien!」(あきらめない)だ。歌詞は「さあ、そのときがやってきた! 出直すときがやってきた!……理想はただの夢じゃない。さあ、もう一つの世界をつくるんだ!」。なるほど、参院選後のいまにぴったりの歌だ。意気消沈している暇などない、民主主義と立憲主義を結びつけることが急務だと、その若者は言った。

しかし、メディアにはこの歌に加わる前になすべき総括が残っている。投票日二日前(七月八日)のNHK「ニュースウオッチ9」はじつにお粗末だった。参院選に関するニュースはゼロ。そのくせ、最後にキャスターが「あさって日曜日は参議院選挙の投票日です。みなさんの大切な一票です。ぜひ投票に行きましょう」と微笑みながら言ったのである。

その後、NHK経営委員会議事録(実施六月二八日・公表七月一五日)を読んで怒りが倍増した。一年前、「クローズアップ現代」の「追跡〝出家詐欺〟」でやらせ事件が発覚し、高市早苗総務大臣が文書でNHKに厳重注意をし、それにBPO(放送倫理・番組向上機構)の放送倫理検証委員会が「政府が個別番組の内容に介入することは許されない」と待ったをかける一件があった。この一件を機に、NHKは放送現場でチェックシート方式を導入し、リスク管理を始めた。理事の一人が、その成果(?)を経営委員会に報告した記録が公開されている。いわく、「取材・制作の担当者と上司などが情報を共有し、問題がないかどうか確認して記入し、三年間保管します。この一年で、本部と地方あわせて、八六のニュースと番組で、合計四四七回使用しました」。いわく、「取材・制作の確認シートによるリスクの見える化です。……最終的に番組ができあがった放送前の段階で、すべてのリスクがきちんと回避されているかどうか点検します」。対象は、ジャーナルな内容に関するものだという。

リスク管理に名を借りた事前検閲を受けた放送に、権力の監視など誰が期待できようか。呆れついでに書いておく。六月に経営委員長に就任したJR九州相談役の石原進氏が安倍政権と密接な関係にある極右団体「日本会議福岡」の名誉顧問と、原発推進派の「原子力国民会議」の共同代表を務めていることがわかった。これこそが、安倍政権がしばしば口にする「放送法違反」ではないのか。

参院選後最初のTBS「報道特集」(七月一六日)でキャスターの金平氏は、沖縄での取材に基づいて、「現職の閣僚(島尻安伊子氏)が落選した翌朝、すぐに高江の米軍ヘリパッド基地(の工事)に着工し、その後に、辺野古の工事の再開を国が示したのを見ると、民意がどのように示されようが聞く耳を持たないことに、沖縄の人は非常に怒っている」と語気を荒らげ、「私たちメディアが事前の争点を提示するという機能に対して十分だったかということも反省してみる必要がある。私個人としても思います」と結んだ。

天皇の生前退位について

与党が圧勝した三日後、いよいよ憲法改正論議が始まろうとした矢先、天皇が生前退位を周囲にほのめかしたというニュースが流れた。高齢と病気が理由とされるが、果たしてそれだけだろうか。天皇の生前退位は皇室典範の定めによりできないことになっている。その理由は、(1)歴史上見られたように、退位後、上皇として権勢をふるうおそれ、(2)政治的に退位をせまられるおそれ、(3)自ら恣意的に退位するおそれ。この規定は戦前も戦後も変わっていない。天皇は元首であれ象徴天皇であれ、他に例を見ない特異な政治権力である。この世襲による無責任制度は、護憲派にとっても改憲派にとっても難問なのである。

一九九〇年一月二三日、今の天皇は即位の礼で「常に国民の幸福を願いつつ、日本国憲法を遵守し、日本国及び日本国民統合の象徴としてのつとめを果たすことを誓」った。これを護憲の意思とみなせば、この象徴としての地位は、日本国憲法第一条の「主権の存する日本国民の総意に基く」ことになる。だが、国民にその自覚は乏しい。他方、二〇一二年四月に起草された「自民党憲法草案」は、第一条に「天皇は、日本国の元首」と明記している。国家元首は英語で“Head of State”である。これはGHQが“Symbol of the State”と書きかえる前の地位である。いまの天皇が即位に際して「憲法を遵守する」と誓ったのは、現行憲法第九九条で憲法尊重擁護の義務を負う「天皇又は摂政」としてであった。しかし、それに該当する自民党憲法草案一〇二条には、そもそも「天皇又は摂政」の文字がない。天皇は憲法を守る主体ではなくなっているのである。これまで、戦後の天皇の役割は、一方で曖昧さを残しながら、他方で、被災地への慰問や激戦地への慰霊の旅によって、苦しむ人々の心を統合する象徴として理解されてきた。だが、自民党憲法草案一〇二条には、新たに「全て国民は、この憲法を尊重しなければならない」と書き加えられている。立憲主義とはほど遠い内容である。

ここから先は、筆者の妄想である。ある日、天皇は「自民党憲法草案」を目にする。そこには、先の大戦への反省の上に現憲法が誓った「国民主権・平和主義・基本的人権」の柱が巧みに抜かれている。そうすると、将来自民党案に近い憲法を国会で公布することになるかもしれない。一身にして二生を生きなければならないのか。こんな想念が天皇の脳裏をかすめないとは誰が断言できよう。

かくて、国民の側に、象徴天皇制の特異な意味を考えてこなかったツケが回ってきた。むろん、メディアもこの問題に真正面から向き合わねばならない。冒頭の「歴史的な選挙」とは、こういうことだったのではないか？

相模原事件の底流――メディアはどう接近したか……………一〇月号

悲劇性ばかり伝えるメディア

月刊誌『創』の篠田博之編集長がブログで呟いていた。事件に関心をもつ人は、一度は現場にいって欲しい。「津久井やまゆり園」に行ってみると、予想以上に交通の便が悪く、相模湖駅では、バスもタクシーも摑まえられなかった人も少なくなかったという。そういう「人里離れた」ところに重度の知的障害者の施設があるということから考えさせられた……。また、ある外国人は、二〇〇人近い障害者が一カ所に集められていたのがショックだ、とのコメントをフェイスブックに上げていた。これらを目にしたとき、一九人もがたった一人の犯人に殺された、相模原事件に潜む恐怖の正体が、わかりかけたような気がした。施設側や警察に手落ちはなかったか、などの事情を伝える、洪水のようなメディアの報道からは見えてこなかったものだ。すると、世田谷にある私立の和光小学校における「共同教育」のことが急に思い出された。

それは、普通教育におけるノーマライゼーションの実践で、丸木政臣校長の提唱の下、一九七四年から始まっていた。四〇人編成の各学級に一～二名の障害児を受け入れ、健常児と一緒に教育する。障害の種類は脳性麻痺、小児麻痺後遺症、全盲、難聴、ダウン症、自閉症など、実に様々だ。担当教員は発足からしばらくのあいだは、介助員を含め一クラス二名だった。その成果を、多田奈津子・高橋智「和光小学校における障害児と通常の子どもの『共同教育』実践の検証」(『東京学芸大学紀要』二〇〇五年三月)が詳細に明らかにしているが、それによれば、健常児が、日常の身近な生活のなかに、いろいろな障害をもった仲間、友人がいるのは当たり前のことと思い、障害児のほうも特に健常児に引け目を感ずることもなく、勉強も遊びも一緒に楽しむ世界が実現していたことがわかる。

このような社会的な基礎構造、文化的仕組みが日本全国、どの地域にも普及し、そこで子どもたちが育っていたら、大人の世界としても、「やまゆり園」を「人里離れた」ところにつくる必要はなかったのではないか。メディアも、そうした視点からこの障害者殺傷事件を見直せば、本当の問題解決の核心に触れた議論が、もっとまともに進められたのではないか。ところが、どのメディアも、前例のない異様な事件の、戦慄すべき雰囲気は伝えるものの、やはりこれを一つの犯罪事件としてのみ眺め、容疑者の異常さ、警察の捜査状況などを詮索するだけの報道が多かった。社説も「二度と悲劇を繰り返すな」など、当たり障りのないものばかりが目についた。容疑者の言動のなかにナチの「優生思想」との同質性を認め、警告を発する論評なども、さすがに目にはした。だがそれも、当時のドイツ社会に蔓延していた捉えどころのない社会不安、民衆の相互不信がまず先にあり、そこにヒトラーがつけ込み、秩序の回復、安全の実現の方策としてそうした政策を持ち込み、国民に協力させた点こそ、重く見るべきだろう。

出色の「状況報道」　問題の本当の根は民衆の側、社会のなか、その底部にこそある。そうした観点から眺めるとき、毎日が事件発生＝七月二六日の二日後、夕刊一面に、自身が全盲・全聾の福島智東大教授からメールで届いた「今回の事件から考えた原理的な問題」を、「強者優先の社会を連想　尊厳否定『二重の殺人』」の見出しで掲載したのが注目された。教授は「私たちの社会の底流に、こうした（人の生存を軽視・否定する）思想を生み出す要因はないか」と問いかけていた。さらに毎日は、不定期で掲載面も随時動くが、七月三一日から「わたしの視点」欄を設け、この事件を生んだ「社会の底流」を多面的に論ずる連載を開始、八月末近くまで続ける。そこには「被害者や家族の心情をもっと伝えて欲しい」「隔絶でなく共生進めて」「命の選別、憂える」など、多方面の関係者の声が紹介されている。さらに三回の社説「障害者と社会　どんな命も輝いている」「相模原事件　医療だけでは防げない」「匿名（報道）が問いかけるもの」のほか、オピニオン・ページ「記者の目」「発信箱」「水説」など、多角的な視点設定を多くの記者が試み、パラリンピックにも出場した上原大祐氏による「発言　不可能と決めつけぬ社会に」と、識者の協力も仰いできた。

加えて事件後一週間目の八月二日朝刊では、臨時面と社会面のほぼ二面全部を使い、「弱者　どう守る」「回復祈る家族」を特集した。また、八月一七日、一八日夕刊では特集ワイド面で、障害のある子を持つ野田聖子衆院議員のインタビューと、家族に障害者がいる人たちの事件に対する声とを紹介した。さらにこの間、四月に施行されていた「障害者差別解消法」を詳細に報じ、解説・論評を試みた。

こうした毎日の、事件報道というより状況報道ともいうべき問題の広げ方、追及の深さは特筆に値する。他社もこれに伍して競えば、中央政治の動向ばかりに気をとられ、結果的にそれに振り回されることとなる愚を回避し、足元の社会の変革を通じて、着実に政治を変えていくものとなり得るはずだ。そうした目で他紙も眺めてみると、朝日にも注目すべき相模原事件関連記事があるのに気づいた。

八月八日から一九日までのあいだ、八回にわたって掲載された、障害者問題関係者へのインタビューによる囲み記事「とも

に生きる　やまゆり園事件から」だ。掲載順に紹介すると、最首悟・和光大名誉教授「冷め切った風潮　表面に」、内海智子・障害者支援NPO理事長「誰にも弱い部分がある」、バイク事故により重い後遺症が残った息子の母である澤野真寿美元小学校教諭「生きているだけで今は十分」、神戸金史・RKB毎日放送東京報道部長「息子よ　そのままでいい」、正村公宏・専修大名誉教授「隔離が理解を遠ざける」、吉田早苗・藤沢市教育長「一緒に育つ大切さ」、重複障害の弟をもつ佐藤倫子弁護士「匿名　悼まれる機会失った」、障害者施設勤務者「絶えぬ傷　疲れ切る職員」。しかし、これらが湘南版だけの掲載というのが腑に落ちない。五番目の語り手、障害のある息子をもつ正村名誉教授は、今回の事件で「日本社会が根底から劣化しつつあるのではないか」と感じた、と述べていたが、メディアはその劣化と共振関係に陥っていないだろうか。

「お気持ち」に揺れる報道

日本社会の底辺のことだけでなく、てっぺんのことも考えなければならないようだ。先にふれた天皇の「お気持ち」メッセージ問題だ。八月八日のメッセージ放送一週間後の一五日は、全国戦没者追悼の日。例年どおり日本武道館で開かれた追悼式に天皇夫妻も出席したが、式典が終わり、二人が退出のために壇上の席を離れ、参列者に一礼し、出口へのスロープを下り始めたとき、参列者のあいだから突然、「天皇陛下万歳」の声が上がり、唱和の声が大きく響くなか、異例のことに天皇が立ち止まり、振り返って参列者席に向かい、二度頭を下げて礼を返したのだ。そして大きな万歳の声や拍手に送られ、二人は式場をあとにした。

興味深く思い出すのが、二〇一三年四月二八日、安倍政権が強引に開催した感のあった憲政記念館での「主権回復の日」記念式典のこと。出席していた天皇夫妻が退出のため歩きだしたとき、会場にまばらな万歳の声が起こると、壇上の安倍首相も加わり、「天皇陛下万歳」と叫んで両手を上げ、つられて自民党議員たちもそれに和したが、会場は盛り上がらず、天皇ときたら困惑した面持ちで立ち去ったものだ。この違いはなんだ。特に参列者の態度の違いはなぜだ。

加藤周一氏の旧稿のアンソロジーが、『言葉と戦車を見すえて』と題され、ちくま学芸文庫の一冊として出版されている。その冒頭の一節が先述した「天皇制を論ず——問題は天皇制であって、天皇ではない」だ。初出は一九四六年三月の『東大新聞』紙上で、新憲法発布よりかなり前。軍・政府に天皇「制」を悪用され、日本がダメにされてきた仕組みの廃絶は当然だが、同時に、天皇に人間を取り戻させる制度も必要だと、明快に説く論の筋立て。そうした観点から今年八月八日公表の天皇の「お気持ち」をよく読むと、天皇の欲する道筋もいっそうはっきり見えてくる感じがする。

日本武道館で天皇夫妻に万歳と拍手を送った参列者も、多くは加藤説を読んではいないだろうが、その含意に賛同する思いを内在させているように考えられた点はなによりも重要だ。そうした思い、心の動きをどう捉えるかが、今後、メディアの課題になるはずだが、これもまたちょっと心許ない。八月一五日のNHK（総合）は、天皇の万歳に対する返礼シーンを放送せず、本稿執筆時まで、ほかのメディアも報じていない。

ところで、毎日はいち早く七月一四日の社説で「天皇陛下のご意向　国民全体で考えたい」と同調の姿勢を見せた。翌一五日の朝日の社説「生前退位――象徴天皇考える契機に」は、「国民全体で考えたい」からは少々遠い。これが八月八日「お気持ち」放送の翌日の社説となると、東京「未来につながる天皇制に」、毎日「陛下のお気持ち　前向きに受け止めたい」、朝日『（国民の）総意』へ議論深めよう」、読売「象徴の在り方を議論したい」、日経「高齢化社会の象徴天皇制の姿を考えよう」、産経「国の未来に丁寧な議論を」となってくる。この順で、天皇の意向に素直に、かつ積極的に添おう、という論調から、象徴天皇制にはいろいろ難しい点があるからよく考えねばと、躊躇の交わった調子に変わっていく。

興味深いのは沖縄の琉球新報だ。昭和天皇がGHQを通して、米国による沖縄の軍事占領を継続することを希望すると伝えたことは、広く知られている。その沖縄の琉球新報が「生前退位認め議論深めよ」とする社説を掲げたのだ。現天皇のこれまでの行動、その間に明らかにされてきた考え方によって、日本も沖縄もよくなっていく、とする見解を、前記のどの社説よりもはっきり述べている。

国民全体での議論を呼び込め

「象徴天皇制」という言葉は奇妙なものだ。加藤周一氏が廃止せよという「天皇制」は、国民に主権を与えず、これを臣民とし、政治の統治権、軍の統帥権を一身に体現した天皇制の仕組みだ。現天皇は、みずからを象徴天皇と自覚し、国民との様々な出会いと対話とを通じて、人間天皇としての実体と、国民統合の象徴としての内実をつくってきた。今、そうしたあり方に適合する新しい制度をいかにつくり上げるかが、「政治」に問われることとなっている。象徴天皇制は、「天皇制」に重きを置けば、政治のいかんにもよるが、先祖返りした天皇制に逆戻りする恐れなしとしない。現に自民党の憲法改正案では、天皇は「国家元首」とされることになっている。反面、「象徴」だけとなると、それを担うものの具体的な姿が見えてこない。この難問に対して、ある種の政治的解決を図るのだから、その帰趨は政治に任せよ、天皇の意思で決めるとなれば、現憲法が禁じている天皇の政治への関与になる、国民がガヤガヤ騒いで決めるものではないなど、いろいろな議論が噴出している。

だが、制度の「制」という言葉を、レジーム＝政治的統治制度、インスティテューション＝文化的公共制度、システム＝工学的技術方式、に分けて考えれば、象徴天皇制の「制」は、レジームでもシステムでもなく、インスティテューションに適合するものであろう。民主国家にあっては、いかなる文化的公共制度に対しても、国家権力が恣意的に、また過剰に介入してはならず、ましてやそれと一体化するようなことは、絶対にあってはならない。そのように理解すれば、「象徴天皇制」のあり方についても、国民が広く、自由に議論を交わすのは、当然のことだ。

だが、八月二三日の読売の朝刊記事によれば、首相官邸はすでに宮内庁トップと、制度的落としどころの話し合いを始めているようだ。また、外野では、日本会議が生前退位に反発して騒ぎだし（『週刊文春』八月一一日・一八日号）、産経も「万世一系に意義　旧皇族復活を」（八月一七日。平川祐弘東京大学名誉教授）と煽り立てる。「お気持ち」支持八一％という国民が、そうした熱狂に惑わされないようにすることも、まともなメディアの重要な仕事となっているようだ。

「匿名・実名問題」のその先へ

一二月号

問いは深められたのか

新聞界が報道の意義を読者に対して一斉にアピールする今年の秋の新聞週間（一〇月一五～二一日）に前後して掲載された全国紙の関連特集では、朝日（一日）、毎日（一八日）が取り上げた、警察による事件被害者の匿名発表問題が目を引いた。これは、今年七月二六日未明に神奈川県相模原市の障害者施設「津久井やまゆり園」で起きた殺傷事件の犠牲者の氏名を、神奈川県警が実名ではなく、匿名で発表したことを発端として起きた議論だ。いまもって県警は実名を明らかにしていない。これまで、事件や事故の犠牲者の氏名については実名で発表してきたものを県警は今回、「A子さん」「K男さん」といった年齢と合わせた匿名での発表にしか応じなかった。県警は「障害者の支援施設であり、遺族のプライバシー保護の必要性が極めて高く、遺族からも強い要望」があったことをその理由としている。

警察による匿名発表をめぐっては、事件の被害者の名前を実名で発表するか、匿名で発表するかの判断を警察に委ねることを盛り込んだ「犯罪被害者等基本計画」の閣議決定（二〇〇五年一二月）にあたり、被害者・遺族を交えた社会的な議論となった経緯がある。今回犠牲となった一九人が重度の障害者であったことから、健常者であれば実名であるところを匿名で発表したことが差別的な取り扱いである、と受け止める声もあり、匿名発表の議論に新たな論点を加えた。

朝日、毎日が掲載した特集は、この匿名発表問題について、社外の有識者に意見を求めるという内容だ。朝日は「あすへの報道審議会」の河野通和氏(「考える人」編集長)、小島慶子氏(タレント、エッセイスト)、湯浅誠氏(社会活動家、法政大学教授)の三人。毎日は「開かれた新聞委員会」の池上彰氏(ジャーナリスト、東京工業大学特命教授)、荻上チキ氏(評論家、ウェブサイト「シノドス」編集長)、鈴木秀美氏(慶應義塾大学メディア・コミュニケーション研究所教授)の三人だ。まず、どのような意見が出されたのかを見てみようと思う。

主な発言を紹介する。「警察に実名発表を求めることは大事だ。しかし、実名で報道するべきかどうかは別問題だ」(小島氏)、「今回の事件で『匿名であること』がいろいろなことを語っている。パラリンピックを見ていると、障害者への理解が進んだ気にもなるが、根っこの方は微動だにしていないことがこの事件によってよくわかった」(湯浅氏)、「神奈川県警の『遺族は実名発表を望んでいない』という発表は本当だろうか。他の人が匿名なら私も匿名に、という人もいたかもしれない。メディアは一人ひとりに実名、匿名の意向を確認しながら取材する努力を続けるべきだ。『障害者の遺族は実名公表をいやがる』などとは絶対思ってはいけない」(池上氏)、「障害者を差別する社会のありようが遺族に『匿名』を選ばせている」(鈴木氏)。これらは事件後に報道各社が社説で述べたり、識者に求めたりしたコメントの内容とほぼ重なる。

荻上氏が「『ネット名寄せ』とも呼ぶべき問題も持ち上がっている。過去の発信が名寄せされ、『こういうヤツなら死んでもいい』といったバッシングで盛り上がることがある。二次被害がより起こりやすい社会になっていることは踏まえておいたほうがいい」と指摘しているが、これは事件・事故の被害者に限った現象ではない。

新聞週間である。なぜ、県警は実名を明かさないのか。それに対して具体的に新聞界はどのような努力をしてきたのか。新聞界が声高に実名発表を求めてきたその後の取り組みが知りたかったから先に「目を引いた」と書いたのだ。残念ながら両紙の特集記事からは、特別な意見や姿勢が示されたわけではない。個々の記者は思い悩んだろう。しかし、新聞界が今回の事態にどう対処していこうとしているのか、さっぱりわからなかった。「相模原事件」の発生直後に焦点化され、紹介された匿名発表問題についての識者の意見や、新聞社自身の考えとも重なり、既報の域を出ていなかった印象だ。

繰り返されるだけの匿名議論

神奈川県警が匿名発表の根拠の一つとした遺族の要望は、どのように形成されたのか。そもそも論に触れていたのは、朝日、毎日の特集記事ではなく日本新聞協会が発行する月刊誌『新聞研究』一〇月号に掲載された論考「匿名発表がもたらすもの——事件を社会が熟慮するために何が必要か」であった。書いたのは、野沢和弘・毎日新聞論説委員。神奈川県警が遺族を集めたところで記者発表について打診したところ、一部の遺族が実名を明かされることを強硬に反対し、ほかの遺族もそれに従った、とこの記事は明かしている。さらに遺族には弁護士がついたとし、「遺族の自宅住所を割り出して取材に訪れた記者に対して『話してもいいが、弁護士からやめろといわれている』と答えた遺族もいるという」と書いていた。

この記述からわかるのは、遺族が匿名発表を選ぶ際に影響を受けるのは、警察に加え、同じ立場にある他の遺族、そして、弁護士の三者ということだ。これらの人に対して、メディアはどのような姿勢で臨んできたのか。事件直後に県警記者クラブが口頭で捜査本部に対して「前例としない」との申し入れを、八月八日に一回しただけだったのだろうか。

九月末に「マスコミ倫理懇談会」の全国大会が福岡市で開かれた。同懇談会は新聞、放送、出版で構成される国内最大のメディア関係団体である。この大会で、「犯罪被害者支援弁護士フォーラム」の事務局長・高橋正人弁護士が「発生直後は各地の犯罪被害者支援センターが被害者と報道機関の間に入る形での取材を提案した」ことを講演で話したことが、朝日(一〇月一日朝刊)に書かれていた。高橋弁護士が懸念したのは、実名発表による過熱取材だという。長野県軽井沢町で起きたバス事故で、遺族の自宅に大勢の記者が集まったことを指摘していた。

「メディア・スクラム」と呼ばれる「集団的過熱取材」の問題は一九九〇年代半ばごろから社会問題化した。一社一社の取材は正当な業務上の行為であっても、それを同じ時期、地域、取材対象に集中的に行うことを人権侵害として規制できる法案までもが国会に提出されてしまった過去が、メディアにはある(人権擁護法案は二〇〇三年に審議未了のまま廃案)。先に記した、実名匿名発表の判断権限を警察に委ねた二〇〇五年の閣議決定も、この延長線上にある。この決定は「警察による被害者の実名発表、匿名発表については、犯罪被害者等の匿名発表を望む意見と、マスコミによる報道の自由、国民の知る権利を理由とする実名発表に対する要望を踏まえ、プライバシーの保護、発表することの公益性等の事情を総合的に勘案しつつ、個別具体的な案件ごとに適切な発表内容となるよう配慮」していくとし、一見バランスをとった表現に見えるが、現実の運用が匿名発表に傾いているのは明らかだ。

匿名発表は、被害者と報道との分断を図り、警察に都合の悪い情報を隠す恐れがあるため、メディア規制として政府を批判するのは当然だが、それでは取材攻勢にさらされる人たちに報道界はこれまで、どう向き合ってきたのか。各都道府県ごとに報道責任者による組織がメディア・スクラム発生に対処することになったが、高橋弁護士は、こうした報道界の対応がいまも十分でないという問題提起をしているのだろう。

繰り返すが、新聞週間なのだ。こうした疑問や不信に対する答えを期待したのだが、それを見つけることはできなかった。一〇年前に報道界が犯罪被害者等基本計画を批判したときとまるで同じ意見が繰り返し表明されているだけなのだ。極めて残念である。それでも二紙は特集を組んだが、たとえば読売は新聞週間にちなんだ社説(一五日)の中で、「新聞は、実名を割り出せなければ当事者の取材ができない。その結果、捜査当局や行政機関による情報操作や不適切な権力行使をチェックできなくなる。実名発表は正確な報道の大前提である」と指摘しただけだ。このように大上段に構えた主張に、被害者が心を開くのだろうか。

信頼を取り戻せるか

エイズやC型肝炎といった薬害問題を解決するために国を動かす原動力となった世論は、被害者や遺族らが実名を名乗ることなしには形成されなかったろう。そもそも検察の被害者等通知制度や犯罪被害者等基本法、裁判での被害者参加制度の創設など一連の被害者施策の発端となった「片山隼君事件」が「小二男児事件」だったら、世論は果たして動いただろうか。「保育園落ちた日本死ね!!!」の匿名ブログについて安倍首相が「誰が書いたのかわからないものに、答えられない」と野党議員の質問をはぐらかすような答弁をした例を毎日の野沢氏が挙げていた。実名には社会を動かす力があるのは明らかだ。一方で実名がわかったからといって実名で報じなければいけないというものでもない。匿名報道を選択するケースもあるだろうし、匿名でも説得力のある記事はある。

たとえば、朝日(八月二日朝刊)が掲載した、相模原事件で犠牲となった女性(六〇歳)の父親と弟へのインタビュー記事である。初めて事件の遺族が重い口を開いて無念の思いを語っていた。その女性の母親は「(長女を)よろしくね。それだけをお願いね」と言い遺して一五年前に他界したという。掲載日の翌日にあった葬儀で記事の載った朝刊が並べられ、参列した記者は遺族から「一区切りがついた」と声を掛けられた、と朝日の審議会で横浜総局次長は報告した。

この記事の記者は、神奈川版(九月一日)に掲載した取材報告記事で「棺の中で、きれいに化粧を施された小さな顔がほほ笑んでいた。園の職員と思われる女性が、いとおしそうに名前を呼びながら棺に花を添え、最後の別れをした」と書き、「その人にはその人だけの人生があり、それはこんな形で奪われていいものではなかったはずだ。涙が止まらなかった」と結ぶ。匿名報道でも遺族の心情を共有できるという典型例だが、それには遺族取材が欠かせないことは言うまでもない。

一〇月二六日。相模原事件は発生してから三カ月たった。ニュースとしての「賞味期限」が切れたのだろうか。相次ぐ事件・事故の報道の中で相模原事件の各紙の扱いは月ごとに小さくなっているように思える。優生思想を強く抱いたやまゆり園の元職員の男に理不尽な理由で人生の幕を下ろさせられた一九人の犠牲者は、名前はもちろん大半は人生までもが隠されたまま社会から忘れられてしまうのだろうか。

一〇月一五日の朝日に村木厚子氏(前厚生労働事務次官)が「わたしの紙面批評」欄で、実名で取材に応じたけがを負わされた被害者の家族の記事(七月三〇日)について述べている。「ほかのどの記事よりも事件があってはならないことだと強く訴えかけた。実名によって実像が伝わる価値は大きい。名前を名乗ってもいいと被害者の人たちに思ってもらえるよう、その報道姿勢や内容、取材方法などあらゆる面で信頼を得るための不断の努力を続けてほしい」。その通りである。

「匿名発表では、被害者やその周辺取材が困難になり、警察に都合の悪いことが隠される恐れもある。……実名発表はただちに実名報道を意味しない。……被害者への配慮を優先に実名報道か匿名報道かを自律的に判断し、その結果生じる責任は正面から引き受ける」。日本新聞協会と日本民間放送連盟が二〇〇五年一二月に出した共同声明だ。それから一〇年余。報道界は本当に「正面から引き受ける」覚悟があるのだろうか。

2017年

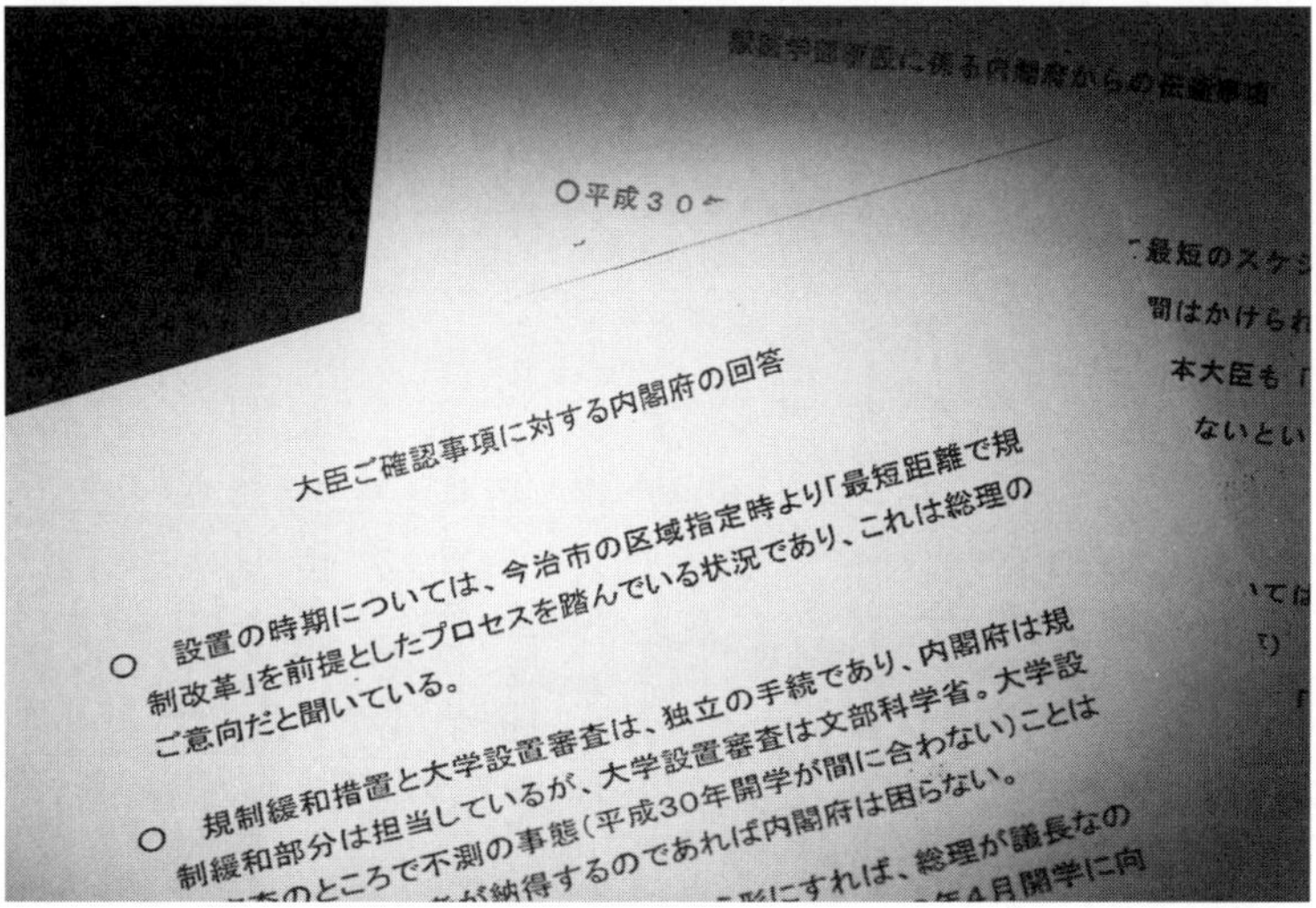

加計学園獣医学部新設に関する文書
提供：時事

1月20日　前年11月の大統領選に勝利した共和党のドナルド・トランプが米大統領に就任.

2月 9日　朝日新聞が学校法人森友学園に払い下げられた国有地の価格が非公表であることなどを報道. 一連の森友学園問題の発端となる. 5月には同じ朝日新聞の報道をきっかけとして加計学園をめぐる一連の疑惑も浮上する.

5月 9日　韓国・朴槿恵前大統領の罷免に伴う大統領選挙で共に民主党の文在寅が勝利.

7月28日　いわゆる南スーダンPKO日報問題で稲田朋美防衛大臣が辞任. 翌年にはイラク派兵でも同様の問題が指摘される.

11月 5日　国際調査報道ジャーナリスト連合と加盟報道機関, タックスヘイブンに関する電子文書群(パラダイス文書)を公開.

安倍政治の「嘘」をファクトチェックする……………………一月号

米大統領選挙は、対立候補同士の熾烈な罵りあいのすえ、白人貧困層などの支持を得たドナルド・トランプ氏が勝利した。マスメディア、ＳＮＳなどの「ファクトチェック」機能が、悪口雑言の供給源ともなった。トランプ候補は、日替わり不規則発言をファクトチェックの標的にされ、クリントン候補は、私的メール問題をウィキリークスによって暴露された。その結果、リアルタイムで行われた応酬は、さながらカキコミ動画の様相を呈した。

選挙が終わったいま、両者の言動はデジタル・アーカイブとして保存され、ウェブ上のカキコミも含めて、冷静な検証を待っている。今後、メディアのファクトチェックは本来の「権力監視」に向かうべきである。ただし、それを行うメディアは、自らの「虚偽情報」「自主規制」を厳正にチェックすることから始めなければならない。

「強行採決」を検索すると

「息を吐くように嘘をつく」——安倍晋三首相を評するときにしばしば用いられる表現だ。だから、ファクトチェックの対象にこと欠かない。たとえば、ＴＰＰ承認案の審議中、福井照特別委理事が「強行採決」を口にして辞任し、同様の失言で山本有二農水大臣が混乱を引き起こしたときも、野党の追及に対して、安倍首相は「そもそもわが党において、結党以来、強行採決をしようと考えたことはない」と答弁し、「限られた会期のなかで、議論が尽くされた段階で採決をするのは民主主義のルールだ」と平然と述べた。これは、「強行採決」もありうることを示唆する典型的な遁辞だが、メディアはそのチェックを怠った。

一一月四日、衆議院特別委で野党委員が「強行採決反対」と書いたプラカードを掲げるなか、ＴＰＰ承認案は可決された。そこで、「これは強行採決ではないのか」と尋ねても、安倍首相は「だから、意図的……に……強行採決をしようと考えたことはないと言ったはずだ」と切り返すだろう。さらに問い詰めても、「野党側が強硬に反対したので、結果的に採決を強行する形になった」と開き直るだろう。忘れてならないのは、この政権は、広告代理店的な利害得失をメディア・リテラシーの基本に据えているということだ。メディアはそのことをふまえて追及しなければならない。

そこで、デジタル・アーカイブを使って、「強行採決」についてファクトチェックを行ってみた。その結果、先に示した安倍氏の発言部分が、その後の報道で繰り返し使われていたことがわかった。当日のテレビ朝日「報道ステーション」を皮切りに、一九日のNHK「ニュースウオッチ9」、テレビ朝日「報道ステーション」、二一日TBS「ひるおび!」、二二日TBS「あさチャン! サタデー」、二三日TBS「時事放談」、二七日NHK「ニュースウオッチ9」、同日テレビ東京「ワールドビジネスサテライト」、そして一二月一日のNHK「シブ5時」など。しかし、どの放送局も首相発言に隠されたレトリックを問題にしなかった。

新聞では、毎日だけが見出しに「強行採決」と書いた。「TPP 与党が強行……採決……」。朝日は「TPP法案 採決……強行……」、東京は「TPP 採決……を……強行……」と表現の微妙なズラシを行った。読売、日経、産経には「強行」の二字もなかった。こうしてみると、ファクトチェックは政権に対してよりも、まずメディアを対象に行われなければならない。

トランプ・ショックに便乗する

選挙期間中からトランプ氏はTPPから離脱すると公言していた。しかし、日本は踵を接するようにTPP法案を可決した。さて、アメリカとの間合いをどうとるか。政府部内では鳩首協議を行い、トランプ・ショックへの対策を練ったはずだ。もともとTPPはアメリカ主導で進められ、日本がそれに乗る形で進められてきた。自民党は、政権を奪取してからは支持基盤を失う危険を冒しながら(つまり、農業分野を圧縮してまでも)アメリカ追随でやってきた。加えて、TPPには中国包囲網の意味合いもあった。そこで、アメリカが保護主義に走っても得はないことを、当のトランプ氏にやんわりと理解させよう。「ネコに鈴」作戦である。いち早くトランプ氏との面会をとりつけた安倍首相は、これが外交力というものだと胸をはってみせた。そして、リオ五輪閉会式のスーパーマリオのように、トランプタワーの最上階に躍り出てみせた。このパフォーマンスにメディアの多くが自制心を失い、安倍応援団に傾くように見えた。

この機に乗じて、安倍首相は宿願の成長戦略と安保政策を一気に解決できないかと考えたに違いない。トランプ氏の選挙戦略は、経済のグローバル化の果てに下流に落ちた白人中流層の不満を吸収し、民主党のサンダース氏の支持者まで取り込むことであった。だから、トランプ氏はグローバル化のシンボルであるTPPを否定し、保護主義や排外主義に舵を切ろうとした。他方、安倍政権はグローバル経済を否定せず、国内向けには対症療法的な貧困対策を行いながら、対外的には暴走するトランプ氏を善導する役回りを演じようとした。

だから会談の内容を記者団に尋ねられても答えはなかった。ただの雑談で十分だったのだ。かくて、二人のデマゴーグ(煽動政治家)が、太平洋を挟んで闇の政治を行っている。さて、どちらに軍配が上がるか。日ならずして答えが出た。安倍首相のその場かぎりのパフォーマンスは、トランプ氏の「真っ赤な嘘」にはまるで歯が立たなかったのである。

道半ば、問題の先送り、行き止まり

安倍首相は、ペルーで行われたAPEC首脳会議の次の訪問国アルゼンチンで、「TPPは米国抜きでは意味がない。……根本的な利益のバランスが崩れてしまう」とトランプ氏を牽制してみせた。しかし、その一時間後、トランプ氏は自身の動画メッセージで、「大統領就任直後に、TPPを離脱する」と断言したのだ。政府は、この事態を「道半ば」として、根気よく説得をしていくとしている。

相前後して、安倍首相はロシアのプーチン大統領との盟友関係を誇示しながら日ロ首脳会談に臨んだ。しかし、ロシア側からは北方領土の「共同経済活動」を持ち出され、領土問題に暗雲が立ちこめ始めた。すると、安倍氏は「(条約締結が)七〇年間できなかった。……解決に向けて道筋が見えては来ているが、一歩一歩、山を越えていく必要がある」と、またもや「道半ば」を強調した。しかし、ロシアは北方領土に地対艦ミサイルシステムの配備を完了し、年内の発射実験を予告した。お友達外交に陰りが出始めたのだ。

「道半ば」の連想をもうひとつ。中国の上海師範大学構内に中国人と朝鮮人の慰安婦像が建てられた。二〇一五年暮れの日韓外相会談で、一〇億円を基金として慰安婦問題の「不可逆的な」決着を目指した。だが、日本側の高飛車な物言いと、朴槿恵政権の弱腰に韓国世論が反発し、ソウルの日本大使館前の少女像撤去問題は宙に浮いた。そこに、中国の二人少女像が加わり、この問題の「行き止まり」感を倍増させた。

日本人は「道半ば」論の危うさを先の大戦で十分経験済みのはずだ。敗退を転戦と言い換え、絶対国防圏が突破されても徹底抗戦を叫び、主要都市が丸焼けになっても、沖縄で凄惨な地上戦があっても、広島・長崎に原爆が投下されても、「一勝和平」の屁理屈で戦争をやめなかった。「道半ば」は要するに「問題の先送り」、つまり「行き止まり」と同義なのだ。

「行き止まり」とは、そこから立ち戻るべきターニングポイントのことだが、安倍首相に、原点に立ちかえって考える歴史認識を期待することはできない。

評論家加藤周一は、つじつまの合った「嘘」をつくには「それなりの知的努力が必要だが、自らの嘘を信じてしまえば、そのテマが省ける」と書いた。その基準に照らせば、安倍政権が危ういのは自らの「嘘」を真実と信じこみ、「嘘」に欠かせない知的努力を怠ることだ。次に危ういのは、「嘘」が発覚してもそれを認めず逃げ口上にすがることだ。さらに危ういのは、メディアがそのことに無頓着なことだ。ジャーナリストの仕事は、安倍政権が「道半ば」と言ったときには、そこに隠された「嘘」を疑ってみることだ。

平気で嘘をつく人たち

最後に、このところ安倍首相の信任が厚い稲田朋美防衛大臣の言動をファクトチェックしてみた

(矢印以下に疑問点を付した)。

(1)八月一五日、稲田大臣は靖国参拝を取りやめ、アフリカのジブチに「ソマリア沖海賊対策部隊」を慰問した。(↓しかし、この二年間海賊事件は起きていない。あれほど靖国参拝にこだわってきた稲田氏が、右翼団体からの非難をよそに、緊急性の低いジブチ訪問をなぜ決めたのか?)

(2)稲田大臣は自衛隊の「駆けつけ警護」の決定を前に南スーダン視察を予定。抗マラリア薬を服用したところ蕁麻疹の副作用が出た。九月一五日の出発を急遽延期した。(↓国連の報告によると、南スーダンでは八月から九月末にかけて、難民の大量流出、集団レイプ、援助活動への襲撃などが起こり、国連安保理が緊急人道支援を訴えていた。揚げ足を取るようだが、一カ月前に訪問したジブチもマラリア流行地帯で予防薬は必須。そのときには副作用がなかったのか?)

(3)一〇月八日、稲田大臣が南スーダンを訪問、首都ジュバに七時間滞在し、帰国後、「衝突」はあるが「戦闘」はないと報告。(↓一一月に黒塗り解除された防衛省資料には、「衝突発生箇所」が「戦闘発生箇所」とある。国会答弁は虚偽だったのか?)

(4)一一月一五日、南スーダン派遣のPKO部隊に「駆けつけ警護」任務を閣議決定で付与。二〇日、青森の部隊に任務発令。稲田防衛大臣は自分に全責任があると言明。(↓しかし、一一月に入って国連事務総長は南スーダンが「カオスに陥りつつある」と声明、ジェノサイドのリスクを警告。これは、安倍首相が国会で「撤収を躊躇することはない」と答弁したまさにその事態ではないのか?)

事態は動き始めている。トランプ氏が在日米軍の負担増を求め、さもなければ基地の撤退を仄めかすと、稲田大臣は早速「自主防衛」の必要を口にした。それに対して沖縄の翁長雄志知事は、基地が撤去されることを「期待して見守りたい」とだけ返した。これが大人の反応というものだ。高江のヘリパッド建設に反対する住民に対し、大阪府警の機動隊員が「土人」と言った。これに対する反応は、怒りと悲しみであった。その分、沖縄は「オール沖縄」の色をいっそう濃くした。

「オール」と言えば、参議院選で「オール福島」も旗揚げをした。そして、知事選では「オール鹿児島」「オール新潟」の民意が見えた。地元経済を考えればことは簡単ではないが、徐々に「オール反安倍政権」の空気が漂い始めた。折しも、核兵器禁止条約締結に対して、日本政府がアメリカと同じ反対票を投じ、広島、長崎の被爆者から猛反発を受けた。のみならず、核不拡散条約に入っていないインドに原発技術を輸出するという。そして、震度五弱で福島第二原発三号機の冷却停止が起こった。安倍政権に狂いが生じているようだ。

自民党が総裁任期の延長を決めた。まさか安倍政権の「道半ば」を延長させる目的ではなかろうが、この頃を境にその終わりの始まりが見えてきたのも皮肉なことだ。メディアは今こそファクトチェックに徹し、政治の闇を暴くときである。

言葉が崩壊する政治と社会

安倍政権は秋から冬にかけて、戦闘に巻き込まれる恐れがある「駆けつけ警護」も任務に加え、自衛隊をPKO支援のため南スーダンに派遣する一方、国内ではろくな審議もせずに、TPP承認案・関連法案、年金カット法案を衆院で強行採決。前者はその後、参院でも同様の手口で可決、成立させ、年の瀬にかかる本稿執筆の頃は、カジノ解禁法案も同じく衆院で押し通し、延長国会の最終日、一二月一四日をさらに三日オーバーした挙句、残る二法案も強引に成立させてしまった。これら法案の一つひとつについて議論すべきことは、まだまだ多いが、このような国会の荒廃した情景を眺めるとき、いったいこの国はどうなるのか、やがて底が抜けるか、上から総崩れするのではないか、といった心配と不安に襲われる。だが、このようなニュースをせっせと取り次ぎ、まめに論評も加えてみせるメディアが、そうした不安をあまり感じていないらしいのが、不思議でならない。

たしかにカジノ法案に対しては、在京六紙のすべてが一二月二日から六日にかけて反対の社説を掲げた。この異観に注目し、翌日のしんぶん赤旗が「人の不幸を踏み台にするのか」という読売・社説のタイトルを見出しに引用、「読売、産経も批判」と書きたてたほどだ。ところが、これら全紙が一二月六日になると、「安倍首相が一二月二六日にハワイへ　現職首相として初の真珠湾慰霊訪問　現地でオバマ首相とも会談」と、政府の発表を大きく掲げ、そろって一転、首相の決断を賞賛する始末。政府はこの段階になると、残るカジノ法案について、余計な言辞は弄さず、国会会期終了日における懸案処理という戦法で、問題を片づけた。翌一五日と一六日は、来日するプーチン・ロシア大統領との注目の会談。その内容はともかく、首相の故郷、山口での首脳会談など、メディアのための話題は盛り沢山。そして二六日がハワイ行き。帰国後は歴史に残る日米首脳会談の成果が誇れる。これだけやっておけば年内はもういい。あとは新年にぶっ飛ばせばすむ。そして適当な時期を選び、解散・総選挙に踏み切れば勝利は固い——というのが首相近辺の知恵者の筋書きだろう。だがこのままでは、メディアはコケにされたも同然だ。

劣化する言論の府　一二月七日、国家基本政策委員会両院合同審査会で安倍首相と蓮舫民進党代表とが党首討論に臨んだ。

蓮舫代表はカジノ法案を取り上げ、かつて首相が法案の経済効果について「日本の成長戦略の目玉になる」と語った言葉を例に引き、どの点が成長要因か、と質したところ、首相が即座に「これは議員立法だから、自分は説明する責任を負っていない」と返したのには呆れた。彼は法案提出側の党、自民党の総裁であり、二〇一〇年に発足した国際観光産業振興議員連盟、通称「カジノ議連」の最初の最高顧問。その人物が「責任はない」とは、ふざけた話だ。さすがに翌日の朝日は、「党首討論　安倍さん、あんまりだ」の社説を掲げたが、言葉に責任を負わない彼への批判としては、まだまだ生ぬるい。そもそもこの法案は、一一月三〇日と一二月二日の二日間、たった五時間三三分の議論だけで衆院内閣委員会を通してしまった代物だ。冒頭質問に立った自民党委員、谷川弥一議員がたいした質問もしないうちに突如、「ハンニャーハラミーター……」と般若心経を唱え始めたのには驚いた。とくに話すこともないから、代わりに自分の信ずる経文を読んだらしい。必要な言葉が交わされない国会とはなんなのだ。

国会が言論の府としての矜持を喪い、劣化していく様は一一月二五日、年金カット法案審議の衆院厚生労働委員会でも露呈された。「私が述べたことをまったくご理解いただいてないようでは、こんな議論を何時間やっても同じです」。野党の反対含みの質問に対する首相の答弁だ。同様の発言が、「そもそも議論にならない」「デマゴーグだ」などと繰り返されもした。たまりかねて一一月三〇日の朝日「天声人語」が、「『無駄無駄無駄無駄無駄』。叫びはせずとも、首相の顔に書いてある」と記し、日中戦争本格化の一九三八年、国民総動員体制を推進する軍・政府の議会提案を宮脇長吉議員が長いヤジで批判すると、佐藤賢了陸軍中佐が「黙れ」と叫び、威圧した事件の記憶を呼び覚ました。言葉が亡くされた先には、戦争が待っていた。

また、早くも一〇月に、山本有二農水相はＴＰＰ法案にかんして、「強行採決するかどうかはＴＰＰ特別委員会の委員長が決める」と語っていた。だが首相は「我が党は結党以来、強行採決をしようと考えたことはない」と、ぬけぬけと弁明、さらに一一月二三日、萩生田光一官房副長官は、「強行採決というのは世の中にない。審議が終わって採決するのを強硬的に邪魔する人たちがいるだけだ」と、紛糾の原因は野党のせいだとする批判を展開した。言葉の劣化は、安倍政権全体に体質化したものとなっており、その頂点に首相がいる。

スキャンダル報道の言語感覚　しかし、言葉の劣化は政府・国家の側だけの問題でもない。ろくでもない統治の下では、民衆も言語感覚を狂わされ、市民間の連帯や共通感覚も失わされていく。そのほうがよほど大きな問題かも知れない。

『週刊新潮』一二月八日号に「家宅捜査が行われた渦中の暴力住職は『井川遥』の叔父」という記事が載り、住職の本名が趙と明かされると、またたく間に「井川遥って朝鮮人だったの[8]」「マジかよ」「チョンの血筋だよな」など、ヘイト攻撃がネットを賑わせたことがニュースサイト「リテラ」でも紹介された(一二月一〇日配信)。続いて『週刊ポスト』一二月二三日号が千葉大学医学部学生による集団強姦事件を報じたが、容疑者の氏名は不詳のままだった。すると、作家・百田尚樹が「レイプ犯は日本人ではなく、在日外国人ではないかという気がする」とツイート、これもあっという間に広がった。小池百合子都知事は、舛添要一前都知事が打ち出した韓国人学校への都有地の貸し出しを、要するに「都民ファースト」の方針から見直し、白紙撤回する、と言明したが、これを支持する人たちが増えてきそうだ。俳優の成宮寛貴が違法薬物使用疑惑で芸能界引退を突然発表、テレビや週刊誌を賑わせたが、一二月九日付のスポニチが、ページいっぱいに彼の顔をカラー写真で載せ、その顔の上に大きな字で「ゲイ引退」と刷り重ねた紙面は、さすがにたちまち多くの批判を呼び寄せた。

メディアは、こうした民衆と交錯する場のなかで、言葉の貧困化を食い止め、さらなる劣化を防がなければ、やがて自分の拠って立つ足場さえ失うだろう。政府は高みの見物だ。

生きた言葉で届ける真実

「アメリカ大統領が誰になろうとも　凶とでるか吉とでるかって　そりゃ俺達しだいじゃねぇか　今日もマスメディアの誰かが　無責任な話ばかりしている正義のツラして知ったかぶりの奴の言うことに耳を傾けている俺　これ以上答えのねぇ　話なんか聞きたかねぇ　歌の安売りするのも止めろ――!……日本から言葉が消えていく　若者の貧困、地域の過疎化どうする? 騙されねぇぜマスコミ　騙されねぇぜヒットチャートランキング　騙されねぇぜワイドショー」

一二月七日夜放送のフジテレビFNS歌謡祭で、トリを務めた長渕剛が自身のヒット曲、「乾杯」のメロディーに乗せて唱《うた》ってみせた、最近の心情を吐露した歌詞だ。若い聴衆・視聴者にはあまりピンとこなかったのか、スタジオでもネットでも、拍手喝采とはならなかったようだが、六〇歳になった彼の内面の苛立ちは、わかる気がする。もう一つ紹介したい。

「『目線を合わせる』ということを言いましたけど、それが最終的に抵抗力になると思っています。……世の中の雰囲気を最終的に決めていくカギを握るのは『ふつうの人たち』。……この人たちが社会的な雰囲気を決める。その人たちの目に触れておくこと……。耳を傾けてみようかなという気持ちになっていただいていること。一度でもいいから、そうしたことに共感したという体験をその人自身の中に持ってもらっていること。その積み重ねが、最悪のときに抵抗線のラインを決めるんだというふうに思って、いまやっております」。専門家・ライターの寄稿サイト「Yahoo! ニュース個人」の二〇一六年ベスト・オーサーに選ばれた、社会活動家でもある湯浅誠法政大教授の受賞スピーチの一節だ。こちらのほうは、多くの人を感動させ、いろいろなネットサイトで拡散されていた。

生きた言葉が今、本当に求められている。メディアはそうした言葉を生む力を取り戻さねばならない。新しい生きた言葉をたくさんの「ふつうの人たち」に届けなければならない。政府や国会のなかの言葉が空疎になっているだけではない。

司法も怪しい。米軍と海上自衛隊が共同使用する厚木基地の周辺住民が、騒音被害防止のため国に飛行差し止めなどを求め、高裁まで勝訴してきたその判決を、一二月八日、最高裁が破棄、住民側敗訴とした。自衛隊・米軍に「高度の公益性・公共性」が認められる、というのが判決理由。四日後の一二日、沖縄県の前知事が辺野古の米軍基地建設のために国に与えた埋め立て承認を現知事が取り消し、これに抗して国が起こした裁判について、最高裁が、法廷を開かないまま二〇日に判決を出す、と県に通告、地裁・高裁に続く県側の敗訴が確定することになった。またまた「公益性・公共性」だ。

ところがその翌日、米軍の訓練中のオスプレイが名護市沿岸に墜落、クラッシュした。かねて懸念されていた事故が起こったのだ。一四日の新聞各紙はどこもこれを大きく扱ったが、大方が「不時着」扱い。滑稽で悲惨なのが読売のオンライン配信(一四日一〇時二二分)。カメラマンが苦労して、海上に浮かぶオスプレイの破片や、波に洗われる大破した機体の姿をよく捉え、写し出しているのに、記事は「着水」「不時着」だ。同日の琉球新報は、実物写真付きで「これが不時着? 機体真っ二つ」と報じた。生きた言葉で真実を告げねば、バカにもされる。米軍幹部が「パイロットが居住地を回避、住民に犠牲者を出さなかったことは感謝されるべきだ」と、のたまったという。

本土のメディアも、もう遠慮せず、「高江のヘリパッド建設は止めよ」と、はっきりいうべきときではないのか。それこそが「公益性・公共性」だ。

メディアは承認欲求を煽るのか

湯浅氏のいう「ふつうの人」に届く言葉がなくなり、他者との交わりを失うか、それが希薄となっていく人びとは、しだいに自分の存在に確証を失い、やがて不安から逃れるため、喉の渇きに襲われるように、承認欲求を募らせる。自分の存在を、自分の手で重みが測れるように感じたい。自分の名前を、誰かが呼んでくれるのを聞きたい。そして「コンビニおでんのツンツン男」や「電車の下に潜り込む男」が出現する。街には「自撮り」の女性が溢れる。そうした行為がネットで話題になるのなら、たとえ悪口を浴びせられてもかまわない。注目の的になるなら、束の間であれ、充足感や高揚感に満たされる。新聞、雑誌、テレビなどの大きなメディアの、体裁や建て前ばかりの言葉はもうウンザリ……。

どうであろうか。このような民衆の気分は、アメリカの次期大統領、トランプ候補を押し上げたブームを生んだ人びとのそれと似ていないか。アメリカだけではない。EU離脱のイギリス、外国からの移民・難民を嫌い、右翼が力を拡大しつつあるオーストリア、オランダ、イタリア、フランス、ドイツなどでも見受けられる人びとだ。憤懣を内に籠もらせず、平気で口にし、自分たちに正直に呼びかけてくれる指導者が出てくるのなら、そのほうがいい、みんなで一緒に担ぎたい……。メディアはどうするのか。このような流れを阻み、方向転換を促すのか。それとも、そうだそうだと同調し、煽る側に回るのか。

メディアを虜囚へと追い立てる安倍政治の暴走……………………四月号

異様な首相訪米劇

安倍首相が二月一〇日、ワシントンで臨んだ第一回のトランプ米大統領との会談の模様は、各紙が一二日朝刊で一斉に報じた。「日米経済対話の枠組み新設」「尖閣に安保適用明記」など、どこも同じような見出しが紙面を飾り、両首脳の同盟強化確認を評価する言葉を並べた。そこには、なんとかうまく収まったと、胸を撫で下ろす空気が漂うだけで、情けなかった。翌一三日夕刊はフロリダ・パームビーチでのゴルフの話題。二人の蜜月振りがもてはやされた。そして新聞休刊日明け、一四日火曜日朝刊が首相夫妻の帰国を伝えて一件落着。この間、朝日『蜜月』演出が覆う危うさ」(一二日社説。以下同)、毎日「厚遇の次に待つものは」、東京「蜜月の影響見定めねば」など、慎重な見方も披瀝されたが、首相の活躍を讃える読売は「経済で相互利益を追求したい　個人的信頼を基に同盟強化せよ」と、際立って前のめりだ。同紙の一三日夕刊二面は、「揺るがぬ結束　強調」の見出しを掲げ、全ページいっぱいをカラー写真六枚で埋め尽くし、両首脳交歓の場面をハイライトした。

安倍首相の持ち上げ方で常軌を逸しているのは産経。二月一一日朝刊が、昨年一一月に大統領選直後のトランプを首相が表敬訪問した際の会話のやりとりを紹介した。「……安倍はこう切り出した。『実はあなたと私には共通点がある』。怪訝な顔をするトランプを横目に安倍は続けた。『あなたはニューヨーク・タイムズ(NYT)に徹底的にたたかれた。私もNYTと提携している朝日新聞に徹底的にたたかれた。だが、私は勝った……』。これを聞いたトランプは右手の親指を突き立ててこう言った。『俺も勝った!』」。二人はうち解け、急速に接近することになった、という話だ。

これほどバカげてはいないが、放送も酷い。増幅する安倍とトランプの親密ぶりにメディアが幻惑され、NHKの世論調査(二月一一・一二日実施)では、首脳会談の共同声明を「大いに評価」が三一%、「ある程度評価」が四〇%となり、安倍内閣支持率は五八%に跳ね上がった。その結果は一三日朝九時のニュースで発表され、帰国早々の首相が生出演した同日夜の「ニュースウオッチ9」でも、繰り返し報じられた。ここでのお相手はお馴染みの岩田明子解説委員。およそ三〇分のほとんどがお説拝聴で、首相は終始機嫌よく語り、ご帰還あそばされた。首相はその後、産経系のBSフジ「プライムニュース」にも特別出演、首脳会談の成功をPR。

攻めを忘れない外国メディア

この間の日本メディアの生ぬるさには、それでいいのかと思わせられるばかりだった。外国メディアと比べると、そのことがいっそうはっきりする。二月七日付のNYTは、後部座席のトランプが車のハンドルをしっかりと握る安倍に、メガフォンで「諦めるな、しがみつけ」と叫んでいる風刺画を載せた。ボンネットの上には「日米は一緒」の文字。一〇日付のルモンド(仏)の首相訪米記事の見出しは「トランプへの贈り物はご機嫌取りのため」。首相の出発間際、政府が沖縄・辺野古の海へのコンクリート・ブロック投下工事を強引に開始していたのを、思い出した。同日付の英BBCのネット動画は、二人が取材陣の前に座った光景を映し出したが、選ばれたシーンは、カメラマンが「こっちを向いて」といったのを聞き逃したトランプに、首相が「Look at me!」(こっち向いて!)と呼びかけたため、二人が変な睨み合いとぎこちない握手を続ける滑稽なもの。一一日付では、ワシントンポストのウェブ版が、A・P・マシュー記者の「安倍は、億万長者のビジネスマンを煽てて、アメリカがいっそう偉大になるのを歓迎する、と述べた」と書いた記事を載せた。これらを見た後、同日の「トランプへ、日本から、愛をこめて」とからかう米『タイム』誌ウェブ版の見出しには、ゾッとした。見抜かれている。

米ハフィントン・ポストのウェブ版は一三日、トランプ大統領を訪問したカナダのトルドー首相の姿を映し出した。安倍訪問で見覚えのある会場で、大統領とともに会見に臨む彼の振舞いを眺めるうちに、今度は本当に参った。難民拒否のトランプを隣に置き、カナダの受け入れ政策を力みもせず、爽やかに披瀝した。このニュースは同日、「私たちの新しい家、カナダ」政策を推進、シリア難民を受け入れているカナダの状況を報じた過去の映像も紹介した。シャツ姿のトルドーが、空港で幼い難民の子どもに「君を歓迎するよ」と話しかけたものだ。

少しさかのぼるが、ドイツの雑誌『シュピーゲル』二月四日号の表紙が凄い。その真ん中で目を引くのが、仁王立ちのトランプの大きなシルエット。両腕を開いて宙にかざしている。左手には大きな肉切り包丁、右手には血の滴る「自由の女神」像の生首。だが、世界各地からの移民・難民を寛大に受け入れてきたのが、アメリカではなかったか。長い旅路の果てにニューヨーク港の入り口に立つ「自由の女神」像を目にし、人びとは安堵し、新しい自由に身を託してきたのではないか。『シュピーゲル』の告発は実に厳しい。

矛先の鈍る日本メディア

いがみ合う日本のメディアが一

致して評価したことがある。日米は今後の国際的な多国間会議の際には、必ず日米首脳会談をする、と両首脳の意見が一致した点だ。対等の立場を確保したというわけだ。しかし、日本はトランプのアメリカに気に入ってもらおうと振る舞うだけなので、今後ますます従属を強める一方ではないのかと、海外メディアは懸念を深めている。アメリカが日本という忠実な子分を従え、国際会議に臨むと見るわけだ。

大統領就任直後のトランプが、イスラム圏七国からの市民の入国を全面的に禁止する大統領令を発したのに対して、世界中の主要国政府首脳が批判の声を上げた。だが、国会でこの問題が議論になったとき、安倍首相は「アメリカの国内問題なので、その点に関しては私は発言しない」と弁明、これほどの重大な国際問題に対して日本としての意見表明を見送った。このとき、問題についての首相の無理解や事案への対処の不適切を厳しく批判し、国際的な正義を希求する日本の立場を世界というステージのなかで進んで明確に示せ、と政府に提言するメディアは、ほとんど見かけられなかった。

目を国内に転じて直近の安倍政治の動向を眺めるとき、批判者をすぐ妨害者と見立て、圧伏、あるいは排除しようとする傾向を強めつつある。その矛先がメディアに向かうことになる日も近いのでは、と危惧するが、案外メディア自身に危機感が乏しいことに不安を覚える。

問題を一点に絞れば、「共謀罪」の出現こそ、一大事ではないか。確かに二月八日から一六日までのあいだの社説は、朝日「金田法相　責務忘れた『質問封じ』」、毎日「金田法相　『答弁できぬ』が問題だ」、読売「テロ準備罪法案　金田法相の言動は緊張感欠く」、東京「『共謀罪』審議　法相の迷走が目に余る」など、批判一色だ。だがそれらは、法相の対応の拙劣さに向けられたもので、「テロ準備罪法案」は必要と考える読売の、だから法相のやり方では困る、という批判と一致する程度のものなのだ。東京新聞はさすがに「共謀罪」と呼び、法案への不同意を滲ませており、朝日・毎日も実はほぼ同様なのだが、メディアがなぜ反対なのか、とする固有の主張がともに弱い。

一方、すでに二〇〇三年以降共謀罪法案に反対する声明を出し、今回も昨年八月、法案提出反対の声明を明らかにした日本弁護士会の行動は、法律家の良心に基づくものとして大きな説得力をもった。また、日本ペンクラブは二月一五日に反対声明を発したが、これも言論表現の自由への抑圧を拒否する表現者の真剣さを窺わせた。翌一六日には「共謀罪反対」二五〇人集会が都内で開かれ、ジャーナリスト・文化人・法学者が多数集まった。これらの人びとの職業特性を考えたら、この問題に大きな関心を払うのは当然のことと納得できる。

「共謀罪」に言論の自由を奪わせるのか

だから不思議に思うのだ。一九八五年、中曽根康弘が首相に就任、「戦後政治の総決算」を呼号、首相として初めての靖国神社公式参拝を決行した。その勢いで自民党は「国家秘密法」の制定を策したが、日本新聞協会がこれに反対、放送界も出版界も同調、同法案を廃案に追い込んだ。同じことが今なぜ起こらないのか。一九九九年＝通信傍受法、二〇一三年＝特定秘密保護法、二〇一四年＝集団的自衛権行使容認閣議決定、二〇一五年＝安保法制、二〇一六年＝通信傍受法改正(傍受対象拡大)・南スーダンへの自衛隊PKO派遣、二〇一七年＝憲法内に緊急事態条項(国家緊急権)新設の動き――安倍政治暴走の道筋を眺めるとき、この流れの必然的産物として「共謀罪」が浮上、それは改憲を仕上げるステップにも利用されていく、と理解せざるを得ない。これを放置すれば、メディアはやがて「共謀罪」の檻に捕らわれ、言論の自由を奪われるだろう。

「共謀罪」の政府法案名は「テロ等組織犯罪準備罪」だ。テロだけを対象とするのでなく、「等」も含むわけで、取り締まりの対象範囲は極めて曖昧だ。この点を衝かれて政府は、一般の市民は対象にならないとしてきたが、法務省は二月一六日、「正当な活動を行っていた団体も、結合の目的が犯罪を実行する団体に一変したと認められる場合は、組織的犯罪集団に当たる」とする見解を、文書で明らかにした。国会はこれで収まるどころか、翌一七日の審議はかえって紛糾、安倍首相が先頭に立ち、宗教団体のオウム真理教がテロに走った例を挙げ、「一変してそうなったことがはっきりわかる。その段階でもう一般人ではない」と、自信満々に回答したが、恐ろしい話だ。結局、「犯罪を行う団体に一変した」か否かの判断は政府が行う、という話に過ぎない。また沖縄の辺野古・高江の米軍基地拡張工事に反対する人びとのことを思い出した。警察側はしばしば反対運動の人びとを、「凶悪犯罪者」「テロリスト」と呼んで憚らないでいる。

曖昧な「共謀罪」は、かつての悪法、治安維持法同様、取締当局の解釈次第でいかようにも運用される危険を潜めている。同法施行後翌年、最初に適用されたのは、現在ならなんということもない、京都帝大などの学生社会科学連合会メンバーの検挙だった。そして三一年満州事変が始まり、日本が戦争時代に突入すると、治安維持法の凶悪さは剝き出しになっていく。翌年、プロレタリア文化団体に属する評論家・蔵原惟人、作家・宮本百合子が検挙され、小林多喜二は築地署で虐殺される。三三年、信濃毎日新聞に載った主筆・桐生悠々の論説「関東防空大演習を嗤《わら》ふ」が軍の逆鱗に触れ、社は強制廃刊を恐れ、悠々は退社に追い込まれた。三七年、日中戦争の本格化とともに言論状況はさらに悪化、美学者・評論家の中井正一ら『世界文化』同人が一斉検挙される。元朝日記者で中国問題の優れた専門家だった尾崎秀実は、近衛文麿肝いりの政策団体「昭和研究会」の中心メンバーでもあり、密かに軍部独裁の戦争政策の矯正に努めていたが、四一年太平洋戦争開戦直前にゾルゲ事件に連座、スパイとされ、四四年死刑に処された。また四二年に始まる横浜事件(泊事件)も忘れられない。改造、中央公論、日本評論、岩波、朝日の編集者など四九名が検挙され、改造・中公には廃刊命令も出た。

こうした事態の再来を防ぐとすれば、今であろう。日本におけるそのようなメディアの動きを、今ならば国際的な同僚たち、メディアの世界も十分に理解してくれる。

「ニュース女子」問題――倫理なき「教養」番組……………四月号

TBSの元ディレクター・吉永春子さんが二〇一六年一一月四日、脳出血のため亡くなった。TBS退職後には番組制作会社「現代センター」を設立し、八五歳で鬼籍に入るまで第一線で日本社会を見つめ続けてきたドキュメンタリストだ。吉永さんの代表作と言えば『魔の七三一部隊』を思い浮かべる人は多いだろう。ただ、彼女の名前を世に知らしめたのは、なんと言ってもラジオルポルタージュ『ゆがんだ青春――全学連闘士のその後』(一九六三年)ではないだろうか。日米安全保障条約をめぐり、全国の学生や労働者、市民が反対の声を上げ、国会包囲まで行き着いた、日本中を揺るがせた安保闘争を担った団体の一つが、全学連だった。その資金の一部が大物右翼の田中清玄氏から全学連幹部に渡っていた、ということを暴いたのだから、「安保」から三年たった放送当時でも世の中に与えた衝撃は大きかった。吉永さんは当時、いまでいう「アラサー」。男社会のマスコミ業界の中で女性ディレクターの快挙だったと言えよう。

取材なきニュース　吉永さんがもしご存命であればきっと呆れたに違いない番組が、今年の正月早々に流れた。一月二日に、東京都内を放送エリアとするローカル局・東京メトロポリタンテレビジョン(MX。河内功社長・三井住友銀行出身)が放送した情報番組「ニュース女子」である。沖縄県の普天間基地移設に伴う辺野古新基地や、米軍北部訓練場のヘリパッド建設に抗議する人たちを取り上げた。一時間番組の冒頭、約二〇分の特集だ。その骨格となるのは、軍事ジャーナリストという肩書きの井上和彦氏による、一六年一二月に行った沖縄の現地取材VTRだ。内容は概ね次のようだった。

テロップには「マスコミが報道しない真実　井上和彦沖縄緊急調査」とある。画面には『週刊新潮』二〇一六年一一月三日号の記事が大写しになる。見出しは「なぜ『土人』発言だけが報道されるのか?」「沖縄へリパッド『反対派』の『無法地帯』現地レポート」。実際の記事を見ると、「天下の公道に『私的な検問所』設置で大渋滞」「『ぶっ殺すぞ、お前!』ヤクザまがいの暴言一覧」などとあった。この『週刊新潮』記事のテレビ版を東京MXテレビがやろうとしたことが窺える。井上氏の沖縄からの発言も「過激な反対運動が行われているということで、現場がどのようになっているのか取材するためにやってまいりました」と始まる。反対する人を見つけると、「い、いきなりデモ発見」「井上さん、このまま突っ込んで襲撃されないですか」とのナレーション。続いて「取材交渉」とのテロップが流れるとすぐに、「このままだと危険と判断しロケ中止」。井上氏は「近づくと(反対派が)一人二人立ち上がって、敵意をむきだしにしてきてかなり緊迫した感じになりますんで、このあたりでやめておきます」。

反対する人たちが井上氏にどれほど危険な態度を具体的に示したのかは全くわからないまま、「危ない、危ない」の連呼だ。しかもこうした反対する人たちを、「過激派デモの武闘派集団『シルバー部隊』 逮捕されても生活の影響もない」と底意地悪く紹介する始末。

高江の工事現場から約四〇キロも離れたトンネルの前。「トンネルの先が高江ヘリパッド移設現場」として再び井上氏が報告に立つが、「高江に向かっているロケの途中、地元関係者から、トラブルに巻き込まれる可能性があるので中止すべきだとの要請があり、井上さんに断念してもらうことに」とのナレーションが流れた。軍事ジャーナリストというのは、「危険地」での取材はしないものらしい。ちなみに番組の紹介欄には井上氏について、「テレビ番組では歯に衣着せぬ爆裂本音トークで難解な軍事問題などを分かりやすく解説する」とあり、航空自衛隊幹部学校講師、東北大学大学院非常勤講師という肩書きもついていた。井上氏は番組中、反対する人たちを「テロリストみたい」と表現している。「何故、犯罪行為を繰り返すのか」とのナレーションが入り、「そこには報道されない真実が!!」とのテロップが大きく映る。

虚偽情報とヘイトスピーチ

番組が次にやり玉に挙げたのは、在日三世の人材育成コンサルタント・辛淑玉さんが共同代表を務める市民グループ「のりこえねっと」が、市民を特派員として現地に派遣する際に支給している交通費(五万円)だ。

「反対派は日当を貰っている」「反対派の人たちは何らかの組織に傭われているのか」——。登場した沖縄のラジオDJは、普天間基地の現場周辺にあったという「二万」と書かれた茶封筒を示した。反対運動に参加している人は、沖縄県民ではなく、金銭目的に本土から来ているのだということを番組は言いたいのだろうか。反対派が救急車を止めて現場に入れなかったと放送していたが、これは虚偽の情報らしい。「今回の取材で井上和彦が感じたことは……」とのテロップが入り、海に向かって井上氏と「琉球新報、沖縄タイムスを正す県民・国民の会」代表の我那覇真子氏の二人が「沖縄を返せ!」と大声で叫ぶところで現地レポートは終わり、スタジオでの出演者のトークに切り替わる。主な発言を紹介する。

〔沖縄について〕　岸博幸氏（慶應義塾大学大学院教授）「過激な行動をしている奴らのうち沖縄の人たちの割合は？　実は沖縄の人はみんなアメリカが好きなんですよ。ここまで体を張った過激な反対をするとはとても思えない」「こういう無法地帯に年間三〇〇〇億円の沖縄振興費が流れている。これが結構、いかがわしい用途に使われている」。井上氏「（沖縄の）大多数の人から米軍基地に反対という声は聞かない」

〔辛氏について〕　須田慎一郎氏（経済ジャーナリスト）「この方は反原発、反ヘイトスピーチ、職業的にずっとやってきていま沖縄に行っている」「辛さんは在日韓国人の差別と戦って来た中ではカリスマなんですよ。ピカイチなんですよ。お金がガンガン集まってくる」。上念司氏（経済評論家）「はい、隙間産業ですね。何でもいいんです。盛り上がれば」

〔中国・韓国人による反対運動への参加について〕　井上氏「（反対派の中に）韓国人はいるは中国人はいるはという状況。何でこんな奴らが反対運動をやっているんだと地元の人は怒り心頭になっていると聞きました」。上念氏「親北派ですから韓国の中にも北朝鮮大好きという人がいる」

出演者は「日当」の財源への関心も高かった。「反対運動を煽動する黒幕の正体は？」というテロップが表示される中で井上氏は、「これは本当にわからないんですよ。『のりこえねっと』というところ（のビラ）に書いてあって」と答えている。それはわからないだろう。肝心の当事者にさえ取材していないのだから。現場にも行かない、当事者にも疑問を当てない――。ジャーナリストや学者・評論家の肩書きを持つ「七人のオッサン」は一体何のために座っているのか。

反対意見の封殺

この特集の特徴は、これだけ反対する人たちを特定の立場から批判しながら、反対する人たちの声を一切紹介していないことである。「反対派」の代表扱いで実名が登場する辛さんのコメントさえない。たとえば辛さんが宇宙旅行に行っているなどどうしても取材できなかった場合、たいていは、司会役が意見を代弁してバランスを取るのだが、こうした配慮さえ一切なかった。そういう意味では、メイン・キャスターを務める東京（中日）新聞論説副主幹の長谷川幸洋氏の責任は小さくない。

その理由について、制作サイドはどのように考えているのか。番組スポンサーである大手化粧品メーカー、ディーエイチシー（DHC）の一〇〇％子会社・DHCシアターの濱田麻記子社長は、山田晃・番組チーフプロデューサーと連名で「犯罪や不法行為を行っている集団を内包し、容認している基地反対派の言い分を聞く必要はない」との見解を出している。「事件報道にあたっては、被疑者・被告人の主張に耳を傾ける」。これは東京MXテレビも加盟する民放連が作成した指針「裁判員制度下における事件報道について」（二〇〇八年）の一文である。反対派を犯罪集団と見なすのならば、なおさら意見を聞くべきだったのではないか。

「タテマエや綺麗ごとは一切なし! 本音だらけのニュースショー!! 今話題のニュースを女性とともに考え、面白くわかりやすく解説する、大人の社交界型ニューストーク番組」——。DHCシアターのホームページにあった「ニュース女子」の謳い文句だ。「本音だらけ」ではなく「偏見だらけ」の誤植ではないだろうか。「マスコミが報道しない真実」「マスコミの報道しない自由のせいで隠された真実を教えてください」「(メディアは反対派を)平和を愛する人々とみなしてニュースにしない」——というフレーズが番組内で繰り返し登場するが、そもそもどのように判断して報道してきた(報道してこなかった)のかを東京MXテレビ自ら検証した上でなければ、視聴者に対して何の説得力もないのではないか。

教養なき「教養」番組

「ニュース女子」は、政治、社会問題について、識者と呼ばれる男性が、若い女性タレントらのぶつける素朴な疑問に答えるという構成だ。番組内でたびたび男性が女性出演者の容姿に言及するなど、「大人の社交界型」とはそう言うことかと思わせる演出も、どうやら番組の〝売り〟の一つのようだ。ちなみにテレビ各局は、放送法に基づいて番組を、報道・教育・教養・娯楽の四種類に区分して公表することが定められている。「ニュース女子」は、何に分類されているのか調べたところ、「教養」に分類されていた。東京MXテレビが定めた「種別の基準」では、「教養」を「知見を広め、情操を豊かにし、倫理性を高め、かつ生活の向上を意図した番組」と定義している。

DHCのホームページには吉田嘉明会長のメッセージが掲載されている。その中に次のような文章がある。「いま日本に驚くほどの数の在日が住んでいます。同じ在日でも日本人になりきって日本のために頑張っている人は何の問題もありません。……問題なのは日本人として帰化しているのに日本の悪口ばっかり言っていたり、徒党を組んで在日集団を作ろうとしている輩です。いわゆる、似非日本人、なんちゃって日本人です。……似非日本人はいりません。母国に帰っていただきましょう」。ヘイトスピーチ規制法(一六年六月施行)の定める「差別的言動」には当たらないのだろうか。いずれにしろ、こういう人間観の人物がトップにいる会社を一社スポンサーとし、その子会社が制作した番組なのである(DHCは東京MXテレビの最大の取引先で、一五年度は売り上げの一四・三%を占めた)。DHCグループの資料室にある辞書に、「教養」とは何と書いてあるのだろうか。

ところで、一五年一一月に読売と産経の両紙に「私達は、違法な報道を見逃しません」との全面広告を出した「放送法遵守を求める視聴者の会」は、この問題をどのように受け止めているのだろう。ホームページに掲載された「見解」には、さすがに放送法に反した内容があることを認めた記述もあった。出演者の上念氏は、同会の呼びかけ人の一人でもある。落語の「オチ」にもならない。

具体的な根拠の曖昧なまま反対派を「テロリスト」呼ばわりするなど、否定的印象を視聴者に与えようとした悪意のある番組だったが、その思惑は成功したとは思えない。放送倫理・番組向上機構（BPO）の放送倫理検証委員会は、審議入りを決めたという。辛さんの申し立てを受けて、放送人権委員会も審議するかどうかを検討中だ。もう一つ忘れてはならないのは、放送番組審議会の存在だ。放送法で番組の適正を図るために、放送局内部に設置を求められている機関だ。局外の第三者によるお目付役を期待されている。東京MXテレビの自律性が問われている。

「アベノフェイク」劇場の見どころ……五月号

「森友学園」騒動は、出来の悪い新作歌舞伎に喩えられよう。識見をそなえた「一枚目」もいなければ、人目をひく「二枚目」も、人をなごませる「三枚目」もいない。それなのに、下手な「黒子」がわがもの顔で舞台を横切ったりする。そこで、演目は『傾城《けいせい》王昭君《おうしょうくん》』を今様に翻案して、『傾城昭恵君』としてみた。原作の十八番は、怪力同士が「象」を奪い合う「象引き」の場面である。はたして、新作の「象」とはなにか？ そして、それを引き合う者たちとは？

一段目：怪文書の漏洩

幕が上がるや「これは、アッキード事件なり！」の大音声《だいおんじょう》。すると、舞台中央に千両役者が躍りでて、「不愉快千万！ 某と昭恵君は、〝勅語學院〟に便宜をはかった覚えなし。証拠を示せ、職を賭すゆえ」と啖呵《たんか》を切った。そして、何度か「無関係の証明は不可能なり。これを〝悪魔の証明〟という」と切り返した。

ある筋から怪文書が漏洩された。そこには、同學院の土地取引を有利に進めたい男からのおねだりの数々が記されていた。すると、ねだられた側がただちに名乗り出て、「コンニャク（賄賂のようなもの）を渡されたから、無礼者、帰れ！ と投げ返してやった」と切り捨てた。それにはコンニャク某が嫌悪感をあらわにし、身内の集まりで「この案件については、お役人のほうがなんとか通したいと、一生懸命後押ししてくれた」と、なにやら物騒なことを口にし始めた。

ここで『傾城昭恵君』の登場人物を示そう。いうまでもなく、千両役者は座長も兼ねる安倍晋三日本国総理大臣その人。アッキーこと昭恵夫人。ある筋とは鴻池祥肇自民党参議員事務所。コンニャク某は陰の主役「森友学園」籠池泰典理事長とその妻。

黒子としては、「瑞穂の國記念小學院」開設の許認可と土地払い下げの権限を持つ財務省近畿財務局、国交省大阪航空局、大阪府私学審議会、松井一郎大阪府知事、場合によっては迫田英典財務省理財局長（現国税庁長官）など。

話の発端はこうだ。記念小學院の開設のために、世間相場とかけ離れた安値で国有地が売却された。それに対して、豊中市議が情報公開を近畿財務局に求めたが、肝心なところがはじめは不開示だった。その後朝日のスクープなどもあり開示される。事そこから驚くべき異例ずくめの〝特別扱い〟が見えてきた。事前に、特約付きの定期借地契約をしていたこと、買受権の行使に当たって分割払いが認められたこと、そして、廃棄物処理の費用を国が算定していたことなど。

このストーリーの初期に、安倍首相に二つの誤算があった。小學院の開設に自分や妻が関与していたら、主役の座（首相および国会議員）を降りると早々に公言したこと、そして、首相夫人が名誉校長として小學院の広告塔になっていたことだ。そこで、観客は日本特有の〝忖度文化〟が崩れる瞬間を見たいと集まってきた。しかし、まず必要なのは、毅然とした調査報道とウィキリークス的な市民の目だが、残念ながら二つとも日本には僅少である。

二段目：真実はどこにもない

まず頭に入れておかねばならないのは、土地取引にまつわる問題とともに、安倍首相夫妻、籠池理事長夫妻、鴻池議員、松井府知事などが〝誇りある国づくりを〟を合言葉とする「日本会議」ゆかりの面々であるということ。つまり、彼らは同じ穴の……？ そして、一様にメディアを憎悪しながら、客席の反応を気にし、内輪もめが絶えない人々だということだ。

安倍首相は守り役に回ると恐ろしく早口になる。昭恵夫人の森友学園との昵懇ぶりが非難されると、「妻は私人であり、一々の行動については与り知らぬ。印象操作はやめてほしい」と気色ばんだ。だが、解せないのは、夫人が二〇一五年九月五日から、今回の騒動が起こるまでのおよそ一年半、名誉校長の職にとどまっていたことである。生徒募集のパンフレットから大急ぎで写真を外し、閣議決定で夫人を「私人」とした。しかし、昭恵夫人には、秘書が二人から五人ついている。呆れたことに、夫人は晴れて私人の身になったあとも、森友学園の教育勅語的な教育の支持者として、理事長夫人とのメル友関係をやめなかった。

籠池氏を国会に招致すべきとの世論が八五％に達しても、自民党は「テレビや週刊誌が取り上げるから国会で議論しようというのは違う」と応じなかった。メディアは世論調査をするだけで、自らの取材力でスクープできなかった。

小学校の建築事業費に三種類の契約書があることがわかり、大阪府の松井知事が籠池理事長の刑事告訴も辞さない構えを示すと、森友側は四月の開校を断念し、三月一〇日、午後五時三〇分から記者会見を設定し、反転攻勢に出た。「トカゲのしっぽ切りは許さない」という籠池氏の言葉を聞きつけたメディアは、準備不足のまま会見場に殺到した。

籠池氏はトランプ米大統領の会見にヒントを得たのか、もっぱら「愛国教育の重要性(ジャパン・ファースト)とメディア被害(フェイクニュース)」の二点を強調した。あまりのパロディぶりに笑ってしまったが、それ以上に、日本にはCBSやニューヨーク・タイムズ(NYT)のようなプロ意識を持ったメディアがほとんどいないことにあらためて愕然とした。

三段目:取材者がプレイヤーになる

NHKはもっと質《たち》が悪い。ニュース「シブ5時」の放送中、籠池氏の弁舌が佳境に入った五時五三分、「南スーダンPKOで派遣の陸自施設部隊　政府が撤収させる方針固める」の速報が入った。アタフタする民放各局を尻目に、NHKは「独自・南スーダンの陸自施設部隊撤収へ」の字幕入りで、活動中の自衛隊の映像を流し、六時過ぎに首相会見が始まることを予告した。

六時、「シブ5時」は完全にPKO撤収の話題に切り換わった。速報からわずか一〇分後、スタジオには安倍首相番の岩田明子記者がスタンバイしていた。彼女は政府の撤収理由を淀みなく解説した。自衛隊施設部隊は、派遣開始から今年一月で五年が経過し過去最長となった。首都ジュバの施設整備でも実績を上げ、いまの部隊で区切りがつく。キール大統領から感謝の言葉があった、など。

六時五分、映像は官邸に切り換わった。安倍首相が語った内容は、直前の記者の解説と瓜二つだった。NHKがこれを政府に先立ち、一刻も早く伝えなければならなかった理由は何か。この「独自」スクープまたは「独占」リークは、籠池会見を吹き飛ばしてしまった。結果として、NHKは「アベノフェイク」劇場に手を貸しただけなのではないか。

NHKの岩田記者は、安倍氏が第一次内閣を突然投げだし、どん底にあったときに「安倍氏と向き合う時間をしっかり守った」という。「復権が難しいと見られている今、自分のために心を砕いた人の恩義は忘れない」という安倍氏の〝どん底日誌〟を引用し、チャンスを生かして相手に肉薄する「記者の極意」を説いている(朝日新聞出版『Journalism』二〇一七・二)。

肉薄取材の実例をもう一つ。NHKスペシャル「スクープドキュメント　北方領土交渉」(二〇一六年一二月一八日)は、プーチン大統領との交渉に臨む安倍首相が「国家戦略会議」のメンバーと打ち合わせをする部屋のなかを独占的に撮影し、放映した。それがよほど嬉しかったのか、ご丁寧に「外交機密が含まれるため音声は使用できません」とナレーションを入れたのだ。自分たちは国家機密を知っていると自慢したようなもので、この素人ぶりには呆れるが、政治部記者が取材者からプレイヤーになり下がる典型例である。

PKO報道でかき消された籠池会見の続きは、インターネットの動画サイトで見ることができた。「瑞穂の國記念小學院」を諦めきれない籠池氏の息子が、メディアに向かって叫んだ。

「全保守の皆さん、そして日本を愛する皆さん、そして安倍晋三総理以下、大阪府の皆様方、どうぞこの森友学園の今後の行く末をよろしくお願いします」。この段階で、籠池氏は「日本会議」的な後押しをあてに再チャレンジを考えていたようだ。しかし、ことはそのように運ばなかった。

四段目：昨日の友は今日の敵　このとき籠池氏の側に奇妙な助っ人が現れた。『日本会議の研究』(扶桑社)を書き、「日本会議」サイドから仇のように嫌われている菅野完氏である。記者会見では、籠池氏に「あんた悪いんじゃないの」となじられた人物だ。ところが、彼は籠池氏に接近することでスクープ／リークを連発した。一瞬「日本会議」の同志になったかと思えたが、そうではない。籠池氏は「日本会議」サイドから切られていたらしいのだ。だが、今回の騒動は、そうした敵友関係を超えて、右派エスタブリッシュメントの安倍首相夫妻と、〝叩き上げ〟右派の籠池理事長夫妻が同じ「象」を引き合っているだけなのかもしれない。

追いつめられた籠池理事長は、衆参予算委員会の代表や野党の調査チームを学校建設現場に入れて「爆弾発言」を行った。昭恵夫人から学校のために一〇〇万円を手渡されたというのである。自民党は、籠池氏のサイドに物証がないと見るや、一転して証人喚問に同意した。そして、自民、公明は籠池氏の〝悪事〟(刑事責任)を徹底的に突く作戦に出た。しかし、それが上塗りされればされるほど、そのような人物になぜあんな厚遇を与えたのか(籠池氏は神風が吹いたと表現)、その理由の解明に関心が向かった。

いまメディアが独自に調査報道すべきことは、二〇一五年九月三日から五日にかけて、東京と大阪でなにがあったかである。安倍首相は三日、財務省岡本薫明官房長と迫田英典理財局長と官邸で面談をした。そのときなにを話したのか。翌四日、首相は国会の会期中に大阪入りし、民放に生出演したが、それだけのために日帰りをするのは不自然だ。同じ日、近畿財務局の会議室で、森友学園側は近畿財務局、大阪航空局、工事関係者などと埋設物の撤去費用について交渉をしていた。その詳細が公開されなければならない。翌五日、昭恵夫人は森友学園が経営する塚本幼稚園で講演し、その愛国教育を称賛。記念小學院の名誉校長を引き受けている。

これを書く三月下旬、四段目の終わりに見えてきたのは、昭恵夫人に集約される安倍政権の〝公私混同〟である。三月二三日の証人喚問で、籠池理事長は、昭恵夫人付き秘書谷査恵子氏(経産省からの出向)からのファクス(一五年一一月一五日付)を読み上げた。内容は、籠池氏が国有地定借の一〇年以上の延長を、谷氏を介して財務省財産管理室長に打診した結果を知らせてきたものとみられる。「これ以上の延長は現状では難しいが、引き続き見守り検討する」。これは役人用語で了解を意味する。しかも昭恵夫人にも報告済み。要するに、「瑞穂の國記念小學院」名誉校長兼「日本国」首相夫人としての関与を示唆している。

『傾城昭恵君』の舞台で、首相夫妻と理事長夫妻が引き合う「象」は、高祖皇宗で始まる教育勅語が人々に押しつける無責任の体系である。それは「アベノフェイク」劇場のなかで肥大化し、自らの重みで舞台の奈落に落ちていくはずのものだ。メディアの仕事は、証拠隠しと責任逃れの事実を暴き、権力を監視することに尽きる。

公文書管理法の理念はどこへ——消える政府の秘密……六月号

「破棄」「廃棄」を連発

公文書管理法は、二〇〇一年四月に施行された情報公開法に遅れること一〇年の一一年四月、ようやく施行された。前月に東日本大震災、東京電力・福島第一原発事故が起き、日本社会が大きく揺れる中で、これが注目を集めることはなかった。しかし、情報公開法に基づく請求を行っても、「不存在」を理由に政府内の情報を思うように引き出せないまま徒労感ばかりを募らせる人たちにとって、行政機関に文書の管理を義務づけた公文書管理法は、長く待ち望んだ法律の一つだったと言えよう。車で言えばようやく両輪が揃ったと言える。公文書管理法は、情報公開を求める行政文書そのものが「不存在」とならないようにする仕組みだからだ。同法一条は、次のように目的を規定している。

「この法律は、国及び独立行政法人等の諸活動や歴史的事実の記録である公文書等が、健全な民主主義の根幹を支える国民共有の知的資源として、主権者である国民が主体的に利用し得るものであることにかんがみ、国民主権の理念にのっとり、公文書等の管理に関する基本的事項を定めること等により、行政文書等の適正な管理、歴史公文書等の適切な保存及び利用等を図り、もって行政が適正かつ効率的に運営されるようにするとともに、国及び独立行政法人等の有するその諸活動を現在及び将来の国民に説明する責務が全うされるようにすることを目的とする」

「健全な民主主義の根幹を支える国民共有の知的資源」「国民主権の理念にのっとり」「現在及び将来の国民に説明する責務が全うされる」——。今年五月三日、日本国憲法は施行から七〇年を迎えたが、いくつもの戦争を支えた大日本帝国憲法体制が崩壊し、新憲法が描いた日本社会の原則を確認するような文言が、公文書管理法の一条にはちりばめられていると言えまいか。しかし、この理念と現実の役人文化は余りにもかけ離れているこことが今年、相次いで発覚した。

一つは、稲田朋美防衛相が特別監察を実施せざるを得なくなった、南スーダンでの国連平和維持活動(PKO)に参加する陸上自衛隊派遣部隊の日報(日々報告)について、フリージャーナリストが行った情報公開請求に「破棄した」(不存在)と虚偽の決定を行っていたことだ。ところがその後、防衛省や陸自内に存在していたことが明るみに出た。防衛省が「電子データで残っていた」として公表した、日報や上級部隊の陸自中央即応集団(CRF)が作成した「モーニングレポート」などの文書には、「宿営地五、六時方向で激しい銃撃戦」「宿営地周辺の射撃事案に伴う流れ弾への巻き込まれに注意」「戦車や迫撃砲を使用した激しい戦闘」など、大規模な武力衝突が生々しく記録されていた。陸自の文書管理規則ではPKO関連文書の保存期間を三年としているが、「随時発生し、短期に目的を終えるもの」「一年以上の保存を要しないもの」は例外的に一年以内でも廃棄できるという。こうした規定が廃棄の根拠に悪用された。

もう一つは、八七七〇平方メートルにも及ぶ、伊丹空港にほど近い大阪府豊中市にある国有地を森友学園に払い下げする際の交渉経過を示す文書を、財務省が破棄していたことである。佐川宣寿理財局長は、「森友学園の案件は売買契約の締結を以て終了したので、保存期間を一年未満とした交渉記録は廃棄した」と国会で答弁した。本来は九億五六〇〇万円もする土地が、わずか一億三四〇〇万円と、八五%もの値引きで売却された。財務省近畿理財局に対して豊中市議が売買契約書などを情報公開請求したところ、金額は黒塗りの部分開示だった。そもそも過去の随意契約では公表が原則。市議が決定の取り消しを求めて大阪地裁に提訴したところ、理財局が売却額を明らかにするという経緯で、政治問題化した。

米公文書館にはあった「覚書」　自衛隊にとって都合の悪い文書、機密文書の破棄やその偽装は、これまで何度も繰り返されてきた。たとえば、二〇〇四年に護衛艦「たちかぜ」の一等海士(当時二一歳)が飛び込み自殺したケースだ。上司の立場にあった二曹からの、日常的な暴行などによるいじめが原因だった。海自は「たちかぜ」の全乗組員にこうした暴行などの有無についてのアンケートを実施、遺族がその公開を求めたが、海自は「破棄」を理由に拒んだ。ところが、遺族が国と二曹に損害賠償を求めた訴訟で、ある隊員がアンケートについて明かす意見陳述書を提出したことで一転、海自はその存在を認めた。しかも海自は当初この隊員を処分しようとしたのだ。正当な内部告発(公益通報)に対してである。

さらに、防衛省は合法的な廃棄も行っている。米同時多発テロ(二〇〇一年)後に自衛隊法改正で導入された「防衛秘密制度」の下では、防衛秘密を記録した文書は指定期限が過ぎると廃棄扱いだった。二〇〇七年から一一年までの間に廃棄された文書件数は、約三万三三〇〇件にも上っていた。当時の防衛省の訓令では、保存期間を満了した秘密文書は官房長らの承認を得たうえで非公開のまま廃棄する運用を行っていたからだ。公文書管理法の施行後も同じで、同法三条が定める公文書の管理は「他の法律又はこれに基づく命令に特別の定めがある場合を除く」とあり、秘密文書は同法の適用を受ける文書(公文書は国立公文書館に移管されるか、廃棄となるが、同法は廃棄の際には首相の同意を必要としている)として扱われていなかった。防衛秘密をモデルとした特定秘密制度では、指定期間が三〇年を超えた特定秘密文書は国立公文書館に移管される。しかし、二五年を過ぎた特定秘密については、「特に慎重に(移管か廃棄かを)判断する」とされているだけだ。

衆院情報監視審査会が三月に公表した特定秘密制度の運用をめぐる年次報告では、海上保安庁が指定した約一万一〇〇〇件の公文書(特定秘密を含む)の大半の文書の保存期間が秘密指定期間より短かった、という。

東京(中日)はこの問題を四月九日朝刊一面トップで取り上げ、「特定秘密、開示せず廃棄可能　公文書管理に『抜け穴』」と指摘する記事を掲載。解説記事では「検証の機会　奪われる」と警鐘を鳴らした。この点は法案審議の段階から懸念されていたが、一四年一二月に施行されてみると、予想通り、それが現実のものになりかねないことがわかったのだ。

沖縄返還(一九七二年)をめぐっては、本来は米国が負担するべき旧軍用地の原状回復費用(四〇〇万ドル)を日本が肩代わりするとした、外務省と米政府の当局者のイニシャルを記した密約文書の存在が最も知られている。これは西山太吉・元毎日新聞記者が七一年に入手した外務省の機密電文の内容を裏付けるもので、米公文書館に保管されていた。

実は、沖縄密約は財務省の前身である大蔵省も大きく関与している。大蔵省財務官だった柏木雄介氏と、米財務省特別補佐官のアンソニー・J・ジューリック氏との間で一九六九年に取り交わされた、財政密約である。沖縄返還協定では、日本の支払額は三億二〇〇〇万ドルと明記されていたが、実際は六億八五〇〇万ドルにも及んでいたのだ。内訳は、米資産買取費用(一億七五〇〇万ドル)、基地移転等の費用(二億ドル)などだ。これも米公文書館にあった。「了解覚書」と呼ばれるこの文書には、YK、AJJと二人のイニシャルが記してあった。やはりと言うべきか、財務省はこの文書は存在していないとして、情報公開請求にも応じなかった過去がある。

密約の妥当性はともかく、歴史の検証ができるよう重要な公文書を保管してきた米政府の姿勢とは大違いである。日本は米国から半世紀以上も遅れているのだ。防衛省と財務省による隠蔽は、民主主義社会への裏切りではないか。

公文書管理法の改正を

NHKの放送姿勢を問い続ける醍醐聰・東京大学名誉教授が、興味深い調査を行っている。会計学が専門なだけに、非常に緻密な分析だ。森友学園と国との交渉経緯を記した文書について、保存は一年未満とした省内の規則に従い破棄した、という佐川理財局長の答弁をその規則に照らして検証した結果を、ブログで報告している。

ポイントは起算日である。佐川局長は、契約締結(二〇一六年六月二〇日)で事案は終了したので保存期間一年未満の文書として破棄したとしている。ここで、財務省行政文書管理規則一五条で「起算日は原則として行政文書を作成・取得した日の翌年度の四月一日」と定めている点に注目した。起算日初日に破棄したとしても、規則によれば四月一日までは保存しなければならない。同項にはただし書きがあり、「行政文書の適切な管理に資すると文書管理者が認める場合にあっては、その日とする」とある。同項を根拠に交渉記録を売買契約の締結後すぐに廃棄するのは無理な解釈で、「法規の解釈として明らかにおかしいですが?」と財務省の文書課文書係に醍醐氏が電話で質問したところ、担当者からは「ご意見としてうかがいます」との回答しか得られなかったという。さらに財務省の類似の国有財産関係の行政文書の保存期間とも比較し、保存期間について「三～五年が妥当」とし、脱法だと指摘している。報道機関顔負けの調査報道である。

情報公開法や公文書管理法に詳しい三木由希子さんが理事長を務めるNPO法人「情報公開クリアリングハウス」(東京都新宿区)が四月に、公文書管理法の改正を求める意見を発表した。そのなかで、一連の問題の共通点は「一年未満」という保存期限だとし、「一年以上保存すべき行政文書は完全にブラックボックス化している」と指摘している。このため、一年未満という保存期間の原則廃止、個人資料という「抜け穴」を塞ぐために行政文書の定義を「行政機関の指揮・監督のもとにあるもの」とすること、目的に「知る権利を明記」——など、一三項目の改正点を提案している。公文書は「知的資源」なのだ。廃棄罪があってもいい。

PKO派遣部隊の日報や土地売却の交渉経緯記録の廃棄は、法や各省の規則に基づいた適法なものとして処理されたと、防衛省や財務省は主張している。しかし、両省を取り巻く状況証拠は、自分たちに都合の悪い文書を意図的に廃棄したと見られてもやむを得ないことを浮き彫りにしている。参院内閣委は「作成後、時間を経過した文書が不必要に廃棄されないようにすること」と付帯決議している(二〇〇九年六月)。各省庁に守らせるような法改正は待ったなしだろう。これらの報道が一過性で終わることのないようにしてほしい。

「一強多弱」が、安倍政治の最大の弱点

七月号

森友疑惑、共謀罪（テロ等準備罪）の審議、首相の九条改憲発言、はたまた加計学園問題など、「一強多弱」の安倍政治の暴走が止まらない。この政権を形容するには、「幼稚（childish）」「軽薄（thoughtless）」「傲慢（self-centered）」でこと足りる。だが、焦点ぼかしに手を貸すのは、ほかならぬメディアでもあるのだ。事実の発掘より、「忖度」などという「空気」用語を安易に流布させて、思考停止をもたらす。その先に口を開けている「嘘の体系（system of lie）」→「戦争」を考えれば、政権の決算書を一日も早く書き始めなければなるまい。

「大臣はつらいよ」　TBS「サンデーモーニング」の「風をよむ」のコーナーは、「メディア批評」になっている。五月一四日の副題は「最近の国会答弁」。稲田朋美防衛大臣、金田勝年法務大臣、そして安倍晋三首相などの国会軽視を酷評した。筆者は、関連する国会中継の映像を熟視聴し、政権の患部を剔《てき》出《しゅつ》してみた。

稲田防衛大臣は、森友問題、PKOの日報問題での失態を引きずったまま三月一七日の衆議院予算委員会に臨んだ。民進党の後藤祐一議員がいきなり「重要影響事態とはどんな事態ですか？」と切り込んだ。虚をつかれた大臣は官僚席を振り返るが助け舟が間に合わない。おぼつかない足取りで答弁台に立ち、「我が国のオー、安全にとって、重要なアー、影響がアー、起きるウー、可能性のある事態でございます」としどろもどろ。稲田氏は自席に戻るとき「うーん、もう！」と官僚たちをなじるような目をした。カメラはその「幼稚」で「傲慢」な表情を見逃さなかった。

後藤議員は「違います！」と一喝、「重要影響事態法第一条」が想定するのは、朝鮮半島有事や中国艦艇の尖閣接近などに対して、武力行使是非の判定を下さねばならない事態であり、防衛大臣の無知は、文民統制の無能に通じると断じた。

もう一人、「共謀罪」審議中の金田法務大臣の答弁は聞くに堪えなかった。一般人による組織犯罪の準備を見分ける基準として、「ビール・弁当持参は花見、地図・双眼鏡携行は（犯罪の）下見」と説明するにいたっては、「幼稚」を通り越し「軽薄」の域に達していたが、もっと怖いのは、彼がこれを答弁技術と心得ているかもしれないということだ。

そもそも、組織犯罪集団と一般人に境界を設けることができ

るのか。治安維持法がなくなった戦後でも、体制に異を唱える者たちへの尾行、張り込み、盗聴は茶飯事であり、背後からいきなり「そこらで一杯いかが?」と声を掛けられるなど珍しくなかった。

メディアは、今度の法案が、ネット時代に相応しい、とことんプアーな監視社会を完成させることを見抜き、沖縄の辺野古・高江で進行中の共謀罪まがいの捜査、予防拘禁などの実態を愚直に暴く勇気を持つべきだ。

何でも閣議決定　次は本丸の安倍首相。今年の憲法記念日、首相はもはや身内と言える「美しい日本の憲法をつくる国民の会」(日本会議系)に向けたメッセージなどで、「九条第一項、二項をそのままに、自衛隊を条文に明記し、二〇二〇年の五輪開催と同時に施行したい」旨を訴えた。これは一二年の「自民党憲法改正草案」と明らかに食い違う。「草案」は、九条二項の「戦力の不保持、交戦権の否認」の部分を削除し、「前項(一項)の規定は、自衛権の発動を妨げるものではない」とした上で、新たに「九条の二」に国防軍を明記するというものだった。しかし安倍首相は、一昨年強行採決した安全保障関連法案を根拠に、自衛隊をあえて「国防軍」とは呼ばずに、実質九条の「骨抜き」に手を着け始めたのだ。

安倍氏は、この変更を「改憲草案九条」にかかわった石破茂氏を差し置いてぶち上げた。同氏は、「あの憲法改正草案なし、ということが総裁の発言一つで決まるのだったら、(改憲は)もう誰もやらなくなりますよ」と不快感を露わにした。衆議院予算委員会で、野党が首相の改憲提案は立憲主義に反すると批判すると、安倍首相は、「傲慢」にも、「あれはあくまでも自民党総裁としての見解で読売新聞に相当詳しく書いてあるから、ぜひ熟読してほしい」ととぼけた(読売記事は「安倍首相」と記載)。

この後、首相と党総裁の職務は「同一人物でも立場によって区分される」とする閣議決定がなされた。ちなみに、昭恵夫人は「私人である」としたのも閣議決定だ。「風をよむ」は、毎日新聞(五月九日)の統計によれば、第二次安倍政権になって、国会議員の質問主意書に対する政府答弁に、「(質問の)意味するところが必ずしも明らかではない」という文言を閣議決定で挿入する割合が急増している、と紹介した。安倍政治は随所に「閣議決定」のコーティングが施されている。

ファンタジーと陰謀のあいだ　さて、安倍首相の笑劇《ファルス》的な改憲論に対し、憲法学者木村草太氏が以下の要旨でコメントした。「九条に自衛隊を明記するとして、仮に個別的自衛権までというラインで国民投票にかけたとすると、これが可決されれば一五年の安保法制が違憲になってしまう。一方、集団的自衛権こみで国民投票にかけると、これが否決される可能性は高く、大博打になる」。流れによっては政権にとって相当なダメージになる。また、「九条の第一項、二項を残して三項に自衛隊を書き加えるとなると、国民投票をしても国民は何を聞かれているのか意味不明である」(TBSラジオ「荻上チキ Session-22」五月三日）。木村氏は安倍発言を「非常にファンタジー」と切って捨てたのだ。

だが、安倍首相は自説を空論だとは思っていないらしい。安保法制に基づく軍事オプションを実行してはばからない。南スーダンへのＰＫＯ部隊の派遣、北朝鮮の核・ミサイル開発牽制のための日米合同演習など、「アベ・ファースト／ジャパン・セカンド（対米従属外交）」を掲げ、「自民改憲草案」まで脇に寄せ、無試験入学に踏み切ろうとしている。

この奇怪な成り行きに対し、「サンデーモーニング」のコメンテーター、西崎文子東大大学院教授は、安倍晋三氏が師と仰ぐ極右ブレーン伊藤哲夫氏の存在を指摘した。伊藤氏の〝入れ知恵〟の詳細は、日本政策研究センターの機関誌『明日への選択』（一六年九月号）に詳しい。「一言でいえば、『改憲はまず加憲から』という考え方に他ならないが、ただこれは『三分の二』の重要な一角たる公明党の主張に単に適合させる、といった方向性だけにとどまらないことをまず指摘したい。むしろ護憲派にこちら側から揺さぶりをかけ、彼らに昨年のような大々的な『統一戦線』を容易には形成させないための積極戦略でもある、ということなのだ」と切り出す。「（平和、人権、民主主義には）一切触れず、ただ憲法に不足しているところを補うだけの憲法修正＝つまり『加憲』なら、反対する理由はないではないか、と逆に問いかけるのだ」と指南。

最後に、「前文に『国家の存立を、全力をもって確保し』といった言葉を補うこと」を提言し、「憲法第九条に三項を加え、『但し前項の規定は確立された国際法に基づく自衛のための実力の保持を否定するものではない』といった規定を入れること」（傍点筆者）と伊藤氏は説く。西崎氏は、こうした〝奸計〟を明るみに出すことをメディアに求めたのだ。

五月二三日のＴＢＳ「ＮＥＷＳ23」に出演した田原総一朗氏は、昨年九月安倍首相自らが、「安保法制後、アメリカからの改憲要請がめっきり減った」と語ったと伝えた。まさに『明日への選択』刊行の時期と重なる。

憲法七〇年関連番組　こうした流れに抗して、今年の憲法記念日番組はＮＨＫが健闘した。ＮＨＫスペシャル「憲法七〇年〝平和国家〟はこうして生まれた」（四月三〇日）と、Ｅテレ『暮らしと憲法〜外国人の権利は』（五月一三日）である。ＮＨＫのなかに、永田町に「忖度」しないグループがいるらしい。

前者は、日本国憲法に「平和主義」と「国際協調」を書き込んだのは「日本人」自身であることを、歴史資料を駆使して実証した。「平和主義」の起点を、敗戦後初めて開かれた国会における昭和天皇の「平和国家建設」の勅語に求め、まず「押しつけ憲法」説を撃退。次いで、憲法制定過程で日本の政治家たちが党派を超えて、九条一項に「国際平和」の文言を入れた経緯をつぶさに描いた。冒頭の傍線部分はＧＨＱ案にはなかった。

「日本国民は、正義と秩序を基調とする国際平和を誠実に希求し、国権の発動たる戦争と、武力による威嚇又は武力の行使は、国際紛争を解決する手段としては、永久にこれを放棄する。
二　前項の目的を達するため、陸海空軍その他の戦力は、これを保持しない。国の交戦権は、これを認めない」。日本側はGHQ案を一歩進めて、国連が掲げる「国際平和」の理念を自らの意志で盛り込んだ。ただし、天皇制を前提とする「国体護持」の枠組みについて、日米のあいだに暗黙の了解があった天皇制は、国際平和を希求する「日本国民」の総意に基づき「選ばれた」とされたのである。かくて、第一条の「(象徴)天皇制」と、第九条の「戦争の放棄」が、微妙なバランスの上に抱合した結果、一一条の「基本的人権」と「国民」のあいだに溝ができた。

「国民」が排除する「人々」

TBS「サンデーモーニング」の「風をよむ」で、ある女性が「閣議決定とか何だかよくわからないところですべてが決まってしまって、私たち何のための国民なの？という気がしながらニュースを聞いています」と答えた。現在の「国民」が直面する危機への言及であるが、筆者に、日本国憲法が排除してきた「外国人」(foreigner)の存在を想起させた。

Eテレ「暮らしと憲法~外国人の権利は」は、上記NHKスペシャルをさらに進め、憲法によって保護され、排除されるのは誰かという問いを立て、憲法に書き込まれた「国民」の内実を明らかにしようとした。

憲法二五条「生存権」には、「すべて国民は、健康で文化的な最低限度の生活を営む権利を有する」とある。「すべて国民は」は英語で“All of the people”である。GHQ側は“the people”の直訳の「人民」が適当だと提言したが、日本側は、「人民」には「王」(king)と闘うニュアンスがあり、「日本人」は天皇と敵対したことがなく、「すべて一体の国民」という意識が強いと反駁した。「天皇制民主主義」といわれる所以である。

実際、二五条を実現するはずの「生活保護法」は外国人(在日コリアンなど)を排除している。給付は、地方自治体の「運用」によって例外的に行われる。「日本国民」(「日本人民」ではない)という翻訳によって、「基本的人権」が尊重される「人」または「人民」は、一条と九条のあいだに埋没し、皮肉なことに、アジアにおける多大な犠牲者の存在を隠してしまったのである。

前述の伊藤哲夫案は、こうした憲法成立過程で「戦前的なるもの」を清算せずに立ち上げられた「日本国民」が、「国際法に基づく平和貢献」を使命とすることを、九条三項に書き込むことを進言したのだ。連想するのは、安倍氏が口にする「積極的平和主義」(Proactive Contribution to Peace)、すなわち「平和のための積極的な貢献」である。安倍・伊藤コンビは、ヨハン・ガルトゥング氏の「積極的平和」(Positive Peace)を換骨奪胎し、国際貢献の美名のもとに一国的な武力行使を正当化しようとする。西崎教授がメディアに示唆したのは、ここに憲法の「空文化」←「嘘の体系」に向かう危険な現場があることを、勇気をもって明らかにせよということだ。

この国の崩壊止める希望——健闘する女性たち……………………八月号

「普通の人」はメディアを越えて

六月一五日、自民・公明はにわかに、参院本会議開催へと動き、共謀罪法案可決を急いだ。審議を求める野党の声は無視、参院法務委員会における審議の「中間報告」を委員長にやらせただけで即採決という乱暴なやり方だった。危うくなった「加計」問題幕引きの狙いがありあり。もう恥も外聞もないということか。維新の会も抱き込み、徹夜のあと翌一六日早朝に採決を強行、賛成多数で共謀罪法を成立させたが、参院の権威を大きく傷つけ、議会政治への不信をいっそう募らせた。

それでなくとも、すでに森友学園問題以来、官邸・内閣府にたむろする腹黒い輩や、彼らの意向を忖度、もっぱらその実現に腐心する役人たち、さらには両者合作の策謀の政策化にのみ大わらわな国会などの惨状には、うんざりだった。そこに犀利なメスを入れ、明快に正邪を糺すことができるのはメディアだ。だが、これまたぐちゃぐちゃな世界に足を取られ、溺れかねない状況にある。そこに奇跡が起こった。前川喜平文科省前事務次官の出現だ。彼の証言の衝撃については、本欄前回でお伝えしたが、この国にもまだ世間に通じる言葉で語れる普通の人間がいたのだという安堵感が、希望を蘇らせてくれた。すると、官邸周辺でも国会のなかでも、またメディアの世界でも、普通の人たちが、このままいけば腐り果てるだけのこの国を、なんとか窮状から救い出そうと動きだし、その勢いは、共謀罪法案強行採決ののち、さらにいっそう強まる気配だ。

そうした動きを生み出す多くの人びとのなかから目立つ役者を探せば、筆頭はなんといっても前川前次官。だが本稿では、首相の「腹心の友」が営む加計・今治獣医大学新設騒動をめぐるさまざまな局面における、女性たちの活躍に目を向けたい。

衆院では民進党・山尾志桜里議員が頑張ってきたが、参院では自由党・森ゆうこ議員の鋭い追及が注目された。六月一日の農林水産委員会では安倍親衛隊の筆頭格、萩生田光一官房副長官を問いつめ、彼がかつて加計・千葉科学大学の有給客員教授であり、現在もなお、無給ながらその地位にあることを認めさせた。「バリバリの利害関係者じゃないですか」と森議員。萩生田副長官は内閣府人事局長でもある。第二次安倍政権が新設した同局は、全省庁から幹部人事の決定権を取り上げ、これを一手に掌握した。だが、自分のところでは勝手放題だ。

森議員は六月八日の同委員会では、かつての熱血漢、「ヤンキー先生」だった義家弘介文科副大臣に加計文書の確認を迫り、ウンもスンもない返答に終始する彼の態度に呆れ、「恥ずかしくないんですか、自分が昔どう呼ばれていたか、忘れたんですか」と叱咤した。国会に提出した多くの文書資料に基づいて追及を続ける議員に、委員長は、時間がない、質疑をまとめろと、何度も繰り返すだけで、答弁者に明確な回答を促すこともしない。「なんでなんですか、自民党！　お開きだよ、こんなの」と質問を止め、風呂敷をまとめて出ていく議員。そして圧巻は一三日の委員会。萩生田、義家の二氏のほか、藤原豊内閣府審議官と文科省審議官も顔を揃えていた。議員はここでは、文科省の加計文書の所在と併せて、内閣府を訪れた文科省幹部の実名も問い質した。いずれも、前川前次官の証言のなかにあった件だ。だが、四人とも議員の質問にシラを切る。議員は最後にいう。「国民にわかるように知らせたほうがいいですよ。責任取らされるのはあなたですよ」。

メディアの「異端児」　議員が頑張れば、取材記者も頑張る。なかでもひときわ目立つのが、東京新聞社会部の望月衣塑子記者。六月八日、菅官房長官に食らいつく記者の質疑の一場面を、ネット動画から紹介する（カッコ内は筆者補注）。

望月：東京新聞・望月です。……（前川前次官の）出会い系バー通いについては、杉田（和博）副長官（内閣官房副長官。元警察庁警備局長・内閣官房内閣情報調査室長）が、昨年の秋に注意しているということですが、……その時期になぜ前川さんのそういう行動が把握できたのか、……これ、たまたまだと思うのですが、同時期に読売新聞社さんの社会部さんも取材しているということで、これ何か、読売新聞さんの取材と関連性があるのか、について、「承知していない」ということなんですけれども、杉田副長官に確認して、実際なぜこの時期にそういうことを知りえたのかをお聴き願いたいんですけれども。

菅：あの、まったく今、言われていることは、私は失礼な話だというように思います。報道社に対してもですね。そこは直接、そちらに取材されたらどうですか。

こうしたやりとりが延々とつづくが、記者はひるまない。あいだに他社の男性記者も質問するが、望月記者はまたすぐに立って、ほかの質問に移り、官房長官がはっきり答えないと、同内容の質問を、視点を変えて繰り返し、食い下がる。するとジャパンタイムズの男性記者が望月記者の追及に加わり、関連質問をぶつけだした。この長い会見が終わると、長官は顔を歪め、嫌なものから逃げるように、駆け足で会見会場を後にした。いつにない姿だ。動画投稿者は「望月さんは政府の文書再調査決定を促した功労者」と書き添えていた。だが、官邸の記者クラブでは評判が悪く、彼女の取材に関して東京新聞に抗議を申し入れようという動きが生じかけた（六月一四日付日刊ゲンダイ二面）。情けない。

立ち上がる一般女性　つぎは報じられる側の女性の見事さ

を紹介したい。最初が、文科次官現役時代の前川氏が通ったと読売が報じた「出会い系バー」で働いていた女性、『週刊文春』六月八日号に登場した「A子さん」。彼女は、そのバーの女性たちから「まえだっち」と愛称されていた前川次官から激励され、挫折から立ち直り、百貨店の女性服売り場に再就職することになったいきさつを語っている。彼女は身の上話を聞いてもらい、助言だけでなく、ときには小遣いまでもらったという。彼は、店のほかの多くの女性にも同じように接していた。「A子さん」の証言は、官邸や読売新聞の薄汚い魂胆を小気味よく跳ね返すものだった。

そしてもう一人が、五月二九日、東京・霞が関の司法クラブで自分の強姦被害を告発する記者会見を開いた「詩織さん」。性暴力被害を受けた女性が、顔出し・実名でメディアの前に立つのは極めてまれだ(名字は家族の要望で伏せた)。事件は二〇一五年三月、訴える相手は当時TBSワシントン支局長(現在はフリーのジャーナリスト)だった山口敬之氏。高輪署が捜査に入り、容疑事実を固め、罪名「準強姦罪」で逮捕状を発行、容疑者逮捕に向かったが、逮捕寸前に警視庁判断で逮捕状が失効とされ、検察も不起訴の判断を下した。この措置を不服とし、検察審査会の判断を仰ぐこととしたが、その発表のための会見だった。しかし、事情はもっと複雑だ。逮捕状不執行を指示したのが菅官房長官の元秘書官だった中村格警視庁刑事部長(当時。現在は組織犯罪対策部長)であり、彼は警察庁元警備局長の杉田内閣官房副長官ともつながる。一方、山口氏はかねて首相やその周辺要人と昵懇の間柄で、自著『総理』(二〇一六年六月刊。幻冬舎)も楽々書ける人物。「詩織さん」の勇気ある告発は重大な意味を帯びるものとなった。

もう一人は、特定非営利法人「情報公開クリアリングハウス」の三木由希子理事長。六月九日に「加計学園問題で文部科学省による再調査の実施に対する声明」を発し、「行政文書」たるものの公開がいい加減で、「再調査」が中途半端なら、情報公開訴訟を提起し、徹底的に司法の場で争う、との意向を表明した。最後は番外、私が行きつけのバーのママ。一五日の強行採決に怒り、「来年の花見にはみんなで双眼鏡とカメラと地図を持って出かけましょう、場所は靖国神社」とのたまったところ、居並ぶ客みんなの喝采を博していた。一九日朝刊は、軒並み安倍内閣支持率の大幅下落を報じた。さらに同夜のNHK「クローズアップ現代」が、加計・今治獣医大の開学時期を決めたのは総理と証す萩生田副長官の言明を記した文書の所在を報じ、二〇日各紙朝刊を賑わせ、追い討ちをかけた。

厚みを増すネットメディア　以上の出来事は、週刊誌・即売新聞、テレビ朝日・TBSなどのメディアも伝えてきたが、ユーチューブ、フェイスブック、ツイッターなど、ネットの情報として流布されていたものが非常に多いことに気づかされる。音源付き動画の転載もあるが、国会中継・記者会見など、マスコミではみられない長時間ものが登場するのにも驚かされる。

これらと比べると、大新聞・NHKなどの伝え方・論じ方には、安倍政権に対する姿勢は別としても、不満が残る。ネットのなかで最近、リテラ、バズフィード、東洋経済オンライン、日刊ゲンダイDIGITALなど、個性の強いサイトが、多くのネット・ユーザーに支持されるようになっている様子がうかがえるが、既存メディアもこうした動向を重視する必要があるのではないだろうか。

アメリカではトランプ氏の大統領選出馬・当選・就任を通じた記者会見で、メディアが容赦ない質問を浴びせ、いい加減な返答には厳しくチェックを入れたが、これに対し同氏は、CNNやバズフィードなどを狙い、その記者たちに向かって「お前のところのニュースはフェイク(嘘)ばかりだ。出ていけ」と大声で罵った。だが、ニューヨーク・タイムズ(NYT)やワシントンポストの記者たちもこれらの仲間を応援、一緒にトランプ氏に反撃を加えていた。この構図は現在も変わらない。すると興味深い事態が生じた。二〇一六年に始まったNYTの有料電子版の読者が急増、その勢いは一七年にもつづき、同紙によると「紙と電子版を含めた有料購読者数の合計が三〇〇万件を超え、過去最高水準になった」というのだ。一月二八日、トランプ氏がツイッターで、同紙の報道を「不誠実」と指摘し、「購読者数は縮小している」と述べたのとは真逆だ。

同紙の今年二月二日の発表によると、前年第四四半期(一〇〜一二月)の対前期(七〜九月)売上は、広告収入が一〇%減だったが、これを購読料収入五%増が補い、トータルで一%減に止めることができたという。有料電子版の伸びがつづいており、広告も紙より電子版のほうが伸びが大きいので、間もなく総売上が増加に転じることも見込まれる。すると同紙は五月三一日、媒体づくりの戦略的な体制転換方針を明らかにした。その大筋は、記事の校閲などに従事する内勤編集者を大幅に削減、編集工程を圧縮し、それによって浮いた資金で取材記者を一〇〇人増員する、というもの。読者代表として有識者を招き、意見を述べてもらうパブリック・エディター(PE)制も廃止するという。サルツバーガー社主は「もうSNSのフォロワーやインターネット上の読者が十分に監視役を果たすようになっている」と述べ、PEは役割を終えたとする見解を明らかにした。その代わりに「読者センター」を新設、電子版に対する応答機能を高めるという。

どうであろうか。日本の新聞・出版、放送も、根本的に仕事のやり方を変えていく必要に迫られているのではないか。

国連特別報告者を「断罪」する新聞

八月号

日本での表現の自由の状況を調査していた国連人権理事会の特別報告者、デービッド・ケイ米カリフォルニア大学教授が六月一二日、「政府が直接、間接にメディアに圧力をかけている」とする調査結果を理事会に報告した。当メディア批評では、安倍晋三政権下で起きている表現や報道の自由への威嚇の実態を、繰り返し取り上げてきた。その立場からすると、ケイ氏の指摘は至極まっとうな内容だ。これに対して、読売や産経は「ケイ報告」を激しく批判している。たとえば、読売社説「国連特別報告　メディアへの誤解が甚だしい」では「杜撰極まりない代物である。日本の一部の偏った市民運動家らに依拠した見解ではないか」(六月一四日)と言い切り、産経主張(社説)も二回取り上げ、「国連特別報告者　嘘をまき散らすのは何者」の中で「国連の名を冠した『嘘』に黙っていては誤解が広がるばかりだ」(六月二日)と断じている。両紙は「ケイ報告」のどの部分を誤解や嘘だとしているのか。

放送支配もくろむ政府

読売や産経は主に二点を問題視しているようだ。一つは、ケイ氏が放送法四条の撤廃を求めたこと。同四条は、放送番組の編集にあたって放送事業者に、(1)公安及び善良な風俗を害しないこと、(2)政治的に公平であること、(3)報道は事実をまげないですること、(4)意見が対立している問題については、できるだけ多くの角度から論点を明らかにすること、を求めている。二〇一六年二月、高市早苗総務大臣は衆院予算委員会で、政治的公平に違反するような放送を繰り返した場合、電波法七六条に基づき総務大臣の命で停波できる、との政府解釈を示した。同条は放送事業者が配慮すべき倫理規定であり、これを根拠にした停波を違憲とする研究者の主張と、政府とが対立、大きな議論になった。ケイ氏の来日はその直後の四月だった。

主要な民主主義国の大臣には、日本と異なり停波を命じる権限はない。米国では連邦通信委員会(FCC)、英国では放送通信庁(OFCOM)、フランスでは視聴覚最高評議会(CSA)といった、政府から独立した合議制の機関が監督しているからだ。ケイ氏の報告でも「国際基準では、放送規制は独立した第三者機関が行うべきだ」とし、日本のように独任制の総務大臣が権限を持っていることに対して、「この枠組みは、メディアの自由と独立への不当な規制につながる可能性がある」と指摘している。民主主義国家として備えているべき要件を、日本の放送制度は欠いているというわけだ。「停波発言」は、ケイ氏には当然放送への圧力と映った。「日本におけるメディア規制は、政府、特に時々の政権与党から法的に独立していない」と訴えるのも頷ける。

もともと日本も欧米と同じだった。連合国の占領下だった一九五〇年に成立した現行の放送法は、ＦＣＣにならって内閣から独立した電波監理委員会の所管だった。ところが、日本が主権を取り戻した五二年、吉田茂政権はさっそく委員会を廃止し、思い通りにしやすいよう郵政大臣の所管に変えた。それでも当初は、放送番組の介入に慎重だった。放送法四条に違反したかどうかを郵政大臣が判断すること自体困難だという立場で「精神的規定の域を出ない」とし、停波（行政処分）は「事実上不可能」という見解を国会などで表明してきた。こうした姿勢は行政指導についても同じだった。

これが大きく変わるきっかけとなったのは、八五年にテレビ朝日のワイドショー「アフタヌーンショー」で起きた、中学生やらせリンチ事件である。郵政大臣は初めて文書での行政指導を行い、今日の法解釈につながるものへと転換していく。停波を命じたことはないが、行政指導は八五年から二〇一五年までに三六件あり、このうち実に八件は第一次安倍政権（〇六～〇七年）でのことであった。民主党政権（〇九～一二年）下ではなかったが、自民党が政権復帰すると、一六年に高市総務大臣がＮＨＫに対して行い復活した。

これだけではない。安倍首相は、ＮＨＫの経営委員に自分の支持者らを次々に送りこんだ。第一次政権では古森重隆氏（富士フイルムホールディングス社長）、小林英明氏（弁護士）。第二次政権では百田尚樹氏（作家）、長谷川三千子氏（埼玉大学名誉教授）、本田勝彦氏（日本たばこ産業顧問）、中島尚正氏（東京大学名誉教授）といった面々だ（肩書きは当時）。

自らの政権益のために、ＮＨＫのラジオ国際放送まで利用する。菅義偉官房長官が総務大臣だった〇六年、北朝鮮拉致問題を重点的に取り上げるよう命令を出した。こうした任命や命令は違法ではないかもしれないが、明らかに濫用である。

読売社説はどう論じたのか。「政府は、放送局の独自性を尊重し、穏当な対応をしてきた。適正な番組作りを放送界の自主努力に委ねる。この流れが根付いてきたことは間違いない」。産経主張は「政府の圧力に日本のメディアが萎縮しているとの指摘は、報道機関としても首をひねる」（六月一五日）とする。

日本政府も反論書の中で、「放送における表現の自由や独立性は、放送法の枠組みにおいて適切に確保されており、「脆弱な法的保護」という指摘は当たらない。放送法の解釈及び運用が放送メディアに対する圧力となっていない。事実誤認だ」としている。しかし放送史は、読売・産経や政府の反論とは正反対であることを示している。

政府見解に添う読売・産経

両紙が問題とする二点目は、

慰安婦について。中学歴史教科書での慰安婦記述の減少は事実だ。「ケイ報告」は「第二次大戦中の犯罪について学校教育がどう扱うかに関して政府が介入することは、一般市民の知る権利や過去について理解する能力を損なわせる」と指摘し、「学校教材における歴史的出来事の解釈への政府の介入を慎み、第二次大戦中に日本が関わった深刻な犯罪を国民に知らせる努力を支援することを求める」と要請した。

手元に『日本軍「慰安婦」問題すべての疑問に答えます。』(合同出版)という本がある。編著はアクティブ・ミュージアム「女たちの戦争と平和資料館」(wam)だ。同書には、ある興味深い調査結果が掲載されている。一九九三年度、九七年度、二〇〇二年度、〇六年度、一二年度版の中学歴史教科書での慰安婦の記述状況を調査したものだ。それによると、慰安所設置への旧日本軍の関与や本人たちの意に反して行われたことを認める河野談話が、九三年に発表されたことを受けて、九七年度版は七社全社が掲載した。ところが〇二年度版は八社中三社に激減。〇六年度版は八社中二社、一二年度版はついに九社全ての教科書から消えた。一六年度版になって、新たに参入した一社が記述したことで復活した。

九七年は、慰安婦を記述した中学歴史教科書問題のスタートだった。前年には国連人権委員会の特別報告者、ラディカ・クマラスワミ氏が慰安婦に関する調査結果を提出している。しかし、同時に政治は逆方向に動き出す。安倍首相が事務局長、故・中川昭一氏が代表を務める「日本の前途と歴史教育を考える若手議員の会」が二月に発足し、年末に『歴史教科書への疑問』(展転社)が出版された。同会のメンバーには、衛藤晟一(幹事長)、高市早苗(幹事長代理)、古屋圭司(副幹事長)、下村博文(事務局次長)、山本一太(同)、菅義偉(委員)、佐藤勉(同)といった、二〇年後の安倍政権を支える顔ぶれが名を連ねていた(肩書きは当時)。同会の目的について中川氏は、「いわゆる『従軍慰安婦強制連行』を始めとする教科書の記述等を調べる為の研究会」と同書で紹介している。

そして、二〇〇〇年に検定申請された四社の教科書から慰安婦記述が消え始め、安倍首相(当時は官房副長官)をはじめ「若手議員の会」のメンバーが関与した、「女性国際戦犯法廷」(〇〇年一二月開催)を取り上げたNHKの特集番組(〇一年一月放送)の番組改変につながるのである。

「具体的にどのような事項を取り上げ、どのように記述するかについては、欠陥のない範囲において、教科書発行者の判断に委ねられており、そのうち慰安婦について記述した教科書もある。政府の方針や政策または政治的な意図が介入する余地はない仕組みとなっている」

「複雑な背景を持つ慰安婦問題を取り上げるか否かは、あくまで教科書会社の判断による。高校の歴史や公民の教科書の多くは、慰安婦問題を扱っている。教科書検定では、日本軍が慰安婦を強制連行したとする記述があれば、修正を求められる。

強制連行を示す資料は確認されていないことに照らせば、当然である」

どちらがケイ報告への政府の反論かわかるだろうか。答えは、前者である。後者は読売だ。

産経の主張は、あるテーマについて口をつぐむ点でも読売と重なる。そのテーマとは、記者クラブ制度である。ケイ報告は、記者クラブメンバーでなければ警察の記者会見に参加できず、メンバーだけが非公式で独占的な情報提供を求めることができる現状を指摘している。これらについてこそ、反論があれば記事にしたらいいのではないか。読売の岡田遼介政治部記者による解説記事「誤認や憶測　一方的な内容」（五月三一日）でも触れられていなかった。ケイ報告と政府の反論の内容については同日掲載の要旨を参考にしたが、記者クラブ制度について言及した部分は「（略）」とあった。誤解でも嘘でもないということなのだろうか。

読売社説や産経主張は、「日本の現状をどこまで理解した上でなのか。甚だ疑問である。日本のメディアや法制度などへの理解を欠き、不当な内容が目立つ」とは言えまいか。

民間人も監視される

ケイ氏の調査に協力した藤田早苗氏（英エセックス大学人権センターフェロー）が講演で、政府の情報機関に身辺を調査されたことを明かしていた。月刊誌『ＦＡＣＴＡ』（二〇一六年六月号）が報じている。国際人権団体「ヒューマンライツ・ナウ」の事務局長を務める伊藤和子弁護士らの動向に世耕弘成内閣官房副長官（当時）が関心を寄せ、内閣情報調査室などに監視を指示した、ともその記事には書かれていた。調査内容のメモの一部が永田町に流れたことからわかったという。藤田氏のこともそのメモに記述されていたらしい。メモの真偽ははっきりしていないが、官邸の方針に異議を唱える文科省事務次官の身辺まで監視される時代である。寒々しい出来事だ。

産経主張は「特別報告者を含め、国連機関の施策などＮＧＯ（非政府組織）や市民団体など民間からの要望や情報が反映される例は少なくない。そこに、日本をおとしめる宣伝活動が入り込んでいるのを、放置することはできない」（六月一五日）と表明した。こうした国連の調査に協力した人権活動家が、その政府によって弾圧される国があると聞く。六月に成立した共謀罪法（改正組織犯罪処罰法）は、組織的信用毀損・業務妨害、組織的な威力業務妨害も対象にしている。読売・産経が共謀罪に賛成する論陣を張った理由の一つには、ひょっとするとそうした狙いもあったのかもしれない。

日本にも監視だけでは済まない時代が到来するのだろうか。

テレビのライブに耐えられない一強政治の軽さ……………………九月号

このところ、安倍首相は「地球儀俯瞰外交」という勇ましい言葉を使わなくなった。内政に難事が山積し、「内憂外患」ならぬ「内憂内患」なのだ。「内憂」は、内閣支持率の急落。「内患」は、「腹心の友」がアダになった加計学園問題。そこに、「あったことをなかったことにはできない」という文科省前事務次官の爆弾発言。

七月二四、二五日の閉会中予算委員会で、「加計ありき」かをめぐって集中審議が行われた。そのなかで、国家戦略特区諮問会議の議長安倍首相は、加計孝太郎氏と昨秋七回も「腹心の友」として会っていたことが指摘されると、加計学園と今治市が獣医学部新設を申請しているのを知ったのは、今年の一月二〇日だと言い出した。「加計ありき」を打ち消すためであるが、もう一つ、関係業者と飲食、ゴルフをともにすれば、大臣規範に抵触する恐れが出てきたのである。

そのためか、安倍氏はずっと低姿勢で「丁寧な」答弁に努めていたが、このときばかりは興奮していつもの早口に戻ってしまった。決して非を認めない。これが第一次政権の失敗体験から彼が学んだこと。民主主義の価値にまともにコミットしようとしない政治家の哀れな姿が中継された。テレビのライブは恐ろしい。メディアは、その中継機能を使って、権力を徹底監視する役割を自覚すべきだ。

「記者クラブ」に頼るな

海の向こうでも、アメリカ・ファーストとファースト・ファミリーが合体したトランプ政権が、連日、茶番劇を繰り広げている。政権に批判的なCNNへの報復はついに一線を越えた。大統領ジュニアの手で、パイロットに扮した父親がCNNのロゴ入り戦闘機を撃墜する動画が配信された。こんなとき米メディアは一斉に反撃にでる。その力量は、「データジャーナリズム」「調査報道」「リーク検証」などで培ったものだ。ポッと出の大統領がニュースをフェイク呼ばわりし、記者会見の撮影禁止を宣告しても、記者たちはへこたれない。記者会見がダメなら、自分たちが少数派になっても政権を監視する。じっさい、各メディアはこぞって調査報道要員を増強している。日本ではこうはいかない。記者クラブという情報独占カルテルが依然幅をきかせているからだ。

来日した国連人権理事会の特別報告者デービッド・ケイ氏は、日本のメディア関係者などへの聞き取りを通して、「記者クラブ制」の改革ないしは廃止を提言した。この議論自体は目新しいものではないが、そのつど記者グループの既得権の壁に阻まれて不発に終わった。記者クラブがなくなれば政府の情報が閉ざされてしまう、という専門家の見解に市民はいつも脅迫されてきた。その独占に、今度は国際社会から待ったがかかった。

記者会見のあり方は、省庁によって異なり、最近は徐々に独立系の記者にも開かれるようになったが、まだまだおこぼれ規制緩和にすぎず、記者クラブというステータス・クオ(現状)は一向に傷つかない。

そんななか、記者クラブ制の虚構を暴く〝事件〟が立て続けに起こった。

その一つ。福島原発事故の避難指示区域外からの自主避難者に対する県の支援打ち切りに関して、フリーランスの記者が今村雅弘復興大臣の無策を追及した。以下、質疑の概要。

大臣「どうするって、本人の責任でしょ」/記者「自己責任か。無責任ではないか……自主避難の人にはお金が出ていない。責任もって回答してほしい」/大臣「責任もってやっているじゃないか。何ていう君は無礼なことを言うんだ。ここは公式の場なんだよ」/記者「そうです」/大臣「だから、なんで無責任だっていうんだよ。撤回しなさい!」/記者「撤回しません!」/大臣「しなさい! 出ていきなさい! もう二度とこないでください、あなたは」

この一部始終をテレビやネットが中継し、それがきっかけで大臣は辞任に追い込まれた。この映像は、副産物として普段の記者会見がいかに緊張感のない「発表の場」(大臣は「公式の場」と言った)になり下がっているかを伝えた。

もう一つ。菅義偉官房長官会見で、加計学園に関する文書管理について、社会部の記者が「文科省だけでなく、内閣府の文書も調査しないのか」と執拗に迫った。官房長官は「不要」を繰り返すが、記者は追及の手を緩めない。菅氏の顔が歪み、笑みが凍りついた。その刻々の変化が茶の間に流れた。

記者会見の場は、ドキュメンタリーの現場に似ている。かぎられた時間と空間のなかでカメラをすえ、取材者は知恵をしぼって相手の本音に迫る。視聴者は、そのプロセスを共有しながら、日常を超越する瞬間に立ち会うことで、さらにその向こうを知りたいという欲求を持つ。

今回ふれた二人の記者は、それぞれ自らのテーマを持ち、周到な準備をして会見に臨み、一夜漬けの大臣をやり込め、不遜な長官を狼狽させた。これこそ、調査報道の極意が〝情報公開〟された瞬間だった。中継カメラは、大手メディアの記者たちが、援護射撃も忘れて、一心にパソコンを叩く惨めな姿もとらえていた。

これでも、記者クラブ制がなくなったら、権力の隠れた悪事を暴くことができなくなると言うのだろうか。

「放送法」に頼るな　再び、ケイ氏の提言に戻る。氏の関心は、放送法四条にも及んでいる。高市早苗総務相が、同条の

「公平中立」の原則を従来の〝倫理規定〟とは認めず〝法的義務〟と解し、もし放送局が「悪質な違反」を繰り返せば、電波法七六条に基づく運用停止命令も否定しないとの発言をした。四条の〝政治的活用〟の余地を残したのだ。

これまで、権力はもっぱら「公平中立」という「窓」から放送に手を突っ込んできた。ならば、放送法四条を廃止してしまってはどうか、というのがデービッド・ケイ氏の提言だ。つまり、憲法二一条の一「言論・表現の自由」、二「検閲の禁止」で足りるというのだ。これに対して、倫理規定としての放送法をなくしてしまえば、権力にすり寄るメディアが必ず出てくる、現にアメリカのFOXニュースのような戦争礼賛がまかり通るという懸念が持ち出される。はたしてそうだろうか。四条があろうとなかろうと、政府のリーク情報を広報して恥じないメディアは常にあるのだ。最近の例では、前事務次官の告発を抑えるためか、〝スキャンダル〟を大読売新聞が独占スクープした。これがリークであることを、参考人招致の場で前次官が指摘し、権力とメディアの関係を調査することを求めた。記者クラブや放送法に身を寄せるより、憲法二一条で対峙せよと言われたのだ。

放送法に関して検証すべき未決の問題がある。「慰安婦」に関するNHKの放送(二〇〇一年一月)に対して、安倍晋三官房副長官(当時)の「公平中立に」という発言に震え上がったNHK幹部が、大幅な番組改変を現場に命じたことがある。その四年後、番組のデスクがこのいきさつを告発し、安倍氏らの関与があったことを指摘した。それに対して、安倍氏はさかんにテレビに出演し、NHKの幹部が番組について説明しに来たので、「公平中立に」と言っただけだと公言してはばからなかった。当時、TBSの「NEWS23」のキャスター筑紫哲也氏は「公平公正にやってくれという言葉が出たときに、これを圧力と感じないとしたら、それはよほど鈍感な話だろう」(〇五年一月二四日)と政府・NHKの〝忖度体質〟を斬り捨てた。放送法四条は、憲法二一条を内側から浸蝕する要素をすでに持っていたのである。

その後、権力の中枢に昇りつめた安倍氏らは、自民党憲法草案(一二年四月二七日)の第二一条に、満を持したように「公益及び公の秩序を害することを目的とした活動を行い、並びにそれを目的として結社をすることは、認められない」という文言を挿入したのである。放送法四条「公安及び善良な風俗を害しないこと」が人質に取られようとしている。ケイ氏の提言は、放送法の倫理規定に安住することなく、憲法二一条を守ることに全力を傾けるべしと読むことができる。

メディアにできること

国連人権理事会特別報告者による指摘に対し、菅官房長官は、これを「ケイ氏の個人的な見解」であると平然と言って退けた。「個人的」を「私的」と解しているようだが、それは初歩的な間違いである。国際法の近年の常識では、「個人」だからこそ政府の見解に縛られずに自由な

「勧告」を行いうるのであり、これまで国家の枠組みの内側で侵害されてきた人権を守るのに、「個人」の資格は積極的な意味を持つのである。

かつて、「慰安婦」に対する戦時性暴力を「人道に対する罪」と認定した「クマラスワミ報告」(九六年)に対しても日本政府は同様の態度を取った。外務省は報告者と報告書を誹謗するロビー活動を行った。そのときの反論書をメディアが暴露すると、それは非公式のものと答えていたが、いまではそれを非開示としているというから呆れる。

安倍晋三首相の「地球儀俯瞰外交」がいかに国際法の人権思想からかけ離れているかを示す事例が、韓国の日本大使館前に置かれた「少女像」に対する撤去要求である。安倍氏には、少女像のモデルがなぜ一四歳なのか理解できないはずだ。戦前の「婦人及児童ノ売買禁止ニ関スル国際条約」(一九二五年批准)は、二一歳未満の女性を強制売春の目的で勧誘または誘拐した者は処罰されるとしていた。この条約には、植民地において年齢制限を除外する規定があり、それによって多くの少女たちが集められたのである。

安倍氏は、『歴史教科書への疑問』(展転社、一九九七年)のなかで語っている。中学校の教科書で「セックス、性行為とまさに直接結びついている従軍慰安婦問題」を教えることは、日本の暗部ばかりを教えることになるとし、「小中学校の歴史教育のあるべき姿は、自身が生まれた郷土と国家に、その文化と歴史に、共感と健全な自負を持てるということだと思います」と述べている。戦時性暴力について中学生に教えることは、性の問題と暴力を結びつけ、子どもの精神を蝕むというのだ。植民地支配下の少女たちへの想像力を持たない安倍氏には、「少女像」が直視できないのである。

いまや個人を保護する国際法が、日本国とその人権意識を包囲しつつある。たとえば、核兵器禁止条約への日本の消極姿勢をよそに、前文に「被爆者」が明記された。また、世界の米軍駐留地域から「軍事主義を許さない国際女性ネットワーク会議」が沖縄に集まった。そこに一四五カ所もの慰安所があったことが紹介された。人権を奪われた人々のネットワークのために、メディアにはまだ仕事が残っている。

テレビのライブはもっぱら時間を超越しながら真実を見せるが、権力者の惨めな未来を見せることができるのか。奇妙な衛星放送を見た。「知られざるトランプワールド～360°カメラが探訪する新大統領を生んだ世界」(NHKBS1　六月四日、一一日)だ。トランプ大統領の不動産王時代の不業績の跡を、360°カメラで映し、視聴者はスマホ片手に球体映像を自由にサーフィンしながら、トランプのディストピア(反理想郷)を見て歩く。ツアー参加者(視聴者)は、すべてを見ながら、なにも見ない。これは迷い込んだ「球形の荒野」からライブで脱出口を探す番組だ。この野心的な制作者たちは、グローバリズムの闇をライブで抜け出そうと企てる。続編では、「原発の事故処理現場」あるいは「介護現場」を360°カメラで生中継してほしい。

戦後七二年「人道に対する罪」を報じ続ける……一〇月号

七二回目の「終戦の日」を迎えた。「原爆の日」の八月六日から一五日ごろまでニュース・番組の各枠で一斉に始まったNHKの今夏の「戦争番組特集」は、質、量ともに見応えがあった。リオ五輪と重なった昨年は、各局ともに露骨な無関心ぶりを示し、NHKも障害者と戦争に焦点を当てたETV「ハートネットTV」が意欲的な番組を印象づけたものの、一五年の「戦後七〇年」を最後にテレビから「戦争」は消えるのかと心配したほどだった。本欄は「(同番組の存在が)かろうじてテレビ界の八月ジャーナリズムを守ったようだ」(二〇一六年一〇月号)と落胆を書いた。「政府が右と言うものを左と言うわけにはいかない」。就任会見でそう豪語した籾井勝人前会長が今年一月、任期満了で退いたからではないだろうが、今年はその心配を大いに払拭してくれたように感じた。それは筆者ばかりではないだろう。

語りはじめた戦争体験者たち　特に注目したのは、次の六つの番組である。ETV特集「告白～満蒙開拓団の女たち～」(八月五日)、NHKスペシャル「本土空襲　全記録」(同一二日)、ETV特集「原爆と沈黙～長崎浦上の受難」(同)、NHKスペシャル「七三一部隊の真実～エリート医学者と人体実験」(同一三日)、BS1スペシャル「なぜ日本は焼き尽くされたのか～米空軍幹部が語った〝真相〟」(同)、NHKスペシャル「戦慄の記録　インパール」(同一五日)。今年は、日中戦争が始まって八〇年。満州事変が勃発してからでは八六年になる。戦争の記憶が残る体験者の年齢は九〇歳を超えている。各番組の特徴は、戦後長い間沈黙を守り続けた人たちから「最後の証言」を引き出していることだ。埋もれていた記録を探し出し、それをもとに最新のIT技術を用いて行われた分析は新たな事実を浮かび上がらせていた。

「告白」は、岐阜県の山間にある旧黒川村(現白川町)の人々が戦前、旧満州(中国東北部)の首都・新京(現長春)郊外の農村に開拓団として渡り、終戦を迎えた場面をとりあげる。ソ連軍の侵攻に伴い集団自決を選ぶ開拓村も出てきた。住民を守るはずの日本軍はもう撤退したなかで、黒川村の開拓者たちは土地を奪われた中国人の襲撃の危険にもさらされる。開拓団が頼ったのは、近くの駅に駐屯していた「敵」とも言えるソ連軍だった。襲撃から守る見返りに開拓団が差し出したのが、一〇代から二〇代の未婚女性。村内に設けた接待所で一五人が銃を背負ったままのソ連兵の相手となった。このうち四人は性病を患うなどして命を落とした。開拓団六五〇人のうち四五〇人は故郷の土を踏んだ。この事実は、戦後も長い間、引き揚げた関係者の間では公然の秘密とされた。

ところが四年前に、接待した女性の一人が体験を語り出した。彼女に続くように別の女性たちも次々告白し始める。村は揺れた。ある女性はカメラの前で「自分の命を捨てるか、開拓団の子どものみなさんをお救いするかは私たちの肩にかかっていた」と証言した。しかし、故郷の人たちは、彼女たちを必ずしも温かく迎えたわけではなかった。女性による接待を決断した開拓団の会議を記録していた資料を遺族がＮＨＫに提供し、こうした経緯がはっきりした。最初に告白した女性は妹の分もソ連兵の相手となった。子どもを産めなくなったが、妹は長男を養子にくれた。「隠したりなかったことにしようとすることは自分をごまかすことだ。そんなことがあってはいけないと思うが強く現実を否定することは自分を否定することと同じだ。それが不幸の始まりだとおふくろは思っていたと思う」。そう語るこの長男の言葉が耳に残った。

開拓団の女性の運命が、日本軍が占領した村で慰安婦にさせられた女性たちと重なった視聴者も少なくないだろう。開拓団の女性に対する加害責任について番組で直接は触れられていないが、「戦後七〇年を経て語り始めた女性たち。その告発は弱い者に犠牲を強いる戦争の実相を明らかにしました」とのナレーションで最後を結んでいる。

「雄弁な新資料」の掘り下げ

「インパール」は、ＮＨＫの取材チームが実際の作戦の全行程を訪ねて撮影した記録を軸に検証した番組だ。現地で率いた第一五軍司令官・牟田口廉也中将が陣を構える司令部にいた、当時二三歳の少尉の日誌が見つかった。そこには牟田口中将を含む軍上層部が「五〇〇〇人(の日本兵)を殺せばインパールは取れる」といった、兵を人間と見ない言葉を日常的に交わしていたことが記されていた。この元少尉もまた、戦後、それを言葉にすることはなかった。ところが今回、カメラの前に車いすで現れた。元少尉が「悔しいけれど(上層部の)兵隊に対する考えはそんなもんです。(内実を)知っちゃったら辛いです」とやっとの思いではき出したところで番組は終わる。

ＮＨＫは戦没者名簿(一万三五七七人分)も入手していた。それに基づきインパール作戦で将兵の亡くなった場所と時期を地図に落とすと、六割が作戦中止後の撤退中に死亡していた。戦火を交えた英国軍が作戦に関与した陸軍幹部を尋問した調書には、作戦の責任を現地軍に押しつけようとする東京の大本営幹部の信じがたい発言が収録されていた。現地の責任者である牟田口中将の遺族がＮＨＫに提供した資料からは、中将が「上司の指示」と考えていたことがわかった。太平洋戦争最大の無謀な作戦の責任を誰もが取ろうとしなかった陸軍首脳の無責任体質を改めて浮かび上がらせていた。

「七三一部隊」は、新たな資料の発掘が注目された。多くの中国人が犠牲となった七三一部隊による細菌兵器開発のための人体実験は、米国が実験データの提供と引き換えに責任を追及しなかったことからその内容がはっきりしていなかった。一九四九年に関係者が裁かれた旧ソ連ハバロフスクでの裁判の資料によって徐々に明らかになっていたが、今回はその音声記録の存在をNHKが突き止めた。番組でも「ソ連が公表した文書しかなく、捏造だと批判もあった」と触れていたが、当事者の生の声によって改めて人体実験の事実が裏付けられた形となった。放送されると中国外務省の副報道局長は記者会見で、「真相を明らかにする日本の知識人の勇気を賞賛する」とコメントしている。

京大や東大が陸軍による多額の研究費の提供を目当てに多くの研究者を七三一部隊に送りこんで人体実験に協力していた点を掘り下げた番組構成は、医師倫理に疑問を投げかけるものだった。防衛省の研究助成金欲しさに、軍事研究に距離を置いてきたこれまでの方針を見直そうとする学術界内の一部研究者の姿勢を問う、今日的な課題も提起していたと言える。「七三一部隊」というと故・吉永春子さん（元TBS）が制作した「魔の七三一部隊」（一九七六年）で、戦後は大学や病院に職を得て一切口をつぐみ続ける元幹部を直撃したシーンを思い出すが、今回の番組の最後は、裁判で被告となり帰国前に自殺した元軍医の生音声で結ばれている。「将来生まれかわってもし余生があれば、自分の行いました悪事に対して生まれかわった人間として人類のために尽くしたい」。元幹部がこの言葉を聞いたとしたら何と言っただろうか。

重い現実を語り継ぐ

「原爆と沈黙」は、長く沈黙してきた二人の被爆者が体験を語り始めたという内容だ。長崎の原爆は、市中心部から離れた場所に落とされた。爆心地に近く甚大な被害に遭った浦上は、多くのカトリック信徒が住む地域で、それと隣り合う形で被差別部落があった。一万二〇〇〇人の信者のうち八五〇〇人が死亡。被差別部落でも一〇〇〇人の住民のうち三〇〇人が死亡し、三〇〇人が行方不明になった、壊滅的な被害だった。被差別部落の人々は被爆者差別という二重の差別でさらに口を重くした。多くのカトリック信徒も祈りの中に怒りを押さえ込んだ。広島より長崎は被爆体験を語り始めるのに時間を要したという。

「知らないということほど怖いものはない。まず知って勉強してほしい」「戦争は人間の仕業。平和をつくるのは人間とローマ教皇が語った」。語り始めた動機はそれぞれだが、八月九日朝のニュースでは、認知症が進み被爆体験を語らなくなった男性が再び口を開き始めたことを取り上げていた。きっかけは七月に国連で核兵器禁止条約が採択されたことだという。

「本土空襲」と「なぜ日本は焼き尽くされたのか」は、本土空襲について、軍事施設などを狙った精密爆撃から無差別爆撃に米軍が移行した経緯と、その背景となる、米空軍(当時は陸軍航空軍)がその力を示すために戦果を挙げようとした思惑を描いていた。裏付けとなったのは、今回の取材で存在がわかった米士官学校に保管されていた当時の空軍幹部の三〇〇時間に及ぶ肉声テープだった。空軍史の編纂のために一九六〇年代に二四六人から聞き取ったという。その中には無差別爆撃を指揮したカーチス・ルメイもいた。「日本人を皆殺しにしなければならない」。そして、空からガス攻撃を加える計画まで練られていた。ただ、このルメイに佐藤政権が勲一等旭日大綬章を贈っていることにも触れてほしかった。

これらの番組はいずれも視聴者に対する共通した制作者からの問いかけがあるように思う。八月二七日付の赤旗(日曜版)にジャーナリストで『テレビは戦争をどう描いてきたか』(岩波書店)の著者である桜井均氏の番組評が掲載されていた。桜井氏はこれらの番組に共通するキーワードとして「人道に対する罪」をあげ、「高齢者が命をかけて遺した言葉は『人道に対する罪』に時効がないことを告げている」と指摘している。たしかに、「なぜ日本は焼き尽くされたのか」では、ナレーションで繰り返し無差別爆撃について「非人道的」との言葉を使用していた。

ところで、これらの番組の多くが死体の写真を隠さずに放送していた。インパール作戦で英軍が撮影した日本兵。空襲で焼け焦げた人々。死者の映像のなかった東日本大震災の報道とは隔世の感がある。

アジア・豪州、北米や欧州など世界各国で相次ぐ慰安婦像設置の事態への反発。核兵器禁止条約への不参加。その一方で武器輸出を画策しつつ、安保法制を整備し、北朝鮮への武力による威嚇を狙った米軍と自衛隊との合同演習を実施する。そして、森友・加計学園問題で露呈した、安倍政権内に蔓延する無責任体質。戦後日本が〝存立危機事態〟に直面している時代状況が制作者たちを駆り立てているとしたら、感心して視聴している場合ではないのかもしれない。

虚をつかれるテレビの「政治的公平」……一二月号

「公平中立」を貶める首相

衆院選公示前夜の一〇月九日。安倍晋三首相はTBS「NEWS23」に出演していた。与野党の八党首が選挙戦を前にそろい踏みする最後の討論だと番組側がPRしていた。キャスターは朝日新聞出身の星浩氏。このシーンを見て思い出した二つの出来事がある。

一つは、遡ること一〇年前の〇七年七月の参院選だ。前年九月に発足した第一次安倍政権は当時、「消えた年金問題」に大きく揺さぶられ、自民党の敗北は目に見えていた。「最後のおひとりに至るまで、記録をチェックして、しっかりと年金をお支払いしていく」。そう繰り返す安倍首相がとった秘策はテレビへの単独出演だった。自民党はテレビ局の担当記者に対し「(安倍首相の)単独出演か、小沢一郎民主党代表との討論」という条件での出演を打診していた。全党党首が参加する討論番組で、集中砲火を浴びることを警戒したのだろう。

公示前とは言っても、選挙戦がスタートするなか特定の政党だけを事実上特別扱いすることは、安倍首相がそれこそ事あるごとに口にしてきた放送法四条の定める「政治的公平」に抵触しかねない。この時、単独出演したのは日本テレビ、ラジオ日本、テレビ東京、テレビ朝日だった。各局とも他党の主張を紹介するなど工夫をしていたが、単独出演により安倍首相の狙いに乗ることには、強い批判が寄せられた。日本テレビは「どの局よりも早くお越しいただいた」とスクープと言わんばかりの紹介ぶりで、嫌気が差した記憶がある。

もう一つは、二〇一四年一一月に衆院選を控えた一一月、「NEWS23」に安倍首相が生出演したときのことだ。この時のキャスターは毎日新聞出身の岸井成格氏だった。番組では、アベノミクスに対する評価を街の人に聞いたVTRを放送した。そのなかで批判的な声が多く取り上げられていたことに対して安倍首相が、「これおかしいじゃないですか」と噛みついた。その後自民党は、出演者、テーマ、街頭インタビューについて「報道の公平中立ならびに公正の確保」を要請する文書を、在京キー局に対して出した。結局この年一二月の総選挙では、その前に行われた一二年一二月の総選挙と比較すると、街頭インタビューが大幅に減ってしまった。岸井氏も、一六年春に番組を降板するに至っている。

「NEWS23」は言ってみれば、安倍首相とは因縁のある番組だ。しかし、先述した一〇月九日の番組では、安倍氏の表情に余裕があった。〇七年や一四年のときのような、姑息とも言える方法を取る必要などなかったからだろう。八党とは言っても、安倍政権を真っ向から批判する勢力は共産、社民、そして結党したばかりの立憲民主のみ。世論調査では、野党の分裂により与党側の勝利が予測されている。公明は言うに及ばず、希望、日本維新、こころの各党党首とは、政治観の隔たりがそれほど大きくない。言わば「お仲間」のような人たちに囲まれての討論であり、それを忖度する放送局というシステムができあがっていたからこその余裕だったのか。

公職選挙法の抜け道

テレビをよく視聴する読者なら気づいたに違いないことが、一つある。今回の選挙運動期間中のC

Mだ。やけに安倍首相ばかりが印象に残ってはいまいか。「この国を、守り抜く」。安倍首相の言葉が耳に残るほど繰り返し流れた。自民党のホームページをチェックしてみると、三〇秒が一本、一五秒三本の計四本のヴァージョンを制作したらしい。突然の衆院解散で他党は準備が間に合わなかった、ということではあるまい。日本維新の会や幸福実現党のCMも放送されていたようだが、あまり印象には残っていない。首相の解散権と小選挙区制度という、与党に有利な現行の選挙制度のなかで、テレビの利用も、巨額の資金を抱える大政党に有利に働くということを示しているのではないだろうか。

公選法は、テレビをどのような扱いとしているのだろうか。そもそも同法は、戸別訪問や署名運動は言わずもがな、配布できる文書の枚数も厳しく制限している。これは、選挙資金の多寡で選挙運動に優劣が出ることを防ぎ、各候補者ができる限り平等な条件で選挙を戦えるようにするためだとされている。有権者に対して大きな影響力をもつテレビの利用については、政見放送と経歴放送の二つだけを認め、そのほかの選挙運動を目的とした放送は制限されている。それでは、視聴者が目にする安倍首相出演のCMは、選挙運動ではないということなのか。こうしたCMは通常の政治運動の一環であり、選挙運動とは区別して解釈されているのである。

今回の自民党のCMも、特定の候補や自民党への投票を促すものではない。北朝鮮への対応、アベノミクスの加速、所得の向上といった政策を紹介し、「ぜひあなたの声をきかせてください」との呼びかけで最後を締めくくっている。ふだんはあまり見かけない政党CMが、選挙運動期間中に集中的に流されて政策をアピールしているのだから、これを選挙運動だと受けとめる視聴者は少なくないだろう。広告主である自民党もまさにそこを狙っているわけで、いわば公選法の抜け道になっている。この点にかんする議論は、少数政党からこそ活発になされたほうがいいのではないか。

国民投票とCM　ここで考えなければいけないことが一つある。今回の総選挙でも、自民・公明に希望や維新、こころを加えた改憲勢力は、衆議院議員定数の三分の二を超え、憲法改正の国会発議に必要な議席を満たした。安倍政権による改憲は、これまでに増して現実味を帯びてきたとも言える。

憲法改正の手続きを定めた国民投票法は、公選法とは異なり、自由な国民投票運動を原則としている。人を選ぶ選挙と政策を選ぶ投票とは異なっている、という理屈だ。後者においては、よりたくさんの情報に接することができれば、国民はより正しい選択が可能になるはずだ、という発想が背景にある。同法では国民投票運動を「憲法改正案に対し賛成又は反対の投票をし又はしないよう勧誘する行為」と定義し、放送との関係で言えば、国民投票期日の一四日前からは、「何人」たりともCMを流すことができない仕組みになっている。国民投票広報協議会が行なう、広報や政党などによるCMにかんしては別の扱いで、国会の議席の構成にかかわらず、賛否それぞれ放送時間帯や回数を同じとするよう規定されている。公選法における政見・経歴放送のようなものだろう。

国民投票法の問題点として浮かんでいるのは、投票期日一四日前まではCMを自由に流せるとすると、資金力のある政党や団体に有利な国民投票運動が展開されることにつながる、というものだ。そして、賛否を呼びかけないCM、たとえば「私は賛成に投票します」といったような個人の意見を表明するCMについては放送の制限が明記されていないため、これも資金力のある方に有利になるであろう。今回の衆議院議員選挙期間中に自民党が流したCMのようになりかねないというわけだ。本間龍氏は『メディアに操作される憲法改正国民投票』(岩波ブックレット)のなかで、「予算で上回る改憲派が絶対的に有利な状況にある」と指摘している。

メディアによる「偏向」の新定義

安倍首相の顔ばかりが印象に残った今回の自民党のテレビCMだが、いったいどのくらいの頻度で流れていたのだろうか。本誌編集部を通じて日本テレビ、TBS、テレビ朝日、フジテレビの四局に聞いてみた。質問したのは(1)どの政党のCMを流したのか(2)放送は何回か、の二点だ。フジ、TBSは二点とも回答を拒否。日テレ、テレ朝は自民党のCMを流したことは回答したが、その回数までは明らかにしなかった。実際に放送されているのだから、丹念に調べれば把握できないわけではないが、テレビ局自体が取材に回答しないという姿勢には驚いた。残念ながら定量的な分析はできないが、自分に批判の矛先を向けられたときの安倍首相の口癖である「印象操作」に、うまく乗せられてしまった視聴者もいたのではないだろうか。

国民投票に際しては、今回のような状況よりももっと露骨な形できっと現れることになるのだろうと想像する。

印象操作といえば、産経が投票日前日の一〇月二一日にネットで配信した記事、「テレビの報道チェック　野党に投票呼びかけ　国民投票は強制？　放送法の『政治的公平性』はどこへ」は興味深かった。書いたのは文化部の玉崎栄次記者。「一部のメディアが目に余る〝偏向報道〟を繰り広げている」との言葉で始まり、テレ朝とTBSの番組に出演した人物の個別の発言をとらえて、「偏向だ」と断罪している。たとえば、テレ朝「羽鳥慎一モーニングショー」でのジャーナリスト・青木理氏の発言。「憲法は国の基本なので、それに対して不安のある人はいろいろ考えて慎重に投票をしないと、自分たちの思いと違う方向に政治が行っちゃう可能性があることを忘れちゃいけない」と述べた。これに対し、玉崎記者は「(青木氏は)耳を疑う発言を繰り出した。改憲反対派への投票を呼びかけるかのようなコメントを口にしたのだ」と書いている。

玉崎記者が青木氏の発言をどう受け止めようと自由だが、筆者が記事を読んだかぎりでは、「耳を疑う」と表現するほどの発言にはとても思えなかった。産経の記者というのは、放送法をこのように解釈するのかとむしろ新鮮な気持ちだった。筆者がデスクなら、「自民党のＣＭしか扱わないテレ朝の偏向ぶりを暴く」とでも書くよう勧めたかもしれない。

最後にどうしても記しておきたい。東京一面に掲載された衆院選の検証連載「誤算の行方・上」(一〇月二五日朝刊)は、希望の党の失速を決定づけた小池百合子氏の「排除発言」の舞台裏を取り上げた。発言の翌日九月三〇日に大阪市で開かれた記者会見で小池氏が司会者に「あてないで」と差し出したメモには、排除発言を引き出したフリー記者の名前があった、というエピソードで記事は始まる。小池氏は食事がのどを通らないほど悔やんだらしい。会見者側の都合で質問者を指名することこそ情報操作の典型例でそもそも問題だ。このフリー記者とは、横田一氏である。その著書『検証・小池都政』(緑風出版)に、知事会見で質問指名を受け続ける「〝好意的記者〟ランキング」を実名で掲載した。「批判的な記者の質問を受け付けない一方、友好的なメディアを優遇するトランプ大統領と瓜二つ」と批判する。今回、横田氏が指名されたのは実に半年ぶりだったという。そこで出た「排除発言」。東京は実名で紹介していないが、良い質問だったと思う。

自民党の四段広告が投開票当日の二二日朝刊各紙に掲載された。この日の朝刊では自民党だけである。東京都内で購読できる読売(二二面)、日経(三〇面)、朝日(七面)、毎日(六面)、産経(七面)。東京にはなかった。「東京は反政府新聞」。官邸幹部が口にしたのを覚えている。アメとムチ——。新聞が斜陽産業化するなかでこれも一種のメディア操作だろう。

2018年

板門店で行われた式典に参加する文在寅・金正恩両氏
提供：AA/ 時事通信フォト

4月27日　文在寅韓国大統領と金正恩朝鮮労働党委員長が板門店で南北首脳会談を実施．朝鮮半島非核化を目標とする「板門店宣言」を発表した．6月12日にはシンガポールで金正恩と米トランプ大統領の首脳会談が行われた．

6月28日　西日本を中心に7月8日まで大雨が続き，死者200人以上を出す大惨事となった(平成30年7月豪雨)．

7月 6 日　オウム真理教事件の死刑囚13人のうち，麻原彰晃を含む7人の死刑が執行．26日には残る6名にも一斉に死刑が執行された．

9月30日　8月8日に逝去した翁長雄志前知事の後任をめぐる沖縄県知事選挙で，玉城デニーが初当選．

11月19日　日産自動車のカルロス・ゴーンが有価証券報告書の虚偽記載容疑で東京地方検察庁特捜部に逮捕される．

君たちは、この《超現実》をどう生きるか……………

一月号

米トランプ大統領はアジア歴訪からの帰途、専用機のなかで能弁だった。「とても誇らしく思っている。貿易面でも信じがたい数字をこのさき何年も目にすることになるだろう」。貿易赤字の解消が経済政策だと信じる大統領は、北の核脅威を賭金に、総額三五兆円の商談を成立させたことでご満悦だったのだろう。だが、アジアの事情はそれほど単純ではない。日韓中の関係は、近代の歴史だけをとっても複雑きわまりない。トランプ氏が、それぞれの国が歓迎晩餐会に込めたメッセージをどれだけ解読できたか、はなはだ疑わしい。

とりわけ、故宮の宴を演出した習近平主席は、「焚書坑儒」(時間の消去)と「万里の長城」(空間の拡大)を実行した「大帝国」の後裔として、新興アメリカを容易には寄せつけない威厳を誇示した。

それに比べると、日本のおもてなし外交はいかにも軽佻で、それを伝えるメディアも輪をかけて浮薄だった。NHK(ニュースウオッチ9)にいたっては、画面右上に〝シンゾー〟〝ドナルド〟のロゴを掲げ、ゴルフの最中になんどもハイタッチをしたとか、大統領のステーキはウエルダンで、出された皿を自ら左隣の首相に近づけたなどと、愚にもつかぬことを伝えたあげく、二人が共に過ごした時間が九時間だったことを一覧表にまとめ、ひたすら両首脳の親密さを実証してみせた。そこまではご祝儀としても、続いて登場した記者二人は「かつてない親密さ」「別格」などというお追従を並べ、それが日本の「国益」につながると弁じた。それを聞きながら、「記者」という文字がフェイドアウトし、二流の「永田町プレイヤー」がせり上がってくるのを見る思いがした。

視聴者はいつのまにかカジノの観客にされている。各国首脳は、マスメディアに囲まれて「ニュークリア(核)・ルーレット」に興じている。観客は、切迫感があるような、ないような奇妙な恐怖に囚《とら》われている。つまるところ、それぞれの権力が「お家の事情」を隠し、外向きのナショナリズムを偽装している。腐蝕ばかりが鼻につく。腐蝕の二字を使うのは、日中戦争下に書かれた茅盾《ぼうじゅん》の『腐蝕』の一節がいまも生きていることに驚くからである。「今日は悪夢を見たようだ。いや、悪夢はやっぱり序の口だ。明日こそ正式に夢の国にはいるのだ」。シンゾー・トランプの「夢」なんて!

君もまたコペル君

去る一〇月二八日、復帰が噂されていた宮崎駿監督は作家半藤一利氏との対談のなかで、日中戦争が始まった一九三七年に刊行された吉野源三郎『君たちはどう生きるか』を、次作のタイトルとすることを明かした。「その本が主人公にとって大きな意味を持つという話」であるとも。「シンゾー・トランプ」ブランドに対して、七〇年のときを隔てて、「ゲンザブロー・ハヤオ」の応答がどのように楔を打ち込むのか、いまから楽しみだ。

……ある日曜日、一五歳の少年が若い叔父と霧雨の降るデパートの屋上に佇んでいる。地上の車や人びとの動きを見下ろしているうちに、少年は「見ている自分、見られている自分、それに気づいている自分、自分で自分を遠く眺めている自分」に気づく。人間が人間の認識それ自体を認識する〝コペルニクス的転回〟が少年のなかで起こったのである。以来、叔父は少年を「コペル君」と呼ぶ。『君たちはどう生きるか』は、コペル君の成長を描く教養小説だ。この本が宮崎監督の次作の主人公に大きな意味を持つ、というのだ。

これまでも、ジブリ・アニメは時代の空気にメッセージを送るメディアであった。二〇一三年、宮崎監督の引退会見も、ジブリの歴史をふり返りながら、時代を批評するものだった。ジャパン・アズ・ナンバーワンともてはやされ、バブル景気に沸く世相とは一線を画しながら、ジブリは「基本的に子どもたちに『この世は生きるに値するんだ』ということを伝える」仕事をしてきた。その後、ベルリンの壁崩壊、冷戦の終結、ユーゴの内戦など「価値」が転倒する時代には、ジブリは「豚」(『紅の豚』九二年)や「狸」(『平成狸合戦ぽんぽこ』九四年)を動員してもちこたえてきた。しかし、その引っかかりもなくなり、「ドロっていく可能性があるところまできている」という謎の言葉を残して、宮崎監督は引退会見を終えた。とっさに福島第一原発のメルトダウンを連想した。

そこで、なぜいま『君たちはどう生きるか』なのか。かつて、社会主義者だけでなく自由主義者までもが追いつめられる暗い予感のなかで、吉野源三郎は少年とその若い叔父の「対話」をとおして、個人の自立、世界の多様性に目覚める少年の成長を描いた。コペル君は、級友の貧しさを知り、ミルクの生産と消費の仕組みから「世界の一分子」の自分を発見し、友を裏切った悔恨にさいなまれ、ナポレオンの生涯に権力の偽りを見る。これに比べると、「アメリカ・ファースト」「世界の真ん中で輝く日本」と叫ぶ大人たちは、いまだ天動説の囚《とりこ》であり、一五歳の覚醒に遠く及ばない。

「NO」では足りない

生命と商売を秤にかける政治に、メディアは何を期待されているのか。それに答えようとした二つのプログラムにふれたい。

その一つは、アメリカのオルタナティブ・メディア「デモクラシー・ナウ！」が配信した『NOでは足りない』トランプのショック政治に抵抗するために』。まず、司会のエイミー・

グッドマン氏がカナダのジャーナリスト、ナオミ・クライン氏の新著『NOでは足りない』(No is not enough)を掲げながら、「この本は、我々がいかに超現実的な政治状況に至ったかを明らかにし、危機のなかでどこまで状況が悪化しうるか予測する試みである」と紹介し、「トランプ時代をどう生きるか」という問いを立てた。

著者は以下のように答えた。一〇年前に『ショック・ドクトリン』を書いたとき、ブッシュ政権は経済危機、戦争、クーデタ、大災害などの混乱とパニックを利用して、非常に企業寄りの政策を推し進めた。その後、金融危機が起こると、「銀行が招いた危機の代償をだれが払うのか」と、世界中で「NO」の声が上がった。緊縮政策「NO」、民営化「NO」と叫んだが、代案はなかった etc…

トランプ氏は、「NO」をまるで受けつけない。それどころか、従来の政治慣行を破って、「NO」にはもっと強い「NO」を撃ち返してくる。排外主義をむき出しにし、身内がかかわる利益相反もおかまいなし。悪名こそが彼のブランドなのだ。彼は、民主党中枢の東部エスタブリッシュメントが新自由主義(「小さな政府」「民営化」「大規模な規制緩和」「市場原理の重視」)によって、格差を拡げ、白人貧困層を増やしたことに目をつけ、奇策に出た。格差を是正するのではなく「勝者か敗者か」という弱肉強食のリングを用意してみせたのだ。それはリアリティ番組「アプレンティス」と同じ手法だ。トランプ氏は、就職レースや出世バトルの敗者に向かって「お前はクビだ!」(You are fired!)と叫び、熱狂的なファンを集めてきた。いまはその熱狂が、黒人や移民の「弱肉」を貧困な白人が食い荒らすという政治ショーに応用されている。

その矛先は、自分を批判するメディアにも向かう。「お前は偽ニュースだ!」(You are fake news!)はすっかり有名になり、もっぱら人間の理性を攻撃目標にする。このリアル・ショーを、三三歳で核兵器とミサイルを手にした北の指導者に仕掛けている。この「超現実」をどう生きるのか。そこで、クライン氏は『NO』では足りない」として、「NO」に替わる「YES」の舞台を提示する。

立憲民主主義という「YES」

「デモクラシー・ナウ!」は、クライン氏の見立てとして、大統領選で、民主党のバーニー・サンダース候補が見せた可能性についてふれており、日本の立憲民主主義のあり方を考えるうえでも参考になる。

ヒラリー・クリントン的な民主党は、ついに新自由主義と「軍産複合体」の呪縛から離れることができず、格差と貧困に苦しむ若年層や白人貧困層の票を取り込むことに失敗。サンダース陣営は若者層を取り込んだ。しかし、黒人や移民の支持を取りつけるには至らず、結局、トランプ陣営に漁夫の利をさらわれた。

クライン氏は、二大政党による従来型の「政権交代」では、多極化する国際情勢には対処できない、と指摘する。ヒントは、イギリス労働党のジェレミー・コービン氏の戦いである。EU離脱を加速するために解散総選挙に出たメイ首相だが、コービン氏の健闘で保守党は過半数割れをした。労働党の勝利はなかったものの、権力の暴走を止めた。実際、アメリカでもサンダース支持者のなかに、「バーニーなら勝った」派と「ヒラリーの負けはバーニー派のせい」派に分かれた諍いを超えて、「民衆サミット」を立ち上げ、人種、経済格差、ジェンダーを横断する「YES」を模索する動きがはじまった。もし、サンダース氏が独自の新党を立ち上げていたら、第三極として、トランプ氏が毎日のように繰り出す「憎悪表現」を耳にせずにすんだかもしれない。

「デモクラシー・ナウ!」は、たとえ「政権交代」がなくとも、戦争への地滑りを食い止め、そこに「YES」を挿入する余地を残すことができる、というアジェンダを設定した。

しかし、日本では、リベラル派が「政権交代」の幻想に躓き、メディアが「政治的公平性」の呪縛に喘ぎ、与党の独走を許している。メディアは率先して、少数意見に耳を傾け、事実を直視し、憲法に立脚した「立憲主義」を定着させる仕事に一刻も早く着手しなければならない。

そうしたなかで、もう一つ市民の期待に応えた番組を紹介する。当欄一一月号でもふれたNHKスペシャル「沖縄と核」(二〇一七年九月放送)である。冷戦下の沖縄に、米軍の核弾頭が一三〇〇発も配備されていたこと、キューバ危機のときには、中国に向けて核ミサイルが発射寸前の状態であったこと、つまり、沖縄が核戦争の瀬戸際にあったことなどを、公開資料と証言で明らかにした。

この放送をきっかけに、沖縄をはじめとして長野など他県の市民が「核兵器から命を守る沖縄県民共闘会議」を結成し、政府や県に情報公開を求め、米軍基地への調査実施を要求している。〝核密約〟が露見した後、沖縄の核弾頭は本当に撤去されたのか。非核三原則はほんとうに堅持されているのか。NHK沖縄局の担当者もシンポジウムに参加するなど、自らの視界を広げる努力を重ねているようだ。

しかし、現政権はこうしたスクープ番組や市民との連携に神経をとがらせ、「介入」にならない程度にしばしば「クレーム」をつける。その根拠として放送法第四条(「政治的公平性」を求める条項など)が使われてきた。これに対して、国連人権理事会の「報道の自由」に関する報告書は、権力に悪用される第四条の「廃止」を勧告している。同理事会はまた、日本における人種差別、性差別、外国人差別など、合わせて二一八項目に及ぶ人権侵害についても改善勧告を出している。その一つとして、沖縄の米軍基地が住民の生存権を脅かしていると指摘。それと軌を一にするように、辺野古基地建設に非暴力で抵抗する住民に対し、「国際平和賞」が贈られた。だが、日本のメディアは「人権問題」に驚くほど無関心である。

「君たちはこの《超現実》をどう生きるか」という難問に、メディアが文字通り「ＹＥＳ」を横断的に結集することができるか、それが試されている。

放送は健全な民主主義に資しているか……………………二月号

共同通信編集主幹を務めたジャーナリストの原寿雄さんが、二〇一七年一一月三〇日に九二歳で亡くなった。共同通信在職中の六〇年代に「小和田次郎」の筆名で発刊したジャーナリズムのあり方を問う『デスク日記』をはじめ、退職後の九七年に出版した『ジャーナリズムの思想』『安倍政権とジャーナリズムの覚悟』といった一連の著書は、戦後ジャーナリズムを問い続けた貴重な証言記録である。また、日本民間放送連盟（民放連）放送番組調査会委員長、朝日新聞社「報道と人権委員会」委員、日本ビデオ倫理協会評議員といった肩書きは表現の自由に関して幅広く関心を向けていたことを示している。その発言は、本「メディア批評」欄でも執筆の際に大いに参考にさせていただいた。ご冥福をお祈りしたい。

原さんであればどのようなコメントを寄せただろうかと思わせる大きな出来事が、年の瀬も押し迫った一二月に相次いで起きた。一つは、最高裁が六日に出したＮＨＫの受信料に対する判断。もう一つは、放送倫理・番組向上機構（ＢＰＯ）の放送倫理検証委員会が出した、沖縄県の基地反対運動を取り上げた東京メトロポリタンテレビジョン（ＴＯＫＹＯ ＭＸ、以下ＭＸ）の情報番組「ニュース女子」についての一四日の決定だ。

ＮＨＫ受信料判決の余波

新聞各紙は判決翌日の七日朝刊で、最高裁大法廷（裁判長・寺田逸郎長官）がＮＨＫ受信料を合憲とした初判断を一面で扱った。朝日「ＮＨＫ受信料　実質義務」、毎日「ＮＨＫ受信料『合憲』」、読売「ＮＨＫ受信料制度『合憲』」と三紙はそろってトップ記事で報じた。社説でも毎日だけが八日だったのを除き、東京で購読できる全国紙・ブロック紙はすべて言及していた。朝日の紙面の扱いは特に大きく一五人の裁判官全員の顔写真と略歴、そして判断の内容を掲載する徹底ぶりだった。ＮＨＫとの受信契約を拒んだ東京都内に住む六〇代の男性に対してＮＨＫが支払いを求める訴訟で最高裁が示した判断は、ＮＨＫの主張にほぼ沿った内容だった。放送法六四条一項の「受信設備を設置した者は、協会（ＮＨＫ）とその放送の受信についての契約をしなければならない」の解釈に関する判決のポイントを東京（中日）は次のように要約した――

(1)ＮＨＫ受信料制度は合憲、(2)テレビがあれば受信契約を結び、受信料を支払うのは法的義務、⑶ＮＨＫが契約を求める裁判を起こし、勝訴が確定した時点で契約成立、⑷テレビの設置時にさかのぼって支払い義務がある。要するにＮＨＫには裁判で勝てないので、テレビを設置したときはおとなしく支払いなさいということだ。

ところで、ＮＨＫが受信料(地上放送月額一二六〇円)の支払いや受信契約を拒んだ人を相手に裁判を起こすようになったのは、実はそう遠い昔ではない。放送法が制定されたのは、まだ連合国軍による占領が続いていた一九五〇年。それから半世紀以上も経った二〇〇六年に初めての裁判が提起されている。受信料の滞納者に対して民事手続きによる支払督促を始め、一一年には、未契約世帯にも訴訟の手を広げた。ＮＨＫが裁判に訴えた背景には、〇四年に発覚した職員による受信料の着服事件がある。その後も不正流用が相次いで発覚し、七七％だった支払率は、〇五年には六九％まで一気に落ち込んだ。その後ＮＨＫは一三年かけて、一六年度の支払率七九％(契約率は八一％)へと回復させた。

ＮＨＫの収入の九六％を占める一六年度の受信料収入は、過去最高の六七六九億円。事業収支差金と呼ばれるいわゆる利益は、二八〇億円にも上る好決算だった。ＮＨＫの経営は、きわめて順調だ。民放で最も大きい売上高である日本テレビ(三一〇九億円(一六年度))の二倍以上である。一七年一〇月の受信契約数は四三五六万件で、この数字は、二〇年前の九七年一〇月(三六一二万件)から大きく伸びている。一方、新聞界は惨敗だ。同じ九七年は新聞発行部数のピークで五三七七万部。一六年には四三二七万部と一千万部以上も減らすなど、新聞発行部数はＮＨＫ受信契約者数に追い越されている。ＮＨＫは、マスメディア界の巨人といってよい。

支払率が急激に下がっていた〇六年に第一次安倍政権で総務大臣に就いた菅義偉官房長官は、受信料の義務化と値下げに意欲を示していたが、図らずも最高裁のお陰で事実上の義務化を実現させたというわけだ。また、菅氏と同じように受信料の値下げを主張した籾井勝人前会長は昨年一月にＮＨＫを去り、現在の執行部は値下げに後ろ向きだ。最高裁の判断はＮＨＫにさらなる増収の武器を与えたことになる。地上波、衛星波、国際放送に加えインターネットでの同時配信を目指すなどガリバー化するＮＨＫの言論市場での支配力が強まる一方であり、その事業について整理・統合の議論も不可欠だ。

放送への「批判」　ではどのような議論をすべきなのか。未契約・不払いのうち二割の世帯(一〇〇〇万件)の特徴について、須藤春夫・法政大学名誉教授(前メディア総合研究所所長)は赤旗(一二月九日)への寄稿「ＮＨＫ受信料　最高裁判決を受けて　視聴者の声聞き信頼構築を」で、こう指摘している。「従軍慰安婦をめぐる番組改変問題、安倍政権下で顕著な権力に配慮した放送、会長選出の不透明性など、ＮＨＫの報道のあり方や視聴者への説明責任などに疑問を持つ人」。

筆者は、これとは正反対の意見を持つ層の存在も見逃せないと思う。産経は七日朝刊の「主張」(社説)の「受信料『合憲』公共放送の役割胸に刻め」で次にように訴えている。「とりわけ真実公正な報道を貫く改革が問われている。歴史番組で旧日本軍の行為をことさら悪く描き、原子力発電所の再稼働や沖縄の米軍基地問題をめぐる報道でもバランスを欠くなどの批判がある。公平公正を疑う視聴者の声に耳を傾けるべきだ」。同じNHK批判であってもその見方は正反対だ。

NHKの放送は大きく、日々の出来事を取り上げるニュースと、特定のテーマを掘り下げる番組の二つに分類できるが、産経を代表とする批判は主に番組に向けられている。旧聞に属するが、ネトウヨ的な人たちから反日放送だと猛烈な攻撃を受けたNHKスペシャル「JAPANデビュー　アジアの〝一等国〟」(二〇〇九年四月五日放送)などは、至極まともな番組だったが、見方によってこんなに違うという例だ。これに対して、須藤氏の指摘する「権力に配慮した放送」の対象は、安倍首相に近いとされる解説委員の岩田明子氏が所属する政治部が流すようなニュースだろう。籾井前会長は「政府が右と言うことを左とは言えない」と発言したことがある。ニュースと番組をめぐる左右からの正反対の批判が、NHKには向けられているという構図だ。

テレビが設置してあればNHKを見ていなくても受信料を支払えということは、電気やガス、水道を一切使わなくてもインフラ設備の維持に必要だとして支払わなければならない各種基本料とNHK受信料は同じ、と最高裁が位置づけたということだ。「一種の国民的負担」(内閣法制局長官)、「特殊な負担金」(旧郵政省臨時放送関係法制調査会)――受信料については種々説明がなされてきたが、生活インフラと決定的に異なるのは、放送法が民主主義を謳っていることだ。NHKの財政基盤である受信料について考えることは、NHKを通して私たちの社会をどう実現するのかという議論に直結する。

NHKのニュースと番組がまったく異なるベクトルでつくられることは珍しくない。それらの同居も、多角的な論点を提示すべしという立場から見れば公共放送らしいと言えなくもない。しかし、時の権力にべったりのものをも認めるのは、一見公平公正に見えて、「放送が健全な民主主義の発達に資する」(放送法一条三項)上では非常に危険である。

重大な「違反」

MXが一七年一月二日に放送した「ニュース女子」の問題については、当欄でも一度考察した(一七年四月号)。事実と異なる内容に放送直後から批判が相次ぎ、BPOの放送倫理検証委員会が審議していたが、一二月一四日、委員会は「重大な放送倫理違反があった」とする意見を公表した。沖縄県・普天間基地の移設に伴う辺野古新基地や、米軍北部訓練場のヘリパッド建設に反対する人たちを取り上げた同番組は、化粧品メーカー・ディーエイチシーのグループ会社「DHCシアター」(現在はDHCテレビジョン)が取材・制作し、MXに完成品として納品されたいわゆる「持ち込み番組」。放送局が制作に関与しないケースでは、適正な考査が行なわれたかが委員会の検証対象になるという。

意見は、委員による沖縄での現地調査を踏まえ、番組内容について次のように指摘している——救急車が反対派によって妨害された事実は確認できない、反対派が日当をもらって運動しているという疑惑を裏付けなしに提起することは不適切、など。委員会はこうした六点を挙げ、「考査は放送倫理に照らして適正に行われたとは言えない」として重大な放送倫理違反と認定した。MXが二月二七日に出した「事実関係において捏造、虚偽があったとは認められず、放送法及び放送基準に沿った制作内容であったと判断しております」との見解に対しても、「MXの判断は誤っている。MXが本件放送の放送倫理上の問題を真摯に検証したとは言いがたい」と断じた。全面否定である。委員会は触れていないが、放送法四条が定める「報道は事実を曲げないですること」とはこういう番組のことを指すのではないか。MXは意見を真摯に受け止めるとしたが、考査体制の再構築を求めた番組審議会を含め、第三者からの指摘を受けるまでもなく、なぜ自律的に改革に乗り出せなかったのだろうか。残念だ。

一方、肝心のDHCは全く受け入れていないようだ。委員会は権能上考査体制にその対象を絞ったが、現実的にはDHCにその意を向けていた。朝日朝刊（一二月一五日）によれば、DHCに今回の意見についての見解を尋ねたところ、「（昨年）一月に出した見解と相違ございません」との回答だったという。一月の見解は、たとえば反対派の取材をしていない点について、「基地反対派の言い分を聞く必要はないと考えます」などと記している。常識からはとても考えられない発想だが、これは前社長と、現社長で番組チーフプロデューサーの山田晃の連名により一月二〇日付で発表されている。いまも社としての考えは変わらないということのようだ。

委員会はDHCに対面での聞き取りを求めたが、実現せず書面で回答を得ただけだったという。ところが山田氏は、放送倫理検証委員会が行う記者会見への出席をBPOに求めた。これに対してBPOは、DHCが民放連や総務省、NHKの記者クラブに加盟していない制作会社であることから、許可しなかった。DHCはこうしたBPOの広報担当者との電話でのやりとりを、自身が運営するネット番組で公開して、出演者に批判させている。開いた口が塞がらない。

放送倫理検証委員会は、フジテレビ系列の関西テレビによる番組捏造問題が発覚したことを受けて、二〇〇七年に新たに発足した組織である。当時の菅総務大臣が国会に提出した改正放送法案には、捏造したケースでの行政処分条項が盛り込まれていた。自民党が同年の参院選で大敗し、ねじれ国会という政治状況に助けられて、すんでの所で行政による放送への介入を免れた経緯がある。法規制を避けるために放送に関わる人たちが自分たちでつくった組織の決定を受け入れないばかりか、敵視するかのような行動を取る放送関係者が、一〇年後に現れたわけだ。「ニュース女子」問題は完全にDHCのペースに乗せられている。MXは放送局としての責任を果たし切れているのだろうか。DHCのサイトによると、「ニュース女子」はMXのほか一六の地方局や二つの衛星放送で流れているという。影響力は決して小さくない。

BPOの存在意義そのものを揺るがせかねない事態だ。今回取り上げた二つの事案の背後に歴史修正主義の気配を感じるのは、筆者の思い過ごしだろうか。事実を突きつけられてもなお「フェイクだ」と叫び続けるような人たち——。「菅生《すごう》事件」で被告の冤罪を証明した原さんなら、ジャーナリストは果敢に真実に肉薄しろときっと呼びかけたに違いない。

性暴力告発報道にあらわれるメディアの姿勢…………二月号

アメリカのニュース雑誌『タイム』の恒例行事「パーソン・オブ・ザ・イヤー」(今年の人)で二〇一七年に選ばれたのは「沈黙を破った人たち」だった。同誌では、良きにつけ悪しきにつけ世界の動きに最も大きな影響を与えた個人、グループ、団体、組織が選ばれてきたが、最近では「内部告発者」というようなもっと大きな「母集団」が選ばれることがあった。今回の場合もそれに近い。レイプを含む性的暴行、加害行動などの性犯罪や性的嫌がらせの被害にあった人々が、沈黙を破って、何をされたのかを具体的に語りだしたことの勇気を讃えての選定だった。性暴力被害については、まだまだ被害者が声を上げにくいという厳然たる現実がある。私たちの社会にはまだ固陋《ころう》な偏見や差別意識が残っているのである。同誌のエドワード・フェルゼンタール編集長は「これほどあっという間に社会が変わったのは、数十年ぶりのことだ」と、この勇気の意義についてNBCテレビの番組で強調してみせた。

告発の響くアメリカ

アメリカでは、二〇一七年一〇月、ハリウッドの超大物プロデューサー、ハーベイ・ワインスタイン氏の長年にわたる性的加害行動が暴露され、被害にあった女優や女性従業員たちが続々と声を上げたことから、「ダムが決壊した」(BBCニュース)ように、次々と著名人たちの性的加害行動が明らかになっていった。映画、テレビといった芸能文化の世界から、ニュース報道に関わるジャーナリスト、キャスター、果ては大企業のCEO、上院議員、下院議員といった政治家にまで追及の範囲が拡大した。指弾された加害者たちには、多くの場合、現職からの解雇、辞職、業界からの追放というような強い社会的制裁が課された。

実はワインスタイン氏追放以前に、アメリカではこの社会的変動に至る布石とも言える大きな動きがあった。それはアメリカの保守系メディアの柱のひとつ、フォックス・ニュースを舞台に起きた一連の出来事だ。一九九六年にルパート・マードック氏の後押しで設立された同社は、二四時間のニュース・チャンネルとして、リベラル色の強いCNNに対抗するかのように保守強硬路線をひた走りに走り、保守層の支持を獲得していった局である。二〇一六年七月、同チャンネルの設立者であるロジャー・エイルズ氏が、同局の女性キャスターに性的関係を迫ったことで訴えられ、CEOを辞任するという大醜聞があった。さらには一七年四月、同局のタカ派の看板キャスターであったビル・オライリー氏も、番組出演者を含む五人の女性に対するセクハラ加害で一四億円の和解金を支払っていた事実をニューヨーク・タイムズに報じられ、番組を降板するという出来事があった。これらにおいて、被害にあった女性たちが沈黙したままで終わらず声を上げたことが、現在の社会的なうねりにまでつながったことは確かだ。

ワインスタイン氏追放の後も、テレビ報道業界の重鎮と呼ばれてきたチャーリー・ローズ氏が過去に複数の女性にセクハラをしていたとの告発を受けて、司会を務めていたCBSニュースやPBS(公共放送サービス)から解雇された。フォックス・ニュースのオライリー氏とは対極的なポジションにあったと言われていた人物だっただけに、米テレビ界の衝撃は大きかった。

こうした動きを後押しした背景にSNSの普及という環境の変化があることは、すでに多くの論者が指摘しているところだ。「#MeToo」(私も)というハッシュタグがソーシャルメディアでどんどん拡散し、抗議行動のうねりにつながっていった。声を上げにくい状況にある人々にとって、SNSは圧倒的に敷居が低い。

そして何よりもこのうねりの強力な牽引者のひとりは、米国のトップ、トランプ大統領自身ではないか。過去にさかのぼる彼の数々のセクハラ疑惑に対する証言が今もなお続くさまは、レジスタンスの歴史を髣髴とさせるものがある。

告発が呑み込まれる日本

アメリカでのこの「沈黙を破った人たち」のうねりをみるにつけ、私たち日本のメディアの反応の鈍さ、そして当事者意識の欠如ぶりに思いを致さないわけにはいかないだろう。

日本の新聞でも一応申し訳程度には、こうした欧米での女性を中心とした勇気ある行動が報じられてはきた。だが扱いは大きくなかった。なぜなのか。端的に言うと、日本のメディア全体が、まだまだこの問題に向き合うだけの成熟した認識を持ちあわせていないからだ。残念ながら、いまだ男尊女卑的な古い価値観に支配されていて、これらの異議申し立ての重みを受け止められていないのではないか。

二〇一七年の日本では、この問題を考えるうえで深刻なテストケースとなる出来事があった。伊藤詩織さんのケースである。ＴＢＳワシントン支局長（当時）の山口敬之氏からレイプ被害を受けたとして準強姦容疑で捜査されていた案件が不起訴処分になったことに対し、伊藤さんは検察審査会に訴えた。山口氏はＴＢＳ在米支局での伊藤さんの就職話に絡めて飲食をともにしたのち、意識のない伊藤さんをホテル内でレイプしたとして、一時警視庁高輪署が捜査、山口氏の一時帰国時に成田空港で逮捕状の執行寸前までいったが、本庁からストップがかかり執行取りやめになった、と伊藤さんは言う。その後、捜査員全員が検事も含めて担当替えになった。東京地検はこの件を不起訴とした。伊藤さんは不服を申し立てたが、検察審査会は「不起訴相当」と議決した（一七年九月二二日）。現在伊藤さんは、山口氏を相手どり民事訴訟を争っている。著書『Black Box』（文藝春秋）では、当の山口氏も、酔って意識のない状態であった伊藤さんとの間で性交渉があったことを事実として認めている、と明かされている。

最近のマスメディア界で起きた事案を顧みれば、二〇一二年一二月、共同通信の人事部長（当時五一歳）が就活中の女子学生を「作文を添削してあげるよ」と言って呼び出し、ホテルに泊まらせて関係を迫ったというケースがあった。一三年五月、『週刊文春』がこの事実を報じたことから事件が発覚、共同通信はその週刊誌発売からわずか四日後にこの人事部長の懲戒解雇を決めて発表した。懲戒解雇であるから退職金は出ない。また、一三年一〇月、朝日新聞出版の『週刊朝日』編集長（当時五一歳）が複数の女性スタッフにセクハラ行為を働いたと内部告発され、調査の結果「重大な就業規則違反」に当たるとして、同じく懲戒解雇処分となった。

山口氏の場合、ＴＢＳの早期優遇退職制度を活用して、割増退職金を受領し、「円満退職」したという。この差は何か。二〇一七年一二月に東京地検特捜部が摘発した、スーパーコンピューター事業に絡んでの助成金詐取事件の主犯として逮捕された、ペジー社の齊藤元章社長という人物がいる。この人物と山口氏は懇意で、山口氏がＴＢＳ退社後に活動の拠点にしていたザ・キャピトルホテル東急内の事務所は、齊藤社長から提供されていた。平均家賃月額一三〇万円。さらに、二人で設立した財団法人「日本シンギュラリティ財団」の代表理事に、山口氏が就任している。設立は一六年三月九日で、山口氏がＴＢＳを退社したのは同年五月だから、彼はＴＢＳ在職中の時点ですでに財団代表に就任していたことになる。これはＴＢＳの就業規則違反ではないのか。同社は知らぬ存ぜぬでは済まされまい。自浄能力が問われているのだ。

「沈黙を破った人々」の勇気を報じる代わりに日本のメディアを席捲したのは、著名人の（とりわけ女性を中心に据えた）不倫報道だった。何という落差か。国会議員や芸能人ら著名な女性たちの「貞節に反した行為」が一部週刊誌によって俎上にのせられ、世の中がその話題で持ちきりになる。女性たちはひたすら謝って、その姿をさらす。これは、安倍首相の言う「女性が輝く社会の実現」のネガの社会像ではないのか。

歪むニュースバリュー　うんざりである。元横綱・日馬富士関の後輩力士に対する暴力事件をめぐるマスメディアの報道、特にテレビ報道は、過剰を通り越して異常ではなかったか。筆者がとにかく指摘しておきたいのは、その報道の総量が度を越えていないか、という点だ。新聞もテレビも記事の分量、放送時間の枠は限られている。そのなかでこの事件だけが突出して多いと、本来掲載されているはずの記事、放送されているはずのネタが、はじき出されてしまうのだ。

過剰報道を促しているものは何か。それは「横並び」の意識であったり、相撲という「国技」がもつ人気への素朴な依拠であったりするだろう。売り上げと視聴率が欲しい。それゆえの俗情との結託。量とは別に質の問題もある。相撲などみたことも興味もない若い記者が某部屋の張り番取材に行くように命じられた。あるテレビ局から聞いた話だが、その若い記者は局のデスクから「とにかく一挙手一投足逃さずにリポートをして来い」と言われ、全く動きのない某部屋で何時間も張り付いていたのだという。そこに宅配便の配達人がお届け物を手に部屋を訪れた。するとその場にいた若いリポーターたちが一斉に「今、何かお届け物が届いたようです」とリポートし出したのだそうだ。末期的な光景だ。

はじき出されたネタで筆者が記憶しているのは、たとえば、沖縄県宜野湾市の普天間第二小学校の校庭に、米軍輸送ヘリコプターの窓が枠ごと落下してきた事故である。落下地点のわずか一〇メートル先には多数の子どもたちがいた。あわやの事態である。この事件は本来ならば、日米地位協定や飛行ルート逸脱への疑問、いくら抗議してもすぐに飛行再開する米軍、それに何ら異を唱えられない日本政府といった根源的な差別・不平等の構造にまで切り込んで報道がなされてもおかしくはない。しかし、やはり報じられていたのは日馬富士なのだ。沖縄の諸問題は徹底的にないがしろにされている。

それどころか、公然と沖縄に関するフェイクニュース番組がつくられ地上波のテレビで放送された。先にも触れたが、MXが放送した「ニュース女子」について「重大な放送倫理違反」があったとの意見が出された。そのこと自体は評価したいが、この意見も踏み込めなかった点を最後に補足しておきたい。

意見は制作者本体を検証したのではなく、放送局の考査が適正に行われたかどうかの結論だったことは先述した。だから、いくら厳しい放送倫理検証委員会の意見でも、番組を実際に制作した制作者らは屁とも思っていない。MXは、大スポンサーであるDHCの代理店業務のようなことまでやっていた。その大スポンサー・DHCの制作プロダクション「DHCシアター」(当時)と「ボーイズ」が制作に関わったいわゆる「持ち込み番組」を、チェックするような力関係にはなかったのが実際だ。「ボーイズ」は「そこまで言って委員会NP」(読売テレビ)の制作にも関わっている筋金入りの集団であり、山口敬之氏らの出演するインターネットTV「虎ノ門ニュース」ともつながっている。

こうした集団の庇護に関わる人々の存在を明るみに出す作業はBPOではなく、ジャーナリズムの仕事だろう。

「明治一五〇年」のビーンボール(故意死球)……三月号

暮正月のテレビには、「西郷どん」(NHK大河ドラマ)、「明治維新」「明治一五〇年」などの言葉が飛びかった。ちなみに「明治一〇〇年」(一九六八年)の大河ドラマは、司馬遼太郎の『竜馬がゆく』であった。同じ年から、産経に連載された『坂の上の雲』は、よく国民国家の形成をになった日本人の「楽天」を描いたが、結果として、明治維新一〇〇年後の日本に新たな「楽天」をもたらしたとも言われる。天皇制国家は日露戦争勝利という絶頂期に、「大逆事件」と「韓国併合」(ともに一九一〇年)という「坂の下の暗雲」を遠望していたのである。

「明治一五〇年」の今年、安倍晋三首相は年頭所感でいきなりビーンボールを投げてきた。いわく、「明治日本の新たな国創りは、植民地支配の波がアジアに押し寄せる、その大きな危機感と共に、スタートしました。国難とも呼ぶべき危機を克服するため、近代化を一気に推し進める。その原動力となったのは、一人ひとりの日本人です」。

正月ボケのわれわれは、一五〇年前にタイムスリップさせられ、西欧列強のアジア侵略という国難に「自衛のための近代化」をなしとげ、やがて自らもアジア侵略に邁進した国民国家の末裔として登録されてしまった。今年のメディアは、「明治維新」と「大逆事件」「韓国併合」の暗い因果を見定めるという難問に向き合うことになった。

明治維新と時代閉塞のあいだ　安倍首相は、「わが国をとりまく安全保障環境の激変」を常套句に、「天皇退位」「元号制定」「首相再選」「憲法改正」などの政権スケジュールを掲げ、集団的自衛権行使のための戦争マシーンを買いあさっている。

この風圧をメディアはどう受けとめているのか。昨年一二月一日から今年一月末にかけて、在京キー局が「明治維新」と「韓国併合」についてどの程度あつかったかをアーカイブ検索してみた。キーワード「明治維新」が二七件、「明治一五〇年」が四三件、「西郷どん」が一三四件と出た。これらの数字は、今後まちがいなく増えるだろう。これに対して、「韓国併合」は一件のみ。ＴＢＳ「報道の日２０１７」の「ロイヤルファミリーなぜ日本に？　一四世紀末からの王朝直系子孫」(一七年一二月三〇日)は、かつての赤坂プリンスホテルに住んだ朝鮮王朝の李垠《イウン》・李玖《グ》父子を軸に、一九〇五年の大韓帝国の保護国化から韓国併合、日本の敗戦と朝鮮戦争、南北分断などを経て今日にいたる曲折の歴史を伝えた。

以上の検索結果の対照はなにを意味するのか。安倍首相は、「明治維新」(一八六八年)を「自衛のための近代化」の起点と考え、「韓国併合」(一九一〇年)を無視し、「満州事変」(三一年)から「日中戦争」(三七年)、「真珠湾攻撃」(四一年)、「日本敗戦」(四五年)までを暴走の時代とみなす。

安倍首相は、戦後七〇年談話で、一五年戦争については国際秩序に対する挑戦者として進むべき針路を誤ったが、寛容の心によって国際社会に復帰することができたとし、「我が国は、和解のために力を尽くしてくださった、すべての国々、すべての方々に、心からの感謝の気持ちを表したい」と述べた。「韓国併合」の植民地主義には一言もふれず、「我が国」を代表して、アジアの被害者の赦免に礼を言ったのだ。一億総懺悔、一億無答責と変わるところがない。メディアはなぜこれを放免するのか。

歴史の不可逆について

次に、「慰安婦」and「(日韓)合意」で検索した。四三〇件に跳ね上がった。そこには「嫌韓」の言葉が溢れている。この乱気流はなにに起因するのか。

二〇一五年末、日韓外相会談のあとに発表された慰安婦問題に関する「日韓合意」に、植民地主義の罪過が集約されている。メディアはそれに気づいていないのか、気づかないふりをしているのか。

慰安婦に対する戦時性暴力は、植民地の女性たちに対してとりわけ過酷であった。まさしく「人道に対する罪」であり、時効なき罪である。国連の人権委員会や女性差別撤廃委員会は慰安婦問題について日本政府に「法的責任」をとることを勧告しつづけている。しかし、日本政府は「心からのおわびと反省の気持ち」を表明するにとどまり、法的責任にふれようとしない。逆に、「強制連行の証拠は発見されていない」「戦争犯罪ではない」などとくり返すのみである。メディアが批判されなければならないのは「傍観の罪」である。

「合意」当時の朴槿恵大統領に替わった文在寅氏は、調査タスクフォースを立ち上げ、合意交渉の過程を検証させた。その結果、前大統領が被害女性たちの声を十分に聴かなかったとし、交渉過程に〝裏合意〟があったことを明らかにし、日本政府に「真実と正義の原則」に基づく謝罪を求めている。

これに対して、菅義偉官房長官は「最終的かつ不可逆的合意であるので、一ミリたりとも合意を動かす考えはない」とにべもない。河野太郎外相は「国家間の合意を変更すれば、日韓関係はマネージ不能となる」と突っぱねている。

ＮＨＫ「ニュースウオッチ９」のキャスターは、文大統領の会見を紹介し、「あれもこれもというふうにも、見える。すべてをかなえるのは難しい話だ。中途半端な態度に終始していては、多くから信用を失ってしまう」と、自国の首相には使わないようなきつい言葉を並べ立てた。われわれの耳には、合意文に含まれていた「最終的かつ不可逆的に解決されることを確認する」という言葉の冷たさが残っている。一般的に他者に災厄をもたらしたときには、事実認定から謝罪、補償にいたる段階を一つ一つ踏むものだが、この「合意」にはそれがない。

問題の「不可逆的」という言葉をめぐって日韓間の認識にずれがあったと、テレビではＴＢＳ「Ｎスタ」が伝えた。「韓国側が強調していたのは不可逆的な日本の謝罪だが、日本側は最終的に解決ということを主張していた。その後の交渉で日本側の要求がより反映され〝最終的かつ不可逆的に解決〟の言葉で合意」と。この点は東京新聞がさらに踏みこんだ。韓国側は、日本側に謝罪と否定を二度とくり返さないという意味で「謝罪の不可逆性」を求めたが、交渉の過程で日本が主張する「解決の不可逆性」に変わったという。日本では、「もう蒸し返さない」という意味に解している。

問題の〝裏合意〟は三つあるという。⑴韓国政府が挺対協（挺身隊問題対策協議会）などの合意に反対する支援団体を説得する努力をする、⑵日韓以外の第三国に慰安婦の追悼碑を設置する動きがあっても韓国政府は支援しない、⑶「性奴隷」の用語を使わない」。要するに、被害女性たちの支援者を「黙らせる」こと、国際的な舞台で慰安婦問題が注目されないよう努力すること、そして、「性奴隷」という日本軍を卑しめる表現を使わないことなどを〝密約〟し、その上で、日韓両政府は被害当事者や両国民の頭越しに決着していたというのだ。それなのに、日本政府は「沖縄密約」から「森友・加計〝隠し〟」に至るまで「秘密をよく守る国」として、「一ミリたりとも」とか「マネージメント不能」などと取り合わないのである。

朝日は、去年一二月二八日の社説で、もっぱら朴槿恵政権の失政を強調する文在寅大統領の内向きの姿勢を批判し、今年一月一〇日の社説では、合意形成の過程に問題（密約）があったとしながら、文政権が表明した方針では混迷が深まるばかりだと指摘。そして、ついに一月一三日「オピニオン＆フォーラム」欄に、会社員の投書として「国同士が合意した約束を反故にするような国であれば、国交さえも見直すことになる」と安倍首相（＝国）を代弁する意見を掲載した。

一四年の吉田清治証言に関する「誤報問題」が尾を引いているのか、「核となる精神は、元慰安婦らの名誉と尊厳を回復することにある」と控えめに述べた。しかし、これとても被害者への「寄り添い」を演じるだけで、「慰安婦問題」の本質から目をそらしたものでしかない。呆れるのは、メディアの言説が国家のそれと一体化していることに、当のメディアが気づいていないようなのだ。

迷路を脱せよ

一九九六年の国連ジュネーブ人権委員会で採択された「クマラスワミ報告書」は、吉田証言のためにすっかり信用を失うことになったが、仔細に見れば、有効な指摘が数多い。そこには国際的な基準に従って、慰安婦を「性奴隷」と規定し、その仕打ちを「人道に対する罪」にあたると認定する文言が含まれていた。そして、戦時性暴力の再発を防止するために、日本は以下の六点を実行することを求められたのである。すなわち、(1)真相究明(事実認識)、(2)真の謝罪、(3)個人補償、(4)責任者処罰、(5)正しい歴史教育の実施、(6)追悼碑の建立。まず真相究明のためには、被害女性たちへのヒアリングはもちろんのことだが、加害兵士や将校などに事実を確認することを必須とした。それらは今回の〝密約〟の内容とも重なる。

くり返すが、事実認定のない謝罪はありえない。吉田証言の瑕疵を言い募り、国連人権委員会の結論がなかったかのようにふるまうのは国際道義に反する。

メディアの問題としては、NHK、ETV2001の「シリーズ戦争をどう裁くか　第二回問われる戦時性暴力」の改変事件にふれなければならない。安倍晋三官房副長官(当時)らとの面談をしたNHK幹部が意図を過剰に忖度して、大幅改変を命じた罪はこの上なく重い。安倍氏らが属する「日本の前途と歴史教育を考える議員の会」は、ジュネーブ人権委員会の勧告の(5)「正しい歴史教育の実施」を真っ向から否定する。同時に、「報告書」が重視すべきとした「加害兵士の証言」を削除することを容認してしまった現場の責任も重い。女性たちの声を世に伝えることがメディアの良心と考えるだけでは不十分である。彼女たちが語る苦痛は、加害兵士たちのそれと比較できない。加害兵士の証言は、被害女性たちの赦しをえるためにのみなされるのではない。日本政府に法的責任があることを明示するためなのである。

徐京植《ソキョンシク》氏は『日本リベラル派の頽落』で「国家が明確で誤解の余地のない謝罪と補償を行なわない限り、日本人たちは自らを慰めてはならない」と書き、良心的なリベラル・メディアの落とし穴を厳しく指摘している。メディアは「謙譲の衣をまとった自己中心主義」と決別しなければならない。

「日韓合意」に対する安倍政権の驕慢は、「韓国併合」を直視しないことから来る。韓国併合の一九一〇年、石川啄木は『時代閉塞の現状』を著した。そして、一人の新聞人として「地図の上朝鮮国にくろぐろと墨を塗りつつ秋風を聴く」と歌った。「徴兵制」に危惧を抱き、貧富の差がもたらす「教育機会の不平等」を指弾し、青年たちの「内訌的、自滅的傾向」を悲しんだ。彼は、「明治維新」と「韓国併合」の連続のなかに被害者と加害者が背離しつつ存在する時代の閉塞を直視しようとしていたのだろう。

野上弥生子は小説『迷路』で、徳川幕臣の子孫に、明治維新以来並走してきた「天皇制官僚主義」と「軍国主義」の末路を批判させた。「御維新の政府が薩長の微禄者でできたように、戦後わるくすれば、あんな若造の仲間が天下をとる日が来ないともかぎらない」と。安倍氏がもっとも隠蔽したいのは、近代化の名のもとに植民地支配と侵略に走った祖父の時代の責任ではないのか。「明治一五〇年」のメディアに期待されるのは、歴史の暗部を見て、現在の閉塞を抉《えぐ》ることなのである。

根拠なき誹謗と、事実の力——産経誤報問題……四月号

「【沖縄二紙が報じない】危険顧みず日本人救出し意識不明の米海兵隊員　元米軍属判決の陰で勇敢な行動スルー」——。

二〇一七年一二月九日、三〇〇〇字に及ぶ長文の記事を産経新聞のインターネットサイト「産経ニュース」に掲載したとき、記事の筆者である高木桂一・那覇支局長は、同じ那覇市内に本社を置く琉球新報と沖縄タイムスに挑戦状を突きつけたような高揚感に包まれたに違いない。記事の内容は、見出しを読むだけで想像できるだろう。

格好の「沖縄二紙叩き」ネタ　各紙の報道によると、沖縄に駐留する海兵隊員(曹長)が意識不明の重体となった事故は、同月一日午前四時五〇分ごろ、沖縄市の沖縄自動車道で起きた。出勤途中の曹長が運転する米軍車両を含む計六台が絡む多重事故で、路上にいたところを、別の海兵隊員が運転していた乗用車にはねられたのだという。

高木支局長はこの事故を発生時はニュースとしては扱わずに後日、いわゆる「美談」として記事化した。「クラッシュした車から日本人を救助した在沖縄の米海兵隊曹長が不運にも後続車にはねられ、意識不明の重体となった」「危険を顧みずに貫いた隊員の勇敢な行動。県内外の心ある人々から称賛や早期回復を願う声がわき上がっている」。そして、同じ記事の中で、「ところが『米軍＝悪』なる思想に凝り固まる沖縄メディアは冷淡を決め込み、その真実に触れようとはしないようだ」「米軍の善行には知らぬ存ぜぬを決め込むのが、琉球新報、沖縄タイムスの二紙を筆頭とする沖縄メディアの習性である」「『報道しない自由』を盾にこれからも無視を続けるようなら、メディア、報道機関を名乗る資格はない。日本人として恥だ」とこき下ろした。この記事はネット版だけでなく、一二月一二日朝刊に「日本人救った米兵　沖縄二紙は黙殺」との三段見出しの写

真付きの記事としても掲載された。

産経新聞社内の評価はきっと高かったのだろう。今年一月一日朝刊でも取り上げられ、石井聡論説委員長は「年のはじめに繁栄を守る道を自ら進もう」の中で「勇敢な人物の存在を日本人の多くが知らない。それは寂しいではないか。心から謝意を表したい」と書いた。約一六〇〇字のうち四分の一も割く力の入れようである。さらに一月一〇日朝刊に載った新聞各紙の社説検証でも、「このニュースは日本国内では一部でしか報じられず(略)日本人の多くが知らない」と紹介されている。「産経ニュース」の記事は、八重山日報(沖縄県石垣市)にも一二月一一日、転載された。日本人男性が米兵に「感謝している」と語ったとする関係者のコメントまで、ご丁寧に載せたのだった。

産経は、沖縄の米軍基地など安全保障政策を巡る論調で正反対の立場を取る琉球新報や沖縄タイムスに対して、ことあるごとに批判を繰り返してきた。その詳細は紙幅の関係で別の機会に譲るが、今回の記事もその一つと考えられる。「沖縄二紙叩き」の格好のネタだと高木支局長が小躍りしたとしても不思議はないだろう。

事実に基づく反撃

産経の「挑戦状」に受けて立ったのが、琉球新報だった。一月三〇日朝刊で「『米兵が救助』米軍否定産経報道『沖縄二紙は黙殺』県警も『確認できず』」との記事を掲載した。この産経報道を検証した記事では、米海兵隊は「(曹長は)救助行為はしていない」、県警も「救助の事実は確認されていない」と取材に対して回答した、と報じた。全否定する内容だった。沖田有吾記者は「続報を書かなかった最大の理由は、県警や米海兵隊から救助の事実確認ができなかったからだ。一方で救助していないという断定もできなかった」と明かし、「最初に米軍側が説明を誤った可能性を差し引いても、少なくとも県警に取材せずに書ける内容ではなかったと考える」と指摘した。

同紙の報道を受けて、毎日『「米兵美談」巡り主張対立　産経の報道を琉球新報否定』(一月三一日)、沖縄タイムス『「沖縄二紙は黙殺」報道と批判した産経報道　「米兵の日本人救助」米軍・県警は確認できず』(二月一日)、朝日『「米兵が日本人救出」報道　産経　報じないのは「恥」批判　沖縄二紙反論「確認不十分」』(二月二日)と続いた。こうした一連の記事に対して産経は、「継続して取材を進めており、必要と判断した場合は記事化します」とのコメントを出すだけだった。二月二日には、曹長が救助したと報じられた日本人の男性自身が「米軍関係者に救助された記憶はない」とする談話を出すまでになり、産経の誤報はほぼ確定的になった。

しかし、産経が「必要と判断した」という「謝罪」記事の掲載までにはさらに六日間を要した。八日朝刊の一面と三面でそれぞれ「沖縄米兵の救出報道　おわびと削除」「検証『日本人救った米兵　沖縄二紙は黙殺』報道」という見出しの記事をようやく掲載し、「再取材の結果、日本人男性を直接救助した事実は確認されなかった」と書いたが、肝心の誤報の原因は判然としない検証だった。記事は経緯について、「救助を伝える（曹長の）夫人のフェイスブックや米ＮＢＣテレビの報道を確認した上で米海兵隊に取材した。この際、沖縄県警には取材しなかった」とし、「別の運転手が助けを必要としているときに救った曹長の行動は、われわれ海兵隊の価値を体現したものだ」との回答を得たことを明かしている。

琉球新報は、産経の誤報の背景にあった、海兵隊内での情報の混乱を紹介している。当初、海兵隊はツイッターで日本人を救助した直後に曹長が車にひかれたと書き込んでいたが、後にこの部分を削除していることを指摘し、「事故に関わった人から誤った情報が寄せられた結果（誤りが）起こった」という説明を海兵隊から引き出している。高木支局長は事故処理にあたった県警に取材することなく、米側の情報だけを根拠に報じていたわけだ。しかもこれが初報ならともかく、日本人救助は米国内でも報道されており、後追い報道であることが裏取り取材を甘くしたと推測できるが、産経はそのことに触れていない。

繰り返される誤報　ここで思い出すのは、二〇一二年一〇月にあった、日本人の研究者によるｉＰＳ細胞（人工多能性幹細胞）の臨床研究をめぐる誤報問題だ。「ｉＰＳ心筋を移植　初の臨床応用」というニュースは読売が一一日朝刊で特ダネとして報じた。産経は同日夕刊（大阪）で追いかけ、この研究者に直接確認しないまま記事化し、誤報につながった。

今回の事故の記事でも、命を助けられた日本人のコメントは最初からなかった。デスクは当事者への取材を指示しなかったのか。そうすれば誤報は防げていたはずだ。産経の記事には再発防止につながる具体的な検証がない。これは沖縄県警取材への指示についても同様である。乾正人・執行役員東京本社編集局長は「事実関係の確認作業が不十分であった。（沖縄二紙への）行き過ぎた表現があったにもかかわらず、十分なチェックを受けずに配信、掲載された」としているが、なぜ素通りしてしまったのかの説明はない。これでは検証の名に値する記事と言えないのではないだろうか。産経は高木支局長を出勤停止（一カ月）、乾編集局長ら編集幹部七人を減給などの処分としたが、社外の第三者も参加する「産経新聞報道検証委員会」でも改めて取り上げ、その結果を紙面で報告してほしい。第三者機関の存在意義も問われている。

本稿の趣旨からは少しはみ出るが毎日新聞にも苦言を呈したい。一月三一日の記事は、見出しにあるように、産経と『琉球新報』の報道が対立していることを伝えている。二紙だけの問題と放置せず、記事にしたことの意義は認めたい。しかし、なぜ毎日新聞が独自で検証することを試みなかったのか。米軍や沖縄県警への取材は欠かせなかったのではないか。こういう記事は、偏りのない中立な報道とは言わないだろう。真相を突き止めることこそ、報道機関としての役割ではないだろうか。

くすぶる「森友」　学校法人「森友学園」への国有地売却

問題は、昨年秋に安倍晋三首相が衆院を解散したことで、国会での野党の追及がストップさせられてしまった。しかし、年が明けて通常国会が始まると、財務省近畿財務局が学園との交渉について役所内部で検討した詳細な文書が存在することを、一月二〇日毎日朝刊がスクープし、改めて火がついた。この文書は情報公開法に基づく請求に対して財務省が開示したものだ。佐川宣寿国税庁長官（前財務省理財局長）は「廃棄した」と国会で答弁してきたが、実際にはあったわけだ。ちょうど一年ほど前に発覚した、南スーダンに派遣された陸上自衛隊の日報隠しと同じ問題が浮上した。財務省は二月に入ると、それまでの五件に加え二〇件の文書を公表した。これら二五件の文書は、「値下げの根拠が不明確」とする報告書を昨年まとめた会計検査院にも提出されていなかった新資料だ。

今年になって新たに明らかになったのは、行政文書ばかりではない。売却額を巡って学園側と近畿財務局職員が交わした会話の音声データの存在まで、共産党によって判明した。学園側が「ゼロに近い形で払い下げを」と求めたのに対して、近畿財務局職員が「ゼロに近い金額まで努力する」と明言しているのだ。新文書に対して麻生氏は「法的な論点について財務省近畿財務局での検討を行った資料だ。あくまで法律相談だ」とし、太田充理財局長は、音声データの内容について「金額のやり取り」であって「価格交渉」ではないとの答弁を繰り返している。世の中の感覚とはおよそかけ離れている。戦争を「事変」と強弁した戦前の軍部と共通する発想だ。

安倍首相に至ってはまともに答弁する気さえないようだ。佐川氏とともに国会招致の焦点となっている昭恵夫人が、記者の質問に答えた「真実を知りたい」との発言に対して、衆院予算委員会で感想を求められても、安倍首相は「『安倍晋三記念小学校』、こう籠池（泰典・森友学園前理事長）さんが申請した。朝日新聞が事実かのごとく報道した。実は『開成小学校』だった。ウラ取りをしない記事」と質問されていないことを答弁する始末だ。朝日は二月六日朝刊で報道の経緯を明かす記事を掲載している。麻生氏も確定申告初日（二月一六日）に行われた、佐川国税庁長官の罷免を求める同庁前での市民による抗議活動に対して、「御党（立憲民主党）の指導だ」と述べる（後に訂正）など、説明責任を負うべき政治家たちが報道や野党の追及にもどこ吹く風の態度を続けている。

朝日は「国会の議論がかみ合っていない」と指摘したが、こういうのはそもそも議論と呼べる代物ではない。報道機関や野党がいくら事実を突きつけても安倍政権は認めようとしない。これを「フェイク政治」と呼ぶのではないだろうか。

安倍政治の最深部に向かってボーリングせよ！…………………

五月号

国民は、いま〝国家犯罪〟の前に立たされている。森友学園に対する国有地払い下げ疑惑と、その交渉過程の文書管理案件が、この一年、安倍政権の周辺で熾火のように燻り続けてきた。問われているのは、「国有財産法」「公文書管理法」「情報公開法」「内閣法」「会計検査院法」など、市民社会の法理が歪められた事案である。

安倍晋三首相が、昨年二月一七日の衆議院予算委員会で「私や妻が（新設小学校の）認可や売買に関係していたら、総理大臣も国会議員も辞める」と断言して以来、真相を知る者と知らない者がメディアを挟んでにらみ合う日々が続いた。

三月二七日、森友文書「改竄」の中心人物と目され「引責辞任」した、前国税庁長官（前財務省理財局長）佐川宣寿氏への証人喚問がテレビで生中継された。決裁文書の「改竄」は、佐川氏自身の意思によるのか、誰かもっと上からの指示によるのか、実行者は誰なのかなど、質問が集中したが、彼は「刑事訴追のおそれがある」として四七回も答弁を控えた。昨年三月一日、二日の国会で国有地払い下げ交渉について答弁したときに、元の決裁文書を見たかという質問に対しても答えなかった。しかし、安倍首相、麻生太郎財務大臣、内閣官房などからの不当な「指示」はなかったと明言した。結局、なぜこれほど徹底した公文書改竄が行われたのか、疑問は解けなかった。

証人喚問を目前にした三月二四日、安倍首相は自民党大会で「なぜこんなことが起こったのか、全容を解明し、二度と起こらないようにすることで責任を果たしたい」とまるで他人ごとのように檄を飛ばした。森友問題の幕引きをしたいという願望がにじんだ。

スクープが真実を救う

ここからは、「ポスト真実」という流行語に惑わされず、「真実」からカッコを取り除くために、時間軸の上をあちこち爬行《はこう》しながら進んで行くことにしたい。

ことの発端は、三月二日の朝日の大スクープであった。一面トップを「森友文書　書き換えの疑い」の見出しが躍った。森友事件の柱は二本。その一は、時価九億円を超える国有地がわずか二〇〇万円で売り払われたこと、その二は、ないと言われた決裁文書の交渉経緯にオリジナル版があったことだ。そこに「特例」「特殊性」、政治家の名前などが含まれていると報じた。永田町と霞が関に激震が走ったことは言うまでもない。市民も、交渉過程のリアリティから遠ざけられていたことを知らされた。

このスクープには〝前震〟があった。昨年二月九日、朝日社会面が土地疑惑の口火を切った。「学校法人に大阪の国有地売却　価格非公表、近隣の一割か　理事長は日本会議大阪の役員　名誉校長は安倍首相の妻・昭恵氏」。これ以前、安倍首相夫人昭恵氏は、森友学園経営の塚本幼稚園を訪ね、園児らが「教育勅語」を唱和するのを聞いて感涙し、「安倍首相に伝えます」と答えたという。テレビで放映された映像から、多くの市民は、安倍首相と籠池理事長が「日本会議」を介して昵懇《じっこん》の仲であることを知り、国有地払い下げに特段の便宜が図られたのではと疑った。「総理大臣も国会議員も辞める」と言い切ったのは、この記事をめぐる国会質疑のなかであった。

首相答弁のあと、国会で矢面に立ったのは、財務省の佐川理財局長だった。彼は「森友学園側とのあいだに事前の価格交渉はなく、関係した人物の名前も売買契約後ただちに廃棄した」と官僚答弁を繰り返した。俄には信じられない答弁によって、メディア空間では「知性」と「狡猾さ」が入り乱れ、「きれいは穢い、穢いはきれい」という「二重思考」(double thinking)が日常化した。籠池理事長は、証人喚問の場で、安倍首相夫妻との関係を強調し、神風が吹き始めたなどと語り、事実は小説より奇なりと結び、もう一人の「ポスト真実」の申し子を演じた。まさにこの時期(昨年二月から四月にかけて)、売買契約に関する決裁文書の「改竄」が密かに行われていたのである。そして、「改竄」後の文書は五月に開示され、国会も国民も騙されてしまった。

今年三月の朝日スクープは、「改竄」前の文書があることを暴いたのである。しかし、その情報の出し方は、慎重かつ老獪であった。紙面に現物のコピーを示さず、それを持っているかいないのかも明言せず、知られざる事実を「確認」したとのみ記し、表現は「書き換えの疑い」にとどめた。いつもなら、このあたりで安倍首相が「朝日のフェイクニュース！」と喚くところだが、なぜか寡黙であった。

安倍政権の露骨なメディア介入を知るテレビ各社は、スタジオでキャスターの解説とゲストの感想を交えて淡々と伝えた。本来ならＮＨＫが森友特集を制作しなければならないところだが、この一年ほとんどなにもない。

そうしたなかで財務省はついに「改竄」前の決裁文書を公開した。朝日の音なしのかまえが功を奏したことになる。中国の『十八史略』の一節を思い浮かべる。「死せる諸葛、生ける仲達を走らす」――影に怯えた小心者が馬脚を現す話だ。

「書き換え」か「改竄」か

それから一〇日後の三月二二日、参院財政金融委で民進党礒崎哲史議員が財務省の太田充理財局長に「書き換え」と「改竄」の違いを尋ねた。太田局長は、「書き換え」はやや中立的過ぎるとした上で、「改竄」は「多く不当に改める場合に用いられる」と広辞苑を引用して答えた。しかし、今後の答弁で「書き換え」のまま行くとも述べた。これは日本的な婉曲表現である。評論家加藤周一の「夕陽妄語」(『続投』という比喩)は「不正確な比喩的表現を続けることによってごまかされるのは、単に現実の一部ではなくて、現実の、権力側にとって不利な一部である」と指摘する。あいまい表現は財務省を利するだけだ。

朝日スクープ「森友文書　書き換えの疑い」の直後は、テレビももっぱら「書き換え」と言っていた。「改竄」を使うときは、野党の見方を紹介する場合にかぎられていた。

「書き換え」と「改竄」をキーワードで検索し、それぞれの使用分布を調べてみた。「書き換え」は全般に分布しているが、財務省がオリジナルの決裁文書を公表した三月一二日以前に多い。翌日から、テレビのテロップは公文書「改竄」事件に変わった。もっとも早く、広範に「改竄」を使いはじめたのはテレビ朝日、次いでTBS。「改竄された文書」「文書の大量改竄」などが多用されるようになった。内容も「書き換え」より踏み込んで、「公文書の改竄は民主主義の根幹を掘り崩す」とか「改竄の衝撃、官僚の忖度では済まぬ」など、政府の対応に批判的になる。ところが、NHKだけは、「書き換え」が九〇%以上を占め、「改竄」はほとんどない。NHKは、三月二七日の証人喚問での佐川氏の証言などから、今後は「改竄」を使うと説明した。NHKのスクープに期待しよう。

「改竄」前の決裁文書が公表される四日前の三月八日、財務省は参議院予算委員会理事会に、なぜか「改竄」後の文書を出してきた。一瞬、朝日のスクープに影が差したが、野党は財務省の「ゼロ回答」に猛反発したため、朝日は〝誤報〟呼ばわりされるのを免れた。翌九日、佐川国税庁長官(前理財局長)がとつぜん辞任した。ほぼ時を同じくして、森友学園との売買交渉にあたっていた近畿財務局の職員が自殺したというニュースが飛び込んできた。発見されたのは七日。麻生財務大臣は九日の記者会見では調査中としたものの、事実を知ったのは文書公表の直前の一一日、「改竄」は佐川前理財局長の答弁との整合性を図るために財務省内で行われていたと一三日に発言、責任は佐川氏の周辺にあるとした。

同夜、首相官邸前のシュプレヒコールは、佐川理財局長ではなく麻生大臣、安倍首相の退陣を求めた。これが市民の感覚だ。安倍一強がその頂点で高転びする瞬間をこの場所で見ることになるかもしれない。

「内部告発」　あらためて、一二日に公表された近畿財務局作成の改竄前の文書を読んで驚いた。官僚の手になるものとはとても思えないほど記述が細かい。政治家の名前や安倍昭恵夫人の言動が赤裸々に記され、昭恵夫人が森友学園を訪れたときの写真まで添えられている。まるで、週刊誌の記事のような仕上がりだ。これは、担当職員のささやかな抵抗あるいは「内部告発」のようにも見える。NHKは三月一五日、自殺したとみられる職員の遺書に踏みこみ、『決裁文書の調書の部分が詳しすぎると言われ、上司に書き直させられた』とか、『勝手にやったのではなく財務省からの指示があった』、『このままでは自分一人の責任にされてしまう』、『冷たい』などという趣旨の内容も書かれていた」と伝えた。ところが、なぜか「自殺報道」は一七日を境に激減、「真実」は再び漂流しはじめた。核心は再び見えなくなった。

安倍首相は、都合の悪いものを見ようとしない。そして考えようとしない。話が昭恵夫人の責任に及ぶと、すべて自分を通して伝聞形で語りだす。「知らないと言っている」「そんなことは言っていないと聞いている」などなど。妻をかばうというより、口封じをしているように見える。

官邸は、夫人の証人喚問を断固として拒否している。複数の秘書をつけ公人のようにされていたが、森友問題を機に昭恵夫人は、閣議決定で早々に私人に「格下げ」された。

それにしても、籠池夫妻の〝国策拘留〟、昭恵夫人付き秘書谷査恵子氏のイタリア〝亡命〟、佐川前理財局長の〝主犯化〟など目に余る。一六日、太田充理財局長は、改竄の動機を聞かれて、前任者の国会答弁に合わせるためと繰り返していたが、佐川氏以前の安倍首相らの国会発言も影響していたと語り始めた。委員会室にどよめきが上がった。さらに、一九日には、参議院予算委員会の共産党小池晃議員の「なんで国会議員ではない昭恵さんの動向が記載されているのか」との質問に対して、太田理財局長が「それは基本的に首相夫人だからということだと思う」と口にしたため、またも議場が騒然となった。

佐川前理財局長の証人喚問前日の参議院予算委員会で、新たなことがわかった。決裁文書に掲載されて問題になった昭恵夫人の写真は、本省から近畿財務局への指示によるものだというのだ。官僚たちの反撃が始まったのだろうか。次のトカゲの尻尾切りが太田理財局長であるという危機感の表れか。

このところ行政府のお粗末なデータ管理、市民生活への介入が目につく。文科省は前次官前川喜平氏の名古屋市の中学校の講演に稚拙な介入をして赤恥をかいた。防衛省の南スーダンPKO日報改竄事件、厚生労働省のずさんなデータに基づく「裁量労働制」導入の頓挫など、安倍首相は自分が首相であり続けるために、いったい何本のトカゲの尻尾を切ったら気が済むのか。

証人喚問を終えて、「真実」が危機に瀕していることがわかった。だが、やるべきことはある。「事実の発掘」と「事実の確認」の能力を高めることだ。証人喚問の翌日、参院予算委員会で民進党川合孝典議員が一つの提案をした。国の責任で学校予定地の地下を実際にボーリング調査してはどうかというのだ。ここで提案、市民がテレビの伝統的な調査報道の手法をまねる。民間業者の協力を得て、地歴が似る敷地周辺の道路をマイクロ波で画像検査をする。そのプロセスをカメラとマイクで記録し、それをマスメディアに持ち込む。あとは〝権力犯罪〟の自壊を待つというのはどうか。

放送法四条の本質とは何か

六月号

「安倍政権が検討している放送制度改革の方針案が一五日、明らかになった。テレビ、ラジオ番組の政治的公平を求めた放送法の条文を撤廃するなど、規制を緩和し自由な放送を可能にすることで、新規参入を促す構え」——。共同通信が三月一五日に配信したこの記事で安倍政権による放送法四条の撤廃方針が急浮上した。共同は二二日には新たな政府の内部文書を入手、「安倍政権が放送制度改革で、テレビ、ラジオ番組の政治的公平などを求めた放送法の条文撤廃に加え、放送局に義務付けた番組基準など、NHK以外の放送関連の規制をほぼ全廃する方針」とし、「放送局に番組基準の策定や番組審議会の設置を義務付けたり、教養、報道、娯楽など番組ジャンルの調和を求めたりしている規定を撤廃する」と報じた。新聞や出版、インターネットと同様の放送番組の自由化だ。

安倍政権の主要政策について有識者らが議論する「規制改革推進会議」(議長・大田弘子政策研究大学院大学教授)の中で検討されている改革プランらしい。同推進会議を所管する内閣府は「放送法の規制緩和で放送とネットの垣根をなくす」(三月一七日読売朝刊)というねらいのようだが、政策的には、小泉政権末期の二〇〇六年、当時の竹中平蔵総務相が掲げた「通信と放送の融合」という名の規制緩和路線を焼き直したように映る。政策の肝は、放送設備を持つハード事業者と番組を制作するソフト事業者を分離し、放送設備という多額の資金投資を不要にして番組参入の垣根を低くすることで、多様な番組の制作を可能にすることだった。この時は番組内容の基準(四条)の撤廃まで踏み込んだ議論はなかった。

揺さぶられてきた放送法

放送法四条は、「放送番組の編集に当たつては、次の各号の定めるところによらなければならない」とし、(1)公安及び善良な風俗を害しないこと、(2)政治的に公平であること、(3)報道は事実をまげないですること、(4)意見が対立している問題については、できるだけ多くの角度から論点を明らかにすること、を定めている。放送局に限らず新聞、出版など報道をする者にとっては、法律に定められていなくとも、当たり前の原則だ。

しかし電波の希少性、公共性を根拠に、放送では番組内容に注文をつけている点が異なる。放送事業者が参考にする倫理規定とする説と、放送法を所管する総務省が行政指導をしたり、電波法に基づく停波を命じたりできる義務規定とする政府の解釈とが、大きく対立してきた。ただ、連合国軍の占領下にあった一九五〇年に放送法や電波法が制定されてから、電波停止命令は出されたことがない一方で、行政指導は繰り返されてきた歴史がある。行政指導は、記録が残る八五年から民主党政権が終わる二〇一二年までに三六件ある。菅義偉官房長官が総務大臣だった第一次安倍政権下では、たった一年で八件だ。民主党政権下ではなされなかった行政指導が、第二次安倍政権になり、高市早苗総務相の下で一五年に再開された。翌一六年二月に国会で高市総務相が、「テレビ局が政治的公平性を欠く放送を繰り返した場合、電波停止(停波)を命じることができる」と述べて、大きな議論を呼んだ。

安倍首相については、官房副長官だった二〇〇一年一月に旧日本軍の慰安婦問題を取り上げたNHKの特集番組の放送前日、幹部に「公平、公正に」と言って圧力をかけたことは本欄でも再三、指摘してきた。最近では、テレビ朝日「報道ステーション」で一五年三月、コメンテーターを務めていた経産省出身の古賀茂明氏が、出演中に菅官房長官の名前を出して「官邸の圧力で降板させられた」と発言し、自民党がテレビ朝日幹部を呼んで事情を聞いたことがある。四条は、政治と行政による番組内容への介入の根拠にされてきたのだ。

こうした日本の報道事情を見て、一六年四月に国連人権理事会の特別報告者として来日調査したデービッド・ケイ氏は、報告書に放送法四条の廃止を盛り込んだ。この報告書に基づく国連人権理事会の勧告を、日本政府が今年三月に拒否したことが明らかになったばかりの、今回の廃止方針である。

利用されようとしている放送

安倍首相の心変わりの背景には一体何があったのか。自民党が大勝した昨年一〇月の衆院選公示日(一〇日)直前の八日夜、テレビ朝日とサイバーエージェントが共同出資して設立したウェブの「AbemaTV」の番組に安倍首相が単独出演した。放送ではあり得ない。テレビ朝日の番組審議会委員長、見城徹・幻冬社社長がMCを務めている。第一次安倍政権の時は「消えた年金」問題で劣勢だった参院選(〇七年七月)を前に単独出演を各局に打診し批判を浴びた。第二次政権の衆院選(一四年一二月)の前に出演したTBSの報道番組では、安倍政権の経済政策に批判的な「街の声」が紹介されたことに憤慨し、自民党が各局に「公平中立、公正」な選挙報道を求める要望書を各局に出したことも批判を招いた。放送と異なり、四条に縛られず自由に発言できることに気をよくしたというのだ。

別の狙いもあるらしい。ある放送関係者は「実は安倍首相は憲法改正国民投票法との抱き合わせで考えている節がある」と明かした。安倍首相の最大の政治目標は改憲だ。改憲案を発議し、国民の過半数の支持を獲得しなければ実現しない。いまの国民投票法一〇四条は、放送局が国民投票に関する放送にあたって放送法三条の二の一項(現放送法四条一項)に「留意するものとする」と規定している。国民投票法が制定された二〇〇七年当時は、総務相による行政指導やメディア規制法と言われた個人情報保護法の施行（〇五年）といった、政府によるメディアコントロールが懸念され、国民投票法でもどのようなメディア規制が盛り込まれるかが焦点の一つとなった。その結果、放送については、すでに適用されている条文の屋上屋を重ねるような規定が、国民投票法にも盛り込まれたのである。政治的に公平でない放送をすれば行政指導だ、という威嚇と受け止められた。

ところが、国民投票にかかわるCMをめぐっては資金力で優位に立つとされる改憲派に有利だという指摘がある。放送の自由度が高まることは改憲派にとって都合が良いということがわかってきた。安倍首相の四条撤廃の真の狙いは、放送番組の制作を自由にすることで放送を利用し、国民投票を有利に運ぼうとすることにあるのではないかというわけだ。

四月一七日朝刊の朝日は、こう伝える。〈三月九日夜。東京・高輪の迎賓施設「高輪館」での首相と日本テレビの大久保好男社長の食事会だ。複数の関係者の話を総合すると、ここで首相は放送法四条の撤廃を示唆したという。首相は四条をなくすことに民放の理解を得られると考えていたふしがある〉。

首相の思惑と異なり、民放を中心に各局は一斉に反発した。

四条の意味を本当に理解しているか

放送法四条の廃止に放送局はなぜ反対するのか。安倍首相から最初に耳打ちされた日本テレビの大久保社長は、「新聞等で報じられている通りだとしたら、民放事業者は不要だと言っているのに等しく、容認できない。強く反対したい。民放は、緊急災害報道や字幕放送など市場原理とは別の公共的、社会的役割を果たしている。規制のないインターネットと同様のコンテンツ（番組）が放送で流れた場合の影響の大きさを考えると、間違った方向への改革ではないか。日本の放送事業者が外資の影響を受けかねない」（三月二七日読売朝刊）と述べたという。

「インターネットと同様のコンテンツが放送で流れた場合の影響」とはどのようなことを指すのだろうか。日本テレビは〇七年の参院選で、自民党の要望を受け入れていち早く安倍首相の単独出演を放送したことを、忘れたのだろうか。

テレビ朝日の早河洋会長は、「民放の実情あるいは実態、歴史的な歩みを踏まえた慎重かつ丁寧な議論を強く求めたい。（撤廃すれば）目を背けたくなる過激な暴力とか性表現が青少年や子どもに振りかかる」（三月二八日読売朝刊）、TBSの武田信二社長は、「戦後六十数年続いてきたNHKと民放の二元体制という日本の放送界を壊すというか、否定するものであるならば、当然私も反対だ。抜本的改革の方向性が違うのではないか」（三月二九日読売朝刊）と述べたらしい。

放送法四条の撤廃に最も批判的な論調の読売は社説（三月二五日）で、「米国では、放送局に政治的な公平性を求めるフェアネス・ドクトリン規制が一九八七年に廃止された後、偏った報道が増えた」と指摘した。保守系のメディア「FOXテレビ」の登場や、同社が支持を鮮明にしているトランプ大統領の誕生に結びついたと解説する識者も少なくない。だからこそ、四条は撤廃してはならないというわけだ。

しかし、本当に四条は機能しているのだろうか。「虚偽ニュース」と批判を浴びた、沖縄での基地反対運動を取り上げた東京メトロポリタンテレビジョン(MX)の「ニュース女子」(二〇一七年一月放送)は、現行法の下で制作された。四月の番組表から消えたのは、放送界が設立した第三者機関「放送倫理・番組向上機構」(BPO)が指摘したからではなかったのか(ニュース女子のMCで当時は東京・中日新聞の論説副委員長だった長谷川幸洋氏は、安倍政権の規制改革推進会議の委員の一人)。

放送法四条が機能するとはどういうことかを考えてみたい。たとえば安倍首相が自民党幹事長だった二〇〇三年。テレビ朝日の衆院選報道に不満を持った安倍氏は自民党幹部に番組出演をボイコットさせ、その範囲を一般議員にまで広げた。この時テレビ朝日がすべきだったのは関係者の処分ではなく、「政治的公平違反の放送をさせるのか」と訴えることである。そして一五年四月に自民党に呼ばれた時は、「特定の政党への説明は政治的公平を欠く」と拒否すべきではなかったか。

NHKの「慰安婦」番組でも同じだ。NHK幹部は安倍氏との面会後に改変を担当者に指示するのではなく、「事実を曲げた番組になってしまう。放送法違反になる」と安倍氏の求めをはねつけるべきであったはずだ。

行政指導に至っては、BPOが指摘したように「放送法が保障する自律を侵害する行為」だとして、反発したことがあっただろうか。高市前総務相の「停波発言」があった際、労働組合や番組制作の現場から批判の声が上がったが、明確に批判する経営者は一人もいなかった。

放送法四条を武器に政治家や行政の介入に対抗しようともせず、四条が放送番組への介入の口実になっている現状を見たケイ氏をはじめ国際社会が、日本政府にその撤廃を求めるのは当然なのだ。それとも、四条があるおかげで「ニュース女子」レベルで収まっているとみるべきなのか。放送局の経営者による四条の廃止反対論は、放送局が制作した番組はインターネットの番組とは違って放送法四条のお墨付きのある安心番組ですよという、番組スポンサーに向けた一種の商品保証マーク論としか思えない。

そもそもケイ氏の撤廃論は、来日した一五年四月にまでさかのぼる。放送関係者はこの三年の間に、真剣にケイ氏の言葉を受け止めてきちんと議論してきただろうか。四月一六日の規制改革推進会議では、五月にまとめる答申に向けた論点整理に四条の廃止は盛り込まれなかった。四条が必要であるのなら、視聴者がわかるよう行動で示してほしい。

政権末期、いたるところに越えるべき「壁」あり……………

七月号

このところ、NHKの看板番組「NHKスペシャル」から「調査報道」がめっきり姿を消した。調査報道とは、ある事件・事故がどのような背景で起こったのか、また、それはなぜ防げなかったのかなどの問いを立て、事実を発掘し、真相を解明し、責任のありかを明示する、そのプロセスを視聴者と共有していくドキュメンタリーの手法である。デイリーのニュースとは異なる。

この一年の出来事を見れば、「森友」「加計」「セクハラ」など調査報道の対象に事欠かない。だが、NHKアーカイブス「番組表ヒストリー」を見て愕然とした。NHKスペシャルでは、これら政権の中枢にかかわるテーマを一本も扱っていないのだ。その代わり、「自然」「紀行」「宇宙」「人体」「スポーツ」「食文化」など高画質を売り物にする「エンタメ」系が大半を占めている。

NHKスペシャルの前身「NHK特集」開始時の企画意図（NHK公式サイト）に、「組織の『壁』を大胆に破り、……制作スタッフに内在しているエネルギーを引き出す」とあるように、報道系と番組制作系から〝腕に覚えのある〟ディレクターが同じプロジェクトで切磋琢磨し、記憶に残る番組を連発したという。

最近の番組からは、「壁」を乗り越える意欲が伝わってこない。越えるべき「壁」がもっと別のところにあるのかもしれない。よく聞くのは、政治家と接する政治部系職員が政権に忖度する「壁」を立てているので、他の職員はその「壁」を越えられない、という声だ。さらに、政治部の社会部に対する優位も歴然としており、社会部が取ってきたスクープも同様の「壁」に阻まれて陽の目を見ない。だからといって、他社に抜かれようものなら、「受信料の無駄遣い」と罵られるのが落ちだ。「壁」はなぜ立てられるのか。「壁」は誰が立てるのか。「壁」は何を隠すのか。責任は誰がとるのか。もしかして、「壁」ありきなのでは……。

「壁」ありき　永田町や霞が関という「壁」の中には、責任をとらない世襲政治家、隷従する高級官僚、忖度するメディアが同心円状に分布する。その中央に、残忍な強盗プロクルステスの「寝台」が置かれている。彼は、通りすがりの旅人を捕えては寝台に横たえ、はみ出た足や頭を切断する。背丈が足りなければ、寝台に合わせて胴体を引き伸ばす。「壁」の内側のいたるところに、「裁断機付寝台」が転がっている。

森友学園についていえば、安倍首相は「私や妻が認可や国有地売却に関係したのであれば、首相も国会議員も辞める」と、早々に啖呵を切り、「モリトモ寝台」を設置した。あとはそれに合わせて佐川宣寿前理財局長が学園との交渉記録を「すべて廃棄した」と証言。証人喚問では「刑事訴追の怖れがある」との理由から、公文書変造にかかわる証言をことごとく拒否。ところが、大阪地検特捜部は彼の不起訴方針を固めているという。特捜までも「モリトモ寝台」に縛りつけられてしまったのか。このタイミングで、廃棄したとしていた交渉記録九〇〇ページを出してきた。しかし、その中に籠池夫妻と撮った昭恵夫人の写真は含まれていない。他方、拘置所の「壁」の中から、一〇カ月ぶりに籠池夫妻が出てきた。

一方、「カケ寝台」の寸法も、安倍首相の「(加計学園の)獣医学部選定を知ったのは、去年一月二〇日だった」という答弁に合わせて決定された。柳瀬唯夫元首相秘書官はまず「首相案件とは、安倍首相が国家戦略特区に力を入れているという意味だ」と一般論にずらし、加計学園関係者とは三回面談したことは認めたが、愛媛県職員や今治市職員の存在はぼかした。そして、この件について安倍首相に報告もせず指示も受けていないと断言した。「壁」ありきとしか思えない。

「壁」の元祖は、太平洋戦争中の〝絶対国防圏〟である。「台湾沖航空戦」を指揮した福留繁第二航空艦隊長官は大敗を大勝と報告し、特攻隊員に天皇の訓示を伝えた富永恭次第四航空軍司令官は、直後に内地に逃げ帰った。ウソと裏切りの「壁」の外で、おびただしい数の若者が死んだ。

「壁」崩壊の予兆　首相の保身と高級官僚の服従がピークに達したとき、近畿財務局の職員が改竄作業を強いられたことに耐えきれず自殺した。残されたメモをNHKが入手した。そこには「決裁文書が詳しすぎると言われた」「財務省からの指示で行なった」「このままでは自分一人の責任にされてしまう」などの文字があった。彼は過労死ラインを超える月一〇〇時間以上の時間外労働を何カ月も強いられた。それなのに、彼が必死で改竄した決裁文書があっさり公表されてしまった。彼は薄情な「壁」を見てしまったのだろう。つづいて、理財局から森友学園にゴミ撤去の「口裏合わせ」文書が出てきた。これらは、NHK大阪の報道部のスクープであるが、そのときの記者の一人が非現業職場への異動を命じられた。こうした場合、人事部の冷たい「壁」には〝適材適所〟の文字が貼りだされるのだろう。

こうした流れとすれ違うように出てきた前理財局長の不起訴処分。虚偽答弁や文書の改竄も土地取引の内容を変更しないということらしい。ならば、なぜ安倍首相や昭恵夫人の名前をやっきになって消したのか。自殺者は誰のために良心を犠牲にしたのか。メディアは、これらの疑問に答えるべく調査報道の決定版をつくる責務がある。

加計問題について、愛媛県の中村時広知事が文書開示を始めた。「真実ではないこと、強烈な言葉で言えばウソということになるが、ウソというのは、ときに本人だけにとどまることなく、他人、第三者をその世界に引きずり込むことになる」。

ウソの「壁」はいつ崩れるのかと思いながら、筆者は五月一四日の参議院予算委員会をテレビ傍聴した。自民党・こころの塚田一郎議員が安倍首相に尋ねた。「政権が長期化していることで、総理への忖度があったのではないか」。首相は仲間の質問に油断したのか、「忖度されたか否かは、される側にはわかりにくい面がある。私としてはなかったということは言い切れない」と答弁。このとき「壁」が揺れた。安倍首相は何かを「指示」したことはないが、自分の「存在」が忖度の対象になりうると認識していた。確たる「言質」を与えさえしなければ逃げ切れる、という狡知が透けて見える。見殺しにされた者たちの亡霊は「壁」を抜けてつきまとうだろう。

五月二一日、愛媛県知事は安倍首相と加計孝太郎理事長が三年も前に直接会い、「今治市での獣医学部新設」について意気投合した内容の文書を出した。安倍氏は、官邸の面談記録を調べたが加計氏の名前は確認できないと語り、菅官房長官は、記録は速やかに廃棄されると発言。さらに加計学園関係者が、「理事長と首相が会ったと言ったのは、誤った情報(ウソ)だった」と言い出した。今度はポスト真実の「壁」だ。

「壁」を越えて見えるもの

福田淳一前財務次官のテレビ朝日女性記者へのセクハラ言動と、それを告発したことに対する麻生財務大臣らの耳を疑うような暴言の数々は、永田町、霞が関に醜悪な「壁」があることを再認識させた。

五月一五日、「メディアで働く女性ネットワーク」がその「壁」を告発するアピールを行った。そこで代読されたある女性記者の言葉が印象に残った。「私は入社後まもなく警察幹部に無理やりキスをされて『君が悪い』と言われた。数年後、県庁幹部を取材中、ホテルに連れ込まれた。中間管理職になった四〇代、上司から犯罪まがいの性的暴力を受けて拒むと『別の部署に飛ばす』と脅された。そんなことまでして私が働き続けてきたのは、ジャーナリズムの現場で声なき人の声を代弁し、社会を良くするためだ」。

彼女らは、今回の問題を重大な人権侵害ととらえ、ひいては憲法二一条が保障する報道の自由と知る権利を損なうと訴えた。その上で、「新聞、放送、出版、インターネットなど発信するメディアの違い、正社員、非正社員、フリーランスといった働き方の違い、所属組織の『壁』をのりこえて」連帯すると宣言。暴力にさらされた者が弱者に寄りそう。ジャーナリズムが越えて行くべき「壁」を指し示した。

こうした動きに呼応するNHKの番組を二つ紹介したい。

Eテレ「平和に生きる権利を求めて～恵庭・長沼事件と憲法～」(四月二八日放送)は、長沼ナイキ訴訟を題材に、それまで争点になりにくかった憲法前文の「平和的生存権」を使って「自衛隊違憲」の判決を導いた裁判過程を、録音テープや一次資料をもとに、調査報道の手法で明らかにした。

裁判の途中、札幌地裁福島重雄裁判長のところに一通の文書が届いた。同裁判所の平賀健太所長からのもので、「原告の申し立て却下」を示唆する内容だった。福島氏は直ちに裁判所内で記者会見を開き、この「平賀書簡」を暴露した。そして、「裁判所自らが司法権の独立を遺憾なく放棄し、時の権力にすすんで迎合したはっきりとした証左である」と告発した。

後日、福島判決は、憲法判断をしない上級審の統治行為論の「壁」に阻まれた。福島氏はその後、世俗的な出世の道を閉ざされた。しかし、この福島判決は原告弁護士も気づかなかった「平和的生存権」が、争点になりうることを教えた。

そうした積み重ねの上に、〇七年三月、名古屋高裁は自衛隊のイラク派遣が憲法前文の「平和的生存権」と第九条に違反するという判決を下した。原告市民の敗訴、被告国の勝訴という形をとることで、違憲判決を勝ち取った。いま、この精神は沖縄の米軍基地の爆音訴訟に生かされようとしている。

福島氏の行為は、まず自分の中の大勢順応主義を客観化し、圧力をかけられた事実を白日の下にさらすことで権力や組織の「壁」を乗り越えた稀有な例である。彼は、最初に「これだ」と言って、それを他人に手渡した。やがてそれはジャーナリズムを経由して、人びとの知る権利に届けられた。また、知る権利に応えることでジャーナリストは育てられた。

今年、八八歳になる福島重雄氏は、「後悔はしていない。別に出世したくて裁判所に入ったわけではありませんから」。番組の制作者たちは、この言葉を自分たちに言い聞かせるように使ったのではないか。

もう一つは、五月一二日に放送した同じくEテレの早朝番組「こころの時代～宗教・人生～ 紛争の地から声を届けて」――、イスラエルのハアレツ紙のパレスチナ特派員アミラ・ハス氏の取材活動を紹介した番組である。彼女は、イスラエルが建設した「壁」に隔てられたヨルダン川西岸に身を置き、イスラエル人としてパレスチナ人の過酷な現実を生きる。二つの社会に生きることで、大きな分裂を抱え込むが、その代わり、「国家という武器」を持たないことの意味を知ったという。彼女は「自分が書くのはパレスチナ人や苦しみではなく――イスラエルの植民地主義だ」と言い切る。これが、他者の悲惨の根源を発見するジャーナリストの倫理である。

五月一四日、トランプ政権によって米大使館のエルサレム移転が強行され、多数の死傷者が出た。この番組は、去年一二月に放送されたものだが、今日の事態を予測した制作現場が再放送にこぎつけたのだろう。「不正は、人びとの闘いによってこそ減らせる。ジャーナリズムはその声にすぎない」という彼女の言葉は、前出の女性記者の「声なき人の声を代弁する」に通じる。アミラ・ハス氏は、日本のジャーナリストたちに連帯の希望を託して、いまはパレスチナの混乱の地にいるはずだ。ここからもメディア相互の「壁」を越える #MeToo 運動が遠望できる。

朝鮮半島の戦後が終わる——情報戦に舞うメディア……七月号

欧州に三〇年遅れ、北東アジアで分裂国家の戦後処理が始まろうとしている。ベルリンの壁が崩れたのは一九八九年だった。壁の東側では体制転換が相次ぎ、西側はＥＵ（欧州連合）へと突き進んだ。ソ連邦は消え、共産中国は市場経済へと走った。ユーラシア大陸で起きた大変革に唯一とり残されたのが北朝鮮だった。大国に放置され、奇異な独裁体制を続けてきたこの国は今年に入り豹変した。国家崩壊への危機感をバネに国を開こうとしている。三八度線がベルリンの壁のように消えれば変化は朝鮮半島に留まらないだろう。中国もアメリカも、日本も他人事ではない。もがいているのは北朝鮮だけでなく、交渉相手の米国も仲介役の韓国も右往左往している。メディアも同様だ。当局の情報にすがり、成り行きを伝えるだけ。論評も見通しも、当事者の受け売りに近い。

それでいいのだろうか。ジャーナリズムに求められるのは、歴史の座標軸に「今日」を定めること。我々は何処に居て、いかなる方向に向かおうとしているのか。北東アジアで起こるデタント（緊張緩和）が何をもたらし、「平和の配当」をどう分かち合うか。そうした視点が問われている。

とり残されたメディア　原稿執筆時、「米朝会談中止」のニュースが飛び込んできた。トランプ大統領は「今は不適切だ。会談を開かない」と、六月一二日にシンガポールで予定されていた首脳会談の取りやめを表明した。土壇場でのちゃぶ台返しは、いかにも「ディール」（駆け引き）を好むトランプ流だが、メディアは一斉に「米国に対する厳しい批判がトランプを怒らせた」と米側に理解を示し「北朝鮮をめぐる〝つかの間の春〟は暗転し、朝鮮半島は混迷と緊張が再現しそうな状況となった」（五月二五日産経）などと書き立てた。

「北朝鮮の姿勢は今年に入って軟化したように見えるが、実際には変化していない。トランプ大統領は最近の北朝鮮の反応からそれを認識し、首脳会談開催が世論にアピールできる材料にならないと判断した」（平岩俊司・南山大学教授、五月二五日産経）。「米側は北朝鮮に『完全かつ検証可能で不可逆的な非核化』を要求する一方、北朝鮮は段階的な非核化を要求。非核化の進め方をめぐる両国の溝は埋まらなかった」(同日朝日夕刊)。交渉が挫折したかのような論調が各紙を覆った。交渉が容易でないことは当初からわかっていた。それでも北朝鮮は降りるわけにはいかない。アメリカも同様だ。翌日にはトランプが「六月一二日に会うかもしれない」と軟化した。

目を引いたのは韓国の素早い対応だ。文在寅大統領は板門店で金正恩朝鮮労働党委員長と会い、米朝会談実現に向けた二人三脚を国際社会に印象付けた。三月にはじめて会った二人はそれぞれの執務室にホットラインを引き、いつでも話ができる。北の指導者は「閉ざされた国の独裁者」ではなくなった。核とミサイル実験を繰り返す凶暴な国家に戻ることはもうできない。中国も韓国も逆戻りを望んでいないからだ。米国は北朝鮮を攻撃する大義を失った。朝鮮半島の緊張緩和は既に始まっている。交渉で解決するしか道はない。

弾みをつけたのは平昌五輪だった。一月九日、南北閣僚会談が板門店であり、北朝鮮は「代表団を派遣する」と表明した。武力衝突を避けたい韓国が必死の思いで繋いだ細い糸が、やがて米朝会談へとつながるとは誰が想像しただろうか。

平昌で「ほほ笑み外交」が始まる。平壌の真意を探ろうとマイク・ペンス米副大統領ら世界の要人が訪れた。日本は、安倍首相が出席をためらい、メディアの見方も冷ややかだった。

産経ニュース(デジタル)の「社説検証・平昌五輪」(三月七日)に当時の雰囲気が表れている。各紙が社説でどう論じたかをまとめたもので、少し長いが引用する。

「大会の最大の痛恨事は、北朝鮮の外交攻勢に翻弄されたことである」と産経は断じる。「核・ミサイル開発をめぐって国際的に孤立する北朝鮮は、五輪を好機と韓国にすり寄り、韓国も諾々とこれを受け入れた」と南北双方に批判の目を向けた。さらには、アイスホッケー女子の南北合同チームをめぐり、国際オリンピック委員会(IOC)が選手登録の人数を増やす特例を認めたことについて、「明らかなスポーツの軽視であり、五輪をおとしめ、禍根を残す措置だった」と難じた。

読売も「開催国の韓国と、核・ミサイル開発に固執する北朝鮮が、最後まで政治利用した異例の大会だった」と評した。「北朝鮮の女性応援団は、周囲にはばかることなく、歌い踊った。独裁体制の異様さを一般の観衆に印象付けたことだろう」と冷ややかに論じた。「北朝鮮の勝手にさせるな」(二月六日付産経)や「『北』の政治宣伝は許されない」(九日付読売)など、五輪開幕前らしからぬ見出しも並んだ。開会式出席のため訪韓した金正恩氏の妹・与正《ヨジョン》氏は文大統領に訪朝を要請した。南北首脳会談開催を提案したのだが、毎日(一一日付)は「筋の悪いくせ球だ。独裁者のエゴを貫くために計算され尽くした甘い言葉に、惑わされてはいけない」。

「北朝鮮のねらいがどうあれ、南北の指導者による直接の話しあいは本来、あるべき姿である」と理解を示したのが朝日

(同)である。金正恩氏に非核化を説得し、南北だけでなく米朝、日朝へと対話の枠を広げる。そうした役割を文大統領に求めた。

大手紙の多くは「ほほ笑み外交」をマユにツバつけて見ていたことが窺われる。国際常識が通じない国家が、苦し紛れに融和の素振りを見せた、という程度の受け止め方だ。「非核化」「米朝協議」を求めた朝日も、可能性をどれほど信じていただろう。「願わくば」の域を超えていなかったように思う。

その後の展開は、メディアの想像を超えていた。四月二七日、北と南の指導者が板門店で手を握り合う映像が世界に流れ、金正恩のイメージを塗り替えた。身内を処刑し、民の窮乏をよそに核開発に邁進し、人権意識など微塵もない。そう描かれてきた人物は、闊達で茶目っ気のある若者だった。ナマの金正恩が茶の間に飛び込んできたのである。中国を訪れ、習近平国家主席に会い関係を修復した。核やミサイルで威嚇する孤立国家ではなくなった。この変化を理解できていないから「つかの間の春は暗転した」などと論評する。冷戦時代の発想を引きずる人がまだメディアの中に少なからずいる。

「鳥の眼」で見よ

米朝交渉とはどのような性格のものなのか。「会談中止」を通告したトランプ大統領の書簡が各紙に載った。その中にこうある。「あなたは自国の核能力について語っているが、我々の核能力は大規模かつ強大であり、使わなければならない時が来ないよう神に祈っている」。核大国の驕りが滲み出ている。米朝協議は北朝鮮に核を持たせない交渉だ。

だが「非核化」を求める米国には約四〇〇〇発の核弾頭がある。圧倒的な核兵器で威嚇し「核を手放せ」と相手に迫る。その矛盾にメディアはなぜ触れないのか。

百歩譲って米国の核保有を認めるとするなら、「世界秩序の安定のために」という縛りが必要だろう。現実はどうか。

「会談中止」を伝える新聞に「米、自動車関税上げ検討」の見出しが並んでいた。米国は安全保障を理由に、輸入車に最大二五%の関税をかける、という。自動車の関税は長い交渉を重ねてゼロ近辺まで下がって来た。今の二・五%は先人の努力の積み上げである。「信じがたい決定だ」と北米トヨタが声明を発表した。「米政府の方針に、トヨタが表だって異を唱えるのは珍しい」と朝日は伝えた。

国際面には「中独首脳が会談、核合意で米批判」(朝日)。イラン核合意離脱は、駐イスラエル米大使館のエルサレムへの移転と連動している。パレスチナで起きた抗議行動にイスラエル軍が発砲、惨劇がつづく。温暖化防止のパリ協定からも抜け、多国間貿易秩序を目指すTPPには参加しない。

米国も加わり多くの国の努力によって築かれた世界秩序に背を向ける大統領が、「我々の核能力は大規模かつ強大」と言い放つことが許されるだろうか。

米朝会談中止・関税引き上げ検討・核合意離脱など身勝手な行動は、深い部分で根が繋がり、アメリカという国の在り方を映し出している。新聞やテレビは別々のニュースとして扱い、担当も分かれている。私たちが問われているのは、総合化する力。上空から俯瞰する「鳥の眼」ではないか。

朝鮮半島の緊張緩和と中東でのイスラエルへの協力はどう絡み合っているのか。トランプをけしかけているのはいかなる勢力か。アジア太平洋と中東の二面作戦は可能か。米国に世界を支配する経済力があるのか。

オバマは中東から足を抜こうとして苦しみ、太平洋で中国の挑戦を受けた。トランプはどうするのか。その時日本はどう位置付けられるか。メディアが追うべき課題は山ほどある。

「握り合う関係」を越えて

「ポンペオと金正恩の会談は、アンドリューとメン・ギョンイルの作品だ」。朝日は「動く朝鮮半島」(五月一八日付)で米朝交渉の舞台裏に触れた。アンドリュー・キムは韓国生まれの諜報員。CIAソウル支局長になり、昨年五月CIAが開設した「朝鮮ミッションセンター」の責任者である。今回の米朝協議での米国側のキーマンはCIA長官だったマイク・ポンペオ。三月三一日、密かに平壌に入って金正恩と会い、首脳会談のおぜん立てをした。手引きしたのがキムである。米朝間には国交はなく、国務省に情報も人脈も乏しい。蓄積があるのは対北工作に取り組んできたCIA。北朝鮮は昨年五月、韓国の情報機関と共謀し金正恩暗殺を試みたとして、CIA工作員の名を挙げてその引き渡しを要求した。そのような敵が交渉相手になるというドラマがいの展開である。

北朝鮮側の孟京一《メンギョンイル》は朝鮮労働党統一戦線副部長で対韓工作を仕切る実務の筆頭。「スパイ外交」と呼ばれる交渉は情報管理が厳しい。

取材記者は特定のネタ元に群がる。日本の検察相手の事件取材のように、リークして書かせる情報操作が日々続いていると考えたほうがいい。食い込む記者ほど当局寄りになる。記者用語でいう「握り合う関係」だ。その結果、交渉の成り行きや舞台裏を書く記事はネタ元に好意的になる。韓国でも情報機関は必ずしも文在寅大統領に好意的ではない。日々の速報が米国の視点に偏りがちなのは、メディアを巻き込んだ情報戦が展開されているからだ。

交渉は進んだり、止まったり、右往左往したりしながら緊張緩和の方向に動くだろう。立場や商売柄、それでは困る人の抵抗はこれからも続きそうだ。だが戦後七〇年間、凍り付いていた分断国家が氷解へと向かう。その時、北朝鮮を米軍との緩衝地帯としてきた中国にどんな影響が出るだろう。デタントは軍部の力を削ぐ。中国・北朝鮮・韓国で軍の比重が低下すれば、社会や政治・経済にも変化が及ぶ。さて日本はどうなる。今なお沖縄や首都圏に治外法権として存在する米軍基地の在り方が、改めて問われるのではないか。

五月三日のWEBRONZAに白井聡氏は「憲法より先に論じるべき『戦後の国体』」と題する論文を載せた。戦後の日本は、天皇制に代わり米国を頂点にいただく「国体」へと移行し、それは憲法による統治ではない、という主張だ。安倍首相はかつて「戦後レジュームからの脱却」を掲げた。戦勝国による支配体制を問題にしたが、現実の安倍政治は「対米従属」を突き進む。白井はその構造が戦後の国体だという。

朝鮮半島の氷が解ければ、日本の「国体」にも影響が及ぶのではないか。主権国家としての日本、憲法改正論議と重ねた新鮮な問題提起をメディアに期待したい。

歴史的な米朝首脳会談の評価を曇らせる「偏視」…………八月号

ものごとをきちんと見届けるには、目をしっかりと見開き、雑念や予見を払いのけ、虚心坦懐に、みる。そして、時間と空間の軸を縦横に行き来しながら、対象を凝視する謙虚さが大切だ。自戒をこめてそう思う。今年(二〇一八年)に入ってからの平昌五輪舞台裏での韓国・文在寅政権による平和攻勢、そして板門店での南北首脳会談を経て、冷戦終結から三〇年余りも取り残されていた北朝鮮が、ついに、自らの国のありようを根源的に変えていこうという意思を内外に示したかにみえた象徴的なシーンだったのではなかったか。それとも、二人の独裁者の演じる途方もない見世物(スペクタクル)にみえたか、対象を凝視する謙虚さをもってしても。

米韓メディアはどう受けとめたか

六月一二日、午前九時四分(現地時間。日本時間では午前一〇時四分)。シンガポールの最高級ホテル・カペラのポーチに、赤絨毯が敷き詰められ、背景の壁に沿って、まだ国交がないアメリカと北朝鮮の国旗が六本ずつ互い違いに掲げられるという、両国の歴史のなかでも前例のない特別の舞台装置が設営されていた。廊下をゆっくりと歩み寄ってきた二人のトップがポーチ中央で出会い、一三秒間にわたって握手を交わし、言葉を交わした。金正恩・党委員長は英語で"Nice to meet you, Mr. President."と挨拶を切り出した。カメラマンのシャッター音、フラッシュの明滅が集中した瞬間だ。まさに歴史的瞬間だった。少なくともこの二人のトップの国の関係は、法的には「休戦協定」下にあって、戦争状態が継続している関係にあるのだから。その二人が直接出会って会談に臨んだことは、「検証可能で(何しろ世界中に生中継されていた)、後戻りできない(少なくとも合意文書に署名して笑顔で別れた)」現実の出来事であったことは否定できない。だが、それでもジャーナリズム、メディアたるもの、疑いをもって検証する姿勢が必要であることは論を俟たない。

さっそく「シンガポール発のリアリティTVショーに付き合

わされるのはうんざりだ」との声が、米国の反トランプ陣営などから聞こえてきた。ドナルド・トランプ氏はリアリティＴＶで人気を博し、のし上がった人物であることを知らないはずもあるまい。彼は視聴率をとって自分が注目され続けることで命運を保ってきた。小難しい外交理念よりも、ディール＝取引を好む人間であることを自認・公言している。アメリカの多くの既成メディアとトランプ大統領は、就任以前から激しい敵対・対立関係にある。そうした背景を考慮しながら、トランプ大統領と米メディアとの記者会見での質疑を筆者は聴いていた。「ＣＶＩＤ（完全、検証可能、不可逆的な廃棄）のＶ（verifiable 検証可能）とＩ（irreversible 不可逆的）が盛り込まれていないのはなぜか？」「家族を殺したり、国民を飢えさせたりしている指導者をなぜ信じられるのか？」等々、繰り返しトランプ大統領を厳しく質す質問が相次いでいた。アメリカの既成メディアでは総じて批判的な論調が目立っていた。「（トランプは）へつらった」「（非核化の）具体性に欠ける」（ワシントンポスト）、「（米韓軍事演習中止の言及は）北朝鮮への重要な譲歩だ」（ニューヨーク・タイムズ）などと手厳しい。だがこうした論調の基底が、これまでのトランプ・ウオッチングの延長線上にある印象はぬぐえない。つまり批判ありき。大きな絵図の変化を見損なっていないか。

韓国メディアからもシンガポールに二〇〇人以上の取材陣が乗り込んで、歴史的会談の動静を刻々と報じていた。Ｆ１グランプリの施設内に開設された国際プレスセンターには、世界三六カ国から二五〇〇人以上の記者、カメラマンらが登録していた。韓国メディアは総じて、「歴史的、画期的な会談」との基本線では一致していた。テレビでも「ＣＶＩＤは盛り込まれなかった」「朝鮮戦争の終結宣言までには至らなかった」とのコメントが聞かれたが、そこからの深い追及は控えられていた。新聞各紙は一三日付紙面第一面がトランプ&金正恩の大きなツーショット写真で覆いつくされ、特大な扱いだった。リベラル派のハンギョレ新聞は「七〇年の敵対を乗り越え、平和の道を」、中道の京郷新聞は「敵からパートナーへ　朝鮮半島平和への第一歩」、中道右派の中央日報は「七〇年の敵対を乗り越えた日〝トランプ・ショック〟」、保守系の朝鮮日報は「ＣＶＩＤ盛り込まれず　トランプ米韓合同演習中断に言及」などと多少幅があった。ＴＢＳ「報道特集」で放送されていたが、ソウル駅の待合室ではトランプ・金正恩両首脳の握手の瞬間、拍手が巻き起こったようだ。日本では考えられない。今回の米朝首脳会談実現に至るまでの文在寅大統領の動きには、目を見張るものがあった。韓国国民はそれを知っている。米朝会談の翌日に投開票が行なわれた統一地方選挙では、文大統領の与党が圧勝した。

日本メディアはどう報じたか　さて、問題は、日本のメディアの米朝会談報道の中身と評価である。筆者は前号の本欄でこう書いた。〈ジャーナリズムに求められるのは、歴史の座標軸に「今日」を定めること。我々は何処に居て、いかなる方向に向かおうとしているのか。北東アジアで起こるデタント（緊張緩和）が何をもたらし、「平和の配当」をどう分かち合うか。そうした視点が問われている〉。正直に記すが、筆者は今、暗澹たる気持ちに陥っている。

日本の報道陣は国際プレスセンター登録者数では最多、韓国をしのいで四〇〇人超だった。筆者の知るところでは、NHKの場合、東京の外報部やニュースセンターから多数、それぞれの番組からキャスターやプロデューサーらが多数、ワシントン、ニューヨーク、ソウル、北京支局などから十数人が、技術・中継スタッフらに加え、ロジスティクスの担当要員も含めて、全体で計一〇〇人以上がシンガポール入りしていた。

問題は何を報じていたかだ。朝日から産経に至るまで、おそらく日本の新聞メディアの論調が世界で最も厳しいものではなかったか。『和平』ムード先行を警戒したい」（読売）、「画期的と言うには程遠い薄弱な内容だった」（朝日）、「真に新たな歴史を刻んだとみなすのはまだ早い」（日経）、「（合意文書は）固い約束のようだが、懸念は残る」『政治ショー』の色彩がつきまとった」と横並びのようなモノトーンだ。

わずかに、沖縄のローカル紙琉球新報が一三日の社説にこう書いていたのが印象に残った。「共同宣言が実現したことで、東アジアに新しい秩序が構築される可能性がある。……嘉手納基地、米軍普天間飛行場……は、在日米軍だけでなく朝鮮戦争時の国連軍基地でもある。朝鮮戦争が終結すると、沖縄に国連軍基地はなくなり、北朝鮮の攻撃対象から外れる。政府はこれまで北朝鮮を『脅威』とし『抑止力』として在沖米海兵隊の存在意義を主張してきた。朝鮮半島に平和が訪れれば脅威の前提が崩れる。普天間飛行場を維持し続けることや、名護市辺野古への新基地建設は大義名分を失い、必要なくなる」。こういう構想力こそが報道に求められるものではないか。産経には、米朝会談を「テレビショー」と断じ、大昔の「猪木・アリ戦」を想起させるとするトンデモ論説が載っていた。朝日新聞の牧野愛博ソウル支局長は、六月一一日の朝日デジタル版での解説で「正恩氏の目標は自らの権力維持にある。その数少ない手段である核を放棄することはまずないだろう」と述べ、今年の『文藝春秋』三月号では平昌五輪について「今回の統一旗に代表される文在寅政権の融和的な動きも、北朝鮮を利するだけの結果に終わるのではないかという危惧がある」と書くなど、一貫して北朝鮮への憎悪にも似たトーンが滲んでいた。NHKの岩田明子政治部解説委員は、「安倍首相が開催地シンガポールを進言した」だの、安倍首相はトランプ大統領の「家庭教師みたいですね」だのと、根拠不明の御用発言を繰り返していた。

「蚊帳の外」外交に追随するメディア

少しばかり頭を冷やして謙虚に、年初以来の朝鮮情勢の変化に対する日本政府の硬直した姿勢を振り返ってみてはどうだろう。日本政府はこの間、「アメリカ頼み」「蚊帳の外」という馬脚をあらわし続けてきた。平昌五輪では「ほほ笑み外交に騙されるな」などと官民あげてケチをつけまくっていたのではなかったか。日本メディアが北朝鮮の金与正副委員長の訪韓で文政権の平和攻勢に応じると、追加取材要員を送り込んだが、やっていたことと言えば、北朝鮮の美女応援団の「密着」など、恥ずかしい取材ぶりをさらすことではなかったか。筆者はこの話を韓国メディアの人間から聞いた。

この平昌五輪期間中に、米CIAは密かに北朝鮮側カウンターパートと接触していた。行動のスケールが違うのである。一部の米メディアは、ポンペオ国務長官の二回目の平壌入りに同行取材していた。日本のメディアは全くこの事実を知らなかった。この間、河野外相は外遊のたびに訪問先で北朝鮮との断交を迫り、最大限の圧力をと呼びかけ続けた。南北首脳会談や中朝首脳会談のフォローや評価にも冷淡だった。さらにはトランプ大統領が一旦は決まっていた米朝首脳会談を中止すると発表するや、「大統領の判断を尊重し支持する。日本は世界でもたった一国、会談中止を支持した」と官房長官らが自慢していたという。救いようがない。さすがに米朝会談の実現が本決まりになるや、日米首脳会談を急遽懇願し、「拉致の話もして」とお願いするしかなかった安倍首相の姿を、私たちは忘れていないか。そこには、朝鮮戦争終結後とか、朝鮮半島の非核化とか、北東アジアの安全保障環境のドラスチックな変化が起きる可能性に対して、大きな絵図を描く構想力が微塵もみられない。

官民あげて、つまりメディアも含みこんで「蚊帳の外」に置かれていた。とすれば、そのように眼を曇らせてしまったものは何なのかを真摯に顧みなければならない。

筆者は敢えて記すのだが、ひとつは、「拉致」問題解決をすべてに優先させることがフレーム化したことの、負の側面を直視することである。わずかに、拉致被害者の会にかつて所属していた蓮池透氏が「拉致問題の政治利用」を指摘している程度である。この問題を論じることが、日本のメディアでは半ばタブー化している。それに引っ張られて、日本のメディアに登場する朝鮮半島問題の「専門家」なる人選が、著しく偏っていないか。

「蚊帳の外」「アメリカ頼み」の安倍政権は、米朝会談後は「やはり拉致は日朝間で解決しなければ」などと呆れ果てたメッセージを発し始めている。「対話のための対話は意味がない」「拉致問題が解決しない限り何も進めない」などと豪語していた人間が、今度は「秋に、日朝を、第三国で」などと呟いている。九月の自民党総裁選での三選を前提としたもの言いである。拉致を自らの延命に利用していないか。そのような声が日本の既成メディアから聞こえてくる気配はない。米朝会談後の世論調査で、安倍内閣の支持率が微増したそうだ。官民、マスコミあげて、どうやら私たちの国には、宿痾《しゅくあ》のごとく、欧米への「へつらい」と近隣諸国への根拠のない「偏視」が常態化しているのではないか。「偏視」を脱する道筋がみえない。暗澹たる気持ちの理由である。

メディア内部に蔓延する性暴力

八月号

文藝春秋発行の『週刊文春』六月一四日号（六月七日発売）に興味深い記事が掲載されていた。タイトルは「『先輩記者に強姦された』毎日新聞セクハラ調査が酷すぎる」――。

毎日の労働組合が今年四月に組合員を対象に行った、セクハラについてのアンケート結果を取り上げた一ページ弱の記事だ。組合員からこんな回答が寄せられたらしい。

〈取材先からのセクハラ被害を相談した上司から、その後に「抱きしめられキスをされそうになった」〉

〈（上司に）「どんな体位が好きなの」「抱っこしていい？」など性的なことを言われたり、毎晩のように執拗に二人きりの食事に誘われた〉

続いて、小学館の『週刊ポスト』六月二二日号（六月一一日発売）にはテレビ朝日の労働組合が実施したアンケート結果も掲載された。三ページ特集記事にも〈二人で食事に誘われ、抱きつきやキスを求められる〉〈お酒の席でホステス的な扱いをうける〉〈家に誘われる〉といった被害事例が紹介されていた。

引用するだけでも気分の悪くなる描写だが、記憶から消し去りたいであろう経験を記した当事者の決意には敬意を表したい。

また、従業員を守り、会社をチェックする組合が明らかにした意味は大きい。これらから浮かび上がってきたのは、マスコミ各社内での深刻なセクハラ被害の実態だった。

「敵」は社外？ 福田淳一・前財務事務次官によるテレビ朝日記者へのセクハラ行為を、『週刊新潮』四月一九日号（四月一二日発売）が取り上げ社会問題化した、メディアで働く女性へのセクハラ問題は、伝統的なマスコミの取材方法のあり方にも一石を投じた。政治家や官僚などへの日中の個別取材や記者会見などの公式取材のほかに、記者は業務時間終了後に飲食をともにしたり、朝の出勤前や帰宅後に相手の自宅を訪ね一対一の非公式な取材を行ったりする。より本音に迫り、深い情報を入手することが主な目的だ。取材対象者の口が和らぐ場でもある。反面、情報を持つ者と、それを欲する者、年配の役人と若い女性記者との上下関係を背景とした密室性の高い取材現場は、セクハラの温床にもなる。

野田聖子・男女共同参画大臣が六月一二日にまとめたセクハラ防止の緊急対策にも、各省庁が記者クラブとの間で取材環境について協議する場を設けるなどの方針が盛り込まれた。

しかし、毎日とテレビ朝日の労組が行ったアンケートの結果は、メディアで働く女性記者たちのセクハラ被害について、社外に対する防御策だけでは不十分であることを経営陣に突きつけた。毎日労組の機関紙によると、被害を受けた相手(複数回答)は、「社内・関係会社で立場の上の人」が六七・三%で、社外の仕事先の七四・八%に次いで多かった(二〇二人の女性組合員が回答)。

テレビ朝日では、「社内関係者からセクハラを受けた」との回答は五六%であるのに対し、「社外関係者からセクハラを受けた」は三四%と、「社内」の方が二二ポイントも上回っていたのだ(女性組合員の回答者一二六人)。セクハラ現場の加害者は、最も身近な職場に大勢いたのである。こうした傾向は、毎日やテレビ朝日といった特定の会社に固有のものではないらしいことは、メディア以外の団体によるアンケート結果からも浮かび上がる。

独立行政法人労働政策研究・研修機構が二〇一六年に、二五〜四四歳の女性を対象にした調査(回答者一二六人)で、加害者を直属上司(二四・一%)、同僚・部下(一七・六%)とした回答は、取引先・顧客(七・六%)よりもずっと多かった。

性暴力被害者と報道関係者らでつくる「性暴力と報道対話の会」が今年の四月から五月にかけてメディア関係者を対象に行なった調査でも、「上司」(二四%)と「先輩」(一九%)を合わせた社内関係者は四三%で、「取材先・取引先」の四〇%を上回る(回答者は女性一〇二人)。

一方、女性記者らでつくる「メディアにおけるセクハラを考える会」の代表を務める谷口真由美・大阪国際大学准教授が同じく四月に行なった調査では、上司や先輩といった「社内」が加害者の四〇%。次いで、出演タレントや他社の記者などの「社外関係者」が二九%、警察・検察関係者が一二%、国会議員らの「政治関係者」が一一%、官僚を含む「公務員」が八%だった(回答者は女性三五人〈一五〇事例〉)。この調査では社外の方が多いが、個別の属性では社内が最も多い。

我慢させられる被害者

福田前次官によるセクハラ問題を報じる新聞社やテレビ局の職場内でこそ、女性へのセクハラが横行し、深刻な被害が存在しているわけだ。『週刊文春』は、毎日新聞社からの「従業員から被害申告があった場合には、事実関係を調査のうえ、会社として毅然とした対応をとってきました」との回答を紹介。『週刊ポスト』は、「今リアルで、こういうことが起きているのであれば直ちに解決しなければならない」という、組合機関紙に掲載された、アンケート結果へのテレビ朝日のコメントを引用している。

毎日労組の機関紙の見出しは「六割『相談相手いなかった』セクハラアンケ　仕事への影響恐れ『我慢』」だ。これは会社が設けている相談窓口が、実際には機能していないということなのではないだろうか。そう思わざるを得ない回答を、男性組合員が毎日労組のアンケートに寄せていた。

〈セクハラは加害者の無自覚が一番大きいと思う。（ある役員のように）私はやったことが無いと言い切れてしまう人……に問題があるので、そういう人に気づきを与えられるような啓蒙を行なう必要があると思う〉

加害者のいる経営陣側が設置した窓口に、被害者が相談に行くだろうか。福田前次官の件では、『週刊新潮』の報道を受けて財務省が、同省の息のかかった弁護士事務所に被害に遭った記者から連絡するよう求めたことが、批判を浴びた。同じ構図ではないだろうか。要するに会社側が信用されていないのである。各種のアンケート結果は、会社側と被害者側との意識のギャップをも浮き彫りにしたように思う。

日本新聞労働組合連合（小林基秀委員長）、日本民間放送労働組合連合会（赤塚オホロ委員長）、日本新聞協会（白石興二郎会長）、日本民間放送連盟（井上弘会長）にそれぞれ改善を申し入れた。自らの足下にある人権侵害の問題さえ解決できないような組織が、他の人権侵害を追及したとして読者、視聴者に説得力を持った報道ができるはずがない。もちろん『週刊新潮』や『週刊文春』、そして『週刊ポスト』といった雑誌や単行本を手がける出版界も同様であることは当然である。

男性組織から変わる

福田前次官によるセクハラ問題が浮かび上がってからの、女性記者たちの動きは素早かった。

メディア関係者へのアンケートをはじめ五月の「メディアで働く女性ネットワーク」の結成には三一社からフリーを含めて八六人が加わった。そして七月一日には、メディアの労組団体でつくる日本マスコミ文化情報労組会議（ＭＩＣ）が「緊急セクハラ一一〇番」を開く。記事やニュースでも、こうした動きに関わった記者たちが中心となって、報道という形で社会に広める役割を担った。東京新聞は四月二四日朝刊一面の記事「本紙女性記者も経験　取材セクハラ『人ごとでない』」と社会面で、朝日も五月三日朝刊「セクハラ問題　報道の現場で」で、それぞれ大きなスペースを割いて女性記者のセクハラ被害の実態を読者に報告している。ただ残念なのは、記事になったのはもっぱら、社外の取材相手などから受けた被害事例だったことだ。編集権が事実上経営側に握られているメディア状況ではそれが限界なのかもしれないが、自社内の検証ができてこそ、信頼を寄せ得る組織としてより強くなると思う。新聞各社や、放送局の番組審議会といった第三者機関の委員の動きにも期待したい。

米ハリウッドの著名な映画プロデューサー、ハーベイ・ワインスタイン氏による性被害を、昨年一〇月に有名女優らが告発したことをきっかけに世界的に広がった、被害女性自ら告発する「#MeToo」運動の日本での展開は、今回のテレ朝記者の告発が大きな原動力となった。ただ、その背景としては、それ以前から地道に女性記者たちが行ってきた取り組みや告発が大きかったのではないかと思う。昨年末、自社の女性記者が前岩泉町長から抱きつかれるなどの行為を受けたと岩手日報が報じたり、女性ブロガーが広告会社勤務時代のセクハラ被害を訴えたりしていた。毎日労組の遠藤拓委員長は「アンケートは『#MeToo』に触発された組合員からの提案でした」と機関紙の中で明かしている。

朝日は、この問題を丁寧に取り上げてきたと思う。特に一月のフォーラム面「『#MeToo』どう考える?」(五回連載)は、今年四月以降につながる議論の下地的な役割を果たしたのではないだろうか。一月二八日朝刊の第四回のテーマは「メディア」。一月にウェブ上で行ったアンケートには一九一人から回答が寄せられた。ここでも加害者は、「社内の先輩、同僚」と「取材先」を合わせると七割近くを占めるという。かなり早い段階から、問題点を指摘していたと言える。

新聞労連が三月一日号の機関紙に掲載した女性記者五人による座談会や、四月下旬に開いた全国女性集会の取り組みも同様だ。この全国集会では、読売新聞社のセクハラ対策の担当者が基調講演をし、匿名アンケートなど同社の取り組みを報告している。同社は新聞界の中でも進んでいるのだろう。少し話がそれるが、その読売は、テレ朝記者が福田次官との会話を録音したデータを『週刊新潮』に提供したことについて、「取材で得た情報は、自社の報道に使うのが大原則だ。データを外部に提供した記者の行為は報道倫理上、許されない」と四月二〇日社説で断じている。当事者であるテレビ朝日は当初、「社員が取材活動で得た情報を第三者に渡したことは報道機関として不適切な行為で遺憾」(篠塚浩報道局長)としていたが、その態度は批判を招いた。後になって、「公益目的からセクハラ被害を訴えたもので、理解できる」(角南源五社長)と修正している。読売も考え直したらどうだろうか。せっかくの取り組みも社内で萎縮効果をもたらさないだろうかと心配するのは、余計なおせっかいだろうか。

話を戻したい。さらにこれらの源流をたどれば、一年前の『週刊新潮』一七年五月一八日号に掲載された、ジャーナリストの伊藤詩織さんの告発にいき着く。そして、伊藤さんが日本外国特派員協会で実名記者会見に臨んだ同年一〇月は図らずも、「#MeToo」が米国で大きなうねりとなり始めた時期と重なる。一つひとつの動きは、ばらばらであるかのように映るが、いずれもが大きな時代のひとつの潮流の中にあるのは間違いない。毎日労組のアンケートには、取材先の女性から受けたセクハラ被害を訴える男性記者の回答もあった。しかし、圧倒的に加害者側にいる男性が積極的にその潮流の中に入っていくことなしに、セクハラの根絶はなしえないだろう。

「赤坂自民亭・記者クラブ」あるいは平成の「沈黙の塔」…………九月号

永井愛作・演出による『ザ・空気 ver. 2 誰も書いてはならぬ』が、東京・池袋の劇場で連日満席となった。舞台は国会記者会館の屋上。登場人物は、首相向けに「指南書」を書いて発覚した新聞論説委員(実はNHK政治部某記者)、指南書は自分の方がうまいと言い張るテレビ局政治部記者(実は現首相に近いNHK政治部某女性記者)、そしてフリーのビデオ・ジャーナリスト(女性)など。これだけで実名バレバレの風刺劇だ。

さて実話の世界に戻ろう。かつて「神の国」発言で「指南書」を受け取った森喜朗元首相は、その後、ハワイ沖で宇和島水産高校の練習船「えひめ丸」が米潜水艦に沈められた報せを受けながらゴルフを続けたことで、引責辞任した。

一七年後、安倍晋三首相はそれに匹敵する大失態をいくつも演じながら、目下のところ在任記録を更新中である。「私の政権で拉致問題を解決する」と公言したので、「未解決」の延長が政権維持を保証しているとも囁かれる。それを指摘するメディアは少ない。

七月二〇日、通常国会閉幕を受けて、安倍首相は記者会見で憲法改正論議が秋の総裁選の争点になると公言した。すると、首相の親衛隊が、憲法調査会をパスして独自の改憲案を国会提出すると息まき、政権のために又もやゴールポストを動かした。

何があっても不思議はない

六月二八日から七月八日にかけて、西日本・東日本一帯を記録的な豪雨が襲った。二一日、死者二二五人、行方不明一三人と発表された。五日午後二時、気象庁は異例の記者会見を行った。NHKがそれを生中継、主任予報官は記録的な大雨の恐れがあるとして、厳重な警戒を呼びかけた。各局テレビは、河川の激流や家屋の冠水をライブで伝え、画面に「避難勧告」「避難指示」(緊急)の文字を出し続けた。「直ちに逃げろ」のサインだ。「何があっても不思議はない」とコメントする気象予報士もいた。

だが、そんなニュースをよそに、この夜、安倍首相を中心に、小野寺五典防衛相、上川陽子法相、竹下亘総務会長、岸田文雄政調会長などの幹部と自民党中堅議員たちが衆議院宿舎内の「赤坂自民亭」と銘打つ宴で杯を重ねていた。よせばいいのに、西村康稔内閣官房副長官がピースサインの〝おバカ写真〟をツイッターで拡散した。直ちにネットが炎上し、マスメディアも騒ぎ出した。

五日の「首相動静」を見るかぎり、懇親会の中止を首相に進言した形跡はない。宴会が終わった午後九時一九分、報道各社の「懇談はどうだったか」の問いかけに、首相は「和気あいあいでよかった」と応じたという。

翌六日早朝から、テレビは「避難勧告」「避難指示」を伝えていた。五〇人以上の犠牲者を出した岡山県真備町に対する情報の流れ――六日午後八時に「避難勧告」、八時四〇分に「大雨特別警報」、一一時四五分、小田川南側に「避難指示」、翌七日午前一時半、北側に「避難指示」、その四分後、堤防の決壊を確認――。だが、どれほどこの緊急性は伝わったか。「避難勧告」は、速やかに避難すべし、「避難指示」は、事実上の「避難命令」だが正式用語ではない。ただ、東日本大震災のとき茨城県大洗町では、津波から住民を守るために即断で「避難命令」を使い、犠牲者を出さなかったという(七月一三日NHK「時論公論」)。

「平成三〇年七月豪雨」から見えてきたのは、地方都市と農山漁村の高齢化、過疎化、施設の老朽化など、「平成の大合併」以来の地域間アンバランスの実態である。だが、所管の石井啓一国土交通相は、大災害の最中も永田町の議場を離れなかった。「カジノ法案」を会期内に通すためであった。

連休明け一七日の参議院内閣委員会では、五日の「赤坂自民亭」に批判が集中した。ところが、安倍首相は「自民亭」という言葉を一切口にせず、ひたすら「小此木防災大臣を中心に被害の拡大を想定した万全の体制で臨んでいた」と、官僚の作文を読み上げるのみ。こうしたにべもない態度を、民法学者末弘厳太郎は、かつて以下のように描写し、皮肉った。「万事につきなるべく広くかつ浅き理解を得ることに努むべく、狭隘なる特殊の事柄に特別の興味をいだきてこれに注意を集中するがごときことなきを要す」(二〇〇〇年『役人学三則』岩波現代文庫)。相手の土俵に乗らず、逃げ切る。この流儀が現首相の中に生きている。

似た者同士の秋の陣

日米のリーダーは、この秋にそれぞれの政治生命をかけている。しかし、そのための振る舞いとそれを監視するメディアのありようは対照的である。

米トランプ大統領は、「秋の中間選挙」に向けて、ロシア疑惑を払拭しようとプーチン大統領に大接近。対する米メディアの論調は厳しい。ABCニュースは「世界に衝撃が走った。大統領はプーチンを選んだようだ」。ニューヨーク・タイムズは「(ロシア・スパイ)ブティナ容疑者は大統領選挙期間中、トランプ氏とプーチン大統領との仲介を試みた」と踏み込んだ。そして、共和党の重鎮、マケイン上院議員までが「今日の記者会見は、アメリカ大統領による最悪の振る舞いの一つとして記憶されるだろう」と切り捨てた。

安倍首相の言動は、すべて「秋の総裁三選」に絞られている。モリ、カケ、日報、セクハラ、裏口入学、そして今回の「自民亭」騒動など、どの段階で退陣しても不思議はないが、決定的なスクープで政権を揺るがしたメディアがない。「自民亭」の控えの間で待機していた政治部記者たちのなかに「ぼんやり酒飲んでるんじゃねえよ！」と一喝したジャーナリストが一人でもいたら、当欄に名乗り出てほしい。

対照的に、ネットに優れもののサイトがあった。参加議員たちの酒席写真と正対写真を並べ、本人の災害に関する過去の発言を引用している。「……雨の降り方が従来から大きく変わってきているだけに、それに見合った対応をしなければならない」「命を守る予算の確保の実現に向けて、引き続き働かせてもらいます」などと、タイミング、切り口ともに調査報道の条件を備えている。身につまされる書き込みもある。「郷里の人は避難中だよ。水の中だよ。土の中だよ。苦しかったよ。冷たかったよ。……みんな憶えてるよ」。「自民亭」にたむろするメディアにも一言、「記者団おったんやぁ」。

平成の「公開処刑」　「自民亭」の宴で締めの万歳三唱をしたのが上川法相と聞いて言葉を失った。例のサイトに「この翌日、オウム真理教七人の執行があったことも、お忘れなく。安倍総理の横に満面笑みの法務大臣」とある。七月七日のTBS「報道特集」は、法相が死刑執行の命令書に署名したのは七月三日と報じた。それを首相に伝えたのは、「首相動静」によれば、同日午後四時に官邸に入った浦田啓一公安調査庁次長である。「和気あいあい」の宴のあいだ、翌朝の集団処刑の光景が、安倍首相、上川法相の脳裏をどのようにかすめていたのか。記者ならそういうことを問いかけてほしい。

平成三〇年七月六日午前八時四一分、日テレ「スッキリ」がオウム真理教事件の首謀者麻原彰晃こと松本智津夫死刑囚の刑の執行手続きが始まったことを速報。通常、死刑は執行後に発表されるが、今回は情報が先行した。事前リークの臭いがする。四分後、NHK「あさイチ」が「処刑」を速報。続いて東京拘置所前から中継、「検察庁の係官が、午前七時、中に入っていった」と伝えた。九時過ぎに「午前七時の映像」を流した。これで、情報が前日ないし深夜にもたらされていたことがはっきりした。六日午前から午後にかけて、テレビは豪雨情報と死刑執行を交互に流した。ことに、テレビメディアは、ひたすらスペクタクル映像をたれ流し、嵐の中のヴァーチャルな「公開処刑」を演出した。

同じ日に七人の死刑執行は、大逆事件の一二人処刑（明治四四年）に次ぐ多さである。共通するのは、国家権力の否定（アナーキズム）に対する強い憎悪の表現と見えることだ。大逆事件は、「坂の上の雲」の下が土砂降りであったことを晒して、明治を閉じた。その闇の深さを、鷗外は寓話『沈黙の塔』に託した。塔の上では「鴉のうたげが酣《たけなわ》」で、登場人物は新聞を広げて「Nothing at all」と吐き捨てるように言う。

平成の世はどうか。天皇は「公的行為」として多く「平和を希求する」旅に当ててきた。その立場、理念は憲法の定めによる。それに対して、現政権は「テロ等準備罪」（共謀罪）の制定過程で、社会の安寧秩序を至上命題として、組織的犯罪集団の捜査範囲を、一般市民が構成する組織にまで拡大する危険についてまともに答えなかった。その憲法観は、公権力の強化に傾く。天皇の生前退位は、「公的行為」が次の天皇に連続的に継承される道をひらいた。

このとき、現政権はオウム真理教サリン実行犯グループをあたかも「テロ等準備罪」の遡及的なモデルであるかのように処刑した。しかし、松本智津夫死刑囚が何も語らない中での執行は、事件の核心に不可知の闇を残した。安倍首相はこの闇を見つめることをしたか。無差別殺戮がなくなると考えたのか。否、考えることをやめただけなのではないか。また起こる。

メディアの側は、TBSの「報道特集」だけが今回の死刑執行の意味に踏み込もうとした。同局は、一九八〇年代後半、オウム信者の脱会にかかわった坂本堤弁護士一家殺害事件のきっかけをつくったという苦い過去を持つ。今回はそれには直接触れなかったが、「なぜ七人の同時処刑が今なのか」という重い問いをかかげて取材を進めた。死刑廃止論者だった千葉景子元法相(民主党政権)は、内面の逡巡を語り、国会会期中の死刑執行に疑問を呈した上で、「平成の事件なり問題は、きちっとこうやって処理しました。すべてこれで来年は明るく迎えましょうみたいな……」と、安倍政権の狡猾な悪魔祓いを厳しく非難した。

かつてTBSの「筑紫哲也　NEWS23」(一九九八年)は、「シリーズ死刑」を始めるにあたり、筑紫キャスターが「人が人を殺して罪にならないケースがある。戦争、正当防衛、そして死刑」と述べた。この認識は、「政府の自由の行使が殺人にまで及んで制度化された例は、主として二つある。死刑及び戦争」(加藤周一『夕陽妄語』「不条理の平等」)に通じる。

今回の死刑執行に対し、死刑制度を廃止したEUから批判の声が上がった。ドイツ大使館は「犠牲者のご家族の方々の気持ちに寄り添いたい」としながら、死刑に対し「非人道的かつ残酷な刑罰として否定する」とコメントした。その上で、死刑制度について日本との対話を求めてきた。

日本では、こうした意見に出会うと、ギロチンの国フランスやナチスの国ドイツに言われたくないというヘイトが必ず飛び出す。どのように彼らが死刑廃止に至ったかについて筋道を立てて思考することをしない。日本の死刑制度を、今から世界に広めることは不可能である以上、死刑制度についてまじめに議論してみる価値はあろう。

「戦争」と「死刑」、どちらも国家に人間の生殺与奪の権が握られることの不条理をどう考えるか。現政権は、憲法第九条を変え戦争ができる国にしようとする。その点で、死刑存置論と相通じる。七月二六日、残り六人のオウム死刑囚の死刑が執行された。まさか、九月の総裁選前にということではなかろうが……。メディアは今、平成の世の難問に直面しているのである。

『ザ・空気』の主人公、フリージャーナリストが言う。「メディアを恨むな、メディアを作れ」。永田町のプレイヤーと化した政治部記者たちに、「自分で取材して発信しろ」と叫ぶ。客席に少なからずいたメディア関係者は身を固くしたに違いない。

「恐怖」と「忖度」のはざまで、メディアはどう生きるか?……………一一月号

自民党総裁選が終わった。もはや思考停止が許されないときを迎えた。この三年以内に、安倍首相本人が予想もしなかった在任新記録を達成し、一九五五年の結党以来、誰もできなかった憲法改正をなしとげてしまうかもしれないのだ。日本国憲法と戦後民主主義から脱却するという倒錯した情念を前にして、メディアはそのチェック能力を問われている。

そこで、あらためて思うのは、安倍氏が桜島を背景に「日本を取り戻す」と総裁選出馬の第一声を上げ、それを公共放送NHKが生中継したとき、「平成の琉球処分」という言葉が筆者の頭をかすめたことである。同じころ、はるか南の沖縄では、翁長雄志知事の急逝(八月八日)、辺野古埋め立て承認の撤回(三一日)、そして沖縄県知事選(九月三〇日投開票)へと歴史は軋みを立てていた。

その夜のNHK大河ドラマ『西郷どん』は、「薩長同盟」であった。これは、長州ゆかりの安倍首相と薩摩の森山裕国対委員長の〝野合〟には、またとないプレゼントとなった。そこに、安倍番の政治部岩田明子記者が「今年は明治維新から一五〇年。維新ゆかりの地、鹿児島を発信の地とすることで新しい国づくりへの意欲を示すねらいもあったものと思われます」とご祝儀コメントを添えたのだ。

折しも、国連人種差別撤廃委員会は、米軍基地問題を沖縄の差別・人権問題ととらえ、日本政府の対応を懸念する文書を送ってきた(八月三〇日)。そして、オリバー・ストーン氏、ノーム・チョムスキー氏など米欧の識者一三三人がトランプ米大統領と安倍首相あてに、「辺野古新基地建設の中止」と「在沖縄米軍基地の削減・撤去」を求める共同声明を発表した(九月七日)。しかし、これらの国際的な警鐘をメディアはまともに伝えず、政権も一向に耳を傾けない。国境なき記者団は、日本の「報道の自由度」ランキングをOECD加盟国のなかでも並外れて低い六七位と認定した。

「国民の敵」と名指しされたら

アメリカもランクを下げた。理由は、自分に批判的なメディアを「フェイクニュース」

「米国民の敵」呼ばわりする指導者の存在が大きいという。しかし、このトランプ流の恫喝に対して、アメリカのメディアは反撃に立ち上がった。一八七二年創刊のボストン・グローブ紙は「ジャーナリストは敵ではない」と見出しに掲げ、「メディアを敵だと名指しすることは、二世紀にわたってアメリカが築いてきた市民社会を破壊する行為だ」として全米の新聞各社に団結を呼びかけた。それに対して、四〇〇社を超える新聞が一斉にトランプ批判の声を上げた。

だが、日本のメディアはこれを対岸の火事として伝えた。以下に主だったものを挙げる。

NHK「ニュースウオッチ9」――今回の攻防を一通り整理し、「言論の自由を守る活動を行う財団」の会長ジーン・ポリシンスキ氏の「メディア批判はいいが〝国民の敵〟などと言うのは対立をあおるだけだ」という発言を紹介。NHKとしての見解は述べず。

TBS「NEWS23」――ニューヨーク・タイムズは「都合の悪い真実をフェイクニュース扱いするのは民主主義の活力を失わせる」と批判。トランプ大統領はツイッターで「フェイクニュースは反対勢力だ。偉大なわが国にとってはゆゆしき問題だ」と直ちに反論。ウォール・ストリート・ジャーナルは「トランプ氏にも言論の自由がある」として批判に加わらず。

TBS「Nスタ」――トランプ支持者たちは、匿名の投稿者「QAnon」の「トランプ氏は政界を浄化するため米軍に依頼されて大統領になった」という説に熱狂的に反応している。上智大学前嶋和弘教授は、こうした陰謀説が拡大する背景には、「メディアが既得権益層にコントロールされている」という思い込みがあるので、今回のような「メディアの大反撃にかえって反発する」と分析。

かくて、トランプ大統領の登場は、アメリカの「反知性主義」の根深い伝統を再認識させた。同時に、権力が「報道の自由」の一線を越えたときに、ジャーナリズムが示す底力も見せつけた。日本でも「反知性主義」は、よそ事ではなくなりつつあるが、それに対抗する連帯が見えてこない。

フェイクニュースを批判する技術

そんななか、TBSの「サンデーモーニング」が半歩踏み込んだ。コメンテーターの一人、ネットニュース「バズフィードジャパン」創刊編集長古田大輔氏が解説した。インターネットの登場で、権力者が既成メディアを攻撃し、それを聞いた国民／市民がメディアを攻撃する。これは現代社会に特有の「分断」である。その結果が、共和党支持者の四三％がメディア規制に賛成するという数字に表れている。とはいえ、ある研究によれば、トランプ発言の七〇％に誤りがあるという。古田氏は、それをチェックすることがメディア本来の役割だが、まだそのための連携が足りないと指摘した。それを受けて、司会の関口宏氏が「ほんとうに他人事じゃない。日本でもそういう空気が出てきている」と呟いたのが印象に残った。

もう一人の出演者松原耕二氏は、地方局を束ねる保守系メディア「シンクレア」が、全米のテレビ局の七〇％を買収しようとして失敗した話を紹介した。この話の前史も重要だ。今年の四月ごろ、シンクレア傘下の四五の地方局で、ニュースアンカーたちが、トランプ流の「フェイクニュース批判」の原稿を異口同音に読み上げげた。異常に気づいたニュースサイト「デッドスピン」は、それらをマルチ画面上に同時再生し、シンクレアのメディア・コントロールを暴いてみせた。

それに追い打ちをかけるように、ニューヨークの独立系報道番組「デモクラシー・ナウ！」は同じマルチ画面を再利用して、シンクレアの悪質な手口を徹底調査した。その結果、ニュースの導入部分は各ローカル局に任せ、その結論部分を「フェイクニュース批判」で統一させていたことがわかった。たとえば、「無責任な偏向報道がはびこる現状が心配です」「メディアを通して、民衆の思考をコントロールしようとする動きもあります」「民主主義への脅威です」などと復唱させていたのだ。この場合、シンクレアは自社のロゴマークを出さない。その究極として、傘下の放送局に「テロ警戒デスク」のコーナーを義務づけ、些細なことでも「テロ情報」として流させるのである。

記憶をたどれば、日本でも似たような放送があった。去年の春先から夏にかけて、Jアラートを頻繁に鳴らし、北の脅威を煽り立てた。一一月、トランプ大統領が来日し、安倍首相とゴルフをしながら迎撃ミサイル・イージスアショアなどの契約をまとめたと言われている。

こうした有償軍事援助（FMS）の名のもとに露骨な商談が成立しても、日本のメディアは立ち上がらない。それを嘆く前に、先のニューヨークの独立系報道番組「デモクラシー・ナウ！」の技法が参考になる。「デッドスピン」が作ったマルチ画面を一部引用しながら、気鋭の論者を使ってトランプ流「フェイクニュース批判」の手の内を容赦なく暴露した。ただし、これが可能なのは、アメリカでは「フェアユースの原則」を守れば、他局のニュース映像も使えるからだ。日本のメディアも、フェイクやデマを見抜くために、アーカイブ映像のマルチな編集技術を開発し、政治だけでなくメディア自身の批評にも利用すべきである。

「FEAR」に耐えられるか

ホワイトハウスの内部情報をもとに書かれた暴露本『FEAR』（恐怖）が、ミリオンセラーを更新中である。著者は、あの「ウォーターゲート事件」をスクープしたボブ・ウッドワード記者。ホワイトハウスのミーティングが映画のように描かれる。安全保障を通商交渉の取引としか考えられない大統領の頑迷ぶりが上級スタッフたちの証言で再現される。自分に不都合なことは絶対に認めず、禁止用語で相手を罵倒し、「恐怖」こそが力の源泉であると誇ってみせる。だから、アメリカには、その恐怖に進んで一体化する支持者がおり、反面、「米国民の敵」と非難されても抵抗をやめないジャーナリストたちがいる。

翻って、日本における分断は安倍政権のもとでも拡大の一途をたどっている。安倍氏は、不利な事実から徹底して逃げ、平然と論点をすりかえることで権力を維持してきた。こんなやり方がなぜ通用するのか。答えは簡単だ。戦後の日本は、嫌なことを先送りし、自分を甘やかすという幼稚な伝統を育んできたからだ。歴史の修正はその典型例だ。トランプ流「恐怖」と安倍流「忖度」に交点はあるのか。官邸は、日米首脳は電話会談を二三回、直接会談を七回行ったことを誇ってみせ、内容は機密だという。しかし、発売された『FEAR』に登場する国名は、Kindle版の検索で北朝鮮一四八回、中国九八回、韓国七五回、そして日本は一五回。ちなみに「Abe」は一回のみ。それも去年一一月のゴルフ外交でミサイル商談を成立させた後の記者会見である。拉致についてはゼロ。ホワイトハウスでは日本のことが語られていないのか。親密な両首脳だけの極秘事項なのか。はたまた、著者のボブ・ウッドワード氏が無関心なのか。もしかしたら、彼らには「忖度」(Read My Lips)の文化が通用しないのかもしれない。

『FEAR』のなかで紹介されるホワイトハウス側近のトランプ像は、永田町や霞が関の住人たちが描く安倍像とまるで異なる。トランプをT、安倍をAとして比較してみた。

「Tは証拠があっても自分の嘘を認めないこと、決して謝らないことが〃強さ〃だと信じている」→「Aは〃弱さ〃を隠すために、同様の言動に出る」。「Tの経済などの知識は小学生なみ。だが、それを認めず、学ぶ意思はない」→「Aの批判本のタイトルに、〃アホノミクス〃を使った経済学者がいる」。「Tは専門アドバイザーの意見は聞かず、根拠がない持論だけを信じる」→「Aのアドバイザーのなかに広告代理店系がいる」。

トランプ大統領の「フェイクニュース批判」には、映像技術を使ったファクトチェックが有効であることにふれた。しかし、安倍氏のように「何をごまかしたか」ではなく、「どのようにごまかしたか」を量的にチェックするのは難しい。ただ、トランプ氏との共通点を理解すれば、批評のスタンスはおのずと見えてくる。不快なニュースに「フェイク」のレッテルを貼ることも、せんじ詰めれば、不快な事実を忘れてしまう安倍氏の態度とよく似ている。つまり、排他主義(国家的な「ひきこもり」)は、その解決の兆しが見えたとたんに、自他の破壊行為に走る危険をはらんでいる。

『週刊ポスト』(七月一三日)が、東京在住の会社員犬飼淳氏が安倍首相の「信号無視話法」を調査した結果を紹介していた。憲法改正、拉致問題など、個別テーマにそって語り口を注意深く比較対照すると、安倍氏はピント外れの答えのまま赤・黄信号を無視して暴走し、青信号走行は四％程度しかないという。これは、社会学の量的調査と質的調査を結びつけたものに近く、安倍三選後の危機は、信号機自体の破壊かもしれないと警告する。メディアは、「無視」から「破壊」に向かう〃凡庸な〃衝動を見逃さない注意力が求められる。

「デニってる」沖縄県知事選の報道検証

沖縄県知事に前衆議院議員・玉城デニー氏（以下、デニー氏と記す）が選出された。政府与党が全面支援した佐喜眞淳・前宜野湾市長に八万票もの差をつけ、三九万票あまりという史上最多の得票数での勝利だった。琉球新報、沖縄タイムスといった地元紙の記者でさえ、これほどの大差がつくとは予想していなかったようだ。

選挙戦は何から何まで対照的だった。組織力、宣伝力、資金力では「象とアリ」（デニー氏の言）ほどの違いがあったが、それを覆すほどの沖縄県民の思いが選挙結果に如実に反映された形だ。今後の沖縄県政のみならず、全国の地方自治のあり方、安全保障のゆくえ、住民の自決権、本土国民の絶望的無関心という面からも、きわめて重要な意味をもつこの選挙をメディアはどう報じたか。

さすがに新聞各紙は選挙戦を割合細かに報じていたが、大まかに言えば、「接戦」ぶりを強調し、総裁選で三選を果たした安倍政権にとっては、のどに刺さったトゲになるのではないかという意味付けをしていた。一方、全国放送のテレビ報道は扱い自体が非常に少なかった。「沖縄ネタでは数字（視聴率）がとれないよ」とでも言うかのように。特にデイリーのニュース番組では、デニー、佐喜眞両候補の主張を等量時間的に両論併記のごとくなぞっていた程度で、沖縄のことは遠い世界という印象だった。

TBS系列の「報道特集」は例外的に三回にわたってこの選挙を特集していたが、孤立している印象だった。さすがに地元テレビ局はそういうわけにはゆかず、今回の知事選を連日シリーズで論点を細かく報じていた。折からの台風二四号の接近で、地元テレビ各局は有権者に対して期日前投票に足を運ぶようにも訴えていた。結果、期日前投票者数は、有権者全体の三五％を越え史上最多に達した。

「当確」報道のタイミング

九月三〇日の投開票日、各メディアは速報体制を組んだ。ここで大きな差が出た。午後八時の投票締め切り時間と同時に、地元テレビ局のQAB（琉球朝日放送）と朝日新聞が、「玉城デニー氏当選確実」と速報したのである。QABは、通常番組の午後八時の冒頭でスーパー速報を入れ、さらにインターネット配信のローカル特番の生放送冒頭で報じた。朝日新聞はネット版である。選挙報道の業界用語で、

「ゼロ打ち」「冒頭(当確)」と言われている現象だが、これはよほどの確度の高い裏付けがないとやらない。それが今回はあった。両陣営の開票本部ではそれぞれ歓声と沈黙が見られたが、実はその後一時間半以上沈黙が続くことになった。他マスコミが当確をどこも打たなかったのだ。大票田の那覇市の票が開くのを待っていたのだ。

地元各局の脳裏には今年二月の名護市長選挙での苦い経験があった。当日の出口調査に至るまで、稲嶺進候補(現職)が有利という結果が出ていたのだ。だが結果は真逆だった。あの時は期日前投票も記録的な多さだった。地元メディア関係者らはこれを「名護のトラウマ」と言っていた。ちなみに県知事選当日各テレビ局の放送体制は、全国放送で特番を組んだ局はゼロ。NHK沖縄が午後九時からローカルの開票特番を組んでいた。慧眼である。地元民放では、RBC(琉球放送)は午後一〇時四八分から、QABが午後一一時一四分から、OTV(沖縄テレビ)は、午前〇時三〇分から特番を設定していて、もう結果がとっくに出てしまってからの放送となった。編成決定当時、「接戦」を想定しての番組編成だったという。

QABの取材力、編成力は群を抜いていた。冒頭当確を打ったQABの責任者は長年、地元選挙を取材してきたベテラン記者で、九月一二日の翁長樹子未亡人の登壇で潮目が一気に変わり、沖縄の創価学会票がかなりデニー候補に流れていった確証を得ていたという。午後九時三三分、NHKがデニー氏当選確実を打つや、開票本部の会場は歓喜の渦に包まれた。デニー氏は「デニってる」若者たちとともに歓喜のカチャーシーを舞っていた。

デニー知事誕生の歴史的意味とは?

地元紙の出口調査では一一ポイント以上の差がついていた。それでも「ゼロ打ち」ができなかった事情は推察できる。選挙には予測できない要素が加わるものだ。選挙後の勝敗因分析がテレビ報道の場合、薄い。新聞各紙も分析はあったにはあったが本質をついていたか。各紙の分析いわく、沖縄の創価学会が「反乱」を起こし、三割以上の票がデニー氏に流れた。これが非常に大きかった。菅義偉官房長官や小泉進次郎議員、小池百合子東京都知事ら著名な政治家が沖縄入りして佐喜眞候補を応援し、「中央」が選挙介入した印象を与えた。なかでも、権限もないのに「沖縄だけ携帯料金四割引き」を打ち出した菅官房長官の不用意な発言は反発を買った。

デニー氏支持の若者層に新しい運動スタイルが生まれた。「デニってる」という流行語を生み、デニー氏のTシャツ(デニT)を着て、DJイベントを企画、SNSで「投票に行こう」キャンペーンを展開し、「若ければ若いほど保守」という既成概念に歯止めをかけた云々。どの指摘も当たっているだろう。だが、より巨視的なコンテクストから今回の選挙結果の歴史的な意味を論じた分析が少なかったように筆者は思う。

ひとつは、玉城デニー氏自身のもつ人品骨柄のユニークさである。高みからものごとを語るのではなく、住民と同じ視線の高さで語る。そこに沖縄の人々は惹かれた面がある。沖縄の持つ豊かさ＝多様性、チャンプルー性。メディアはこのことにあまり触れたがらない。

デニー氏の父親は米軍基地の兵士で、母親は沖縄の女性だ。二人が結ばれ、デニー氏が母親のお腹のなかにいた時に父親は単身帰国した。だからデニー氏は父親の顔をみたことがない。母親は沖縄で生きる道を選んだ。父親に関する手紙や写真など記録はすべて焼却したという。母子家庭で育ち、育ての親もいて、コザの地域住民の愛情のなかで育った。デニー氏の周囲にはそのような少年少女たちがたくさんいた。まさに沖縄の現代史を体現している人物だ。

誤解を恐れずに敢えて記すのだが、沖縄に米軍基地がなかったならば、デニー氏はこの世に生をうけていなかった。そのデニー氏が、沖縄にはこれ以上、米軍基地は要らないと主張しているのだ。そのことの重みについて、本土メディアは少しばかりでも言及した方がよいのではないか。

もうひとつは、急逝した翁長雄志前知事をはじめ、その父親の翁長助静氏（沖縄戦犠牲者の住民による初の慰霊碑「魂魄の塔」建立の中心人物）、瀬長亀次郎元那覇市長、大田昌秀元知事ら、誇りある「自立・自決」の精神を継承してきた沖縄の人々の系譜がある。玉城デニー氏はそこにつながる場所に自らを置いた。「イデオロギーよりアイデンティティー」と言った翁長雄志氏の遺志を継承するとは、こうした系譜を継ぐということだ。そのことを時間をかけて論証していく視点も必要だろう。

デニー氏にとって今後は「いばらの道」が続く。すでに一〇月一二日、世論を考慮して、上京したデニー氏との会談に応じた安倍首相だが、誠意のない対応を見せたばかりか、その会談のわずか五日後に、沖縄県がとった辺野古埋立申請承認の撤回に対して、法的対抗措置をとった。効力停止申し立てである。デニー知事が申し入れた「対話による解決」など全く念頭にもないかのように。「国策」に抗する声には聴く耳を持たず、あらゆる措置で押さえつけようとする。またしても民意は踏みにじられた。

朝日新聞はこれに敏感に反応したが、読売新聞は社説で「……地元自治体を交えた長年の作業で、辺野古が普天間の代替施設として決まった事実は重い。現在の安全保障環境を踏まえれば、移転を最も早く実現する唯一の案と言える。玉城デニー新知事も、普天間の閉鎖・返還を唱えている。県の最高責任者として、現実的な方策をしっかり考えた上で、政府と向き合うのが筋である。……首相には対話姿勢を堅持することが求められる」（一〇月一八日付朝刊）。

一体何が言いたいのだろう。沖縄の民意は「辺野古に新基地をつくるのはイヤだ」と言ったのだ。「唯一の案」ではないと判断したのだ。この際言っておくが、一九九五年の沖縄の少女暴行事件が起きた時にさかのぼれば、普天間基地の即時返還と辺野古に新基地をつくることは全くリンクしていなかったという「事実は重い」。

「報じない」NHKの作為

さて、この政府の対抗措置発動のわずか八日前、沖縄県那覇市では、故・翁長前知事の県民葬が執り行われていた。欠席した安倍首相の弔辞を参列した菅官房長官が代読した。「沖縄県民の気持ちに寄り添いながら」「沖縄の過重な基地負担を軽減する」とのくだりが読み上げられるや、会場の参列者から次々に怒りの声が上がった。「ウソつき!」「民意を大事にしなさい!」「帰れ!」怒りの声は約四〇秒続いた。

その日のNHKをみていた筆者はたまげた。夜七時のニュースも「ニュースウオッチ9」もこの騒然とした状況を一切伝えず、県民葬が行われたというニュースを淡々と報じていた。菅官房長官に浴びせられた怒声は、NHKの彼らにとっては雑音・ノイズで、カットされて当たり前のものだったのか。NHKのニュース番組か出稿セクションで、これを「カットせよ」と命じたのが誰で、具体的にどの時点でどのような理由でそれを命じたのかを知りたいものだ。

同種のNHK体験は他でもあった。加計学園の加計孝太郎理事長がマスコミの記者会見に応じるとして、一〇月七日の日曜日に愛媛県今治市の岡山理科大学獣医学部のキャンパスに姿をみせた。記者会見を舐めてかかっていることがまざまざと露見した会見だったが、その場で珍しく(失礼!)加計理事長に臆することなく質問していた一人がNHKの記者だった。「渡辺事務局長と柳瀬首相秘書官がどこでいつ会ったのか?」など鋭く切り込んでいた。ところが、この会見のニュースをNHKはテレビの全国ニュースで全く報じなかった。

おぞましき官庁との密着番組

NHKだけではなく、民放番組の荒廃ぶりも極まれりという例がある。例の東京MXテレビの「ニュース女子」のことを言っているのではない。一〇月六日、フジテレビ放送の「密着24時　タイキョの瞬間　出て行ってもらいます!」だ。筆者はこの番組をみて、吐き気を通り越して、吐いた吐瀉物の酸味が喉のあたりにずっと残存しているような不快感を覚えた。国土交通省や、農水省、税関などの全面協力を得ての密着取材オムニバスがその内容だが、とりわけ低劣さが際立っていたのが、法務省・入国管理局のいわゆる入管Gメン密着パートだった。

不法滞在外国人の摘発に密着取材していたが、まるで「外人狩り」ではないか。入管Gメン側は調査車にテレビ・スタッフを同乗させ、調査活動中の会話まで全て撮らせている。取材ディレクターとの会話もある。臨場感抜群という狙いか。「対象」の凶悪さを引き立てるような大げさなBGMが全編流され、「アジア系の女」「法を無視する奴ら」「インド人風の男」「東京オリンピックに向けて急増する外国人への対策」などのナレーションが容赦なく登場して、排外主義丸出しの内容に呆れ果てた。

「番組で流れていた入管当局の調査方法は強引かつ適法性が問われるもので、人権、名誉感情を著しく傷つけるもの。日本に滞在する全ての外国人の平穏な生活をも脅かすことにつながりかねず、放送倫理上重大な問題があったと考えられます」との弁護士からの指摘がすでに出ている。

かつて映画『シン・ゴジラ』に防衛省が全面協力したほか、TBSのドラマ『空飛ぶ広報室』でも撮影の際の防衛省からの便宜供与が問題化したことがある。警察密着モノも度を越していないか。官庁省庁とのタイアップ番組は、今こそよほど考え直した方がいい。テレビの自殺につながりかねない。

国民投票CM規制を民放連が拒む真意は？…………一二月号

国民投票の賛否を呼びかけるテレビのCM規制をめぐって、日本民間放送連盟（民放連）の大久保好男会長（日本テレビ社長）が九月二〇日の記者会見で、「民放連として一律にCMの量的規制はしない方向で検討を進めていく」と述べた。

安倍首相が憲法改正に向けた姿勢を強める中、資金量で優位に立つ改憲派に有利とされるCMを使った国民投票運動で、放送回数や時間といった量的な規制を行わないとの民放連の表明は世間を大いに驚かせた。大久保会長は今年六月に就任したばかり。読売新聞出身で同紙では政治部長を務めた。

この日、安倍首相は、自民党総裁選で石破茂・元幹事長を破って三選を果たし、任期を二〇二一年九月まで延ばした。改憲派にとってはさらに好条件が整ったわけで、〝放送界から安倍首相へのご祝儀〟などと揶揄する声も上がった。「大久保民放連」が今回示した方針は、読売新聞が「公平性の確保は、放送局の自主的な取り組みに委ねるのが望ましい。インターネットが普及する中、テレビCMに限って規制を強化するのはバランスを欠いている」（五月二三日）という社説を掲げていたのとは無縁ではあるまい。

これに対して、元博報堂社員で『メディアに操作される憲法改正国民投票』（岩波ブックレット）の著者本間龍氏は、自身のツイッターに「民放連、そんなにカネが欲しいのか」と投稿。そもそも国民投票法成立時に、自主的な規制をするから法で縛るなと会長声明まで出したのは民放連なのに、一〇年間何もせずよくこんな方針を出せるものだと憤りをあらわにした。また、民放連が自主規制しないのなら国民投票CM議連で国民投票法改正を準備し、CM規制をかけるべきだ、と講演会などで訴えた。

この超党派の議員連盟は今年八月に発足し、会長には自民党の船田元・元経済企画庁長官が就任した。衆参の各党から三〇人ほどが集まっているという。しかし、議連の先行きは必ずしも視界良好なわけではない。安倍総裁の三選体制になり、反旗を翻した議員ははじかれたが船田氏もその一人だ。総裁選で白票を投じた船田氏は衆院憲法審査会の次席幹事、石破氏に投票した中谷元氏も同審査会筆頭幹事の職から外された。両氏が大切にしてきた野党との協調路線は、改められることになりそうである。

国政選挙と国民投票、CMの取り決めは？

国民投票法では国民投票運動を「憲法改正案に対し賛成又は反対の投票をし又はしないよう勧誘する行為」と規定している。CMについてだが、政党や団体は国民投票広報協議会が無料で行うCMに関しては、国会の議席数にかかわらず、賛否それぞれの放送時間帯や回数は同じとするように決められているが、有料で行なうCMについては投票期日の一四日前までは自由に流すことができる。一四日という期間は、期日前投票に合わせたらしい。加えて、賛否を勧誘しないようなCMについての規制の規定はない。

この賛否を勧誘しないCMというのは、国政選挙では投開票日の前日まで流れている政党CMのようなイメージである。公職選挙法は政見・経歴放送以外での放送を使った選挙運動を禁止しているが、各政党の党首が登場したりするCMは通常の政治運動と解釈され、公選法違反に当たらないとされている。後述するが、二〇一七年一〇月の衆院選(一〇日公示・二二日投開票)で圧勝した自民党はテレビCMを大量に流していた。いま問題となっているのは、有料の二つのCMについてである。

民放連の「CMの量的規制はしない」との表明に加え、朝日新聞九月二一日朝刊は、「民放連は『国民投票運動は原則自由であり、規制は必要最小限とするのが法の原則。仮に、扇情的な広告放送が行われたとしても、基本的に言論の自由市場で淘汰すべきもの』との考え方を示した」と伝えた。民放連関係者が述べたと思われる「言論の自由市場で淘汰すべき」――とは、いったいどういうことなのだろうか。

二〇一七年衆院選の政党CM分析

二〇一七年一〇月の衆院選から考えてみたい。この期間中にテレビCMを流した国会に議席を持つ政党は、自民党と日本維新の会だ。

自民党は一五秒のCM三種類、三〇秒を一種類の計四種類を制作した。いずれも安倍首相が登場する。例えば、「アベノミクス加速」編(一五秒)では、安倍首相が「自民党は実行し続けます。アベノミクスの加速で所得を向上、幼児教育を無償化します」と、「所得を向上」「幼児教育無償化」との大きな活字をバックに軽やかな音楽とともに訴えるという内容である。

確かに安倍首相は「誰々候補に投票してくれ」と形式的には呼びかけていないが、自民党候補への投票を呼びかけていないと感じる視聴者がいったいどれだけいるのだろうか。こういうCMは「淘汰」の対象には当たらないのだ。

ある機関の調査によれば、自民党は一〇月一三日から二一日までの間に、在京キー五局で、合わせて二三〇本ほどのCMを流したという。その放送時間は、日本テレビを一とすれば、テレビ朝日一・五、TBS一・五、テレビ東京二、フジテレビ二——という割合だったという。ちなみに維新の会は、松井一郎代表が登場する二種類のCM(一五秒)を三〇本ほど流したらしい。大きく議席数を伸ばした立憲民主党や、希望の党のCMは当然だが一秒も流れていない。

当時、民放各局は内訳どころかフジテレビやTBSは自民党のCMを放送したことすら答えなかった。自民党が流したCMは、一日あたり平均一一回。高視聴率帯を狙って視聴者層に合ったCMを使い分けて流したのだろう。

民放連がいう「言論の自由市場」でCM市場から淘汰されているのは、「扇情的」内容のCMではなく、資金力では自民党に劣る野党なのだ。これが、資金力の多寡で不公平が生じないよう諸外国に比べても厳しいと言われる公職選挙法下での日本の選挙運動と、政治的公平を定めた放送法の下で行なわれているCMの実態である。

電通支配の下で

本間氏が明らかにしたところによれば、自民党の広報戦略を実務として請け負っているのは電通だという。その電通は、テレビCMでは三六%を超えるトップシェアを持つ広告代理店だ。国会スケジュールで主導権を握れる自民党にとっては、広告枠を電通を通じて早くから買い付けることができるなどそもそも有利な立場にある。

一方、民放は全局が広告枠販売を電通に頼っているのが現状だという。これがどういう影響を与えるのか。

本間氏は、広告費は、メディアへの「賄賂」の顔も持つと指摘。これにより、(1)ワイドショーなどでの取り上げ方が不公平になる、(2)討論番組で印象操作される、(3)スポットCMの多い方に便宜を図る——などをその「効果」として挙げる。民放が国民投票法のCM問題を掘り下げた番組を放送していないのも「広告費が国民投票を歪める可能性について言及したくないからだ」と厳しい。

改憲派にこれだけ有利な条件が整うなかで、言論の自由市場による適切な競争など存在するのだろうか、という素朴な疑問はどうしても拭えない。

放送法四条撤廃を打ち出す政権の思惑

国民投票法が成立した二〇〇七年五月ごろの放送界を思い出してみたい。当時の総務大臣は菅義偉官房長官。第一次安倍政権の時代である。前年の〇六年に菅氏はNHKのラジオ国際放送に対して北朝鮮による日本人の拉致問題を重点的に報じるよう命じた。明けて〇七年一月に発覚した関西テレビ(フジテレビ系)の情報番組「発掘! あるある大事典」の番組捏造問題をきっかけに、放送法を改正し、総務大臣が放送事業者に行政処分ができるようにする法案を国会提出。安倍政権は放送法を根拠に放送事業者に対する行政指導を八件も繰り返すなどメディア規制を強めていた。

こうした中で自民党は船田氏、民主党は枝野幸男氏を中心に国民投票法の法案化が進められていた。メディア規制が論点の一つとなるなかで、同法一〇四条(国民投票に関する放送についての留意)として、政治的公平や多角的論点の明示などを放送事業者に求めた放送法四条の趣旨に留意するとした文言が盛り込まれた。放送事業者は放送法ですでに適用を受けているにもかかわらず、屋上屋を重ねたような不思議な規定なのだ。規制論の痕跡のようでもあるが、結果として同条程度にとどまったのは、メディア規制を懸念する放送界に配慮し、自主規制に期待したことが背景にある。

当時の民放連会長の広瀬道貞・テレビ朝日会長は国民投票法の成立に際して、一〇四条を「放送活動に二重の規制をかけ、公権力による介入の道が開かれることをわれわれは強く危惧する」とし、CMが投票日前一四日間禁止されることになった点にも「国民の正しい判断の途を著しく損ねる要因になりかねない」と批判するコメントを発表した。

放送法四条を根拠に放送番組に介入してきた安倍政権が今春には一転して、撤廃しようと言い出した。この正反対に映る方針には、放送を自由にした方が安倍政権にとって都合が良いという判断があるのは明らかだ。放送と権力をめぐる状況は、国民投票法が成立した時とは大きく異なっている。

二〇一七年の衆院選でのCMのように自民党の独占状態が好ましくないのは明らかだ。国民投票運動を担う政治家や団体もたとえ、法律には違反していなかったとしても公正さを欠かないCMを使った運動となるよう知恵を絞ってほしい。——そう訴える番組が一つくらいあってもよい。

【追記】　民放連は一八年一二月に「憲法改正国民投票運動の放送対応に関する基本姿勢」、一九年三月に「国民投票運動CMなどの取り扱いに関する考査ガイドライン」を公表した。これらの中で、▽意見を表明するなど賛否の投票を直接勧誘しないCMについても、投票期日前一四日前から投票日までは取り扱わないことを推奨する▽特定の広告主のCMが一部の時間帯に集中して放送されることがないよう特に留意する必要がある——とするなどの考えを示したが、CMの量的規制をしない方針に変わりはないようだ。国民投票をめぐる放送が、「公共性」を担保された内容になるのかどうか、引き続き見極める必要がある。

神保太郎
『世界』で 2008 年 1 月号から続く連載「メディア批評」のために結成された執筆者集団．メンバーは桂敬一以下，新聞・放送界の一線で長いキャリアを持つ．

メディア、お前は戦っているのか
——メディア批評 2008-2018

2019 年 4 月 24 日　第 1 刷発行

著　者　神保太郎《じんぼたろう》

編　者　『世界』編集部

発行者　岡 本　厚

発行所　株式会社 岩波書店
〒101-8002 東京都千代田区一ツ橋 2-5-5
電話案内 03-5210-4000
https://www.iwanami.co.jp/

印刷・三陽社　カバー・半七印刷　製本・牧製本

ISBN 978-4-00-024958-4　　Printed in Japan

索　引

人名索引

ら 行

わ 行

事項索引

欧 文

あ 行

か 行

さ 行

た 行

な 行

は 行

ま 行

や 行

総タイトル一覧

2008年

第1回(1月号)
　メディア批評宣言
第2回(2月号)
　(1) なぜ「渡邉ジャーナリズム」への批判がないのか
　(2) 死刑執行と光市母子殺害事件報道にみるTVの問題
第3回(3月号)
　(1) NHK「民・民人事」と歴史認識
　(2) 何も伝えなかった新テロ特措法報道
第4回(4月号)
　(1)「朝日・読売・日経」連合への疑問
　(2) 沖縄少女暴行事件,「またか」では済まされぬ
第5回(5月号)
　(1) 日銀人事の一方的報道
　(2) イージス艦事故報道で語られ損ねた軍隊の本質
第6回(6月号)
　(1)「指が月をさすとき,賢者は指をみる」
　(2) メディアの裏切り——道路特定財源
第7回(7月号)
　(1) グローバル化する9条,伝えないメディア
　(2) 隣国の苦難をどう伝えるか
第8回(8月号)
　(1) 終わらない「ETV2001」問題
　(2) ネットの渦に巻き込まれたメディア
第9回(9月号)
　(1) 日本メディアの宿病あらわ——サミット報道
　(2) 転倒する「市民のNHK」
第10回(10月号)
　(1) たち消えた「道路特定財源」報道
　(2) 放送の危機を自ら招くな——BPOに反発するテレビ
第11回(11月号)
　(1) これは「報道」なのか——読売・自民党総裁選報道
　(2)「米騒動」の背景は追究できたか
第12回(12月号)
　(1) 金融危機報道——メディアに責任はないのか
　(2) 経営委員会に揺さぶられ続けたNHK

2009年

第13回(1月号)
　(1) 文民統制——メディアが実践すべき本当の「言論の自由」とは
　(2) TO BE CONTINUED... 筑紫哲也氏追悼に代えて
第14回(2月号)
　(1) 迷走する麻生政権と右往左往のメディア
　(2) 空自イラク支援終了——本格的な検証を
第15回(3月号)
　(1) ニュースの貧困——NHKニュース
　(2)「派遣村」から見えてきた希望
第16回(4月号)
　(1) 中川「もうろう会見」にかすんだクリントン訪日
　(2) なぜ新聞は裁判員制度推進一辺倒なのか
第17回(5月号)
　(1) 小沢民主党代表秘書逮捕をめぐる"推定有罪"報道
　(2) 報道機関の説明責任とは?
第18回(6月号)
　特集・北朝鮮「ミサイル」狂乱報道
　(1) 狂乱報道
　(2) 読売新聞が先導するもの
　(3) テレビの中の「有事体験」
第19回(7月号)
　(1) 麻生経済政策の暴走とメディアの無力
　(2) 政・放分離のすすめ
第20回(8月号)
　(1) 政権末期,メディアが問われること
　(2) NHK「JAPANデビュー」攻撃の源
第21回(9月号)
　(1) 政局報道より政策報道を
　(2) 核密約をめぐる「メディア・スクラム」
第22回(10月号)
　(1) 裁判員裁判をライブで中継?
　(2) なぜ日米安保の根本を問わないのか
第23回(11月号)
　(1) メディア「変えるな」コール

(2)ETV2001年問題　新たな展開
第24回(12月号)
(1)根強いメディアの「55年体制」
(2)ジャーナリスト・ユニオンの結成を

2010年

第25回(1月号)
(1)置き去りにされた沖縄の声
(2)続く「同時進行報道」
第26回(2月号)
(1)吉野文六証言はどのように報じられたか
(2)人権に鈍感な犯罪報道
第27回(3月号)
(1)リークの洪水
(2)メディアの外交センス
第28回(4月号)
(1)「小沢氏不起訴」後の報道
(2)混迷する「日本版FCC」構想
第29回(5月号)
(1)腫れものに触りもしないトヨタ報道
(2)安保「50年間の嘘」
第30回(6月号)
(1)「普天間」が問う大新聞の責任
(2)沖縄「密約文書」公開訴訟の行方
第31回(7月号)
(1)疑問だらけの読売提言
(2)「人間の鎖」が日米安保を包囲した日
第32回(8月号)
(1)新聞は普天間を忘れたか
(2)軍事大国化に目を瞑るメディア
第33回(9月号)
(1)無視された韓国艦沈没報告への疑問
(2)NHK番組改変告発本が語るもの
第34回(10月号)
(1)65年目の8月ジャーナリズム
(2)「韓国併合」で問われた歴史認識
第35回(11月号)
(1)問われなかった菅首相の資質
(2)郵便不正事件の検証報道
第36回(12月号)
(1)いずこも「領土ナショナリズム」の匂い芬々
(2)記憶なきメディア

2011年

第37回(1月号)
(1)「TPP推進」の大合唱
(2)尖閣ビデオ流出をどう見るか
第38回(2月号)
(1)ウィキリークスは何を問いかけるか
(2)情報を隠すもの，暴くもの
第39回(3月号)
(1)「防衛大綱」全国紙に欠けた視点
(2)NHK会長人事迷走があらわにしたもの
第40回(4月号)
(1)「エジプト革命」の報じ方
(2)好調NHKのメディアウォール
第41回(5月号)
(1)原発の危険をどう報じるか
(2)「災害後」の社会像を提示せよ
第42回(6月号)
(1)共振するメディアと原発
(2)ついに切られた「脱・依存」への舵
第43回(7月号)
(1)メディアの汚染地図
(2)ウィキリークス・朝日の提携報道を読む
第44回(8月号)
(1)脱原発で割れるメディア
(2)福島「低線量被曝」の不安を伝えているか
第45回(9月号)
(1)3.11後のメディア危機
(2)「企業海外移転」キャンペーン
第46回(10月号)
(1)マードック事件をどう見るか
(2)福島「子どもの声」に報道は応えられるか
第47回(11月号)
(1)「死のまち」という現実，逃げる者　逃げない者
(2)脱原発「6万人」の民意は伝わっているか
第48回(12月号)
(1)各紙は「密約」裁判判決をどう受け止めたか
(2)秘密保全法制　危機意識は十分か

2012年

第49回(1月号)
(1)テレビが伝えない「福島の女たち」の声
(2)全国紙「待望」のTPP参加
第50回(2月号)
(1)読売「内紛」と各紙の距離感
(2)沖縄防衛局長「オフ懇」発言の波紋
第51回(3月号)
(1)「脱原発世界会議」が映すメディアの現在

(2)問われつづける政権交代の意義
第 52 回(4 月号)
(1)報道は劇場型政治をふたたび支持するのか
(2)メディアによく似た政治家
第 53 回(5 月号)
(1)“なし崩し”の原発再稼働に抗えないメディア
(2)地元紙が問う米軍再編見直し
第 54 回(6 月号)
(1)核心の見えない AIJ 事件報道
(2)マイナンバー法案　問われるメディアの「感度」
第 55 回(7 月号)
(1)蠢き始めた NHK の原発再稼働派
(2)沖縄「復帰」40 年報道を読み解く
第 56 回(8 月号)
(1)メディアの市民性問う 52 年後の「6.15」
(2)萎縮する慰安婦問題報道
第 57 回(9 月号)
(1)情報は「拡大」から「拡散」の時代に
(2)「集団的自衛権問題」はどう報じられたか
第 58 回(10 月号)
(1)本質の見えない「税と社会保障」報道
(2)「声なき声」とは誰の声か
第 59 回(11 月号)
(1)“デモのある社会”のメディア
(2)緊迫する日中関係　新聞はどう報じたか
第 60 回(12 月号)
(1)沖縄の声「空も陸も植民地か」をどう聞くか
(2)「iPS 臨床応用」大誤報を検証する

2013 年

第 61 回(1 月号)
(1)2 度目の笑劇《ファルス》?「安倍晋三」という再チャレンジ
(2)総選挙報道で浮かびあがる「メディアの立ち位置」
第 62 回(2 月号)
(1)「自民圧勝」をだれが生み出したか
(2)安倍新政権のメディア政策を問う
第 63 回(3 月号)
(1)言葉の耐えられない軽さ
(2)安倍新内閣への「注文」を分析する
第 64 回(4 月号)
(1)丸刈りの少女——忍び寄るファシズムの影
(2)アルジェリア人質事件に見る実名報道の現在
第 65 回(5 月号)
(1)メディアが届ける“親米愛国行進曲”
(2)TPP 報道に見る全国紙と地方紙の距離
第 66 回(6 月号)
(1)2 つの「日米合意」——流されていくだけの報道でいいか
(2)個人番号法案報道に見るメディアの「国家観」
第 67 回(7 月号)
(1)見えてきた安倍政権自壊のシナリオ
(2)あらたな「所得倍増計画」の登場——検証は十分か
第 68 回(8 月号)
(1)生きた姿を蘇らせよ——大阪・天満の母子
(2)“最重要リーク”は日本と無関係なのか
第 69 回(9 月号)
どう伝える　安倍“異次元”政権の思想と行動
第 70 回(10 月号)
(1)“8 月ジャーナリズム”の新局面
(2)市民とメディアは“外堀”改憲にどう対抗するか
第 71 回(11 月号)
(1)メディアは「暗い日曜日」をどう迎えたか?—— 2020 年五輪開催都市決定
(2)特定秘密保護法案　現場記者の反応は
第 72 回(12 月号)
(1)どうして止めるか　安倍政権「意志の力」の暴走
(2)秘密保護法案と軽減税率問題——新聞経営者の関心は

2014 年

第 73 回(1 月号)
(1)安倍政権の“積極的秘密主義”
(2)2013 年冬——象徴天皇制の分岐点?
第 74 回(2 月号)
(1)揃わなかったメディアの足並み——秘密保護法報道
(2)「気分はもう戦争」?——安倍政権の存続は許されるか
第 75 回(3 月号)
(1)都知事選　本当の争点を語らないメディア
(2)春爛漫，安倍カラーは乱調にあり

第76回(4月号)
(1)ブレーキの壊れた安倍政治とメディア
(2)NHK波乱の「新体制」スタート
第77回(5月号)
(1)安倍流“早口答弁”の驕慢——報道は「原点」に立ち戻れ
(2)官製ベアVS.官製メディア？
第78回(6月号)
(1)夕刊と広告に映る新聞の「変調」
(2)個人情報保護法はメディアをどう変えたか
第79回(7月号)
(1)安保法制懇の安普請を見抜け
(2)同盟強化という大本営報道
第80回(8月号)
(1)戦後最大の曲がり角へ——国民とメディアの「共犯関係」
(2)裁判員制度5年　事件報道の検証を
第81回(9月号)
(1)NHKが危ない！
(2)分断される中央紙，頑張る地方紙
第82回(10月号)
(1)慰安婦問題の矮小化を許すな
(2)「戦後」はどこへ——今年の“8月ジャーナリズム”
第83回(11月号)
(1)「叩く」ほど，信頼を失う活字メディア
(2)安倍“歴史修正主義内閣”の秋
第84回(12月号)
(1)「吉田調書」報道——記事取り消しの撤回を
(2)世界史的変化のなかの姑息な「安倍暴走」

2015年

第85回(1月号)
(1)歴史認識なき安倍政権の永遠の「ゼロ」
(2)経済報道の書かざる罪　アベノミクスとは何か
第86回(2月号)
(1)だれが制するか　戦後70年の天下分け目
(2)マスメディアと「わいせつ」事件
第87回(3月号)
(1)「安倍談話」と「天皇のお言葉」，または「母の訴え」
(2)危機管理一辺倒のメディアと行動右翼
第88回(4月号)
(1)旅券返還命令——ジャーナリストは自由を差し出すのか
(2)「イスラム国」事件に便乗する安倍政権
第89回(5月号)
(1)世界が見えないメディアと首相
(2)公平公正の名の下で——蔓延する“逆ギレ”とシニシズム
第90回(6月号)
(1)「翁長知事冒頭発言全文」が日本に問いかけるもの
(2)報ステ・古賀発言の本質
第91回(7月号)
(1)これはもはや「安倍事態《アベノリスク》」だ！
(2)TPPとメディア「壁」を突き崩す調査報道を
第92回(8月号)
(1)広がる安倍政権追撃の戦線とメディア
(2)マイナンバー法と中央メディアへの思わぬ「警告」
第93回(9月号)
(1)“愚者の砦”と化したNHK
(2)官邸癒着メディアと「機敏な反撃」
第94回(10月号)
(1)新たな「過ち」の始まり——安倍談話報道をふり返る
(2)アーカイヴ・「戦後70年特番」
第95回(11月号)
(1)たった8分の憲法クーデター
(2)「勝手に決めるな！」がひらく未来
第96回(12月号)
(1)政府目線のマイナンバー報道
(2)「強行採決」以後——メディアと国民の行方は

2016年

第97回(1月号)
(1)テロ報道——メディアの試金石
(2)テレビに対する首相の“異常な愛情”
第98回(2月号)
(1)戦後70年目の「12・8」報道
(2)「放送法遵守を」広がる意見広告の波紋
第99回(3月号)
(1)安倍政権の「不可逆」な日々
(2)18歳報道が象徴するメディアの“撤退”
第100回(4月号)
(1)高市氏・電波停止発言と「抜かずの宝刀」
(2)蔓延するシニシズム——萎縮をどう乗り越えるか
第101回(5月号)
(1)「日本死ね!!!」という立憲・民主主義もあ

る
(2)5度目の「3・11」と原発報道――マスメディアの存在意義は
第102回(6月号)
(1)メディアを問うパナマ・ペーパーズ
(2)「ヘイトスピーチ規制法案」論議の陥穽
第103回(7月号)
(1)電通を報じないテレビと新聞
(2)人権無法国家ニッポンの落日
第104回(8月号)
(1)参院選後――メディアは国民をどこに誘うのか
(2)少年法と死刑　石巻事件はどう報じられたか
第105回(9月号)
(1)天皇が“新憲法”の遵守を誓う日……
(2)アベノミクス　加速を支えるメディア
第106回(10月号)
(1)人を報じて戦後をつなげる
(2)相模原事件の底流――メディアはどう接近したか
第107回(11月号)
(1)NHK会長の賞味期限は切れている
(2)「見たいもの」だけ報じるメディア
第108回(12月号)
(1)ボブ・ディラン授賞に思い知る日本の現実
(2)「匿名・実名問題」のその先へ

2017年

第109回(1月号)
(1)安倍政治の「嘘」をファクトチェックする
(2)「トランプ現象」とTPP――問われるメディアの立ち位置
第110回(2月号)
(1)言葉が崩壊する政治と社会
(2)特定秘密保護法成立3年――メディアは「問うこと」を忘れたのか
第111回(3月号)
(1)「安倍ノ妄言」真珠湾ヲ奇襲ス
(2)官邸と天皇の「つめたい関係」をどう報じるか
第112回(4月号)
(1)メディアを虜囚へと追い立てる安倍政治の暴走
(2)「ニュース女子」問題――倫理なき「教養」番組
第113回(5月号)
(1)「アベノフェイク」劇場の見どころ
(2)メディアと権力との距離感――米韓での大統領「疑惑」報道から
第114回(6月号)
(1)「森友問題」・共謀罪――本質を見抜き，社会を守れ
(2)公文書管理法の理念はどこへ――消える政府の秘密
第115回(7月号)
(1)「一強多弱」が，安倍政治の最大の弱点
(2)加計学園疑惑――「御用新聞」という自己否定
第116回(8月号)
(1)この国の崩壊止める希望――健闘する女性たち
(2)国連特別報告者を「断罪」する新聞
第117回(9月号)
(1)テレビのライブに耐えられない一強政治の軽さ
(2)首相官邸は「メディア真空地帯」
第118回(10月号)
(1)戦後72年「人道に対する罪」を報じ続ける
(2)この危機をだれが止めるか――頼れない疑惑隠し内閣
第119回(11月号)
(1)安倍首相，あなたは誰に「全権委任」されたのですか？
(2)「国難突破解散」――反北感情の利用
第120回(12月号)
(1)「国難突破解散」が招く戦後民主主義最大の危機
(2)虚をつかれるテレビの「政治的公平」

2018年

第121回(1月号)
(1)君たちは，この《超現実》をどう生きるか
(2)上すべりするトランプ来日報道
第122回(2月号)
(1)放送は健全な民主主義に資しているか
(2)性暴力告発報道にあらわれるメディアの姿勢
第123回(3月号)
(1)「明治150年」のビーンボール(故意死球)
(2)朝日新聞は萎縮しているのか――元日記事と経団連
第124回(4月号)

(1)へし折られた民意――名護市長選挙
(2)根拠なき誹謗と，事実の力――産経誤報問題
第125回(5月号)
(1)安倍政治の最深部に向かってボーリングせよ！
(2)メディアは時代の触媒――朝日スクープの裏で
第126回(6月号)
(1)政権末期的な総崩れ現象を目の前にして
(2)放送法4条の本質とは何か
第127回(7月号)
(1)政権末期，いたるところに越えるべき「壁」あり
(2)朝鮮半島の戦後が終わる――情報戦に舞うメディア
第128回(8月号)
(1)歴史的な米朝首脳会談の評価を曇らせる「偏視」
(2)メディア内部に蔓延する性暴力
第129回(9月号)
(1)「赤坂自民亭・記者クラブ」あるいは平成の「沈黙の塔」
(2)メディアは永田町のウソに負けたのか
第130回(10月号)
(1)誰が翁長知事を死に至らしめたのか
(2)差別の温床となる右派メディア――杉田水脈議員問題
第131回(11月号)
(1)「恐怖」と「忖度」のはざまで，メディアはどう生きるか？
(2)北方領土解決を阻む日米安保
第132回(12月号)
(1)「デニってる」沖縄県知事選の報道検証
(2)国民投票CM規制を民放連が拒む真意は？